제7판

국제통상론

강문성 / 강인수 / 김태준 / 박성훈 / 박태호 / 송백훈
송유철 / 유재원 / 유진수 / 이호생 / 채 욱 / 한홍렬

박영사

제7판 머리말

세계통상환경은 불과 최근 2-3년 사이에 상당한 변화와 진통을 겪고 있다. 전통적으로 자유무역의 선봉에 서 왔던 미국에서는 트럼프 행정부의 출범과 함께 보호무역주의가 기승을 부리고 있고, 미국과 함께 세계통상체제를 이끌어 왔던 유럽에서도 브렉시트(Brexit)와 함께 고립주의적 분위기가 짙어지는 형국이다. 세계 최대 무역국으로 부상한 중국 역시 불투명하고 위장된 각종 비관세 장벽과 보호주의 조치로 무역상대국들의 신뢰를 얻지 못하고 있다. 특히 최근에 불거진 미중 무역전쟁은 세계통상환경을 한층 어둡게 만들면서 그 여파에 대해 모든 국가들의 심대한 우려를 낳고 있다. 그야말로 세계경제가 온통 불확실성으로 휩싸인 형국이라 해도 과언이 아니다. 과거 같으면 WTO차원의 대응방안이 나오고 주요국들이 적극적으로 해결책을 제시했을 만도 하지만, 지금은 그들이 모두 문제의 당사국일 뿐만 아니라 DDA협상의 장기적 정체로 인해 WTO체제마저도 그의 원활한 기능을 수행하지 못하는 상태이다.

그럼에도 불구하고, 아직은 대부분의 국가가 WTO에 희망을 걸고 다자체제의 부활을 기대하고 있는 것은 다행이 아닐 수 없다. WTO에 대한 트럼프 행정부의 부정적 시각이 다소 우려스럽기는 하지만, 미국 통상정책의 큰 흐름을 돌이켜 보면 다자체제의 복원은 필연적이라는 기대감을 갖게 된다. WTO분쟁해결절차가 여전히 그 기능을 수행하고 있고, WTO각료회의도 제한적이나마 나름대로의 역할을 해왔다는 것은 이직도 다자체제의 회복 여력이 남아 있다는 것으로 해석되기도 한다. 정보기술협정 확대협상(ITA-II)의 타결이나 무역원활화 협정(TFA)의 발효는 다자체제가 어려운 상황에서도 그 가능성을 보여 준 좋은 사례이기도 하다.

미중 무역마찰도 우선적으로는 당사국간 협의에 의해 어느 정도 해소될 것으로 기대되지만, 장기적인 해결책은 결국 다자체제의 틀 내에서 만들어질 것이다. 거대무역협정과 복수간 무역협정이 경쟁적으로 진행 중이던 2-3년 전에도 WTO가 세계통상체제에 대한 논의의 중심에서 배제된 적은 없었다. 앞으로 다자체제가 어떠한 방식으로 변화되든 현행 WTO의 각종 규정과 정책에 대한 올바른 이해는 각국이 효과적인 통상정책을 추진하기 위해서 뿐만 아니라 다자체제를 유지 발전시키는 데에 있어서도 필수적 요건이 아닐 수 없다.

이번의 제7판의 개정을 지금 시기에 단행한 데에는 크게 두 가지 이유가 있다. 우선, 본서를 사랑하는 독자들과 동료 학자들의 본서 구성에 대한 의견제시와 일부 내용의 오류에 대한 지적을 반영할 필요가 있었다. 본서가 학부나 대학원 과정에서 통상관련 교과서로 많이 활용되다 보니 본서를 저술한 저자들에게 다양한 경로를 통해서 피드백이 전달된다. 일부 분야나 이슈는 그의 중요성에 비해 내용이 지나치게 많거나 적게 기술되었다는 이슈 간 양적인 불균형에 대한 지적도 있었고, 시대적 변화에 따른 제도적 변화를 충분히 반영하지 못하고 있다는 지적도 있었다. 뿐만 아니라 내용의 구분에 있어서 대주제와 하위 주제 간에 일관성이 결여되었다는 지적도 있었다.

개정의 또 다른 이유는 세계통상환경의 변화를 본서 내용에 적절히 반영해야 한다는 저자들 간의 공감대가 있었기 때문이다. 지난번 마지막 개정이 있었던 2014년 초에 비하면 세계통상환경은 비교적 단기간이지만 상당한 변화를 겪었다. 도하개발아젠다(DDA) 협상의 정체로 WTO규정 자체에는 커다란 변화가 없었지만, 급변하는 통상환경을 적시에 반영하지 않으면 국제통상을 공부하는 학생들에게 혼란을 줄 수 있다는 우려가 저자들 간에 제기된 것이다. 그러나 앞으로 세계통상환경이 어떻게 변화할지 불투명한 상황에서 대폭적인 개정은 여간 부담스러운 일이 아닐 수 없다. 따라서 각 분야별 내용 자체에는 큰 변화가 없더라도 그 내용을 보다 간단명료하게 전달하되, 주요 통상환경의 변화를 적재적소에 올바르게 반영한다는 원칙을 지키려고 노력하였다.

이와 같은 이유에 근거하여 주된 변화 부분을 간략하게 설명하면 다음과 같다. 첫째, 기존(제6판)의 제 IV부 1장과 제 V부 I장을 통합하여 제

I부 3장에 '다자간 국제통상체제의 전개과정'이라는 주제로 보다 간략히 재정리했다. GATT/WTO체제하에서 진행된 각각의 다자협상에 대한 내용을 대폭 축소하여 그의 개략적인 전개과정을 설명하는 데에 주력했다.

둘째, 기존의 제 II부 2장 3절의 OECD내용을 1장으로 이동하고 내용도 대폭 간소화했다. OECD를 국제통상체제 측면에서 이해하기보다는 다양한 이슈를 다루는 국제기구로서 국제통상에도 부분적으로 영향을 미치는 주체로서 이해하는 것이 적합하다는 판단에 따른 정리였다. 또한, TPP, RCEP, TTIP 등 지역별 거대경제통합의 전개가 최근까지 통상체제의 큰 흐름의 하나였던 점을 감안하여 제 II부 2장 2절의 '경제통합과 FTA'를 '지역별 경제통합'과 '지역간 거대경제통합'으로 분리해서 정리했다.

셋째, 2017년 2월 발효한 무역원활화협정의 내용을 제 III부 3장 4절에 새로 포함시켰다. 무역원활화협정은 회원국간 무역의 흐름을 원활히 하여 불필요하고 소모적인 무역비용을 최소화하기 위해 마련된 협정으로서 WTO 설립 이후 최초로 타결된 다자간 무역협상의 산물이라는 점에서도 중요한 의미가 있다. 또한, 기존 제 III부 4장 4절의 '자본거래'를 그의 성격에 맞도록 3장 '상품외 거래 관련 국제통상규범'의 5절로 옮겼고, 3장 1절 및 2절에서는 서비스 및 지식재산권 관련 최근의 국제협상에서의 논의 추이 및 특징 등을 추가로 반영했다.

마지막으로, 기존의 제 IV부 전체를 삭제하고 그 내용을 다른 관련 부분에 분산 정리하면서 3장의 '한국의 통상정책'을 이번 개정판에서는 제 IV부로 분리해서 기술했다. 이는 기존의 제 IV부 2장에 기술된 외국의 통상정책과 제도의 변화 내용을 적기에 감지하여 반영하기 어렵다는 문제점을 고려했다. 대신에, 개정판 제 IV부 3장 한국의 '대외통상관계'에서 주요 경제권과의 양자간 통상관계를 설명할 때 해당 경제권의 주요 통상정책을 참고사항으로 분리 기술했다.

본서가 1998년 2월에 처음으로 발간되었으니 바야흐로 20여 년의 세월이 흘렀다. 국제통상 서적은 워낙이 기술적이고 전문적 용어가 많아서 읽기도 이해하기도 쉽지 않다. 아무리 간단명료하게 기술하고 쉽게 설명하려고 해도 한계가 있고 자주 비판의 대상이 되기도 한다. 그럼에도 불구하고, 본서가 꾸준히 사랑을 받으면서 읽히고 있는 데에는 전적으로 분

에 넘치는 성원과 격려를 보내주신 독자들과 동료 학자들이 있었기 때문
이다. 학부와 대학원에서 본서로 강의하면서 인내를 갖고 오류와 개선점
을 지적해 주신 독자들과 동료 학자 여러분들께 이 기회를 빌려 심심한
감사의 인사를 드린다. 마지막으로, 변함없이 본서의 출간을 맡아 수고해
주신 박영사의 안종만 회장님과 편집부 여러분에게도 감사드린다.

  이번 제7판을 준비하면서 고려대학교 강문성 교수와 동국대학교 송
백훈 교수 등 두 분의 훌륭한 통상전문가가 집필진에 합류했다. 국제통상
론이 더욱더 독자 여러분께 사랑받는 통상교과서로 거듭날 것을 약속드
리며 여러분들의 변함없는 지도와 편달을 기대한다.

2018년 8월

저자 일동

제6판 머리말

　본서의 초판이 나온 지 십수 년이 지났다. 그동안 세계경제의 변화는 그 어느 때보다도 빠르고도 강하게 진행되어 왔다. 또한 이러한 변화가 어느 방향으로 전개될지 예측하기 힘들 정도로 불확실성이 증대되어 왔다. 현재도 세계경제를 벼랑 끝까지 몰고 갔던 글로벌 금융위기는 진행형이다. 위기의 진앙지였던 미국에서는 출구전략을 실행에 옮기고 있지만, 세계경제가 위기 이전상태로 돌아간다는 보장은 없다. 성장률 둔화와 일자리 부족현상이 조만간 종식되기보다는 장기간 지속되리라는 우울한 전망이 지배적이다.

　글로벌 금융위기가 각국의 실물부문까지 급속히 어두운 그림자를 드리우는 동안 국제통상분야에서 우려하였던 보호주의의 부활은 실현되지 않았다. 1930년대 대공황 직후 자국 산업과 고용을 지키기 위하여 경쟁적으로 보호장벽을 높인 결과 모든 국가들의 불황을 가중시켰다는 교훈을 되새긴 결과라고 할 수 있다. 2008년 개최된 G-20 정상회의에서는 주요국들이 보호주의적 조치를 취하지 않을 것과 개방적 국제통상체제 유지를 위하여 노력할 것을 약속하였다. 그러나, 수면아래에서는 경기진작이라는 명목하에 취약산업의 보호나 수출증대를 위하여 보조금을 제공하는 한편, 수입품에 대하여 기술장벽을 높이거나 반덤핑관세를 부과하는 사례가 늘고 있다. 또한 일본처럼 적극적인 양적완화정책을 추진하는 과정에서 자국통화가치가 하락하면서 인접국가와의 갈등이 야기되는 경우도 나타나고 있다.

　세계경제가 지속적인 성장궤도로 복귀하려면 정책공조의 필요성이 어느 때보다 절실하다고 하겠다. 회복과정에서 불가피하게 발생할 교역국간 갈등을 원만하게 해결하려면 다자 간 국제통상체제가 강화되고 제 기능을 발휘하여야만 할 것이다. 안타깝게도 다자 간 무역자유화 및 개발협력에 관한 국제적 지지는 이전보다 견고하지 못한 것이 사실이다. 그 대신 이해관계가 맞아떨어지는 양자 간 또는 복수 간 무역 및 투자자유화를 위한 지역주의적 협력이 더욱 강화되는 양상을 보이고 있다.

이번 개정은 글로벌 위기가 세계경제와 국제통상에 미치는 영향이 어느 정도 정리되기를 기다리다가 늦어졌다. 하지만 더욱 복잡해진 국제통상의 큰 그림을 제시한 후 각 분야별 전문지식을 간략하게 전달하는데 주력한다는 원칙을 지키려고 노력하였다.

첫째, 제 III부 4장의 "국제통상 의제의 다원화"를 "새로운 국제통상 이슈"로 바꾸면서 "무역과 원조"에 대한 논의를 추가하였다. 한국이 개발원조(Official Development Assistance: ODA)의 수혜국에서 원조국으로 바뀐 최초의 사례로 꼽히는 만큼, 앞으로 개발원조에 대한 관심은 앞으로 더욱 커질 것으로 예상된다.

둘째, FTA가 크게 확산되면서 상품 및 상품외 거래, 그리고 산업피해 규제 및 분쟁해결절차 등에 대하여 다자 간 협약보다 높은 수준의 규범이 적용되는 경우가 늘고 있다. 본서에서는 이렇게 강화된 규범과 제도를 상세하게 설명하였다. 또한 양자 간 FTA뿐 아니라, 점점 중요성이 증대하고 있는 복수국가 간 협정에 대해서도 소개하였다.

셋째, 급변하는 국제경제환경과 통상규범, 그리고 주요국의 통상정책을 새로 정리하였다. 또한 제 V부 3장의 국제협상사례를 대부분 새로 선정하여 생생한 정보를 전하려 노력하였다.

여씨춘추를 보면 아무리 장사라도 소꼬리를 힘껏 잡아당기면 꼬리가 끊어질지언정 소를 움직일 수 없고, 어린 아이라도 소의 고삐를 잡으면 원하는 대로 끌고 다닐 수 있다는 말이 있다. 즉, 도리를 깨닫고 따르면 쉽게 일을 이룰 수 있다는 말이다. 본서가 국제통상의 원리를 이해하고 이를 현실에 적용하는데 도움이 되기를 바란다.

이 자리를 빌려 본서의 개정판을 내는 데 도움을 주신 여러분께 진심으로 감사를 표하고 싶다. 우선 그동안 본서를 읽고 사랑해 주신 독자 여러분과 동료 학자들의 성원과 격려가 없었더라면 이번 개정판은 나오기 힘들었을 것이다. 어려운 환경에서도 본서의 출간을 적극 지원해 주신

안종만 회장님께 감사의 말씀을 드린다. 또한 전문적인 편집서비스를 제
공해 주신 박영사 마케팅부의 박세기 과장과 편집부의 배근하 씨께도 감
사드린다. 마지막으로 항상 웃는 얼굴로 개정작업을 도와준 국제경제연구
소의 김혜미 연구원에게도 고마움을 전한다.

2014년 2월

저자 일동

제 5 판 머리말

　　전세계가 글로벌 금융위기를 맞아 1930년대 대공황 이후 최대라는 경기침체를 경험하고 있다. 역설적이지만 글로벌 금융위기는 우리가 막연하게 생각하고 있는 것 이상으로 세계 경제가 얼마나 촘촘하게 연결되어 있는가 하는 것을 잘 보여주고 있다. 또한 세계화가 진행될수록 국제통상 질서와 규범이 얼마나 중요한가를 깨닫게 하는 계기가 되고 있다. 이번 글로벌 금융위기의 강도와 지속성이 대공황과 비교하여 심하지 않은 이유 중의 하나는 대공황 때는 자국 산업을 보호하기 위하여 보호무역주의 정책을 채택한 결과 국제무역이 연속적으로 줄어든 반면, 이번에는 G-20 정상회의에서 약속한 바와 같이 자유무역의 규범이 지켜지고 경기부양을 위한 국제공조가 이루어지고 있기 때문이다. 국제자본이동에 대하여서도 점진적 자유화를 추진하는 동시에 국제금융시장의 불안정성을 억제할 수 있는 국제규범과 감독체계가 일찌감치 마련되었더라면 글로벌 금융위기를 막을 수 있지 않았을까 하는 아쉬움이 남는다.

　　국제통상환경은 그대로 머물러 있지 않고 시시각각으로 변하고 있다. 더구나 국제통상의 여러 분야에서 동시다발적으로 발생하는 변화의 방향과 속도는 이슈별로 다르기 때문에 일괄적으로 요약하기 힘들다. 따라서 주기적으로 정보를 업데이트하고 분석틀을 정비해야 하는 번거로운 일이 반드시 필요하다. 이번 개정 5판 역시 국제통상의 커다란 그림을 제시하면서 각 분야에 대한 전문지식을 명확하면서도 간결하게 전달하고자 하는 원래 목적에 충실하고자 노력하였다.

　　첫째, 국제통상의 모습을 균형 있고 효율적으로 이해하기 위하여 저서의 구성을 일부 바꾸었다. 예를 들어 기존의 제IV부 "국제통상의 새로운 의제"를 제III부의 제4장으로 통합시켰다. 또한 이제는 더 이상 새롭다고 보기 힘들어진 전자상거래를 제외하는 대신 무역원활화에 대한 논의를 새로 추가하였다. 무역원활화는 무역장벽이 크게 축소된 1990년대 중반 이후부터 무역확대를 위한 역할이 중요해진 만큼 관심을 가질 필요가 있다고 판단된다.

둘째, 제II부 제2장에서 FTA의 전반적 흐름과 특징에 대한 논의를 보완하고, 각 분야별로 FTA를 통한 자유화가 어떻게 진행되고 있는지를 설명하였다. 특히 우리나라와 관련이 깊은 한·미 FTA의 내용을 사안별로 소개하고 다른 국제규범과의 유사점 및 차이점을 비교·검토하였다.

셋째, 글로벌 금융위기와 관련하여 제I부 제1장의 관련 원고를 새로 쓴 것을 비롯하여 거의 모든 장의 내용을 한 줄 한 줄 세심하게 손보았다. 한국을 위시한 주요국의 협상전략 및 통상정책 변화 등을 보완하였으며, 보다 현실적인 사례들로 Box의 내용을 보강하였다.

본서가 세상에 처음 선을 보인 지도 이제 10년이 넘었다. 국제통상이라는 만경창파 망망대해에 배를 띄우면서 두려움을 이겨 낼 수 있었던 것은 전적으로 분에 넘치는 성원과 격려를 보내주신 여러분이 있었기 때문이다. 무엇보다 본서를 읽고 사랑해 주신 독자 여러분께 진심으로 감사드린다. 또한 학부와 대학원에서 본서로 강의하면서 오류와 개선점을 지적해 주신 동료 학자들에게도 감사드린다. 마지막으로 어려운 환경에서도 본서의 출간을 맡아 수고해 주신 박영사의 안종만 회장님과 편집부 여러분에게도 감사드린다.

이번 개정판을 준비하면서 고려대의 박성훈 교수와 동덕여대의 송유철 교수 두 명의 능숙한 선원이 합류하였다. 앞으로도 용기 백배하여 성난 풍랑과 모진 바람을 마다하지 않고 앞으로 나아갈 것을 약속드린다.

2009년 8월

저자 일동

제4판 머리말

2003년 9월 DDA 협상을 촉진시키기 위한 중간점검 성격의 WTO 각료회의가 멕시코에서 개최되었다. 그러나 신통상이슈에 대한 개도국의 강력한 반대와 농산물에 대한 미국과 EU간 현저한 입장차이로 각료회담은 실패로 돌아갔고 출범 당시 합의한 2004년 말 협상종료시기도 지켜지지 못하게 되었다. 다행히 2005년 12월 홍콩에서 WTO 각료회의가 개최됨으로써 DDA 협상이 금명간 종료될 수 있을 것이라는 전망이 조심스럽게나마 나오고 있다. 그러나 아직도 합의가 이루어지지 않은 분야가 많이 남아 있어 최종 협상이 끝나기 전까지는 아무도 확실한 전망을 할 수 없는 실정이다. 한편 2005년 10월 부산에서 개최된 APEC 정상회담은 일단 성공적으로 끝이 났으나 APEC 출범 당시 달성하고자 한 무역과 투자의 자유화와 관련해서는 별다른 성과를 거두지 못했다는 것이 전문가들의 평가다.

이렇듯 WTO와 APEC이 국제통상질서에 실질적인 공헌을 하지 못하고 있는 데 반해 세계 전지역에서는 크고 작은 자유무역협정이 빈번하게 체결되고 있는 추세를 보이고 있다. 지금까지 다자간 무역체제를 유일한 대안으로 여겨왔던 동아시아지역 국가들도 최근 들어 지역주의 추세에 합류하여 여러 역내 및 역외 국가들과 자유무역협정을 위한 협상을 진행시키고 있다. 금년 들어 한국과 미국은 양자간 자유무역협정 체결을 위한 협상개시 선언을 한 바 있다.

이와 같이 국제통상환경은 시시각각으로 변화하는 특징을 가지고 있다. 따라서 국제통상질서와 규범을 제대로 이해하기 위해서는 새로운 사태발생, 협상의 진전 상황과 주요국들의 입장, 앞으로의 전망 등에 대해 항상 주의를 기울여야 한다. 이번에 국제통상론 제4판을 출간하게 된 동기도 바로 이러한 변화를 반영하는 데 있다. 이번 제4판의 특징은 크게 두 가지로 요약된다.

첫째, 국제통상을 보다 균형 있고 효율적으로 이해하고 급변하는 국제통상환경을 보다 새롭게 반영하는 데 초점을 맞추어 저서의 구성을 일부 바꾸었다. 즉 제 I 부 제 3 장에서 다루었던 다자간 국제협상의 역사를 제 VI 부(국제통상협상의 이론과 실제)의 제 1 장으로 옮겼다. 또한 국제통상 규범 및 제도를 다루었던 제 II 부를 국제통상체제의 개관과 분야별 국제통상규범과 제도로 분리해 각각 제 II 부와 제 III 부에서 다루었다. 새로 개정된 제 III 부에서는 여러 분야의 통상규범과 제도를 상품 관련, 산업피해구제 및 분쟁해결 관련, 상품외거래 관련 등으로 묶어서 다룸으로써 이해의 효율성을 제고하였다.

둘째, 거의 모든 장에서 새로운 정보와 보다 최근의 예를 중심으로 기존의 내용을 보완하고 수정하였다. 특히 WTO DDA 협상의 진전, 동아시아에서의 지역주의 확산, 주요국의 협상전략 및 통상정책 변화 등을 반영하였고 각 장을 시작하는 Box 안의 내용을 보강하였다.

급변하는 국제통상환경을 감안할 때 제 3 판이 출간되고 3년이 지난 후 비로소 새 개정판을 펴내게 되어 저자들은 송구한 마음을 금할 수 없다. 그러나 다소 늦은 시점에서나마 이번 제 4 판을 내게 된 것은 매우 다행스러운 일이라 하겠다. 이 자리를 빌어 그 동안 본서의 초판부터 계속해서 성원해 주신 많은 독자들에게 감사의 뜻을 표하며, 이번 제 4 판에 대해서도 변함 없는 성원과 지도를 바라마지 않는다. 이전에도 그랬듯이 이 책에 남아 있는 미진한 부문과 오류는 저자들의 몫이며 앞으로 지속적인 노력을 통해 이들을 시정 · 개선해 나갈 것을 약속드린다. 끝으로 이번 제 4 판의 출간을 적극적으로 지원하고 격려해 주신 박영사 관계자 여러분께 깊이 감사드린다.

2006년 2월

저자 일동

제3판 머리말

21세기에 들어선 세계경제는 놀라울 정도로 많은 변화가 빠르게 일어나고 있다. 일본이 장기침체에서 벗어나지 못하고 EU에서도 디플레이션현상에 대한 우려가 커지는 가운데, 세계각처에서 지속되고 있는 크고 작은 전쟁은 세계경제의 안정적 성장을 위협하고 있다. 한편 1997년 금융위기 이후 한국경제는 거시경제 측면에서는 거의 위기로부터 벗어난 것으로 평가되고 있으나, 금융, 기업, 노동, 공공부문에서의 개혁은 아직 완성되었다고 보기 어려운 상황이다. 대외적으로는 이제까지 고수하여 왔던 다자주의 우선 원칙에서 벗어나, 칠레와의 자유무역협정(FTA)을 체결하였다. 물론 그 협상과정이 매우 오래 걸렸고 자유화 내용도 다소 소극적이었다는 점들이 그 실효성에 의문을 제기하고 있다. 또한 한국과 미국간의 쌍무간 투자협정(BIT)도 4년여 동안의 협상에도 불구하고 결론을 맺지 못하고 있는 실정이다.

미래가 불확실한 세계에서도 국경의 의미는 빠르게 퇴색되어 가고, 국경을 초월한 전략적 제휴와 기업의 인수·합병은 지속되고 있다. 또한 경제와 안보, 더 나아가 환경, 기술, 노동 등 여러 문제들이 상호 연관되는 복잡한 현실을 반영하듯 기존의 통상규범의 개정과 새로운 규범제정을 위한 협상이 동시다발적으로 진행되고 있다. 이러한 점에서 2001년 카타르의 수도 도하에서 개최된 WTO 제4차 각료회의에서 출범한 도하개발아젠다(DDA)협상은 비상한 관심이 되지 않을 수 없다. 2차대전 전후 9번째의 다자간 협상에 해당되는 DDA협상에서는 농업·서비스·비농산물 분야의 시장개방, 반덤핑·보조금·분쟁해결절차·지역협정 등 기존협정의 개정뿐 아니라, 투자·경쟁정책·무역원활화·정부조달 투명성에 대한 새로운 규범을 만들게 된다. 또한 이번 협상에서는 WTO내 개도국의 영향력 증대를 반영하여 개발문제를 별도로 검토하게 되었으며, 새로 회원국이 된 중국이 얼마만큼의 영향력을 발휘하게 될지도 주목을 받고 있다.

빠르게 변화하는 세계경제와 국제통상환경은 본서의 전면적인 수정을 더 이상 미룰 수 없도록 만들었다. 제3판에서는 도하개발아젠다협상에서 다루어지고 있는 주요이슈들을 상세하게 설명하였다. 대외의존도가 높은 한국으로서는 이번 협상을 통하여 어떻게 안정적인 국제통상환경을 만들어 내면서 우리 국익을 최대한 확보하느냐가 최우선적 정책과제인만큼 많은 관심이 요구된다고 하겠다. 또한 유럽연합(EU) 등 세계 각 지역에서 확산·심화되고 있는 지역주의 문제도 최근의 변화상황을 요약해 수정보완하였다. 또한 각국의 통상정책에 대해서도 최신 정보와 분석을 보완하였다.

본서의 제3판이 의미를 갖는 또 하나의 이유는 금년 2월 우리나라에서 새 정부가 탄생하였다는 것이다. 특히 우리나라의 대외통상정책이 북한을 둘러싼 안보문제와 연계될 가능성을 고려할 때 통상이슈를 제대로 이해하고 그에 따른 정책을 수립하는 것이 어느 때보다도 중요할 것으로 생각된다. 본서가 일반 독자는 물론 정부관리들에게도 세계경제의 최근변화를 이해하고 국제통상에 대한 식견을 얻는 데 도움이 될 수 있기를 기대한다.

이 자리를 빌어 그 동안 본서의 초판과 개정판을 적극적으로 성원해 주신 독자들에게 깊은 감사의 뜻을 표하며, 제3판에도 변함 없는 지도와 편달을 바라마지 않는다. 끝으로 본서의 출간을 위해 지원과 격려를 아끼지 않은 박영사 안종만 회장님과 편집부의 노현 씨, 그리고 기획부의 조성호 과장님께도 감사의 말씀을 드린다.

2003년 2월

저자 일동

개정판 머리말

이 책이 발간된 지 1년 반이 지나는 동안 세계경제와 한국경제에 엄청난 변화가 일어났다. 1997년 아시아 외환위기가 시작되었으며 한국은 IMF 관리체제하에서 엄청난 고통을 감수하고 경제구조의 개혁을 진행중에 있다. 또한 21세기를 앞두고 밀레니엄 라운드에 관한 논의가 계속되는 등 세계경제의 개방화와 경쟁은 더욱 촉진될 전망이다. 이에 따라 국제통상 분야에 있어서 새로이 다루어야 할 문제도 늘어났으며 이것이 저자들로 하여금 개정판을 서둘러 내게 만든 배경으로 작용하였다.

이번 개정판의 특징은 크게 두 가지로 요약된다. 첫째, 이 책의 각 분야별로 최근에 발생한 변화를 최대한 반영하여 수정 및 보완하였다. 국제통상 분야는 WTO, OECD 등 각종 국제기구, EU, NAFTA 등 지역간 협정 그리고 개별 국가간에 이루어지는 지속적인 논의와 협상의 결과를 다룬다. 따라서 본 개정판에서는 전 분야에 걸쳐서 지난 2년여 동안 발생한 변화를 최대한 반영하는 데 주력하였다. 이러한 작업은 각 분야별로 최근의 동향을 포함하는 데 그치지 않고 각종 협상의 경과에 따라 각 장 또는 절을 재구성하는 결과를 가져왔다.

둘째, 국제통상의 새로운 이슈에 관한 내용을 추가하였다. 오늘날 기술의 급속한 발전에 따라 경제활동의 양상과 국가간의 이해관계가 끊임없이 변하고 있다. 이러한 변화는 자연히 국제통상 분야에 새로운 이슈를 창출하게 되는데 본 개정판에서는 이에 관한 내용들이 추가되었다. 추가된 주요 내용을 살펴보면 우선 인터넷 상거래에 관한 국제규범의 동향을 소개하고 있는 전자상거래 분야를 들 수 있다. 인터넷 국제상거래의 급속한 성장과 더불어 가속화될 것으로 보이는 이 분야에 관한 논의의 이해에 많은 도움이 될 것으로 생각된다. 또한 국제상거래에 있어서 부패관행의 근절을 목적으로 최근 발효된 OECD 뇌물방지협정의 주요 내용을 새로이

추가하였다. 이 분야는 한국도 본 협약에 참여하고 있다는 점에서 국제상
거래와 관련하여 반드시 관심을 가져야 할 것이다.

국제통상론의 특성상 세계경제의 변화를 즉각 반영해야 함에도 불구
하고 이제야 개정판을 출간하게 되어 송구한 마음을 금할 수 없다. 다만
이 책이 단순히 현안 설명이 아니라 국제통상의 본질적 측면에 대한 이해
를 위한 것임을 상기하는 것으로 그 동안 망외의 성원을 보내준 독자의
이해를 구하고자 한다. 또한 개정작업과정에서 저자들간에 많은 토론과
검토가 있었음에도 불구하고 여전히 미진한 분야와 오류에 대해서는 향
후 독자의 많은 지도와 편달을 기대해 본다. 마지막으로 개정판의 출간을
격려해 준 박영사 관계자 여러분에게 깊은 감사를 드린다.

1999년 7월

저자 일동

머 리 말

　21세기로의 진입이 불과 수 년밖에 남지 않은 시점에서 세계는 과거 어느 때와도 비교할 수 없는 커다란 변화의 국면을 맞이하고 있다. 이러한 변화는 기본적으로 냉전체제의 종식과 정보기술의 혁신이라는 양대 요인이 복합적으로 작용한 결과라고 분석되고 있다. 냉전체제의 종식은 각국으로 하여금 대외정책의 우선순위를 안보보다 경제문제에 두도록 하였으며 정보기술의 혁신은 경제활동에 있어서 국경의 의미를 퇴색시킴으로써 세계를 하나의 지구촌으로 만들어 가고 있다.

　다행히도 세계무역기구(WTO)가 출범함으로써 다자간 교역체제를 강화시키는 계기가 마련되었다. 공산품은 물론 섬유, 농산물, 서비스가 교역 자유화 확대에 포함되었으며 지식재산권보호에 대한 규범이 제정되고 보조금 및 덤핑 등 불공정 교역에 대한 규범이 강화되었다. WTO체제는 모든 교역장벽을 눈에 보이도록 투명화하고 있으며 보다 적극적인 방법으로 교역장벽을 완화·철폐시키고 있다. 이러한 점들은 과거 GATT체제하에서는 찾아볼 수 없는 WTO체제의 특징이라 하겠다.

　이와 같은 세계경제변화의 특징은 크게 다음 세 가지로 요약할 수 있다. 첫째 무역과 투자의 국경간 자유화 확대는 물론이고 외국상품과 외국기업들이 국경을 통과한 후 공정하고 자유롭게 경쟁할 수 있는 여건을 마련하는 노력 또한 보다 적극적으로 전개될 것이고, 둘째 기업의 생산 및 판매뿐 아니라 인력을 포함한 각종 생산요소들의 국제이동이 가속화되면서 국경을 초월한 전략적 제휴와 기업의 인수·합병이 보편화될 것으로 예상되며, 셋째 WTO를 중심으로 한 다자간 체제하에서도 유럽, 북남미, 동남아시아를 중심으로 지역주의 움직임은 계속해서 확산될 것이라는 점이다.

　이는 곧 모든 분야에서 경쟁의 폭과 강도가 높아졌으며 동시에 개별

국가간 상호의존성이 심화되고 있음을 시사한다고 하겠다. 이러한 세계경제의 변화 속에서 OECD에 가입한 한국은 자유화와 개방화의 속도를 늦출 수 없는 상황을 맞이하고 있다. 더구나 IMF의 구제금융을 받게 된 이상 금융서비스, 자본 및 외화 부문의 자유화도 가속화될 전망이다. 이러한 무한경쟁시대에서의 생존전략은 우리 기업과 우리 산업의 국제경쟁력을 제고시키는 정공법 이외에는 다른 방안이 있을 수 없다.

우리는 이제 대내외 여건변화에 따른 도전을 극복하고 21세기 초 우리나라가 선진국 대열에 진입할 수 있도록 철저히 대비해야 할 것이다. 이 시점에서 우리에게 무엇보다도 시급한 것은 여러 분야에서 국제통상에 대한 이론과 전문지식, 통상협상기술, 국제적 경험과 감각, 탁월한 외국어실력 등을 골고루 갖춘 국제전문인력을 체계적으로 양성하고 관련 연구의 추진을 강화하는 일이라 하겠다.

최근 들어 국제통상에 관한 관심이 높아지면서 이 분야에 대한 연구와 저술활동이 과거에 비해 현저히 많아진 것이 사실이다. 그러나 이러한 연구와 저서들이 이론과 제도에 치우쳐 있어 사회에서 그 수요가 급증하고 있는 국제전문가 양성과 관련 연구에 큰 도움을 주지 못하고 있다. 특히 국제통상분야에서 국제경쟁력 있는 전문가가 되기 위해 필요한 통상관련 정부정책, 국제규범, 다자 및 쌍무간 협상, 정치경제학적 측면, 기업관행, 소비자 인식 등을 포괄적으로 다룬 저서는 전무한 상황이다.

이 책은 바로 이와 같은 취약점을 보완하자는 데 뜻을 같이한 몇몇 학자들에 의해 저술되었다. 이 책의 핵심 목표는 다양한 국제통상관련 분야를 포괄적으로 다루되 각 분야에 대한 전문지식과 직접경험을 최대한 반영하자는 것이다. 이러한 목표를 성공적으로 달성할 수 있었던 것은 저자들이 각자 다른 분야에 특화하고 있을 뿐 아니라 모두가 다년간 국제협상에 직간접으로 참여한 경험을 가지고 있기 때문이다. 사실 이 책을 출간하자는 결정도 바로 저자들이 각자의 지식과 경험을 한데 모아보자는 작은 뜻에서 이루어진 것이다. 따라서 저자들은 우루과이라운드 협상, APEC관련 각종회의, OECD 및 WTO에서의 협상과 의제논의 등에 참여한 실제 경험과 가장 최근의 정보를 최대한 반영시키도록 노력하였다.

이 책은 기본적으로 국제통상에 관심이 있는 학부학생을 대상으로

저술되었다. 그러나 보다 심도 있는 지식과 연구의 추구를 위해 토의과제
와 관련 참고문헌을 게재하여 대학원생에게도 도움이 되게 하였다. 특히
이 책은 최근 국제전문인력 양성을 위해 국책사업으로 추진되고 있는 국
제대학원의 교재로도 매우 적합할 것으로 판단된다. 또한 국제통상 관련
분야를 포괄하고 있을 뿐 아니라 통상협상의 이론과 기법을 다루고 있기
때문에 정부와 기업에서 통상업무를 다루는 실무자들에게도 유익한 참고
자료가 될 수 있을 것이다. 끝으로 최근 IMF구제금융 체제하에서 국제경
제환경의 변화에 관심이 있는 일반인들에게도 한 번쯤 읽을 만한 책자가
되었으면 한다.

　이 책은 대부분의 저자들이 연구위원으로 근무한 바 있는 대외경제
정책연구원(KIEP)의 도움이 없이는 출간될 수 없었을 것이다. KIEP의 많
은 연구보고서가 참고자료로 활용되었으며 각 국제경제관련 분야에서 전
문가로 정책연구에 몰두하고 있는 동료들과의 토론은 결정적인 도움이
되었다. 또한 저자들의 작은 뜻을 선뜻 받아들여 이 책의 출간을 가능케
해 주신 박영사의 안종만 사장님과 편집부의 노현 씨에게도 깊은 감사를
드린다. 끝으로 이 책에 남아 있는 모든 오류는 저자들의 몫이며 앞으로
독자들의 많은 지도와 편달을 통해 이들을 시정·개선해 나갈 것임을 밝
혀둔다.

1998년　2월

저자 일동

차 례

제 I 부 국제통상론의 이해

제Ⅱ부 국제통상체제의 개관

제Ⅲ부 분야별 국제통상규범과 제도

제1장 상품거래 관련 국제통상규범

제2장 국제협상의 사례연구

제 **I** 부

국제통상론의 이해

21세기 세계경제는 활발하게 무역 및 자본이동이 확대되면서 과거 어느 때와도 통합이 가속화되고 있다. 이러한 변화는 기본적으로 냉전체제의 종식과 교통 및 정보통신기술의 혁신이라는 양대 요인이 복합적으로 작용한 결과라고 분석되고 있다. 냉전체제의 종식은 각국으로 하여금 안보보다 경제를 우선하는 정책을 채택하게 하였으며 지역주의 추세를 고조시키는 결과를 초래하였다. 이로 인해 다자간체제는 약화되었으며 세계경제질서에 많은 불확실성이 생기게 되었다.

교통 및 정보통신기술의 혁신은 경제활동에 있어서 국경의 의미를 퇴색시킴으로써 세계를 하나의 지구촌으로 만들어 가고 있다. 이와 같은 경제활동의 세계화로 기업간의 경쟁이 심화되고 과거에는 볼 수 없던 서비스와 정보 · 지식관련 상품의 교역이 증대되어 국가간에 새로운 분쟁의 소지가 생기게 되었다. 한편 금융시장이 통합되면서 한 지역의 금융위기가 급속히 전세계로 확산되는 현상도 나타나고 있다.

제 1 부에서는 세계경제의 통합과 국제경제관계의 변화를 조망한다. 이와 함께 국제통상의 기본 개념과 범위, 그리고 다자간 국제통상체제의 전개과정을 개괄하기로 한다.

제 1 장

세계경제통합과
국제경제관계의 변화

1.1 세계화와 변화하는 세계경제 >>>

1. 세계화와 국경 없는 경제

글로벌 금융위기는 20세기말 세계경제의 화두로 떠오른 '세계화'의 명암을 다시 생각해보는 계기가 되었다. 한동안 세계화는 불가피하며 불가역적이며, 세계화의 적극적 추진이야말로 지속적인 성장의 첩경이라는 주장이 유행하였다. 그러나 세계화가 환경이나 노동조건을 악화시키고, 선진국이나 개도국을 막론하고 빈곤층에게 폐해를 주며, 세계경제차원에서도 부유한 국가와 빈곤한 국가간의 소득격차를 확대시키고 있다는 비판도 꾸준히 제기되어 왔다.

세계화(globalization)란 무엇인가? 넓은 의미의 세계화는 정치, 경제, 사회, 문화의 모든 분야에서 국가간 상호의존성이 심화되어 실질적인 지구촌 공동체가 형성되어 가는 과정이라고 볼 수 있다. 한편 협의의 세계화란 다양한 국민경제들이 하나의 경제로 통합되는 과정으로 정의할 수 있다. 즉, 상품 및 서비스의 수출과 수입, 자본의 유출과 유입, 기술도입과 기술의 해외수출, 노동력의 유입 및 유출 등 양방향에 걸친 생산물과 생산요소, 그리고 금융자본의 이동을 통하여 전세계적 분업구도가 심화되어 가는 것을 의미한다.

세계화는 종종 국제화(internationalization)란 용어와 같은 뜻으로 사용되기도 한다. 그러나 국제화는 말 그대로 국민경제를 기본적인 경제단위로 국민경제간 교역이 증대하는 것을 지칭하는 반면, 세계화는 국민경제를 뛰어넘어 세계경제가 하나로 통합되는 것을 의미한다는 면에서 차이가 있다. 국제화가 다른 국가와의 무역을 촉진하기 위한 시장개방을 강조하였다면, 세계화는 개방뿐 아니라 적극적인 해외투자, 그리고 인적교류를 포함하는 개념이라고 할 수 있다. 국민경제의 개방과 이에 따른 국제적 분업의 진전은 21세기에 갑자기 나타난 현상이라고는 할 수 없으며,

적어도 제2차 세계대전 이후 꾸준히 확대되어 왔다고 하겠다. 세계화 역시 경제통합의 과정이라면 왜 최근 들어서 갑자기 세계화란 용어가 일상화되면서 논쟁의 초점이 되고 있는가?

세계화로 대변되는 자유무역과 자본이동이 역사상 가장 높은 단계에 도달하였는가에 대해서는 논란의 여지가 많다. 일각에서는 100년 전쯤 금본위제도하에서 오히려 무역과 자본이동이 활발하게 이루어졌다고 주장한다.[1] 호주, 캐나다나 아르헨티나와 같은 국가들이 만성적인 경상수지적자를 자본차입으로 메울 수 있었다는 것도 그 단적인 예라고 주장한다. 그러나 대부분의 학자들은 제1차 세계대전 이전의 무역이나 금융측면에서의 경제통합은 지금보다 지역적으로나 또한 통합의 심도에 있어서 훨씬 제한적이었다고 주장한다.[2] 즉, 20세기 말로 올수록 무역이나 자본이동이 일부국가뿐 아니라 전세계적으로 고르게 증가하는 추세를 보이고 있고, 또한 교역재비중 및 서비스교역의 증가, 다국적기업의 역할 강화, 그리고 제조업 및 서비스분야에 대한 직간접투자의 증대로 인하여 그 내용도 크게 바뀌었다고 할 수 있다.

세계화가 새로운 현상인가라는 논쟁에 있어서 세계화를 단순히 통합과정으로 보느냐, 아니면 그 결과라 할 수 있는 국경 없는 경제(borderless economy)를 상정하고 있느냐는 중요한 의미를 갖는다. 정보통신기술의 눈부신 발달로 지구촌은 하나의 경제로 묶이게 되었다. 디지털 기술의 급속한 발전은 세계 어디서나 생산이 가능하고 단시간 내 유통이 가능하도록 만들고 있다. 이에 따라, 상품 및 서비스의 거래는 지역이나 시간 또는 국경의 제약을 받지 않고 이루어질 수 있게 되었다. 또한 공급자와 수요자간 복잡한 유통단계가 생략됨에 따라 일반소비자나 기업이 지불하여야 하는 거래비용을 크게 절감시키고 있다. 거래비용의 감소는 소비자들이 지불하여야 하는 가격을 파격적으로 낮추는 효과를 가져왔다. 또한 새로운 기업의 시장진입이 용이하여짐에 따라 기존기업들의 범세계적 시장참여가 가능하게 되었다. 이에 따라 전세계적으로 최고가 아니면 살아남기 힘든 강도 높은 경쟁에 직면하게 되었다.

---

1) Rodrik(1998) 참조.
2) Bordo et al.(1999); Weinstein(2005) 참조.

| 그림 I-1-1 | 정보기술의 발달과 비용감소

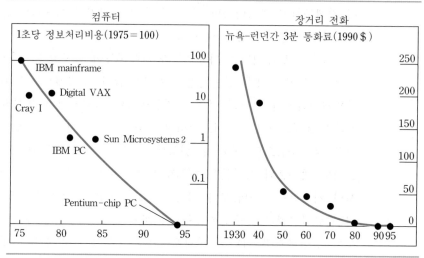

자료: *Economist*, 1996. 9.

세계화를 밀고 나가는 가장 중요한 원동력이 기술혁신이라는 점은 국제통상관계의 변화를 조망하는 데 새로운 시각을 제공한다. 특히 반도체, 컴퓨터, 각종 소프트웨어 및 통신시설 관련 기술을 통칭하는 정보기술 (information technology)의 발달은 세계화와 밀접하게 연관되어 있다. 새로운 기술의 발달로 교통 및 통신비용은 크게 감소하였다. 〈그림 I-1-1〉은 전산비용과 전화료가 얼마나 빨리 감소되는가를 보여 준다. 컴퓨터의 경우 지난 20년간 동일한 정보처리에 발생하는 비용이 만분의 일 이하로 떨어졌으며, 1930년 이후 60년 동안 장거리통화요금은 80분의 1, 그리고 항공료는 6분의 1로 감소하였다.

정보기술의 발달은 가히 혁명적이라고 할 만한 생산성의 증대를 가져왔다. 근대경제사에서는 서구경제가 다섯 번에 걸친 비약적 성장기를 경험하였다고 지적하는데, 그 때마다 신기술의 발달이 결정적인 요인이 되었다. 우선 1760년대부터 1840년대까지 이루어진 제 1 차 산업혁명에서는 증기기관의 발명이 이러한 역할을 담당하였다. 1860년대부터 1920년대에 걸친 제 2 차 산업혁명은 전기에너지 기반의 대량생산을 가능케 하였다. 20세기 후반에는 컴퓨터와 인터넷기반의 지식정보기술혁신이 가져온

| 표 I-1-1 | 신기술의 경제성장기여도 　　　　　　　　　　　(단위: 연평균 %)

신기술	기　간	자본심화 기술진보	생산과정의 기술진보	사용과정의	총　계
증기기관: 영국	1780–1880	0.19	0	0.32	0.51
철도: 영국	1840–1870	0.13	0.10	0	0.23
	1870–1890	0.14	0.09	0	0.23
철도: 미국	1839–1870	0.12	0.09	0	0.21
	1870–1890	0.32	0.24	0	0.56
전기: 미국	1899–1919	0.34	0.07	0	0.41
	1919–1929	0.23	0.05	0.70	0.98
정보기술: 미국	1974–1990	0.52	0.17	0	0.69
	1991–1995	0.55	0.24	0	0.79
	1996–2000	1.36	0.50	0	1.86

자료: IMF, *World Economic Outlook*, 2001. 10.

제 3차 산업혁명이 일어났다. 정보기술혁명은 21세기에 들어오면서 더욱 빠르고 폭넓게 진행되고 있다.[3]

〈표 I-1-1〉은 신기술의 발명이 경제성장에 기여한 정도를 보여 준다. 예상한 바와 같이 1990년대 후반 미국에서 일어난 정보기술의 혁명은 이제까지 증기기관, 철도, 또는 전기의 사용이 가져온 생산성의 증가보다 훨씬 큰 효과가 있는 것으로 나타나고 있다.

기술혁신은 경제성장의 가장 중요한 요소이다. 특히 정보기술의 발달은 이제까지의 기술혁신과는 전혀 차원이 다른 성격을 가진다고 평가되고 있다. 우선, 정보기술 이용의 광범위성에서 차이를 찾아볼 수 있다. 정보기술은 경제의 모든 업종에 영향을 줄 뿐 아니라, 기업활동에도 근본적인 변화를 초래하고 있다. 자동차를 예로 들면 정보기술은 자동차의 설계, 제조, 판매 전 분야에 혁신을 가져오고 있다. 또한 이제까지와는 전혀 다른 새로운 종류이 상품과 서비스를 기능게 하고 있다.

또한 정보기술의 발달은 경제적 거리를 단축하고 의사결정의 어려움을 근본적으로 해결하는 계기가 된 것임은 분명하다. 이제 기업에게 국경

---

3) 세계경제포럼(WEF)의 슈밥회장은 지능정보기술의 기하급수적 혁신이 야기한 제 2차 정보혁명을 제 4차 산업혁명이라 명명하였다(Schwab(2016)).

을 초월한 생산활동의 통합이나 전략적 제휴는 더 이상 문제가 되지 않는
다. 활발하여지는 산업간, 또한 기업간 무역은 바로 기업활동의 세계화를
반영하고 있다. 소비자 역시 정보기술의 발달 덕분에 각자 기호에 맞는
제품을 가장 싼 값에 살 수 있게 되었다. 아시아 개도국에서도 위성방송
을 통하여 미국프로농구(NBA)시합 중계를 즐기게 되었고, 심각한 경상수
지적자에도 불구하고 미국선수들을 수입할 수밖에 없는 상황에 내몰리고
있다. 인터넷을 통한 상거래가 활성화된다면 소비의 세계화가 획기적으로
진척될 것은 자명한 이치이다.

20세기 말 세계화의 급진전을 가능케 한 또 하나의 요인으로 냉전체
제의 종식을 들 수 있다. 제2차 세계대전 이후 세계경제질서는 공산주의
와 자본주의간의 대결구도라는 기초 위에 건설되었다. 소련을 비롯한 동
구 공산주의경제권과 미국을 중심으로 하는 서구 자본주의경제권간에는
극히 제한적인 경제교류가 이루어질 수밖에 없었다. 또한 양 진영에 속한
개별국가들은 정치안보적 고려 때문에 경제적인 손해를 감수하거나, 또는
반대로 정치적 양보를 대가로 경제적 실리를 챙기는 경우가 종종 발생하
였다. 그러나 1980년대에 들어와 사회주의적 계획경제체제의 모순이 현저
하게 나타나기 시작하면서 양 진영간의 균형은 깨지기 시작하였고, 1989
년 베를린 장벽의 붕괴를 계기로 냉전체제는 급작스럽게 붕괴되기에 이
르렀다. 그 해 12월 몰타에서 개최된 미소정상회담에서는 전후 45년간 계
속된 얄타체제의 종식을 정식으로 선언하기에 이르렀다.[4]

냉전체제의 종식은 구사회주의 국가들에 있어서 여러 갈래로 진행되
어 오던 경제개혁과 개방을 획기적으로 촉진하는 계기가 되었다. 예를 들
어 1980년대 말부터 진행되고 있는 동구의 경제개혁은 계획과 명령에 의
존하던 기존체제로부터 새로운 시장체제로의 이행이라는 체제전환적 성
격을 띠고 있다.[5] 최근 수년간 이들 국가들은 극심한 시행착오를 겪었지
만, 시장경제체제의 도입이 어느 정도 안정단계에 들어가면서 거시경제지

---

4) 냉전체제 성립과 종식에 대한 정치경제적 접근에 대해서는 이대근(1993) 참조.
5) 사회주의경제체제의 전환에 있어서 체제전환의 주체(국가와 민간), 속도(점진 및 급
   진), 순서(금융개혁, 안정화 및 구조조정, 사유화 및 독점해체), 전환의 방향(자유시장
   경제, 제3체제, 구체제 유지)이 한동안 논의의 초점이 되었다. 그러나 동구권은 중국
   과 러시아와 달리 급속하게 자본주의체제로의 전환을 추진하였다.

표도 상당히 호전되었다. 한편 중국과 베트남의 경제개혁은 동구 국가들과 달리 정치적 혼란을 경험하지 않으면서 급속한 경제성과를 거둔 성공적인 경우로 주목받고 있다.

냉전체제의 종식이 시장기능을 바탕으로 세계경제가 하나로 통합되는 계기가 될 것임은 명백하다. 다른 몇 가지 측면에서도 세계무역질서에 중대한 변화를 초래하고 있다. 그 중에서 가장 중요한 것은 강대국이 공공연하게 자국의 경제적 이익을 우선시하는 대외정책을 추구하게 되었다는 사실이다. UR협상에서도 볼 수 있었던 바와 같이 이제 유럽은 미국의 정치적 동맹이 아니라, 경제적 경쟁자로서 부상하였다. 일본이나 동아시아 신흥공업국, 아세안 등 아시아 국가들도 냉전구도에서 벗어나 구공산주의권 국가들과 관계를 정상화하면서 경제교류의 다변화를 추구하게 되었다.

또한 냉전체제가 종식됨에 따라 과거 '제3세계'라고 불리던 중립적 개도국 집단의 정치적 근거가 소멸된 것도 하나의 중요한 변화이다. 선진 자본주의경제권과 공산주의경제권 사이에서 독자적 세력을 확보하려고 노력하였던 개도국들의 노력은 공산주의경제권의 몰락으로 존재기반을 상실하였다. 이에 따라 미국을 비롯한 서방선진국 등이 개도국에 대한 정치적 배려에서 제공하던 경제적 인센티브도 급감하게 되었다. '제3세계'라는 집단적 정체성이 없어진 마당에, 개도국은 이제 개별적으로 선진국과 힘겨운 경쟁을 벌이지 않으면 안 되는 상황에 직면하게 되었다.

시공간을 초월하여 진행되는 경제적 통합은 대내적으로 경제뿐 아니라, 사회적 규범 및 법, 문화활동 등 모든 분야에 획기적인 변화를 가져오고 있다. 또한 국제적으로도 국경 없는 경제가 실현됨에 따라 국민주권의 영역이나 권위에도 근본적인 변화가 불가피하여지고 있다. 국가와 국가간의 경제통합이 심화되게 되면, 어느 한 나라의 경제정책이 다른 경제에 영향을 미치는 외부효과가 증가하게 된다. 따라서 자국의 정책이 자국 경제에 미치는 영향뿐 아니라, 다른 국민경제에 미치는 영향, 그리고 그러한 외부효과가 다시 자국에 미치는 효과까지도 고려하여야 할 필요성이 증대된다고 할 수 있다. 국제경제교류와 관련된 정책은 더더욱 민감한 문제가 아닐 수 없다. 따라서 갈등을 미연에 방지하려면 정책결정이 국제규범을 준수하여야 함은 물론, 관련국과의 정책협조가 필수적인 상황이 되고 있다.

세계화는 자유로운 상품 및 생산요소의 이동을 전제로 하는 만큼, 세계화의 진전은 자원배분의 효율성을 증가시키고, 또한 전반적인 소득수준은 증가시킬 것으로 기대된다. 그러나 이러한 혜택이 모든 사회구성원에게 골고루 돌아가는 것은 아니다. 무역자유화로 인하여 이득을 보는 계층이 있는가 하면 손해를 보는 계층이 있는 것과 마찬가지 이치이다. 세계화 역시 이로 인하여 이득을 보는 계층과 손해를 보는 계층을 낳게 마련이다. 세계화는 절대적 소득이 감소하는 계층을 발생시키며, 그렇지 않더라도 상대적인 박탈감이 커질 수 있다. 따라서 세계화에 반대하는 목소리도 세계화가 진전될수록 높아지는 것은 당연하다고 할 수 있다.

세계화에 대한 비판은 빈곤, 노동, 환경, 문화 등 다양한 시각에서 제시되었고, 반대하는 이유도 다양하다. 예를 들어 1999년 시애틀에서 개최된 WTO 각료회의에서는 자유무역에 반대하는 시민단체들의 시위가 있었다. 이들은 사안별로 차이는 있지만 자유무역이 선진국이나 개도국을 막론하고 빈곤층에게 폐해를 주고 있다는 인식을 공유하고 있는 것처럼 보인다. 또한 세계경제차원에서도 부유한 국가와 빈곤한 국가간의 소득격차가 오히려 확대된다는 비판도 제기되고 있다. 세계화가 진행되면서 빈곤문제가 세계경제차원에서 아니면 국가 내에서 더 악화되었는지, 아니면 개선되었는지에 대하여 면밀한 분석이 이루어질 필요가 있다. 또한 이러한 문제가 세계화와 관련되어 있는지, 아니면 고용악화나 소득불평등 심화의 배경에 보다 근본적인 원인이 있는 것인지에 대해서도 검토가 필요하다.

2. 교역과 개방의 확대

20세기 후반을 돌이켜 보면 국민경제간의 상호연관성이 그 어느 때보다도 급속하게 증대되어 왔다. 재화 및 서비스의 세계전체 수출총액은 1970년에 3천 4백억 달러 정도였는데, 1990년에는 4조 3천억 달러수준으로 증가하였고, 2010년에는 18조 9천억 달러에 달하였다. 한편 국가간 자본거래는 1980년대 이후 실물부문의 거래보다 훨씬 빠른 속도로 증가하고 있

| 표 I-1-2 | 세계주요국의 수출의존도 추세 (단위: %)

국가	1960	1970	1980	1990	2000	2010	2015
독일	15.8	15.2	18.7	22.9	30.8	42.3	46.9
미국	5.0	5.6	9.8	9.2	10.7	12.4	12.5
영국	20.2	21.3	26.1	22.6	24.8	28.2	27.4
이태리	12.5	15.2	20.3	18.3	25.7	25.2	30.0
일본	10.7	10.6	13.4	10.3	10.6	15.0	17.6
캐나다	17.0	21.9	27.6	25.1	44.2	29.1	31.6
프랑스	14.4	15.8	20.8	20.8	28.2	26.0	29.7
한국	2.6	11.5	28.5	25.3	35.0	49.4	45.3
중국	4.3	2.5	5.9	14.0	21.2	26.2	22.0

주: 국내총생산 대비 재화 및 용역의 수출 비율(%)
자료: World Bank Open Data. 단, 1960년 독일은 IMF, *International Financial Statistics* 참조.

다. 이에 따라 외환거래량도 급증하여 1998년의 경우 전세계 외환시장의 일일거래량은 평균 1조 5천억 달러에 달하였고, 2010년에는 3조 9천억 달러를 기록하였다. 이는 각국 중앙은행의 외화보유액을 합친 수치를 크게 상회하는 규모이다. 이러한 교역 및 자본이동의 증가세는 글로벌금융위기 이후 잠시 감소세로 반전되었으나, 최근에 다시 회복세를 보이고 있다(〈그림 I-1-4〉 참조).

국가간의 상호의존성 증대는 그만큼 해당국가들의 개방도(openness)가 증가하였음을 의미한다. 개방도란 경제활동이 총체적으로 얼마나 대외지향적인지를 보여 준다. 개방도가 적을수록 폐쇄적이라고 할 수 있으며, 그 극단적인 경우가 자급자족경제라고 할 수 있다. 정반대로 싱가포르와 같은 자유무역항은 대외개방도가 대단히 높은 예라고 할 수 있다. 세계 어디를 둘러보아도 이제 자급자족경제는 더 이상 존재하지 않는다고 하여도 틀린 말이 아니다. 북한과 같은 폐쇄적인 경제도 서방과의 경제교류 확대에 주력하고 있는 것이 현실이다.

개방도의 지표로는 흔히 국내총생산에서 차지하는 재화 및 서비스 수출의 비중(수출의존도) 또는 수출입 합계의 비중(무역의존도)을 사용한다. 〈표 I-1-2〉는 1960-2015년 기간중 선진 7개국(G-7)과 한국 및 중국의 수출의존도 추세를 비교하고 있다. 한국은 1960년 2.6%에서 2010년에는 49.4%로 놀라운 신장세를 보이면서, 개방도가 가장 높은 것으로 나타났다. 그러나, 글로벌금융위기이후 세계무역이 위축되면서 2015년 수출의존도는 45.3% 수준으로 다소 감소하였다. 흥미로운 점은 선진 7개국 중 수출의존도가 가장 낮은 나라들이 바로 미국과 일본이라는 사실이다. 이것은 미국과 일본의 수출액이 작기 때문이라기보다는 다른 나라보다 경제규모가 훨씬 크기 때문이라고 보아야 할 것이다. 일본의 수출의존도는 1960년 10.7%에서 2010년 15.0%, 그리고 2015년에는 17.6%를 기록하였다. 한편, 초강대국인 미국의 수출의존도가 1960년 5.0%에서 2010년에는 12.4%로 증가한 것은 단지 미국의 경제구조가 변화하고 있는 것뿐 아니라, 국제경제관계의 중요성이 전세계적으로 크게 높아지고 있음을 시사한다. 한편 중국의 경우는 1960년 4.3%에서 2010년 26.2%까지 급속한 증가세를 보여 미국과의 무역갈등을 예견하게 한다.

경제활동의 영역이 국민경제 외부로 확대되고 경제교류가 증대되고 있는 것은 국제분업의 이득이 크다는 것을 반증한다. 국제무역에 참여함으로써 각국은 가장 효율성이 높은 부문의 생산에 주력할 수 있으며, 따라서 자원을 효율적으로 활용할 수 있을 뿐 아니라 규모의 경제를 누릴 수 있게 된다. 소비자들은 저렴한 가격의 다양한 재화 및 서비스를 구매할 수 있기 때문에 실질소득이 증대된다. 한편 국제자본시장이 활성화되면서 자본의 효율성도 크게 증대된다. 즉, 자본을 빌려 주는 쪽에서는 투자수익률을 높일 수 있고 위험분산을 기할 수 있다. 한편 자본을 빌려 쓰는 쪽에서는 국내저축의 부족으로 인한 제약을 극복하고 유망한 투자기회를 활용할 수 있게 된다.

개방도와 상호의존성이 커질수록 대외부문의 충격이나 정책변화가 국내 경제활동에 미치는 영향도 증가한다. 예를 들어 미국의 경기침체는 개도국의 수출에 즉각적 영향을 주며, 유럽연합(European Union: EU)의 보조금 지급은 다른 나라의 수출업자에게 부정적 파급효과를 가져온다. 국제경제거래의 확대가 대내외적으로 여러 가지 복잡한 문제들을 야기시키는 것도 사실이다. 국제거래에 대한 각종 관세 및 비관세장벽의 도입 또는 철폐를 둘러싼 정부, 생산자 및 소비자간의 갈등은 시장개방이 경제

데자뷰: 100년 전으로의 시간여행

　　무역 및 투자를 통한 세계경제의 통합은 20세기 후반에 나타난 주목할 만한 변화라고 하겠다. 그러나 시계를 거꾸로 돌려 제1차 세계대전 이전으로 가보면 세계경제는 지금만큼이나 긴밀하게 통합되어 있던 느낌을 받게 된다. 상품교역(수출 및 수입의 평균치)이 국내총생산에서 차지하는 비중은 호주, 일본이나 영국 등 일부 국가들의 경우 1차 세계대전 이전이 오히려 지금보다 높았다. 또한 주요국의 경상수지불균형이 훨씬 높았다는 것은 세계자본시장의 통합이 상당히 진척되었음을 시사한다.

| 표 I-1-3 | 상품교역의 비중

국 가	1890	1913	1960	1990
호 주	15.7	21.0	13.0	13.4
캐나다	12.8	17.0	14.5	22.0
프랑스	14.2	15.5	9.9	17.1
독 일	15.9	19.9	14.5	24.0
일 본	5.1	12.5	8.8	8.4
스웨덴	23.6	21.2	18.8	23.5
영 국	27.3	29.8	15.3	20.6
미 국	5.6	6.1	3.4	8.0

주: 수출과 수입의 합을 GDP로 나눈 수치(%).

| 그림 I-1-2 | GDP대비 경상수지비율(절대치)

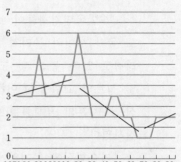

주: 12개국의 평균(G-7, 아르헨티나, 호주, 덴마크, 노르웨이, 스웨덴).

　　그렇다면 현재 진행중인 세계화는 제1차 세계대전과 대공황, 그리고 제2차 세계대전으로 훼손되기 이전의 세계경제의 모습을 되찾아가는 과정인가? 이에 대해서는 부정적인 견해가 우세하다.* 20세기 후반에는 무역에서 1차산품 비중이 줄고 그 대신 교역재의 비중이 증가하였으며, 서비스교역과 다국적기업의 역할이 크게 늘어났다. 한편 20세기 초에는 주로 철도와 같은 사회간접자본에 대한 선진국의 투자가 자본이동의 주종을 이루었고, 정부채권이 그 투자수단이었다. 1990년대 개도국에 대한 투자양상은 이와 대조적으로 제조업 및 서비스분야에 대한 직·간접투자와 금융부문에 대한 대부가 활발하게 이루어지고 있다. 또한 단기자본의 비중도 크게 증가한 것도 새로운 현상이라 할 수 있다.

* Eichengreen et. al.(1998).

전체적으로 바람직하더라도 반드시 모든 구성원에게 도움을 주는 것은
아니라는 사실을 보여 준다.

국제무역갈등의 근원을 들여다보면 특정 기득권층의 이익을 국가의
이익으로 포장한 경우가 많다. 세계경제가 긴밀히 통합되어 가는 마당에
무엇이 진정한 의미에서 국가의 경제적 이해에 합당한 정책인가에 대한
냉철한 분석과 이에 기반을 둔 국가간 정책협조의 필요성은 아무리 강조
하여도 지나치지 않을 것이다.

3. 서비스와 자본거래의 확대

개별국민경제들이 보다 긴밀하게 연결되어 가는 배경에는 무엇보다
도 국가 사이의 물리적 거리를 단축시킨 기술, 사회 및 문화적 변화가 자
리잡고 있다. 통신 및 교통의 발달은 상품의 교역뿐 아니라 자본, 노동력
및 정보의 교환을 용이하게 하였다. 특히 정보통신기술의 발달은 금융혁
신 및 자본의 국제화를 초래하였고, 직접투자를 통한 기업의 세계화를 촉
진하였다.

기술혁신에 못지않게 세계경제의 통합을 촉진한 요인으로 국경간 무
역장벽의 괄목할 만한 철폐를 들 수 있다. 제 2 차 세계대전 이후 관세 및
무역에 관한 일반협정(General Agreement on Tariffs and Trade: GATT)체제
하에서 수 차례에 걸쳐 진행된 자유화협상은 무역장벽을 낮추는 데 결정
적으로 기여하였다. 한편 1980년대 중반 이후 많은 개도국들이 대외지향
적 성장정책으로 선회하면서, 자율적인 자유화를 추진하여 온 것 또한 무
시할 수 없다. 금융을 비롯한 서비스교역의 자유화도 최근에 올수록 점점
추진속도가 빨라지고 있다.

서비스는 재화와 달리 형태가 없고 이질적이며 대부분 저장이 불가
능하기 때문에 국제교역에는 한계가 있을 수밖에 없다. 우루과이라운드
(Uruguay Round: UR) 서비스 협정문에 의하면 서비스교역은 서비스 공급이
국경간 이동, 소비자 이동, 서비스 공급체의 상업적 주재, 자연인의 이동
에 의하여 이루어지는 것으로 정의된다. 생산과 사용이 동시에 일어나야
하는 서비스의 속성상 대부분의 서비스교역은 서비스 공급자의 국내진출

을 전제로 하나 여기에는 여러 가지 명목의 제약이 존재한다. 이러한 사정은 미국과 같은 선진국에서도 마찬가지이며, 특히 노동력의 이동에는 전세계적으로 제약이 많다. 개도국의 경우에는 서비스교역이 여행, 운임, 보험 등 몇몇 특수한 형태의 서비스에 국한되었으나, 최근에는 금융, 유통, 의료, 교육 등과 같은 주요 서비스 부문에서도 시장개방과 무역증대가 이루어지기 시작하였다.

서비스거래의 확대는 산업구조가 제조업중심에서 서비스중심으로 바뀌어가는 것을 반영한다고 볼 수 있다. 〈그림 I-1-3〉에서 볼 수 있는 바와 같이 세계경제에서 차지하는 서비스업의 비중은 1970년대 초반에 50%를 넘어섰고, 2000년대 중반에는 70%에 근접하였다. 선진국의 경우에는 서비스산업의 성장과 제조업의 상대적 위축이 더욱 명확하게 나타나고 있다. 예를 들어 미국의 경우 서비스산업이 고용이나 국내총생산에서 차지하는 비중은 1990년 중반 이미 70%를 크게 상회하고 있다.

선진국의 정치가나 경제논평가 중에는 산업공동화의 원인을 개도국으로부터의 공산품수입으로 인한 자국 제조업의 사양화에서 찾는 시각이 있다. 이에 따르면 미숙련노동자의 임금과 숙련노동자의 임금간의 격차가

| 그림 I-1-3 | **세계경제의 산업구조**(부가가치 기준)

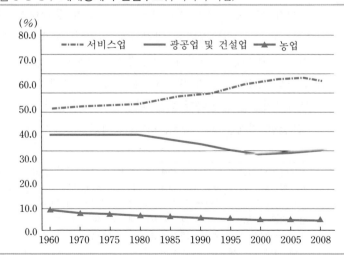

자료: UNIDO(2009).

계속 확대되는 것도 같은 이유로 설명할 수 있다. 그러나 경제학적인 관점에서 보면 제조업의 비중이 하락하고 상대적으로 서비스산업이 활발하여지고 있는 것은 전반적인 소득수준의 상승에 따라 소비행태가 바뀌어 가기 때문이라는 견해가 좀 더 설득력이 있다. 서비스부문에 대한 지출은 소득증가에 따라 일정하게 증가하나 서비스산업의 생산성은 제조업에 비하여 완만하게 증가하기 때문에 수요공급의 원칙에 따라 서비스산업의 상대가격은 증가하게 된다. 재화에 대한 서비스의 상대가격증가는 제조업에서 서비스산업으로 노동력의 재배치와 생산비중의 변화를 초래하게 되는 것이다. 다른 한편으로 자동차산업보다 영화산업이 각광을 받고, 대학입시에서 기계공학과보다 연극영화과가 경쟁률이 높은 것도 이 같은 이치이다.

제조업과 서비스산업간의 상대적 관계는 각 산업이 산업구조에서 차지하는 비중 이상의 중요한 의미를 가진다. 왜냐하면 서비스산업의 확대는 예전과 달리 부가가치의 창출에 있어서 무형자산의 기여도가 커지는 질적인 변화를 반영하기 때문이다. 금융, 통신, 언론 등 서비스산업은 두말할 필요도 없고, 공산품과 같이 유형 생산물의 경우에도 점점 무형자산의 비중이 증가하게 된다. 예를 들면 컴퓨터산업에서 컴퓨터 하드웨어(hardware)보다는 소프트웨어(software)가 훨씬 부가가치가 높다. 자동차의 경우 컴퓨터를 활용하여 기계장치를 정교하게 통제하게 되고, 인공위성을 이용한 지도 등 첨단장비를 내장하게 되었다. 무형투입물의 가치가 자동차 가격의 70%를 차지한다. 이렇게 양적으로는 제조업중심에서 서비스산업 중심으로 산업구조가 바뀌고, 질적으로는 유형자산보다 무형자산에 의한 부가가치창출이 높아져 가는 현상을 경제활동의 소프트화라고 한다.[6]

온전한 경제통합은 재화, 서비스, 자본 및 노동력의 자유로운 이동을

---

6) 경제활동의 소프트화가 진행됨에 따라 산업전반에 걸쳐 중요한 변화가 발생한다. 경제활동이 점점 더 무형화하는 것이 지식산업사회의 일반적 특징이다. 향후 무게가 없고 손에 잡히지 않는 생산물의 비중은 점점 증가하게 될 것이다. 이러한 새로운 생산물의 경쟁력은 바로 인적 자본과 여기에 체화된 지식이라고 할 수 있다. 마이크로소프트(Microsoft)사의 빌 게이츠(Bill Gates) 회장이 성공할 수 있었던 것도 지식자산이 경쟁력을 좌우하는 새로운 환경덕분이었다고 하겠다. '지식은 힘이다'라는 격언이 새로운 현실로 다가오고 있는 것이다.

| 그림 I-1-4 | **금융과 무역의 증가추세(1995-2010)**

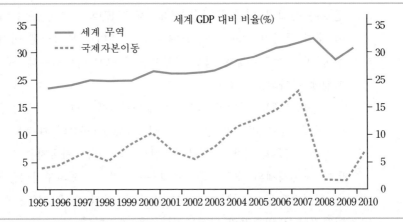

자료: IMF, (*Balance of Payments Statistics*), OECD(*Economic Outlook* 89 database).

의미한다. 서비스의 교역확대와 함께 괄목할 만한 변화는 자본이동이 크게 확대되었다는 점이다. 우선 경영권 참여를 목적으로 하는 직접투자가 선진국과 선진국간, 또한 선진국에서 개도국으로 활발하게 이루어지고 있다. 해외직접투자는 1980년대 중반 이후 급속한 증가세를 보였고, 1990년을 전후하여 다소 주춤하였다가 이후 다시 증가세를 회복하였다. 국가별로는 전통적으로 미국 및 영국의 해외투자가 가장 활발한 편이며, 일본과 독일의 경우도 이들과 유사한 증가추세를 보이고 있다.

한편 간접투자는 위험분산과 수익증대를 목적으로 해외에서 발행된 주식이나 채권 등의 금융자산에 대한 포트폴리오 투자(portfolio investment)를 의미한다. 간접투자의 목적은 국제적인 투자분산에 따라 주어진 수익률에 대한 위험을 최소화하거나 또는 주어진 위험도에 대하여 수익을 극대화하는 데 있다. 금융시장의 개혁과 자본자유화가 본격적으로 이루어진 1980년대 이후 국제주식 및 채권거래는 급속히 증가하였다 1990년대에 늘어와서는 개도국의 경우에도 자본자유화가 추진되기 시작하면서 대규모의 자금이 유입되는 현상이 공통적으로 나타나기 시작하였다.

〈그림 I-1-4〉는 1990년대 중반 이후 글로벌 금융위기 이전까지 국제자본이동의 추세를 보여 주고 있다. 채권, 주식, 은행대출 및 직접투자를 포함하는 국제자본이동은 1995년 전세계 GDP의 5% 수준에서 글로벌 금

융위기가 발생하기 전인 2007년에는 18% 수준까지 증가하였다. 투자지역
별로는 유럽의 비중이 가장 큰데, 새로 EU에 가입한 동유럽 신흥시장국
에 대한 투자가 크게 늘었기 때문이다. 흥미로운 사실은 아시아의 신흥시
장국 및 중동국가들의 경우 자본유출이 크게 늘어났는데, 주로 미국의 장
기채에 투자되고 있다.

흥미롭게도 선진국들의 해외금융자산에 대한 투자비율은 작은 편이
다. 예를 들어 미국의 경우 연기금(pension fund)의 대부분은 국내자산에
투자되고 있다. 전세계 자본시장에서 차지하는 자국자본시장의 비중이나
또는 자국경제의 수입의존도에 비추어 볼 때 해외투자비중이 작다는 것
은 일차적으로 국내투자자들이 해외자산보다 국내자산을 선호하기 때문
이겠지만, 해외투자의 위험도 한 몫을 차지한다.

글로벌 금융위기이후 국제자본이동은 큰 폭으로 하락하였다. 이는 무
역의 감소보다 훨씬 충격이 컸음을 보여준다. 국제자본이동의 예상치 못
한 중단 또는 역전을 보여주는 대목이다. 하지만, 금융산업의 지속 자유화
와 자본시장의 개방이 지속된다면 국제금융거래도 다시 늘어날 것이다.

4. 다국적기업과 글로벌 경영

국제무역이 국민경제를 생산단위로 하여 국제분업을 촉진시키는 역
할을 담당한다면, 다국적기업은 국민경제의 단위를 초월하여 세계경제를
유기적으로 통합하는 역할을 담당하고 있다. 생산의 세계화(globalization
of production), 즉 수출을 통하여 국제분업에 참가하던 국내기업이 주요
생산활동의 일부 또는 전부를 해외로 이전함으로써 다국적생산체제를 구
축하여 가는 과정은 글로벌 경영의 전개를 의미한다. 세계 유수 기업들의
세계화과정을 보면, 세계화는 경쟁에서 살아남기 위한 불가피한 선택이었
음을 볼 수 있다. 즉, 어느 정도 독점적 지위를 지닌 기업들의 해외시장
진출은 처음에는 수출 형태를 취하다가, 독점계약을 통한 판매 및 서비스
망을 구축하게 되고, 다음 단계로 유통망에 투자하게 되며, 궁극적으로
해외생산시설을 갖추게 된다. 최근에는 저임금 노동력을 활용하여 제3국
시장에 진출하려는 동기에서 개도국 기업들이 개도국에 투자하는 경향도

| 표 I-1-4 | 외국인직접투자(FDI)와 국제분업

항 목	금액(10억 달러)			연평균 성장률(%)		
	1990	2000	2010	1991-1995	1996-2000	2001-2005
직접투자(유출)	230	1,150	1,505	17.3	36.4	2.1
직접투자잔액(유출)	1,815	5,976	21,130	10.6	17.3	11.3
인수합병(M&A)	151	1,144	344	24.0	51.5	-0.76
자회사 매출	6,126	15,680	22,574	8.8	8.4	11.04
자회사 생산	1,501	3,167	5,735	6.7	7.3	8.3
자회사 총자산	6,036	21,102	78,631	13.7	19.3	16.2
자회사 수출	1,523	3,572	6,320	8.5	3.3	10.34
자회사 고용(천 명)	25,103	45,587	63,043	5.5	11.5	4.4
국내총생산	22,060	31,895	63,468	5.9	1.3	7.26
총고정자산형성	5,083	6,466	13,940	5.5	1.0	7.56
로열티 및 수수료	29	66	215	14.6	8.1	10.26
재화·서비스수출	4,329	7,036	18,956	8.4	3.7	10.34

자료: UNCTAD, *World Investment Report*, 각 호.

나타나고 있다.

〈표 I-1-4〉는 세계경제활동에서 차지하는 직접투자의 중요성을 다각적으로 보여 준다. 우선 해외직접투자의 증가율은 1990년대에는 국내총생산으로 대표되는 총체적 경제활동의 성장률뿐 아니라, 재화 및 서비스의 수출증가율을 크게 능가하였다. 2000년대 들어와 직접투자의 증가율은 다소 감소하였는데 글로벌 금융위기로 인하여 더욱 위축시켰다. 그럼에도 불구하고 다국적기업의 총매출액은 2010년에 22조 5천억 달러에 달해 세계 전체의 재화 및 서비스 수출액 18조 9천억 달러보다 훨씬 크다. 또한 자회사와 모회사간의 기업 내 무역도 큰 폭으로 증가하고 있으며, 다국적기업 자회사의 생산액이나 고용규모도 증가추세를 보이고 있다. 또한 인수합병(M&A)을 통한 직접투자가 활발하게 이루어지고 있다. 특히 미국과 유럽지역을 중심으로 인수합병이 급격한 신장세를 보이면서 초대형 기업이 늘어나는 추세이다.

다국적기업에 의한 국제생산체제의 구축은 국민경제간에도 다각적이고 유기적인 분업체제가 성립함을 의미한다. 즉, 생산의 세계화가 이루어짐에 따라 무역을 통하여 이루어지던 초보적 경제통합에서 보다 긴밀한 경제통합으로 나아가게 되는 것이다. 〈그림 I-1-5〉는 무역을 통한 경제통

| 그림 I-1-5 | 생산의 세계화와 경제통합의 진전

A. 초보적 경제통합

┌─────무역─────┐

금 융	금 융
부품생산	부품생산
R&D	R&D
회 계	회 계
구 매	구 매
훈 련	훈 련
유 통	유 통
기 타	기 타
X국	Y국

개별기업의 독자적 생산

B. 본격적 경제통합

┌───무역·해외투자───┐

금 융	금 융
부품생산	부품생산
R&D	R&D
회 계	회 계
구 매	구 매
훈 련	훈 련
유 통	유 통
기 타	기 타
X국	Y국

모기업의 생산 자회사의 생산

자료: UNCTAD, *World Investment Report*, 1993.

합이 무역 및 해외생산이 동시에 이루어지는 경제통합과 어떠한 차이가 있는지를 보이고 있다. 우선 초보적 경제통합(그림 I-1-5 A)은 두 나라 사이에 무역만이 이루어지고 있고 생산의 세계화는 이루지 못한 경우를 상정하고 있다. 양국의 기업들은 금융, 부품생산, 연구개발(Research and Development: R&D), 회계, 구매, 훈련, 유통 등에서 독립적인 생산체제를 갖추고 있다. 다만 폐쇄경제와 달리 무역을 통하여 간접적으로 서로 다른 국가의 기업과 분업을 이루고 있다.

해외투자가 이루어지게 되면 모기업과 자회사간의 생산체제가 유기적으로 결합되면서 투자국과 투자유치국간의 경제통합도 긴밀하여지게 된다. 모기업과 자회사간에는 소유, 경영, 기술이전, 이윤의 배분 등을 통하여 다각적이고 심도 있는 연계가 이루어진다(그림 I-1-5 B). 모기업과 자회사간의 기능적 통합은 일방적인 주종관계에서 출발하여 점점 수평적인 분업체제로 발전하는 것이 일반적이다. 한편 해외투자는 무역에도 중요한 변화를 가져온다. 기존의 초보적 경제통합의 경우 양국간의 무역은 기업간 무역의 성격을 지니게 되지만, 이제는 모기업과 자회사간 기업 내 무역이 이루어지게 되고, 또한 다양한 생산요소의 기업 내 이동도 이루어진다.

해외직접투자가 증대하여 생산의 국제화가 진행될수록 세계경제는 초보적 단계의 느슨한 경제통합(shallow integration)에서 본격적인 심층적 경제통합(deep integration)으로 나아가게 될 것이다. 즉, 생산의 세계화가 진행될수록 세계경제는 개별 국민경제의 합으로서가 아니라 그 자체가 하나의 경제활동의 단위로서 인식되게 될 것이다. 국경 없는 경제란 본격적인 세계경제통합으로 국경의 의미가 퇴색함을 의미한다. 그러나 기업의 생산활동영역이 한 나라에 국한되지 않고 전세계적으로 확대됨에 따라, 개별 국가의 정부규제를 둘러싼 마찰이 발생할 소지도 증가할 것이다.

1.2 새로운 국제경제환경　>>>

1. 글로벌 불균형과 불안한 세계경세

21세기에 들어와 세계경제는 활기찬 성장세를 이어가고 있다. 이러한 세계경제의 성장은 냉전체제 이후 유일한 초강대국으로 부상한 미국의 소비, 그리고 세계의 공장으로 부상한 중국의 투자에 힘입은 바가 크다. 그러나, 세계경제의 전망이 반드시 밝다고는 할 수 없다. 미국을 비롯한 선진국의 경제전망이 불투명하다는 점과 함께 미국의 경상수지적자로 대표되는 글로벌 불균형, 즉 전세계적 국제수지불균형문제가 국제통상관계에 있어서도 일말의 불안감을 드리우고 있기 때문이다.

1980년대 미국경제는 국제경쟁력의 약화로 일본 및 독일에 밀려 2류 국가로 전락하는 게 아닌가 하는 우려의 목소리가 높았다. 그러나 1990년대 들어 민간기업의 경영혁신과 안정된 노사관계, 그리고 대내적 거시경제안정과 대외적 개방정책의 추진 등의 노력이 결실을 거두었다. 2000년대에 들어와서는 2001년 9·11사태에도 불구하고 성장세를 이어가다가 2007년 금융위기를 계기로 자산 거품이 붕괴되는 충격을 받게 되었다.

한편 독일은 통독 이후 과다한 사회복지지출의 부담 때문에 성장세가 크게 둔화되면서 EU성장의 견인차 역할을 지속하는 것이 힘에 부치는 상황에 처하게 되었다. EU경제의 구조적 현상인 고실업성장패턴이 지속되고 있는 가운데 글로벌 금융위기 이후에는 EU 재정취약국의 구원투수로 나서고 있다. 한편, 일본은 2차 세계대전 이후 가장 빠른 속도로 선진국 대열에 진입하여 1980년대에는 곧 미국의 경제강대국으로서의 지위를 넘겨받을 것으로 기대되었다. 그러나 1992년 거품경제의 붕괴로 시작된 장기침체가 20년동안 지속되면서 국제무대에서 일본의 입지는 약화되었다.

〈표 I-1-5〉는 최근 세계경제의 성장추이를 보여 주고 있다. 2000년대에 들어오면서 선진국경제는 초강대국 미국의 독주가 이루어지는 가운

| 표 I-1-5 | 세계경제의 성장률 추이   (단위: %)

지 역	2001	2002	2003	2004	2005	2006	2007	2008	2009	2010	2011	2012
세계전체	2.3	2.8	3.8	5.1	4.7	5.2	5.3	2.7	-0.4	5.2	3.9	3.2
선 진 국	1.4	1.7	2.1	3.2	2.8	3.0	2.7	0.1	-3.4	3.0	1.7	1.5
미 국	0.9	1.8	2.8	3.8	3.4	2.7	1.8	-0.3	-2.8	2.5	1.8	2.8
유로지역	2.0	0.9	0.7	2.2	1.7	3.3	3.0	0.4	-4.4	2.0	1.5	-0.6
일 본	0.4	0.3	1.7	2.4	1.3	1.7	2.2	-1.0	-5.5	4.7	-0.6	2.0
개 도 국	3.9	4.6	6.4	7.7	7.3	8.3	8.7	5.8	3.1	7.5	6.2	4.9
아프리카	4.9	7.1	4.8	7.0	6.3	6.4	7.1	5.7	2.6	5.6	5.5	4.9
아 시 아	6.2	6.7	8.6	8.6	9.5	10.3	11.5	7.3	7.7	9.8	7.8	6.4
중 남 미	0.6	0.4	2.1	6.0	4.7	5.6	5.7	4.2	-1.2	6.0	4.6	2.9

주: 아프리카는 사하라사막 이남을 의미.
자료: IMF, *World Economic Outlook Databases*, 2013. 10.

데 EU와 일본이 저성장에서 벗어나고자 안간힘을 쓰고 있는 양상을 보였
다. 개도국의 경우에는 아시아지역의 고도성장세가 지속되고 있는 가운
데, 아프리카와 중남미 개도국들도 빠른 성장세를 보였다. 그러나 2008년
이후 글로벌 금융위기로 세계경제의 성장률은 급속히 둔화되었다. 1930년
대 대공항 이후 최대의 경기침체라고 불리는 위기상황을 극복하기 위하
여 세계각국은 대규모 경기부양책을 강구하였다. 하지만 세계경제가 위기
이전의 성장경로를 회복할 수 있는지는 불투명하다.

　　세계시장에서 차지하는 미국경제의 위상은 글로벌 금융위기 이후 더
욱 공고해진 것처럼 보인다. 그러나 미국경제가 심각한 경상수지적자를
기록하여 왔다는 사실은 이같은 상황이 계속될 수 있을까라는 의문을 제
기한다. 〈그림 I-1-6〉은 미국의 경상수지와 해외순자산 추세를 보여 주고
있다. 1980년대 경상수지와 재정수지적자를 일컫는 '쌍둥이 적자'문제가
1990년대 후반 해결되었는가 싶더니 2000년대에 들어오면서 다시 악화되
었다. 2006년에는 경상수지적자가 GDP의 6% 수준을 넘어섰다. 다행히
글로벌 금융위기로 인하여 미국의 경상수지 적자폭은 크게 줄어들었다.
그러나, 여전히 미국은 세계최대의 순채무국임에 틀림없다.

　　경상수지적자는 상품과 서비스수출이 수입보다 작기 때문에 나타난
다. 이러한 현상은 민간부문의 저축률이 지나치게 낮고 소비가 과다하게

| 그림 I-1-6 | 미국의 경상수지와 해외순자산 추이

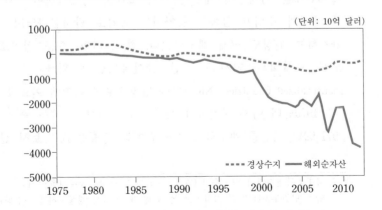

자료: 미국 상무부, Bureau of Economic Analysis(www.bea.gov)

일어나고 있으며, 정부부문 역시 조세수입에 비하여 지출이 초과하기 때문에 발생한다고 볼 수 있다.[7] 미국이 소득수준 이상으로 지출을 할 수 있는 것은 외국으로부터의 차입이 가능하기 때문인데, 상대적으로 높은 이자율을 지급하는 재무증권(Treasury bill)에 대한 외국인투자가 그 대표적인 수단이 되고 있다. 다시 말하자면 미국의 경상수지적자는 유럽, 일본 그리고 동아시아국가들이 경상수지흑자로 벌어들인 외화를 다시 미국에 투자하기 때문에 가능하다고 할 수 있다. 그러나, 외국으로부터의 차입이 무한정 계속될 수는 없다. 미국과 여타 주요국간의 국제수지불균형은 결국 시정되어야 마땅한데, 그 과정에서 미국의 보호주의적 압력의 증대, 달러화 가치의 하락과 이로 인한 세계금융질서의 교란 등이 예상되고 있다. 또한 글로벌 외환위기 이후 미국의 경상수지적자 해소 과정에서 동아시아 개도국들의 경상수지 조정부담도 우려되고 있다.

2. 개도국경제의 부상

개도국은 전후 상당기간 소득수준이 낮고 생활여건이 열악하여 선진국의 원조가 요구되는 국가라고 인식되었다. 동시에 선진국과 비교하여 국가수가 압도적으로 많음에도 불구하고 세계경제에서 차지하는 비중이 미미하기 때문에 주변국으로 간주된 것도 사실이다. 그러나 1970년대와 1980년대를 거치면서 개도국은 말 그대로 경제발전이 이루어지는 국가, 즉 생산과 소비가 급속히 증가하는 국가로 탈바꿈하였고, 세계경제에서 차지하는 위상도 크게 제고되었다. 한국, 대만, 홍콩, 싱가포르는 비교적 오랜 공업화의 역사를 지닌 남미국가들과 함께 신흥공업국(Newly Industrialized Countries: NICs)이란 명칭으로 불리기에 이르렀다.

1970년대 이후 선진국과 개도국의 경제성장추세는 큰 차이를 보였다. 1971-99년 기간중 개도국의 연평균경제성장률은 3.7%로서 선진국의 2.7%

---

7) 국민소득계정에서 경상수지(CA)는 민간저축(S) 및 정부저축{조세(T) - 정부지출(G)}의 합과 민간투자(I)간의 격차라고 볼 수 있다. 따라서 경상수지를 개선하려면 민간저축을 늘리든지, 아니면 정부저축을 늘려야 한다.
$$CA = (S - I) + (T - G)$$

| 그림 I-1-7 | 선진국과 개도국의 성장추세(1991－2030)

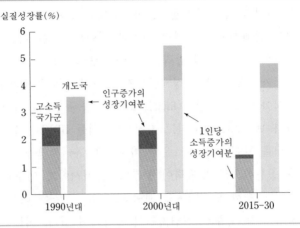

주: 고소득 국가는 2007년 일인당 국민소득 11,456달러 이상.
자료: World Bank, *Global Economic Prospects*, 2008.

를 능가하기에 이르렀다.[8] 구사회주의체제의 동구권 국가들을 제외하면 개도국들은 연평균 4.5%의 성장세를 보였다. 특히 동아시아와 남아시아의 개도국들은 평균 10.5%와 4.8%의 성장률을 보여서 세계에서 가장 역동적인 집단으로 부상하였다. 개도국이 전세계생산(국내총생산)에서 차지하는 비중은 1990년도의 경우 대략 27%를 기록하였다. 개도국은 이제 세계경제에서 무시못할 몫을 차지할 만한 위치에 이른 것이다.[9]

　세계은행에 따르면 2015-30년 기간중 개도국 전체의 연평균성장률은 4.8%를 기록할 것으로 전망된다. 이는 같은 기간중 고소득 국가들의 평균성장률 1.5%를 크게 상회하는 수치이다. 이는 아시아와 남미의 금융위기나 글로벌 금융위기에도 불구하고 개도국의 성장잠재력은 여전히 건재할 것임을 증명한다. 한편, 앞으로 세계경제의 성장추세가 지금과 비교하

---

8) 세계은행은 소득수준이 높은 일부 개도국의 경우 기존 선진국들과 함께 고소득 국가군 (High-Income economies)으로 분류하고 있다. 2007년을 기준으로 할 때 고소득 국가는 일인당 국민소득(GNI)이 11,456달러를 넘는데, 한국은 여기에 속한다.

9) 개도국의 통화는 실제 구매력보다 저평가되기 쉽다. 일반적으로 비교역재나 서비스의 가격이 선진국보다는 개도국에서 훨씬 싸기 때문이다. 이러한 관점에서 구매력을 기준으로 한 환율을 적용하면 개도국의 국내총생산 비중은 1990년의 경우 세계 전체의 44%에 달한다.

여 둔화될 것이라는 전망은 최근의 상품가격 인상추세와 관련하여 주목할 만하다. 인구증가율 및 성장률의 감소는 원자재나 곡물에 대한 수요증가를 둔화시키는 효과를 가져온 것이다. 또한 기술진보를 감안하면 상품가격의 인플레이션 압력은 줄어들 전망이다.

개도국 중에서 경제규모가 크면서도 성장전망이 높은 브라질(Brazil), 러시아(Russia), 인도(India), 그리고 중국(China) 4개국 명칭의 첫 글자를 따서 브릭스(BRICs)라고 지칭한다. 이들 BRICs는 21세기에 들어와 고도성장세를 보이면서 새로운 소비시장으로서 각광을 받고 있다. 이들 국가들은 공통적으로 노동력이 풍부하고, 러시아와 인도는 기초과학 및 IT분야에서 우수한 인적자원을 보유하고 있다. 또한 러시아와 브라질은 석유와 철광석 등 풍부한 천연자원이 매장되어 있다. 이들 국가들이 모두 세계경제대국으로 부상할 것인지는 외환위기를 경험한 브라질이나 러시아를 보더라도 아직 불투명한 요소가 많다. 그러나 이들 국가들이 세계경제의 지도를 바꾸어 놓을 잠재력을 지닌 것만큼은 분명하다.

BRICs를 필두로 하는 개도국의 부상은 세계경제에 어떠한 의미를 갖는가? 일각에서는 개도국의 경제발전, 특히 대외지향적 성장이 선진국 경제의 희생을 바탕으로 하고 있다는 비판적 시각이 있다. 그러나 이러한 주장은 마치 개도국이 선진국 때문에 경제발전이 늦어졌다고 보는 것과 마찬가지로 논리적이지 못하다. 역사적 예를 하나 들어보자. 1870-1913 기간중 미국은 영국보다 두 배나 빠른 속도로 성장하였다. 한편 영국이 세계산업생산에서 차지하는 비중은 32%에서 14%로 감소하였다. 그렇다면 영국은 미국의 부상으로 손해를 보았는가? 영국의 성장률은 19세기 후반에 특별히 둔화되지 않았다. 오히려 미국에 대한 수출 덕분에 영국의 성장이 지속되었다고 보는 편이 옳을 것이다. 최근 개도국과 선진국간의 국제무역과 투자양상은 마치 19세기 미국과 영국간의 관계와 유사하다. 개도국들이 세계전체의 산업생산에서 차지하는 비중은 점점 더 선진국들의 비중을 압도하게 될 것이다. 그러나 앞으로 상당기간 개도국은 선진국으로부터 자본재, 상업서비스와 유명소비재를 수입할 것이다. 개도국의 부상은 이제까지 선진국이 개도국들에게 해 왔던 것과 마찬가지로 선진국의 경제성장에 대한 견인차 역할을 담당하게 될 것이다.

3. 세계경제의 다극화심화

21세기 국제경제질서는 어느 초강대국 하나가 국제규범의 제정과 실행을 주도하기보다는 엇비슷한 경제력을 갖는 지역경제권이 상호 경쟁 및 협력 속에서 국제경제질서를 형성하여 가는 다극체제가 되어가고 있다. 우선 EU는 1999년부터 EU 11개국이 공동화폐(euro)를 사용하게 되면서 내부적으로 경제통합이 공고하여졌고, EU회원국수도 계속 확대됨에 따라 세계경제지도에서 차지하는 위상이 더욱 높아졌다. 비단 미국이나 EU와 같은 선진국들뿐 아니라, 개도국 경제도 중국과 신흥시장국들의 부상으로 비중이 더 커졌다. 따라서 세계경제의 무게중심이 보다 균등하고 광범위하게 분포되게 될 것이다. 이러한 전망은 앞 절에서 살펴본 냉전체제의 종식과 개도국 경제의 부상이라는 두 가지 요인이 동시에 작용하기 때문에 가능하다. 냉전체제의 종식으로 선진국들은 자국의 경제이익을 적극적으로 추구하려 할 것이고, 개도국은 경제규모가 커지면서 세계경제의 질서를 유지하는 데 나름대로의 역할을 담당하려 할 것이기 때문이다.

세계경제의 다극화현상을 예상케 하는 증거로서 선진국간, 그리고 선진국과 일부개도국간 경제력 격차의 감소현상을 들 수 있다. 〈그림 I-1-8〉은 2050년까지 세계경제의 구조변화에 대한 EU의 예측치이다. OECD회원국의 생산비중은 2000년 77%에서 2030년에는 50%, 그리고 2050년에는 42% 수준으로 감소할 전망이다. OECD에 가입한 EU국가 등의 비중도 2000년 28%에서 2050년에는 14%수준으로 반감될 것이다. 선진국과 개도국이 대외적으로 무역 및 투자자유화를 적극적으로 추진하고 대내적으로 규제완화 및 사회간접자본투자가 활발하게 이루어질수록 OECD비회원국의 무역비중은 더 커질 것으로 예측되었다. 반면에 개도국과 신흥시장국의 비중은 점차 증대한 것으로 보인다. 이 가운데서도 성장전망이 가장 높은 신흥시장국가군은 소위 "BRICS"라고 불리우는 5개국, 즉 중국, 인도, 브라질, 러시아와 남아프리카 공화국이다. 특히 중국은 조만간 미국의 경제규모를 능가하여 세계 1위 자리를 차지하게 될 전망이다. 인도도 매우 빠른 성장세를 보여 2050년에는 세계생산의 18%를 차지하게 될 것이다.

| 그림 I-1-8 | 주요국의 세계GDP 구성비율 추이(1996-2050)

주: 2005 구매력평가 미국달러 기준
자료: EU, SOER 2015.

다극화되어 가는 세계경제는 정책협조 및 갈등해소를 위한 지도력의 확립을 요구한다. 1980년대 중반까지는 미국이 주도적으로 이와 같은 역할을 담당하여 왔으나, 현재는 미국의 위상이 상대적으로 약화되면서 이를 대체할 새로운 지도력이 아직 형성되지 못하고 있다. 게임의 패러다임을 적용하면 국가정책의 결정은 독립적으로 이루어지는 것보다 협조를 통하여 조율되는 것이 모두에게 유리한 결과를 가져올 수 있다. 지도력이 발휘되어 협력적 해결방안이 모색된다면 세계경제질서는 바람직한 방향으로 전개될 것이다. 그렇지 않은 경우에는 각국은 누구에게도 이득이 되지 않는 소모적 통상분쟁에 휘말릴 위험에 직면하게 될 것이다. 21세기에는 다극화된 세계경제에 걸맞게 중심국가들이 지도력을 분점하는 지혜가 절실히 요구되고 있다.

1.3 국제무역질서의 개편 >>>

1. WTO와 다자간 무역자유화

1947년 출범한 GATT(General Agreement on Tariffs and Trade)체제는 2 차례의 세계대전으로 팽배했던 보호무역주의에 맞서 자유무역주의를 옹호하고 교역자유화를 통하여 모든 회원국들의 이익을 증대하는 것을 목표로 하였다. 2차 세계대전 이후 세계경제의 재건을 위한 청사진으로 제시된 브레튼우즈협정은 자유무역과 미국달러를 기축통화로 하는 고정환율제도운용을 양축으로 삼았다. 그러나 자유무역을 이끌고 나갈 국제무역기구(International Trade Organization: ITO)의 출범이 미국의 국내비준과정에서 좌절되면서 회원국간 협약형태로 출범한 GATT체제는 제도로서의 기능이나 권한을 충분히 갖추지 못하였다. 그럼에도 불구하고 GATT체제는 6차례에 걸친 협상을 통하여 관세인하에 크게 기여하였고, 다양한 비관세장벽의 감축 및 철폐에도 기여하였다. 또한 제8차 우루과이라운드 (1986-1994)는 보다 포괄적인 교역자유화를 위한 각종 규범을 제정하여 자유무역의 기틀을 확고히 하였고, 국제무역을 관장하는 세계무역기구 (WTO)를 출범시키는 데 성공하였다.

1995년 출범한 WTO는 다자간 교역체제를 공고히 하는 데 중추적 역할을 담당하고 있다. 자유롭고 공정한 국제교역을 위한 틀을 제공하고 분쟁발생시 이를 신속하고 공정하게 해결함으로써 회원국들에게 교역활성화를 통해 경제적 이득을 제고할 수 있는 기회를 제공하고 있다. 현재는 WTO 출범 이후 최초의 다자간 무역자유화협상이라고 할 수 있는 도하개발아젠다(Doha Development Agenda: DDA)협상은 중단된 상태이다. 급변하는 국제경제환경과 지역주의의 심화, 그리고 세계경제의 다극화현상으로 인하여 다자주의 무역질서에 대한 위협은 더욱 거세지고 있다. WTO가 자유무역체제를 더욱 공고해 나가려면 배타적 지역주의확산을 억제하고 일

WTO의 복수국간 협정

　　무역자유화의 확대를 뒷받침하는 WTO 협정은 대부분 모든 회원국에게 적용된다. 하지만 일부 협정의 경우 동 협정에 가입의사를 밝힌 회원국들에게만 적용되는데 이들 협정을 복수국간 협정(Plulilateral Agreement)이라 한다. 현재 WTO에는 민간항공기 교역에 관한 협정(Agreement on Trade in Civil Aircraft)과 정부조달협정(Agreement on Government Procurement)의 두 개의 복수국간 협정이 있다. 먼저 민간항공기 교역에 관한 협정은 1980년 1월 1일부터 효력을 발효하기 시작한 협정인데 2018년 현재 총 32개국이 회원국으로 가입하고 있다(알바니아, 오스트리아, 벨기에, 불가리아, 캐나다, 대만, 덴마크, 이집트, 에스토니아, EU, 프랑스, 조지아, 독일, 그리스, 아일랜드, 이탈리아, 일본, 라트비아, 리투아니아, 룩셈부르크, 마카오, 몰타, 몬테니그로, 네덜란드, 노르웨이, 포르투갈, 루마니아, 스페인, 스웨덴, 스위스, 영국, 미국). 동 협정은 군용항공기를 제외한 모든 항공기에 대한 수입관세를 철폐하도록 하는 협정으로 민간항공기의 엔진 및 그 구성품 및 부품, 민간항공기의 모든 부품과 부분 조립품, 항공 시뮬레이터와 그 구성품 및 부품을 모두 포함한다.

　　정부조달은 전세계 GDP의 15-20%를 차지할 정도로 중요한 분야이다. 하지만 많은 국가에서 정부조달에 있어서는 자국민이나 기업에 대한 우대조치를 적용하고 외국인이나 기업에 대해서는 입찰기회를 부여하지 않는 경우가 많다. 따라서 WTO출범시 일부 회원국간에 정부조달에 의한 사회기반시설이나 서비스의 제공에 있어 가입국에 대한 내국민대우를 부여하기 위한 정부조달협정[10]이 마련되게 되었다. 1996년 1월 1일부로 발효되었고, 2004년 4월 6일부로 개정협정이 발효되었다. 2018년 현재 47개국이 가입중이고, 32개국이 옵저버 자격을 유지하고 있다.

부 강대국의 일방주의적이고 독자적인 행동을 규제하는 역할을 충실히 수행하여야 할 것이다.

　　우선 지역주의가 심화되는 속에서 다자간 무역체제를 어떻게 지켜낼 것인가가 심각한 도전이 아닐 수 없다. 지역무역협정의 확산을 억제하는 것이 현실적으로 불가능하다면, 가능한 국가간이라도 우선적으로 추가

---

10) 정부조달에 대한 보다 자세한 내용은 본서 제Ⅲ부 제3장 제3절을 참조.

적 자유화를 추진하고 이를 바탕으로 세계전체의 자유화가 촉진될 수 있
도록 유도하여야 할 것이다. 다시 말해서 지역주의의 개방성을 유지하기
위하여 지역 내 무역 및 투자자유화협정이 역외무역장벽강화로 나타나지
못하도록 감시·감독을 강화하여야 한다. 또한 GATT의 관련조항을 대폭
강화해 나가야 할 것이다.

한편 특정국가의 무역불균형을 교역상대국의 시장개방에 의하여 풀
어 나가려는 시도는 WTO의 권위 및 기능에 대한 심각한 도전이 될 것임
은 분명하다. 미국을 비롯한 선진국의 소위 '신보호무역주의'는 세계화에
역행하는 암초가 될 위험이 크다. 이에 대응하여 WTO는 회원국들의 규범
이행을 감시하고 이를 위반할 경우 합법적인 무역보복을 보장함으로써
명실상부한 국제무역질서의 경찰역할을 수행하여야 할 것이다. 또한 회원
국의 확대 및 개별회원국들의 공정한 의무이행을 통하여 국제무역기구로
서의 권위를 지켜나가야 할 것이다.

미국의 일방주의적 통상압력

보호무역주의는 자유무역주의에 대비되는 개념으로 개도국이 유치산
업보호를 목적으로 관세를 비롯한 무역장벽을 활용하는 정책기조를 의미한
다. 역사적으로 보면 산업혁명에 성공한 영국이 자유무역주의를 옹호하자,
후발주자인 미국과 독일 등을 중심으로 국가의 경제적 독립 확보와 산업화
를 위해 무역을 통제하고 경쟁을 제한하는 것이 유리하다는 보호무역주의
가 확산되었다. 미국의 초대 재무 장관이었던 해밀턴(Alexander Hamilton)이
나 독일의 리스트(Friedrich List)는 자국산업이 국제경쟁력을 갖출 때까지
외국과의 경쟁으로부터 보호해야 한다는 유치산업보호론을 주장하였다.

신보호무역주의는 전통적으로 개도국이 선진국에 대하여 취하던 보호
무역정책과 달리 선진국들이 비관세 수단을 이용해 개발도상국과의 무역을
제한하려는 정책기조를 말한다. 1970년대 중반 이후 선진국간 무역마찰 심
화, 개발도상국으로부터의 수입증가, 실업률 증가 등이 그 배경이다. 이러한
신보호무역주의는 GATT와 WTO체제하의 다자간 무역자유화 기조하에서 위
축되고 통제되는 듯 보였으나, 글로벌 금융위기를 계기로 다시 수면위로 부
상하였다.

최근 신보호무역주의의 확산은 미국 트럼프 행정부의 자국우선주의

정책("Buy American, Hire American")에 기인하는 바가 크다. 트럼프 행정부
는 대통령직속의 국가무역위원회를 신설하고 미국의 국익과 국가안보를 위
해 보호무역주의적 조치를 취할 것을 천명하였다. 실제 기존의 자유무역협
정을 재정비하거나 관세 및 국경세를 조정하는 조치를 취하였다.

　　미국의 최근 통상정책은 자국의 사양산업을 보호하려는 목적으로 반
덤핑이나 상계조치와 같은 무역구제조치를 활용하거나 비관세조치를 취하
는 것이 특징이다. 신규 비관세조치로는 무역상기술장벽(TBT)이나 동식물
위생검역조치(SPS)와 같은 기술조치와 무역관련투자조치, 유통제한, 판매후
서비스 제한, 지식재산권, 원산지 규정에 근거한 제도적 조치가 있다. 이 밖
에도 환경 및 노동조건 이슈화, 환율조작국 지정 및 제재, 반이민법 강화
등과 같이 비무역수단을 활용하는 예가 늘고 있다.

　　미국의 일방주의적 통상압력은 중국간의 무역갈등에서 볼 수 있는 바
와 같이 확산 당사국간 통상관계를 위축시킬 뿐 아니라, 다자간 자유무역을
골격으로 하는 국제무역질서를 훼손시킬 위험이 크다. 교역과 개방의 확대
기조를 유지하려면 비관세조치에 대한 다자간의 논의를 활성화하고 이를
철폐하기 위한 협력을 강화할 필요가 있다.

2. 지역주의의 확산과 광역화

　　WTO를 중심으로 하는 다자간 무역자유화가 세계경제변화의 커다란
조류라면, 지역화(regionalization), 또는 지역경제통합(regional integration)이
라는 또 하나의 조류가 병존하고 있다. 지역경제통합은 흔히 경제적 이해
관계가 보다 밀접한 국가들끼리 특혜적인 무역 및 투자자유화를 통하여
추진하게 된다. 유럽연합(European Union: EU)과 북미자유무역협정(The
North America Free Trade Area: NAFTA)은 이러한 지역경제통합의 대표적
인 예로 지목된다.

　　세계무역기구(World Trade Organization: WTO)의 출범에도 불구하고
지역경제통합의 확산은 당분간 지속될 전망이다. 최근에도 새로운 지역무
역협정(Regional Trade Agreements: RTAs)의 체결이 계속 늘고 있다. 1948-
1994년 기간중 GATT에는 124개의 지역무역협정이 신고되었으나, WTO가
출범한 1995년 이후 현재까지 500여 개의 새로운 지역무역협정이 체결되

| 그림 I-1-9 | 지역무역협정(RTA)의 증가추세

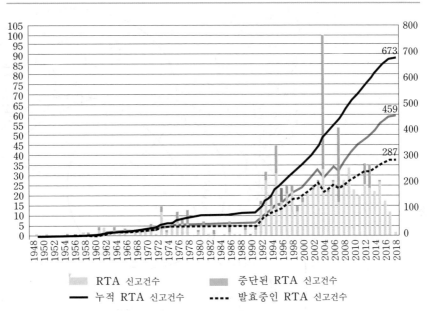

주: GATT 및 WTO 신고기준.
자료: WTO(www.wto.org).

었다. 또한 기존의 지역무역협정도 새로운 회원국을 받아들이는 형태로 확대되고 있다. EU는 1995년에 스웨덴, 핀란드, 오스트리아의 가입으로 총 15개국으로 확대되었고, 2004년부터 동구권 국가들이 가입하기 시작하여 현재 회원국이 총 28개로 확대되었다.[11] 하지만 영국은 2016년 국민투표를 통해 EU에서 탈퇴하기로 결정하였다(Brexit).

〈그림 I-1-10〉은 주요 지역경제통합 움직임을 보여 준다. 유럽과 북미

---

11) 1999년 1월 1일부터 EU 15개국 중 독일, 프랑스 등 11개국의 참여로 유럽경제통화동맹(EMU)이 출범하였고 그리스가 추가로 가입하여 단일통화인 유로(euro)지역은 총 12개국으로 확대되었다. 2007년에는 슬로베니아, 2008년에는 싸이플러스, 말타, 그리고 2009년과 2011년에는 슬로바키아와 에스토니아가 각각 유로를 공식통화로 사용하기 시작하였다. 2014년과 2015년에는 라트비아와 리투아니아가 새로 가입하여 통화동맹의 회원국은 총 19개국이다. 덴마크, 스웨덴, 영국, 체코, 폴란드 등 9개국은 EU회원국이지만 유로를 사용하지 않고 있다. 한편 EU 회원국이 아니지만 안도라, 모나코, 산마리노와 바티칸시 등 4개국은 통화협정을 맺고 유로화를 사용하고 있다.

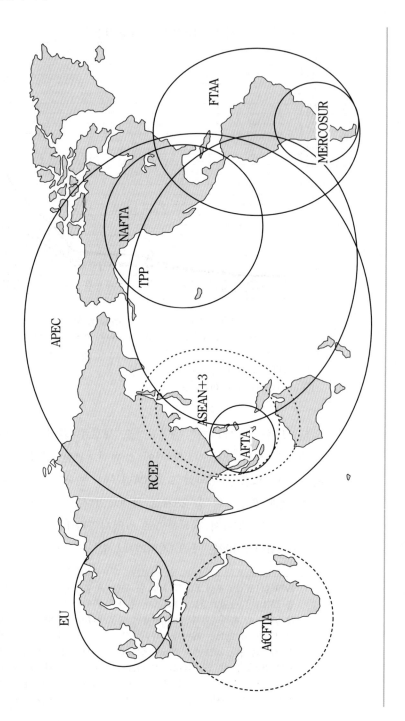

이외에도 지역주의적 무역협정은 세계각처에 확산되고 있는 추세이다. 아시아지역에서는 아세안 자유무역지대(ASEAN Free Trade Area: AFTA)가 이미 형성되었고, 아세안과 한국, 일본 및 중국간에는 'ASEAN+3'이라는 협력체제가 구축되었다. 남미에는 남미지역공동시장(The Common Market of the Southern Cone: MERCOSUR)이 창설되었고, 미국은 미주자유무역지대(The Free Trade Area of the Americas: FTAA)라는 지역협력체 설립을 추진중이다. 아프리카대륙에서도 아프리카연합(AU) 55개 회원국 중 49개국이 참여하는 자유무역협정(the African Continental Free Trade Aree: AfCFTA)가 출범을 앞두고 있다. 이는 WTO출범 이후 최대규모의 지역무역협정이 될 것이다. 한편 1989년에는 아시아와 북미를 포괄하는 아·태경제협력체(Asia-Pacific Economic Cooperation: APEC)가 출범하였는데, 2020년(선진국은 2010년)까지는 자유롭고 개방적인 역내무역을 실시한다는 원칙에 합의하였다. 이와 별도로 특정지역에서도 일부국가 등만을 대상으로 하는 지역무역협정도 추진중이다. 예를 들어 미국, 일본, 캐나다, 호주, 뉴질랜드, 칠레, 말레이시아, 싱가포르, 페루, 베트남, 브루나이, 멕시코는 2015년 10월 환태평양경제동반자협정(Trans-Pacific Strategic Economic Partnership: TPP)을 체결하였다.[12] 한편, ASEAN 10개국과 ASEAN과 양자 FTA를 체결한 6개국(한국, 중국, 일본, 호주, 뉴질랜드, 인도) 등 16개국이 참여하는 역내 포괄적 경제동반자협정(Regional Comprehensive Economic Partnership: RCEP)도 추진중이다. 지역협력의 강화와 함께, 지역협력체간 연계도 모색되고 있다. 아시아 유럽회의(Asia-Europe Meeting: ASEM)가 그 대표적인 예라고 할 수 있으며, 유럽과 북미간에는 범대서양 무역투자협의(The Trans-Atlantic Trade and Investment Initiative)도 논의된 바 있다.

그렇다면 지역주의적 경제통합은 바람직한 것인가? 이 문제에 대해서는 찬반론이 첨예한 대립을 계속히고 있다. 우선 시역수의에 대한 찬성론자들은 경제통합을 추진함에 있어서 다자간 체제의 비효율성을 지적한

---

12) TPP는 공산품과 농산물을 포함하여 모든 품목의 관세를 철폐하고 모든 비관세장벽 또한 자유화하는 것을 목표로 하고 있다. 협상초기에는 그다지 예상효과가 크지 않았으나, 미국이 중국을 견제할 의도로 적극 참여하면서 주목받기 시작하였다. 그러나 미국은 트럼프 행정부 출범 이후인 2017년 1월 탈퇴하였다.

다. 특정지역국가를 대상으로 자유화를 추진하는 경우 기존의 다자간 틀에서 보다 훨씬 긴밀한 경제통합이 가능하며, 이로 인한 동태적 효율성의 증대와 시장확대의 긍정적 효과는 일부나마 해당 지역에 속하지 않은 국가들에게도 무역의 증대를 통하여 파급될 것이라고 주장한다. 또한 이미 배타적인 경제블럭이 존재하고 있는 이상 대항적 경제블럭의 형성은 불가피한 선택이며, 궁극적으로 블럭간 자유화협상은 다자간 자유화의 지름길이 될 수 있을 것이라는 주장도 제기되었다.[13] 요약하면 지역주의는 다자간 무역자유화를 보완하거나 또는 촉진할 수 있는 수단이라는 것이다.

반면에 바그와티(J. Bhagwati)와 같은 지역주의에 대한 반대론자들은 지역협정이 세계경제의 주도권을 쥐고 있는 강대국이 약소회원국들에게 부당한 요구를 하기 위한 편법이라고 비난한다. 또한 특혜적 자유무역지대의 형성에 따른 무역전환은 역외국들의 후생감소를 초래함으로써 무역갈등을 초래하고, 결국 세계경제는 물론 회원국들의 후생까지도 오히려 피해를 입게 될 것이라고 본다. 따라서 무역자유화에 대한 지역주의적 접근방식은 다자간 체제의 감시하에서 제한적으로 허용되어야 한다고 주장한다.[14]

유럽의 경제통합에 대한 실증연구는 제한적이나마 이러한 논쟁에 대한 증거로 사용될 수 있다. 유럽단일시장에 참여한 회원국간에는 시간이 흐르면서 무역비중이 실제로 증가하였고 투자도 지역주의적 편향을 보이고 있는 것이 사실이다. 그렇지만 이것이 반드시 지역협정 때문인지 또는 자연적인 추세인지는 명확치 않다. 세계경제가 여러 개의 배타적인 무역블럭으로 분할되었던 1930년대와는 달리 현재는 수많은 지역주의적 협정의 출범에도 불구하고 다자간 무역자유화는 꾸준히 진행되고 있다. 그 이유는 아마도 지역화가 세계화와 동시에 진행되고 있다는 점에서 찾을 수 있을 것이다.

최근에는 지역주의가 세계무역체제에 미치는 영향이 반드시 긍정적인 것도 또한 부정적인 것도 아니라는 절충적인 시각도 제시되고 있다.

---

13) Krugman(1991(a), 1991(b)) 참조.
14) Bhagwati(1992) 참조.

양자간의 관계를 규명함에 있어 중요한 것은 지역주의를 통하여 특정 국가들의 정책이 공동으로 결정되고 실행된다는 사실이 아니라, 그러한 정책이 어떠한 동기에서 출발하고 얼마나 개방적인가라는 문제이다. 예를 들어 취약한 농업을 보호하려는 취지에서 출범한 EU의 공동농업정책은 농업의 세계무역질서를 왜곡시키고 무역자유화를 방해하였다고 볼 수 있지만, NAFTA의 가입에 따른 멕시코의 자유화 및 규제완화는 오히려 다자간 자유화에 바람직할 수 있다는 것이다. 이러한 관점에서 보면 지역주의가 다자간 자유무역체제에 미치는 영향은 가변적이며, 지역주의적 협정의 개방성 유지야말로 WTO의 중요한 과제 중의 하나라고 할 수 있다.[15] 이 점에 대해서는 뒤에 다시 논하기로 한다.

3. 새로운 통상의제의 대두

WTO체제의 출범 이후 투자, 경쟁정책, 노동기준, 환경, 부정부패 등 소위 신통상문제의 체제내 편입가능성에 대한 관심이 높아지고 있다. 아직 관련 규범의 제정이나 내용에 대하여 회원국들의 공감대가 형성된 것은 아니지만, 향후 세계교역질서의 향방을 가름할 중요한 문제임에는 틀림없다. 투자나 경쟁규범의 마련은 세계화와 관련하여 그 필요성이 이미 어느 정도 인정되고 있는 상황이라고 할 수 있다. 그러나 이러한 문제가 WTO에서 효율적으로 다루어질 수 있을 것인가에 대해서는 전망이 엇갈리고 있다. 또한 최근 미국을 비롯한 선진국들을 중심으로 제기되고 있는 환경이나 노동조건문제는 선진국과 개도국간에서뿐만 아니라, 선진국과 선진국, 또는 개도국과 개도국간에도 첨예한 이해대립이 예상되는 분야이다.

무역과 환경의 연계는 지구환경의 보존과 선진국산업의 보호라는 양면성을 가지고 있다. 환경오염은 외부효과로 인하여 환경을 오염시키기 때문에 어느 한 개별국가의 문제가 될 수 없다. 이를 해결하기 위해서는 당연히 전세계적인 정책협조가 이루어져야 한다. 그러나 개도국에 대한

---

15) Lawrence(1996)는 지역주의가 원천적으로 다자간 무역체제에 대하여 부정적인 영향을 주는 것은 아니며, 그 성격에 따라 디딤돌 또는 걸림돌(building blocks or stumbling blocks)의 역할을 담당할 수 있다고 주장한다.

무역규제가 지구환경문제해결에 얼마나 효과가 있는가는 의문시된다. 우선 환경문제의 해결에는 상당한 액수의 자금이 필요하기 때문에, 소득수준이 낮은 개도국들에게 선진국수준의 환경기준을 채택하라고 하는 것은 무리라고 할 수 있다. 결국 이러한 요구의 저변에는 자국산업의 보호라는 다른 목적이 숨어 있음을 부인하기 힘들 것이다. 지구환경문제의 해결을 위하여 선진국 역시 환경관련기술의 이전이나, 금융적 도움을 통하여 개도국들의 환경수준을 끌어올리는 것이 현실적인 해결책이 될 것이다.

개도국의 열악한 노동조건에 대한 선진국의 비판에도 인권보호라는 순수한 동기와 함께 개도국의 저가품 공세를 막아보겠다는 현실적인 고려가 공존하고 있다. 아동들에 대한 노동을 금지시키는 일은 무역제재를 통하여 가능할지 모른다. 그러나 만약 이들의 복지향상이 그 목적이라면 보다 적극적인 도움이 필요할 것이다. 개도국의 임금이나 노동환경을 선진국과 평면적으로 비교하는 것은 더욱 문제가 크다. 전통적인 무역이론에 따르면, 무역이란 바로 요소부존도의 차이에 의하여 발생한다. 중국과 같이 거대한 저임금 노동집단의 존재는 선진국의 생산자입장에서는 두려움의 존재일지 모르나, 소비자 입장에서는 오히려 바람직하다고 할 것이다.

환경과 무역, 그리고 노동과 무역의 연계에 대하여 활발한 논의가 이루어지고 있지만, 선진국이 의도하는 대로 새로운 국제적 무역규범의 제정이 가능할지 불확실하다. 개도국들은 그들의 경제력을 배경으로 선진국들과의 협상에서 당당하게 자기 목소리를 내려고 시도할 것이다. 따라서 이제까지와는 달리 미국, EU 및 일본 등 일부 선진국들의 타협에 의한 다자간 협정의 체결은 점점 힘들어지게 될 전망이다.

신통상문제들을 묶는 하나의 공통분모는 소위 '공정한 경쟁여건' (level playing field)원칙의 문제이다. 세계경제통합이 가속화되고 경제활동의 영역이 기존의 국경개념과는 일치하지 않게 됨에 따라 국민정부의 주권과는 심각한 갈등이 초래될 수밖에 없다. 국경을 갈라놓는 각종의 장벽들이 존재할 때에는 대내정책과 대외정책의 구분이 가능하였지만, 이제는 이와 같은 구분이 모호하여지고 있다. 예전에는 독과점규제, 금융기관에

세계화의 득실

자유무역과 경제통합은 사회 전체의 후생을 증가시킨다. 그러나 모든 구성원이 반드시 전보다 나아진다는 보장은 없다. 영국 산업혁명 당시 지주계층이 옥수수 수입에 반대한 것이나, 선진국의 노동집약적 산업에 종사하는 노동자들이 개도국과의 자유무역을 제한하자는 것은 무역의 결과 실질소득이 감소할 수 있음을 단적으로 보여 준다. 소득분배는 비단 무역에 국한되는 문제는 아니겠지만, 보호무역론의 주요 논거가 되고 있다.

생산의 세계화와 관련하여 일각에서는 경제학자들이 경제통합과 분업의 이득만을 강조하고, 비용측면은 무시하고 있다는 비판이 제기되고 있다. 선진국의 입장에서도 세계화에 대한 반론이 만만치 않은데 그 주요 논점은 다음과 같다.* 첫째, 자유무역과 자본이동은 고용주와 노동자간의 세력균형을 깨뜨리고 소득불균형을 악화시킨다. 기업이 생산시설을 손쉽게 해외로 이전할 수 있고 국내노동자 대신 외국노동자를 고용할 수 있게 됨에 따라 고용불안, 비금전적 혜택의 감소, 노조의 약화를 가져온다. 둘째, 세계화는 선진복지국가에서 오랜 시간에 걸쳐 확립된 노동자의 권리 등 사회규범을 무너뜨리게 된다. 불공정한 경쟁으로 인하여 무역의 이득이 일방적으로 배분되는 것을 방지하려면 선진국과 개도국간 규범 또는 관행의 조화가 전제되어야 한다. 셋째, 자국기업의 해외이전이 용이해짐에 따라 정부는 자유무역으로 손실을 입는 계층에게 보상을 해 줄 수 있는 재원을 마련하기가 점점 어려워진다. 정부가 제공하는 사회안전망이 약화되면 정치적으로도 자유무역론의 입지가 줄어들 수밖에 없다.

이러한 주장은 최근 글로벌 금융위기를 계기로 "신자유주의"에 대한 비판이 확대되면서 입지가 강화되는 듯하다. 그러나 글로벌 금융위기 이후 무역 및 투자의 제한이 세계화의 비용을 최소화할 수 있는 근본적 치유책이거나, 성장 및 고용의 촉진제가 될 수 없음은 자명하다. 다만, 세계화가 사회구성원간 갈등을 심화시킬 수 있다는 지적에 대하여 신중한 검토가 필요하다. 동시에 세계화의 이득이 보다 공정하게 배분될 수 있도록 보완책이 강구되어야 할 것이다.

* Dani Rodrik, *Has Globalization Gone Too Far*? Institute for International Economics, Washington, DC, 1997.

대한 규제 및 감독, 근로조건, 조세체계, 정부재정수지 등은 당연히 정책당국의 주권에 속한다고 간주되어 왔으나, 이제는 다른 나라의 경제활동에도 상당한 영향을 미치게 되면서 국제적 협상대상이 되어 가는 경향이 있다. 예를 들어 한 국가에서 환경오염에 대하여 상당히 느슨한 정책을 펴게 되면, 당장 오염산업에 대한 외국인투자가 증가하는 한편, 다른 국가들의 동종산업은 타격을 입게 될 것이다. 금융산업에 있어서도 규제의 차이는 특정지역으로 거래를 집중시키는 현상을 초래할 것이다. 경제활동의 외부성과 국제적 파급성은 불가피하게 공정한 경쟁질서 및 정책협조방안의 모색 필요성을 증대시키게 될 것이다.

또한 장기적으로 주권국가의 이해를 앞세운 특정계층의 이해보다는 국적을 초월하는 기업의 이해가 우선될 것이다. 세계경제의 통합으로 자본과 기술을 가진 기업은 보다 생산조건이 유리한 곳으로 쉽게 이전할 수 있게 되었기 때문에 각국정부는 기업환경의 개선을 위하여 대내외적 자유화를 경쟁적으로 추진할 수밖에 없을 것이다. 또한 보조금, 독과점규제, 표준조화, 지식재산권 등 기업활동에 직접적인 영향을 주는 대내정책의 국제적 조화가 모색될 것이다. 세계화의 흐름 속에서 개별국민주권의 위축과 국가정책의 수렴은 불가피한 귀결로 보인다.

1.4 국제금융시장통합과 불안정성 증대

1. IMF와 포스트 브레튼우즈체제

전후 국제금융질서의 기반을 마련한 브레튼우즈 협정은 미국달러를 기축통화로 하는 고정환율제도의 운용을 통하여 무역 및 금융의 안정적 성장을 목표로 하였다. 이를 뒷받침하기 위하여 회원국의 거시경제정책의 감시 및 단기자금의 융통을 목적으로 국제통화기금(International Monetary

Fund: IMF)을 창설하였고, 또한 전후복구와 개발을 위한 장기자본의 공급
을 목적으로 세계은행(International Bank for Reconstruction and Develop-
ment: IBRD)을 창설하였다. 그러나 달러화에 기초한 국제통화제도는 기축
통화의 발행국인 미국의 심각한 인플레이션과 경상수지적자로 1970년대
초 붕괴되고 말았다. 현재의 국제통화제도는 주요 통화간의 변동환율을
중심으로 여러 개의 환율제도가 혼재하고 있는 양상을 보이고 있으며, 혹
자는 이를 가리켜 국제통화제도 자체가 존재하지 않는다고도 말한다.[16]

아시아의 금융위기가 발생한 이후 국제통화질서 유지와 금융시장 안
정을 위한 IMF의 역할이 미흡하다는 비판이 선진국과 개도국을 막론하고
제기되었다. 앞에서 설명한 바와 같이 IMF는 금과 고정된 교환가치를 갖
는 달러화를 기축통화로 하는 고정환율체제를 방어하려는 목적으로 출범
하였다. 국제수지가 근본적인 불균형상태에 있을 때에는 환율조정이 불가
피하겠지만, 일시적인 경상수지적자를 겪고 있으면서도 국내사정상 긴축
적 재정금융정책을 실시할 수 없는 회원국들의 경우는 환율을 일정하게
유지할 수 있도록 부족한 외환을 공급하여 주어야 한다. 그런데 국제자본
이동이 활발하여지고 회원국들의 국제수지 불균형 규모도 크게 증가하면
서 IMF는 제 기능을 발휘하기가 점점 어려워지고 있다.

원래 회원국들은 IMF에 가입할 때 쿼터를 지정받는데, 쿼터는 기금
에 출연할 분담금의 몫과 동시에 표결권을 결정하며, 필요한 경우 기금을
사용할 수 있는 권리를 의미하기도 한다. 출범 당시 IMF는 88억 달러의
기금을 조성하였는데, 이 중 27억 5천만 달러를 미국이 부담하였다. 2010
년 현재 IMF는 188개 회원국들이 출연한 2,381억 SDR(약 3,667억 달러) 규
모의 기금을 운용하고 있다.[17] IMF에 가장 많은 출연금을 내고 있는 회
원국들은 서방선진국들로서 미국(17.7%), 독일(16.1%), 일본(6.6%), 영국

---

16) 브레튼우즈체제 출범 50주년을 맞아 세계적인 저명 경제전문가로 구성된 브레튼우즈
   위원회는 국가간의 긴밀한 정책협조에 기반을 둔 고정환율제도로의 복귀를 강력히 촉
   구하였다. 그러나 그 실현가능성이 여전히 별로 높지 않다.
17) IMF 총회는 2010년 12월 쿼터를 4,768억 SDR(약 7,339억 달러)로 증액시키고, 6% 이상
   의 쿼터지분을 신흥시장국과 개도국에게 이전하며, 개도국 이사의 수를 증가시키는 개
   혁안을 개도국 결의하였다. 그러나, 회원국의 비준동의가 지연되면서 발효되지 못하고
   있다.

한국의 IMF프로그램

한국에 대한 IMF구제금융은 예외 없이 경제안정 및 구조개혁을 그 조건으로 내세웠다. IMF가 제시한 정책의향서(letter of intent)를 살펴보면 IMF의 처방은 크게 3가지 유형의 조치로 분류될 수 있다. 즉, 환율안정과 국제수지개선 대책, 금융부문 및 기업부문의 구조조정정책, 그리고 자유화조치의 확대를 통한 실질적 경쟁체제의 확립정책이다.

첫째, IMF는 고금리정책과 긴축재정을 통한 경상수지의 개선을 최우선시하였다. 제4차 의향서까지는 고금리기조의 유지를 통한 환율안정, 목표성장률의 하향조정과 긴축재정을 통한 경상수지 개선과 외환보유고 확충에 초점을 맞추었다. 그러나 실물경제가 예상 밖으로 급격하게 위축됨에 따라 제5차 의향서부터는 실물부문의 자금경색완화를 위하여 금리인하 및 통화공급량의 확대 등 신축적인 통화·금리정책으로 전환하였다.

둘째, 금융부문 및 기업부문에 대한 강도 높은 구조조정 처방은 아시아국가들의 경제위기가 기본적으로 금융시장의 왜곡과 기업의 과다한 부채의존적 경영방식에 기인한다는 인식에 기초한다. IMF는 금융시스템의 안정성 확보 및 금융기관의 건전성과 효율성 제고를 위하여 부실 종합금융회사 및 은행의 영업정지 및 폐쇄, 거액여신규제 강화 및 대손충당금 비율 증대, 금융기관의 인수·합병시 외국자본참여 확대 등의 정책을 추진하였다. 또한 금융감독위원회 및 금융감독원의 설립과 금융기관에 대한 국제회계기준 도입 등 감독강화조치들을 추진하였다. 한편 기업구조조정을 위하여 적대적 M&A 전면 허용, 상호지급보증 해소, 채무비율 축소, 연결재무제표 작성, 상장법인의 사외이사제도 도입, 부실기업 퇴출제도정비 등이 제시되었다.

셋째, 경쟁체제의 확립을 위하여 자본시장개방과 무역자유화를 추진하였다. 자본시장개방과 관련하여 외국인 주식투자한도의 1998년 말까지 완전 폐지, 외국인의 적대적 M&A의 허용, CP와 CD를 포함하는 단기금융시장의 완전 개방, 외국은행 및 증권상의 현지법인 설립 허용 등을 추진하였다. 무역자유화조치와 관련해서는 1998년 1월에 조정관세대상품목을 62개에서 38개로 축소하고 수입인증절차를 국제기준으로의 강화 그리고 1999년 6월까지의 수입선다변화제도의 완전 폐지가 포함되었다.

IMF 구제금융의 대가로 한국은 상당한 조정비용을 치루었다. 특히 기업도산과 실업의 급격한 증가는 심각한 사회문제를 제기하였다. 그러나, 금융·기업부문의 강도높은 구조조정으로 한국은 대외신인도를 회복하고,

| 표 I-1-6 | IMF의향서상의 주요 거시경제지표 조정내용

주요지표	1차 (97.12.3)	2차 (97.12.24)	3차 (98.1.7)	4차 (98.2.7)	5차 (98.5.2)	6차 (98.7.28)	7차 (98.11.16)	8차 (99.3.12)
GDP 성장률	3%	–	1-2%	1%	–1%	–4%	플러스 성장(99)	2%(추가 성장가능)
물가 상승률	5%	–	9%	9%대	한자리수	9%	5%(99)	3% 내외
본원통화 증가율	–	–	14.9% (1/4분기)	15.2% (1/4분기) 15.7% (2/4분기)	14.2% (3/4분기)	14.2% (3/4분기)	합의 사항 삭제	–
총유동성 (M3) 증가율	15.4% (97년말) 9% (1/4분기)	–	13.2% (1/4분기)	13.5% (1/4분기) 14.1% (2/4분기)	14.1% (2/4분기) 13.9% (3/4분기)	14.0% (3/4분기) 13.5% (4/4분기)	구속성 없는 전망치로 변경	13.5%로 전망
금 리	–	외환시장 안정 위해 콜 금 리 30% 이상 유지	고금리 유지	외환시장 상태에 따라 콜 금리 인 하 가능	콜금리의 지속적 인하가능	콜금리 지속적 인하가능	콜금리 지 속적 인하 가능	저금리 정책 지속합의
경상수지	–43억 달 러(GDP 대비 1% 이내)	–	30억 달 러 흑자	80억 달 러 흑자	210-230억 달러 흑 자	330-350억 달러 흑 자	200억 달 러 흑자 (99)	상당수준 흑자지속
재정수지/ GDP	균형 또 는 소폭 흑자	–	적자불가 피	–0.8% (3조6천 억원)	–1.2% (1.75%까 지 확대 가능)	–4%	–5%(99)	–5%(상반 기중 조기 집행)

자료: 재정경제부, "IMF협의과정을 통해 본 경제정책의 신축, 자율성 확대 과정," 1998.

성장잠재력을 확충하는 데 좋은 계기가 되었다고 평가할 수 있다. 한국경제는 1998년에는 –6.7%의 성장을 기록하였으나, 1999년에는 10%대의 높은 성장을 기록하였다. 한국경제의 이러한 성과는 1990년대 일본의 장기 침체와 대비되면서 장기적으로 과감한 구조조정이 얼마나 중요한지를 잘 보여 준다고 하겠다.

(4.5%), 프랑스(4.5%) 순이다. 한국의 쿼터납입금의 비중은 1.41%이고 표결권의 비중은 1.37%이다. 최근 중국을 비롯한 개도국들은 경제규모와 외환보유고의 크기에 따라 쿼터를 새로 조정하여야 한다는 의견을 강력히 개진하고 있고, 중국의 비중은 실제로 크게 늘었다(4.0%).

중앙은행이 은행의 은행이라고 한다면, IMF는 중앙은행의 은행이라고 할 수 있다. IMF로부터의 대출은 외환위기를 극복하여 대외신인도를 회복하고, 나아가 국제금융질서의 교란요인을 제거하는 데 목적이 있다. 그러나 IMF가 대출의 이행조건으로 때로 경제주권의 상실에 비유될 만큼 강도높은 긴축정책과 구조조정을 요구하여 갈등을 초래하기도 한다. 예를 들어 정부의 지출감소와 조세부담의 증가, 경우에 따라서 주요 생필품에 대한 보조금철폐 등은 저소득층에게 커다란 부담으로 작용한다. 또한 공기업의 민영화는 실업을 증가시키게 된다. 한편 고금리정책 역시 기업의 도산을 증대시킬 위험이 크다. 이러한 부작용은 각 회원국의 사정에 맞도록 이행조건을 설정하지 못하기 때문이기도 하다. 그러나 IMF는 기본적으로 구제금융신청이 일시적 유동성 부족보다는 당사국의 불합리한 거시정책과 국제불균형을 초래하는 구조적 문제에 기인한다는 입장을 취하고 있다.

최근 글로벌 금융위기 이후 IMF와 IBRD의 성격 및 기능을 다시 정하자는 요구가 다시 드세지고 있다. IMF는 1973년 고정환율제도의 유지를 위한 감시역할이 의미를 상실한 이후, 남미와 구동구권 국가들의 금융위기를 해소하는 역할을 주로 맡게 되었다. IBRD 역시 창설 당시의 주요 대상이었던 유럽이 경제적으로 완전히 복구되고 나자, 개도국에 대하여 경제발전에 대한 자문 및 외채제공의 역할을 담당하게 되었다. 당분간 국제금융시장에의 접근이 제한적인 극빈 개도국과 구사회주의 경제의 시장개혁이 중요한 과제로 남겠지만 새로운 역할정립이 절실히 요구되고 있다. 또한 IMF가 새로운 파생금융상품이나 투기적 자본이동으로 발생할 수 있는 국제금융시장의 위험성을 최소화하고 회원국들의 거시경제적 안정성을 보장할 수 있을지에 대해서는 회의적이다.

2. 국제금융시장통합과 금융위기의 위험성 증대

자본시장 개방과 금융혁신의 결과 국제금융시장의 통합은 급속도로 진전되었고, 그 결과 자본의 이동성도 크게 증가하였다. 자본이 희소한 개도국으로 자본이 유입되면 장기적으로 경제성장이 촉진되고 금융시장발전에도 도움이 될 것이며, 자본을 투자하는 선진국도 자본의 수익성을 높이고 분산투자를 통하여 위험도를 낮출 수 있을 것으로 기대된다. 그러나, 단기적으로는 국가간 자본유출입의 변동성이 확대되면서 금융시장은 물론 경제전체에 부정적인 영향을 미치는 사례가 늘고 있다. 예를 들어 국제자본시장의 변화로 인하여 외국자본이 갑자기 유출되게 되면 국내자산가격이 폭락하면서 소비와 투자가 위축되고 대외적으로는 외화유동성 부족으로 외환의 값이 폭등하고 신용등급이 떨어지는 결과를 초래하게 된다.

금융위기란 금융시장의 중개기능이 마비되어 실물경제에 심각한 피해를 입히는 경우를 지칭한다. 2008년 글로벌 금융위기야말로 국제금융시장의 교란이 순식간에 국내금융시장에 파급되면서 전세계 경제가 심각한 경기침체에 빠져들게 된 대표적인 사례라고 할 수 있다. 글로벌 금융위기 이후 자본자유화에 대한 비판이 드세지고, 일각에서는 자본이동을 규제하여야 한다는 주장도 제기되고 있다. 그러나, 글로벌 금융위기가 금융세계화를 후퇴시킬 것이라는 전망은 그다지 현실성이 높다고 할 수 없다. 그 대신 금융위기를 사전에 억제하거나 또는 금융위기가 발생한 경우 그 피해를 최소화하기 위한 여러 가지 보완책들이 강구될 것으로 보인다.

금융위기는 왜 발생하는가? 금융위기는 외환위기와 은행위기를 통틀어 지칭하는데 먼저 외환위기에 대하여 살펴보도록 하자. 외환위기는 환율의 급등이나 자본거래의 중지 또는 제한을 가져오는 외환의 부족사태를 의미한다. 이러한 외환위기의 원인에 대해서는 다양한 주장이 제기되었는데, 크게 보면 기초경제여건론과 자기실현적 예상론으로 대별할 수 있다. 기초경제여건론은 말 그대로 기초경제여건(fundamentals)에 구조적 문제가 있다는 시각이다. 외환위기의 경우에는 재정적자와 같은 거시경제여건의 취약성 및 거시정책의 불일치 때문에 고정환율제도가 붕괴한다고 본다. 금융위기의 경우에는 기초여건의 문제점으로 경제성장둔화, 과다한 국내여신과다, 규제감독소홀과 도덕적 해이를 들고 있다.[18] 한편 자기실현적 예상론은 기초여건과 무관하게 투자자의 예상이 위기를 초래한다는 견해로서 투기적 공격이론 또는 2세대 모형이라고도 불리운다. 흔히 예금인출사태를 좋은 예로 들고 있다. 이유야 어찌되었든지 간에 예금자들의 신뢰가 흔들리어 예금인출이 발생하게 되면 은행의 기초여건에 관계없이 은행은 위기상황에 봉착하게 된다는 견해이다. 외환위기의 경우도 마찬가지로 사람들이 현재의 환율수준이 유지되기 힘들 것이라고 예상하면 외환에 대한 투기적 공격이 발생하여 실제 환율의 급등이 불가피하게 된다고 주장한다.[19]

아시아의 금융·외환위기는 위에서 언급한 모형 중 어떤 것에 의하여 잘 설명될 수 있는가? 아시아 개도국의 경우에는 외환위기에 관한 제1세대 모형이나 제2세대 모형 둘 다 적용되기 힘들다는 것이 정설이다. 예를 들어 1997년 한국경제는 기초경제여건 면에서 동남아경제보다는 월등하게 우월한 것으로 판단되었음에도 불구하고 투자자의 신뢰성에 문제가 생기자 즉각 외환위기가 발생하였다. 그렇다고 해서 1세대 모형과 같이 이렇다 할 거시정책간 부조화를 찾기도 힘들다. 즉 경제성장률, 경상수지, 재정수지, 외채비율 등의 기초경제여건이 남미국가들과 비교하여 특별히 나쁘지 않았다. 외환위기가 자기실현적 예상에 기인한다는 주장에도 문제가 있다. 아시아는 실업문제가 심각한 유럽과 달리 환율정책에 근본적인 변화를 초래할 만큼 다른 중요한 정책목표가 있었다고 보기 힘들다. 또한 급작스러운 예상변화가 주원인이라고 할 경우 예상을 초래한 충격이 무엇이고, 또한 그것이 과연 기초경제여건과 무관한 것인가도 밝혀져야 할 것이다.

다른 한편으로 아시아 금융위기의 경우 부분적으로는 위의 두 모형 둘다 타당하다고 보여진다. 과다한 은행대출에 기초하여 과잉투자가 이루

---

18) Krugman(1979)은 1세대 외환위기 모형의 선두주자라고 할 수 있으며, 금융위기의 경우에는 Demirg-Kunt and Detragiache(1997)와 Caprio(1998)를 들 수 있다.

19) 금융위기모형으로는 Diamond and Dybvig(1983), Radelet and Sachs(1998)을 들 수 있으며, 외환위기모형으로는 Obstfeld(1994, 1996)가 대표적인 예이다.

어졌고 자산가격이 등락을 보인 점, 그리고 높은 해외차입의존으로 인하여 국제투자심리변화시 국내경제의 취약성이 급증한 점이 위기가 발생한 국가들의 공통요인으로 지적되고 있기 때문이다. 그러나 자본유출입의 급격한 변화가 금융이나 기업부문의 건전성문제와 무관하다고 보기는 힘들 것이다. 한국의 예를 보면 은행부문의 경영상태가 1991년 이후 계속 악화되는 추세를 보여 왔고, 1997년에는 BIS 비율이 국제기준에 미달하기에 이르렀다. 물론 이러한 금융부문의 부실은 비효율적인 투자로 심화된 실물부문의 취약성과 불가분의 관계를 맺고 있다. 결론적으로 기초경제여건상의 문제가 있는 데다가 국제금융시장환경의 변화로 자본유입이 유출로 바뀌면서 과다한 단기외채 때문에 대외결제수단의 부족에 직면하게 되자 금융·외환위기가 동시적으로 발생하였다고 할 수 있다.

이번에는 은행위기에 대하여 살펴보자. 은행위기는 은행이 대량으로 도산하거나 또는 금융중개기능이 마비되는 경우를 의미한다. 은행위기의 원인 역시 외환위기와 마찬가지로 예금과 대출의 만기불일치라는 근본적 문제가 경기하락시 불거지면서 발생한다는 1세대 모형과 마치 태양의 흑점과 같이 경제적 기초여건과는 관계없는 충격이 가져오는 심리적 변화 때문에 발생한다는 2세대 모형이 대립하고 있다. 한가지 흥미로운 사실은 역사상 수많은 은행위기가 발생하였는데, 거의 예외 없이 은행에서 대출을 받아 무모하게 투자한 상품 또는 자산가격이 하락하면서 발생하였다는 사실이다.[20] 2007년부터 불거지기 시작한 미국의 금융위기는 제 2 금융권으로부터 시작되어 은행부문까지 위기에 몰아넣은 전형적인 은행위기의 예라고 할 수 있다.

미국의 금융위기는 주택가격이 하락하자 신용도가 낮은 저소득층에게 장기대출을 해 준 서브프라임 모기지(subprime mortgage) 대출회사, 즉 비우량 주택담보 금융기관들이 부실화되면서 발생하였다. 2007년 4월에는 미국의 2위 서브프라임 모기지 대출회사인 뉴센츄리파이낸셜이 파산하였다. 한동안 신용위기는 곧 진정될 것이라는 기대가 우세하였으나, 이와 반대로 2008년에 접어들면서 위기는 금융부문 전체로 확산되기 시작

---

20) 반복되는 금융위기의 사례 연구와 교훈에 대해서는 Kindleberger(2001) 참조.

| 표 I-1-7 | 2007-2008 글로벌 금융위기 일지

날 짜	주요 사건
2007. 4. 22	미국 뉴센츄리 파인낸셜(미국 제2위 서브프라임 모기지 대출회사) 파산
2007. 9. 7	영국 노던 록(모기지대출 전문은행) 유동성부족 직면, 영국 중앙은행의 긴급 지원(2008. 2, 국유화)
2007. 10. 9	미국 주식시장 사상최대 호황(다우존스 14,164 기록)
2008. 3. 16	미국 베어스턴즈(자산규모 5위 투자은행), JP 모건즈에 매각
2008. 9. 15	미국 리먼 브라더스(자산규모 4위 투자은행) 파산신청 뱅크오브아메리카 메릴린치 인수 발표
2008. 9. 16	미국 중앙은행(FED), AIG에 850억 달러 상당의 자금지원
2008. 9. 19	미 폴슨 재무장관 부실자산회생프로그램(TARP)법안 의회제출
2008. 9. 21	미국 골드만삭스와 모건스탠리, 전통적 은행지주회사로 전환
2008. 9. 28	미국 정부 7000억 달러 규모의 금융부문 지원방안 발표
2008. 10. 3	미국 구제금융방안(TARP) 수정안 하원통과
2008. 10. 12	영국 주요 은행의 주식매입에 370억 파운드 투입 결정
2008. 10. 13	독일 800억 유로 규모의 금융시장안정화펀드 조성 결정, 프랑스는 은행지분매수에 400억 유로 투입 결정
2008. 10. 14	스위스정부 UBS(유럽 2위 글로벌 소매 및 투자은행)에 52억 달러 투입(600억 달러 채무는 스위스 중앙은행 인수) 결정
2008. 10. 19	네덜란드 ING(종합금융업)그룹에 100억 유로 자본금 지원결정
2008. 10. 21	아이슬랜드 IMF에 21억 달러의 구제금융요청
2008. 10. 22	파키스탄 IMF에 50억 달러의 구제금융요청
2008. 10. 27	우크라니아 IMF와 165억 달러의 구제금융지원 합의
2008. 10. 28	헝가리 IMF와 250억 달러의 구제금융지원 합의
2008. 10. 29	미국은 한국, 브라질, 멕시코, 싱가포르와 각각 300억 달러 규모의 통화스왑계약 체결
2008. 11. 9	중국 5,860억 달러 규모의 경기부양책 발표
2008. 11. 23	미국 씨티그룹의 270억 달러 규모 우선주 매입, 부동산관련 자산부실 3,060억 달러까지 보전 발표
2008. 11. 29	EU 2000억 유로 규모의 경기부양책 발표

자료: 최혁, 「2008 글로벌 금융위기」, K-books, 2009.

하였다. 특히 투자은행은 부실대출과 파생금융상품투자의 손실, 증권판매 수수료의 감소, 그리고 차입비용의 증가로 돌이킬 수 없는 타격을 입었는데, 9월 15일에는 미국 5위 투자은행인 리먼 브라더스가 파산하기에 이르렀다. 미국 정부는 7,000억 달러 규모의 금융부문 지원방안을 발표하는 등 위기진화에 적극 나섰으나, 금융위기는 전세계로 퍼져나갔다. 국제금융시장의 신용경색이 심화되면서 헝가리, 아이슬랜드, 파키스탄 및 우크라니아 등이 IMF에 구제금융을 신청하기에 이르렀다. 〈표 I-1-7〉은 전세계가 글로벌 금융위기로 빠져들기까지의 주요사건들을 정리한 것이다.

미국발 글로벌 금융위기의 원인이 무엇인지에 대해서는 우선 미국에서 왜 금융위기가 발생하였는가와 또 그 위기가 왜 전세계로 퍼져나갔는가로 나누어 생각할 수 있을 것이다. 우선 미국의 금융위기는 민간부문에 대한 대출 급증과 주택가격의 거품이 주요 원인이라는 데는 별다른 이견이 없다. 자산가격 거품이란 어떤 자산의 가격이 지속적으로 상승하면서 앞으로도 가격이 상승하리라는 기대를 불러일으켜 계속 새로운 투자가 이루어지고, 이 때문에 다시 가격이 상승하는 현상을 의미한다. 이러한 연속적 가격상승과정을 거품이라고 부르는 이유는 가격이 비싸도 앞으로 계속 오를 것이라는 예상이 의심받게 되는 순간 가격이 폭락하기 때문이다. 2007년 미국 신용위기가 주택시장침체와 연관이 있다고 하는데, 그렇다면 주택가격은 애당초 왜 상승하였는가?

여기에는 주택구입을 위한 신용대출의 증가가 큰 몫을 차지하였다. 원래 주택구입을 위한 자금지원은 미국정부가 정책적으로 권장해 왔다. 주택담보대출시장에 유동성을 공급할 목적으로 패니메(Fannie Mae)와 프레디멕(Freddi Mac)이란 공기업까지 두었다. 그런데 이러한 주택담보대출이 문제가 된 것은 2000년대에 들어오면서 주택가격이 올라가기 시작하자, 너도 나도 대출을 받아 주택을 마련하려고 나섰고, 대출회사들노 고객의 소득이나 신용도에 대한 충분한 검토 없이 대출을 늘렸기 때문이다.

또한 주택가격의 상승은 미 중앙은행의 느슨한 통화정책과 무관치 않다. 1990년대 후반 불어닥친 IT 산업과 벤처 기업붐이 가라앉으면서 경기가 침체될 조짐을 보이자 미 중앙은행은 금리를 대폭 낮추었다. 2001년 9·11사태 이후에는 통화정책의 중간목표인 연방기금금리(Federal Fund

Rate)가 1% 수준까지 떨어졌다. 금리가 낮아지고 시중에 유동성이 풍부해지면서 상당한 규모의 자금이 부동산에 투자되자, 부동산가격에 거품이 생기기 시작하였다.

결국 거품이 빠지면서 부실대출이 문제가 되기 시작하였고, 이 담보대출회사들에게 대출을 하거나 투자를 하였던 금융기관들에게까지 불똥이 튀게 된 것이다. 이들 금융기관들은 자산가격이 떨어지자 건전성 기준을 충족시키기 위하여 대출을 축소할 수밖에 없었는데, 일시에 대출을 회수하려는 노력은 심각한 신용경색을 초래하였다. 더 나아가 자산의 부실화는 금융기관 자체의 지급능력 자체를 위협하게 되었다. 자산가격의 거품과 붕괴, 그리고 이에 따른 신용의 경기순환적 조정과정은 이전의 신용위기가 별반 다를 것이 없다.[21]

금융당국은 왜 이러한 신용위기에 적절하게 대처하지 못하였고, 또 그렇다면 미국의 금융위기는 왜 글로벌 금융위기로 확대되었는가? 이와 관련하여서는 미국의 제2금융권 신용위기가 전 금융부문으로 확산되는 과정에서 중요한 역할을 담당한 증권화(securitization)를 주목할 필요가 있다. 즉, 투자위험을 회피하면서 유동성을 창출하려는 목적으로 도입된 파생금융상품이 오히려 금융시장 전체의 위험을 확대시키는 부작용을 낳았다는 것이 이번 금융위기의 특징이라고 할 수 있다. 대표적인 예로 부채담보부증권(Collateralized Debt Obligation: CDO)이라는 파생금융상품이 있는데, 이것은 주택담보대출을 모아서 이를 우선순위가 다른 채권들로 만들어 잘라 파는 것이다. 이때 채권의 위험을 최소화하기 위하여 채권발행자들은 채권을 보증해 주는 회사에게 수수료를 내고 보증을 받는다. 또한 보증회사가 파산할 경우에 대비하여 신용평가회사로 하여금 채권의 신용

---

21) 서브프라임모기지 대출에서 발생하는 손실을 아무리 크게 잡아도 1,000~2,000억 달러 정도인데, 이는 미국 가계의 순자산 규모인 16조 달러의 0.7~1.3%에 불과하며, 주식시가총액의 1% 정도에 불과하다. 이렇게 작은 충격이 어떻게 금융시장의 붕괴를 가져왔는가? Thorias and Shin(2008)은 자산가격을 시장가격으로 산정하는 회계시스템하에서는 자산가격하락이 직접적 원인이라고 주장하면서, 2002년 유럽 생명보험회사들의 위기를 그 예로 들고 있다. 이들 회사들이 보유하고 있는 주식가격이 떨어지면서 재무구조가 악화되자 주식을 팔아 건전성을 유지하려고 하였는데, 동시다발적인 주식판매노력은 주식가격을 더욱 하락시키면서 위기를 초래하였다는 것이다.

도에 대한 평가를 받도록 하였다.[22] 이렇게 생겨난 CDO는 투자위험이 최
소화되면서 고수익을 보장할 수 있는 새로운 금융상품으로 각광을 받았
다. 또한 이러한 채권들을 모아서 다시 새로운 파생금융상품을 만드는 2
차, 3차의 증권화가 진행되면서 그 규모는 눈덩이처럼 늘어났다. 따라서
금융감독기관은 물론 투자자 역시 이러한 파생금융상품의 규모가 얼마인
지, 또 얼마나 위험한지를 제대로 파악할 수 없는 상황에 놓이게 되었다.

요약하면 최근 글로벌 금융위기는 과잉유동성공급으로 인하여 발생
한 자산가격버블이 붕괴되는 과정에서 과다한 부채비율을 안고 있는 금
융기관들의 부실이 가중되면서 발생하였다고 볼 수 있는데, 그 과정에서
금융혁신으로 생겨난 파생금융상품이 시장전체의 위험을 현저하게 높여
놓았기 때문에 신용위기가 금융부문 전체로 확대 재생산되었다는 것이
이번 위기의 특징이라고 할 수 있다. 한편 금융세계화의 진전으로 신용도
가 높은 국채뿐 아니라 파생금융상품까지 해외투자자에게도 판매되었고,
금융기관들이 자본확충을 위하여 해외투자를 회수하는 과정에서 국제유
동성의 부족을 초래한 것이 금융위기가 글로벌화하는 데 촉매역할을 하
였다고 하겠다.

3. 새로운 금융체제의 모색

글로벌 금융위기는 금융혁신의 급속한 진전으로 기존의 금융감독체
제가 적합지 않다는 점과 금융시장의 안정성을 높이기 위한 국제적 공조
의 필요성을 일깨워 주었다고 할 수 있다. 금융위기의 재발을 방지하기
위해서는 금융제도, 법, 그리고 정책의 전반적 재검토와 개선이 우선적으
로 추진될 것이다. 이번 금융위기의 원인 중의 하나로 지나친 규제완화가
꼽히고 있는 만큼 금융기관에 대한 감독기능 강화, 대출관행에 대한 규제
강화, 그리고 투자은행 및 담보대출기관 등 소위 그림자 은행(the shadow

---

22) 채권 중 보증이 없거나 보증이 충분치 않은 경우는 따로 보험을 살 수 있는데, 이 보
　험이 신용파산스와프(Credit Default Swap: CDS)이다. CDS는 채권을 발행한 기업이
　부도시 원금손실을 피할 수 있도록 고안되었는데, 신용경색으로 부도위험이 증가하자
　오히려 부도를 예상한 투기적 수요를 부추기는 부작용도 가져왔다(최혁(2009) 참조).

bank)라고 불리우는 제2금융권에 대한 건전성 규제 도입이 활발하게 논의되고 있다. 그러나 학계와 업계, 또한 정부의 이해가 다르고 국가별로도 상당한 입장차를 보이고 있는 만큼 금융개혁이 어떻게 이루어질지 시간을 두고 지켜볼 필요가 있다. 현재 효율적인 규제강화를 위한 원칙으로 제시되고 있는 것들은 다음과 같다(Achary and Richardson(2009)).

첫째, 은행 및 금융기관들이 새로운 금융기법과 파생금융상품을 이용하여 고위험 고수익을 좇으려는 위험선호 인센티브를 바로 잡아야 한다. 과다한 차입과 위험감수행태를 막으려면 금융기관들의 보상체계를 투명하게 하고, 단기성과보다는 장기에 걸친 누적수익에 기초한 보상을 강화하여야 한다.

둘째, 대형금융기관에 치우친 잘못된 지원 및 보호관행을 개선하여야 한다. 이번 미국의 투자은행기관 및 보험회사에 대한 구제금융에서도 드러났듯이 "대마불사"라는 기준은 선진국의 경우에도 은연중에 적용되어 왔다. 이에 따라 금융기관들은 여러 종류의 금융서비스를 한 곳에 집중하려는 경향이 생겨나면서 어느 한 부문에서의 손실이 금융기관 전체의 건전성을 해치는 부작용이 나타나게 되었다. 이러한 폐단을 방지하려면 금융당국은 구제금융대상의 선정기준을 명확히 하고, 지원의 대가를 확실하게 지불하도록 하여야 한다.

셋째, 금융부문의 투명성을 제고하여 거래상대방 위험(counterparty risk)을 줄여야 한다. 파생상품 중 거래상대방 위험이 큰 경우에는 중앙화된 청산소를 통하여 거래가 이루어지도록 하고, 감독기관은 거래내역을 감시하여야 한다. 장외거래의 경우에도 투명성을 제고하도록 감독을 강화하고, 내부자 거래나 시장조작행위를 엄격하게 규제하여야 한다.

넷째, 감독 및 규제의 초점이 지나치게 기관위주로 이루어지면서 시스템 위험을 제대로 파악하지 못하는 우를 범하지 않도록 대형 종합금융기관에 대한 건전성 규제를 강화하여야 한다. 이를 위해서는 시장전체의 위험관리를 책임질 감독기관이 있어야 한다. 또한 건전성 규제는 개별 금융기관별로 일률적으로 적용될 것이 아니라, 시장리스크에 대한 기여도에 따라 차등적으로 이루어질 필요가 있다.

글로벌 금융위기가 발발한 지도 10년이 되었다. 그렇다면 국제금융시

글로벌 금융위기의 교훈

　미국의 서브프라임 금융위기로부터 촉발된 글로벌 금융위기가 발생한 지도 벌써 10년이 넘었다. 글로벌 금융위기의 교훈은 무엇인가? 국제결제은행(Bank for International Settlements)의 Jaime Caruana 사무총장은 2017년 한 언론기관과의 인터뷰에서 글로벌 금융위기로부터 얻을 수 있는 정책시사점을 다음과 같이 요약하고 있다.*

　첫째, 금융시스템이 안전하지 않다면 시스템을 구성하는 어느 금융기관도 안전하지 않다. 즉, 개별 금융기관의 건전성 보다 시장전체의 체계적 위험을 파악하는 것이 중요하다.

　둘째, 거시경제적 펀더멘털이 좋더라도 금융 안정성이 유지될 것이라는 믿음은 잘못된 것이다. 오히려 경제적 안정성은 과도한 위험 부담을 야기하는 경향이 있고 이것이 금융위기로 연결될 수 있다

　셋째, 어느 국가의 금융건전성을 따질 때 자본의 순유입이나 경상수지 흑자와 같은 유량(flow)에 주의를 기울였으나, 정작 더 중요한 것은 대차대조표상의 부채와 같은 저량(stock)이라는 사실이다.

　넷째, 글로벌 금융위기는 이전 금융위기와 같이 급격한 대출증가와 과도한 부채 축적의 결과라고 볼 수 있다. 그러나 다른 점은 세련되었지만 투명하지 못한 금융수단들 때문에 훨씬 더 복잡해진 금융생태계 속에서 발생하였다는 점이다.

　BIS의 2017년 연차보고서를 보면, 글로벌 금융시스템은 이전보다 여러 면에서 나아졌지만, 금융위기가 재발할 위험은 여전히 존재한다고 경고하고 있다. 특히 재정적자확대에 따른 공공부채비율 증가는 잠재적인 위험요소로 주목받고 있다. 당장 미국의 금리인상은 외부충격에 취약한 국가들의 금융파산을 촉발시킬 방아쇠가 될 수 있을 것이다. 또다른 금융위기를 방지하려면 구조개혁을 통하여 경제의 저항력과 탄력성을 강화하는 한편, 통화정책을 넘어서 생산성을 높이기 위한 노력을 경주하여야 한다는 교훈을 되새겨야 할 것이다.

* "Lessons Learned from Global Financial Crisis-And Risks That Remain," IESE Business School, 2017.

장은 이전보다 더 안전해졌는가? 글로벌 금융위기가 또다시 발생할 위험은 없는가? 불행히도 이에 대해 긍정적으로 답하기 어렵다. 이전보다 금융시장의 안전성이 높아졌지만, 그렇다고 완전한 것은 아니기 때문이다. 앞으로도 국내금융감독체제 및 방향의 개선과 함께 국제금융시장의 안정성을 높이기 위한 협조체제 구축을 위해 노력하여야 할 것이다.

첫째, 자본시장 개방과 금융세계화의 진전으로 외부금융충격이 국내경제에 미치는 영향이 점증하고 있는 만큼 국제자본이동과 관련된 각국의 정책 및 제도에 대한 국제기구의 감시강화가 필요하다. 이를 위하여 각국은 자본이동과 관련된 정책 및 통계에 관한 정확한 정보를 공개하여야 하며, 국제기구는 시의적절한 정보가 조속히 교환될 수 있는 장치를 마련하여야 한다.

둘째, 국내뿐 아니라 국제금융시장의 시스템 위기를 불러일으킬 수 있는 투기자본에 대한 규제를 강화할 필요가 있다. 특히 과다채무 금융기관들은 역외금융센터에 본부를 두고 폐쇄적으로 운용되는 경우가 많으므로 역외펀드라 할지라도 투명성을 강화하고 건전성을 강화할 수 있는 방안을 모색하여야 한다.

셋째, 주요 선진국 통화간 환율변동을 안정시킬 수 있는 정책협조 및 국제통화제도의 개선이 요구된다. 글로벌 금융위기 이후 기축통화로서 달러화의 역할에 대한 의문이 제기되면서 새로운 국제통화제도에 대한 관심이 늘고 있다. 그러나 달러화를 대체할 새로운 국제통화의 도입이나 급작스러운 유로화나 엔화의 역할 증대는 당장 기대하기 어렵다. 따라서 통화안정을 위한 중앙은행간 협조를 강화하는 한편, 위기시 국제유동성을 공급해 줄 수 있는 지역차원의 금융지원체제를 공고히 할 필요가 있다.

국제금융질서의 개편에 있어서 IMF와 IBRD의 성격 및 기능을 재조정하여야 한다는 점은 앞에서 지적한 바 있는데, 글로벌 금융위기는 그 필요성을 다시 한번 확인시켜 주었다고 할 수 있다. 물론 국제금융기구의 근본적인 개혁방안에 대해서는 선진국과 개도국간뿐 아니라 선진국과 선진국간에도 구체적인 합의도출이 어려운 상태이다. 이는 자유로운 자본이동의 이득과 비용이 누구에게 배분되는가에 대한 자본대여국과 자본차입국의 이해대립이 그만큼 크기 때문이다. 그러나 지금까지 미국이 주도하던 국제금융질서가 글로벌 금융위기를 통하여 어느 정도 한계를 드러냈다고 할 수 있다. 따라서 국제금융체제 개편 논의에 있어서 이제 채무국에서 채권국으로 변모하고 있는 신흥시장국들의 목소리가 커질 것으로 예상된다.

주요용어

- 세계화
- 냉전체제 종식
- 경제활동의 소프트화
- BRICs
- 다자간 무역자유화
- 신통상의제
- 외환위기
- 글로벌 금융위기

- 개방의 확대
- 정보기술
- 글로벌 경영
- 세계경제의 다극화
- 신보호무역주의
- 지역주의
- 공정한 경쟁여건
- 은행위기

연습문제

1. 세계화의 개념과 그 동력에 대하여 설명하시오.
2. 교역과 개방의 확대에 따른 국제경제관계의 변화 양상과 전망에 대하여 설명하시오.
3. 생산의 세계화란 무엇을 의미하는지 설명하고, 다국적기업의 역할에 대하여 논의하시오.
4. 지역주의적 경제통합에 대한 찬반 양론을 간단히 소개하고 평가하시오.
5. 개도국 경제의 부상이 선진국경제 및 국제경제관계에 어떠한 의미를 갖는지 논하시오.
6. 새로운 통상의제에는 무엇이 있고, 그 공통적인 특징은 무엇인지 설명하시오.
7. 아시아 외환위기의 원인과 한국의 대응조치에 대하여 설명하시오.
8. 글로벌 금융위기 이후 금융체제의 개편논의에 대하여 평가하시오.

제 2 장　국제통상의 이해

2.1 국제통상의 정의와 범위 >>>

1. 국제통상의 정의

오늘날 우리는 경제활동이 개인의 자유로운 의사결정에 달려 있거나 적어도 그것이 원칙이어야 한다는 믿음이 일반적인 세계에 살고 있다. 자본주의적 세계질서하에서 기업의 이윤추구 활동에 원칙적으로 제약이 없고, 소비자도 효용을 극대화하기 위한 선택의 자유가 보장된다. 이에 따라 개인주의를 기초로 하는 자유주의적 가치관 및 사회질서가 중심을 이루고 있다. 이러한 질서는 한 나라 안에서뿐만 아니라 무역, 직접투자 등 여러 국가에 걸친 기업활동에도 동일하게 적용된다.

통상(通商)의 정의도 이러한 관점에서 이해될 필요가 있다. '상'(商)이란 글자 그대로 상거래를 말하는 것으로서, 개인 또는 기업 상호간의 경제활동을 의미한다. 따라서 통상(通商)에 대한 정확한 이해를 위해서는 '통'(通)의 의미를 음미해 볼 필요가 있다. '통'(通)이란 글자는 대체로 '통하는 것' 또는 '여는 것' 그리고 '다다르는 것' 등으로 해석이 가능하다. 즉, 어떤 상황이 시원하게 열려 있는 상태이거나 현재에 막혀 있는 상황을 열어서 통하게 하는 적극적인 의미를 담고 있다. 따라서 '국제통상'(國際通商)이란 국가간의 '상'(商)을 '통'(通)하게 만든다는 것이므로 현재 막혀 있는 국가간의 경제활동을 트이게 하여 자유로운 경제활동을 촉진하는 정책과 국가간 교섭과정을 의미한다.

따라서 국제통상이라는 개념을 이해하기 위해서는 국제적 경제활동이 경제주체의 의사결정에 의하여 완전히 자유롭게 이루어지지 못하다는 현실의 인식이 중요하다. 한 국가 내의 경제활동에 정부의 일정한 간섭이 존재하는 것은 물론이고, 국경을 넘어 이루어지고 있는 경제활동의 경우에도 국가의 주권이 장벽으로 작용한다. 세계경제 차원의 자원배분이 분업과 교환이라는 자유주의적 경제원리에 따라 이루어지는 과정에서 국가

중세상인에 대한 통행세

중세 유럽에는 상인이 봉건영주의 영지를 통과하기 위해서는 반드시 통행세를 지급해야만 했다. 그리고 이것이 오늘날 국제무역에서 적용되는 관세의 원형으로 간주되고 있다. 기록상 남게 된 모든 상인들은 이와 같은 통행세를 부담하고도 상거래를 했다고 볼 수 있다. 그러나 여기서 역사상 아무런 흔적도 남기지 않은 한 중세인을 상상해 보자. 이 사람은 한 영지에서 비교적 풍부한 땔감을 생산해 내었고 그 양이 자기가 사용하고 또 영지 내에서 각종 상품과 교환하고도 남을 정도여서 이를 타영지의 주민과 자신이 필요로 하는 재화와 교환하거나 이를 팔아 미래의 소비를 위하여 저축을 꿈꿀 것이다. 그러나 이를 팔기 위해서 지불해야 할 통행세가 땔감을 판매한 대금의 대부분을 차지할 정도로 높다면 자연히 상거래를 포기하게 될 것이며 오늘날 상인으로서 아무런 기록도 남기지 못하게 될 수 있다. 이런 경우 봉건영주가 부과한 통행세는 땔감과 여타 제품과의 교환가능성을 말살시켜 버리는 효과를 발휘한 것이다. 만일 당시 영주들간에 통행세 인하에 합의하여 각 영지간의 '교역'(交易)을 촉진하고 사람들의 '후생'(厚生)증진을 도모했다면 이러한 합의를 각 영지간의 '통상' 활동의 결과로 지칭할 수 있을 것이다.

권력이 장애가 되는 경우를 쉽게 발견할 수 있는 것이다. 뿐만 아니라 오늘날 세계경제의 통합이 심화됨에 따라 종래에는 외국의 기업이나 소비자와 전혀 무관한 것으로 간주되던 국내경제활동에 대한 정책도 외국에까지 영향을 미치고 있다.

이처럼 모든 국제경제활동은 국가의 간섭으로부터 자유롭지 못하다. 뿐만 아니라 정치, 사회, 그리고 문화적 환경은 상거래활동에 불필요한 비용을 부가하거나 기업과 소비자의 의사결정에 많은 왜곡을 가져온다. 자연적으로는 발생하지 않을 수도 있는 경제활동을 경제 외적인 목적하에서 인위적으로 창조해 내기도 한다. 자연발생적인 경우와 비교하면 자원의 배분에 있어서 상당한 손실이 초래된다. 따라서 '상'(商)을 제약하는 각종 주변요인을 제거함으로써 경제논리에 입각한 상거래가 이루어질 수 있도록 하는 활동이 바로 '통'(通)이 의미하는 바이다. 따라서 '국제통상'

(國際通商)이란 경제주체의 합리적인 의사결정과 이러한 의사결정에 따른 국가간의 상거래에 대한 제약요인을 완화해 나가는 정책과 국가간의 교섭과정을 포함하는 것으로 해석할 수 있다.

2. 국제통상의 범위

역사적으로 국가는 국경을 통과하는 인적·물적 이동을 직·간접적으로 통제해 왔다. 이러한 통제에는 다양한 목적이 있다. 예를 들면 국가안보, 국내산업의 보호 및 육성, 사회의 공동가치 보전, 국민건강의 보호 등이다. 이러한 국가의 기능은 기업 또는 소비자의 경제활동에 일정한 제약요인으로 작용한다. 기업이 외국으로부터 상품을 수입하는 활동에 대하여 국가가 관세를 부과하거나 수입 자체를 불가능하게 만들 수 있다. 따라서 산업혁명 이후 등장한 자본가들이 국가의 중상주의적 통제에 불만을 가진 것은 당연하다. 자유무역의 원리는 그 결과로 나타난 또 하나의 경제적 이념으로 이해할 수 있다.

국가간 경제활동의 범위가 매우 다양해지고 복잡해짐에 따라 국제통상의 범위도 확대 심화하고 있다. 예컨대, 과거에는 국가간의 경제활동이 단순한 상품무역에 집중되었다. 그러나 오늘날에는 서비스교역의 비중 증가, 해외직접투자의 확대, 생산 및 판매의 글로벌화 그리고 디지털 무역이 일반화하고 있다. 따라서 국제통상의 개념과 범위는 과거와 상당한 차이가 존재할 수밖에 없다. 즉, 국제적 경제활동의 내용 및 구조상의 변화가 국제통상의 개념에 포함되는 것으로 이해해야 한다. 그렇지 않고 국가간의 갈등을 해소하는 과정으로만 국제통상을 이해하는 것은 절름발이 결과만을 도출하게 될 것이다. 국제통상은 제도적인 변화를 요구하는 경제활동, 즉 상거래 내용의 변화와 이에 대응하기 위하여 이루어지는 국가간의 상호작용을 모두 포함하는 개념인 것이다.

이상과 같은 논의를 바탕으로 본 절에서는 국제통상분야에서 다루게 되는 주요 내용을 정리해 보기로 하자.

첫째, 오늘날 국제통상은 국제무역뿐만 아니라 거의 모든 경제활동을 대상으로 한다. 제 1 장에서 살펴본 바와 같이 과거에는 국가간 경제활동의 주요 내용이 무역 그것도 상품교역에 치중되어 있었던 반면, 최근에는 서비스교역의 비중이 확대되고 있을 뿐만 아니라 생산요소인 자본과 노동의 국가간 이동이 매우 활발하게 이루어지고 있다. 국가간의 물리적·제도적 장벽의 완화에 따라 국제경제활동의 폭이 확대되면 될수록 국제통상이슈의 범위도 그만큼 넓어질 것으로 예상할 수 있다.

둘째, 국제통상의 각 분야에 있어서도 그 내용이 국가의 의무를 더욱 증대시키는 방향으로 변화하고 있다. 예를 들어, 과거에는 통상의 목표가 국경장벽의 완화 내지 철폐를 위한 것이었다면, 최근에는 전통적인 무역분야에 있어서도 국내정책의 변화를 요구하는 방향으로 바뀌고 있다. 이른바 '자유무역'(自由貿易)에서 '공정무역'(公正貿易, fair trade)으로 통상활동의 초점이 바뀌어 가고 있는 것이다.

셋째, 국제통상은 국가간 경제활동의 자유화 내지 공정한 규칙의 확립에 그치지 않고, 무역 및 투자활동에 영향을 미치는 여타 비경제적 환경으로 그 범위를 확대하고 있다. 환경보호, 노동기준, 그리고 기업활동과 관련한 부패문제 등 예전에는 국제적 경제활동과 거의 무관한 것으로 간주되었던 분야에 대해서도 국제규범을 설정하고 무역 및 투자활동과 연관시키려는 현상이 나타나고 있다. 이러한 변화는 국제통상규범이 비경제적 분야에 대해서도 일정한 영향력을 가지는 '일반규범'(一般規範)의 형태로 발전하고 있음을 말해 준다.

마지막으로 언급되어야 할 것은 국제통상활동에 있어서 협상(協商)이 갖는 중요성이다. 국제통상활동의 과정은 기본적으로 협상이다. 양자간 또는 복수간에 발생하는 통상은 말할 것도 없으며 세계 대부분의 국가가 참여하는 WTO체제를 출범시킨 우루과이라운드도 협상의 결과이다. 따라서 국제통상과 그 결과로 나타나는 통상규범에 대한 이해를 위해서는 협상의 방식, 협상당사자의 협상력이 규범에 미치는 영향, 그리고 협상의 규범화과정에 대한 전반적인 이해가 필수적이다.

2.2 국제통상규범의 유형 >>>

1. 포괄적 규범과 개별적 규범

일반적으로 국제통상규범이라 할 때는 특정한 사안별로 협상의 결과 얻어진 규범을 지칭하는 경우도 있고, GATT규범과 같이 무역활동 전반에 관한 각종 규범을 포괄하는 규범을 의미하는 경우도 있다. 물론 두 경우를 모두 국제통상규범이라 부르는 것이 틀린 것은 아니지만, 양자를 동일한 차원의 규범으로 간주할 경우 국제통상규범의 실체에 관해 상당한 혼동을 초래할 가능성이 있기 때문에 대상의 포괄성에 따른 국제통상규범의 유형을 구별할 필요가 있다.[1]

국가간 경제적 관계를 규정하는 규범은 그 범위에 따라 포괄적 규범과 개별적 규범으로 분류할 수 있다. 포괄적 통상규범은 국가간의 경제적 관계를 전반적으로 규정하는 것인 반면에, 개별적 통상규범은 개별적인 경제활동을 뒷받침하기 위한 것으로 이해할 수 있다. 포괄적 통상규범은 경제활동 전반에 관한 각종 규범을 망라하고 있으며, 개별적인 규범들을 협정의 일반적인 목적하에서 하나의 요소로 포함하고 있는 것이 일반적이다. 이와 반면에 개별적 규범은 구체적인 통상이슈에 대하여 사안별로 협상의 결과 나타나는 것이며 여타 개별규범과 독립적으로 존재가 가능하다.

포괄적 통상규범으로는 지역간 협정, GATT규범 등이 대표적이라 할 수 있다. 지역간 협정은 지리적·역사적으로 밀접한 이해관계가 있는 국가들간에 경제적 장벽을 제거함으로써 역내의 경제적 효율성과 규모의 경제를 실현하기 위한 것이다. 예를 들어, EC 같은 경우는 서유럽국가들이 유럽의 연방주의 실현이라는 궁극적인 목표를 달성하기 위한 수단으

---

1) 국제통상규범 및 제도를 다루고 있는 본서의 제2부에서 1장은 대체로 포괄적 규범을, 2장은 개별적 규범을 다루고 있다.

로서 관세동맹을 창설한 것이다. 관세동맹에서는 회원국들이 모든 제품에 대하여 관세를 철폐하는 한편 회원국간의 경제 교류에 관한 제반 규범을 설정하고 있다는 점에서 포괄적 통상규범으로 분류된다. 한편, 2차 세계대전 이후 성립되어 온 다자간 무역체제도 대표적인 포괄적 규범으로 분류할 수 있다. GATT에 의하여 유지되어 오고 우루과이라운드를 통하여 WTO 체제로 발전한 다자간 무역규범은 자유무역의 확대를 위해 지속적인 관세인하를 추진해 왔고, 비관세장벽의 완화 그리고 무역과 관련한 각종 규범을 설치 및 유지해 오고 있다는 점에서 포괄적 통상규범의 전형이라 할 수 있다.

포괄적 통상규범은 정치·역사·경제적 상호관계에 의하여 생성되고 발전하는 경향을 보이고 있다. 그 대표적인 예로서 지역주의와 다자간 체제간의 관계를 들 수 있다. 이들은 국제경제질서의 전개과정에서 상호 보완적인 시기도 있었으며 대립적인 경우도 있었다. 지역간 협정의 역사는 매우 오래 되었는데, 근대적인 형태의 지역주의의 뿌리는 17세기 이후 주로 유럽국가간의 경제적 동맹에서 찾을 수 있고, 그것이 오늘날의 자유무역지대 그리고 관세동맹 등으로 이어지고 있다.

개별적 통상규범이란 특정 상품 또는 분야에 대하여 규범이 설정되는 경우를 말한다. 이는 특정 상품에 대한 개방협상의 결과로 이루어지는 협정으로서 관세인하, 수량제한의 철폐, 그리고 기타 비관세장벽의 철폐를 주된 내용으로 한다. 뿐만 아니라, 반덤핑, 정부조달 등 특정한 형태의 무역활동 및 제도에 관한 개별적 규범이 작성되기도 한다. 그러나 이러한 개별규범들은 여러 가지 차원에서 이루어질 수 있음에 유의해야 한다. 예를 들어, 특정 상품의 개방을 위하여 양자간에 협의될 수도 있으며, 일부 국가 또는 다자간 차원에서도 협의가 가능하다. 다만 지역간 협정의 경우를 제외하고는 양자간의 협상에 의한 것이라 할지라도 최혜국대우의 원칙에 따라 모든 국가에게 동일하게 적용되어야 하는 것은 사실이다.

그런데 개별적 규범들은 포괄적 규범의 구성요소로 위치하는 경우가 많다는 점에서 복합적인 성격을 띠고 있다. 개별규범은 포괄적 규범의 하부규범에 대한 별도의 협상에 의한 것이거나, 여러 차원에서 독립적으로 체결되는 협정을 모두 일컫는 것이다. 예를 들어, 한국과 미국간에 이루어

| 표 I-2-1 | **포괄적 통상규범과 개별적 통상규범의 예**

포괄적 규범	개별적 규범
• 지역간 협정: EU, NAFTA, AFTA 등 • 다자간 규범: WTO(GATT) • 복수간 경제기구: APEC, OECD • 양자간 협정: 한미FTA, 한·EU FTA 등	• 상품별 시장개방협정: 　분야별 양자협상, 　다자간 섬유협정(MFA) 　다자간 철강협정(MSA) 등 • 주요 분야별 규율제정: 　반덤핑 　정부조달 　세이프가드 등

지는 양자간 시장개방협상은 전형적인 개별적 규범이다. 양국간의 담배교역에 관한 양해각서(memorandum of understanding)는 비록 그 결과가 전세계 모든 국가에 효력을 갖는 것이지만 담배라는 특정 종목에 관한 것이라는 점에서 개별적 규범이라 할 수 있다. 반면에 WTO협정에 포함되어 있는 각 분야별 협정은 포괄협정의 구성요소로서의 개별협정으로 분류할 수 있다.

2. 시장개방규범과 규율제정 관련 규범

　　국제통상 협상은 경제활동과 관련하여 각국이 지켜야 할 규칙(code of conduct)을 정하는 측면과 각국의 시장을 교환(exchange of markets)하는 성격을 동시에 갖고 있다. 협상의 결과로 탄생하는 통상규범도 그 성격에 따라 시장개방규범과 규율제정 관련 규범으로 구분할 수 있다. 우루과이라운드에서 알 수 있듯이 통상협상은 농산물, 섬유, 서비스 등 특정 상품에 관한 규범의 제정 또는 시장개방 약속을 각국으로부터 이끌어 내기 위하여 이루어질 수 있다. 이와 반면에, 통상협상은 특정 산업을 목표로 하기보다는 일반적으로 무역에 영향을 미치는 정책수단을 규율하기 위하여 진행되는 경우도 많다. 따라서 시장개방규범이란 특정의 상품 및 서비스 시장의 개방, 산업별 투자개방을 위한 통상협상, 그리고 그 결과로 나타나는 규범을 가리킨다. 규율제정 관련 규범이란 국제경제활동에 영향을 미치는 각종 무역 및 투자 관련 조치의 시행에 있어서 국가에 대한 행동준칙을 설정하기 위한 통상협상과 규범을 의미한다.

1) 시장개방 관련 규범

특정 분야 또는 전반적인 시장개방을 위한 협상은 통상활동의 가장 기본적인 형태라고 볼 수 있다. 국제무역의 원리는 분업에 의한 특화, 그리고 상호 이익이 되는 교환에 있다. 그러나 현실적으로 국제적 분업의 확대는 국내 특정 산업을 상당부분 포기해야 함을 의미하기 때문에, 정부는 소득분배정책 측면과 전략적 산업정책 목표의 달성을 위하여 일부 산업을 보호하려는 정치적 동기를 갖게 마련이다. 더구나 비경제적인 목적 (예컨대, 역사적 또는 문화적으로 중요시되는 농업이나 문화산업)에 대한 사회구성원의 지지가 높을 경우 이에 대한 보호는 사회적인 합의가 쉽게 이루어진다. 따라서 특정 산업에 대한 국가적 보호는 매우 일반적으로 발견할 수 있는 현상이며 이는 당연히 이해관계를 갖고 있는 외국과 갈등의 소지가 될 뿐 아니라 한 걸음 더 나아가 이를 해소하기 위한 통상협상의 대상이 된다.

통상에 있어서 시장개방 이슈는 상품과 서비스의 종류, 국제적 분업구조의 복잡성만큼이나 다양하게 나타난다. 그러나 이러한 이슈도 경제발전의 차이에 따라 발생하는 통상이슈와 경제발전 수준을 막론하고 국가적 특성, 특히 자원부존의 특이성에 따른 통상이슈로 구분해 볼 수 있다. 전자의 경우, 선진국과 후진국 그리고 선진국과 선진국 사이의 통상이슈로 구분할 수 있다. 대체로 자본 및 기술집약적인 상품과 서비스산업에 비교우위를 갖고 있는 선진국과 노동집약적이며 낮은 기술에 의존하는 후진국간의 통상협상은 상호간의 교역을 활성화하거나 서로 다른 이해관계를 해소할 필요가 있는 경우에 발생한다. 선진국의 경우, 자국이 비교우위가 있는 분야에 대해서는 후진국 시장의 개방을 위하여 시상개방을 요구하는 반면에 경쟁력을 상실해 가고 있는 전통적인 제조업 분야에 대해서는 보호주의적인 태도를 보이는 것이 일반적이다. 반면에 후진국의 경우, 산업의 고도화를 목적으로 첨단산업의 육성과 보호를 꾀하는 한편, 비교우위를 지닌 전통적 제조업에 대한 선진국의 보호정책에 상당한 불만을 갖고 있는 것이 사실이다. 선진국 사이에는 대체로 산업내 무역의 비중이 높고 비교적 개방적인 무역정책을 취하고 있다는 점에서 위의 경우와는 약간 다른 양상을 나타낸다. 선진국간에는 경제 및 기술발전 단계상의 차이에서 통상이슈가 발생하기보다는 비경제적 정책목표하에서 설정되는 보호적 정책의 해소를 목적으로 하는 것이 일반적이다. 예를 들어, 자국의 문화적 고유성을 보호하기 위하여 영상매체, 광고 등의 서비스 교역을 제한하는 경우를 들 수 있을 것이다.

경제발전 단계와는 무관하게 자원분포의 특성상 발생하는 시장개방이슈가 존재한다. 예컨대, 선진국이라고 할 수 있는 호주와 개도국이라고 할 수 있는 아르헨티나는 양모와 육류시장의 개방에 있어서 이해관계를 같이한다. 또한 한국과 일본도 전자제품과 같은 선진국의 공산품시장에 대한 보호정책에 대하여 같은 입장을 나타내고 있다. 이처럼 시장개방이슈는 경제발전 단계가 다를지라도 비교우위를 결정하는 데 있어 중요한 배경이 되는 자원부존상의 특징 때문에 발생하는 것이다.

이와 반대로 시장을 규제하기 위한 복수간 협정이 맺어지기도 하는데 다자간 섬유협정(MFA), 다자간 철강협정(MSA)이 그 좋은 예이다. 한편 GATT 초반기의 관세인하 및 비관세장벽 철폐를 위한 여러 차례의 다자간 무역협상(Round)은 일반적인 시장개방을 위한 것이라고 할 수 있다.

2) 규율제정 관련 규범

규율제정 관련 규범은 모든 종류의 상품 및 경제활동에 수평적으로 적용되는 각종 무역 및 투자관련 조치에 대하여 가이드라인을 제시하고 규율하기 위한 것이다. 특정 시장의 개방을 위한 협상은 필요에 따라 양자간에 수시로 일어나는 특징을 갖고 있는 반면에 규율제정 관련 규범은 새로운 형태의 무역규제가 발생하거나 기존의 무역규제에 대하여 국제규범이 효과적으로 통제하지 못할 경우에 발생한다.

우루과이라운드 협상은 농산물과 섬유 그리고 특정 상품에 대한 관세인하 등 시장개방을 주목적으로 하는 분야가 포함되어 있지만 본질적으로 상품 및 서비스교역에 영향을 미치는 각종 무역조치의 보호주의적 경향을 통제하기 위한 규범의 제정이 목표라고 할 수 있었다. 즉 대부분의 분야가 규율제정 관련 규범인 것이다. 예를 들어, WTO 반덤핑 및 보조금 협정은 각국이 반덤핑 조치를 시행하거나 보조금정책을 수행하는 데 있어서 일정한 수준의 행동준칙을 제시한다. 이 밖에도 특정 상품을 대상으로 하는 일부 협정을 제외하고는 거의 모든 개별 협정을 규율제정 규범으로 간주해야 할 것이다.

우루과이라운드 협상의 가장 큰 특징이라고 할 수 있는 서비스교역에 관한 일반협정(GATS)의 경우에도 비록 서비스시장을 대상으로 하고 있으며 부속서에는 분야별 서비스시장의 양허계획을 포함하고 있지만, 이는 규율제정 규범으로 보아야 할 것이다. 왜냐하면 GATS란 서비스교역과 관련한 여러 가지 제도에 적용되는 총괄적 규범의 성격이 더욱 강하기 때문이다.

WTO 내의 복수간 협정이라고 할 수 있는 정부조달협정도 이와 같은 범주에 속한다. 이는 정부의 조달물자시장 개방을 목적으로 하는 것이지만 특정 상품의 개방이 아니라 정부의 조달활동과 관련한 일정한 규칙을 제시하는 것이다. OECD를 중심으로 추진된 바 있는 다자간 투자협정(Multilateral Agreements on Investments: MAI) 역시 GATS와 유사한 성격을 띤 규율제정 규범이라고 할 수 있다. 즉, 국제적 투자활동에 영향을 미치는 정부의 정책에 대한 수평적 규칙의 확립이 가장 본질적인 성격인 것이다. DDA 협상에서 논의된 바 있는 경쟁정책 무역원활화 등에 관한 규범의 논의도 이에 속한다고 할 것이다.

2.3 국제통상규범과 국제통상법 >>>

1. 국제통상법의 개념

앞에서 살펴본 바와 같이 국제통상규범은 국가간 경제적 관계를 규정하는 규범을 의미한다. 따라서 국제통상규범은 다자간 협정, 지역간 협

정, 복수국간 협정, 양자간 협정 등 법적 강제력 있는 국제적 협정
(agreement) 또는 국제조약(treaty)을 모두 포함할 뿐만 아니라, 권고
(recommendation), 지침(guideline), 규칙(code) 등 법적 강제력을 갖지는
않으나 회원국 또는 다른 국가들로부터 규범을 지키도록 압력(peer
pressure)을 받는 그러한 형태의 규범을 모두 포함한다. 또한 국제통상규
범은 그 내용 면에서 시장개방 규범과 규율제정 관련 규범을 포함하는 개
념으로 이해될 수 있다.

국제통상규범을 위와 같이 정의할 경우, 이는 국제통상법(inter-
national trade law)과 거의 같은 개념으로 이해될 수 있다. 1966년 설립된
유엔 국제무역법위원회(United Nations Commission of International Trade
Law)의 정의에 따르면 국제통상법은 "서로 다른 국가들이 관련하는 사법
(私法)적인 상사관계를 규율하는 법체계"로 이해될 수 있으며, 호우테
(Hans Van Houtte) 교수에 따르면 국제통상법은 "국가간의 통상무역거래
및 이에 수반되는 금융관계 등에 대한 법적 규범"으로 이해될 수 있다.[2]
서헌제 교수는 국제통상법을 "교역의 자유화를 위한 각국의 시장개방 및
공정교역조건의 확보를 주된 목적으로 하는 상품, 서비스, 자본, 기술 등
의 국제교역에 관한 규범체계"라고 보고 있다.[3] 한편, 박종수 교수는 국
제통상법을 "국제무역의 질서유지와 국제규범을 정하여 효율적인 통상무
역거래가 이루어지도록 하고 또 이를 둘러싼 각종 분쟁의 해소 내지는 경
감을 목적으로 존재하는 법률"이라고 정의하고 있다.[4] 이를 종합할 때,
국제통상법은 국제적인 통상활동이 보다 자유롭고, 효율적이며, 그리고
공정하게 이루어지고 이로부터 발생하는 분쟁을 해결하기 위해 마련된
국제통상에 관한 법체계를 의미한다고 할 수 있다.

최근 상품의 교역뿐만 아니라 서비스교역과 자본거래 등이 활발히
이루어지고 있는 추세를 감안할 때, 국제통상을 단순히 상품의 교역으로
보지 않고 서비스, 자본 및 기술거래를 모두 포함하는 개념으로 보는 데
에는 커다란 이견이 없을 것이다. 다만, 국제통상법에 다국적기업의 경쟁

---

2) 박종수(1997), pp. 105-106 참조.
3) 서헌제(1994), p. 40 참조.
4) 박종수(1997), p. 105 참조.

제한관행이나 국제통화규범, 국제과세규범 등을 포함할 것이냐는 문제와
관련되어 학자들간에 다소의 이견이 존재할 수 있다. 국제통상법의 범위
와 관련해서는 다음 절에서 자세히 설명하기로 한다.

2. 국제통상법과 국제경제법[5]

국제통상법과 유사한 개념으로 국제경제법이 있다. 국제경제법의 개
념과 관련되어 일반적으로 받아들여지고 있는 정설은 존재하지 않고 있
다. 따라서 국제경제법에 대한 정의는 학자에 따라 상당한 차이를 나타내
고 있다. 예를 들면, 쉬바르첸베르거(Georg Schwarzenberger) 교수는 국제
경제법을 "국가주권을 제한하는 국제공법"으로 정의하고 있는데, 이에 따
르면 국제경제법은 국제법의 한 특수부분에 불과하게 된다. 반면, 에를러
(Georg H. J. Erler) 교수는 국제경제법을 "국제적 조직경제의 법, 즉 국경
을 넘어 행해지거나 국경 내에 들어오는 경제거래에 관한 조직법적인 규
제 등에 관한 규범"을 의미한다고 보고 있다. 이 경우, 국제경제법은 국
제법이 아니라 국제경제의 법이 되는 것이다. 국내학자 가운데 서헌제 교
수는 국제경제법을 "국제시장의 형성과 국제시장의 바람직한 경쟁질서유
지에 관한 법체계"로 보고 있는데, 이는 에를러 교수의 견해에 가깝다고
할 수 있다. 그에 따르면, 국제경제법은 첫째로 자유로운 경제활동이 이
루어질 수 있는 국제시장의 형성을 저해하는 국가적 규제장벽을 철폐하
거나 경감하기 위한 법체계, 즉 거래자유화규범을 포함하며, 둘째로 국제
시장을 정당하게 질서지우기 위해 행위주체에 대해 일정한 규제를 하는
법, 즉 거래공정화규범을 포함하는 것으로 나타나고 있다. 국제경제법을
이와 같이 해석하는 경우, 국제경제법은 앞에서 설명한 국제통상규범, 또
는 국제통상법과 매우 유사한 개념으로 이해될 수 있다.

에를러 교수는 국제경제법이 국내법의 형태로도 나타날 수 있다고
보고 있다. 예를 들면, 미국의 통상법과 같은 대외경제법 또한 국제경제
법의 중요한 법원이 된다는 것이다. 그것은 국제협정에서 합의된 규범에

5) 이 절은 국제경제법과 국제통상법의 개념을 잘 정리하고 있는 서헌제 교수의 견해에
따라 정리되었다. 자세한 내용은 서헌제(1994), pp. 29-49 참조.

맞게 각국의 국내법이 제정되기 때문이기도 하지만, 보다 중요하게는 국제적으로 합의된 규범이 존재하지 않는 경우, 일부 국가들이 자국의 국내법을 역외적용함으로써 국내법을 국제경제법화하고자 하고 있기 때문이다. 미국은 그 대표적인 예로서, 독점금지법, 증권거래법, 세법, 수출통제법 등 많은 국내법을 역외적용해 온 것으로 알려지고 있다.

자유로운 국제시장의 형성과 국제시장의 구조 자체를 경쟁적으로 유지하는 것을 직접적인 목적으로 하는 국제경제법은 통상문제 이외에도 다국적기업의 경쟁제한 관행이라든가 국제통화규범, 국제과세규범 등도 포함한다는 점에서 국제통상규범보다 더욱 폭넓은 개념으로 보는 견해도 있다. 그러나 그들도 인정하고 있듯이 무역자유화의 개념이 점차 확대되면서, 국제통상규범의 대상 또한 점차 확대되고 있다. 경쟁정책, 환경정책 등 새로운 통상의 의제들로 떠오른 현안들에서 알 수 있듯이 이제는 전통적인 의미의 무역자유화를 넘어 국제통상규범이 점차 공정한 경쟁조건의 확립으로까지 확대되는 과정에 있는 것이다. 따라서 국제통상을 단순한 상품이나 서비스의 무역으로 보지 않는 한 국제통상법과 국제경제법의 구분은 점차 모호해지고 있는 추세를 나타내고 있다.

국제경제법 또는 국제통상법은 그 형태에 따라 국제조약, 국제관습법, 행위준칙 등으로 나뉜다. 국제조약은 국가간 맺어진 조약을 의미하며, 다자간 협정, 지역적 협정, 양자간 협정 등이 여기에 포함된다. 국제관습법은 국제적인 관습에 의해 일반적으로 받아들여지는 원칙을 의미하며, 최혜국대우(MFN) 원칙이 일반적으로 받아들여지던 시절 그와 같은 원칙이 여기에 포함된다고 할 수 있다. 행위준칙은 국제조약과는 달리 법적 강제 없는 권고적 내용을 담고 있는 것으로, 이에는 선언(declaration), 원칙선언(declaration of principles), 행동헌장(code of conduct), 헌장(charter), 지침(guideline) 등의 연성법(軟性法)이 포함된다.

3. 국제통상규범과 국제거래법

국제통상법과 유사한 또 하나의 개념으로 국제거래법이 있다. 국제거래법을 국제상거래법으로 보는 경우, 국제거래법은 국제시장에서의 경제

| 표 I-2-2 | 국제통상규범 관련 주요 개념

구 분	용어의 정의
국제통상규범	국가간 경제적 관계를 규정하는 규범
국제통상법	국제적인 통상활동이 보다 자유롭고, 효율적이며, 그리고 공정하게 이루어지고 이로부터 발생하는 분쟁을 해결하기 위해 마련된 국제통상에 관한 법체계
국제경제법	국제시장의 형성과 국제시장의 바람직한 경쟁질서유지에 관한 법체계
국제거래법	국제경제법을 포함하여 국제상거래법 및 국제분쟁해결절차법 등을 포함하는 국제거래에 관한 일체의 법

주체간의 계약 등 거래에 따라 이루어지는 권리·의무관계에 관련된 법이라고 할 수 있다. 반면, 국제거래법을 국제거래에 관한 일체의 법이라고 보면, 국제거래법은 국제경제법을 포함하여 국제상거래법 및 국제분쟁해결절차법 등을 포함하는 개념으로 볼 수 있다. 이에 따르면, 국제거래법은 국제통상규범보다 더 포괄적인 개념이 되는 것이다. 국제경제법, 국제상거래법, 국제분쟁해결절차법이 서로 분리되어 있는 것이 아니고 상호 밀접하게 연계되어 국제거래의 원활한 수행을 뒷받침한다는 점에서 여기서는 국제거래법을 후자와 같이 광의로 해석하는 실용적인 접근방법을 택하기로 한다.[6]

2.4 국제통상규범과 국내법   >>>

WTO회원국은 기본적으로 국제경제규범인 WTO협정을 준수할 의무를 지닌다. 그러나 WTO협정의 국제법상 효력이 바로 회원국의 국내법으로 유효하지 않는 경우도 존재한다. 이 경우 회원국은 자국의 헌법과 법령에

---

6) 서헌제(1994), pp. 41-42 참조.

따라 대외조약이 자국 내에서 효력을 갖도록 하는 절차 및 장치를 가지고 있다. 우리나라는 헌법절차에 따라 체결·공포된 조약이나 일반적으로 승인된 국제통상법규는 국내법의 효력을 갖는다. 그러나 미국과 같이 조약의 국내법적 효력을 자동으로 인정하지 않는 법체제하에서는 체결된 조약이나 국제통상법규에 따른 의무를 이행하기 위해서 별도의 이행법을 국내법으로 제정하여야 한다.

국제법의 일종인 국제경제법은 일반적으로 "국경을 넘어 이루어지는 경제거래 또는 한 국가 이상에 효과를 미치는 경제거래, 예를 들어 재화, 자본, 자연인, 서비스, 기술, 선박 또는 항공기 등의 이동을 포함하는 경제거래를 규율하는 모든 국제법과 국제협정"으로 정의된다. 이러한 정의에 비추어 볼 때 세계통화금융질서를 규율하는 IMF협정이나 IBRD협정 그리고 국제통상질서를 규범하는 WTO협정이 가장 대표적인 국제경제법이라 할 수 있을 것이다.

국제법의 주체는 기본적으로 국가 또는 국제기구이다. 그리고 국제경제법의 존재형식인 법원(source of law: 法源)은 크게 조약(treaty), 관습법(customary law), 그리고 법적 구속력이 없는 국제기구의 결의사항(resolution)이나 지침(guideline), 선언(declaration) 등과 같은 행위준칙 등으로 분류될 수 있다.

조약이라 함은 국가간의 서면에 의한 합의로 국제법의 규율을 받는 국제협정을 의미한다.7) 조약은 협약(agreement), 의정서(protocol), 협정(arrangement), 양해각서(understanding) 등의 형식을 취한다. 그리고 조약에는 양자조약과 다자조약이 있는데 다자조약은 국제경제기구의 창설을 위한 협정이나 특정 지역의 국가간에 체결되는 지역협정을 포함한다.8)

한편 국제관습법은 국제법의 주체의 일정한 관행(practice)과 그러한 관행이 의무적이라는 법적 확신을 요구하는데 국제경제법에서 이에 해당

---

7) 국가간의 서면에 의한 합의문서이지만 국내법의 적용을 받는 경우는 조약으로 간주되지 않는다. 한편 국가와 국제기구간이나 국제기구 상호간에 서면형식으로 작성되어 국제법의 규율을 받는 국제적 합의문서도 조약에 해당된다.

8) 대표적인 양자조약으로는 이중과세방지협정, 우호통상항해(FCN)조약, 투자보장조약 등이 있으며 다자조약에 의거하여 창설된 국제경제기구로서는 WTO, IMF, IBRD, OECD 등이 있다.

되는 사항은 국가의 주권평등, 불간섭, 국제분쟁의 평화적 해결, 자결권 등의 원칙이 있다. 그러나 복잡한 경제거래에 적용될 정교한 법규가 더욱 필요해지고 있는 현대의 국제경제관계를 국제관습법규로 규율하는 것은 부적절하고 불충분하기 때문에 정부간 경제관계와 관련해서 국제관습법의 기능은 일반적으로 간과되고 있다.

국제기구의 결의나 지침, 선언 등은 법적 구속력은 없으나 동태적 관점에서 볼 때 종국적으로 조약이나 관습법과 같은 국제법적 효력을 실질적으로 갖게 되는 경우가 많다.

한편 국제경제관계에 적용되는 조약에는 국제법상의 기본원칙이 있는데 그 첫 번째 원칙으로는 외국인의 대우에 관하여 국가가 적용해야 하는 국제법상의 최소한의 기준으로 이해되는 최저기준(minimum standard)원칙을 들 수 있다. 둘째는 최혜국대우(MFN)원칙이다. 이 원칙은 특정 조약체결국이나 그 국가가 생산하는 재화나 서비스 등은 다른 어떤 조약체결국의 경우보다 '불리한 대우를 받아서는 안 된다'(no less favorably than any other country)는 원칙이다. 셋째는 내국민대우(national treatment)원칙으로서 한 국가는 다른 조약체결국 국민이나 기업에게 자신의 국민 또는 기업에게 부여한 대우와 동등한 대우를 부여하여야 한다는 원칙이다. 넷째는 특혜대우(preferential treatment)원칙이다. 이는 지리적이나 역사적으로 긴밀한 관계에 있는 국가들이나 관세동맹 또는 자유무역협정을 체결한 국가들 그리고 국제경제관계에서 실질적인 평등을 보장하기 위해서 개발도상국들에게 여타 조약체결국보다 특혜적인 조치를 부여할 수 있다는 원칙이다. 따라서 국제경제규범에 참여한 국가들의 국내법이 위의 기본원칙을 준수하지 않을 경우 이들간의 법적 효력 우선순위문제와 마찰이 야기될 수 있다.

앞에서도 언급한 바와 같이 국제적 조약으로서의 WTO협정 체결이 항상 회원국 국내에서 즉각적으로 국내법의 효력을 갖는 것은 아니다. 이것은 개별국가의 헌법과 법령이 대외적인 조약에 대하여 어떠한 효력을 부여하느냐에 달려 있다 하겠다. 우리나라의 경우는 헌법절차에 따라 체결, 공포된 조약은 국내법과 동일한 효력을 가진다는 헌법규정에 따라 국회의 동의를 거친 조약은 별도의 입법조치 없이 국내법으로서의 효력을

미국과 EU의 국제법의 국내법적 효력발생절차: WTO 협정을 중심으로

미국

미국은 권력의 분권화원칙에 입각해서 국제경제문제와 관련된 권한 또한 의회와 행정부에 분산되어 있다. 일반적으로 대외통상협상은 행정부가 수행하지만 통상에 관한 광범위한 권한은 원칙적으로 의회에 귀속되어 있다. 근래에 대통령의 국제경제문제와 관련된 권한이 강화되었다 하더라도 많은 경우 의회의 권한위임과 행정부에 의해서 체결된 조약의 의회 승인 등이 요구되고 있다. 제도적으로 대외협정은 국내에서 직접 효력을 갖는 경우(self-executing)와 그렇지 못한 경우(non-self-executing)로 나누어지는데 WTO협정의 경우는 후자에 속한다.

한편 미 행정부는 UR협상시 의회로부터 한시적인 규정인 신속처리권한(fast-track authority)을 위임받은 상태에서 협상을 추진하였다. 신속처리절차란 의회가 일정한 조건하에서 행정부가 체결한 국제통상관련 조약의 국내이행과 관련된 법안의 제정을 신속한 절차에 따라 처리해야 하는 규정을 의미한다. 신속처리절차 규정은 GATT의 도쿄라운드 협상시 다른 협상국에 대한 미 행정부의 협상 신뢰도를 증대시키기 위해서 처음으로 채택된 규정으로 도쿄라운드의 협상결과에 대한 미 의회의 신속한 승인 및 관련 이행법 통과에 크게 기여했다. 신속처리절차의 특징은 의회가 행정부의 협상체결 후 제출되는 이행법안을 수정 없이 검토하여 승인여부만을 결정해야 한다는 점이다. 그러나 행정부는 법안제출 이전에 협상결과를 의회에 통보해야 하며 그 과정에서 협상과 관련된 내용을 의회와 협의해야 한다. 따라서 행정부가 체결한 협정을 부분적인 수정 없이 승인여부만을 결정한다 하더라도 의회는 사전에 자신의 의도를 법안에 반영시킬 수 있는 장치를 가지고 있다고 하겠다.

이러한 절차에 따라 미 행정부는 1994년 4월에 체결되리라 예상된 UR협정내용을 1993년 12월에 의회에 통보한 후 UR협정의 국내이행법안을 1994년 9월 의회에 제출하고, 의회는 이를 통과시킴으로써 1995년 1월부터 UR협정이 국내법으로 효력을 갖게 되었다.

EU

유럽연합(EU)의 기본조약인 로마조약은 대외통상정책의 수행과 관련하여 모든 권한은 집행위원회에 귀속된다고 명시하고 있다. 이에 따라 그동안 국제통상관련 협상은 집행위원회에 의해서 수행되었고 그 체결여부는 각료이사회에 의해서 결정되었다. 그러나 WTO협정의 경우 모든 협상은 집행위원회가 담당했으나 WTO협정이 재화거래뿐만 아니라 서비스협정 및 지식재산권(TRIPs)협정을 포함하고 있기 때문에 WTO협정의 최종서명은 유럽연합과 동시에 각 회원국들이 별도로 하였다.

WTO협정의 이행을 위하여 EU는 미국과는 달리 통합된 UR이행법을 제정하는 대신 집행위원회로 하여금 무역정책 및 수입제한조치, 농업, 지식재산권(TRIPs) 등과 관련된 별도의 10개 이행법안을 유럽의회의 동의를 거친 후 각료이사회에서 의결하는 방식을 채택하였다. 따라서 EU의 경우도 WTO협정 자체가 곧 EU차원의 법적 효력을 가지기보다는 이행법안에 의거하여 그 효력이 발생된다고 할 수 있다. 한편 EU가 체결, 의결한 국제통상 관련 법규의 개별 회원국에서의 국내법적 효력여부는 개별 회원국의 제도와 법적 체계에 따라 다양하게 나타나고 있다.

갖는다. 따라서 WTO회원국인 우리나라는 WTO협정을 국내법으로 적용하기 위해서 WTO협정내용과 관련되는 여타 국내법의 규정 중 WTO협정내용과 상충되는 규정은 WTO규정에 일치시켜야 한다. 그러나 미국이나 EU와 같이 모든 조약의 즉각적인 국내법적 효력을 인정하고 있지 않는 법체제하에서는 조약체결에 따른 의무를 이행하기 위해서 별도로 이행법을 국내법으로 제정하여야 하는 경우가 발생한다. 그런데 이 과정에서 조약의 규정과 상충되는 내용이 이행법에 포함되는 경우가 발생될 수도 있다.

2.5 국제통상정책과 통상협상 >>>

1. 국제통상정책과 국제경제환경의 변화

최근 국제경제환경 변화의 핵심적인 사항은 국제화(國際化) 및 세계화(世界化)의 급속한 진행이라고 할 수 있다. 그러나 이 두 가지 용어는 최근 들어 아주 빈번하게 언급되기는 하지만, 이들이 각각 정확히 무엇을 의미하고 두 개념 사이에 어떤 차이가 있는가에 관해서는 대부분의 사람들이 구체적으로 알지 못하고 있다. 통상정책의 의미와 변화과정을 제대로 이해하기 위해서는 이 두 개념의 차이점을 분명하게 알아야 한다.

국제화9)(internationalization)란 국가간 경계나 장벽이 약화되고 국가간 상호 의존과 거래, 교류가 심화되는 과정과 관련된 제반 현상으로 규정할 수 있다. 따라서 국제화라는 용어는 세계화, 개방화, 자율화 등의 개념까지도 포괄적으로 수용할 수 있는 광범위한 개념이다. 한편, 세계화(globalization)는 이러한 국제화의 개념을 넘어 국가간 차별성이 없어져 개별 국가의 개념이 약해지는 것을 의미한다. 즉, 정보통신과 교통의 급속한 발달로 인해 소비자 및 문화의 자유로운 국가간 이동이 가능해짐에 따라 국가간의 차이보다는 인류공통의 보편타당한 가치가 중시되고 세계가 단일의 공동체로 확산되어 가는 단계로 접어들게 되는 것이 세계화의 의미이다. 따라서 세계화란 국제화의 진전 단계상 마지막 단계로 볼 수 있다.

WTO출범과 더불어 국제경제환경이 급격히 변화하면서 지구촌이라는 하나의 시장을 놓고 전 세계의 모든 기업들이 경쟁을 하게 됨에 따라 개별 기업들도 생존을 위한 적극적인 세계화전략을 추진하게 되었다. 생산, 마케팅, 인사, 연구개발 등 기업활동과 관련된 거의 모든 것이 전세계적 관점에서 최적화가 이루어짐에 따라, 시장의 개념도 과거에 개별 국가를 독립적인 시장으로 보던 것과는 달리 국가시장간의 유사성을 중시하고 국경을 초월하는 초국적 시장세분화(glocalization)를 중시하게 되었다. 각국의 통상정책 역시 이러한 추세를 반영하여 과거보다는 훨씬 더 보편성을 중시하게 되었다. 국제통상규범이 관장하는 범위가 대폭 확대되었을 뿐 아니라, 이러한 규범의 구속력이 과거에 비해 훨씬 강화되었기 때문에 통상정책 역시 이를 적극 반영하는 방향으로 수립되었다. 결과적으로 통상정책의 입안에서부터 집행에 이르는 전 과정에서 독립성(독자성)과

---

9) 국제화와 세계화의 개념에 관해서는 「개방시대 한국경제」(1995), pp. 49-57 참조.

예외적인 성격이 줄어들고 초국가적인 보편적 정책의 비중이 커지게 되었다.

한편, 이러한 보편성(普遍性)의 강화라는 큰 흐름 가운데서 각 국가별로 자국의 주체성(identity)을 지키기 위한 노력들도 통상정책에 상당부분 반영되고 있기 때문에 오늘날 통상정책은 더욱 복잡한 성격을 지니게 되었다. 세계화가 진전되면서 개방속도가 빨라지자 이에 대한 반작용으로 자국 산업의 이익을 최우선적으로 고려한 통상정책들이 등장하게 되었다. 이러한 상반된 두 흐름이 상호간에 작용과 반작용을 거듭하면서 각국의 통상정책의 방향을 움직여 왔다는 사실을 염두에 두어야만 통상정책의 변화과정을 제대로 이해할 수 있다.

2. 국제통상정책의 범위와 특징

통상정책은 국가간 통상문제 및 대외협상과 관련된 전략적 차원의 입장수립을 포함한 포괄적 정책을 의미하는 것으로 무역정책보다 넓은 의미로 사용된다.[10] 통상정책이란 자국의 비교우위체제를 토대로 교역상대국의 특수성과 세계경제여건 변화를 고려하여, 일국이 특정 경제목적을 달성하기 위해 양국간 또는 다국간 무역관계의 이해조정을 통해 자국의 이익을 극대화하기 위한 정책이다.

국제통상에서 다루는 범위가 확대되어 감에 따라 통상정책의 범위도 더욱 포괄적으로 되어 갈 수밖에 없었다. 과거의 통상정책이 주로 재화의 자유무역 확대를 위한 시장개방, 수입규제완화, 수출촉진 등과 관련된 무역정책 중심이었다면, 지금의 통상정책은 무역에 영향을 주는 산업정책을 비롯한 제반 국내경제정책뿐만 아니라 인류의 보편적인 공동의 관심사(예컨대, 환경보존 문제 등)를 해결하기 위한 정책까지도 포괄하게 되었다. 따라서 이러한 통상정책의 집행을 위한 수단 역시 단순한 관세 중심이 아닌, 여러 가지 형태의 비관세장벽 관련 조치들이 많이 사용되게 되었고 그 내용과 집행방법이 훨씬 복잡해져 가고 있다.

---

10) 박종수(1997), p. 49 참조.

이상의 논의를 토대로 통상정책의 특징을 다음과 같이 정리할 수 있다.

① 복합성(interface) : 통상정책은 대외정책이면서 동시에 대내정책으로서의 성격을 지니고 있기 때문에, 타국과의 관계조정뿐만 아니라 국내 이해관계자들간의 이해조정도 수반된다. 따라서 산업정책과 같은 국내 경제정책과 상호 보완적이면서 때로는 상호 갈등적인 면을 지닐 수도 있는 유기적 관계를 형성하고 있다.

② 포괄성(comprehensiveness) : 과거 통상정책이 주로 유형재의 교역과 관련된 무역정책을 의미했던 것과는 달리 최근의 통상정책은 서비스교역, 자본이동과 노동기준, 기술 및 투자 관련 조치, 지식재산권 등 무형재를 포괄하는 국제교역과 관련된 정책을 의미하는 것으로 범위가 확대되었다. 또한 경제정책으로서의 성격만을 지니는 것으로 국한되지 않고 국제협상과 관련된 외교정책으로서의 성격도 지닌 것으로 해석되고 있다.

③ 상호성(interactiveness) : 각국의 통상정책은 기본적으로 독립적으로 결정되지만, 정책의 대상이 되는 통상이 상대국과의 관계에서 이루어지는 것이기 때문에 상대국과의 의사조정은 물론 상대방 국가의 경제적·정치적 상태를 고려해야 하는 상대성이 존재한다는 특성이 있다. 두 국가간 쌍무적인 통상관계의 경우 상대성이 더 크게 작용하는 것이 사실이긴 하지만, 많은 국가가 참여하는 다자간 통상관계의 경우에도 선진국과 후진국간, 또는 선진국과 선진국간 상대성이 집단적으로 혹은 개별적으로 작용한다는 사실을 간과해서는 안 된다.

④ 다중성(multiplicity) : WTO체제 출범 이후 경제활동의 범세계화가 확산되는 가운데서 한편으로는 경제블럭화가 진행되고 있는 것이 현재의 상황이기 때문에 한 국가가 참여하고 있는 국제기구나 협상이 여러 갈래로 동시에 진행되고 있다. 예컨대, 우리나라의 경우에도 WTO와 APEC에 주도적으로 참여해 왔음은 물론이고 OECD에까지 가입하게 됨으로써 통상정책의 내용이 한층 다면적인 성격을 지니게 되었다. 즉, 동일한 국제통상규범의 경우에도 어떤 기구에서 협의되고 있는가, 또는 어떤 국가와 협의하고 있는가에 따라 규범의 강도가 달라지고 양허내용 자체가 차이

가 날 수 있게 되었다. 이러한 차이가 경우에 따라서는 국제규범간 상호 충돌이 있는 것처럼 보일 수도 있지만, 기구별 참여국의 분포상태와 규범 내용의 비교를 통해 다면적이기는 하지만 일관된 통상정책의 방향을 찾아볼 수 있다.

3. 국제통상과 협상

협상(negotiation)이란 어떤 특정 사안에 대해 당사자들간에 이견이 존재할 때 상호 접촉을 통해 이를 해결해 나가는 과정이다. 이러한 협상은 우리가 사회생활을 영위하는 한 의식하지 못하더라도 일상생활 속에 항상 존재해 왔고 앞으로도 계속될 것이다. 다만 최근 들어 국제통상협상의 중요성이 크게 부각된 이유는 첫째, 앞서 논의된 국제화 및 세계화가 빠른 속도로 진행됨에 따라 협상의 대상이 국내에 국한되지 않고 국외의 경제주체들로 확대되고 그 비중이 증가했다는 점과, 둘째, 통상범위의 확대와 포괄화에 따라 협상대상 내용이 과거에 비해 크게 증가했을 뿐 아니라 협상을 통해 얻어지는 공동의 이득이 과거 어느 때보다도 크다는 점에서 찾을 수 있다.

일반적으로 특정 국가 또는 국가군의 통상정책과 다른 국가들의 통상정책이 합치되지 않는 부분이 있기 때문에 이러한 부분에 대해 통상협상을 거쳐 일국의 통상정책이 국제규범화되어 왔음을 알 수 있다. 특히, 최근 국제통상협상의 중요성이 커짐에 따라 과거에 한 국가의 경제력, 정치력, 군사력 등을 곧바로 그 국가의 협상력과 동일시하던 방식과는 다른 각도에서 국제통상협상 문제를 접근해야 할 필요성이 커지고 있다. 물론 아직도 쌍무적 협상을 통한 통상정책의 조정이 큰 비중을 차지하고 있고, 앞으로도 힘의 논리에 입각한 일방적 조치들이 지속적으로 취해질 가능성이 전혀 없는 것은 아니다. 그러나 새로운 교역질서하에서는 특정 국가의 영향력이 과거에 비해 훨씬 줄어들 것이 확실하기 때문에 국제통상협상을 다자적인 관점에서 규범을 중시하는 방향으로 접근해야 한다.

국제통상협상의 가장 큰 특징으로 들 수 있는 것이 대내적인 협상의 경우보다는 불확실성이 훨씬 크기 때문에 고려해야 할 요소도 한층 많아진다는 점이다. 이러한 불확실성을 야기시키는 요인으로 가장 쉽게 떠올릴 수 있는 것이 협상대상국간 언어와 문화의 차이인데, 이에 대한 이해의 중요성은 아무리 강조해도 지나침이 없다고 할 수 있다. 그러나 본서에서는 이에 관한 세부적인 논의는 생략하고, 그 대신 독자들의 이해를 돕기 위해 협상의 구조 및 요인 분석적인 접근에 초점을 맞추었다. 특히, 우리가 분석하고자 하는 대상이 단순한 협상이 아닌 국제통상협상이라는 점을 감안하면 경제적인 면을 중심으로 한 포괄적인 접근이 필요하다. 최근 국제통상협상의 경우 자유무역의 확대를 추구하고 있다는 측면에서 어느 한쪽만이 협상을 통해 이득을 보게 되는 경우보다는 협상참가국 모두가 이득을 보게 되는 포지티브-섬 게임(positive-sum game)인 경우가 많다는 특징을 가지고 있다.

2.6 국제통상에 관한 접근방법   >>>

1. 국제통상의 학문적 영역

국제통상론은 국가 사이에서 발생하고 있는 경제활동의 특징적인 양상을 이해하고, 이 같은 활동을 뒷받침하기 위한 국가간의 협상, 규범제정 과정, 그리고 국제경제규범이 갖는 경제적 의미의 파악을 목적으로 하는 학문이라고 정의될 수 있다.

국제통상론에 대한 이러한 정의는 국제통상문제에 대한 일관된 접근을 요구한다. 여러 차원의 통상활동의 배경이 되는 경제적 현상에 대한 올바른 이해가 필요하며, 이러한 현상이 어떻게 통상이슈를 창출해 내는지 논리적으로 설명할 수 있어야 한다. 그리고 경제현상에 의하여 제기된 통상이슈에 따라 각기 다른 해결방식(양자간·복수간·다자간 협상 그리고 지역간 협정 체결 등)이 적용되는데, 이에 대한 특정의 이슈와 해결방식이 어떠한 현실적 정합성(整合性)을 갖는지에 대해서도 이해하여야 한다. 아울러 국제통상에 대한 지식을 가지고 향후 통상이슈의 전개방향에 대하여 체계적으로 전망할 수 있어야 할 것이다.

2. 국제통상론의 과제

국제통상분야에 대한 체계적인 연구가 일천한 관계로 최근에 나온 이 분야 교과서들의 체제구성이나 국제통상에 대한 접근방법이 다소 방만한 느낌을 주는 것이 사실이다. 이는 국제통상의 성격상 부득이한 부분이기는 하지만, 지나치게 많은 것을 나열하는 방식보다는 주제별로 심도 있는 분석을 통해 상당부분 극복될 수 있을 것으로 기대된다. 국제통상의 범위가 확대되고 포괄적 성격이 강조됨에 따라 이를 체계적으로 분석하는 방법론의 정립이 요구되고 있다. 그러나 기존의 국제무역이론에서 정립된 도구(tool)만을 가지고 그 틀에 국제통상과 관련된 제반 현상을 짜맞춘다는 것은 상당한 무리가 따르고 현실설명력도 떨어질 수밖에 없기 때문에 경제학적인 접근방법을 주로 사용하되 규범적(법적) 분석방법과 정치·사회적 분석방법을 병행해서 사용해야 할 필요가 있다.

예컨대, 국제규범은 협상의 결과로 도출된 것이기 때문에 협상의 최종적인 결과로 나타난 국제규범 그 자체의 내용만을 보는 것으로는 국제통상 문제를 제대로 이해했다고 보기 어렵다. 국제통상규범과 제도에 관한 문제는 "왜 어떤 특정한 국제규범이 제정되었는가?" 하는 근본적인 질문에서부터 출발해서 국제통상규범간의 상호 연관성과 한계에 대해 충분한 논의가 선행된 이후에 통상규범과 제도의 내용을 살펴보아야 한다. 통상정책과 관련된 문제도 "한 나라의 통상정책이 어떤 과정을 거쳐 국제규범화되어 가는가?"를 이해해야 통상정책문제에 대해 체계적이고 심도 있는 접근이 가능하다. 이러한 문제들이 경제학적인 분석방법만으로는 설명하기 어렵기 때문에 학제간 포괄적 접근이 필요한데, 아직까지는 이러한 학제간 접근방법론이 체계화되지 못한 면이 많이 있기 때문에 본서에서는 가능한 포괄적이면서도 일관된 접근방법을 사용하고자 노력하였다. 본서에서는 국제통상의 내용을 국제통상규범 및 제도, 국제통상의 새로운 의제, 주요국의 통상정책, 그리고 국제통상협상으로 대별하여 기술하였다. 각 부분이 서로 독립적인 성격을 지니고 있으면서 동시에 상호 유기적으로 연관되어 있기 때문에, 모든 부분에 걸쳐 근본적인 요인분석에서부터 출발하여 종합적인 시각에서 국제통상문제를 다루고자 노력하였다. 단, 국제통상협상의 경우 다른 부분과는 달리 구체적인 협상사례들을 통해 협상의 실체를 설명하는 것이 훨씬 효과적이기 때문에 단순한 협상사례의 나열이 아닌, 이론적 설명을 토대로 한 요인별·유형별 사례분석을 시도하였다.

한편, 국제규범의 내용 자체도 실질적으로 중요하고 그러한 규범이 가지게 되는 경제적 효과 역시 면밀히 분석되어야 할 부분임에는 틀림없다. 그러나 예를 들어 WTO협정문 자체를 나열하고 그 내용에 대한 해석을 하는 식의 접근법은 자칫 나무만 보고 숲을 보지 못하는 결과를 초래하기 쉽고, 국제통상 문제의 핵심을 비껴 나갈 우려가 있다. 따라서 본서에서는 국제통상규범과 제도를 다룰 때는 근본적인 문제에서 출발하여, 규범 및 제도의 성립과정과 갈등관계를 살펴본 후 국제규범 및 제도의 핵심적인 내용을 정리해 나가는 방식을 채택하였다. 주요 국제통상규범들을 이와 같은 단계를 거쳐 분석해 나가면 자연스럽게 이러한 규범들에 대한 평가와 전망이 가능해질 수 있다는 장점이 있다.

주요용어

- 국제통상
- 시장개방
- 일반규범
- 국제통상정책
- 국제통상규범
- 규율제정
- 국제통상
- 협상

연습문제

1. 국제통상을 어떻게 정의할 수 있는가?
2. 시장개방규범과 규율제정 관련 규범은 어떤 차이가 있는가?

3. 포괄적 규범과 개별적 규범의 차이는 무엇인가?
4. 국제통상정책은 어떤 특징을 가지고 있는가?
5. 최근 국제통상협상의 중요성이 크게 부각된 이유는 무엇인가?
6. 세계화의 진전으로 급격히 변화한 국제경제환경이 각국의 통상정책에 어떤 영향을 미쳤는가?

다자간 국제통상 체제의 전개과정

3.1 국제무역기구(ITO)의 출범 실패와 GATT의 출범 〉〉〉

1. 국제무역기구(ITO) 설립 추진

제 2 차 세계대전 이후 미국과 영국을 중심으로 한 선진국들은 세계무역환경을 개선하기 위한 노력을 전개하였다. 특히 미국은 1930년 사상 최악의 보호무역법안인 '스무트-홀리 관세법'(Smoot-Hawley Tariff Act)제정 이후 주요 교역상대국들과 관세인하 노력을 전개해 나갔다. 미국은 1934년에 제정한 '상호무역협정법'(Reciprocal Trade Agreement Act)을 근거로 1945년까지 32개 국가들과 쌍무적인 관세인하협정을 체결하였다. 미국은 당시 과거에 단행하였던 관세인상과 수량규제 등과 같은 보호무역조치를 반복하지 않겠다는 의지를 갖고 있었다. 미국은 더 나아가 다자간 무역체제를 중심으로 자유무역을 확대하는 것이 각국은 물론 세계경제의 성장, 번영, 안정, 평화를 가져다 줄 수 있을 것으로 믿게 되었다. 따라서 미국은 제 2 차 세계대전 이후 '브레튼우즈'(Bretton Woods)회의 때 무역을 관할할 국제기구 설립의 필요성을 인식하고 비슷한 생각을 하고 있는 영국, 캐나다와 함께 이를 타진한 바 있다. 그러나 브레튼우즈 회의에서는 국제통화기금과 세계은행의 설립만을 결정하고 무역을 관장할 국제기구의 설립은 본 의제에서 제외되었다.

미국은 1940년대 중반 자유무역의 확대와 관련하여 2개의 복안을 가지고 있었다. 하나는 상호무역협정법에 근거한 관세인하협상권이 1948년까지 연장된 것을 계기로 다자간관세인하 협정을 체결하는 것이고, 다른 하나는 1946년 2월에 개최된 UN의 경제사회이사회(UNESCO) 1차 회의 때 의결된 국제무역기구(ITO) 헌장을 제정하는 것에 적극 참여하는 것이었다. 이와 같은 배경하에 1947년 4월에서 11월까지 스위스 제네바에서는 세 가지 협상이 진행되었다. 첫째는 국제무역기구의 헌장 초안을 작성하기 위한 협상이고, 둘째는 관세인하를 위한 다자간 협상이었으며, 셋째는 관세협상 결과의 이행과 관련된 일반의무조항을 제정하기 위한 협상이었다. 그러나 관세인하와 이와 관련된 일반의무조항의 제정을 위한 협상은 제네바에서 마무리되었으나 국제무역기구의 헌장제정을 위한 협상은 결론을 맺지 못하고 추후 재개하기로 합의하였다.

1947년 11월 쿠바의 하바나(Havana)에서는 54개국이 참여한 가운데 국제무역기구(ITO)의 헌장을 제정하기 위한 회의가 재개되었으며 국제무역기구의 헌장은 최종적으로 1948년 3월에 완결되었다. 하바나헌장(Havana Charter)에는 전통적인 관세 및 일반적 무역규제에 대한 규정 외에도 많은 민감한 조항들이 포함되어 미국, 영국을 비롯한 주요 국가들간에 입장차이가 심했다. 즉 기업의 경쟁제한적 행위에 대한 규제조항, 광물과 곡물과 같은 1차 산품에 대한 협정, 고용과 국내경제 상황에 따른 예외규정, 국제투자 관련 규정 등이 포함되어 많은 논란의 소지를 남기게 되었다.

2. ITO설립 실패

미 의회는 하바나헌장의 비준 동의를 위한 절차를 밟지 않았으며 당시 미국의 트루먼(Truman) 대통령은 1950년 비준동의 의뢰를 철회하였다. 이로써 ITO의 설립은 실패로 돌아가게 되었다. 미국이 국제무역기구의 설립을 반대한 데에는 많은 이유가 있었다. 가장 근본적인 이유는 무역 관련 법안의 제정을 통해 미국의 무역정책을 통제해 온 미 의회가 국제무역기구에 의해 그 권한이 제한받을 수 있다는 우려에 있었다. 또한 경쟁정책, 국제투자정책, 긴급수입제한조치 등 국제무역기구 협정에 포함된 많은 조항들에 대해 미국내 업계도 강한 불만을 표시하였던 것으로 알려지고 있다.

그렇다고 미국만 반대하고 다른 참가국들은 다 만족한 것은 결코 아니었다. 54개국이 참여한 협상이었기에 각 나라의 이해가 달라 이슈별로 합의를 도출하기가 매우 힘들었다. 특히 미국과 영국이 결정적인 영향력을 발휘했던 브레튼우즈 협상과는 달리 국내 정치적 상황에 따라 이들간에 입장 차이가 큰 경우가 많았다. 영국은 영국령 국가와 지역에 대한 우대조치 허용을 주장하였으며 다수의 유럽국가들은 국제수지를 근거로 한 긴급수입제한조치의 허용을 강력히 주장하였다. 또한 개도국들도 경제발전과 관련된 예외조항을 요구하였다. 하바나헌장은 모든 국가들의 요구사항을 만족시키기 위해 많은 타협안을 수용하게 되었으며 그 결과 어느 한 국가도 만족시키지 못하는 협정문이 되고 만 것으로 평가되고 있다.

3. GATT체제의 출범

1947년 10월 스위스 제네바에서 다자간 관세인하 협상이 종료되자 이를 국제무역기구(ITO) 출범 이후 함께 발효시키자는 의견과 관세인하협정을 독립적으로 우선 발표시키자는 의견이 참가국들 사이에 엇갈려 나왔다. 협상 참가국들은 결국 관세인하협상 결과로 도출된 '관세 및 무역에 관한 일반협정'(GATT)을 먼저 발효시키기로 합의하였다. 이러한 합의 도출에는 미국의 영향력이 결정적인 역할을 하였다. 즉 미국은 1948년에 미 행정부에 부여된 관세협상 권한이 종료될 예정이어서 그 전에 GATT를 발효시키기를 원하였던 것이다. 다른 참가국들도 ITO 설립이 불투명한 상황에서 관세인하협상 결과의 이행을 지연시키는 것은 문제가 있다고 보았다.

그러나 미국은 GATT의 체결도 의회의 비준동의가 필요한 것으로 판단되자 매우 어려운 상황에 빠지게 된다. 관세인하협상 결과의 수용이 의회의 비준동의가 요구되는 이유는 GATT의 제 2 부에 관세절차, 수량규제, 보조금, 반덤핑 관세, 내국민대우 등 실질적인 의무조항들이 포함되어 있기 때문이었다. 즉 이러한 의무조항들은 의회가 행정부에 부여한 협상권한 밖의 사항으로 간주되어 의회 비준동의가 필요해진 것이다. 당시 미 의회는 행정부의 협상권한에 대해 매우 민감한 입장을 견지하고 있던 상황이어서 이러한 조항들이 포함된 GATT에 대해 부정적인 시각을 가지고 있었다. 영국, 프랑스, 독일, 캐나다, 호주 등 주요 국가들도 자국의 이해관계가 심각하게 걸려 있는 사항들이 포함된 GATT를 그대로 수용하기가 부담스럽게 느끼고 있는 실정이었다.

미국과 주요국들은 크게 두 가지 방법으로 이러한 어려움을 슬기롭게 극복해 나갔다. 첫째, GATT를 잠정협정안(Protocol of Provisional Application)으로 채택키로 하였다. 이로 인해 GATT를 수용하는 데 있어서 의회 비준동의가 필요 없게 되었으며 GATT에 참여하는 국가들을 회원국이라 고 하지 않고 체약국이라 일컫게 된 것이다. 둘째, GATT 제 2 부에 대해서 는 조부조항(Grandfathering Clause)[1]을 적용시켜 기존의 무역관련 법안들 을 예외로 간주해 주었다. 그 한 예로 미국의 상계관세 부과시 산업피해 검사를 하지 않아도 되었던 것은 동 제도가 GATT발효 이전에 이미 존재 하고 있었고 조부조항을 통한 예외규정을 적용받았기 때문이다. 그러나 그러한 법규나 제도가 새로 개정되면 예외가 될 수 없도록 함으로써 조부 조항이 남용되는 것에 대비하였다. 따라서 GATT발효 이후 출범한 유럽경 제공동체(EEC)는 조부조항에 따른 권리를 부여받지 못하였다. GATT발효 당시 조부조항에 근거하여 예외로 빠져 나왔던 법규와 제도들이 시간이 지나면서 그 수가 많이 줄어들었다.

　　GATT는 처음부터 잠정협정안으로 출발하였기에 국제기구로 간주되 지 않았다. 따라서 초기에는 정식 사무국도 없었으며 나중에 국제무역기 구 설립을 위해 구성된 임시위원회가 GATT사무국 역할을 담당하게 되었 다. 이렇게 잠정협정으로 출발한 GATT는 계속해서 정식 국제기구로 변신 하려는 노력을 거듭하였으나 실패하였으며 1995년 세계무역기구(WTO)로 확대·개편되면서 정식 국제기구로 탈바꿈하게 되었다.

3.2 GATT체제 출범 이후 다자무역규범의 변천 〉〉〉

　　1948년 GATT체제가 출범한 이후 다자무역체제는 세계경제환경의 변

---

1) 조부조항이란 특정한 기존의 법이나 정부조치를 협정적용으로부터 예외로 할 수 있는 조항을 일컫는다.

| 표 I -3-1 | GATT체제하에서의 주요 다자간 무역협상

협 상 명	시 기	참가국수	주요 의제
제 1 차: 제네바라운드 (Geneva Round)	1947	23	관세인하
제 2 차: 아네시라운드 (Annecy Round)	1949	29	관세인하
제 3 차: 토케이라운드 (Torquay Round)	1950-51	32	관세인하
제 4 차: 제네바라운드 (Geneva Round)	1955-56	33	관세인하
제 5 차: 딜론라운드 (Dillon Round)	1960-61	39	관세인하
제 6 차: 케네디라운드 (Kennedy Round)	1963-67	74	관세인하 반덤핑·관세평가 협정
제 7 차: 도쿄라운드 (Tokyo Round)	1973-79	99	관세인하 비관세장벽 관련 코드 합의
제 8 차: 우루과이라운드 (Uruguay Round)	1986-94	117	관세인하 농업, 섬유, 서비스 무역자유화 확대, 서비스 무역 및 지식재산권보호 협정

자료: B.M. Hoekman and M. Kostecki, *The Political Economy of the World Trading System : From GATT to WTO*, 1995.

화에 따라 추가적인 협상 필요성이 대두되었고 무역 자유화를 좀더 진전하기 위해 총 8번의 다자무역협상을 진행하였고, WTO 출범 이후 도하개발아젠다(DDA) 협상이 진행 중이다. 이와 같은 다자무역협상을 통해 기존의 무역규범은 점차 개선되고 명확해졌으며, 무역자유화의 범위 역시 점차 확대되고 있다. 결국 다자무역체제의 규정은 세계경제환경의 변화와 주요 회원국의 정책 변화 그리고 이들 국가에서의 경제주체들간의 정치적인 이해관계를 반영하고 있으며 국가간의 통상마찰로 인한 타협의 결과로 이해될 수 있다. 즉 다자무역체제의 규범 제정과 구체적 내용은 주요 교역국가들의 통상정책 및 제도가 다자화되는 과정으로 이해될 수 있다.

1. 전후 미국의 통상정책과 GATT

GATT는 세계 최초의 다자간 자유무역협정이라 할 수 있다. GATT는 앞에서도 논의된 바와 같이 자유무역을 통한 세계경제의 효율성 증대 및 후생수준의 증대를 기본목표로 하는 국제경제규범이다. GATT가 성립하게 된 주요 배경으로는 우선 1930년대의 세계 각국의 경쟁적인 관세인상과 쿼터방식에 의한 수입수량제한으로 세계경제가 장기간 심각한 경기침체에 빠졌다는 점과 1934년부터 1945년까지 미국은 이미 세계 주요 30여 개 국가들과 상호 통상협정을 체결하고 있었다는 점을 지적할 수 있다.

앞서 설명한 바와 같이 미국은 1920년대에 야기된 농업위기를 해결하기 위한 방안의 하나로 1930년에 스무트-홀리(Smoot-Hawley)관세법을 제정하여 20세기 최고의 관세율을 부과하였다. 이 법이 통과된 지 수개월 후, 세계 각국은 경쟁적으로 보호주의적인 관세장벽을 강화하기 시작했다. 그 결과 1929년에서 1933년 동안 미국의 무역규모는 1/4 수준으로 급락하였고 세계무역규모 또한 1/3 수준으로 격감하였다. 이러한 스무트-홀리 관세법은 대공황에 처해 있던 세계경제에 치명적인 영향을 준 것으로 평가되었고 그 결과 미국은 1934년 상호통상협정법(Reciprocal Trade Agreements Act)을 제정하여 관세책정권을 의회로부터 행정부로 이관하였다. 이 법에 따라 대통령은 외국과의 상호협정을 통하여 기존 관세의 50%까지 인하할 수 있는 권한을 부여받았다. 상호통상협정법은 제2차 세계대전 이후 미국의 자유주의 무역정책의 제도적 근간으로 작용하였다.

제2차 세계대전 후의 미국경제는 서방세계의 경제부흥을 위해서 필요한 자유무역질서를 유지하는 데 드는 비용을 감수할 능력을 보유하고 있었다. 또한 미국경제 자체도 대외의존도가 크게 증대됨에 따라 세계경제의 인징을 위한 자유무역질서의 확립 및 유지가 자국 경제를 위해서 매우 중요한 사항이 되었다. 미국의 이러한 기본 입장과 더불어 GATT의 자유무역에 대한 예외조항 예를 들어 세이프가드, 반덤핑조치, 상계관세부과 등과 같은 규정이 보호주의적인 요구에 대한 제도적 장치로 추가됨으로써 세계의 다수 국가들이 GATT에 참여하게 되었다.[2]

---

2) GATT는 ITO(국제무역기구)가 정식으로 출범하기 전에 잠정적으로 관세 및 여타 무역

한편 GATT의 많은 내용은 미국의 대외통상협정에 포함된 사항을 반영하고 있는데 특히 GATT의 기본원칙 중의 하나인 최혜국대우(MFN) 그리고 세이프가드와 같은 수량규제금지에 대한 예외조항 등이 그 대표적인 사항들이다.

미국의 통상정책의 기조는 1960년대까지 자유주의적 입장을 견지하였기 때문에 GATT 또한 미국주도하에 여러 차례에 걸쳐 다자간 관세인하 협상을 진행하였다. 그 결과 GATT의 제 6 차 다자간 무역협상인 케네디라운드에서 6만여 상품에 대한 35%의 일률적인 관세인하가 이루어졌고 반덤핑협정이 채택되었다.

2. 1970년대의 국제경제환경 변화와 도쿄라운드

1970년대는 세계경제가 급격한 구조변화를 경험한 시기이다. 이 시기의 주요 변화로는 무엇보다도 전후 국제통화체제를 유지해 오던 브레튼우즈(Bretton Woods)체제가 붕괴되었고 이로 인하여 국제통화제도가 고정환율제도에서 변동환율제도로 전환함에 따라 국제통화질서가 매우 불안정하게 되었다는 점이다. 그리고 두 차례에 걸친 오일쇼크로 인하여 전세계적으로 경제침체와 실업자 증대에 직면하게 되었고 대외경쟁이 보다 치열해졌다. 또한 석유에 기초한 산업설비의 축소 및 폐기에 따른 대규모 경제구조조정이 진행되었다. 이와 더불어 일본경제의 고도 성장과 신흥공업국의 등장으로 인해 선진경제의 비교우위가 점차로 약화되고 미국의 무역수지 적자폭이 급속히 확대되었다. 한편 유럽의 경우는 공동체구성을 더욱 강화하기 시작하였다.

이러한 상황변화는 필연적으로 세계경제의 주역이라 할 수 있는 미국과 EU의 무역정책을 보호주의적인 방향으로 선회시켰다. 그 동안의 다자간 관세인하 협상으로 인하여 보호무역의 수단으로 관세보다는 비관세 장벽을 선호하게 되었다.

장벽을 완화하기 위해서 체결된 협정이었으나 ITO가 미국 의회 및 영국의 비준거부로 출범하지 못함에 따라 ITO를 대신한 다자간 무역규점으로 전환되었다.

　　비관세장벽의 심화와 이로 인한 세계무역의 위축과 갈등을 해소하기 위하여 GATT는 새로운 다자간 무역협상을 추진하였는데 이것이 바로 도쿄라운드이다. GATT의 제 7 차 다자간 무역협상인 도쿄라운드에서는 관세인하뿐만 아니라 기술장벽, 정부구매, 보조금, 상계관세 등 무역 관련 국내정책을 제한하는 국제경제규범이 일부 GATT회원국만 참여하는 복수간 협정으로 채택되었다.

3. 1980년대 이후의 신무역정책과 WTO

　　1980년대 이후의 세계경제의 주요 특징으로는 전통적으로 미국과 유럽국가의 비교우위로 인식되었던 철강, 자동차, 조선, 전자제품과 같은 분야에서 비교우위가 일본과 한국, 싱가포르, 대만, 홍콩과 같은 신흥공업국으로 급속히 이전되었다는 점이다. 그리고 무역 및 투자로 인한 개별경제 간의 상호의존도가 심화됨에 따라 특정 국가의 국내정책이 세계교역에 미치는 효과가 과거와는 달리 크게 증대되었다는 점이다. 또한 생산의 세계화 등으로 새롭게 등장하는 자국태생의 다국적기업의 세계시장에서의 독점적 우위를 유지·강화시키기 위하여 해당 정부의 간여가 크게 증대되었다는 점이다.

　　이러한 상황변화는 필연적으로 비교우위가 상실되는 분야나 정치적으로 민감한 부문에 있어서 고용유지 등을 위한 보호수준 강화와 수출증대를 위한 보다 공격적인 통상정책을 유발하였으며, 그 결과 국가간의 통상마찰이 심화되기 시작하였다. 특히 미국의 경우는 1980년대 초반 고금리와 이로 인한 달러의 고평가로 경쟁력이 크게 저하되고, 그 결과 막대한 무역적자가 초래됨에 따라 의회의 보호주의 압력이 크게 증대하기 시작하였다. 농업의 경우는 전세계적인 과잉생산으로 인하여 심각한 상황에 직면하게 되었다. 따라서 미국은 이러한 경제의 어려움을 타개하기 위한 방안의 하나로 자국의 성장부문인 동시에 비교우위 부문인 서비스분야 그리고 농업부문에 대한 교역자유화를 강력히 추진하게 되었다. 또한 기술유출에 의한 고도기술분야에 있어서의 일본이나 기타 신흥공업국으로의 비교우위 이전을 억제하기 위한 방안의 하나로 지식재산권에 대한 보호수준 강화에 커다란 관심을 갖게 되었다.

한편 일본이나 신흥공업국들은 보호주의적 무역정책 기조하에서 성
장전략의 하나로 수출산업을 적극적으로 지원하고 자국소유의 다국적기
업의 독점적 우위를 강화하기 위해서 전략적인 무역정책을 운영하였다.
반면 선진국들은 자국의 비관세장벽을 높이고 개도국에 대한 시장개방
압력을 강화하기 시작했다. 더욱이 90년대에는 사회주의 국가들의 붕괴로
인하여 그동안 안보상의 이유로 잠재되었던 자유주의 국가간의 경제적
갈등이 점차 표면화되기 시작하였다.

이러한 새로운 경제환경하에서 세계 주요 국가들의 통상정책은
GATT의 무차별주의, 다자주의, 그리고 최혜국대우원칙에서 이탈하여 쌍무
적 교섭을 통한 시장점유율 협상, 조건부 최혜국대우의 적용 등으로 변모
되어 갔다. 이렇게 GATT체제로부터 벗어난 신보호주의적인 국제경제환경
의 확산은 과거의 경험에 비추어 볼 때 세계경제의 파국으로 연결될 수
있다는 위기감을 고조시켰으며, 이에 새로운 무역질서의 형성과 규범제정
의 필요성이 크게 증대되었다. 그 결과가 바로 1986년부터 시작된 GATT
의 제8차 다자간 무역자유화협상인 우루과이 라운드(UR)협상이다.

미국의 경우는 무엇보다도 앞에서 설명한 바와 같이 서비스부문이
GDP의 70%를 차지하는 성장 주도산업인 동시에 비교우위가 있는 분야
이기 때문에 이 부문의 교역자유화가 자국의 경제활성화를 위해서 매우
중요한 사항이었다. 또한 미국은 대부분의 분야에서 여타 국가보다 상대
적으로 자유화가 높은 수준에 있기 때문에 다자간 자유화협상으로 인한
추가적인 자유화 확대가 비교적 크지 않을 것으로 판단하였다. 따라서 자
유화에 따른 비용보다는 이득이 훨씬 클 것으로 예상하고 매우 적극적으
로 UR협상을 추진하였다. 그 결과 오랜 진통 끝에 1993년 12월에 협상이
타결되어 1995년부터 WTO협정이 새로운 국제경제규범으로 발효되게 되
었다.

4. WTO 출범 이후의 새로운 규범논의와 DDA

WTO 출범 이후 회원국간 교역이 크게 확대되는 등 WTO는 세계무역

의 활성화와 그에 따른 세계경제의 성장에 큰 성과를 보였지만, 변화하는 국제경제 환경 아래서 새로운 무역규범의 제정 필요성에 대한 논의도 끊임없이 제기되어 왔다. 마침내 2001년 도하에서 열린 제4차 WTO각료회의에서 합의되어 다자간 무역협상인 도하개발아젠다(Doha Development Agenda: DDA)가 공식 출범되었다. 출범 당시에는 2003년 3월과 5월까지 농업과 비농산물 협상의 세부 원칙을 확정하고, 그 해 있을 WTO 제5차 각료회의까지 지식재산권 협상을 완료하고, 투자와 경쟁정책, 무역원활화 등과 관련한 세부 사항을 이끌어 낸다는 계획하에 추진되었다.

2003년 9월에 DDA의 중간 점검을 위해 멕시코 칸쿤에서 제5차 각료회의가 열렸지만 전세계 각국에서 모여든 시민단체와 농민들의 반대시위에 둘러싸여 선언문도 채택하지 못하고 성과 없이 끝났다. 그 후 2004년 7월 스위스 제네바에서 열린 각료회의에서는 기본골격(July framework)에 합의하는 성과를 보였다. 농업부문에서는 관세감축 기본틀, 민감품목·특별품목의 예외를 인정하였고, 비농산물 항목에서는 관세감축 기본틀, 부문별 무관세화, 개도국우대 등을 합의하였다.

그러나 DDA가 교착상태에 빠지자 WTO는 2005년 홍콩에서 제6차 각료회의, 2008년 7월 소규모 각료회의 등을 개최하며 농업과 비농산물의 세부원칙 도출을 시도하였으나, 개도국 농산물 특별세이프가드(SSM)와 분야별 자유화(sectoral initiative)에 대한 미국과 인도, 중국 등 개도국들의 대립으로 타협안을 끝내 마련하지 못하고 결렬되었다.

2009년 이후 실질적인 협상의 진전을 보지 못하다가, 2013년 1월 다보스 세계경제포럼(World Economic Forum: WEF)에 참석한 WTO 주요 회원국들이 DDA협상의 파국은 국제무역질서의 불확실성의 증대를 우려하면서 DDA협상의 실질적 진전을 이룰 수 있도록 적극 노력하기로 합의함에 따라 전기가 마련되게 되었다. 주요국들의 합의는 이후 발리 각료회의에서 실현 가능한 성과도출에 대한 논의로 이어졌으며, '조기수확(early harvest)' 의제로 거론되었던 무역원활화를 중심으로 농업 일부와 개발 및 최빈개도국 이슈를 발리 패키지로 설정하고 이를 집중적으로 논의하기 시작하였다. 신임 WTO 사무총장으로 선임된 아제베도(Azevedo) 총장도 발리 각료회의에서 각료들에 의한 결정으로는 DDA의 타결이 어렵다고 보고, 제네바에서 집중적인 협상을 시도하였다. 그 결과 발리 패키지 3대 의제 가운데 무역원활화를 제외한 농업 일부와 개발 및 최빈개도국의 경우 잠정 합의안이 도출되었으며, 이에 아제베도 총장은 각료회의 직전 마지막으로 개최되었던 일반이사회에서 이를 보고하였다. 이에 따라 2013년 12월에 개최된 제 9 차 WTO각료회의에서 발리 패키지가 합의·도출되게 되었다.

무역원활화 협정문의 WTO 편입 작업은 발리 각료회의에서 합의된 무역원활화 내용을 법률·조문화하여 WTO 협정문에 편입하는 것인데, 무역원활화의 법률·조문화 작업은 2014년 5월에 완료되었으나 인도의 반대로 당초 시한인 2014년 7월말을 넘겨 지연되다가 동년 11월말 특별일반이사회를 통하여 WTO 정식 협정문에 편입되었다.[3]

이후 제10차 각료회의의 개최시기가 다가오자 교착상태가 다소 해소되기 시작하였는데, 케냐 나이로비에서 WTO 각료회의가 개최되는 것은 아프리카 대륙에서의 첫 번째 각료회의라는 중요한 상징성을 띄고 있어 최소한의 성과라도 달성하여야 한다는 공감대가 회원국 사이에 확산되었기 때문이다.

이에 따라 WTO 회원국들은 농업 부문에서는 수출보조(export support), 개도국 특별세이프가드 메커니즘(SSM), 식량안보용 공공비축보조 등의 세 가지 이슈와 최빈개도국의 특혜원산지, 서비스 의무면제, 면화 등의 세 가지 이슈에 논의와 협상의 초점을 두었다. 나이로비 각료회의 결과, 상기 분야를 중심으로 회원국간 합의가 도출되어 전체적으로 성공적인 결과를 나타내었다.

나이로비 각료회의 이후 2017년 미국에서 트럼프 행정부가 출범함에 따라 DDA협상은 또 다른 도전에 직면해 있다. 중국의 불공정무역행위를 적절히 제어하는데 WTO가 비효율적이었고 WTO 분쟁해결절차에서 미국이 패소하여 자국의 정책이 변경되는 경우가 잦아지자, 미국내에서는 다자무역체제에 대한 회의감이 확산되기 시작하였고 이를 보다 적극적으로 정책에 반영하고 있는 것이 트럼프 행정부이다. 따라서 다자무역체제에

---

3) 무역원활화 관련 이슈와 WTO 무역원활화협정의 주요 내용 등은 제III부 제 3 장의 4절에서 구체적으로 설명된다.

대해 부정적인 시각을 지니고 있는 정권이 미국에 출범함으로써, 2017년 12월 아르헨티나 부에노스아이레스에서 개최된 제11차 각료회의는 핵심의제에서 성과도출에 실패하고 일부 의제에서만 각료결정을 도출한 채 각료선언 없이 종료되어 실질적인 진전을 이루지 못하였다. 이에 따라 제11차 각료회의에서 수산보조금, 전자상거래, 지식재산권, 소규모 경제 등에 대해 합의가 도출되었으나, 그 내용을 보면 의미 있는 성과가 없어 사실상 실패한 각료회의로 평가될 수 있다. 게다가 기존의 각료선언문에 병렬적으로 언급되던 DDA 관련 내용이 제11차 각료회의에서는 미국의 반대로 이마저 사라져 향후 DDA협상의 지속 여부는 매우 불투명한 실정이다.

5. DDA 협상의 미래와 새로운 대안[4]

미국 트럼프 행정부의 출범, 선진국과 개도국간의 마찰 고조, 고립주의의 확산 등으로 DDA 중심의 다자무역협상의 미래는 그다지 밝지 않다. 1995년 WTO 출범 이후 첫 번째 다자무역협상인 DDA 협상은 2001년 시작된 이후 2017년 12월 제11차 각료회의가 아르헨티나에서 개최되었음에도 불구하고 가까운 미래에 성공적으로 종료될 가능성은 매우 낮아 보인다. 또한 앞서 설명된 바와 같이 WTO 중심의 다자무역체제에 대한 미국의 불만이 점차 고조되고 있으며, 트럼프 행정부 출범으로 이와 같은 불만이 표면화되고 있다. 비록 미국은 WTO를 중심으로 다자무역체제가 제정한 규정을 통해 시장개방과 세계무역의 확대에 대해 지속적인 지지의사를 밝히고 있지만, 중국의 다양한 형태의 불공정무역행위를 규제하는데 있어 WTO가 지금까지 효과적이지 못했다고 판단하고 있다. 반면 분쟁해결 메커니즘을 통해 미국이 의도했던 것과는 달리 자국의 통상정책을 수정하여야 하는 상황이 지속되자, 다자무역체제에 대한 부정적인 시각이 형성된 것으로 평가될 수 있다.

다자무역체제에 대한 미국의 비판적 시각이 가까운 시일 내에 변화

---

4) DDA 협상의 미래와 새로운 대안은 『최근 국제통상 환경의 변화에 따른 한국의 새로운 통상정책 방향』(2017, 대외경제정책연구원, 박성훈·한홍렬·송유철·강문성·송백훈, 중장기통상전략연구 17-04)을 인용하여 작성한 것이다.

할 가능성이 거의 없음에도 불구하고, 미국은 현재 다자무역체제의 미래 또는 이를 대체할 적절한 대안 등에 대해 아직 구체적인 계획이나 방안을 가지고 있지 않은 상황이다. 따라서 이와 같이 향후 계획이나 대안이 마련되지 않은 상태에서 미국의 동의 없이 DDA 협상이 어떠한 형태로 진전되는 것을 미국이 원하지 않기 때문에, DDA 협상은 당분간 큰 진전을 기대하기 어려울 것으로 전망된다.

DDA 협상과는 별개로 그동안 복수국간 무역협상이 진행되어 왔다. 현재 WTO에서 진행 중인 환경상품협정(EGA: Environmental Goods Agreement) 협상이나 서비스무역협정(TiSA: Trade in Services Agreement) 협상 등이 그 예이다. 환경상품협정 협상에서는 환경상품에 대한 정의 및 범위, 개방 범위 등에 초점을 두고 협상이 진행 중인데, 향후 협상 결과에 따라 관련 규범이 정해질 예정이다. 서비스무역협정 역시 복수국간 협상 결과에 따라 서비스 세부 부문별로 자유화가 선행될 예정이다. 따라서 DDA 협상이 진전되지 않을 경우 미국, EU를 비롯한 선진국은 뜻(마음)이 맞는 국가끼리의(like-minded countries) 협상을 통한 분야별 접근(sectoral approach)이 보다 활성화 되고 실제 이러한 협상을 통해 부분적 성과가 도출될 것으로 보여 기존의 다자협상을 통한 성과도출은 쉽지 않을 것으로 전망된다.

제 **II** 부

국제통상체제의 개관

국제 통상체제를 알아보기 위해서는 우선 국제경제기구들을 개략적으로 살펴볼 필요가 있다. 이를 위해 제1장에서는 국제경제기구들을 글로벌경제를 관장하는 기구, 지역경제협력을 목표로 하는 기구, 그리고 지역간 협력에 주력하는 기구 등 세 가지 부류로 나누어 살펴본다. 제2장에서는 다자간 통상기구인 WTO체제, 경제통합과 FTA의 순서로 국제통상체제를 보다 심층적으로 학습한다.

국제경제기구의 개관

1.1   국제경제기구의 체계   >>>

1. 글로벌 차원의 국제경제기구

　　오늘날의 국제경제활동을 관장하고 있는 국제경제질서는 전후에 형성된 브레튼우즈체제(Bretton Woods System)를 기본으로 한다. 브레튼우즈체제는 1차 대전과 2차 대전 사이에 경험하였던 통화질서의 문란, 보호주의의 확산 및 충돌 등으로 야기되었던 세계경제대공황(Great Depression) 등 파국적인 경제현상에 대한 반성을 토대로 전후의 세계질서를 확립하기 위하여 1944년 7월 미국 뉴햄프셔 주의 브레튼우즈에서 44개 연합국 대표들이 참석한 가운데 체결된 협정을 기초로 하여 출범하였다. 당초의 협정 초안은 주로 환율의 안정을 통한 국제통화질서 유지를 목적으로 하는 국제통화기금(IMF)과 전후 개도국의 경제복구를 지원하기 위한 국제부흥개발은행(IBRD)을 설립하는 것을 주요 내용으로 하고 있었다. 그러나 국제통화 및 경제개발기구의 설립만으로는 소기의 목적 달성이 어렵다는 인식하에 국제무역장벽을 제거하고 자유무역의 창달을 위한 국제협정의 필요성이 대두되었다. 이에 따라 1945년 미국을 주축으로 하여 국제무역기구(International Trade Organization: ITO)의 설립에 관한 합의가 이루어졌으나, 무역정책과 관련한 주권의 제약을 우려한 미의회의 반대로 인하여 좌절되었다. 그 결과 협정체인 '관세 및 무역에 관한 일반협정(GATT)'의 형태로 1995년 세계무역기구(WTO)가 출범할 때까지 국제무역질서를 관장하게 되었다.

　　1971년을 기하여 브레튼우즈체제의 근간이 되었던 고정환율제도가 변동환율제도로 바뀌고 금본위제도가 폐지되는 등 국제경제질서가 다소 흔들리기는 하였으나, 1995년 GATT를 대체하는 WTO가 출범하면서, UN 기구 및 경제협력개발기구(Organization for Economic Cooperation and Development: OECD)와 함께 세계경제 운용에 영향력을 행사하는 중요한

| 그림 II-1-1 | 글로벌 국제경제기구의 체계

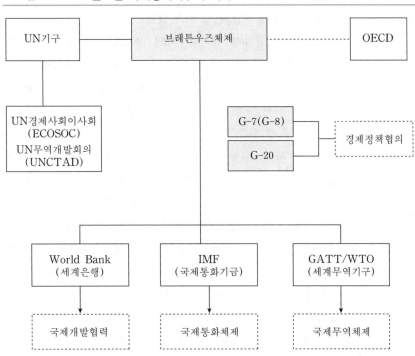

국제경제기구로서의 면모를 되찾았다. 〈그림 II-1-1〉은 브레튼우즈 기구
들을 중심으로 본 글로벌 차원의 국제경제기구들의 체계를 잘 보여 주고
있다.

그림에서 보듯이 글로벌 차원의 국제경제기구들로는 브레튼우즈체제
에 속하는 기구들, UN 기구들, OECD 등이 있다. 글로벌 경제를 관장하는
각종 국제경제기구의 중심에 있는 브레튼우즈체제는 앞에서 언급한 바와
같이 통상적으로 세계은행으로 통칭되는 국제부흥개발은행(IBRD), 국제통
화기금(IMF) 및 1995년을 기하여 GATT를 대체한 WTO의 세 가지 국제경
제기구로 구성되어 있다. IBRD는 전후 개발도상국들의 경제개발과 부흥
을 지원할 목적으로 설립되었으며, 지금까지도 국제개발협력 분야에서
OECD의 개발원조위원회(Development Assistance Committee: DAC)와 함께
매우 중요한 역할을 담당하고 있다. 세계은행은 IBRD, 국제금융공사(IFC),
다국간투자보증기구(MIGA), 국제투자분쟁해결센터(ICSID) 등의 산하기구

로 구성된 그룹의 형태로서 국제개발협력과 관련된 금융지원, 투자보장, 분쟁해결 등의 업무를 관장하고 있다.

국제통화기금(IMF)은 국제적인 통화협력과 환율안정 및 국제유동성 확대라는 세 가지 목표하에 발족한 기구로서 국제통화금융 분야를 관장하는 국제경제기구이다. 이를 위해 IMF는 중앙은행과 재무부 등 회원국 금융당국들 사이의 연락사무기능을 담당하는 한편, 국제통화와 관련된 제반 문제에 관한 심층연구를 행하는 연구 및 통계정보센터의 역할도 담당하고 있다. 특히, 회원국들의 국제수지 불균형이 심화될 경우 발생할 수 있는 금융위기를 사전에 방지하기 위한 조기경보체제(early warning system)를 가동하거나, 금융위기 발생시 이를 사후에 구제금융 등을 통해 해결해 주는 역할 또한 IMF의 중요한 역할 중 하나이다.

브레튼우즈체제의 세 번째 축을 형성하고 있는 세계무역기구(WTO)는 국제통상체제의 가장 중요한 국제경제기구로서 다음 장에서 상세하게 다루어진다. WTO는 기본적으로 다음의 네 가지 기능을 수행하는 국제기구로 볼 수 있다. 첫째, WTO는 다자간 및 복수간 무역협정(multilateral and plurilateral trade agreement)을 관리하고 이행하는 기능을 담당한다. 둘째, WTO는 다자간 무역협상을 주도한다. 셋째, 회원국간 발생할 수 있는 무역분쟁을 해결하는 것도 WTO의 기능이다. 넷째, WTO는 회원국들의 무역정책 변화에 대한 감독기능을 수행한다. 뒤에서도 상세하게 설명되듯이 WTO의 이러한 기능은 (i) 회원국간 차별 없는 최혜국대우 적용, (ii) 자유롭고 공정한 무역 창달, (iii) 예측가능한 무역질서 유지, (iv) 경제개발과 개혁에 대한 배려 등 네 가지의 핵심적인 원칙에 기초하여 수행되는 것으로 이해할 수 있다.

세계경제를 관장하는 국제경제기구로 UN의 역할도 중요하다. UN은 브레튼우즈체제와 거의 동시에 출범하였다. UN경제사회이사회(UN Economic and Social Council: UN ECOSOC)는 안전보장이사회, 신탁통치이사회와 더불어 UN의 3대 이사회 중의 하나이다. 주로 UN 회원국들의 경제개발, 사회발전, 인권보호와 관련된 경제정책에 대한 조정자의 역할을 담당하며, 궁극적으로는 이를 통하여 인류 전반의 생활수준 향상을 추구하는 기관이다. UN경제사회이사회는 그 하부기구로 국제노동기구

(International Labor Organization: ILO), 식량농업기구(Food and Agriculture Organization: FAO), 교육과학문화기구(UN Educational, Scientific and Cultural Organization: UNESCO), 세계은행(World Bank) 등의 전문기관, 아시아-태평양 경제사회위원회(Economic and Social Commission for Asia and the Pacific: ESCAP), 유럽경제위원회(Economic Commission for Europe: ECE) 등 지역경제위원회 및 인구, 통계, 국제상품무역 등의 분야를 다루는 각종 직능위원회 등을 보유하고 있다. 또, UN무역개발회의(UN Conference on Trade and Development: UNCTAD)는 1964년 3~6월 스위스 제네바에서 처음 개최된 후 UN 총회 산하에 상설기구로 설치된 회의로서 개발도상국의 경제발전을 가속화하기 위한 수단으로서의 무역확대를 주된 목적으로 추구하고 있다. 특히, '남북관계'로 지칭되는 개도국-선진국 간의 이해관계 조정과 협력관계 증진을 주요 의제로 설정하고 있으며, 이를 위한 수단으로써 개도국들이 무역을 통하여 원활한 경제성장을 도모할 수 있도록 선진국들이 제공하는 일반특혜관세(Generalized System of Preferences: GSP)와 같은 무역특혜조치 채택을 주도하고 있다.

경제협력개발기구(OECD)처럼 일부 국가간의 협력을 위해 설립된 기구도 세계경제질서의 형성에 커다란 영향을 미치고 있다. OECD는 처음에는 유럽의 경제부흥을 위해 미국이 제공했던 마샬 플랜의 효과적인 집행과 상호협력을 추구하는 유럽경제협력기구(Organization for European Economic Cooperation: OEEC)의 형태로 1948년 발족하였으나, 1961년 이후 미국과 캐나다 그리고 일본 등 다른 선진국들이 가입함으로써 오늘과 같은 형태를 갖추었다. 1990년대 중반을 기하여 한국(1996년 가입)을 비롯하여 폴란드, 헝가리, 체코공화국, 멕시코 등 신흥공업국과 체제전환국 중에서 선도국들을 새로운 회원국으로 받아들임에 따라 2018년 현재 36개국 회원국으로 운영되는 '신진국 글립'의 성격을 시니고 있다. OECD회원국들은 세계 GDP의 60%에 달하는 막강한 경제력을 갖추고 있으며 세계경제의 각종 문제를 정리하고 이를 이슈화하여 국제규범화하는 데 있어 항상 선도적인 역할을 담당하는 기구이다. OECD는 무역, 금융, 국제투자, 보험, 재정 등 실로 국제경제적 이슈들을 총망라하여 회원국 공무원 및 민간 전문가들이 참여하는 각종 세미나, 워크샵 등을 통해 관련 분야의 심층적인 연구와 논의를 실시하며, 이에 그치지 않고 논의결과를 구체적으로 반영하여 국제규범화하는 데 적극적인 역할을 하고 있다. OECD의 제반 규범은 효력의 강도와 적용범위에 따라 결정, 권고, 선언, 협정, 약정 및 지침 등으로 분류된다. 특히 이 중 OECD의 결정(decision)규정은 모든 회원국들이 반드시 이행할 의무가 있다. 단 일부 조항에 대해서는 유보가 가능하다. 한편 OECD는 보다 자유롭게 국가간에 서비스 및 자본거래가 보장되는 환경을 조성하기 위해 결정규정의 일환으로 '경상무역외거래 자유화 규약'(Code of Liberalization of Current Invisible Operation)과 '자본이동 자유화 규약'(Code of Liberalization of Capital Movement)을 제정하였다. 또한 WTO가 관장하는 국제무역 자유화 이슈의 경우에도 먼저 OECD에서 집중적으로 논의하여 특정 자유화 조치들의 경제적 효과와 장단점들을 심층 분석한 후 WTO에서의 협상을 통해 국제규범화하는 분업체계가 작동해 왔다고 할 수 있다.

OECD는 각종 위원회 외에도 유관기구로 개발센터(Development Centre), 원자력기구(NEA), 국제에너지기구(IEA) 및 교육연구혁신센터를 두고 있으며, 민간자문기관으로 기업산업자문위원회(BIAC)와 노동조합자문위원회(TUAC)을 두어 민간섹터의 중요한 현안에 대한 입장에 관한 다양한 협력활동을 전개하고 있다.

브레튼우즈체제, UN, OECD 등과 같이 국제경제기구의 형태를 띠고 있지는 않으나, 세계경제의 중요한 현안 문제들에 대한 정책협의를 주요 목적으로 하는 국가간 정책협의체도 있는데, G-7(G-8)이나 G-20가 대표적인 사례이다. G-7(G-8)은 "Group of Seven(Eight)"의 약칭으로서 세계경제에서 가장 중요한 역할을 담당하고 있는 미국, 일본, 독일, 영국, 프랑스, 이태리, 캐나다 (및 러시아) 7(8)개 세계 강대국들의 정례적인 정상회담을 지칭한다. G-8은 1975년 G-6의 형태로 처음으로 창설되었으며, 1976년 캐나다가 가입함으로써 G-7으로 발전한 후 냉전체제의 종식과 함께 러시아가 1997년 가입함에 따라 오늘의 G-8으로 발전하였다. 종래에는 주로 국제경제의 중요한 현안에 대해 토론하고 필요할 경우 국가간 경제정책협조에 관한 합의를 도출함으로써 세계경제의 안정적 발전을 도모하는 협의체로 운영되었으나, 러시아가 가입한 이후부터는 외교안보상의

2010년 11월 11-12일 기간 중 개최된 G20 서울 정상회의에 참석한 각국 정상들의 기념촬영 모습.

중요한 현안까지도 포함하는 매우 다양한 현안들을 논의하는 강대국 정상회담으로 운영되고 있다.

G-20(Group of Twenty)는 1997년 아시아 금융위기 이후, 국제금융시장의 안정을 위한 협의체의 필요성이 대두되자, 1999년부터 G-8 회원국과 주요 신흥시장국을 포함하여 20여 개국을 회원국으로 하여 발족한 보다 광범위한 국제경제정책 협의체이다. G-20는 G-8과는 별도로 운영되며, 1999년 발족 당시에는 각국 재무장관과 중앙은행 총재를 참가자로 하여 출범하였으나, 2008년 세계금융위기가 발발하면서 미국 조지 부시 대통령의 제안에 따라 정상회의로 격상되었으며, 국제경제 관련 최고위포럼의 역할이 부여되기도 하였다. 2008년 11월의 제1차 정상회의 이후 2018년 상반기까지 총 12차례의 G-20 정상회의가 개최되었으며 세계금융위기를 치유하기 위한 중요한 방안들을 논의한 바 있다. 2010년에는 한국이 의장국이 되어 제5차 G-20 정상회의를 주관하였다. 동 회의에서 거두어진 주요 성과는 다음의 Box에서 참고힐 수 있다. 한 가시 특이한 사항은 아직까지 G-20의 회원국이 확정되지 않고, 의장국의 재량에 따라 다소 탄력적으로 운용되고 있다는 점이다.

글로벌 금융위기와 2010년 서울 G-20 정상회의

　　1930년대 세계경제대공황의 악몽을 기억하고 있는 세계경제 지도자들은 2008년 하반기부터 글로벌 금융위기가 본격적으로 시작되자 정책공조의 필요성을 재삼 확인하고 1999년부터 재무장관회의로 정례화되어 있던 G-20를 정상회의로 격상시켰다. 2008년 11월 제1차 워싱턴 정상회의, 2009년 4월 제2차 런던 정상회의, 동년 9월 제3차 피츠버그 정상회의 및 2010년 6월의 제4차 토론토 정상회의를 개최한 후 동년 11월에는 서울에서 정상회의가 개최되었다. 2010년의 G-20 서울 정상회의는 신흥국가에서 처음으로 개최한 정상회의를 우리나라가 의장국으로 개최했다는 점에서 커다란 의의를 찾을 수 있다. 동 정상회의는 우리나라의 주도하에 다양한 성과를 거두었는데, 아래의 내용은 정상회의 직후 기획재정부가 발표한 회담성과보도자료(2010. 11. 12일자)를 전재한 것이다.

〈G20 정상들, 국제공조 위해 '실천의지' 빛났다〉

　　서울 G20(주요 20개국) 정상회의가 12일 세계 경제의 '강하고, 지속가능한 균형성장(strong, sustainable and balanced growth)'을 위해 구체적이고 실질적인 행동계획을 담은 '서울선언'(정상선언문)을 내놓으며 대단원의 막을 내렸다.

　　가장 주목할 점은 국제경제 최대 이슈로 떠오른 환율 및 글로벌 불균형 문제를 피해가지 않고 G20 정상들이 모여 합의점을 찾았다는 것이다. '합의'에만 그치지 않고 '실천'을 위한 행동계획까지 마련해 정상선언문에 담았다.

　　'서울 액션플랜(Seoul Action Plan)'이라 불리는 이 행동계획에는 G20의 목표, 즉 세계경제의 '강하고, 지속가능한 균형성장'을 위한 개별국가들의 정책공약이 수록돼 있다. 이는 지난 6월 토론토 정상회의에서 마련한 국가그룹별 정책대안들을 개별국가 수준의 구체적인 정책공약으로 발전시킨 것이다.

　　이와 함께 과도한 경상수지 불균형이 발생하지 않도록 내년 상반기 중 '예시적 가이드라인(indicative guideline)'을 마련해 G20 재무장관회의에서 논의하기로 했으며, 이에 기반한 첫번째 평가는 내년 프랑스 의장국 수임 기간 중 수행하기로 했다.

　　환율 문제와 관련, 경제 펀더멘털이 반영될 수 있도록 보다 시장결정적인(market-determined) 환율 제도로 이행하고 환율 유연성을 제고하는 한편, 경쟁적인 평가절하를 자제하기로 합의했다. 다만 급격한 자본 유출입으로 부작용이 발생할 가능성이 높은 신흥국은 제한적인 경우, 즉 적정 외환보유고를 가지고 있고 변동환율제하에서 환율의 고평가가 심화되는 경우 시장에 개입할 수 있는 길을 터줬다.

국제통화기금(IMF) 개혁에 대해선, 지난 10월 경주 재무장관회의 합의대로 IMF 쿼타의 6% 이상과 선진 유럽국의 이사직 2석이 신흥개도국으로 이전하기로 했다. 또 IMF 재원은 두배로 늘려 국제금융시장의 불안에 보다 효과적으로 대응하기로 했다.

이와 함께 IMF가 위기에 처한 나라에 돈을 꿔주는 방식에도 변화를 가했다. 이는 과거 외환위기를 겪은 우리나라의 경험을 살펴 G20 논의 대상으로 끌어들인 부분이다. 그간 IMF의 처방이 너무 엄격해 위기를 겪는 나라들의 어려움을 가중시킨 데다, 낙인효과라는 부정적 인식마저 심어줘 개선이 필요했다. 이에 따라 G20 정상들은 대출 조건을 완화하고, 위기가 오기 전에도 미리 대출해 줄 수 있도록 하는 한편, 공동의 위기에 처한 여러 국가에 동시에 대출할 수 있도록 했다.

금융규제 분야와 관련해, 은행의 자본금을 대폭 늘리도록 했으며, 세계 경제의 안정에 큰 영향을 미치는 대형 금융회사(SIFI)에 대해선 규제와 감독을 강화하기로 했다. 또 신용평가사에 대한 감독을 강화하고, 파생상품 시장의 투명성을 높이기 위한 노력도 계속하기로 했다.

우리나라가 적극 추진했던 개발도상국 개발 이슈도 이번 G20 정상회의의 공식 의제로 다뤄진 점도 높이 평가된다. G20가 20개 회원국만을 위한 모임이 아니라 170여 비회원국을 끌어안았다는 측면에서 세계경제 질서를 이끄는 최상위 포럼으로서 정당성을 더해주었기 때문이다.

구체적인 성과도 내놨다. 서울에 모인 G20 정상들은 개도국을 세계경제 파트너로 인정, 원조를 지속하는 한편 개도국 스스로 성장잠재력을 확충하고 자생력을 기를 수 있도록 G20 차원의 '다년간 행동계획'까지 수립해 정상선언문 부속서로 제시했다.

앞으로도 이 문제를 G20에서 꾸준히 논의해 더욱 구체화되고 진전된 결과물을 내놓기로 했다. 이와 관련해 이명박 대통령은 한국 개발 정책의 성공과 실패의 경험을 바탕으로 한 '한국형 개발 모델'을 경제협력개발기구(OECD) 개발원조회의 등 적절한 기회에 제안하자고 밝혔다.

무역 분야에서는 도하개발어젠다(DDA) 협상의 조속한 타결을 강조했으며, 내년이 협상 타결을 위한 중요한 기회임을 감안하여 막바지 협상을 적극 전개하기로 했다. 이를 통해 모든 형태의 보호주의를 배격하고 무역자유화를 확대해 나간다는 G20의 의지를 재차 확인했다.

2. 지역 차원의 국제경제기구

〈그림 Ⅱ-1-2〉에 나타나 있듯이 세계경제의 각 지역을 대표하는 경제 통합기구들도 일종의 국제경제기구로서의 면모를 갖추고 있다고 할 수 있다. 우선 유럽은 경제통합의 역사가 가장 오래된 지역으로서 자유무역지대(1957년), 관세동맹(1968년), 공동시장(1993년), 경제통화동맹(1999년) 등의 단계를 거쳐 가장 발전된 모습의 경제통합체를 운영하고 있다. 또 여러 차례의 회원국 확대 과정을 거쳐서 당초 6개국이었던 회원국 수가 2013년 7월을 기하여 28개국으로 확대된 바 있다. 그런데, 2016년 6월 유럽연합(European Union: EU)으로부터 탈퇴한다는 국민투표의 결과가 현실화될 경우 조만간 영국을 제외한 27개 회원국으로 축소될 가능성도 있다. 현재의 유럽통합을 대표하는 EU는 마스트리히트조약을 토대로 1993년 11

| 그림 Ⅱ-1-2 | 지역 차원의 경제통합기구

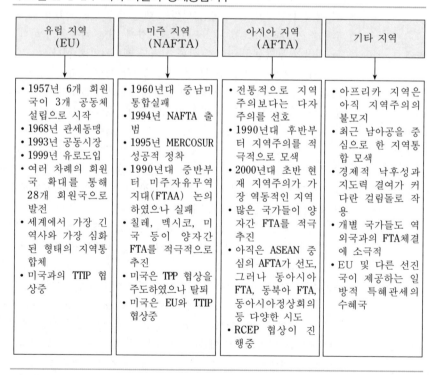

유럽 지역 (EU)	미주 지역 (NAFTA)	아시아 지역 (AFTA)	기타 지역
• 1957년 6개 회원국이 3개 공동체 설립으로 시작 • 1968년 관세동맹 • 1993년 공동시장 • 1999년 유로도입 • 여러 차례의 회원국 확대를 통해 28개 회원국으로 발전 • 세계에서 가장 긴 역사와 가장 심화된 형태의 지역통합체 • 미국과의 TTIP 협상중	• 1960년대 중남미 통합실패 • 1994년 NAFTA 출범 • 1995년 MERCOSUR 성공적 정착 • 1990년대 중반부터 미주자유무역지대(FTAA) 논의하였으나 실패 • 칠레, 멕시코, 미국 등이 양자간 FTA를 적극적으로 추진 • 미국은 TPP 협상을 주도하였으나 탈퇴 • 미국은 EU와 TTIP 협상중	• 전통적으로 지역주의보다는 다자주의를 선호 • 1990년대 후반부터 지역주의를 적극적으로 모색 • 2000년대 초반 현재 지역주의가 가장 역동적인 지역 • 많은 국가들이 양자간 FTA를 적극 추진 • 아직은 ASEAN 중심의 AFTA가 선도, 그러나 동아시아 FTA, 동북아 FTA, 동아시아정상회의 등 다양한 시도 • RCEP 협상이 진행중	• 아프리카 지역은 아직 지역주의의 불모지 • 최근 남아공을 중심으로 한 지역통합 모색 • 경제적 낙후성과 지도력 결여가 커다란 걸림돌로 작용 • 개별 국가들도 역외국과의 FTA체결에 소극적 • EU 및 다른 선진국이 제공하는 일방적 특혜관세의 수혜국

월 공식 발족하였는데, 경제통합을 중심으로 하는 유럽공동체(European Communities: EC), 대내정책이라 할 수 있는 내무법무협력(Home and Justice Affairs: HJA) 및 대외정책의 성격을 갖는 공동외교안보정책(Common Foreign and Security Policy: CFSP) 등 세 가지의 축을 중심으로 구성되어 있다. EU는 2000년대 초반 유럽헌법을 채택하기 위해 노력하다가 실패한 후, 그보다는 약화되었으나 종래의 EU보다는 매우 강화된 통합과 결속을 지향하는 리스본조약을 제정하고 동조약을 2009년 공식 발효하였다. EU는 2006년 채택한 Global Europe 전략에 의거하여 다양한 나라들과의 FTA 체결을 확대하고 있는데, 2011년 7월 발효된 한-EU FTA 협정이 대표적인 사례이다. 특히 2013년 초부터는 범대서양무역투자동반자협정(Trans-atlantic Trade and Investment Partnership: TTIP)이라는 명칭하에 미국과의 FTA 협상을 진행하고 있다.

　　미주 지역의 대표적인 경제통합기구는 미국, 캐나다, 멕시코 3국간의 무역자유화를 내용으로 하는 북미자유무역협정(North American Free Trade Agreement: NAFTA)이라고 할 수 있다. NAFTA는 통합단계상 아직 자유무역협정의 수준에 머무르고 있으나, 3개국의 GDP규모 및 무역규모는 EU에 버금갈 정도로 영향력이 큰 통합기구이다. 그리고 남미지역에는 브라질, 아르헨티나, 파라과이 및 우루과이를 회원국으로 하여 공동시장을 지향하는 남미공동시장(MERCOSUR)이 1995년부터 작동하고 있다. 특히 칠레와 멕시코는 1990년대 초반 이후 지역주의의 확산과정에서 매우 활발하게 FTA를 체결하고 있는 대표적인 중남미 국가에 속한다.

　　아시아 지역의 대표적인 경제통합기구는 ASEAN 자유무역지대(ASEAN Free Trade Area: AFTA)이다. AFTA는 현재 ASEAN 10개국을 포괄하는 커다란 영역에서 자유무역지대를 형성하고 있으며, 최근 매우 빠르게 진행되고 있는 동아시아의 다양한 경제통합 또는 지역협력 움직임에 있어서 주도적인 역할을 하기 위해 노력하고 있는 중이다. 예를 들면, 동북아 지역의 한국, 중국, 일본 등 3개국뿐만 아니라 호주, 뉴질랜드 및 인도 등 역내 주요국들이 ASEAN과 개별적으로 자유무역협정을 체결하였으며, 이들은 역내포괄적경제동반자협정(Regional Comprehensive Economic Partnership: RCEP)이라는 이름 하에 지역 전체를 아우르는 경제통합체의 구축을 목적

으로 2013년부터 협상을 진행하고 있다. 또한, ASEAN+3, 동아시아정상회
의(East Asia Summit: EAS) 등에서도 ASEAN의 중심적인 역할이 돋보인다.
그럼에도 불구하고, AFTA의 경우 상대적으로 강한 경제력을 보유한 동북
아의 3개국이 참여하지 않고 있기 때문에 그 영향력이 다소 뒤떨어지는
것이 사실이다.

한편, 미국이 주도하여 아태지역의 무역자유화를 지향하면서 2017년
종결된 범태평양경제동반자협정(Trans-Pacific Partnership: TPP) 협상이 중
국이 주도하는 RCEP 협상과 함께 아태지역의 경제통합구도에 있어서 경
쟁체제를 형성하기도 하였으나, 트럼프행정부 출범 이후 미국이 TPP 서명
을 철회함에 따라 불확실성이 증폭된 바 있다.

3. 지역간 경제협력기구

세계경제를 관장하는 다양한 국제경제기구 및 정책협의체 외에도 세
계의 주요 지역간 경제협력을 논의하는 정례화된 모임들도 광의의 국제
경제기구로 간주할 수 있다. 〈그림 Ⅱ-1-3〉에서 볼 수 있듯이 세계경제의
3극이라 할 수 있는 북미-유럽-아시아 각각의 사이에는 경제협력에 특화
되어 있거나, 광범위한 협력아젠다 하에서 경제협력을 논의하는 다양한
장이 마련되어 있다.

이 중에서 가장 영향력이 강한 것으로 범대서양경제동반자관계

| 그림 Ⅱ-1-3 | 세계 주요 지역간 협력체 현황

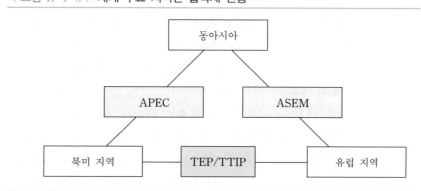

(Trans-atlantic Economic Partnership: TEP)를 들 수 있다. TEP는 1990년대 초반 유럽과 북미 사이의 자유무역지역인 범대서양자유무역지대(Transatlantic Free Trade Area: TAFTA)의 형태로 제안되었으나, (i) 이미 무역장벽이 매우 낮은 상황이어서 추가적인 경제적 혜택이 많지 않다는 점, (ii) 농업 분야에서의 무역자유화가 유럽이나 북미 양측에 너무 민감하여 어렵다는 점 등 때문에 성사되지 못하자 1998년부터 자유화 이외의 경제협력 심화를 추진하는 협의체의 성격으로 북미-유럽 양측 사이에 정례화된 경제협력체라 할 수 있다. 이에 따라 TEP는 주로 무역원활화(trade facilitation)에 주력하면서 국경을 통과한 이후의(behind-the-border) 다양한 장벽들을 제거하는 기능을 담당하고 있다. 이 TEP는 2013년부터 앞에서 언급한 TTIP 명칭하에 FTA 형태로 격상되어 협상이 진행 중에 있다.

1989년 출범한 아태경제협력체(Asia-Pacific Economic Cooperation: APEC)는 모든 나라를 포괄하고 있는 것은 아니지만 북미와 동아시아 사이의 경제협력 증진을 목표로 하는 경제협력체이다. 아시아와 태평양 양안에 위치하고 있는 21개 선진국 및 개도국들이 참여하고 있으며, 협력의 제로서 "무역투자자유화 및 원활화(Trade and Investment Liberalization and Facilitation: TILF)" 및 "경제기술협력(Economic and Technical Cooperation: Ecotech)"을 설정하고 있다. APEC은 1989년 12개국 사이의 각료회의의 형식으로 발족하였으나, 몇 차례의 회원국 확대를 거쳐 현재 21개 회원국으로 구성되어 있으며, 1993년부터는 정상회의의 형식으로 격상되었다. 한국은 2005년 의장국 역할을 수행하면서 제13차 APEC 정상회의를 부산에서 주최하였다.

아시아-유럽정상회의(Asia-Europe Meeting: ASEM)는 1996년 동아시아 10개국과 당시 유럽연합의 15개국을 연결하는 지역간 협력체로 출범하였다. 여러 차례의 회원국 확대를 거쳐 ASEM은 현재 양 시익의 53개 회원[1]을 보유한 커다란 협력체로 발전하였다. ASEM은 경제무역협력에 주력하는 TEP나 APEC과는 달리 정치적 협력, 사회문화적 협력까지도 논의하는 포괄적인 협력기구인데, 2년마다 정상회의를 개최하며 경제협력이 매우

---

1) ASEM에 참여하는 국가들은 총 51개국인데, EU집행위원회와 ASEAN 사무국은 기관회원으로 참여하고 있어 총 53개 회원으로 구성되어 있다.

중요한 비중을 차지하고 있다. ASEM이 경제협력 분야에서 주력하는 분야는 무역원활화(Trade Facilitation) 및 투자증진(Investment Promotion) 분야인데, 이 두 분야 모두 구속력은 없는 행동계획(Action Plan)의 방식을 통해 회원국들의 자발적인 이행을 유도하고 있다. ASEM 정상회의는 2년마다 개최되며 2018년 상반기까지 총 11차례 개최되었다. 한국은 2000년 ASEM의 의장국으로서 제3차 ASEM 정상회의를 서울에서 주최한 바 있다.

1.2 국제경제기구의 비교 >>>

국제경제질서를 구성하고 있는 다양한 국제기구는 관장의 대상이 되는 경제권의 규모 및 회원국간의 협력 수준을 기준으로 비교할 수 있다. 첫째, 국제경제기구가 관장하는 물리적 범위로서 얼마나 많은 국가가 참여하는가이다. 둘째, 국제통상과 관련한 국제경제기구는 국가간 경제교류의 자유화를 주요 목표로 삼고 있다. 따라서 각 기구가 성취하고 있는 경제적 자유화의 진전도를 기준으로 상호 비교하는 것이 가능하다.

참여국을 기준으로 할 때, 1995년에 출범한 WTO가 가장 광범위한 규모의 국제경제기구라고 할 수 있다. WTO에는 무역활동에 활발하게 참여하고 있는 거의 모든 국가가 참여하고 있다. WTO의 전신인 GATT의 회원국이 총 128개국이었으나 WTO는 2018년 8월 현재 164개국이 회원국으로 참여하고 있다. 따라서 참여하는 회원국을 기준으로 할 때, OECD, APEC, 그리고 여타 대부분의 지역무역협정이 대체로 WTO의 부분집합을 구성하고 있다고 해도 크게 틀리지 않을 것이다. 한편, 세계경제의 주요 현안을 주도하고 있는 OECD의 경우 1961년 출범 당시 전신인 OEEC(유럽경제협력기구) 18개 회원국과 미국 및 캐나다의 20개 회원국으로 출범하였으나 1990년대 중반 이후 구 동구권 국가와 선진개도국을 회원으로 받아들여 현재 총 35개국으로 회원국이 늘어났다. APEC의 경우, 현재 아시아와 태

| 그림 II-1-4 | 회원국 숫자 기준 주요 국제경제기구의 비교

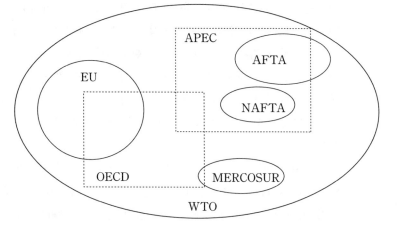

평양의 21개국을 회원으로 하고 있다. 또한, 1990년대 들어 급증하고 있는 지역통합체의 경우 매우 다양한 회원국 규모를 보여 준다. EU는 2004년과 2007년 및 2013년 이른바 구 동구권의 국가를 회원국으로 받아들임으로써 총 회원국 수가 28개에 달하는 명실공히 가장 강력하고 거대한 지역통합체로서의 위치를 확보하고 있다. NAFTA의 경우 경제규모는 EU에 필적한다고 할 수 있지만 회원국은 미국, 캐나다, 멕시코의 단 3개국이라는 대조를 보이고 있다. 남미 지역의 MERCOSUR도 지금까지 단 4개의 회원국을 확보하고 있을 뿐이다.[2] 동아시아의 유일한 지역통합체인 AFTA의 경우 ASEAN 10개 회원국을 보유하고 있다. 다음의 〈그림 II-1-4〉는 회원국을 통해 본 국제경제기구들의 비교를 보여 주고 있다.

국제통상은 국가간에 이루어지고 있는 각종 경제활동에 대한 국가의 규제를 완화 내지 철폐하는 것을 목적으로 국가간에 또는 여러 국가가 공동으로 취하는 교섭활동 및 과정으로 정의된다. 그런데 국가간의 경제활동이 상품거래를 중심으로 비교적 단순하였던 시절에 비하여 오늘날의 국제경제교류는 매우 복잡해지고 있다. 서비스교역의 비중이 빠른 속도로

---

2) MERCOSUR는 2012년 베네수엘라가 정식 회원국 자격을 얻었으나, 민주성 원칙의 위배 및 무역의무 불이행 등의 이유로 2017년 회원국 자격이 유예되어 2018년 상반기 기준 4개국으로 운영되고 있다.

증가하고 있으며 기업의 글로벌화가 확산됨에 따라 국가경제에 있어서 외국인 직접투자의 중요성은 날로 증가하고 있다. 이처럼 국제경제교류의 범위가 확산됨에 따라 국제통상협정 또는 국제경제기구의 범위도 지속적으로 그 폭과 깊이를 더하고 있는 현실이다. 일반적으로 국가간의 경제교류 자유화는 상품무역에서 서비스무역 그리고 생산요소의 이동에 대한 장벽완화의 순서로 진행된다는 점을 감안할 때, 회원국 수 기준을 활용하는 것 외에도 다음과 같이 국제경제기구를 상호 비교하는 것이 가능할 것이다.

첫째, 지역통합체는 일반적으로 WTO의 다자간 협정에 비하여 구속성 있는 자유화의 수준이 높다. 지역통합체의 주체들이 대부분 WTO 회원국이며 따라서 지역통합기구는 WTO협정 플러스 알파의 성격을 갖게 마련이다. 이는 WTO의 다자간 체제가 수많은 회원국을 포함하기 때문에 높은 수준의 자유화를 위한 협상을 원활하게 추진하는 데에는 무리가 있기 때문이기도 하다. 이에 따라 개별 국가들이 지역통합기구와의 괴리를 축소시킴으로써 지역통합기구의 차별적 요소를 해소시켜 나가는 과정을 밟고 있다.

둘째, 지역통합기구들 사이에도 자유화 수준에는 많은 차이가 발견된다. 가장 높은 수준의 자유화를 실현하고 있는 것은 유럽연합이다. EU는 1990년대 초반 자본과 노동 등 생산요소의 이동을 자유화하는 공동시장을 성취하였으며, 이에서 더 나아가 1999년을 기하여 대다수 회원국을 대상으로 유로(Euro)라는 단일통화를 채택함으로써 각국의 경제정책을 일정 수준 조화시키는 단계에까지 이르고 있다. 유럽연합이 단순한 경제통합이 아니라 정치사회적 통합을 지향하고 있다는 점에서 여타 지역통합기구와 비교하는 데 무리가 있으나, 세계적으로 가장 높은 수준의 상호개방을 이루고 있는 것만은 분명하다.

셋째, 현재 빠른 속도로 확산되고 있는 자유무역협정(FTA)은 지역통합기구의 가장 기초적인 단계라고 할 수 있으며 원칙적으로 무역과 투자에 대한 국경장벽의 해소를 궁극적인 목표로 삼고 있다. 그러나 FTA간에도 자유화의 수준에서 많은 차별성이 존재하고 있는 것으로 평가된다. 이는 FTA를 완성하기까지 상당한 시간을 요하기 때문에 각각의 FTA가 추

| 그림 II-1-5 | 자유화수준 및 참가국 수 기준 주요 국제경제기구 비교

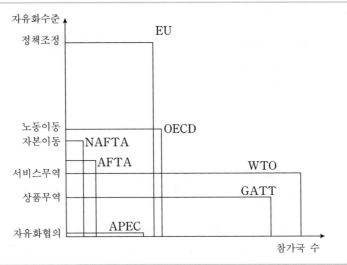

진된 시점에 따라 현재의 자유화 수준에는 차이가 발생할 수밖에 없기 때문이다. 또한 시간적 차이를 고려한다 할지라도 궁극적으로 지향하는 자유화의 수준에도 많은 차이가 있다. 예를 들어, NAFTA 회원국간의 시장개방은 거의 모든 품목을 대상으로 전면적으로 이루어진 반면에, AFTA의 경우 목표 자체가 NAFTA에 훨씬 못 미치는 것으로 평가되고 있다. 즉, 개별적 자유무역협정은 개방의 폭과 깊이를 기준으로 각기 달리 평가될 필요가 있음을 말해 준다.

마지막으로, OECD와 APEC와 같은 경제협력기구 역시 시장개방의 관점에서 현격한 차이가 존재한다. OECD의 경우 자본 및 서비스 거래에 관한 양대 자유화규약을 통하여 회원국들로 하여금 일정한 수준의 시장개방을 의무화하고 있다. 그러나 APEC의 경우, 역내 무역 및 투자자유화를 위한 협력을 지속하고 있음에도 불구하고 자발성에 기초한 '비구속성'의 원칙에 입각함으로써 실질적으로는 지금까지 이룩한 성과가 기대에 미치지 못하고 있는 실정이다. 〈그림 II-1-5〉는 이상에서 살펴본 바와 같이 참가국 수와 자유화 수준 등 두 가지의 기준을 동시에 적용하여 주요 국제경제기구들을 비교하고 있다.

주요용어

- 브레튼우즈체제
- UN 경제사회이사회
- 경제개발협력기구
- G-20

- 세계은행
- UN 무역개발회의
- 아태경제협력체

연습문제

1. 대표적인 글로벌 국제경제기구에 대하여 그 성격과 기능을 간략히 설명하시오.
2. 주요 국제경제기구들을 자유화 정도와 참가국의 범위를 기준으로 간단히 비교·설명해 보시오.
3. 지역 차원의 경제통합기구의 예를 들고 그 역할을 설명하시오.
4. 주요 지역간 협력체의 현황을 설명하고, 이들이 국제경제질서 형성에 어떠한 영향을 미치는지 논하시오.

제 **2** 장

국제통상체제

2.1.1 WTO개요 >>>

　　WTO(World Trade Organization), 즉 세계무역기구는 다자간 무역체제의 확립을 통해 전세계의 자유무역을 확대하고 국가간의 공정무역질서를 확립하기 위해 1995년 1월 1일 출범했다. 2018년 8월 현재 WTO는 164개 국의 회원국으로 구성되어 있으며, 에티오피아, 아제르바이잔, 이란, 이라크 등 23개국이 관찰국(Observer)으로서 회원국 가입을 준비하고 있다. WTO는 기본적으로 그의 전신인 GATT의 기존 기능을 강화하는 한편 국제교역환경의 변화에 따라 부상한 새로운 교역과제를 포괄하고 회원국들의 무역관련 법·제도·관행 등의 명료성을 제고시킴으로써 궁극적으로 세계교역을 증진시키는 데에 그 목적을 두고 있다. GATT(General Agreement on Tariffs and Trade)는 명칭 그대로 '관세 및 무역에 관한 일반 협정'으로서 동 협정의 운용을 위해 사무국을 설치하는 등 그 운영을 국제기구처럼 해 온 것에 불과했다. 특히, GATT는 1980년대에 들어서 체약국간의 보호무역주의의 확산이나 차별적인 지역주의의 대두를 효과적으로 규율하지 못하고 새로운 국제무역의 구도 변화를 충분히 포괄하지 못하는 등 많은 문제점과 한계를 노출하게 되었다. WTO는 그와 같은 GATT의 한계를 극복하여 새로운 국제무역질서를 구축하기 위해 GATT 제8차 다자간 협상인 우루과이라운드 협상의 결과에 따라 출범한 것이다.

　　WTO의 주요 기능을 크게 4가지로 구분하면 ① 다자간 및 복수간 무역협정(multilateral and plurilateral trade agreement)의 관리 및 이행, ② 다자간 무역협상의 주도, ③ 회원국간 무역분쟁해결, ④ 각 회원국의 무역정

| 그림 II-2-1 | WTO조직

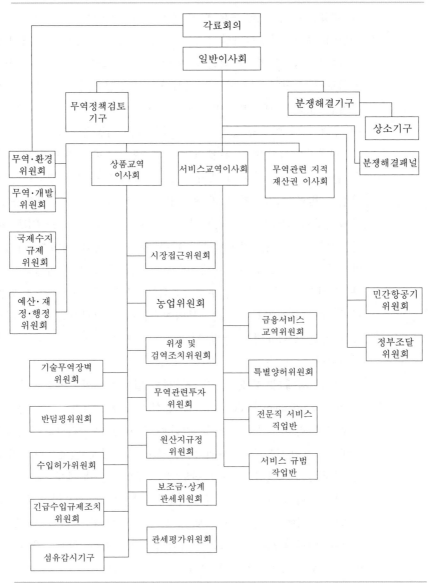

책의 감독 등으로 요약될 수 있다. 이러한 다양한 기능에 대한 이해를 돕기 위해 WTO체제의 구성을 간략하게 살펴보기로 한다(그림 II-2-1참조).

　　WTO는 크게 각료회의와 일반이사회로 구성되어 있다. 최소한 매 2

년마다 개최되는 각료회의는 WTO의 최고의사결정기구로서 각료급 회원국 대표들이 협의를 통해 주요 사안들을 결정하며, 상설적으로 운영되는 일반이사회가 각료회의의 결정을 집행한다. 일반이사회는 과거의 GATT에 해당하는 상품교역이사회를 비롯하여 서비스교역이사회와 지식재산권이사회로 구성되어 있으며, 각 이사회는 해당분야와 관련하여 이미 제정된 다자간 규범을 관리할 뿐만 아니라 해당분야의 자유화 약속에 관한 협상을 통해 그의 이행을 준수하도록 감독하는 기능을 갖는다.

WTO는 이처럼 각 부문별 이사회 및 산하위원회를 통해 기존의 규범을 관리하고 이행하고 있으며, 앞으로도 새로 등장한 교역이슈에 대해 다자간 규범을 제정하기 위한 협상을 주도해 나갈 것이다. 이는 2001년 개시되어 2018년 상반기 기준 아직도 종결되지 않고 있는 DDA 협상에서도 잘 나타났는데, 동 협상에서는 다른 분야에 대한 협상이 지지부진한 데 반하여 특히 새로운 무역이슈인 '무역원활화'에 관한 합의를 이끌어 내었다. 이러한 사례를 통해, 무역자유화를 근본 이상으로 하고 있는 WTO체제가 새로이 등장하고 있는 무역이슈들이 무역자유화에 합치할 수 있도록 다자간 무역규범을 정립하는 데에 WTO가 주도적인 역할을 할 것으로 기대된다.

WTO체제의 특징 중의 하나는 일반이사회 산하에 분쟁해결기구(Dispute Settlement Body: DSB)를 신설하여 회원국간의 무역분쟁을 효과적으로 해결할 수 있도록 하고 있다는 점이다. 기존의 GATT체제에서는 분쟁해결규정이 GATT협정상의 여러 조항에 산재해 있었으나, WTO체제에서는 이러한 규정들을 하나의 단일체로 통합하는 동시에 그의 운영을 일반이사회 산하의 분쟁해결기구로 일원화함으로써 분쟁해결의 일관성을 유지하는 동시에 그의 기능이 대폭 강화된 것이다. 따라서, WTO는 모든 회원국에 일률적으로 적용되는 하나의 틀에 따라 회원국간의 무역분쟁과 마찰을 효율적으로 조정해 나갈 수 있게 되었다.

또한, WTO는 그 산하에 무역정책검토기구(Trade Policy Review Body)를 두고 각 회원국의 전반적인 무역제도에 대한 투명성을 제고하기 위해 모든 회원국의 무역정책을 평가하는 기능을 부여하고 있다. 즉, 각 회원국의 무역정책과 관련 제도 및 관행을 정기적으로 평가함으로써 각국의 무역관련 법과 제도 및 정책을 투명하고 명료하게 보여 주는 기능을 하는 것이다. 이에 따라, 미국과 일본, EU, 중국 4대 교역국은 2년마다, 교역규모가 5위에서 20위까지의 16개국은 4년마다, 그리고 나머지 국가들은 6년마다 무역정책을 평가받도록 되어 있다. 한편, 최빈개도국에 대해서는 무역정책검토의 빈도를 연장해 줄 수 있도록 배려하기도 한다. 이와 같은 무역정책검토 제도는 WTO회원국의 무역정책과 관련제도 및 관행 전반에 대한 이해를 제고하여 궁극적으로는 WTO를 중심으로 다자간 무역체제를 강화하는 것을 목표로 한다고 할 수 있다.

2.1.2 WTO규범 >>>

1. 규범의 분류

WTO규범은 넓은 의미의 WTO협정을 의미하는데, 이는 회원국간의 무역관련 활동에 대한 공통의 제도적 틀을 제공하는 WTO설립협정과 분야별 제도적 틀을 제공하는 부속서들인 다자간 무역협정(Multilateral Trade Agreement: MTA)과 복수간 무역협정(Plurilateral Trade Agreement)들로 구성되어 있다(그림 II-2-2 참조).

다자간 무역협정은 WTO협정의 일부로서 모든 회원국에게 적용되며, WTO설립협정의 부속서 1, 부속서 2, 부속서 3 등으로 구성되어 있다. 부속서 1은 다시 그 성격에 따라 부속서 1A, 부속서 1B, 부속서 1C로 구성되어 있는데, 부속서 1A는 주로 상품교역과 관련된 협정인 반면에, 부속서 1B는 서비스 교역에 관한 협정이며, 부속서 1C는 지식재산권 관련 협정이다. 부속서 2는 분쟁해결규칙 및 절차에 관한 양해이며, 부속서 3은 무역정책검토제도에 관한 것이다.

한편, 부속서 4로 분류되어 있는 복수간 무역협정은 WTO협정의 일부

| 그림 Ⅱ-2-2 | WTO협정문의 구성

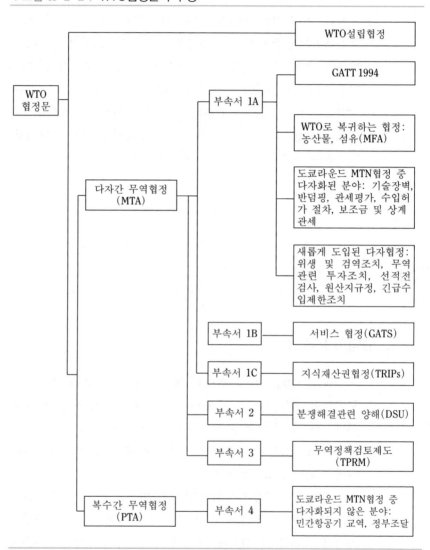

이기는 하지만, 이에 속하는 관련협정들은 이를 수락한 일부의 회원국에
게만 적용된다.

2. 규범의 개관 및 주요 원칙

1) 규범의 개관

부속서 1A는 주로 상품에 적용하기 위한 규정으로서 크게 GATT 1994, WTO로 복귀하는 협정, 도쿄라운드 MTN 협정(Code on Multilateral Trade Negotiation) 중 다자화된 분야, 우루과이라운드 협상을 통해 새로 도입된 협정 등으로 구분된다.

GATT 1994는 1986년 발족한 GATT조문 그룹이 1994년에 확정한 GATT조문체제로서 1947년에 확정된 'GATT 1947'상의 일부 조문을 수정하거나 그의 의미를 명확하게 하기 위해 양해각서를 첨부하여 완성된 것이다. 따라서, GATT 1994는 GATT 1947의 기본 골격을 유지하고 있으나, 보다 명료한 규정, 해설, 보충설명 등이 첨가되었다는 점에서 양자간에는 적지 않은 차이가 있다. 참고로, WTO설립협정에서는 GATT 1994를 ① WTO 발효 이전까지의 개정을 포함한 GATT 1947 협정내용, ② GATT 1947과 관련된 관세양허 및 가입관련 의정서, 의무면제 및 여타 결정들, ③ 우루과이라운드 협상 결과로 확정된 6개 GATT조문에 대한 양해들, ④ GATT 1994에 관한 마라케시(Marrakesh)의정서 등을 포함하는 것으로 정의하고 있다.

우루과이라운드 협상을 통해 WTO로 복귀하게 된 협정들로는 농산물협정과 섬유협정을 들 수 있다. 농산물과 섬유류 등은 국제무역에서 차지하는 비중이 높음에도 불구하고 대부분 국가들이 이들 상품에 대해 광범위한 규제와 수입장벽을 설정함으로써 이들의 교역은 사실상 GATT체제 밖에 있었으며, 또한 GATT규정의 폭넓은 예외조치를 인정받음으로써 세계교역질서의 왜곡을 초래했다. 따라서 우루과이라운드 협상에서는 농산물 및 섬유분야에 있어서의 세계교역질서의 왜곡을 시정하기 위해 이 분야를 협상의 주요 의제로 다루었으며, 그 결과 이들을 WTO체제 안으로 끌어들여 WTO설립협정의 부속서 1A에서 별도의 협정으로 포함시킨 것이다.

우루과이라운드 협상의 주요 결과 중의 하나는 제 7 차 다자간무역협상인 도쿄라운드(1973-79)에서 체결한 MTN협정 중의 일부 분야를 다자화시킨 것이라고 할 수 있다. 도쿄라운드 MTN협정은 수입허가절차, 관세평가, 보조금 및 상계관세, 정부조달, 반덤핑, 기술장벽, 민간항공기교역, 국제낙농, 쇠고기 등 9개 분야에 관한 협정으로 구성되어 있었는데, 우루과이라운드 협상에서 수입허가절차, 관세평가, 보조금 및 상계관세, 반덤핑, 기술장벽 등에 관한 5개 분야의 협정을 일부 회원국에게만 적용하는 복수간 협정에서 모든 회원국에게 적용하는 다자간 협정으로 전환시켜 부속서 1A에 수록했다. 우루과이라운드 협상에서 다자화시키지 못한 민간항공기교역협정, 정부조달협정, 국제낙농협정, 국제쇠고기협정 등 4가지 협정은 복수간 협정의 형태로 남아 WTO설립협정의 부속서 4로 분류되어 있으나, 그중 국제낙농협정과 국제쇠고기협정은 1997년 말 폐기되고, 현재에는 민간항공기교역협정과 정부조달협정만 남아 있는데, 이들은 편의상 WTO협정과는 별도로 독립적으로 운용되고 있다. 한편, 우루과이라운드 협상을 통해 WTO체제 내에 새로 도입된 다자협정으로는 위생 및 검역조치, 무역관련 투자조치, 선적전 검사, 원산지 규정, 긴급수입제한조치 등이 있다.

부속서 1B는 '서비스교역에 관한 일반협정'(General Agreement on Trade in Services: GATS)의 내용을 담고 있다. 1980년대에 들어 서비스교역은 급격히 증가하는 추세를 보였으나, 이를 포괄적으로 규율할 수 있는 다자간 규범의 부재로 교역국간에는 각국의 무역장벽을 둘러싸고 많은 논란이 있어 왔다. 따라서, 우루과이라운드 협상에서 서비스교역의 장벽을 제거하고 서비스교역의 자유화를 가속화시키기 위한 다자간 규범으로 GATS를 제정하기에 이른 것이다. 서비스교역의 자유화를 기본 이념으로 삼고 있는 GATS는 서문으로 시작하여 총 6부 29개 조항과 8개의 분야별 부속서로 이루어져 있다.

부속서 1C는 기존의 GATT체제의 밖에 있었던 지식재산권 분야에 관한 규범을 설정하고 있다. 지식재산권에 관한 기존의 국제협약은 각국의 국내법을 존중하는 속지주의원칙을 채택하고 있으나, WTO출범과 함께 지식재산권 보호에 관한 국제적으로 통일화된 규범과 규율이 정해진 것이다. 따라서, 부속서 1C에서는 기존의 국제협약에 의해 보호되던 특허, 의장(意匠), 상표, 저작권뿐만 아니라 컴퓨터프로그램, 데이터베이스, 반도체 집적회로, 영업비밀 등 새로운 분야까지 보호하기 위한 규정이 수록되어 있다.

부속서 2는 분쟁해결규칙 및 절차에 관한 양해(Understanding on Rules and Procedures Governing the Settlement of Disputes)를 수록하고 있다. 전술한 바와 같이, 과거 GATT에서는 분쟁해결과 관련하여 명확한 조항이나 절차가 없이 여러 조항에 걸쳐 분산되어 있었으나, 우루과이라운드 협상을 통해 분쟁해결절차 및 그의 권위를 대폭 확충·강화하여 WTO설립협정의 부속서 2에 별도로 수록하게 된 것이다.

마지막으로, 부속서 3은 무역정책검토제도(Trade Policy Review Mechanism: TPRM)에 관한 제반 규정을 수록하고 있다. 무역정책검토제도는 각 회원국의 무역정책과 관련제도 및 관행을 정기적으로 평가하기 위한 제도로서 WTO를 중심으로 한 다자간 무역체제를 강화하는 데에 그 목적을 두고 있다.

2) 규범의 주요 원칙

WTO가 각종 규범을 제정하고 이행해 가는 데에 있어서는 크게 5가지의 주요 원칙을 기본정신으로 삼고 있다.

첫째, 차별 없는 무역을 보장하는 것이다. 즉, 회원국간에는 물론이고 수입품과 국내 생산품간에도 차별을 배제한다는 것이며, 이러한 원칙은 WTO의 각종 협정에 잘 나타나 있다. 우선, GATT 1994 제 1조에 명시되어 있는 최혜국대우(Most-Favored Nation: MFN)원칙은 WTO의 가장 기본적이며 중요한 원칙으로서, 이는 특정 회원국에게 부여하는 최상의 혜택을 다른 모든 회원국에게도 차별 없이 동등하게 부여해야 하는 원칙을 의미한다. 비록 관세동맹(Customs Union)이나 자유무역지대(Free Trade Area)의 경우와 같이 일부 예외가 인정되고 있기는 하지만, 그와 같은 원칙은 일반적으로 모든 국가가 동등한 조건에서 교역하고 최선의 교역조건의 혜택을 누릴 수 있도록 보장하고 있다. 최혜국대우원칙은 특별한 경우를 제외하고는 단지 상품분야뿐만 아니라 서비스 분야에도 적용되며, 지식재산권협정 및 원산지 규정, 그리고 선적 전 검사, 무역관련 투자조치 및 위생검역조치관련 규정 등에도 명시되어 있다. 차별 없는 무역을 보장하기 위한 또 하나의 원칙은 내국민대우(national treatment)원칙으로서 GATT 1994 제3조에 규정되어 있다. 동 원칙은 어떤 상품이 한 국가의 시장에 수입되었을 경우 그 상품은 당해 수입국 내에서 생산되는 동종 상품과 동등한 조건으로 취급되어야 하는 것을 의미한다. 동 원칙은 모든 상품에 대해 적용되지만, 서비스의 경우에는 회원국간의 협상결과에 따라 특정 분야에 대해서만 적용될 수 있다.

둘째, 회원국들이 참여하는 협상을 통해 점진적으로 보다 자유로운 무역을 실현하는 것이다. 이에 있어서는 관세, 쿼터, 수입금지 등 무역장벽의 감축이야말로 무역을 진작시키는 명백한 수단이 된다는 인식이 작용하고 있다. 간혹 무역에 영향을 미치는 환율정책에 관한 논의가 이루어지기도 했다. GATT가 채택된 이후 총 8차례의 무역협상이 완결되었으며, 제9차 무역협상인 DDA는 2001년 개시되었으나, 2018년 현재까지도 공식적으로 종결되지 못하고 있는 상황이다. GATT 초기에는 관세인하에 관한 협상이 주로 진행되었는데, 그 결과 1990년대 중반 선진산업국들의 제조업에 관한 관세수준이 4% 이하로 감축되는 성과가 나타났다. 1980년대부터는 비관세장벽, 서비스 및 지식재산권 등 새로운 분야에 대한 협상도 진행하였다. WTO는 이러한 시장개방이 경제성장 등 혜택을 가져다주지만, 그로 인한 구조조정의 필요성이 대두할 가능성도 인식하고 있는데, 특히 개도국에 대해서는 자유화의무의 이행기간을 연장하는 등 신축성을 부여하기도 한다.

셋째, 예측가능하고 안정적인 시장접근의 보장이다. WTO는 수량제한을 일반적으로 금지하고 있는 반면, 관세를 국내산업을 보호하고 정부의 수입을 충당하는 수단으로 사용할 수 있도록 허용하고 있는데, 이는 가격기능에 의한 수입제한이 수량규제보다는 훨씬 예측가능하고 안정적이라는 사고에 기초하고 있다. 그러나 관세를 부과하는 경우에도 엄격한 규율이 따른다. 예를 들어, 관세가 수입물품간에 차별적으로 부과되어서도 안되며, 그의 수준도 해당물품을 수출하는 주요 무역상대국과의 보상협상이 없이는 WTO의 양허수준, 즉 WTO에 약속한 수준 이상으로 인상할 수 없도록 되어 있는 것이다. 이러한 원칙에 부합시키기 위한 목적으로 우루과이라운드 협상에서는 농산물 분야의 수많은 비관세장벽을 거의 모두 관세화시켰으며, 국경에서의 관세조치가 불가능한 서비스 및 투자관련 부문에서도 모든 규제조치의 수준을 WTO에 약속하도록 하고 그 이상의 규제조치를 못하도록 정해 놓았다.

넷째, 공정경쟁을 촉진하는 것이다. WTO가 비록 개념적으로는 자유무역을 추구하지만, 관세 혹은 예외적인 경우 다른 형태의 보호무역도 허용한다는 의미에서는 '개방적이며, 공정하고 왜곡이 없는 경쟁'을 촉진하는 체제라고 하는 것이 보다 정확한 표현이다. 앞에서 언급한 바 있는 무차별원칙도 공정한 교역조건을 보장하기 위한 것이라고 할 수 있지만, 덤핑과 보조금지급을 불공정경쟁의 대표적인 형태로 간주하고 그에 대해서는 수입국 당국이 관세를 부과할 수 있도록 규정하고 있는 것을 공정경쟁을 위한 대표적인 제도로 이해할 수 있다. 앞에서 언급하였듯이 이와 관련된 기존의 GATT규정들은 WTO협정에서 보다 구체화되고 명료화되었다. 그 외에도 WTO협정에는 공정경쟁을 촉진하기 위한 다양한 규정이 있는데, 그 예로서 농산물협정, 지식재산권협정, 서비스협정 등을 들 수 있고, 복수간 협정 중에서도 정부조달협정이 그 대표적인 예라고 할 수 있다.

마지막으로, 경제개발과 개혁을 장려하는 것이다. WTO에는 개도국 및 비시장경제체제로서 경제개혁을 추진중에 있는 국가들이 전 회원국의 3/4 이상을 차지하고 있다. 이들도 대부분이 선진국의 경우와 같이 우루과이라운드 협상에 따른 무역자유화를 이행하고 있으나, WTO는 각국의 경제상황을 고려하여 그들이 이행해야 할 자유화의 속도에 유연성을 부여하고 있으며, 선진국들의 기술지원을 적극 장려하고 있다. 또한 GATT 1994의 제 4 부에 있는 조항들은 선진공업국들이 개도국에 대해 제공해야 할 각종 경제지원 및 특혜조치를 규정하고 있는바, 이는 개도국, 특히 저개발국가들에 대한 WTO의 경제개발 및 개혁지원의 원칙을 잘 반영하고 있는 것이다.

2.2.1 개 요 >>>

WTO체제에서 자유무역지대(FTA)나 관세동맹(custom union) 등 지역무역협정은 그 존재의 정당성을 GATT 제24조, GATS 제5조, 그리고 1979년 동경라운드에서 합의된 허용조항(Enabling Clause)에서 찾고 있다. 각 지역무역협정들은 이들 세 가지 조문 중 하나에 의거하여 WTO 해당기구에 협정체결 즉시 통보해야 할 의무를 갖는다.

상품무역을 관장하는 GATT 제24조에서는 지역무역협정의 결성은 당해 협정의 회원국에게 특혜적 조치가 불가피하다는 점에서 WTO의 가장 기본원칙인 GATT 1994 제1조의 최혜국대우원칙에 명백히 위배된다고 할 수 있으나, 지역무역협정이 제3국에 반드시 부정적인 영향을 미친다기보다는 세계경제의 통합을 가속화하는 데 기여할 가능성도 있다는 점에서 예외적으로 허용되고 있다. 그러나 일부 국가간의 지역무역협정이 역외국들에게 줄 수 있는 부정적인 영향을 최소화하기 위해서 WTO는 몇 가지 제한규정을 두고 있다. 첫째, 자유무역협정이나 관세동맹의 창설시, 또는 이러한 협정을 창설하기 위한 잠정협정의 체결시에는 역외국과의 무역에 적용되는 관세 및 기타 사업상의 규제가 지역무역협정의 체결 이전에 적용되던 수준보다 '전반적으로(on the whole) 높지 않아야 한다'는 것이다. 즉, 지역무역협정의 체결이 제3국에 대한 규제의 강화로 귀결되는 것을 금지하고 있다. 둘째, 역내국간의 관세나 기타 규제가 '실질적으로 모든 무역(substantially all the trade)에 걸쳐 철폐되어야 한다'고 규정하고 있다. 이는 일부 품목에 대해서만 선별적인 역내 자유화를 실시함으로써 발생할 수 있는 부정적인 무역전환 효과를 방지하고자 하는 것이다. 셋째, 잠정협정의 체결시에는, '합리적인 기간 내(within a reasonable length of time)[1]에 자유무역협정이나 관세동맹을 완결하기 위한 계획 및 일정이 포함되어야 한다'고 적시하고 있다. 넷째, 만일 특정 WTO회원국이 관세동맹에 가입함으로써 역외국에게 기존에 부과하던 관세보다 더 높은 공동대외관세를 부과하게 되는 경우에는, GATT 제28조의 규정에 따라 관세인상에 따른 피해를 보상하기 위해 관련 역외국과의 보상교섭에 응할 것을 요구하고 있다.

　　WTO서비스협정(GATS) 역시 WTO회원국들에게 최혜국(MFN) 지위를 부여하는 것을 원칙으로 규정하고 있으나, 본 협정의 제 5 조를 통해 특정 국가들간 특혜적 서비스무역협정을 허용하는 예외규정을 두고 있다. 그러나 GATS 제 5 조는 GATT 제24조와 마찬가지로 이러한 일부 국가간 특혜적 서비스무역협정이 역외국들에게 줄 수 있는 부정적인 영향을 최소화하기 위해 몇 가지 제한규정들을 두고 있다. 즉, 지역서비스무역협정이 '무역촉진적'이어야 하며, 협정 이전보다 역외국과의 서비스무역에 대한 무역장벽이 '전반적으로 높아서는 안 된다'고 규정하고 있다. 또한 지역서비스무역협정은 '실질적으로 모든 서비스 부문을 포함'해야 하며, 역내국간 기존의 차별조치들을 제거하거나 새로운 차별조치를 신설 또는 확대하지 않음으로써 '합리적인 기간 내에 동 협정을 완결하여야 한다'고 명시하고 있다. 이는 추가적인 자유화 없이도 서비스자유무역지대를 신설할 수 있다는 의미이다. GATS 제 5 조는 개발도상국을 포함하는, 또는 개발도상국간의 서비스무역협정시 위에서 설명한 제한규정들의 적용에 있어서 신축성을 부여하고 있기도 하다.

　　이외에도 허용조항은 개발도상국들이 처한 경제적 어려움을 감안하여 그들이 무역을 통해 성장을 도모힐 수 있도록, GATT 제 1 조에서 천명하고 있는 비차별성과 최혜국대우 부여원칙의 예외를 허용하고 있다. 이 조항에 의거하여 선진국들이 개도국 수출품에 대해 일방적으로 일반특혜관세(GSP)와 같은 우대관세를 적용해 주고 있을 뿐 아니라, 일부 개도국

---

1) 우루과이라운드 협상 당시 채택된 GATT 24종에 대한 양해문서에서는 '합리적인 기간'을 10년으로 해석해야 한다고 규정하고 있다.

간 관세 및 비관세장벽의 완화 및 철폐를 통한 특혜적 무역협정 체결을 허용하고 있다.

WTO의 발표에 의하면 GATT 출범 이후 2018년 상반기까지 전 세계적으로 673개의 지역무역협정이 GATT/WTO에 통보되었으며, 이 중에서 459개의 지역무역협정이 2018년 6월 말 기준 발효중인 것으로 조사되었다. 특히 1990년대 초반 이후에 지역무역협정의 체결 건수가 급격하게 증가하였다. 이러한 지역주의 추세의 확산에 대해 지역무역협정이 스스로가 갖고 있는 차별적인 요소로 인하여 무역전환의 가능성이나 다자체제에 대한 관심의 저하가능성 등 여러 가지 문제점을 노출시킴으로써 다자체제의 발전에 잠재적 위험요소가 된다고 보는 견해가 강력하게 대두되고 있다. WTO는 이러한 잠재적 문제점을 인식하고 1996년 2월 지역무역협정위원회(Committee on Regional Trade Agreements)를 상설기구로 설치하여 지역무역협정들을 총괄적으로 검토하고 지역주의와 다자체제간의 근본적인 관계를 연구하고 있으며, DDA협상을 통해 지역무역협정의 개선에 대한 논의를 진행중에 있다.

최근 관찰되고 있는 지역주의 추세에서는 EU, NAFTA 등 특정 지역 내에 속한 국가들간의 무역자유화를 추진하는 데 그치지 않고 지역간에 (Trans-regional) 또는 거대한 규모의 FTA(Mega- FTA)를 추진하는 사례가 눈에 띤다. 다음 소절에서는 전통적인 지역주의와 새로운 형태의 지역주의의 최근 동향을 간략하게 소개하기로 한다.

2.2.2 주요 지역별 경제통합 >>>

1. EU

EU(European Union), 즉 유럽연합은 1993년 11월 발효된 마스트리히트조약에 따라 EC(European Community)의 명칭을 변경한 것으로서 같은 해 12월 1일 공식 출범한 유럽국가들간의 지역공동체이다. EU 출범 당시에는 기존의 12개 EC회원국으로 구성되어 있었으나, 1995년 1월 1일 오스트리아, 스웨덴 및 핀란드의 가입으로 회원국이 15개국으로 늘어났다. EU는 로마조약(Treaty of Rome)에 의해 1958년 독일, 프랑스, 이탈리아, 네덜란드, 벨기에, 룩셈부르크 등 6개국을 창설회원국으로 한 유럽경제공동체(European Economic Community: EEC)로 출발하였으나, 1973년 제 1 차로 영국, 덴마크 및 아일랜드가 가입했고, 1981년에는 제 2 차로 그리스가, 그리고 1986년에는 제 3 차로 스페인과 포르투갈이 가입함으로써 1995년 이전까지는 12개국 체제로 유지되어 왔던 것이다.

로마조약과 EU조약(일명 마스트리히트조약)에 따르면 모든 유럽국가는 EU의 회원국이 될 수 있다. EU에 가입하기를 희망하는 국가는 이사회에 가입을 신청하며, 이사회는 집행위원회와의 협의와 EU의회의 다수결에 의한 동의를 거쳐 만장일치로 가입여부를 결정한다. EU회원국이 되기 위해서는 우선 민주적인 정치체제를 갖추고 EU가입에 따라 증대되는 경쟁에 적응할 수 있어야 하며, EU의 기술적 표준 등 제반 규정을 준수할 수 있는 경제능력을 갖추어야 한다. 또한 EU가입 신청국은 공동통화정책 등 제반 정책과 규정을 수용 및 집행할 수 있는 행정능력을 보유하고 EU차원의 대외정책뿐만 아니라 기존 회원국의 대외정책과 조화를 이룰 수 있는 정책을 채택할 의지가 있어야 한다. 이와 같은 회원국 가입조건은 결국 상품, 사람, 자본 및 서비스가 역내에서 자유롭게 이동할 수 있는 단일시장의 형성을 순조롭게 추진하기 위한 것이라고 할 수 있다. 그에 따라, 1999년에는 당시의 15개 EU회원국 중에서 11개국이 단일통화(euro)를 채택하는 등 세계 최대의 단일 경제권으로서의 형태를 갖추게 되었다. 또한, 2004년 5월과 2007년 1월 및 2013년 7월 동유럽에 위치한 국가들을 중심으로 각각 10개, 2개 및 1개 국가를 대상으로 EU가 확대되어 현재 28개 회원국을 보유하게 되었다. 이에 따라 EU는 명실상부하게 유럽 전체를 포괄하는 광역경제권으로 자리잡게 된 것이다. 28개 회원국으로 확대된 EU는 2016년말 기준 5억 1,180만 명의 인구를 포괄하는 한편, 약 16.5조 달러의 GDP 규모로 세계 총 GDP 중 차지하는 비중이 약 22% 정도인 것으로 집계되었다. 또한 EU는 세계 최대 교역국으로서 전세계 상품무역의 30% 이상을 차지하는 거대경제권을 형성하고 있다. 또한, 1999년 발족한 단일통화지역인 유로존에는 전체 28개 회원국 중에서 19개국이 참여하고 있을 정도로 EU는 매우 높은 수준의 경제통합을 이룩하였다. 한편, 2016년 6월 국민투표에 의해 EU 탈퇴를 결정한 영국은 EU와의 탈퇴협상을 진행하고 있는데, 빠르면 2019년 3월말 공식적으로 EU의 회원국 자격을 상실하게 되며, 이 경우 EU는 27개 회원국으로 축소되는 결과가 초래된다.

EU의 제반 규범은 집행위원회에서 초안을 작성하고 이를 각료이사회의 의결을 거쳐 EU관보에 공고함으로써 확정되는데, 그 성격에 따라 '규정'(regulation), '명령'(directive), '결정'(decision) 등으로 구분된다. '규정'은 발효되면 즉각적으로 모든 회원국에 대해 구속력을 가지며, 회원국의 국내법보다 우위에 선다. 공동통상정책을 비롯한 대부분의 주요 공동정책은 '규정'의 형태로 수립되고 시행된다. '명령'은 '규정'과는 달리 모든 회원국에 대해 즉시 구속력을 갖지 못하고, 그에 담긴 목적을 달성하기 위해 각 회원국이 자국의 입법과정을 밟아서 국내법을 제정해야만 시행할 수 있다. '명령'의 집행에 필요한 국내법을 회원국이 제정하지 않는 경우에 집행위원회는 사법재판소에 제소하여 선언적 판결을 얻을 수 있으나, 해당 회원국에 대해 '명령'의 이행을 강제할 수단은 갖고 있지 않다. 한편, '결정'은 특정한 문제의 해결을 위해 특정 회원국에 대해서 채택되며, 해당 회원국에게만 구속적으로 집행되는 규범이다. '결정'은 흔히 긴급한 경우에 채택되는데, 이 경우 집행위원회가 작성한 초안이 의사결정과정의 중간단계를 거치지 않고 바로 각료이사회의 의결을 받아 채택될 수 있다. 집행위원회는 각료이사회가 채택한 법규의 시행에 필요한 세부규칙을 마련하거나 특정 공동정책을 수립하도록 위임받은 경우 복잡한 의사결정과정을 거치지 않고 스스로 '규정', '명령', 또는 '결정'을 채택할 수 있다. 이 밖에도, 집행위원회는 구속력은 없고 설득 효과만을 갖는 '권고'(recommendation)나 '의견'(opinion)을 채택할 수 있다. 한편, 공동통상정책의 일환으로 EU통상당국이 일방적으로 채택하는 통상규제조치에는 기본적으로 반덤핑조치, 보조금상계조치, 긴급수입제한조치 및 불공정 무역관행에 대한 대응조치 등이 있으며, 이들은 모두 '규정'의 형태로 법규화되어 있다.

2. NAFTA

NAFTA(North American Free Trade Agreement), 즉 북미자유무역협정은 미국, 캐나다, 멕시코 등 북미 3국간에 광범위한 자유무역을 추진하기 위해 체결된 지역무역협정으로 1994년 1월 1일 공식 출범했다. 동 협정을 체결한 1993년 당시 북미 3국의 총 GDP는 7조 1천억 달러, 교역량은 1조 3,600억 달러, 그리고 총인구는 3억 7천만 명으로 NAFTA는 세계 총생산의 35%를 점유하는 최대의 지역경제권으로 탄생했다. 특히, NAFTA는 동 지역 내의 높은 기술수준, 풍부한 자본 및 자원, 값싼 노동력을 상호보완적으로 결합하여 각국이 비교우위분야로 특화할 경우 여타 지역 혹은 국가에 심대한 영향을 미칠 수 있다는 점에서 세계경제에 주는 의미는 매우 크다고 할 수 있다.

NAFTA는 1988년에 체결한 미국과 캐나다간의 자유무역협정에 멕시코를 포함시킨 것으로 볼 수 있으나, 기존의 협정에 지식재산권, 투자운송 서비스 등과 관련된 규정을 추가함으로써 사실상 그 적용범위가 훨씬 넓어졌다.

NAFTA의 목표는 협정문 제 1 장에 명시되어 있는데, 회원국간의 ① 무역장벽의 철폐와 원활한 상품 및 서비스의 이동, ② 공정한 경쟁조건의 배양, ③ 투자기회의 확대, ④ 지식재산권의 충분하고 효율적인 보호, ⑤ 협정의 시행, 운용 및 분쟁해결에 관한 절차 마련, ⑥ 협정혜택의 확대 및 증진을 위한 협력체제의 구축 등으로 요약할 수 있다. 이에 따라 총 8개 부문, 22개 장과 7개의 부속서로 구성되어 있는 NAFTA협정은 시장접근 및 원산지규정 등의 상품교역관련 사항, 투지 및 시비스판린 사항, 그리고 지식재산권 등을 상세하게 규정하고 있다. 특히 동 협정은 환경에 관한 규정을 명문화시킨 최초의 자유무역협정이다.

NAFTA가 출범한 후 시간이 경과함에 따라 NAFTA의 경제적 효과에 대해서는 긍정적인 분석이 많이 나타나고 있다. 특히, 3국간 무역장벽의 제거로 역내무역이 급증하게 되었는데, 미국 및 캐나다의 멕시코에 대한 무역은 물론이고 자본과 노동부존의 상대적 비율이 비슷한 미국과 캐나다간의 산업 내 무역이 크게 증가했다는 것이 가장 뚜렷하게 나타난 현상이라고 할 수 있다. 전반적으로 북미지역은 NAFTA를 통해 자원을 보다 효율적으로 배분하게 되었고, 각 회원국이 자국이 보유하고 있는 비교우위산업으로 더욱 특화함으로써 지역 전체적으로 보다 효율적인 생산이 가능하게 되었다는 분석이 주를 이루고 있다. 그러나 투자와 고용부문에 있어서는 NAFTA가 미치는 영향이 뚜렷하게 나타나고 있지 않으며, 부문별로는 경제적으로 소외되는 계층이 증가하여 그들의 반감이 지속적으로 팽창되고 있는 현상을 보이고 있다.

각 분야별 주요 내용을 살펴보면, 우선 관세의 철폐에 있어서는 거래품목의 약 65%를 협정발효 즉시 혹은 5년 이내에, 섬유·의류·농산물 등 민감품목은 10-15년 내에 관세를 철폐함으로써 상품교역을 자유화하는 것이다. 원산지 규정에 있어서는 관세면제의 기준이 되는 현지조달 비율을 승용차, 엔진 및 트랜스미션의 경우 미·캐나다간 FTA의 50%에서 8년 이내에 62.5%로 인상하고, 섬유 및 의류의 경우에도 대부분 원사원산지주의(原絲原産地主義)를 적용하여 북미산 원사 및 직물의 사용을 의무화하는 등 원산지규정을 강화하고 있다. 비관세장벽의 제거에 있어서도 수량제한 완화, 반덤핑, 상계관세 철폐, 멕시코의 수입허가품목 축소 등 상품교역의 원활화를 위한 조치가 포함되어 있다. 한편, 투자·서비스·금융에 있어서는 내국민대우를 원칙으로 하되, 멕시코의 외국인투자지분의 제한을 단계적으로 철폐하여 2000년까지 석유 및 금융업을 개방하는 것을 규정하였다. 환경 및 노동문제에 있어서는 미국과 캐나다 공해산업을 멕시코로 이전하는 것을 억제하기 위해 멕시코의 환경보호기준을 강화하였으며, 미국은 현행 이민법을 유지하여 멕시코 불법이민의 방지에 노력하고, 미국과 멕시코 양국은 보건 및 안전기준, 근로기준 및 노사분쟁의 해결 등 노동문제를 개선하기 위해 상호 노력하기로 합의하였다.

3. ASEAN

ASEAN은 1967년 외교안보 분야에서의 역내 협력을 주요 목적으로 출범하여 2018년 현재 51주년을 맞이한 오랜 역사를 가진 동남아국가연합(Association of Southeast Asian Nations)을 지칭한다. 출범 당시 인도네시아, 말레이시아, 태국, 필리핀 및 싱가포르 등 5개국에 한정되었으나, 점진적으로 브루나이(1984년), 베트남(1995년), 라오스, 미얀마(1997년) 및 캄보디아(1999년)을 회원국으로 받아들여 지금의 10개국을 포괄하는 협력체로 발전하였다. ASEAN은 출범 당시 외교안보 협력에 치중하였으나, 점차 무역투자 분야로 협력을 확대해 왔다. 1993년에는 ASEAN 내에서 무역장벽을 제거하여 자유로운 상품 및 서비스의 흐름을 보장하는 ASEAN자유무역지대(ASEAN Free Trade Area: AFTA)를 결성하여 2003년 완성하였으며, 2007년 ASEAN 헌장(ASEAN Charter)의 채택, 2015년 ASEAN 공동체(ASEAN community)의 구축에 대한 합의 등이 ASEAN이 추진한 중요한 협력 및 통합프로그램이라고 할 수 있다. ASEAN 협력의 가장 중요한 목표는 공동 노력을 통해 경제적 번영, 정치적 안정 및 사회문화적 창달을 지향하는 것으로 요약할 수 있다.[2] ASEAN은 특히 회원국의 독립성, 주권 및 동등성을 강조하면서, 국가들 사이의 내정간섭을 지양하고 국가간 분쟁을 평화적으로 해결하는 등의 상호 협력원칙을 채택하고 있는데, 이 점에서는 통합과정에서 일정 수준의 주권을 공동체로 이양하면서 통합을 심화해 온 EU의 방식과 확연하게 구분된다고 하겠다.

경제적인 측면에서 ASEAN은 이를 위해 산업협력, 투자협력 및 무역통합 등 다양한 협력 및 통합프로그램을 추진해 오고 있다. 이 중에서 가장 중요한 통합프로그램으로서 관세 및 비관세장벽을 점진적으로 인하 또는 철폐함으로써 역내 무역을 자유화하고, 외국인의 역내 직접투자를 촉진하며 그를 통해 자원의 효율적 배분, 규모의 경제 실현, 경쟁력 향상 및 지속적 경제발전을 도모하기 위해 1993년 1월 창설한 아세안 자유무역지대(ASEAN Free Trade Area: AFTA)리고 할 수 있다. AFTA의 역내 무역 자유화 대상은 서비스부문을 제외한 자본재 및 제조업 품목 전부이며, 공동실효특혜관세(Common Effective Preferential Tariff: CEPT)가 주요 정책수단이 되고 있다. ASEAN이 동아시아에서 가장 먼저 지역공동체를 형성하

---

2) ASEAN 공식 홈페이지의 내용을 요약. http://asean.org/asean/about-asean/overview.
(2018년 5월 25일 열람)

였음에도 불구하고, 한·중·일 3국으로 구성된 동북아시아에 비해 인구 및 경제규모 면에서 상대적으로 왜소하기 때문에 최근 동아시아의 FTA를 논의할 때 동북아 3국의 움직임이 실질적으로 중요한 의미를 가진다.

ASEAN은 개별 회원국 차원에서 뿐만 아니라 ASEAN이 공동으로 역외국들과 다양한 FTA를 체결하고 있는 특징을 보이고 있다. 예를 들어 ASEAN은 한국, 중국, 일본 등 동아시아의 3개국 뿐만 아니라, 호주, 뉴질랜드 및 인도 등 주변 지역의 주요국들과 FTA를 체결하였다. 주목할 만한 점은 이 6개국이 ASEAN과 함께 역내포괄적경제동반자협정(RCEP)이라는 이름 하에 광역 FTA(메가 FTA)를 체결하기 위해 협상을 진행하고 있다는 점이다. 즉, RCEP 협상에서 ASEAN은 중심적인 역할을 담당하고 있으며, 이를 통해 여타 지역통합구도에 있어서 주도권을 확보하려는 노력을 기울이고 있는 중이다. 이러한 긍정적인 변화에도 불구하고 ASEAN은 동북아 지역의 한·중·일 3국에 비하여 경제규모, 발전수준 등 여러 측면에서 열위에 있어 그 역할에 한계가 있다고 하겠다.

4. MERCOSUR

MERCOSUR는 중남미지역의 브라질, 아르헨티나, 파라과이, 우루과이 등 4개국이 결성한 남미공동시장(Mercado Comun del Sur: MERCOSUR)을 지칭한다. MERCOSUR는 1991년 파라과이의 아순시온에서 채택된 아순시온협약에 기반을 두고 있는데, 대외공동관세의 채택을 통해 관세동맹의 형태를 취하는 한편, 역내에서 자본, 인력 및 서비스의 이동을 자유롭게 보장하는 공동시장을 지향하고는 있으나, EU가 성취한 만큼의 자유화 수준에는 크게 못 미치는 것으로 평가되고 있다. 2012년 베네주엘라의 가입으로 한동안 5개국을 포괄하는 공동시장의 형태를 가지기도 했으나, 2016년 베네주엘라의 회원국 자격이 보류되면서 현재는 잠정적으로 4개국의 공동시장으로 환원되었다.

MERCOSUR는 아순시온 협약의 전문에서 지적하는 바와 같이 사회정의를 고려하는 가운데 경제발전의 속도를 높이기 위한 필수불가결한 조건으로서 회원국의 시장을 통합해야 하며, 이러한 시장통합 과정은 환경

보호, 인프라의 개선과 거시경제정책의 조율 등을 통해 이루어지는 방향
으로 지역통합의 지향점을 제시하고 있다. 또한 회원국들이 확대된 지역
통합체에 결합될 수 있는 여건을 조성해 주고, 회원국들의 상품 및 서비
스의 공급과 품질개선이 가능하도록 과학기술 발전을 위해 공동 노력하
는 등의 목표를 천명하고 이를 위한 다양한 협력프로그램을 운영한다는
계획을 수립하였다.

NAFTA가 북미지역을 대표하는 만큼 MERCOSUR는 중남미 지역을
대표하는 지역통합체로서 매우 중요한 역할을 담당하고 있다. 특히, 1960
년대 시작했던 몇몇 지역통합체 프로그램들이 실패로 돌아감에 따라 지
지부진했던 중남미 지역의 대표적인 지역통합체로서 향후 역할을 기대해
볼 수 있다.

2.2.3 지역간 거대경제통합   >>>

1. TPP

TPP는 APEC 회원국 중에서 대표적인 소규모 개방국가인 칠레, 싱가
포르, 뉴질랜드, 브루나이 등 4개국이 2000년대 초반 결성한 FTA인 범태
평양전략적경제동반자협정(Trans-Pacific Strategic Economic Partnership
Agreement: TPSEP, 일명 P-4)을 출발점으로 하고 있다. P-4는 소국들 사이
의 FTA이기 때문에 다른 국가들에 미치는 파급효과가 크지 않을 것으로
예상되어 오랫동안 커다란 관심을 받지는 못하였다. 그러나 미국이 2009
년 전격적으로 TPP 참여 의지를 표명한 이후[3] 일본의 참여도 유도하는

---

3) Bergsten and Schott(2010)은 TPP를 통해 미국은 동아시아 국가들의 지역통합이 진전
됨에 따라 발생한 미국 수출의 왜곡 현상을 회복하는 경제적 이익이 기대된다고 주장하
였다.

등 아태지역의 12개 APEC 회원국들이 협상에 참여하여 그 중요성이 크게 확대되었다.[4] 2016년 2월 협상이 성공적으로 종결되었으나, 미 트럼프행정부 출범 이후 서명을 철회함에 따라 원래의 형태로 공식적으로 출범하지 못하고, 2018년 상반기 기준 미국을 제외한 11개국을 중심으로 일본이 주도하는 포괄적·점진적TPP협정(Comprehensive and Progressive Agreement for TPP: CPTPP)의 형태로 변모되었다.

미국이 적극적으로 협상에 참여했던 당시의 TPP는 매우 높은 수준의 무역자유화를 지향하는 한편, 이에 추가하여 환경, 노동, 규제시스템, 투자자유화 및 국영기업 등 무역 이외의 분야에서도 강도 높은 개방화를 추구했다. USTR(2012)이 TPP가 성공적으로 출범할 경우에 여타 참여국들의 국내 제도들이 미국 기업들의 영업활동에 도움이 되는 방향으로 개선될 것으로 기대하는 등 세계경제 전체에 대해 적지 않은 파급효과가 예상되기도 하였다. 아태지역을 거점으로 하면서 미국과 일본의 가세로 영향력을 확대했던 TPP는 동아시아 지역을 거점으로 하면서 중국의 주도적인 역할 하에 협상이 진행 중인 역내포괄적경제동반자협정(Regional comprehensive Economic Partnership: RCEP)과 경쟁관계에 있다는 점에서 전세계적으로 커다란 주목을 받은 바 있다. 즉, 21세기 세계경제의 성장동력의 역할을 담당할 것으로 기대되는 동아시아의 지역통합에 있어서 그 주도적인 역할을 미국과 중국 가운데 누가 담당할 것인가가 초미의 관심사였던 것이다. 미국이 TPP에서 탈퇴하기로 결정하면서 이러한 우려가 약화되기는 하였으나, 여전히 불확실성이 남아 있다고 하겠다.

2. RCEP

RCEP, 즉 역내포괄적경제동반자협정은 기본적으로 ASEAN이 중심에 있고, ASEAN과 개별적으로 FTA를 체결한 아태지역의 한국, 중국, 일본, 호주, 뉴질랜드 및 인도 등 6개국이 ASEAN과 함께 포괄적 형태의 FTA를 체결하기 위한 협상을 의미한다. 앞에서 언급했듯이, RCEP은 중국의 주도

---

4) 소위 P-4라고 불리는 4개국 외에 미국, 페루, 호주, 베트남, 말레이시아, 캐나다, 멕시코, 일본 등이 협상에 참여하였다.

적 역할이 부각된다는 점에서 아태지역의 지역통합구도에 있어서 미국이
주도하는 TPP와의 경쟁관계에 있는 것으로 이해할 수 있다. 즉, 특히 일
본이 TPP 협상에 참여하게 되자 중국이 이에 대한 대응전략의 일환으로
RCEP의 협상 개시를 서둘렀다고 평가할 수 있다. 말하자면, 전통적으로
미국의 우방국인 일본이 TPP에 참여함으로써 미국이 TPP를 통해 아태지
역에 '반 중국 국가군'을 형성하려고 하자, 중국은 자신들과 상대적으로
경제협력관계가 가까운 아세안 국가들과 함께 RCEP 협상을 개시함으로
써 그러한 미국과 일본의 움직임에 대응하고자 했다는 것이다. 이러한 측
면에서 미국이 탈퇴한 이후의 TPP에서 일본의 주도적 역할이 크게 부각
되고 있다는 점은 일본의 RCEP 협상에 대한 자세에도 적지 않은 파급효
과를 가져올 것으로 예상된다.

　　RCEP 협상은 2013년 5월 공식적으로 시작되어 2018년 상반기 기준
총 22차례의 협상라운드가 진행되었다. 협상에 참여하는 국가들은 RCEP
이 성공적으로 체결될 경우 양자간 FTA가 중복되는 현상에 따라 나타나
는 다양한 형태의 부정적 효과들이 약화되고 동아시아 지역 전체를 아우
르는 경제통합체의 구축도 가속화될 것이라는 기대를 가지고 있다.[5] 그러
나, TPP가 매우 높은 수준의, 그리고 포괄적인 분야에서의 자유화를 지향
한 반면, RCEP은 기본적으로 개도국 및 체제전환국의 비중이 상대적으로
크다는 점에서 높은 수준의 자유화에 대한 기대가 그리 크지는 않다고 하
겠다.

3. TTIP

　　세계경제에서 양대 무역권을 형성하는 미국 및 EU가 2012년 말 이후
추진하기 시작한 무역자유화협상은 범대서양무역투자동반자협정(Transatlantic
Trade and Investment Partnership: TTIP)이라는 이름 하에서 진행되고 있다.
TTIP 협상은 과거 1990년대 중반 양측이 시도하려다 무산되었던 범대서
양자유무역지대(Transatlantic Free Trade Area: TAFTA)에 관한 협상이 20년

---

5) 이에 관해서는 한국정부가 운영하는 FTA 정보사이트 참조. http://fta.go.kr/rcep/info/1/
　　(2018.5.25. 열람)

만에 재개되었다는 의미를 갖는다. 특히, 1990년대 중반 추진되었던 TAFTA의 경우 무역 분야에 치중되었는데, TTIP 협상에서는 투자자유화도 매우 높은 수준으로 추진하고 있다는 차별성을 보이고 있다. TTIP 협상은 참여하는 미국과 EU의 경제규모, 무역규모 및 협상대상 분야의 폭이나 깊이 등을 고려할 때, 예상되는 파급효과가 매우 클 것으로 예상되는바, 성공적으로 체결되어 발효할 경우 국제무역질서에 커다란 변혁을 가져올 수 있는 매우 중요한 사건이라고 할 수 있다.

TTIP 협상은 2013년 6월 개시되어 15차례의 협상라운드가 진행되던 중 2016년 10월 이후 2018년 상반기까지 협상이 중단된 상황이다. 특히, 미국과 EU 양측은 협상을 지속하려는 공동의 의지와 기반이 있는지가 규명될 때까지 협상을 중단하기로 결정하였다. 협상의 일시적 중단에도 불구하고 미국과 EU 양측은 제2장 1절에서 설명되었듯이 범대서양경제동반자관계(TEP)의 차원에서 상호이익되는 경제적 이슈들에 관한 협력을 계속해 나가기로 합의하였다.

아시아 태평양 경제협력체(APEC)

APEC, 즉 아시아 태평양 경제협력체(Asia-Pacific Economic Cooperation)는 아태지역의 무역 및 투자자유화를 추진하고 경제협력을 강화하기 위하여 출범한 이 지역 내 최초의 정부간 공식 협의체이다. APEC은 1989년 호주 캔버라에서 우리나라를 포함하여 12개국간 각료회의로 출범했으며 현재 21개국이 회원국으로 참여하고 있다. 1993년에는 클린턴 미대통령의 제안으로 매년 정상회의를 개최하게 됨에 따라 역내 최고위급 지역경제협력체로 발전하게 되었다.

APEC은 지역경제협력 증진을 위한 정책공조의 장으로서 역내 무역·투자의 자유화 및 경제기술협력 증진을 통한 개방적 경제공동체를 추구하고 있다. 회원국의 정치·경제·문화적인 다양성 및 회원국의 자발성을 존중하여 점진적이고 신축적으로 협력을 확대하고 있다.

APEC은 역내 무역 및 투자자유화라는 목표를 수행하기 위해 크게 네 가지의 기본원칙을 내세우고 있다. 첫째, APEC의 자유화는 시장요소에 의해 증대되어 온 역내 상호의존도를 더욱 증대시킴으로써 지역경제의 지속적인 성장을 도모한다는 데에 그 바탕을 두고 있다. 둘째, APEC에서 실시하는 모든 자유화는 WTO정신과 일관성을 유지하면서 추진되어야 한다는 것이다. 셋째, 기존의 다른 지역무역협정과는 달리 자유화에 따라 역내국에게 제공되는 모든 특혜적 대우를 역외국에도 제공하는 '개방적 지역주의'(open regionalism)를 실천한다는 것이다. 넷째, APEC의 모든 협력은 구속성이 없는 자발성의 원칙 아래 추진된다.

　APEC은 현재 무역 및 투자의 자유화와 활성화를 추진하는 동시에 무역 및 투자데이터 검토, 무역진흥, 과학기술, 인적자원개발, 에너지협력, 해양자원보존, 통신, 교통, 관광, 수산 등 10대 협력산업을 통하여 자료수집, 정보교환, 정책자문 등 매우 활발한 협력활동을 전개하고 있다. APEC의 향후 진로와 협정의 형태에 대해서도 다양한 논의가 이루어지고 있다. 1994년 11월 제 2 차 APEC정상회담에서는 2020년까지 무역 및 투자의 완전자유화를 이루겠다는 목표를 확립하고, 구체적으로 선진국은 2010년까지, 개발도상국들은 2020년까지 그와 같은 계획을 달성하기로 합의한 보고르목표(Bogor Goals)를 채택하였다. 또, 2006년 제14차 정상회담에서는 APEC 회원국들이 장기적으로 추구할 비전으로서 아태지역의 자유무역지대(FTA of the Asia-Pacific: FTAAP) 구축을 심층 검토한다는 정상선언문을 채택한 바 있다. 그러나 APEC은 아직까지도 자발성의 원칙 아래에서 운영되기 때문에 FTA와 같은 구속성 있는 지역통합체로 발전할 수 있는가에 대해서는 전망이 엇갈린다.

　지금까지 살펴본 바와 같이 넓게는 세계경제적인 차원에서, 그리고 좁게는 동아시아 차원에서 경제적 지역주의가 매우 다양한 형태로 확산되고 있다. 이에 대한 한국의 대응전략을 간략하게 소개하면 다음과 같다. 한국은 일본과 마찬가지로 오랫동안 FTA보다는 GATT/WTO로 대표되는 다자간 체제를 통상정책의 근간으로 삼아왔기 때문에 상대적으로 지역협정에서 소외되어 왔었다. 그 결과 1990년대 말에는 한국은 일본과 함께 어떠한 FTA도 체결하지 않은 극소수의 국가에 속하였던 것이다. 그러나 DDA협상의 더딘 진행과 다른 국가들간 지역무역협정이 확산됨에 따라 한국의 무역정책에 부정적인 파급효과가 나타나자 정부는 2003년 'FTA 로드맵'을 발표하고 '동시다발적 FTA의 추진'을 통해 동아시아 지역에서

FTA 허브로 발돋움한다는 목표를 추구할 정도로 FTA 추진에 적극성을 보였다. 2013년에 채택된 신통상정책에서는 여기에서 더 나아가 '지역경제통합에 있어서 선도적인 역할을 담당'한다는 정책목표를 제시하기도 하였다. 2018년 상반기 기준 한국은 총 15개의 FTA를 발효하였으며, 이를 통해 총 52개국과 자유무역을 구가하고 있다. 한편, 2000년대 초반부터 추진하고 있는 적극적인 지역주의 정책을 통해 한국은 미국(2012년 3월 발효), EU(2011년 7월 발효) 및 중국(2015년 12월 발효) 등 세계 3대 무역대국들과 동시에 FTA를 체결한 극소수의 나라 중의 하나로 부상하였다.

제 **III** 부

분야별 국제통상규범과 제도

국제 무역의 형태가 다양해지고 세계경제의 국가간 상호의존도가 높아지면서 각국 정부는 국제경쟁력에서 우위를 차지하기 위해 교역에 대한 다양한 지원과 개입을 하고 있으며, 그에 따른 국가간 무역마찰도 심화되고 있다. 오늘날 비교우위에 입각한 자유무역의 이념 하에서 공정무역의 중요성이 한층 강조되고 있는 이유도 그와 같은 국제교역환경의 변화에서 찾을 수 있을 것이다. 자유무역을 최대한 보장하면서 국가 간의 공정한 경쟁관계를 유지하고자 하는 국제사회의 노력의 결실이 바로 현존하는 국제통상규범체제라고 할 수 있는바, WTO협정이 그 대표적인 예라고 할 수 있다. 따라서 국제통상을 정확하게 이해하기 위해서는 각종 규범체제 및 그 주요 내용들을 살펴보는 것이 무엇보다도 중요하다고 할 수 있다.

제1장에서는 관세, 농산물, 원산지규정, 무역에 대한 기술적 장벽, 위생 및 검역조치 등 상품거래 관련 국제통상규범에 대해 살펴보고, 제2장에서는 반덤핑, 보조금·상계조치, 세이프가드 등 무역구제조치와 분쟁해결절차에 대해 살펴본다. 제3장에서는 서비스무역, 지식재산권, 정부조달, 무역원활화, 자본거래를 살펴본다. 마지막으로 제4장에서는 직접투자, 환경, 경쟁, 원조 등 다원화되고 있는 국제통상의제에 대해 알아본다.

제 **1** 장

상품거래 관련
국제통상규범

제1절 >>> 관   세

관세와 국내산업

　　다자협상 및 양자협상을 통해 관세가 지속적으로 인하됨에 따라 대부분의 국가가 예전에 비하여 상대적으로 낮은 관세율을 유지하고 있어서 관세의 국내산업 보호효과가 과거보다 크지 않다고 평가된다. 그럼에도 불구하고 농수산물 등 일부 품목에 대한 관세는 여전히 높은 수준이며 따라서 국내 산업은 일부 품목에서 관세율 인하에 대하여 매우 민감한 반응을 보이는 경우가 있다. 설탕에 대한 관세인하를 통하여 국내산업의 독점문제를 해결하고자 하는 정부의 시도가 번번히 벽에 부딪치는 사례가 대표적이다. 다음은 설탕관세와 관련한 서울신문의 보도내용이다.

　　"정부가 설탕 업계에 번번히 무릎을 꿇고 있다. 값싼 수입산 설탕이 들어오면 국내 설탕산업에 피해를 준다는 업계의 논리에 밀려 올해도 설탕 관세를 내리지 못했다. 3년째 국회의 문턱에서 좌절됐다.(중략)
　　국회에 따르면 2014년 1월 1일 수입 신고분 설탕부터 기존 30%의 기본세율 대신 20%의 잠정세율을 적용하는 정부의 '관세법 일부 개정안'은 여야 간 합의가 이뤄지지 못했다. 이에 따라 설탕은 올해 4만t까지 5%의 할당관세를 적용받고 그 이상의 수입 물량은 30%의 세율을 적용받게 된다. 정부의 잠정세율안은 관세를 기존의 30%에서 20%로 낮추되 설탕산업의 피해가 예상될 때는 다시 30%로 복원하는 것이지만 국회의 호응을 얻지 못했다. 정부는 2011년 설탕의 기본세율을 35%에서 5%로 낮추려고 했지만 국회에서 30%로 결정됐다.

원당 가격 변화
(단위: 센트/파운드)
21.57
17.47
(자료: 국제금융센터)
2012년 평균   2013년 평균

2012년에 다시 5%로 인하하려 했지만 실패했다. 이번에는 기본세율에 우선해 적용되는 잠정세율이라는 새로운 아이디어로 접근했지만 역시 좌절됐다. 정부는 40년 넘게 지속된, CJ제일제당·삼양사·대한제당 등 3개 사의 국내 시장 독과점 구조를 고쳐야 한다는 입장이다. 2007년 이들 3개 사는 출고량과 가격을 담합하다 적발됐다. 2012년 파운드당 평균 21.57센트였던 원당(설탕의 원료) 가격은 지난해 17.47센트로 19% 내렸다. 반면 설탕 가격은 지난해 초 내린 이후 변동이 없다. 원당의 기본관세율은 3%로 설탕 관세율(30%)의 10분의1에 불과해 설탕 제조 업체에 유리한 구조라는 분석도 있다."(후략)

출처: 서울신문 2014. 1. 4.
http://www.seoul.co.kr/news/newsView.php?id=20140103001012

1.1.1 관세의 개요 >>>

1. 정의 및 종류

관세는 국경을 통과하는 물품에 대하여 세관당국이 부과하는 세금이다. 관세는 재정수입을 목적으로 한 국경간 통행세로부터 유래되었으나 오늘날에는 여러 가지 정책목표를 달성하기 위한 무역정책의 가장 대표적인 수단으로 간주되어 왔다. 특히 국경 통과시의 통행세적인 성격보다는 영업세(sales tax)적인 성격의 비중이 커짐으로써 상품의 가격경쟁력에 직접적으로 영향을 미치고 있다. 또한, 관세는 수입품에만 적용되는 것이 일반적이며 수출세는 거의 사용되지 않고 있다는 점에서 관세의 정책적 동기가 재정수입에서 무역정책적 목표로 이동하였음을 잘 알 수 있다. 이 밖에도, 상품에 직접 부과되지는 않지만 통관과정에서 무역업자가 지불해야 하는 통관료, 통관 관련 서비스 수수료 등도 결과적으로 상품의 가격경쟁력에 유사한 효과를 미친다는 점에서 이들은 의사관세(para tariffs)로 간주되고 있다.

관세의 종류는 크게 두 가지 측면에서 분류가 가능하다. 첫째, 통관과정에서 수출입 물품에 적용되는 관세의 형태에 따른 관세 측면에서 분류할 수 있으며, 둘째로는 통상정책적인 관점에서 국가별 차별 여부에 따른 관세 구분이 가능하다.

부과방식에 의한 분류는 다음의 세 가지로 나뉜다. 첫째, 종가세(ad valorem)로서 상품가격의 일정비율을 부과하는 형태이다. 예를 들면, 자동차에 대하여 수입가격의 8%를 관세로 징수하고 있는데 이는 가장 보편적인 형태의 관세부과 방식이다. 둘째, 종량세(specific tax)로서 상품의 물리적인 단위당 구체적인 액수가 부과되는 형태이다. 예들 들면, 소고기 1kg당 1,000원의 일정액을 부과하는 형태이다. 주로 농수산물 및 광물에 많이 부과하는 방식이다. 마지막으로, 종가세와 종량세가 혼합되어 부과되는 형태로서 상품가격의 일정비율과 일정액을 통관시에 지불해야 한다.

통상정책적 측면에서 관세는 특혜관세(preferential tariff)와 MFN관세로 나누어 볼 수 있다. 국가들은 상호간의 협정을 체결하여 수출입 제품에 대하여 무관세 또는 낮은 관세를 부과할 수 있다. 또한 UN과 같은 기관의 결의 또는 선진국들이 자발적으로 개도국에서 수입되는 제품에 대하여 낮은 관세율을 부과하는 경우가 있다. 이와 같이 특정 국가에 대하여 낮은 관세율의 특혜를 부여하는 경우 이를 특혜관세라고 부른다.

WTO회원국들은 상호간에 최혜국대우(MFN)의 의무를 지고 있다. 그런데 WTO가 세계 거의 모든 국가를 회원국으로 포함하고 있음에 따라 결과적으로 최혜국대우는 국가 간에 평등한 대우를 해야 한다는 의미를 갖게 되었다. 관세부과에 있어서도 어떤 나라가 특정제품에 대해 책정한 관세율을 모든 회원국에서 수입되는 제품에 대하여 동일하게 적용해야 할 의무를 갖게 되는데 따라서 이를 MFN관세율이라고 부르고 있다.

2. 관세와 상품분류

이 세상에는 무수히 많은 제품이 존재하기 때문에 국가 간에 거래되는 상품에 대하여 일일이 관세를 미리 정해 두기가 불가능하다. 이러한 어려움은 국제통상에 있어서 많은 분쟁을 야기하고 있다. 예컨대 수출하

| 표 III-1-1 | HS 분류의 예(한국)

품목번호			품 명	관세율
0101			말 · 당나귀 · 노새와 버새 (Horses · Donkeys · Mules and Hinnies)	8
0101.1			말(Horses)	
0101.11	00	00	종마	
0101.19			기타(Other)	
0101.19	10	00	경주말(Horses for racing)	
0101.19	90	00	기타	
0101.20	00	00	당나귀 · 노새와 버새(Donkeys, Mules · Hinnies)	
0102			소(물소를 포함한다)	
0102.10			종우(Pure-bred breeding animals)	무세

자료: 무역협회, 「수출입요령」, 1998.

는 국가에서 A라고 분류한 상품을 수입하는 국가에서 B로 분류하였을 때, 분류에 따라 적용되는 관세율에 차이가 존재한다면 무역업자와 통관 당국간의 분쟁의 원인이 된다. 예컨대, 최근 유행하고 있는 지프형 자동차를 승용차로 분류할 것인지 아니면 승합차 또는 상용트럭으로 분류할 것인지 국가별로 다를 수 있으며, 어떻게 분류하느냐에 따라 다른 수준의 관세율이 적용된다. 예를 들면, 미국은 승용차로 분류할 경우 2.5%의 관세를 부과하는 반면, 상용트럭으로 분류할 경우 25%의 관세를 부과한다.

이에 따라 세계 각국들은 상품을 분류하는 체계(Nomenclature)를 확립하기 위한 공동의 노력을 기울여 왔다. 즉, 상품을 일정한 규칙에 따라 분류하고 상품의 그룹별로 세계 공통의 번호를 부여함으로써 관세부과에 대한 예측가능성을 높이고 이와 관련한 분쟁가능성을 줄여 무역활동을 촉진하자는 것이다. 이와 같은 작업은 국제관세기구(World Customs Organization: WCO)를 중심으로 이루어지고 있는데, 현재 사용되고 있는 관세분류체계를 HS(Harmonized System)로 부르고 있다.

〈표 III-1-1〉은 관세분류체계의 예를 보여 주고 있다. HS는 상품의 용도, 성질 등에 따라 분류하고 있는데 각 상품은 HS 2단위, 4단위, 6단위, 그리고 8단위 내지 10단위별로 나뉜다. 모든 국가는 6단위까지는 동일한

상품분류를 하도록 의무화되어 있으나 그 이상의 자세한 분류는 국가별
로 자율성이 주어진다.

3. 관세의 경제적 효과

관세가 갖는 경제적 의의는 두 가지 측면에서 살펴볼 수 있다. 첫째,
관세가 무역에 영향을 미침으로써 결과적으로 국내 경제의 여러 분야에
미치는 효과이다. 둘째, 여타 무역정책 수단의 효과와 비교하여 관세가 갖
는 특징이다.

관세는 모든 형태의 무역규제 수단이 갖는 효과를 대표한다. 이론적
으로 볼 때, 수량규제와 같은 다른 정책수단의 효과도 이에 상당하는 관
세, 즉 관세상당치(tariff equivalents)로 계산할 수 있다. 따라서 관세의 경
제적 효과는 결국 무역정책의 효과를 대표적으로 표현하는 것이다.[1]

관세는 수입품과 국내제품의 상대가격을 변화시킴으로써 생산 및 소
비에 영향을 미치고 그 결과 여러 가지 형태의 후생효과를 유발하게 된
다. 〈그림 Ⅲ-1-1〉은 관세가 부과될 때에 발생하는 후생효과를 간략하게
나타내고 있다. 자유무역시에는 p^*의 가격에서 해당재화가 국내에 공급된
다고 하자. 따라서 수요곡선을 따라 국내 수요량은 c^*가 될 것이며, 이 가
격에서 국내의 공급자들은 q^*만큼 공급한다. 결과적으로 부족한 수요량
(c^*-q^*)만큼 수입으로 충당하게 된다. 이때, 정부가 관세를 부과하면 국
내에서 판매되는 재화의 가격은 p'로 상승할 것이다. 이 가격하에서, 국내
수요량은 c'로 감소하고 공급량은 q'로 증가하게 되며 국내부족량을 충당
하기 위한 수입량은 $(c'-q')$로 되어, 이전에 비하여 적은 양을 수입하게
된다.

이와 같은 관세부과는 각 경제주체에게 어떠한 영향을 미칠 것인가?
첫째, 소비자 잉여로 표시되는 후생의 감소가 $(a+b+c+d)$인데 소비자
가 종전보다 높은 가격에 적은 양을 소비할 수밖에 없게 됨으로써 발생하
는 결과이다. 둘째, 생산자들은 a만큼의 생산자잉여의 증가를 누리게 된

---

1) 관세의 경제적 효과에 대한 다양한 분석을 위해서는 Vousden(1991) 참조.

| 그림 III-1-1 | 관세의 경제적 효과

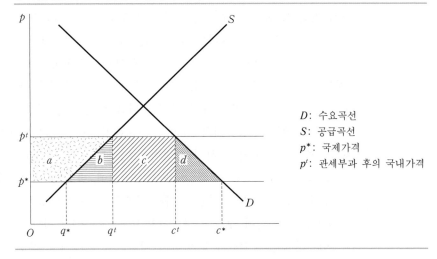

D: 수요곡선
S: 공급곡선
p^*: 국제가격
p^t: 관세부과 후의 국내가격

다. 이는 국내공급가격의 상승에 따라 한계비용과 한계수입을 일치시키는 생산점이 증가한 결과이다. 셋째, 정부는 c만큼의 관세수입을 얻는다.

이상의 결과를 종합할 때, 관세의 부과로 인한 순경제적 효과는 $(a+c) - (a+b+c+d) = -(b+d)$로 표현할 수 있다. 즉, 정부가 관세를 부과할 경우, 그 국가의 경제적 후생은 감소하는데, 주체별로 살펴보면 소비자는 희생하는 반면 생산자와 정부는 이득을 얻는다. 그런데 여기서 주의할 점은 잃는 자와 얻는 자의 손실과 이득이 서로 상쇄되지 않고 후생의 순손실이 발생한다는 사실이다. 즉, 〈그림 III-1-1〉에서 b와 d는 아무에게도 돌아가지 않고 이 사회가 순전히 상실하는 후생을 표시한다. 이와 같은 손실(deadweight loss)은 어디서 발생하는 것일까. 우선 d는 소비부문의 비효율성임을 알 수 있다. 즉, 가격의 상승과 소비감소에 따라 소비자가 감수해야 하는 소비자 잉여의 감소분이다. 한편, b는 생산의 증가와 함께, 자유무역시에는 불필요하였던 한계생산비의 증가분을 다 합친 것으로서 생산부문의 비효율성을 나타낸다.

이상의 설명을 종합해 볼 때 관세부과는 크게 두 종류의 경제적 효과가 있다. 첫째, 소비자의 손실과 생산자의 이득이 발생함으로써 소득분배상의 변화가 발생한다. 둘째, 이같은 효과는 정부의 관세수입을 소비자에게 모두 이전한다 하더라도 후생의 감소분은 상쇄하기에 불충분하다. 따라서 일반적으로 관세부과는 경제적 비효율성을 초래한다.

전술한 바와 같은 효과의 대부분은 여타 무역정책에도 수반되는 매우 일반적인 것이므로 관세가 여타 정책수단과 비교하여 어떠한 차별성을 갖는지 논의할 필요가 있다. 대체로 무역규제의 수단을 관세와 수량규제로 대별한다면 관세의 고유한 특징은 다음과 같이 정리할 수 있다.

첫째, 관세는 수량규제와 달리 무역흐름에 대한 물리적 제한이 아니므로 그 효과가 가격을 통하여 간접적으로 나타난다. 따라서 관세가 부여된 상황 하에서도 비교우위의 변화가 수출입에 반영되는 장점을 지니고 있다. 수량규제의 경우, 이러한 변화와 무관하게 항상 일정한 양의 수입만을 허용하므로 교역에 대한 왜곡효과가 더 크고 직접적이다.

둘째, 관세는 수량규제에 비하여 비차별적인 성격을 갖고 있다. 수량규제는 다자간 섬유협정(MFA)처럼 특정 국가를 대상으로 할 수도 있고 총량규제만을 할 수도 있다. 어느 경우에든 쿼터를 국가별로 배정하는 과정은 자의성이 개입될 여지가 많으며 이는 국가 간의 차별로 이어지게 된다. 이에 반하여, 관세는 상품의 국적과 무관하게 일률적으로 적용되므로 국가 간의 차별로 인한 2차적인 무역왜곡을 방지할 수 있다.

셋째, 관세는 수량규제에 비하여 투명성을 확보하고 있다. 무역활동에 참가하는 사람은 관심품목의 관세율을 파악하는 데 별다른 어려움이 없다. 그러나 수량규제의 경우에는, 수입허가권을 확보하는 데 있어서 여러 가지 요인이 작용하게 된다. 예를 들어, 선착순에 의하여 쿼터를 배분하는 경우 적절한 시점에 신청해야 하며, 과거실적이나 쿼터 소진율에 따라 배분될 수도 있다. 이에 따라 쿼터의 배분과정에 있어서 부정이 개입될 여지가 많다.[2]

넷째, 관세는 재정수입을 창출한다. 반면에 수량규제하에서 수입권을 무료로 수입업자에게 배분할 경우, 수입업자에게 독점적 지대가 돌아감으로써 수입권이 재산권화되는 현상이 나타나게 된다. 따라서 관세수입을

---

2) 수량규제 등 정부의 규제와 관련하여 생성되는 지대를 두고 경쟁하는 행위를 지대추구행위(rent seeking activities)라고 하는데, 이 용어는 Anne Kruger에 의하여 가장 먼저 사용되었다.

공공의 목적에 맞게 사용한다고 가정할 경우, 관세가 수량규제에 비하여
소득분배 측면에서 우월성을 갖는다고 할 수 있다.

1.1.2 관세 관련 국제협상의 배경 및 과정 　　　>>>

1. 국제적 논의의 배경

통상정책 수단으로서 관세가 주목받아 온 것은 이것이 무역에 가장
일차적으로 영향을 미치기도 하지만 이와 함께 한 국가의 통상정책의 방
향을 대표하는 성격을 갖고 있기 때문이다. 미국의 경우를 들어보면, 19세
기 초에는 평균 60%로서 매우 높은 수준을 나타내었다가 19세기 중반에
는 20% 수준으로 떨어졌다. 19세기 후반부터 20세기 초반까지 미국의 관
세율은 다시 높아졌다가 윌슨행정부 시절에는 다시 낮아지는 추세를 나
타내고 있다. 이후 보호주의가 매우 성행하였던 1930년경까지 관세율은
평균 50% 수준까지 이르는 변화를 보인 후, GATT체제하의 관세협상의
결과 오늘날에는 평균 3% 수준까지 지속적으로 하락하는 현상을 보이고
있다.

이상과 같은 미국관세율의 대략적인 변화과정은 통상정책 수단으로
서 관세의 성격을 대표적으로 대변하는 것으로 보인다. 즉, 뒤에서 자세히
설명되겠지만 GATT에 의한 관세인하 협상 이전인 20세기 중반까지 관세
는 대체로 국가의 통상정책의 방향을 상징적으로 보여 준다는 것이다.[3)]
한 국가의 통상정책이 보호주의적인 성격을 띠게 될 때, 관세는 대체로

---

3) 관세율의 전반적인 인하에도 불구하고 물론 현재에도 관세는 이러한 성격을 관세율 구
   조를 통하여 상당히 유지하고 있다. 각국은 자국의 경쟁력이 우위에 있는 품목에 대해
   서는 비교적 낮은 관세율을 유지하고 있는 반면에 산업정책 또는 정치적 목적에 따라
   매우 높은 수준의 관세율을 부과하는 경향을 나타내고 있다. 관세율 구조의 정치경제학
   적 배경에 대해서는 Magee and Young(1989) 참조.

다자간섬유협정의 폐지

1974년 이후 지속되어 온 다자간섬유협정(MFA) 체제가 2004년 말을 시한으로 종료됨에 따라 미국, EU 등 중국산 제품의 주요 수입국과 중국 사이의 갈등이 점차 심화되고 있다. 다자간섬유협정(Multi-Fiber Arrangement: MFA)은 섬유무역의 확대와 자유화를 도모하고, 수출입시장에서의 교란요인을 제거할 목적으로 GATT가 1973년 12월 면직물장기협정(LAT)에 이어 마련한 다국간 협정이다. 그러나 본 협정의 주된 목적은 개도국의 섬유수출을 규제하기 위한 것이다. 섬유 및 의류산업은 노동집약적 성격이 강하기 때문에 흔히 개발도상국들이 공업화 초기단계에서 중요한 전략산업으로 채택해 왔다. 이와 반면에, 선진국에서는 섬유산업이 개도국의 수출에 의하여 교란당함에 따라 섬유수입에 대한 보호압력이 매우 높은 것이 일반적이다. 선진국들은 MFA를 통하여 섬유산업의 고용안정을 기하는 한편 고부가가치상품으로 구조조정을 이행하는 시간적 여유를 가질 수 있었다.

WTO섬유협정(ATC, 1995년)에 의해 MFA의 효력이 2004년 12월 31일 종료됨에 따라 섬유수입국들은 중국의 저가 섬유제품의 유입으로 자국내 섬유시장의 왜곡현상이 급속하게 진행될 것을 우려해 왔으며 또 이와 같은 우려가 2005년부터 미국시장을 중심으로 현실화되기도 하였다. 섬유수입국뿐만 아니라 MFA체제하에서 다량의 쿼터를 인정받아 온 한국 등 기존의 주요 수출국과 후발개도국들도 중국과의 경쟁에서 불리한 위치에 놓이게 되었다. 미국, EU 등 각국 섬유산업 관련업체들은 중국의 시장독점을 염려해 쿼터제 연장을 추진하는 움직임을 보여 왔다. 예컨대 미국은 새롭게 쿼터제정을 추진하거나 중국산 제품수입에 대한 세이프가드 적용 고려, 2004년 쿼터대상 품목에 대한 통관 보류 등의 대응을 보였으며 EU는 쿼터 해제에 따른 새 규정 신설을 추진하는 한편, 25개 EU회원국들은 섬유 쿼터제 폐지를 승인함과 아울러 각국의 시장개방을 촉구하였다. 중국은 WTO가입에 따른 정치적 대가로 2008년까지 개별 품목에 대해 특별 세이프가드를 적용하는 데 동의하였다.

높은 수준을 유지하게 되며 반대로 자유주의적인 방향으로 선회하면 관세는 그 변화를 매우 특징적으로 반영하는 것이다.

그러나 오늘날 전반적인 관세율이 지속적으로 하락하고 그 절대적인 수준도 매우 낮아짐으로써 통상정책 수단으로서의 관세는 옛날에 비하여 그 지위가 많이 약화되었다고 볼 수 있다. 이러한 결과는 국가 간의 무역을 규율하는 다자간 체제가 실질적으로 존재하지 않았던 20세기 중반까지에 비하여 2차 세계대전 이후 GATT체제가 자유로운 무역환경을 조성하기 위하여 지속적인 관세인하 협상에 노력을 기울였기 때문이다. 따라서 관세는 통상정책의 수행에 있어서 한 국가의 권한이 국제규범에 의하여 규율되는 현상을 잘 보여 주고 있는 것이다.

관세인하 노력은 GATT의 다자간 차원에서뿐만 아니라 지역무역협정(Regional Trade Agreement: RTA)을 통해서도 이루어져 왔다. 지역무역협정이란 지리적으로 근접한 복수국가들이 국경장벽을 철폐함으로써 자유무역을 확대해 나가기 위한 것이다. 이 과정에서 가장 우선적인 대상이 되는 것이 관세이다. 예컨대, EC가 출범하면서 역내 국가간의 관세를 철폐하고 역외국에는 공동관세를 부과하였다. 그 외에도 NAFTA, 한-미 FTA 등이 대표적인 지역무역협정의 예이며 회원국간의 관세를 거의 철폐하는 것을 주요 내용으로 하고 있다.

2. 다자간 관세인하 협상

우루과이라운드로 이어지는 GATT 차원의 협상을 통하여 관세인하 노력이 지속적으로 이루어짐으로써 무역장벽으로서 관세의 역할은 오늘날 상당히 약화된 것으로 평가되고 있다. 〈표 III-1-2〉는 GATT 차원에서 진행된 관세인하 협상을 요약하고 있다. 한편 2001년부터 시작된 DDA협상에서도 관세인하는 주요 협상분야로 다루어지고 있어 본 협상의 타결 이후 추가적 관세인하가 이루어질 전망이다.[4]

이상과 같은 관세협상의 결과 전반적으로 관세장벽이 상당히 완화되었음에도 불구하고 관세는 여전히 국제통상에 있어서 매우 중요한 쟁점으로 위치하고 있는데 그 이유는 대략 다음과 같이 정리될 수 있다.

첫째, 관세는 GATT에서 유일하게 허용되어 있는 무역장벽인 반면 그

---

4) DDA협상에서 관세인하는 비농산물에 대한 시장접근 분야에서 비관세장벽과 함께 다루어지고 있다.

| 표 Ⅲ-1-2 | **GATT 다자간 관세인하 협상**

	협상기간	참가국	양허품목수	총양허액	평균인하율
1차(Geneve)	1947	23	46,000	100억 달러	-
2차(Annecy)	1949	29	5,000	-	-
3차(Torquay)	1950-51	32	8,700	-	-
4차(Geneve)	1955-56	33	3,000	25억 달러	-
5차(Dillion)	1960-61	39	4,000	49억 달러	7%
6차(Kennedy)	1963-67	74	30,300	400억 달러	35%
7차(Toyko)	1973-79	99	250,000	-	33%
8차(Uruguay)	1986-94	117	263,735	-	33%
9차(DDA)	2001-	164	?	?	?

성격상 협상당사자들이 가장 분명한 정보를 가질 수 있다는 점에서 협상 테이블에서 다루기가 비교적 수월하다는 점이다. 관세의 경우, 쉽게 타결을 볼 수 있는 분야는 역으로 국내에 미치는 영향이 그만큼 작다는 것을 의미하므로 협상당사자들이 성과를 쉽게 거둘 수 있는 동시에 그 결과를 대외적으로 과시할 수 있다.[5]

둘째, 관세는 여전히 중요한 무역장벽으로서의 기능을 발휘하고 있다는 점이다. 우선 전반적인 관세인하로 평균관세율이 낮아졌으나 모든 제품에 대한 관세율이 다 낮아진 것은 아니기 때문이다. 즉, 전반적인 관세율 구조를 살펴보면 많은 품목이 매우 낮은 관세율을 적용받고 있는 동시에 상당한 품목에 대해서는 충분히 무역장벽적 효과를 가져올 정도로 높은 관세율의 적용을 받고 있는 현상을 발견할 수 있다. 이와 같은 현상은 거의 모든 국가에 대하여 공통적으로 나타나고 있는데[6] 이를 고관세(peak tariffs)라고 일컫고 있다. 관세율 구조와 관련하여 또 하나의 특징은 이른바 가공도별 경사관세(傾斜關稅, tariff escalation)라는 것인데 이는 가공도별로 관세율을 차등적으로 부과하는 것이다. 즉, 원자재에 대해서는 비교적

---

5) 우루과이라운드 협상에서 관세는 비교적 가볍게 취급되고 서비스, 지식재산권, 농산물 등 여타 분야의 중요성이 강조되고 대부분의 시간이 투입되었으나, 협상의 막바지에는 관세인하 협상에 주력하는 현상이 발생하였다.

6) 우리나라만이 세계에서 예외적으로 거의 전 품목에 대하여 균일한 관세율 구조를 나타내고 있으나 최근 들어 일부 품목에 대하여 관세율의 높낮이를 조정하는 작업이 이루어졌다.

낮은 관세율을 부과하는 대신에 최종제품에 대해서는 높은 관세율을 부과함으로써 결과적으로 실효보호율(effective rate of protection)을 높이고 있다. 따라서 향후 국제통상협상에 있어서 이와 같은 특정분야의 높은 관세율 그리고 경사관세가 갖는 관세의 무역장벽적 효과를 완화하기 위한 보다 많은 노력이 이루어질 것으로 예상할 수 있다.

셋째, 관세와 관련하여 우대율(preferential margin)을 줄일 필요가 있다는 점이다. 1절에서 논의한 바와 같이 관세는 특혜관세와 MFN관세로 분류할 수 있다. 특혜관세 중에서 선진국이 개도국에 대하여 일방적으로 특혜를 부여하는 것은 시장기능을 통하여 남북문제의 해소라는 측면에서 일단 바람직한 것으로 볼 수 있다. 또한 EU, NAFTA 등 지역무역협정에 의한 상호 특혜의 부여도 일단 무역자유화를 심화한다는 점에서 긍정적으로 평가할 수 있다. 그러나 지역무역협정에 의한 특혜부여는 소위 무역전환효과(trade diversion effect)를 통하여 전 세계적인 경제적 효율성을 오히려 제거할 우려가 있다. 즉, 일부 국가 간의 특혜부여는 종래 역외의 효율적인 국가에서 수입하던 물품을 역내의 비효율적 국가로 전환하게 될 수 있다는 것이다. 이러한 효과를 감소시키기 위해서는 전반적인 관세율 수준을 더욱 낮춤으로써 지역 간 협정국간에 적용되는 관세율(많은 경우 0)과의 차이, 즉 우대율을 줄일 필요가 있다.

이상의 논의를 요약하면, 관세는 평균적으로 무역장벽으로서의 중요성이 줄어들었음에도 불구하고 다자간 차원의 무역자유화 노력의 상징으로서 향후에도 지속적인 인하노력이 기울여질 것으로 예상된다. 이와 함께, 실질적으로 높은 관세가 유지되고 있는 품목에 대하여 집중적인 관세인하 압력과 협상이 진행될 것이다.

1.1.3 관세 관련 국제협정의 주요 내용 >>>

무역자유화를 위한 협력의 일환으로서 관세인하협상은 매우 다양한 차원에서 이루어져 왔다. 그중에서도 가장 중요한 것은 GATT관장하의 다자간 무역협상과 주요 지역무역협정을 통한 관세인하 협상이다. GATT에서는 우루과이라운드 협상에 이르기까지 총 8차의 다자간 무역협상을 통하여 지속적으로 관세인하를 해 왔는데, 이는 특히 선진국의 평균관세율을 크게 낮추는 결과를 가져왔다. 이와 함께, EU는 과거 관세동맹의 체결을 통하여 회원국 간의 관세율을 철폐함으로써 통합과정이 시작되었으며 NAFTA도 2005년까지 회원국 간의 관세를 대부분 철폐할 계획을 갖고 출범하였다.

1. WTO관세협상

GATT 관세인하 협상은 각국이 제품별로 일정수준 이상 올리지 않겠다는 약속(commitments)을 이끌어 내는 것을 주 내용으로 하고 있다. 여기서는 이 같은 협상결과를 이해하기 위하여 필요한 주요 개념을 설명하기로 한다.

우선 GATT협상에 있어서 이와 같은 약속을 양허(consession)라고 지칭한다. 만약 앞의 〈표 Ⅲ-1-1〉에서 나타난 관세율이 GATT협상에서 약속

| 표 Ⅲ-1-3 | 선진국과 개도국의 양허비율 비교

	양허 품목수 총합계	양허비율(%)	
		UR 이전	UR 이후
선 진 국	86,968	78	99
개 도 국	157,805	22	72

자료: B. M. Hoekman et al., *The Political Economy of the World Trading Stystem : From GATT to WTO*, 1995.

| 표 III-1-4 | 주요국의 관세양허내용

국 가 명	수입액 (백만$)	UR전 관세율	WTO양허 관세율	인 하 율	UR전 무관세비중	WTO양허 무관세비중
선 진 국	736,944	6.3	3.9	39	20	44
호 주	25,152	20.1	12.2	39	8	16
캐 나 다	28,429	9.0	4.8	47	21	39
E C	196,801	5.7	3.6	37	24	38
일 본	132,907	3.9	1.7	56	35	71
미 국	297,291	5.4	3.5	35	10	40
개 도 국	305,112	15.3	12.3	20	52	49
아르헨티나	2,981	38.2	30.9	19	9	0
브 라 질	11,409	40.7	27.0	34	8	5
한 국	40,610	18.0	8.3	54	4	26
말레이시아	11,301	10.0	9.1	9	19	23
멕 시 코	10,988	46.1	33.7	27	0	1
싱가포르	32,804	0.4	5.1	0	97	46
태 국	15,212	35.8	28.1	22	6	1
체제전환국	34,671	8.6	6.0	30	13	16
체 코	8,862	4.9	3.8	22	14	16
헝 가 리	9,468	9.6	6.9	28	19	21
폴 란 드	7,479	16.0	9.9	38	4	11

자료: 대외경제정책연구원, 「WTO체제와 신교역질서」, 1994.

한 것이라면 이것이 바로 양허관세율이 된다. 양허관세율은 일종의 최고 세율이다. 즉, GATT를 통하여 관세협상을 하는 것은 특정 품목에 대하여 일정 수준 이상 관세를 올리지 않겠다는 약속을 정하기 위한 것이다.

따라서 만일 협상을 통하여 어떤 품목에 대하여 '양허'하지 않는다 면 이 품목에 대하여 무한정 높은 관세를 부과하여도 무방한 것으로 해석 할 수 있다. 실제로 모든 국가가 모든 품목에 대하여 모두 '양허'하는 것 은 아니다. 선진국들은 대체로 거의 모든 제품에 대하여 양허하고 있는 반면에 개도국은 여전히 선진국에 비하여 낮은 양허비율을 유지하고 있 다. 이와 같은 현상은, 선진국의 평균관세율이 매우 낮은 반면 개도국의 관세율은 아직도 상당히 높은 사실과 일관성을 갖는다.

양허세율과 관련하여 생각할 수 있는 것이 실행관세율이다. 양허관세

| 표 Ⅲ-1-5 | 주요국별 양허세율과 실행세율 현황

현행구분	국 가	평균관세율	
		실행세율	양허세율
선진 4개국	미 국	3.6	
	일 본	2.7	2.8
	E U	4.3	4.3
	캐 나 다	4.3	6.0
	평 균	3.7	4.3
기타 선진국	뉴 질 랜 드	3.5	
	노 르 웨 이	2.1	3.6
	아 이 슬 랜 드	4.0	
	스 위 스	0.0	
	호 주	5.4	
	평 균	3.0	3.6
동아시아	대 만	6.3	6.4
	한 국	7.5	12.3
	홍 콩	0.0	0.0
	중 국	16.3	12.7
	평 균	7.5	7.9
아 세 안	태 국	39.1	
	싱 가 포 르	0.0	4.6
	필 리 핀	6.8	18.2
	말 레 이 시 아	8.1	
	미 얀 마	5.0	
	인 도 네 시 아	8.4	
	브 루 나 이	0.0	
	평 균	9.6	11.4

율이 GATT체약국에 약속한 최고세율이라는 것은 실제로 적용하는 관세율이 이보다 낮을 수 있다는 것을 의미한다. 이처럼 양허관세율과 다르게 특정 제품에 대하여 실제로 적용하는 세율을 실행관세율이라고 부른다. 일반적으로 선진국은 양허세율과 실행세율이 대체로 일치하지만 개도국에서는 양자간의 상당한 차이가 발견된다.

관세와 관련한 GATT의 주요한 원칙은 다음과 같이 정리될 수 있다. 첫째 GATT 제 1 조의 MFN원칙, 즉 관세는 비차별적으로 적용되어야 한다는 것이다. 이는 지역무역협정이나, 개도국 우대 등의 예외를 제외하고는 항상 적용되어야 할 가장 기본적인 원칙이라 할 수 있다. 둘째 각국은 관세를 양허할 것을 장려한다는 원칙이다. 전술한 바와 같이, 일종의 최고세율이라고 할 수 있는 양허세율을 가능한 많은 품목에 설정함으로써, 관세의 인상을 통한 수입규제를 방지하는 한편 협상의 기준으로 사용하자는 것이다.

GATT하에서 이루어진 관세인하 협상의 특징을 단계별로 살펴보면 다음과 같다. 첫째, 1-5차의 다자간 협상에서는 개별 국가간의 요청과 수용(Request & Offer)방식으로 진행되었다. 둘째, 제 6 차 케네디라운드에서는 일정한 관세인하폭을 일괄적으로 적용하는 선형인하방식(linear tariff reduction)이 적용되었다. 셋째, 제 7 차 도쿄라운드에서는 일괄인하방식이 채택되었으나 일률적인 비율이 아니라 기존의 관세율이 높을수록 더욱 큰 폭의 실제 인하가 이루어지는 조화인하방식(harmonized cut)이 사용되었다.[7]

제 8 차 우루과이라운드에서의 관세율 양허는 다음과 같은 형태로 이루어졌다. 첫째, 무관세화로의 양허, 둘째, 관세율의 인하약속(bindings with reduction), 셋째, 기존 관세율 수준에서의 거치약속(bindings without reduction) 등이다. 그 결과, 관세협상은 당초 가중평균으로 1/3 이상의 감축을 목표로 추진되었으나 결과적으로 기대 이상의 큰 폭의 실제적인 인하가 이루어진 것으로 평가되고 있는데 특히 선진국들을 중심으로 무세화(zero-for-zero), 관세조화(tariff harmonization)에 대한 합의가 이루어짐으로써 선진국의 평균 관세율은 종전의 6.3%에서 3.9%로 낮아졌다.

WTO의 DDA협상에서 농산물을 제외한 수산물, 임산물, 공산품 등을 다루는 비농산물 시장접근협상그룹(Non-Agricultural Market Access: NAMA)에서도 관세인하를 위한 협상이 진행되고 있다. DDA협상에는 다음과 같이 중요한 쟁점이 포함되어 있다. 첫째, 이번 협상에서는 사전적으로 특정

---

7) GATT관세인하 협상과 관련한 보다 자세한 내용은 Hoekman(1996), Jackson(1990) 등을 참조.

품목을 제외하지 않고 임수산물을 포함한 비농산품 전품목에 대한 관세
인하를 원칙으로 하고 있다. 둘째, DDA협상의 목적에 비추어, 관세인하에
있어서도 개도국에 대한 우대방안을 모색하고 있다. 셋째, 협상 당사국들
의 관세율 구조에 있어서 문제가 되고 있는 고관세(tariff peaks)를 해소하
는 것을 협상의 주된 목적으로 하고 있다. 이를 위하여 과거 다자간 협상
에 사용되었던 공식적용방식(553면 Box 참조)을 적용함으로써 일괄적인 관
세인하를 목표한다.

2. 여타 국제규범상의 관세

WTO를 제외한 관세관련 국제규범은 지역무역협정이다. 관세동맹으
로부터 출범한 EU는 이미 역내 국가간의 관세를 철폐하였다. 현재 전세계
적으로 개별적 지역무역협정이 확산되는 추세가 나타나고 있는데 이러한
현상은 특정 국가 간에 적용되는 관세율과 MFN 관세율과의 차이가 더욱
확대될 것임을 의미한다.[8] 그리고 WTO의 MFN원칙에도 불구하고 국가간
차별과 무역흐름의 왜곡이 심화할 가능성이 있다. 이하에서는 1990년대
대표적인 지역무역협정인 NAFTA와 최근 한국이 체결한 한-미, 한-EU
FTA 상의 관세를 살펴보기로 한다.

1994년 1월 정식으로 출범한 NAFTA는 매우 광범위한 분야에 걸친
시장개방계획을 포함하고 있다. NAFTA에서는 모든 상품을 4개 분야로 구
분하여 최장 15년 이내에 관세를 철폐하기로 합의하였다. 즉, 모든 품목을
A, B, C, 그리고 C⁺로 구분하여 각국별로 상대국에 대하여 제품별(HS 8단
위 기준) 관세율 인하 내지 철폐계획을 작성하고 있다. 〈표 Ⅲ-1-6〉에서 나
타나 있듯이 북미 3개국은 향후 10년 이내에 일부 민감품목(sensitive
products)을 제외하고는 관세를 완전히 철폐하는 것을 목적으로 한다. 이
같은 결과는 NAFTA 3국의 WTO 양허관세율과 비교해 볼 때, 미국과 캐나
다는 각각 평균 3.5, 4.8%의 관세상의 대외차별도를 보이는 반면에 멕시
코는 무려 33.7%의 차별효과를 나타내게 될 것임을 알 수 있다.

---

8) 한국 역시 동시다발적 FTA를 추진하고 있으며 협정체결 상대국의 숫자도 늘어나고 있다.

| 표 III-1-6 | NAFTA의 관세인하계획

구 분	관세철폐계획	미국 : 멕시코[1]	캐나다 : 멕시코[2]	멕시코
A	즉시 철폐	컴퓨터, 통신제품 항공장비, 의료품 (총 7,300 품목)	-4,200 품목	-5,900 품목
B	5년 이내 점진적 철폐	섬유류, 자동차 관련 제품 등 (총 1,200 제품)	-1,400품목	-2,500 품목
C	10년 이내 점진적 철폐	-700 품목	-1,600 품목	-3,300 품목
C+	15년 이내 점진적 철폐	-신발, 식품 등		-옥수수 낙농품 등
WTO 양허관세율		3.5%	4.8%	33.7%

주: 1) 미국의 대멕시코 양허.
　　2) 캐나다의 대멕시코 양허.
자료: 대한무역진흥공사, 「북미자유무역협정의 체결과 우리의 대응」, 1993.

현재 한국이 체결하고 있는 한-미 및 한-EU 자유무역협정상의 관세 분야 주요 내용을 살펴보면 다음과 같다. 첫째, 한-미 FTA의 경우, 상품 전 품목에 대한 관세를 철폐하기로 합의하고 이 중 90% 이상을 조기에 인하하기로 합의함으로써 매우 높은 수준의 자유무역협정으로 평가받고 있다. 한국의 입장에서 볼 때, 미국 시장 내 주요 경쟁국 중 미국의 FTA 체결국인 캐나다, 멕시코와 동등한 입장에서, 미체결국인 일본, 중국에 비해서는 유리한 입장에서 경쟁할 수 있는 기반을 조성하였다. 주요 품목별 합의사항으로는 한국의 주력 수출품이라고 할 수 있는 승용차(3000cc 이하)와 자동차 관련 모든 부품의 관세를 즉각 철폐하는 한편 3,000cc 이상 승용차에 대해서는 3년 이내 그리고 관세율이 높은(25%) 피업트럭에 대해서는 10년 내 철폐하기로 하였다. 반면, 민감 수산물 및 임산물에 대해 장기철폐, 비선형 관세철폐, TRQ 등을 도입하였다.[9]

둘째, 한-EU 자유무역협정에서는 양측이 모두 공산품 전 품목에 대

---

9) 2017년 한-미 FTA를 재협상하였으며, 한-미FTA의 협상 및 재협상에 관한 자세한 내용은 4부 제3장에서 다룬다.

| 표 Ⅲ-1-7 | 한-미 FTA 관세협상 주요 내용

	한 국	미 국
즉시	승용차(8), 크실렌(5), 통신용광케이블(8), 항공기엔진(3), 에어백(8), 전자계측기(8), 백미러(8), 디지털프로젝션TV(8) 등	3,000cc 이하 승용차(2.5), LCD모니터(5), 캠코더(2.1), 귀금속장식품(5.5), 폴리스티렌(6.5), 컬러TV(5), 기타신발(8.5), 전구(2.6), 전기앰프(4.9) 등
3년	요소(6.5), 실리콘오일(6.5), 폴리우레탄(6.5), 치약(8), 향수(8) 등	DTV(5), 3,000cc 이상 승용차(2.5), 컬러TV(5), 골프용품(4.9), 샹들리에(3.9) 등
5년	톨루엔(5), 골프채(8), 면도기(8), 살균제(6.5), 바다가재(20) 등	타이어(4), 가죽의류(6), 폴리에테르(6.5), 스피커(4.9) 등
10년	페놀(5.5), 볼베어링(13), 콘텍트렌즈(8) 등	전자레인지(2), 세탁기(1.4), 폴리에스테르수지(6.5), 모조장신구(11), 베어링(9), 섬유건조기(3.4), 화물자동차(25) 등
10년 이상	명태(30), 민어(63), 기타 넙치(10), 고등어(10) 등	특수 신발

자료: 외교통상부(2007).

하여 관세를 철폐하기로 하였다. EU는 품목수 비중 99.4%, 수입액 비중 93.3%를 조기 철폐(즉시+3년내 철폐)하며, 한국은 품목수 비중 95.8%, 수입액 비중 91.8%를 조기 철폐하기로 합의하였다. 한국과 EU 양측 모두 민감품목인 자동차는 즉시 철폐 대상에서 제외하였으며, 배기량에 따라 3~5년 내에 관세철폐하기로 합의하였다. 양측은 중형/대형(배기량 1,500cc 초과) 자동차에 대해 3년 내에 철폐하고 소형(배기량 1,500cc 이하)에 대해 5년 내 관세철폐하기로 하였다. EU측의 즉시 관세철폐 품목은 자동차부품, 무선통신기기, 냉장고, 에어컨 등이며 한국의 즉시 관세철폐 품목은 자동차부품, 기타정밀화학원료, 컬러TV, 냉장고, 선박, 타이어 등이다.

| 표 III-1-8 | 한-EU FTA 관세 분야 주요 협상 내용

	우리나라	E U
즉시 철폐	자동차부품, 기타정밀화학원료, 계측기, 직물제의류, 칼라TV, 냉장고, 선박, 타이어, 광학기계, 화학기계, 전구, 섬유기계, 식품포장기계 등	자동차부품, 무선통신기기부품, 스웨터, 편직물, 냉장고, 에어컨, 라디오, 폴리에스테르 직물, 진공청소기, 연축전지, 리튬전지 등
3년철폐	중·대형(1,500cc 초과) 승용차, 펌프, 기타정밀화학제품, 선박용 엔진·부품, 무선통신기기부품, 안경, 의약품, 화장품, 철도차량·부품, 선박용부품 등	중·대형(1,500cc 초과) 승용차, 베어링, 타이어, 합성수지, 고무 벨트, 복사기, 항공기, 전자레인지, 주방용도자기, 자전거, 기타신발 등
5년철폐	소형(1,500cc 이하)승용차, 화물자동차, 하이브리드카, 베어링, 밸브, 시멘트, 윤활유, 기초화장품, 접착제, 합성고무, 제재목, 원동기, 의료용전자기기 등	소형(1,500cc 이하)승용차, 화물자동차, 하이브리드카, 칼라TV, 모니터, 카오디오, 광학기기부품, 순모 직물, 팩시밀리 등
7년철폐	순모직물, 동조가공품, 수산화나트륨, 건설중장비, 인쇄기계, 금속절삭가공기계, 기타기계, 합판, 섬유판 등	미사용

1.1.4 평가 및 전망 >>>

다자간 협상 및 지역간 무역협정을 통하여 관세율의 인하가 지속저으로 이루어짐에 따라 관세가 갖는 무역 및 통상정책적 중요성은 과거에 비하여 상당히 약화된 것은 사실이다. 그러나 아직도 일부 품목에 대해서는 매우 높은 관세를 부과하거나, 원자재와 최종재에 대한 차등관세구조가 존재하는 등 그 중요성이 여전히 존재하고 있다. 또한 기술의 발달에 따라 새로운 품목이 등장하는 속도가 날로 빨라지고 있으며 이에 대해서는 비교적 높은 관세가 부과되는 경향이 있음을 주지해야 한다. 또한, 정보통신망의 발달에 힘입어 전자상거래가 늘어나고 있는데, 이에 대한 무관세화주장이 미국을 중심으로 제기되고 있다. 이러한 점에 비추어 볼 때, 관세는 통상정책의 수단으로서 여전히 유효하고 중요한 기능을 갖게 될 것으로 예상할 수 있다.

주요용어

- 의사관세
- 종량세
- MFN관세
- 관세상당치
- 가공도별 경사관세
- 관세우대율
- 실행관세율
- 관세인하약속

- 종가세
- 특혜관세
- HS
- 고관세
- 실효보호율
- 양허세율
- 무관세화
- 거치약속

연습문제

1. 관세의 경제적 효과를 여타 무역규제와 비교하여 논하시오.
2. 관세의 종류와 상품분류에 대하여 설명하시오.
3. 오늘날 관세가 전반적으로 낮아졌음에도 불구하고 국제통상에 있어서 중요한 이슈로 여전히 취급되고 있는 배경을 설명하시오.
4. WTO에 있어서 관세인하 협상의 개념에 대하여 설명하시오.

주요국의 관세율 현황(2016년, 단순 평균, 단위: %)

	농산물		비농산물	
	양허세율	실행세율	양허세율	실행세율
호주	3.4	1.2	11.0	2.7
브라질	35.4	10.0	30.8	14.1
중국	15.7	15.5	9.1	9.0
EU	11.9	11.1	3.9	4.2
아이슬란드	113.6	24.4	9.5	1.4
인도	113.5	32.7	34.5	10.2
일본	17.4	13.1	2.5	2.5
한국	57.9	56.9	9.8	6.8
멕시코	45.0	14.6	34.8	5.7
뉴질랜드	6.1	1.4	10.7	2.2
노르웨이	133.0	39.9	3.0	0.5
미국	4.8	5.2	3.2	3.2

자료: WTO(2017), World Tariff Profiles.

1.2.1 국제규범의 형성배경과 과정 >>>

1. 국제규범의 형성배경과 의미

농산물은 국제무역에서 전통적으로 매우 중요한 위치를 차지하고 있음에도 불구하고 사회·정치적 요인과 식량안보 등을 이유로 대부분 국가에서 보조금 지급이나 수입장벽 등을 통하여 광범위한 규제를 실시하여 왔다. 농산물은 GATT출범 이후에도 다른 상품과 다르게 취급됨으로써 자유무역원칙이 제대로 적용되지 못하고 사실상 GATT체제 밖에 머물러 있었다. 이에 따라 농산물교역의 자유화를 위한 다자간 국제규범이 필요하다는 주장이 농산물 수출국을 중심으로 거세게 제기되어 왔다.

1980년대에 들어서면서 세계 농산물시장은 공급과잉현상을 나타내게 되었다. 이는 1970년대의 세계적인 흉작과 이에 따른 식량위기에 대한 우려로 세계 각국이 국내 농업의 보호와 함께 농업생산을 장려하는 정책을 취하였기 때문이다. 높은 수준의 생산자가격 지지와 과잉생산 그리고 수입수요의 감소로 인하여 농산물의 수출은 부진하고 수출국들의 재고가 누증되자 수출국들은 과도한 수출보조금을 경쟁적으로 지급하였으며, 농산물의 교역질서는 크게 왜곡되었다. 이로 인해 농업보조금 문제가 국내적 정치문제로도 비화되는 등 농산물 수출국마저도 이를 감축할 필요성을 느끼게 되었다.[1]

더욱이 농산물 교역질서의 왜곡과 과잉생산현상이 단기적인 현상이 아니라 장기적이고 구조적인 문제이며, 이를 근본적으로 해결하기 위해서는 농산물 수출국간의 수출보조금 감축과 수입국의 수입장벽 완화가 동시에 필요하다는 인식이 팽배해지자, 전세계적 농업개혁을 목표로 한 다자간 협상이 필요하다는 주장이 강력히 대두되었다. 특히 미국, 캐나다, 호주 등 농산물 수출국들은 농산물 수입국의 각종 수입장벽의 철폐를 통해 자국 농산물 수출을 증대시키고자 농산물에 관한 국제규범 마련에 적극적으로 나서게 되었다. 이에 따라 농산물은 우루과이라운드 다자간 무역협상의 주요 의제 가운데 하나가 되었다.

GATT뿐만 아니라 OECD도 농산물 및 농업에 대해 지속적인 관심을 가져온 것이 사실이다. OECD는 1961년 회원국간 농업정책에 대한 협의 및 농업의 발전을 위하여 농업위원회를 설치하였으며, 이를 통하여 회원국의 농업현황, 농업보호, 농산물 시장 등에 대해 조사하여 왔다. 그러나 농업분야에 있어서의 OECD의 규범은 국제무역에 있어 종자의 품종인증,

---

1) 자세한 내용은 이재옥(1990), pp. 175-205 참조.

과채류 등의 표준규격, 산림재생산자원의 이동통제, 도시근교지역의 계획에 관한 것이 전부로서 농산물 교역에 관한 국제규범으로서의 중요성은 거의 없다.[2] 따라서 이 절에서는 농산물에 대한 규범을 WTO를 중심으로 기술하고자 한다.

2. 국제규범의 형성과정

농산물은 다른 상품과 달리 GATT출범 이후 상당한 예외조치를 인정받아 왔다. 미국의 요청으로 농산물에 대해서는 국내생산을 제한하거나 일시적인 국내 농산물잉여를 제거하기 위한 경우 수량제한(quantity restrictions)을 허용하였으며, 세계무역에서의 공평한 몫을 넘지 않는 범위 내에서 수출보조금도 허용하였다.[3] 이 밖에도 조부조항(grandfathering)에 의한 잔존수입제한의 허용, 수출자율규제(VER) 등 많은 회색지대조치(grey area measures), EU 공동농업정책(CAP)을 위한 변동 수입부과금의 허용 등 농산물에 대한 예외조치가 폭넓게 이루어짐으로써 GATT는 농산물 교역의 자유화를 가져오지 못하였다.

미국을 중심으로 한 농산물 수출국들은 이와 같은 GATT의 문제점을 바로잡고 농산물 교역에 있어서 자유화의 폭을 확대하기 위한 새로운 국제규범이 필요하다는 공감대를 도출하기에 이르렀다. 이에 따라 GATT회원국들은 1986년 9월 우루과이의 푼타 델 에스테에서 우루과이라운드의 개시가 선언된 이후 1987년 2월부터 농산물협상을 시작하였다. 그러나 협상과정에서 농산물 교역질서의 왜곡원인에 대해 회원국간 현저한 시각차이가 드러남에 따라 협상은 교착상태에 빠지게 되었다. 특히 협상의 목표를 보조금 등 무역에 영향을 미치는 모든 형태의 농업지원 및 보호조치를

---

2) 앞에서도 살펴본 바와 같이 OECD의 규범은 결정, 권고, 각료선언, 약정 및 지침 등으로 이루어져 있는데, 농업관련 규범으로는 국제무역에 있어서 종자의 품질인증에 관한 이사회결정 9개, 국제무역이 있어서 산림재생자원의 이동통제에 관한 이사회결정 1개, 국제표준에 관한 이사회결정 및 권고 4개, 그리고 도시근교지역의 계획에 있어서의 농업의 역할에 관한 이사회권고 1개가 있다. 자세한 내용은 대외경제정책연구원(1996), pp. 323-343 참조.

3) 세계무역에서의 공평한 몫이 무엇을 의미하는지가 불명확하여 이와 같은 조건도 현실적으로는 의미가 없었다.

완전히 철폐하는 데 둔 미국 및 케언즈그룹(Cairns Group)⁴⁾의 입장과 무역에 영향을 미치는 농업지원 및 보호조치를 점진적으로 감축하자는 EC의 입장이 크게 대립하였다. 한국과 일본 등 일부 국가들은 국제 농산물시장의 불안정을 감안하고 국민기본식량에 대한 최소한의 자급률을 보장하기 위해 '비교역적 관심사항'(Non-Trade Concerns: NTC)⁵⁾에 의한 예외인정을 요구하기도 하였다.

수출입국간 이견 대립으로 당초 협상타결시한인 1990년 12월까지 합의를 도출하지 못한 채 우루과이라운드 전체협상은 연기되었다. 그러나 1992년 11월 농산물 보조금 분야에 있어서의 미·EC간 기본합의에 의해 협상은 급진전되었다. 결국, 농산물협상을 포함한 우루과이라운드 협상은 1993년 12월 완전히 타결되기에 이르렀다.

1.2.2 농산물협정의 주요 내용⁶⁾ >>>

1. WTO

1) 시장접근분야

가. 예외 없는 관세화

UR농산물협정은 '예외 없는 관세화'를 기본 원칙으로 하고 있다.⁷⁾

---

4) 케언즈그룹이란 1986년 호주의 케언즈에서 시작된 농산물 비보조 수출국그룹으로서 2018년 6월말 기준 전세계농산물 수출의 25% 이상을 차지하고 있는 Argentina, Australia, Brazil, Canada, Chile, Colombia, Costa Rica, Guatemala, Indonesia, Malaysia, New Zealand, Pakistan, Paraguay, Peru, the Philippines, South Africa, Thailand, Uruguay, Viet Nam 등 19개국으로 구성되어 있다.

5) 비교역적 관심사항이란 농업에는 단순히 시장경제에서 교역되는 상품을 생산하는 기능만이 있는 것이 아니라 환경보전, 고유문화와 전통의 유지, 지역사회의 유지, 식량안보의 확보 등 다양한 공익적 기능이 있다는 것을 의미한다.

6) 자세한 내용은 유진수(1994), pp. 65-80 참조.

7) 예외 없는 관세화의 원칙, 평균관세율의 감축률(36%), 품목별 최소감축률(15%), 최소

이에 따라 특별 긴급수입제한조치 등을 제외하고는 일반관세로 전환이 요청된 분야에 있어서 비관세조치를 유지 또는 재원용하지 못하도록 규정되었다. 일반관세로의 전환이 요구되는 조치에는 수입수량규제, 가변수입부과금, 최소수입가격, 자의적인 수입허가증 발급, 국영무역을 통한 비관세조치, 수출자율규제, GATT 1947규정하에 인정된 국별의무면제를 막론하고 일반관세 이외의 모든 비관세조치가 포함되었다. 다만 국제수지 조항(GATT 1994 제12조), 경제개발을 위한 정부지원 조항(제18조), 특정 품목의 수입에 대한 비상조치 조항(제19조) 등 GATT 1994규정하에 유지되는 조치들은 관세화에서 제외되었다. 또한 당장 관세화하기 어려운 특정 농산물(특별취급품목)에 대하여 일정기간(선진국은 1995년부터 6년간, 개도국은 10년간) 그 관세화를 유예하여 주었다. 관세화가 유예되기 위한 조건은 ① 해당품목의 수입이 1986-88년을 기준으로 국내소비량의 3% 미만일 것, ② 기준기간 이후 해당품목에 대하여 수출보조금이 제공되지 않을 것, ③ 식량안보, 환경보전 등과 같은 '비교역적 관심사항'의 반영일 것 등이었다.

한편, 관세화의 보완장치로서 일반관세로 전환한 농산물에 대해서는 특별세이프가드(special safeguards)가 허용되어 수입량이 급증하거나 수입가격이 크게 하락하는 경우에는 추가적인 관세의 부과가 허용되었다.

나. 관세의 인하

일반관세는 1995-2000년 기간중 단순평균 36% 감축되어야 하고 품목별 최저감축률은 15%라는 데 합의되었으며, 이와 같은 내용은 국별 이행계획서(C/S)에 반영되어 있다. 그러나 개도국의 경우는 1995-2004년 기간 동안 일반관세 감축률 24%, 품목별 감축률 10%가 적용되었다.

다. 최소시장접근

수입이 미미한 품목에 대해서는 1986-88년 기준 국내소비량의 3% 이상을 최소시장접근(minimum market access)으로 보장하되 해당기간 동

장접근(3→5%), 현행시장접근, 국내보조금의 감축률(20%), 수출보조금의 감축률(정부재정지출기준 36%, 수출수량기준 24%) 등은 "개혁프로그램하에 구속력 있는 약속의 확립을 위한 양식"(1993.12.20)에만 나타나 있고 UR 농산물최종협정문에는 나타나 있지 않다.

안 이를 5%까지 확대하도록 합의되었다.

특별취급품목(관세화 예외품목)의 경우 최소시장접근 기회를 확대하여
야 하는데, 선진국의 경우는 이행초기연도에 국내소비량의 4%에 상응하
는 시장접근 기회를 설정하고 잔여 이행기간 동안 매년 0.8%p씩 증가시
켜 나가야 한다.[8] 이행기간중 회원국은 특별취급품목의 적용을 중단할 수
있으며, 이 경우 해당국은 그 기간까지 실제로 이행된 최소시장접근 기회
를 유지하고, 잔여기간 동안 최소시장접근 기회를 매년 0.4%p씩 증가시켜
야 한다. 특별취급품목 가운데 개도국의 전통적인 식품으로 매우 중요한
농산물 1개 품목[9]은 이행초기연도에 국내소비량의 1%에 상응하는 시장
접근기회를 설정하고, 1999년까지 매년 0.25%p씩 증가시키며, 2004년 초
4%에 이르도록 2000년부터 4년간은 매년 0.5%p씩 증가시킬 수 있다.

2) 보조금 감축

가. 국내보조

허용대상 국내보조금을 제외한 모든 국내보조금(domestic support)은
농업보조총액(total aggregate measurement of support: total AMS)을 기준으
로 1995-2000년 기간 동안 20%(개도국은 10년간 13.3%) 감축되었다.[10][11]

그러나 ① 해당연도 특정 품목 총생산액의 5%(최소허용 보조비율, de
minimis)를 초과하지 않는 품목특정적 국내보조와 ② 농업생산액의 5%를
초과하지 않는 품목 불특정적 국내보조의 경우에는 농업보조총액의 계산
에서 제외시킬 수 있도록 규정되어 있다. 또한 생산과 관련된 직접지불정
책일지라도 고정된 면적과 단수(산출물)에 기초하거나(가축의 경우에는 고
정된 가축 수) 기준 생산수준의 85% 이하에 대하여 지불하는 등 생산통제
조건부로 실시될 경우 감축약속에서 제외되었다.

---

8) 일본의 쌀이 이에 해당한다.

9) 우리나라의 쌀이 이에 해당한다.

10) 앞에서 설명한 바와 같이 보조금의 감축률과 기간은 UR 농산물최종협정문에는 나타나
있지 않으며, "개혁프로그램하에 구속력 있는 약속의 확립을 위한 양식"(1993.12.20.)
제8조 및 15조에 따라 각 회원국의 이행계획서 제4부에 반영되어 있다.

11) 보조금 감축의 기준으로 이용된 농업보조총액(total AMS)은 시장가격지지, 감축대상
직접보조, 기타 감축대상지원 등 모든 보조금액을 합한 것을 의미한다.

한편, 허용대상 국내보조의 일반적인 기준은 ① 해당보조가 소비자 부담이 아닌 정부 재정지출일 것과 ② 생산자에 대한 가격지지효과가 없어야 한다는 것이다. 허용대상정책에는 연구사업, 병충해 방제, 교육훈련 및 지도, 판매촉진, 하부구조개선, 식량안보를 위한 공공재고 보유, 영세민에 대한 식량원조 등 정부가 제공하는 서비스와 생산과 무관한 소득지원, 소득보험 및 최저소득보장, 재해구호, 탈농보상, 휴경보상, 투자지원을 통한 구조조정, 환경보전, 지역개발지원 등 생산자에 대한 직접지불이 포함되었다. 또한, 개도국의 경우는 최소허용 보조비율을 10%로 하였으며, 농업에 대한 일반적 투자보조와 저소득층 및 자원빈약생산자를 위한 농업투입재 보조, 그리고 마약작물로부터 다른 작목(作目)으로의 전환을 촉진하기 위한 생산자에 대한 국내보조는 감축약속에서 면제되었다.

나. 수출보조금

수출보조금(export subsidy)의 경우는 1986~90년을 기준으로 1995년부터 6년 동안 재정지출액기준으로 36%, 수출보조대상 물량기준으로 21% 감축하고, 개도국은 10년 동안 각각 24%, 14% 감축하는 것으로 합의되었다. 감축대상 수출보조금으로는 ① 수출이행을 조건으로 한 정부 또는 정부대행기관의 직접보조금, ② 수출을 목적으로 한 정부 또는 정부대행기관의 비상업용 재고 저가판매·처분, ③ 정부의 활동을 통해 조성된 재원에 의한 농산물 수출보조금, ④ 수출농산물에 대한 유통비용 지원, ⑤ 수출농산물에 대한 국내운송비 지원, ⑥ 수출상품의 원료 농산물에 대한 보조금 등이 있다.[12]

한편, 농산물협정은 수출보조금 감축약속의 우회행위 규제에 관한 내용을 담고 있다. 이에 따르면 감축대상이 아닌 수출보조금이 수출보조금 감축 이행약속을 우회하는 결과를 초래하거나 그러한 우려가 있는 방법으로 운영되어서는 안 된다고 규정하고 있다. 또한 국제식량원조도 ① 농산물의 상업적 수출과 연계되어서는 안 되고, ② 유엔식량농업기구(FAO)의 '잉여 농산물 처분원칙과 협의의무'를 준수하여야 하며, ③ 최대한 공여(grant)의 형태로 제공되고 1986년 식량원조협약에 명시된 조건보다 유

---

12) 개도국의 경우 ④와 ⑤에 해당되는 수출보조는 감축약속을 우회하는 방식으로 지원되지 않는 한 감축대상에서 제외되었다.

리한 조건으로 제공되도록 규정되었다.

3) 개도국에 대한 우대조치

앞에서도 살펴본 바와 같이 개도국의 경우는 선진국보다 낮은 감축률과 이행기간 등이 허용되었는데, 개도국 우대조항을 묶어서 정리하면 다음과 같다.

첫째, 관세인하율, 국내 및 수출보조 감축률은 선진국의 2/3 수준까지, 이행기간은 선진국의 6년보다 긴 10년(선진국 6년)까지이며, 최소허용 보조수준(국내보조)도 선진국의 5%보다 높은 10%까지 인정되었다.

둘째, 개도국의 특별취급품목(관세화 예외품목) 가운데 전통적 식품소비패턴상 매우 중요한 농산물 1개 품목은 선진국의 경우와 달리 이행초기 연도에 국내소비량의 1%에 상응하는 시장접근기회를 설정하고, 1999년까지 매년 0.25%p씩 증가시키며, 10차 연도 초에는 4%에 이르도록 2000년부터 4년간은 매년 0.5%p씩 증가시킬 수 있다.

셋째, 농업·농촌개발을 촉진시키기 위한 직·간접 지원조치는 개도국 개발정책의 일환이라는 사실을 감안하여 개도국에 있어서 ① 농업에 대한 일반적 투자보조, ② 마약작물로부터 타작목으로의 전환을 촉진하기

| 표 Ⅲ-1-9 | 우루과이라운드 농산물협정의 주요 내용

구　분		주　요　내　용
시장접근	관세화	- 예외 없는 관세화 • 특별취급품목에 대한 관세화유예(선진국 6년, 개도국 10년)
	관세인하	- 2000년까지 평균 36% 인하(개도국은 2004년까지 24% 인하) - 품목별 최저 감축률 15%(개도국은 10%)
	최소시장접근	- 최초국내소비량 3% 수입 보장→5%(선진국 2000년, 개도국 2004년까지)로 확대 • 특별취급품목: 최초 4% 수입 보장→매년 0.8%p씩 증가 • 개도국의 중요 농산물 1개: 최초 1% 수입 보장→2004년 4%로 확대
보조금감축	국내보조	- 2000년까지 20% 감축(개도국은 2004년까지 13% 감축)
	수출보조	- 2000년까지 재정기준 36%, 물량기준 21% 감축(개도국은 2004년까지 각각 24%, 14% 감축)

위한 생산자에 대한 보조, ③ 저소득층 및 자원빈약생산자를 위한 농업투입재 보조는 국내보조 감축의무에서 면제되었다. 또한 개도국에 대해서는 수출농산물에 대한 유통비용 지원과 국내수송비 지원에 대한 수출보조 감축의무를 면제해 주었다.

넷째, 최빈개도국(最貧開途國)에 대해서는 모든 감축의무를 면제하고 있으며, 선진국은 농산물협정 이행에 따라 최빈개도국 및 식량순수입 개도국이 기초식량을 확보하는 데 어려움이 없도록 노력해야 한다고 규정하고 있다.

우루과이라운드 농산물협정의 주요 내용을 정리하면 〈표 Ⅲ-1-9〉와 같다.

4) 우루과이라운드 농산물협정의 평가

1993년 타결된 우루과이라운드 농산물협상은 무역자유화뿐만 아니라 회원국들의 농업정책까지도 개편함으로써 세계농산물 교역질서를 시장지향적인 체제로 개편하는 데 기여한 것으로 평가된다. 이런 점에서 우루과이라운드 농산물협상은 그 이전의 다자간 규범과 크게 다르며, 농산물에 관한 WTO 다자간 국제규범의 제정으로 인하여 우리나라를 포함한 세계농업에 상당한 변화를 가져오게 되었다.

UR 농산물협정문은 '푼타 델 에스테 선언'과 중간평가 합의문에서 밝힌 세계농산물 교역의 자유화와 농업개혁에 대한 기본 정신을 그대로 담고 있다. '예외 없는 관세화'가 기본 원칙으로 받아들여짐으로써 〈표 Ⅲ-1-10〉에 나타난 바와 같이 모든 국가의 비관세장벽이 사라지고 양허비

| 표 Ⅲ-1-10 | 농산물 양허비율의 변화

국 가 군	관세품목수	총수입액 (10억$)	양 허 비 율 (품목기준, %)		양 허 비 율 (수입액기준, %)	
			WTO 전	WTO 후	WTO 전	WTO 후
선 진 국	14,976	84.2	58	100	81	100
개 도 국	23,615	30.4	18	100	25	100
시장경제전환국	2,841	4.8	51	100	54	100

자료: GATT, *News of the Uruguay Round of Multilateral Trade Negotiations*: *Marrakesh 94*, April 1994.

외국산 농산물이 수입·하역되는 모습.

율이 100% 가까이 높아지게 되었으며, 특히 개도국의 양허비율 변화는
선진국이나 시장경제전환국에 비해 대폭적으로 나타나게 되었다. 다만 이
러한 과정에서 관세화 예외조치를 주장하던 일본, 스위스, 북구 등의 입장
이 일부 반영되어 농업의 '비교역적 관심사항'이 부분적으로 인정되었다.

우루과이라운드 협상에 의한 보조금 감축수준은 미국이 당초 농업지
원의 완전철폐를 주장한 점을 감안할 때 미국이 EC보다 크게 양보한 내
용이다. 이는 EU 공동농업정책(Common Agricultural Policy: CAP)의 무리
없는 시행을 위하여 조정된 것이라 할 수 있으나, 이로 인해 무역왜곡효과
가 큰 수출보조금에 대한 국제규범이 다소 미약하다는 평가를 받고 있다.

국내보조에 있어서는 허용 보조금의 일반적인 기준이 재정지출일 것
을 강조하여 재정이 풍부한 선진국에 유리하게 작성되었으나, 농업·농촌
개발을 촉진시키기 위한 일반적 투자보조 등 개도국의 직·간접 지원조
치를 국내보조 감축의무에서 제외시키고, 개도국의 수출농산물에 대한 유
통비용 지원과 국내수송비 지원에 대한 수출보조 감축의무를 면제해 줌
으로써 개도국의 입장도 반영한 것으로 평가된다.

우리나라는 UR 농산물협상에서 개도국 지위를 확보함으로써 관세감
축률 및 감축이행연도 등에 있어서도 비교적 유리한 조건을 확보했던 것
으로 평가되고 있다. 특히 쌀에 대해서는 2004년까지 관세화를 유예하고

최소물량만 개방하기로 함으로써 '예외 없는 관세화'에 대한 특별대우를 얻어 낸 바 있다. 이에 따라 1995년 쌀 국내소비량의 1%인 35만석(톤)이 수입되기 시작하였으며, 2004년에는 국내소비량의 4%인 142만석(톤)이 수입되었다. 소고기, 닭고기 등 9개 품목(BOP품목)은 해당 품목의 관세를 현행 수준보다 인상하거나 자유화시기를 늦추는 데 성공하였다. 다만 보리, 대두 등 5개 품목에 대해서는 국내외 가격차만큼 관세화를 허용하였으며, 3-5%의 시장개방도 허용하였다. 우리나라가 농업분야에서 개도국으로 분류됨에 따라 보조금 감축에 관한 제반 의무에 있어서도 신축성을 갖게 되었다.

그러나 국내보조금을 감축하는 과정에서 추곡수매제도의 변화가 불가피했으며, 농산물에 대한 시장개방과 관세인하로 인해 농산물의 수입이 크게 증가하였다. 또한 개도국의 최소 평균관세감축률이 2004년까지 24%임에도 불구하고, 우리나라는 34.1%의 높은 평균관세감축률을 허용하였다. 이는 우리나라가 1992년 이행계획서(C/S) 제출시 공란으로 남아 있던 품목에 대해 관세감축률을 0%로 가정하여 평균관세감축률 24%를 제시하였다가 이들 품목을 추가적으로 양허하였기 때문으로, 협상의 미숙함을 보여 준 사례라고 하겠다.

2. 도하개발아젠다(DDA) 농산물협상

1) DDA 농산물협상의 동향

우루과이라운드 농산물협정은 농산물 교역 자유화의 첫걸음에 불과하였다. 1994년 조인된 WTO 농산물협정 제20조에 따르면, 협정의 이행완료(선진국의 경우 2000년말, 개도국의 경우 2004년말) 1년 전에 지속적인 농업개혁을 위해 협상을 재개한다는 내용이 포함되어 있었으며, 이에 따라 2000년 연초부터 WTO 농산물협상이 재개되었기 때문이다.

이후 2001년 11월 도하에서 열린 WTO 각료회의에서는 세계 농산물시장에서의 제한과 왜곡을 바로잡기 위한 근본적인 개혁프로그램을 통해 공정하고 시장지향적인 무역시스템을 확립한다는 WTO협정의 장기적 목표를 재확인하였으며, 여기서 모든 회원국들은 시장접근의 실질적인 개선,

모든 형태의 수출보조금 감축(제거차원의), 무역왜곡효과가 있는 국내보조
금의 실질적인 감축을 위한 포괄적인 협상에 합의하였다. 도하 각료선언
에는 식량안보를 포함한 개도국의 발전 필요성을 감안하여 개도국에 대
해서는 특별하고 차별적인(special and different) 대우가 필요하며, '비교역
적 관심사항'을 협상에 반영한다는 내용도 포함되었다.

    그 후 수년간의 노력에도 불구하고 2003년 9월 칸쿤 각료회의가 결
렬됨에 따라 DDA협상은 당초 시한인 2005년 1월 1일을 지키지 못하게
되었다. 그러나 2004년 OECD 각료회의에서 DDA협상의 진전방안이 적극
적으로 논의되면서, 협상은 2004년부터 다시 활기를 띠었다. 같은 해 7월
오시마 WTO 일반사회이사회 의장은 DDA협상 기본골격 초안을 발표하였
으며, 수정안 배포 등을 거쳐 2004년 8월 DDA협상 기본골격(framework)
합의문이 채택되기에 이르렀다. DDA협상은 우루과이라운드 협상과 마찬
가지로 다른 분야와 함께 일괄타결방식(single undertaking)으로 타결될 계
획으로 있었지만, 기본골격 합의문은 여러 그룹간 최소 공통부문만 반영
하였을 뿐, 관세 및 국내보조금을 어떻게 감축할 것인지에 대한 구체적인
내용을 담고 있지 않았다. 따라서 국내보조, 시장접근 등 주요 이슈에서
미국과 EU간의 이견이 좁혀지지 않아 2006년 7월 라미(Lamy) 사무총장은
협상의 잠정 중단을 선언하였다. 2006년 11월 협상이 재개되기는 하였으
나 핵심쟁점에 대한 주요국의 입장차이가 좁혀지지 않아 많은 어려움을
겪게 되었다.

    그러나 농업분야의 협상은 지속되어 2008년도에는 농업협상 세부원
칙 초안(draft modalities)이 4차례에 걸쳐 제출되기도 하였는데 12월 7일
최종 제출되었던 4차 초안에는 주요 이해관계국들의 다양한 의견을 반영
한 협상의 원칙이 제시되어 있었다. 하지만 동 초안에 제시되어 있던 주
제들에 대해서는 이해관계가 첨예하게 대립되어 합의를 보지 못하고 협
상의 진전이 어려운 상황에 다시 빠지게 되었다. 세계경제의 위기와 지역
무역협정의 활성화로 인해 WTO의 중요성이 강조되는 상황에서 DDA의
실패는 다자무역주의에 대한 심각한 위험요소가 될 것이라는 주요 회원
국들의 고려에 따라 2011년 스위스 제네바에서 개최된 제8차 WTO각료
회의에서는 일괄타결주의(single undertaking)의 원칙을 포기하고 협상타결

이 쉬운 일부분야에 대한 합의도출을 시도하게 된다. 이에 따라 농업분야에 있어서도 이해관계의 조정이 상대적으로 용이한 수출경쟁, 관세할당(TRQ)의 투명한 관리, 식량안보를 위한 공공비축, 일반서비스, 목화에 대한 논의를 시작하게 되었으며 2013년 12월 인도네시아의 발리에서 개최된 제9차 WTO 각료회의에서 이에 대한 합의를 도출하게 되었다.

2) DDA 농업협상 세부원칙(Modalities)의 주요 내용[13]

가. 시장접근(market access)

시장접근과 관련하여 가장 중요한 합의내용은 〈표 III-1-11〉에 나타나고 있는 바와 같이 관세수준에 따라 구간을 구분하여 높은 관세를 적용하고 있던 품목에 대해서 관세를 더욱 많이 삭감하는 구간별 감축방식(tiered formula)이 채택되었다는 것이다. 명시적인 관세상한은 도입되지 않았으나 관세가 100%(개도국은 150%)를 초과하는 품목에 대해서는 저율관세수입물량(Tariff Rate Quota: TRQ)이 적용되는 품목의 경우 쿼터량을 0.5%p 추가 증량하기로 하였다. 이와 더불어 각국이 개방을 꺼려하는 일부 품목을 관세감축 등에 있어 신축성이 부여되는 민감품목(sensitive products)으로 지정할 수 있도록 허용하기로 하였다. 하지만 민감품목의 경우 품목별로 TRQ의 증량과 관세감축과의 연계를 통해 시장접근을 실질적으로 개선하도록 하고 있다. 민감품목은 원칙적으로 전체 세번의 4%(개도국 5.3%)에 대해 지정할 수 있도록 하되, TRQ 증량은 소비량의 4%(개도국 2.7%)만큼 하도록 되었으며, 개도국은 TRQ 증량 이외의 이행기간을 조정하는 옵션을 허용하였다. 한편 개도국에게는 관세감축의 방식과 이행기간의 연장, 민감품목의 수 및 취급, 시장접근물량의 증량 등에 있어 선진국보다 우대하기로 하였고 적절한 수의 특별품목(special products)도 허용하기로 합의하였다

---

13) 농업협상 세부원칙은 2018년 6월 현재 그 내용에 대해 추후 어떤 방식으로 협상이 진행될지 확실하지 않은 상황이다. 하지만 오랜 기간 동안 WTO의 논의를 거쳐 만들어진 원칙이므로 향후 다자간 협상에서 중요한 논의근거로 활용될 가능성이 높기 때문에 이에 대해 설명하기로 한다.

| 표 III-1-11 | 잠정 타협안 주요 내용

	선 진 국	개 도 국
관세 감축	• 구간별 감축률(이행기간 5년) 구간경계 / 감축률(%) 75% 초과 / 70 50-75% / 64 20-50% / 57 20% 이하 / 50	• 구간별 감축률(이행기간 10년) 구간경계 / 감축률(%) 130% 초과 / 46.7 80-130% / 42.7 30-80% / 38.0 30% 이하 / 33.3
관세 상한	• 관세상한(100%) 적용 예외 규정 -민감품목과 비민감품목 중 1%: 단, TRQ 증량 등 추가 보상 필요	• 관세상한(150%) 적용 예외 규정 -민감품목 및 특별품목(예상) 단, 민감품목은 추가 보상 필요
민감 품목	• 개수: 4% • TRQ 증량: 소비량의 4%	• 개수: 5.3% • TRQ 증량: 소비량의 2.7% • 이행기간 조정 허용
특별 품목	• 적용 안 됨	• 개수: 전체 세번의 12% • 감축면제범위: 전체 세번의 5% • 평균감축률: 11%
SSG	• SSG: 이행 초 1%로 감축, 7년간 철폐	• SSG: 12년간 2.5%로 감축(예상)
개도국 특별 긴급관세 SSM	• SSM: 적용 안 됨	• SSM: UR양허관세 초과 제한적 인정 * 2.5% 한정, 수입량이 140% 증가 시 발동, 초과 한도는 당해연도 양허관세의 15% 또는 15%p 중 높은 것으로 설정
OTDS, AMS, De minimis, Blue Box	• 보조금 감축률(%)(예상) (잠정 타협안은 미국·EU의 OTDS 감축률만 제시) 국가 / OTDS / AMS / De minimis 개도국 / 80 / 70 / 미국·일본 / 70 / 60 / 50 기타 선진국 / 55 / 45 / • BB한도: '95-'00년 평균 농업총생산액의 2.5%	• 보조금 감축률(%) 국가 / OTDS / AMS / De minimis 개도국 / 36.7 / 30 / 33.3 • BB한도: '95-'00년 또는 '95-'04년 평균 농업총생산액의 5%

자료: 농림수산식품부, DDA/FTA 농업협상동향, 2008.

나. 국내보조(domestic support)

국내보조에 대해서도 감축방안을 제시하고 있다. 선진국의 경우 무역
왜곡보조총액(Overall Trade-Distorting Domestic Support: OTDS)의 경우 단
계별 감축방안을 사용하여 감축하도록 하고 있다. 기준 OTDS가 600억 달
러를 초과하는 경우(EU의 경우에 해당됨) 80%를 감축하고 100억 달러 초
과 600억 달러 이하인 경우(미국과 일본이 해당됨) 70%를 감축하기로 하
되 두 경우 모두 초기연도에 1/3을 감축하고 그 이후 5단계를 통해 균등
하게 감축하는 안이 제시되어 있다. 한편 기준 OTDS가 100억 달러 이하
인 경우 55%를 감축하되 초기연도에 25%를 감축하고 나머지를 균등하
게 다섯 단계를 거쳐 감축하는 안이 제시되어 있다. 한편 개도국의 경우
OTDS는 2/3를 감축하도록 되어 있다.

또한 감축대상보조(AMS)와 최소허용보조(De Minimis)의 경우에도 선
진국과 개도국간의 차별적인 감축폭이 제시되고 있다.

3) 제 9차 발리 WTO각료회의 및 제10차 나이로비 WTO각료회의 결과[14]

2013년 12월 인도네시아 발리에서 개최된 제 9차 WTO 각료회의를
통해 무역원활화, 농업, 개발 및 최빈개도국, 면화 등 4개 분야의 10개 의
제에 대하여 이른바 발리 패키지를 도출하는 데 성공하였다. 이 중 농업
분야에 대한 내용은 다음과 같다.

먼저 UR 농업협정문상 허용대상보조인 정부의 일반서비스에 '농촌개
발과 빈곤퇴치 목적의 토지개혁 및 농촌생계보장(Land Reform and Rural
Livelihood Security)'과 관련된 6개의 정책(① 농지개량, ② 토양보전 및 자원
관리, ③ 가뭄관리 및 홍수통제, ④ 농촌고용정책, ⑤ 소유권발행, ⑥ 농민정착정
책)을 추가하였다. 이에 따라 기존 일반서비스 보조로 분류가 불분명했던
홍수통제나 가뭄관리, 토양보전 등이 보조가 앞으로는 명백한 허용보조로
인정받을 수 있게 되었다.

식량안보 목적의 공공비축에 관한 합의도 도출되었다. 농업보조금은

---

14) 보다 자세한 내용은 서진교 외(2014), 『포스트 발리 DDA 협상의 전개방향 분석과 한
국의 협상대책』 및 서진교 외(2016), 『글로벌 통상환경의 변화와 포스트 나이로비 다
자통상정책 방향』을 참조.

개도국보다는 선진국의 이해가 걸린 사안이다. 일반적으로 개도국은 자국 농업에 보조금을 지불하는 것이 아니라 오히려 세금(예: 농산물 수출세)을 부과하는 마이너스 보조정책을 운용하고 있다. 이 때문에 UR 농업협상 당시 대부분의 개도국은 선진국이 감축보조(AMS)를 얼마나 감축할지에만 관심을 두었다. 그 결과 자국의 감축대상 농업보조(AMS)는 없는 것으로 WTO에 통보하였다. 그러나 통보된 감축보조는 관세에서 양허와 동일한 의미를 갖는다. 즉 향후 지급할 수 있는 감축보조의 최대상한이 되어 감축보조가 없다는 것은 곧 향후 지급할 수 있는 감축보조 상한이 0이 되고 결국 향후 감축보조정책을 운용할 수 없다는 의미가 된다. 이에 따라 UR 협상 당시 감축보조가 없다고 통보한 대부분의 개도국은 UR 이후 최소허용보조(DM: De Minimis)[15) 한도 이내에서만 감축보조를 운용해 왔다. 그러나 개도국의 경제가 성장하면서 다양한 이유에서 농업 부문에 가격지지와 같은 감축보조정책을 운용할 필요성이 점차 확대되었다. 특히 식량안보와 관련하여 공공비축제도는 대개 정부가 설정한 관리가격 또는 지지가격으로 곡물을 매입하는 경우가 많아 감축보조로 분류되고, 따라서 최소허용보조 한도 내에서만 운용되어 개도국으로서는 농정 운용에 큰 제약을 받았다. 문제는 2007~08년 세계적인 곡물가격 급등으로 발생하였다. 공공비축운용에 따른 관리가격이나 지지가격도 같이 상승하였고, 이에 따라 개도국들의 감축보조도 증가하여 최소허용보조 수준을 초과한 사례가 발생한 것이다. 즉, 감축보조 계산방식이 국내 관리(지지)가격과 외부 참고가격과의 차에 정책에 의해 영향을 받는 생산량을 곱하는 것으로 되어있는데, 국내 관리(지지)가격이 상승함에 따라 감축보조도 자동적으로 증가하게 되었던 것이다. 이에 따라 개도국은 식량안보 목적의 공공비축제도를 운용할 경우 관리가격으로 수매를 하더라도 이를 감축보조 계산에서 제외해야 한다고 주장하였다. 이후 G20가 아프리카 그룹의 제안을 기초로 '개도국의 식량안보를 위한 공공비축보조의 허용화'를 주장하였

---

15) 최소허용보조는 모든 회원국에 적용되는 것으로 비록 감축보조라 할지라도 그 지급 규모가 적어 감축의무를 면제해 준 보조를 말한다. 감축의무면제 기준은 농업 총생산액 또는 개별품목 생산액의 10%(선진국은 5%)이다. 따라서 개도국의 경우 설령 감축보조가 없다고 통보했어도 생산액의 10% 이내에서 감축보조를 지급할 수 있다.

다. 결국 공공비축보조 허용화 문제는 2008년 농업 모델리티 4차 의장수정안에 "개도국의 저소득 또는 자원빈곤을 해소하기 위한 공공비축의 경우 해당 비용은 감축보조 계산에 산입시킬 필요가 없다"는 형태로 포함되었고, 이후 이 문제는 더 이상 특별하게 논의되지 않았다.

그러던 것이 2012년 인도가 G33 내부 논의에서 이 문제를 제기하여 발리 패키지 내용에 포함시키면서 다시 논의되기 시작하였다. 인도가 이 문제를 다시 꺼낸 데에는 공공비축보조 운용과정에서 인도의 감축보조가 한도를 초과할 우려가 있었기 때문인 것으로 추측된다. G33 국가들은 식량안보목적의 공공비축을 제시하고 4차 의장수정안에 이미 들어 있던 내용으로 당시 논란이 없었기 때문에 안정화된 의제라고 주장하면서 발리 패키지의 하나로 적극 주장하였다. 그러나 선진국들은 식량안보목적의 공공비축보조를 허용할 경우 식량재고가 증가하여 덤핑수출로 이어지고, 결국 국제무역을 왜곡할 것으로 보고 이를 강력히 반대하였다. 이에 G33는 대안으로 공공비축보조의 감축보조 한도초과 문제를 해소하기 위해 다음과 같은 4가지 안을 제시하였다.

① 개도국 최소허용보조(DM)의 상향 조정: 기존 생산액의 10%에서 20%로 조정

② 공공비축보조 계산 시 외부참고가격의 기준기간 변경: 기존 1986~88년 평균에서 최근 3개년 평균으로 조정

③ 대상 생산량을 기존 생산량에서 해당 수매량으로 조정

④ 관리(지지)가격 계산 시 관련 운송비 등 제반 비용을 제외한 농가 수취가격을 사용

그러나 최소허용보조의 상향 조정이나 외부참고가격의 조정은 WTO 농업협정문의 근본정신을 훼손하는 것으로 선진국의 반대가 심하였다. 이에 지나친 인플레이션을 반영하여 관리가격을 조정해야 된다는 다른 제안이 제시되었으나, 결국 근본적인 해법 대신에 잠정적으로 UR 농업협정문에 명시된 평화조항(peace clause)[16]을 이용하자는 방향으로 의견이 모

---

16) 평화조항은 특정 이슈에 대하여 WTO 회원국 상호간 문제를 제기하지 않기로 합의하는 것으로 공공비축보조에 대하여 평화조항을 이용하기로 했다는 것은 공공비축보조가 보조상한을 초과하여 WTO 규정에 위배되어도 이를 이유로 분쟁해결절차에 소를

아졌다.

발리 각료회의에서 쟁점은 평화조항의 적용 기간에 관한 것이었다. 당초 발리 각료회의 직전에 인도는 2017년까지 평화조항을 적용하되 그때까지 항구적인 해법을 마련하기 위해 노력한다는 것에 잠정 합의하였다. 그러나 인도가 이를 번복하고 항구적인 해법이 마련될 때까지 기한에 관계없이 평화조항을 적용할 수 있어야 한다고 주장하면서 발리 각료회의는 결렬 위기를 맞았다. 그러나 마지막 순간에 미국이 인도의 요구를 수용하고 대신 인도도 무역원활화에서 기존의 반대 입장을 철회하여 극적으로 합의가 이루어졌다.

식량안보용 공공비축에 대한 발리 패키지의 내용은 다음과 같다. 식량안보용 공공비축보조에 대한 평화조항 적용은 항구적 해법이 마련될 때까지로 하되 WTO의 일반보조금협정은 그대로 적용된다. 적용대상 품목은 '전통적 주식'으로 한정되며, 기존 공공비축정책에 한정하되(신설되는 정책에는 적용되지 않음) 다른 회원국의 식량안보에 부정적 영향을 주지 않아야 된다는 단서조항 등이 있다.

발리 패키지의 식량안보용 공공비축에 대한 잠정조치는 그동안 인도가 주장해 온 대부분의 내용이 그대로 반영되어 결과적으로 인도가 원하는 방향으로 타결되었다고 해도 과언이 아니다. 그러나 새로운 정책이 아니라 이미 존재하던 정책에 한해, 그것도 엄격한 적용 요건과 보조금협정 위반 시 제소 가능성 등을 고려할 때 인도 외에 동 잠정조치를 활용할 수 있는 개도국은 아주 극소수에 지나지 않을 것으로 보인다. 한편 식량안보용 공공비축을 위해 그동안 가장 무역왜곡적인 정책으로 평가받던 가격지지정책을 발리 패키지에서 비록 잠정적이긴 해도 예외로 인정해 주었다는 점에서 WTO 농업협정의 원칙 훼손의 의미와 연계된다. 그러나 반대로 그만큼 개도국의 식량안보가 정치·경제적으로 중요한 문제라는 것이 WTO 다자차원에서 충분히 각인된 의미도 있다.

우리나라는 2005년에 추곡수매제를 폐지하고 공공비축제도를 도입하면서 이미 WTO 규정에 맞게 공공비축미를 시장가격으로 구매·방출하고

제기하지 않는다는 의미이다.

있어 사실상 동 조항의 혜택은 보지 못할 것이다. 아울러 쌀에 대한 소득
보전직불제도를 도입했으며, 2005년 이후 동 보조액이 감축보조상한을 초
과한 적이 없기 때문에 동 제도를 활용할 여지는 사실상 없다고 판단된
다. 다만 향후 식량안보용 공공비축제도의 항구적 조치 마련 시 우리나라
의 상황을 고려한 대응은 생각해볼 수 있을 것이다.

TRQ(Tariff Rate Quota)의 기원은 UR 농업협상까지 올라간다. UR농업
협상 당시 관세화에 대응하여 생긴 최소시장접근(MMA)과 현행시장접근
(CMA)이 UR 이행과 함께 TRQ로 합쳐졌다. 그러나 UR 농업협상 당시에
최소시장접근이나 현행시장접근 물량 자체를 설정하는 데에만 신경을 써
서 정작 TRQ 운용에 필요한 관리방식에 대해서는 구체적인 논의가 없었
다. 이에 따라 WTO 회원국은 다양한 방식으로 TRQ를 관리·운용해 왔으
며, TRQ 수입에 적용되는 관세가 매우 낮음에도 불구하고 국가별로 그리
고 같은 국가라도 품목별로 TRQ 소진율은 큰 차이를 보였다. 결국 수출
국은 낮은 TRQ 소진율이 수입국의 자의적인 TRQ 관리에 주요 원인이 있
다고 보고, 이에 대한 규율을 만들어야 한다고 주장해 왔다. 이러한 논의
흐름은 2004년 기본골격 합의문에서 TRQ 관리방식의 개선으로 이어졌고,
2008년 농업 분야 모델리티 의장수정안에서 구체화되었다. 이후 브라질이
발리 각료회의 조기수확의제로 TRQ 관리방식의 개선을 제시하면서 발리
패키지의 하나로 부상하였다. TRQ 관리 개선은 수출입국간에 큰 이견 차
이가 없이 의장수정안에 포함되어 있었기 때문에 발리 각료회의에서도
합의도출이 어렵지 않을 것으로 예상되었다. 그러나 막상 회의에서는 개
도국 우대를 놓고 미국과 중국이 마지막까지 대립하는 바람에 양국이 상
호 절충하여 최종 합의에 도달할 수 있었다. 발리 패키지의 농산물 TRQ
관리는 관리 절차 간소화를 위해 TRQ관리를 WTO의 수입허가절차협정상
수입허가로 간주하여 다양한 의무를 부과하고 있다. 예를 늘면 TRQ 개시
90일 전까지 관련 정보를 공표하고 TRQ 신청기관을 1개 기관으로 제한
함과 동시에 TRQ 신청 처리기간을 30~60일 이내로 제한하여 보다 신속
한 TRQ 처리를 강제하고 있다. 그러나 TRQ 관리개선의 핵심은 TRQ 소
진율 제고를 위해 미소진 메커니즘을 도입한 점이다. 즉 수입국은 미소진
TRQ가 발생하지 않도록 필요 이상의 행정절차를 철폐하고, 그럼에도 미

소진이 발생했을 경우 현행 TRQ 관리방식을 보다 시장지향적인 선착순 또는 비조건부 허가방식(automatic, unconditional license-on demand)으로 변경하는 것이 미소진 메커니즘의 핵심 내용이다. 여기서 비조건부 허가방식이란 허가제도를 유지는 하되 허가권 발급에는 어떠한 조건이나 제한을 두지 않고 신청 즉시 발급하는 방식으로 사실상 선착순 방식과 다름없다. TRQ 관리개선은 설정된 TRQ를 최대한 효과적으로 활용하여 시장접근을 개선하기 위한 것으로 수출국의 이익을 확보하는 수단으로서 의미가 크다. 특히 TRQ 소진율과 운용 현황을 매년 WTO에 보고하는 의무가 있기 때문에 이를 운용하는 입장에서 추가적인 행정부담이 아닐 수 없다. 반면 지금까지 TRQ 수입에 적용되었던 다양한 무역제한적인 조치들이 축소되고 그 운용이 투명해졌다는 점에서 무역자유화를 위해서 진일보한 조치라고 볼 수 있다.

WTO 회원국 가운데 현재 TRQ 제도를 운용하는 국가는 약 50개국이다. TRQ 소진율이 비교적 높은 국가는 브라질, 호주, 스위스, 캐나다 등이며 미국, EU, 일본, 노르웨이 등의 TRQ 소진율이 상대적으로 낮다.[17]

수출경쟁과 관련한 합의도 도출되었다. 농산물 수출보조금은 이미 지난 UR 농업협상을 통해 선진국은 6년간 금액기준으로 36%, 물량 기준으로 21%를 감축하기로 하였다(개도국의 경우는 10년간 금액기준으로 21%, 물량기준으로 14%를 감축). 이후 2005년 홍콩 각료회의에서 선진국은 2013년까지 개도국은 2016년까지 농산물 수출보조를 완전 철폐할 것을 합의하였으며, 이 내용은 2008년 농업부문 모델리티 의장수정안에도 그대로 포함되어 있다. DDA 협상의 진전이 늦어지면서 2013년이 다가오자 농산물 수출보조금 철폐문제는 다시 수면 위로 부상했다. 대부분의 국가는 농산

---

17) 우리나라는 TRQ 소진율이 평균 61%이다. 최근 5년간 TRQ 소진율이 평균 65%(미소진 메커니즘 적용의 기준 소진율) 미만인 품목도 일부 존재하지만 이러한 품목에 대해서는 이미 선착순이나 비조건부 허가제가 운용되고 있어 TRQ 관리개선이 우리나라에 별다른 부담을 주지는 못할 것으로 예상된다. 다만 TRQ 제도와 관련된 정보의 공표나 투명성 제고를 위해 일부 농축수산물 수입 관련 고시의 보완이 필요한 부분은 있다. 예를 들어 호밀이나 귀리, 옥수수, 수수 등의 종자용 곡물은 TRQ 관리대상에서 제외하거나 또는 선착순으로 제도를 바꾼다고 해도 수입이 증가하거나 국내 농산업에 주는 부정적 영향은 거의 없을 것으로 보인다.

물 수출보조 철폐는 이미 2005년 홍콩 각료회의의 위임사항이므로 발리 각료회의 조기수확 패키지에 포함해야 한다는 입장이었다. 이에 브라질이 G20를 대표하여 4차 의장수정안에 기초해 선진국만 2013년까지 수출보조의 50%를 감축하자는 제안을 하였다. 그러나 선진국만의 의무 규정에 대하여 미국과 EU 등 선진국이 반발할 것을 우려하여 개도국도 2016년까지 수출보조의 25%를 감축하는 수정제안을 하였다. 그러나 이러한 수출보조의 감축에 EU가 강하게 반발하였다. EU는 2005년 홍콩 각료회의에서의 수출보조금 철폐 결정은 국내보조 및 시장접근과 함께 다른 의제에서 합의 도출을 전제로 한 것이기 때문에, 현상태에서 수출보조금만 감축하는 것은 적절치 않다고 항변하였다. 이에 대해 아르헨티나는 발리 각료회의 마지막 날까지 법적 구속력을 갖는 수출보조금의 철폐를 요구하였으나, 결국 수출보조금 철폐의 필요성을 재확인하는 법적 구속력이 없는 수준에서 합의가 이루어졌다. 발리 패키지 수출경쟁의 주요 내용은 수출보조 및 수출보조와 동일한 효과를 갖는 모든 수출조치가 철폐되어야 한다는 2005년 홍콩 각료결정을 재확인하고 향후 이러한 수출조치를 최대한 자제하는 것으로 되어 있다. 아울러 수출경쟁이 포스트 발리 작업계획에 있어 우선순위임을 확인하고 그 구체적인 진전을 위해 적극적으로 작업을 지속하는 내용으로 되어 있다. 이에 따라 수출경쟁 관련 투명성을 강화하고, 부속서에 제시된 수출보조 이외 수출신용 및 수출신용보증 또는 수출보험 프로그램, 식량원조, 농업 수출국영무역기업 관련 질의 양식에 합의하였다. 특히 농업위원회에서 수출경쟁 관련 진전 사항을 논의하고 2015년 제10차 각료회의에서 수출경쟁에 관한 이러한 상황을 재검토하기로 하였다.

2015년 12월에는 케냐 나이로비에서 열린 제10차 WTO 각료회의를 통해 농산물 수출보조금 철폐와 개발 등 일부 의제에서 나이로비 패키지로 불리우는 각료합의를 도출하는 최소한의 성과를 거두었다.

WTO 회원국들은 아프리카 대륙에서 처음 열리는 각료회의라는 점과 2016년 미국의 대선을 비롯한 주요회원국의 정치적 상황으로 인해 DDA의 실질적 진전이 어려울 것이라는 점을 인식하여, 나이로비 각료회의에서 최소한의 성과도출이 필요하다는 데 공감대가 형성되었다. 특히 미국이 나이로비 각료회의의 가능한 성과물로 ⅰ) 농산물 수출보조, ⅱ) 개발 및 최빈개도국(LDC: Least Developed Countries) 이슈, ⅲ) 투명성 등을 제시하면서 각료회의 성과물 논의가 본격화되었다. 이에 G33은 ⅳ) 개도국 특별세이프가드 조치(SSM: Special Safeguard Mechanism), ⅴ) 식량안보용 공공비축보조 등의 이슈를 제시하였으며, 아프리카 개도국그룹인 G90도 ⅵ) 개도국 우대를 중심으로 한 개발관련 제안을 추가하였다.

이에 따라 2015년 하반기 DDA협상은 위에서 언급된 이슈를 중심으로 나이로비 각료회의 성과도출에 집중되었다. 이로써 나이로비 각료회의는 발리 각료회의와 마찬가지로 농업 분야 시장접근(관세감축과 TRQ)과 국내농업보조 감축, 그리고 NAMA 관세감축 등과 같은 핵심 쟁점은 논의에서 제외되었으며, 상대적으로 이견이 적은 이슈를 중심으로 소규모 패키지를 만드는 방향으로 전개되었다. 한편 미국은 이때부터 나이로비 성과물에 대한 입장 표명과 함께 나이로비 각료회의 이후 DDA협상 지속에 대해 부정적 입장을 표명하였으며, 이에 개도국들이 강력하게 반발하였다. 미국은 현재와 같은 방식으로 협상을 계속하는 한 핵심 쟁점에 대해 합의를 도출하는 것은 사실상 불가능하며, 따라서 현재와 같은 형식적인 협상을 계속하기보다 나이로비 각료회의에서 DDA 종료를 선언하고 새로운 아이디어로 협상을 추구해야 한다고 주장하였으며, 이에 일본 등 선진국들이 동조하였다. 그러나 중국, 인도 등 개도국들은 지금까지 협상을 통해 DDA가 나름 성과를 거두어왔기 때문에 나이로비 각료회의 이후에도 DDA협상이 계속되어야 한다는 입장이었다.

농업수출경쟁에서 미국은 농산물 수출보조의 완전철폐를 주장한 반면, 그 외 수출신용과 식량원조 규제에는 반대하는 입장이었다. 이에 대해 EU와 브라질 등은 수출보조 철폐 이외 수출보조와 유사 효과를 가지고 있는 수출신용이나 수출국영무역도 규제가 필요하다는 입장으로 미국과 다른 입장을 유지하였다. 한편 개도국은 수입국을 제외하고 대체적으로 수출보조의 철폐에 찬성하였다.

농업부문 SSM은 G33이 수입급증에 대비한 구제수단으로서 반드시 필요하다고 주장하였으나, 선진국이나 수출개도국은 관세철폐 등 시장접근이슈가 논의되지 않는 상황에서 시장접근분야 이슈의 하나인 SSM을 각료회의 성과물로 채택하기는 불가하다는 입장을 견지하였다.

농업 식량안보용 공공비축보조에서 인도는 각료결정문에 공공비축보조의 영구적 해법 등이 포함되어야 한다고 주장하였으나 여타 회원국들은 시간 관계상 이를 포함시키기는 쉽지 않을 것이라는 반응을 나타내었다.

농산물 수출경쟁(Export Competition)은 ⅰ) 수출보조, ⅱ) 수출신용, ⅲ) 수출국영무역, ⅳ) 식량원조 등 4개의 이슈로 구분된다. 지난 2005년 홍콩 각료회의에서 수출보조 철폐시한으로 선진국은 2013년, 개도국은 2016년까지 수출보조를 철폐하기로 합의한 바 있다. 다만 수출보조 철폐는 DDA 전 분야 타결을 전제조건으로 하고 있어, 다른 협상 분야에서 합의가 도출되지 않자 자연 수출보조 철폐이행도 뒤로 미루어지게 되었다.

2008년 농업 분야 모델리티 4차 의장수정안(Rev.4)은 홍콩 각료선언을 따라 선진국은 2013년, 개도국은 2016년까지 수출보조를 철폐하되, 선진국에 한해 2010년 말까지 먼저 50%를 감축하고 이어 나머지 50%를 2013년까지 균등 감축하는 것으로 되어 있다. 발리 각료선언에서는 법적 구속력이 없이 수출보조금 철폐의 필요성을 재확인하는 선에서 합의가 이루어진 바가 있다. 나이로비 각료회의 직전까지 제네바차원의 논의에서 미국은 수출보조의 즉시 철폐를 주장하였으며, 이에 스위스와 노르웨이 등이 즉시 철폐는 어려우며 일정한 유예기간이 필요하다는 입장이었다. 대부분의 개도국은 개도국 우대를 전제로 미국의 입장에 가까운 경향을 보였다. 한편 EU와 브라질은 수출보조 철폐시한으로 선진국 2018년, 개도국 2021년을 제시하면서 수출보조 이외 이와 동일한 시장왜곡효과를 가지고 있는 수출신용과 수출국영무역도 규제해야 한다고 주장하였다. 이에 따라 당초 수출보조 철폐기간 중심으로 진행되던 논의가 수출신용 및 수출국영무역, 식량원조 등 농산물 수출경쟁 분야 전체 이슈로 확대되었다.

나이로비에서 최종 합의는 미국 주장을 기초로 선진국은 수출보조를 즉시 철폐하되 일부 선진국의 어려움을 반영하여 가공농산물 및 유제품, 돼지고기 등에 한해 일정 요건하에[18] 2020년까지 예외를 인정하는 것으로 되어 있다. 개도국은 선진국 보다 3년을 연장하여 2018년 말까지 수출

---

18) 일정 요건이란 다음의 4가지 조건을 의미함.

보조를 철폐하되 농업협정문 9.4조의 수출물류비 보조는 이보다 5년을 연장한 2023년까지 말까지 철폐하는 것으로 되어 있다.

농산물 수출신용에서 쟁점은 수출보조와 동일한 효과를 갖는 수출신용의 최대 상환기간(maximumrepayment term) 및 자생기간(self-financing)[19]을 얼마만큼 인정할 것인지였다. 2005년 홍콩각료선언에서 비록 합의되지는 않았지만 수출신용의 최대 상환기간을 180일(6개월) 이하로 하자는 데 의견이 모아졌으며, 해당 정책이 자생적이어야 한다는 데는 합의가 이루어졌다. 2008년 농업 분야 4차 의장수정안(Rev 4)은 2005년 홍콩각료회의 정신에 따라 수출신용의 최대 상환기간을 180일(6개월)로 그리고 자생기간을 4년으로 규정하고 있다.

그러나 미국은 이러한 4차 의장 수정안에 대해 강한 불만을 가지고 있었다. 현재 미국이 운용하고 있는 수출신용정책의 최대 상환기간은 18개월이기 때문에 미국은 나이로비 각료회의에서 수출신용이 거론되는 것 자체에 불만을 가지고 있었으며, 자국의 기존 정책운용에 영향을 줄 수 있는 어떠한 제안이나 합의도 수용할 수 없다는 강력한 입장을 표명해왔다. 이에 나이로비 각료회의 직전까지 제네바에서의 회의는 미국의 강한 반발로 인해 진전이 없었으며, 이에 EU와 브라질이 미국의 입장을 감안해 일정한 조건(예: 최소할증률 부과)하에 상환기간을 270일(9개월)로 연장하는 대안을 제시하기도 하였다.

나이로비 각료회의에서는 수출신용의 최대 상환기간으로 18개월을 설정하되 선진국은 2017년 말부터 개도국은 2020년 말부터 적용하는 것으로 되어 있다. 특히 자생기간은 특별한 기간을 명시하지 않은 채 현행 WTO의 보조금 및 상계관세조치 부속서 1의 예시리스트 (J)의 규정에 따

ⅰ) 2016년 1월 1일부로 최빈개도국(LDC)으로 향하는 상품에 대한 수출보조를 철폐할 것

ⅱ) 나이로비 각료결정이 채택되기 이전 3개년 중 최소한 한 번은 해당 품목 수출보조를 WTO 농업위원회에 통보한 적이 있을 것

ⅲ) 수출보조 물량은 2003~05년 평균 수준을 초과하지 않아야 할 것

ⅳ) 신규 품목이나 신규 시장에 대한 수출보조를 지급하지 않을 것

19) 자생기간(self financing)이란 수출신용제도나 정책의 운용에 필요한 자금을 자체적으로 충당하지 못한 채 해당 정책(제도)을 운영할 수 있는 기간을 의미하는 것으로, 이 기간이 길면 길수록 무역왜곡효과가 커진다고 볼 수 있다.

라야 하며, 장기 운용비용과 손실을 충당할 수 있어야 한다는 내용을 둠으로써 미국의 입장이 전적으로 반영된 합의문이 만들어졌다. 한편 개도국은 우대조치를 인정받아 2016년부터 4년간 단계적으로 이행하되, 2016년에 시작하는 새로운 수출신용의 경우 최대 상환기간으로 36개월을 초과할 수 없으며, 2017년도 신규 수출신용의 경우는 27개월, 2020년부터는 최대 상환기간이 18개월로 적용된다. 단 최빈개도국이나 식량순수입개도국(NFIDC)이 기초식량을 취득할 목적인 경우는 최대 상환기간으로 36～54개월 적용이 인정된다.

농산물 수출 국영무역에 대한 논의는 수출 독점력을 이용하여 수출보조효과를 갖는 국영기업을 규제하기 위한 것으로, 수출 국영무역기업을 가지고 있는 호주나 캐나다 등이 방어적 입장이며, 최근 중국도 자국내 국영기업 활동의 위축을 우려하여 이에 대한 강한 규제에 반대해왔다. 홍콩 각료선언은 수출 국영무역기업의 독점력이 우회적인 수출보조로 활용되지 않도록 적절한 규제가 필요하다는 선언적 내용으로만 되어 있다. 농업 분야 4차 의장수정안(Rev 4)은 수출국영기업에 대한 수출보조나 수출신용, 또는 국영기업운영 관련 정부의 직간접 보조나 지원을 2013년까지 철폐하도록 되어 있다. 수출국영기업에 대한 논의는 독점력 규제에 관해 중국이 민감하게 반응하는 한편 여타 회원국의 논의도 부진하여, 결국 '농산물 수출국영기업의 수출독점력이 무역왜곡효과를 최소화하고 여타 회원국의 수출을 대체하거나 저해하지 않도록 최선을 다한다'는 법적 구속력이 없는 선언적 수준에서 합의문이 작성되었다.

농산물 식량원조는 식량원조가 자칫 우회수출 보조화되는 경우를 방지하기 위한 논의로, 쟁점 중의 하나인 현금화는 미국의 입장을 반영하여 특정한 경우 현금화를 용인하는 내용으로 합의문이 만들어졌다. 홍콩 각료선언은 식량원조의 중요성을 인식하되 동시에 우회수출보조로 활용될 수 있는 현물원조, 현금보조, 재수출 등에 대해서는 적정한 규제가 필요하다는 내용으로 되어 있다. 농업 분야 4차 의장수정안(Rev 4)은 식량원조의 우회수출 보조를 방지하기 위해 다양한 규제를 도입하고 있다. 나이로비 각료회의에서는 식량원조의 현금화 금지를 강력히 반대한 미국의 입장을 감안하여 현금화 자체를 금지하지 않는 대신, 현금화가 요구되는 상황에서만 이를 사용하되 사전적으로 현금화 영향을 고려하는 선에서 합의문이 도출되었다. 즉 식량원조의 현금화(monetization)는 유통·수송 등의 목적으로 명백히 필요한 경우에 한해, 또는 최빈개도국/식량순수입개도국의 만성기아 및 영양부족을 야기하는 불충분한 농업생산이나 장단기 식량부족을 보전하기 위해 사용되는 경우로 제한되었고 또한 현금화 시행 이전에 모든 현금화된 식량원조에 대해 관련 지역시장 조사를 수행하도록 되어 있다.

개도국 특별 세이프가드 조치(SSM)는 현행 UR 농업협정문상 농산물 긴급수입제한조치(SSG: Special Safeguard)를 활용할 수 없는 개도국들이 새롭게 도입한 무역구제조치로, G33이 각료결정에 포함시키고자 노력했으나 결국 향후 지속적으로 논의한다는 내용에 그쳤다. SSM은 농산물 수입 급증 시 일시적으로 수입관세를 올릴 수 있는 무역구제조치로 DDA 논의과정에서 개도국에만 허용하기로 합의한 바 있다. 그러나 2008년 7월의 제네바 잠정합의를 깨뜨린 주요 원인이기도 한 SSM은 그동안의 논의에서 추가로 부과할 수 있는 관세의 크기를 놓고 수출국과 수입국이 대립해왔다. 2008년 12월 4차 의장수정안(Rev 4)은 SSM은 모든 농산물에 대해 적용하되 추가관세의 크기로 최대 50%p, 또는 당시 양허관세의 50%로 한다는 것을 주요 내용으로 하고 있다. 하지만 나이로비 각료회의 직전까지 제네바에서의 SSM 논의는 G33과 수출국이 첨예하게 대립하는 형국이었다. G33은 무역구제조치로서 수출경쟁과 균형을 맞추기 위하여 각료선언에 SSM의 도입이 불가피하다고 주장했으나, 선진국과 수출개도국은 이번 각료선언에서는 농산물 수출경쟁 분야만을 논의하기로 합의했기 때문에 시장접근 분야 요소인 SSM을 각료선언에 포함시키는 것은 불가하다는 입장을 견지하였다. 이에 G33은 Rev.4에서보다 대폭 완화된 수정을 제안하면서 각료선언에 SSM을 포함시킬 것을 주장하였다. 나이로비 각료회의 G33이 SSM의 필요성을 강조했으나 결국 선진국 및 수출개도국의 반대에 막혀 향후 농업위원회의 특별세션에서 SSM에 관한 협상을 계속한다는 선에서 합의문이 만들어졌다.

식량안보용 공공비축보조는 미국과 인도의 합의로 발리 각료회의 및 2014년 11월 일반 이사회에서 항구적 해법을 마련하기로 합의된 바 있다

(단 항구적 해법이 마련되기 전까지는 평화조항에 의하여 WTO에 제소하지 않기로 하였다). 인도는 식량안보용 공공비축보조의 항구적 해법마련을 요구했으나 지금까지의 논의추이를 감안할 때 각료회의에서 이를 도출하기는 불가능하다는 점을 이해하고 SSM과 마찬가지로 항구적인 해법마련을 위해 노력함과 동시에 향후 특별세션에서 논의하되 기존 농업협상과 구분되도록 신속히 진행한다는 선에서 타협하였다.

면화 문제는 당초 최빈개도국(LDC) 이슈 중 하나로 거론되었으나, 각료회의 과정에서 농업부문에 포함되어 국내보조를 제외한 무관세 무쿼터 및 수출보조 철폐가 합의되었다. 면화 문제는 그동안 미국이 면화의 국내보조 감축을 어려워해 진전이 없었으나, 아프리카 대륙에서 열린 이번 각료회의에서 미국이 반대하는 면화 국내보조감축 문제를 논의에서 제외하기로 하자 회원국간 특별한 이견없이 비교적 수월하게 합의문이 만들어졌다. 면화의 시장접근에서는 선진국과 역량 있는 개도국이 최빈개도국에서 생산·수출된 면화에 대해서 2016년부터 무관세 무쿼터를 부여하는 것으로 되었다. 그러나 면화 국내보조는 미국을 의식하여 국내 면화보조 정책의 개혁을 위해 노력하고 WTO 농업위에서 그를 검토하는 선언적 의미의 내용에 그쳤다. 수출경쟁에서는 면화 관련 수출보조, 수출신용 등을 즉시 철폐(단 개도국은 2017년부터 이행)하기로 하면서 면화 문제는 나이로비 각료회의를 통하여 국내보조 문제만 제외하고 모두 해결되었다.

2017년 12월 아르헨티나의 부에노스아이레스에서 개최된 제11차 WTO 각료회의에서도 농업분야의 식량안보용 공공비축 보조 등에 관한 논의가 있었으나 별다른 합의에 이르지 못하였고 다른 분야에 있어서도 회원국들이 의제별로 기존의 입장만 되풀이함에 따라 성과 없이 끝나게 되었다.

4) 쌀 협상의 결과

한국은 DDA협상과는 별도로 쌀에 대한 관세화유예와 관련한 협상을 관련국들과 진행하였다. 이는 우루과이라운드 합의에 따라 쌀에 대한 관세화유예 연장여부를 2004년중 협상을 개시하여 종료하도록 되어 있었기 때문이다. 한국은 2004년 1월 20일 WTO에 협상개시를 통보하였고, 이에

| 표 Ⅲ-1-12 | **주요 쟁점별 2004년 쌀 협상 결과**

예외조항	협상 결과
TRQ 증량	- 2005년 225,575톤에서 2014년 408,700톤으로 증량
유예기간	- 2005-2014년까지 10년간 유예 - 언제든지 관세화 가능
수입방식	- 전량 국영무역 유지 - 소비자 시판물량은 2005년 수입량의 10%에서 2010년 이후 30%로 증량
TRQ 배분	- 기존물량은 미국, 중국, 태국, 호주에 배분 - 추가물량은 최혜국대우 방식으로 운영

자료: 박지현(2005), p. 43 참조.

따라 관련국들과 협상을 벌였다. 협상에 실제로 참여한 국가는 미국, 중국, 태국, 호주 등 9개국이었다. 그 결과 한국은 쌀 관세화유예 연장을 결정하였으며, 2004년 12월 쌀 관세화유예 연장을 위한 이행계획서(country schedule) 수정안을 WTO사무국에 통보하였다.

여기서 합의된 주요 내용은 다음과 같다. 첫째로 시장접근물량(TRQ)은 2005년 225,575톤(1988년-1990년 국내 소비량의 4.4%)에서 2014년 408,700톤까지 매년 균등하게 증량하게 되었다. 둘째로 관세화유예를 2005년부터 2014년까지 10년 연장하되, 이행기간중 언제든지 관세화로의 전환이 가능하도록 되었다. 셋째로 시장접근물량의 수입방식은 현행과 같이 전량 국영무역을 유지하도록 하되, 소비자시판 물량은 2005년중 시장접근물량의 10%에서 2010년 이후에는 30%까지 확대하도록 되었다. 넷째로 시장접근 물량 가운데 기존물량은 국별쿼터를 설정하고, 신규물량은 최혜국대우(MFN) 방식으로 운영하도록 합의되었다.

2004년 쌀협상에서 관세화 유예를 연장한 후 이를 2014년까지 지속할지 또는 조기에 관세화로 전환하는 것이 합리적인가에 대한 검토가 필요하게 되었다. 2004년 관세화를 유예를 연장한 이유는 당시 DDA협상의 농업분야에서 높은 수준의 시장개방이 논의 되는 등 대외여건이 불확실하였기 때문이었다. 하지만 DDA 농업협상이 지지부진해지고 협상이 타결되더라도 시장개방의 수준이 최초 논의 수준보다 낮아질 것으로 예상됨에 따라 2009년부터 농어업선진화위원화가 쌀 관세화 문제를 검토하기 시작하였다. 그러나 조기관세화에 대해 반대하는 주장과 쌀 직불제 개선에 대한 요구 등으로 인해 관세화에 대한 논의가 진전을 보이지 못하고 2014년까지 관세화유예를 지속하게 되었다. 그러나 2014년 관세화유예 종료 이후 관세화 유예 재연장 여부에 대한 근거가 없어 일부 현상유지론(Standstill)에도 불구하고 관세화 이행이 불가피하다는 대부분의 전문가 의견에 따라 2014년부터 정부주최 토론회 및 권역별 설명회와 공청회가 다수 개최되었다. 특히 관세화 유예 연장을 위해 의무수입물량을 추가적으로 증량할 경우 국내 쌀 산업에 대한 부정적 영향이 관세화보다 더 심각할 것으로 판단되어 한국정부는 2015년부터는 관세화를 시행하기로 결정하였다. 기존에 종량세 형태의 관세화로 전환한 일본 및 대만[20]과는 달리 한국은 종가세의 적용이 유리한 것으로 판단하여 2015년 1월 1일부터 적용할 513%의 관세를 2014년 7월 18일 공식발표하고 WTO 규정에 따라 이행 3개월 전인 9월 30일 수정양허표를 WTO에 통보하였다.

5) 향후 전망과 한국농업에의 영향

2008년 12월에 제출된 DDA농업협상 세부원칙 제4차 수정안은 한국의 입장에서 긍정적인 면과 부정적인 면을 동시에 포함하고 있는 것으로 평가되고 있다. 관세수준이 높은 품목에 대해 관세를 더 많이 감축하는 방식이 제시됨으로써 고관세 품목이 많은 한국에는 부정적인 영향을 많이 줄 것으로 전망되는 반면, 민간품목과 특별품목을 지정할 수 있도록 신축성을 부여한 부분은 긍정적으로 평가되고 있다.

그러나 앞에서도 설명한 바와 같이 관세구간의 수, 범위 및 구간 내 감축방식, 관세상한의 설정여부, TRQ 증량, 민감품목 및 특별품목의 범위와 신축성, 최소허용보조(de minimus) 감축 등 아직도 많은 부분에서 합의가 이루어지지 않아 그 영향이 어느 정도가 될지는 아직 판단하기 이르다.

위의 표에서 나타나는 바와 같이 한국의 농산물의 경우 고관세 품목

---

20) 일본과 대만은 관세화 유예에 관한 재협상을 허용받았지만 유예를 연장하지 않고 관세화로 전환하였는데 일본의 경우 유예기간인 6년보다 짧은 4년 경과 후 1999년 351.2 엔/kg, 2000년 이후 341엔/kg의 관세를 적용하기로 결정하였다. 허용유예기간보다 조기에 관세화를 시행함으로 인해 일본은 관세화 시점의 의무수입량을 76만 6천 톤 수준에서 멈출 수 있었다.

| 표 Ⅲ-1-13 | 우리나라의 주요 고관세 농산물 현황

관세 구간	품목수	주요 품목
120-250%	31	양파, 감귤, 낙농품, 천연꿀, 밤, 땅콩, 수삼
250-450%	42	보리, 옥수수, 감자, 고추, 마늘, 고구마
450-700%	20	대두, 녹차, 잣, 감자전분, 참깨, 녹두, 대추
700% 이상	30	인삼류, 매니옥, 곡물전분

자료: 임송수 외(2004), p. 15 등 참조.

이 상당수 존재한다. 물론 이들 품목의 한국농업에서의 중요성을 감안하면 불가피한 측면이 있을 수 있으나 향후 언제까지 이러한 고관세를 유지할 수 있을 지에 대해서는 의문이 제기되고 있다. 따라서 한국 농업의 구조조정을 감안한 농업정책도 도입되어야 할 것이다.

나이로비 각료회의 최대 성과인 농산물 수출경쟁에서의 합의 도출로 인해 우리나라도 일부 농산물 수출정책이 제약을 받게 되었다. 우리나라는 농산물 수출에 대해 직접적인 보조금을 지급하고 있지 않지만 개도국 우대에 의해 수출 농수산식품에 대해서 물류비를 지원하고 있으며, 이 금액은 연간 약 300억 원에 이르는 것으로 알려져 있다. 특히 우리나라 농수산식품 수출업체는 대부분 영세한 규모로, 수출물류비 지원을 수출의 중요한 요인으로 생각하고 있어 2023년까지의 단계적 철폐에 대비한 수출기업단위의 맞춤형 대책이 필요하다.

또한 기존의 DDA협상을 마무리하고 새로운 형태의 협상이 시작될 경우 기존 Doha 지침(mandate)은 일정 부분 변경이 예상되며, 이에 따라 개발 등 개도국우대에 있어서도 새로운 접근이 불가피할 것으로 판단된다. 특히 미국이 주장하는 경제발전 수준에 따른 의무부담 주장이 수출개도국들 사이에서 일부 호응을 얻고 있어 향후 개도국 세분화 논의가 진전될 가능성도 배제할 수 없다. 미국은 중국, 브라질 등을 구체적으로 거론하며, 이들 국가와 일반 개도국을 동일하게 취급할 수 없음을 언급하면서 특히 중국의 의무분담을 강조한 바 있다. 이에 중국 등 개도국들은 개도국 세분화에 강력히 반발하고 있으나, 한편으로 중국은 최근 WTO 가입국(RAM: Recently Acceded Members)의 개념을 내세워 RAM의 특별대우를 강조하고 있다. 개도국 세분화 논의가 구체화될 경우에 중국은 RAMs을 이용해, 인도는 최빈개도국 조항을 이용해 혜택을 유지할 수 있는 반면 우리나라는 적절한 대안이 없어 개도국지위 유지가 불가능할 경우에 대비한 대책이 필요하다. 특히 우리나라의 DDA 농업협상 대책은 그 대부분이 우리나라의 개도국지위 유지에 근거하고 있어 개도국지위 유지가 어려울 경우를 가정해 협상대책을 전면적으로 재검토할 필요가 있다. 아울러 개도국 세분화가 피할 수 없는 대세라면 이를 무조건적으로 반대하기보다 관련 논의에 적극 참여하여 우리의 입장을 적극 반영하는 전략도 준비해야 한다. 개도국지위 유지 실패에 따라 급진적인 선진국 의무를 이행하는 것 보다 개도국 졸업 유예기간 부여 등을 통해 부분적인 개도국 우대 활용과 같은 방안도 생각해 볼 수 있다.

3. FTA에서의 농산물협상

한국은 2002년 칠레와의 FTA협상 타결 이후 여러 국가와의 FTA를 체결해 왔다. 한국은 GATT 24조의 '실질적인 모든 무역'에 관해 시장개방을 추진해야 한다는 FTA의 기본원칙에 의거하여 농산물 분야도 FTA협상에 포함시키기는 하였지만 농업분야의 특수성을 고려해 주요 농산물에 대해서는 양허 제외 또는 부분적 개방의 원칙을 유지하여 왔다. 국내수요의 대부분을 수입에 의존하고 있거나 국내 영향이 적은 품목의 관세는 조기에 철폐하고 상대국의 관심품목에 대해서도 양허균형을 전제로 개방수준을 높여주는 방향으로 양허하였다. 한국이 타결한 FTA에서 농산물의 양허 수준은 다음 표와 같다.

다음의 표에서도 살펴볼 수 있는 바와 같이 초기에 타결된 한·칠레, 한·ASEAN 및 국내농산물시장의 주요 수출시장이 아닌 국가와의 FTA에서는 농업분야의 시장개방폭은 상당히 낮은 수준으로 다결되있나. 그러나 최근에 타결된 한·EU 및 한·미 FTA의 경우에는 상당히 높은 수준의 농산물 양허안이 합의되었다. 그 이유는 한국의 농산물 평균양허관세율이 63.8% 수준으로 미국의 11.8%에 비해 매우 높은 수준이었고 한국의 농산물 시장에 대한 높은 관심을 표명한 미국정부의 협상의지로 인해 상대적으로 높은 수준의 시장개방이 불가피하였으며 미국과의 협상결과와 동

| 표 Ⅲ-1-14 | 기체결 FTA의 우리나라 농산물 양허안 개요

구분	주요 내용
한·칠레 FTA (2004년 4월 발효) 1,432 품목	- 관세철폐 1,009(70.5%), 10년 초과 장기철폐 12품목 - 양허제외(쌀, 사과, 배 21 품목) - 계절관세: 신선포도(11-4월: 10년 철폐, 5-10월: 현행관세 유지) - DDA 이후 논의: 고추, 마늘, 양파 등 373 품목 - TRQ+DDA 이후 논의: 쇠고기, 자두 등 18 품목
한·싱가포르 FTA (2006년 3월 발효) 1,452 품목	- 관세철폐 869(66.7%) - 양허제외 (쌀, 사과, 배, 양파, 마늘, 쇠고기 등 품목)
한·EFTA FTA (2004년 4월 발효) 1,432 품목	- 스위스(34%). 노르웨이(46%), 아이슬란드(58%) 양허 - 가공농산물은 FTA 본 협정에서 양허내용을 규정하고, 기본농산물의 양허내용은 별도의 양자협정을 통해 규정 - 가공농산물의 경우 전체 305개 품목 중 259개 품목(84.9%) 대해 양허(인삼제품 제외), 190개 품목은 10-50% 관세인하 - 쌀, 육류, 낙농품, 양념류 등 주요 품목은 대부분 양허제외
한·ASEAN FTA (2007년 6월 발효) 1,452 품목	- 관세철폐 1003(70%), 2010년까지 철폐 - 양허제외(쌀, 쇠고기(냉동), 돼지고기, 닭고기, 고추, 마늘, 양파, 감귤, 맨더린, 바나나, 파인애플, 오렌지, 녹차 등 58 품목) - 2016년까지 5% 이하로 감축(152품목), 2016년까지 1/5 감축(190품목) - 2016년까지 50% 이하로 감축 (사과, 배, 치즈 5 품목) - TRQ(매니옥, 강낭콩 8 품목)
한·인도 CEPA (2010년 1월 발효)	- 양허제외(쌀, 감귤, 고추, 마늘, 양파, 꿀, 참깨, 들깨, 과일주스, 녹차, 홍차, 밀가루, 설탕, 전분, 옥수수, 우유, 분유, 쇠고기, 돼지고기, 닭고기, 달걀 등) - 2017년까지 철폐, 5% 이하로 감축(대부분의 품목이 해당됨) - 2017년까지 (8년 이내) 50% 감축(사료용 옥수수, 인스턴트 커피, 시럽 등)
한·EU FTA (2011년 7월 발효) 1,499 품목	- 관세철폐 1,371(91.5%), 15년 초과 장기철폐(녹차, 생강, 땅콩, 참깨 등 8 품목), 20년 철폐(동양배, 후지사과) - 양허제외(쌀 16 품목) - TRQ(낙농품, 천연꿀 등 12 품목), ASG, 계절관세
한·페루 FTA (2011년 8월 발효) 1,496 품목	- 관세철폐 1,389(92.8%), 15년 초과 장기철폐(107 품목) - 양허제외(쌀 16 품목) - 현행관세 유지(쇠고기, 고추, 마늘, 양파, 감귤, 사과, 배, 치즈, 인삼류 등 89 품목) - ASG(닭고기, 무당연유, 체더치즈, 천연꿀, 맨더린, 녹두, 팥 14품목) - 계절 관세(포도, 오렌지)
한·미 FTA (2012년 3월 발효) 1,531 품목	- 관세철폐 1,502(98%), 15년 초과 장기철폐(포도, 인삼, 사탕수수 등 10품목), 20년 철폐 (동양배, 후지사과), 계절관세 - 양허제외(쌀 16 품목) - TRQ(낙농품, 천연꿀, 감자, 오렌지, 대두 등 15 품목), ASG, 계절관세

한·터키 FTA (2013년 5월 발효) 1,509 품목	- 관세철폐 805(53.3%), 쌀, 쇠고기, 돼지고기, 고추, 마늘, 양파, 사과, 배, 포도, 감귤, 오렌지 등 704개 품목 양허 제외 - 잎담배, 레몬주스, 포도주스, 옥수수유, 겨자유 등 379개 품목은 10년간 관세철폐
한·중 FTA (2015년 12월 발효) 1,611 품목	- 초민감품목 574(36%) - 양허제외 548(34%): 쌀, 쇠고기, 돼지고기, 닭고기, 감자, 전분, 사과, 배, 포도, 고추, 마늘, 양파, 인삼 등 - 1% 감축: 김치, 혼합조미료, 기타소스 - 10% 감축: 면, 들깨, 송이버섯(냉동) 등 8개 - 밀, 스위트콘, 옥수수 등 15개 품목은 130%로 감축 - 민감품목 441중 202개(정제해바라기씨유, 바나나, 마가린 등) 15년 철폐, 239개(소주, 맥주, 도라지, 인삼음료 등) 20년 철폐 - 일반품목 589 중 216개(번식용 소, 대두, 주정제조용 사탕수수당밀 등) 즉시철폐, 209개(조제식품류, 사탕무, 대두유 등) 5년 철폐, 164개 10년(코냑, 백포도주, 쿠키 및 크래커 등) 철폐 - 중국수입도가 높은 7개(팥, 맥아, 대두, 참깨, 고구마전분 등)는 TRQ제공 조건부로 현행관세율 유지

주: 품목은 HSK 10단위 세번을 의미함.
자료: 문한필·최세균(2012), 『FTA 확산의 영향과 대응과제』, 이상현 외(2015), 『한·중 FTA 농업 분야 평가와 시사점』을 참조·보완하여 저자 작성.

일한 대우를 요구하는 EU의 요청도 수락할 수밖에 없었기 때문이다.

그러나 한국은 모든 FTA에서 쌀과 관련된 모든 품목을 양허에서 제외하였으며 다른 민감품목에 대해서는 현행관세유지 및 관세율쿼터 제공, 계절관세 도입, 관세의 부분철폐 또는 철폐기간의 연장, 긴급수입제한조치(Agricultural Safeguard: ASG) 등의 활용을 통해 시장개방으로 인한 국내농업의 피해를 최소화하기 위해 노력하였다. 예를 들어 한·EU 및 한·미 FTA의 경우 관세철폐율은 높은 편이지만 오렌지, 포도, 칩용 감자와 같은 품목에 대해서는 계절관세를 설정하여 국내산 농산물의 수확 및 유통기간에 국내생산농가를 보호하고 최장 20년의 관세철폐기간을 설정하여 경쟁력 제고기간을 확보하기 위해 노력하였다. 또한 수입규모가 크고 수입수요가 늘어날 가능성이 있는 품목들에 대해서는 ASG를 설정하여 수입물량이 일정 수준이상 급증하면 관세를 추가적으로 부여하여 국내생산농가를 보호할 수 있는 수단도 확보하였다. 또한 FTA의 체결에 따른 국내농가의 피해보전과 경쟁력제고를 위한 체질개선을 위해 국내보완대책도 마련하여 시행하고 있다.

1.2.3 평가 및 전망 >>>

우루과이라운드를 통해 처음으로 다자무역체제에 편입된 농산물협정에 대한 평가는 농산물 수출국과 수입국간에 많은 차이를 보이고 있다. 예상할 수 있는 바와 같이 농산물 수출국들은 현행 WTO 농산물협정이 농산물 수입국들에게 너무나 많은 예외규정이나 시장개방의 회피 수단을 제공하고 있어 농산물 교역에 있어 별다른 효과를 가져오지 못하고 있다는 입장이다. 이에 반해 농산물 수입국들은 동 협정이 자국 농산물 시장의 개방을 가져와 농업의 기반에 영향을 미치고 있어 향후 안정적인 식량의 공급 등에 문제를 가져오게 될 것으로 평가하고 있다. 이러한 상반된 견해는 DDA협상에 있어서 농업협상이 가장 어렵게 전개되었던 것에서도 살펴볼 수 있다.

최근 WTO에서의 논의 동향을 보면 DDA협상 차원에서의 농업분야 협상은 당분간 어려울 것으로 예상된다. 그 이유는 DDA협상에서 개도국 우대에 대해 미국 등 선진국의 반감이 심하고 각국별 이슈별 심각한 견해 차이로 인해 DDA협상의 방식인 일괄타결방식에는 한계가 있기 때문이다. 한편 미국의 2017년 TPP 탈퇴로 인해 일부 Mega FTA의 추진동력이 상실되기는 하였으나 2018년 6월 현재 RCEP 등 다른 Mega FTA는 오히려 속도가 빨라지고 있는 것도 사실이다. 앞으로 보다 확대된 농산물 시장개방을 향해 전세계가 나아가게 될 것임은 틀림없는 사실이며 이를 피해 나갈 수도 없을 것이다. 따라서 추가적인 농산물 시장개방은 시기의 문제일 뿐 언젠가는 우리가 직면하여야 할 과제가 될 것이다. 또한 도시지역보다 심각한 노령화나 지속적인 경작지의 감축 등 한국의 농업현실을 직시해 보면 한국의 식량자급률은 시간이 경과함에 따라 저하될 가능성이 높고 소비자의 다양하고 품질 좋은 식품에 대한 수요는 증가할 것으로 전망된다. 이 경우 한국은 농산물 수출국의 압력이 아닌 스스로의 필요에 의해 농산물 시장을 개방할 수밖에 없을 수도 있다. 이러한 현실을 감안할 때 우리의 농업도 이에 대응할 수 있는 방안을 장기적으로 마련하고 이를 실천해 나가야 할 것이다.

주요용어

- 구간별 감축방식(tiered formula)
- 농업보조총액
- 민감품목
- 비교역적 관심사항
- 시장접근물량(TRQ)

- 예외 없는 관세화
- 최소허용보조(de minimus)
- 최소시장접근
- 특별품목
- Blue Box

연습문제

1. 그동안 수입이 금지되던 참깨의 국내가격이 국제가격의 5배라고 가정할 경우, 참깨시장에 있어서 관세화가 이루어지면 최초 관세율은 몇 %일 것으로 예상되나?
2. 쌀시장 개방의 명분과 부작용에 대해 생각해 보시오.
3. 도하개발아젠다 농산물협상의 주요 이슈는 무엇인가?
4. 한국의 농산물은 FTA협상에서 어떻게 다루어지고 있는가?

제 **3** 절 >>> **원산지규정**

원산지 판정기준 적용사례

질문: 당사에서 수출하는 제품은 가죽의류(HS 4203.10)와 섬유의류(HS 6114.30, 6201.93, 6202.99, 6203.43, 6204.63, 6210.40, 6210.50, 6211.33)입니다. 당사 공장에서 직접 재단, 봉제, 완성 작업을 하여 수출을 하는데 자재에서 완제품 의류로 생산되므로 세번은 완전히 변경됩니다. 자재의 HS 코드는 가죽 −4107.92, 원단직물 −5903.20, 5407.42, 5704.61, 6005.32, 지퍼 −9607.19, 보호대 −6217.10, 악세사리 −6217.10이며, 이 경우 완제품 의류의 원산지증명서상 원산지는 made in korea로 자율 발행하는 데 문제가 없는지 궁금합니다.

답변: 먼저 문의하신 품목 중에서 가죽의류(HS 4203.10)의 한 · 미 FTA 원산지기준은 '다른 호에 해당하는 재료로부터 생산된 것(CTH)' 입니다.

- 수출물품에 사용된 원재료(HS 4107.92 가죽)가 비록 비역내산이더라도 국내에서 제조 가공하여 4단위 이상 세번변경이 이루어졌으므로, 원산지기준을 충족하여 원산지 상품(한국산)으로 인정될 것으로 생각됩니다.

• 섬유의류(HS 6114.30, 6201.93, 6202.99, 6203.43, 6204.63, 6210.40, 6210.50, 6211.33)의 한 · 미 FTA 원산지기준은

- 6114.30: 다른 류에 해당하는 재료(품목번호 5106부터 5113까지, 5204부터 5212까지, 5307부터 5308까지, 5310부터 5311까지, 5401부터 5402까지, 5403.20, 5403.33부터 5403.39까지, 5403.42부터 5408까지, 5508부터 5516까지 및 6001부터 6006까지의 것은 제외한다)로부터 생산된 것.

  ※ 다만, 체약당사국에서 재단(또는 편성)이 이루어지고, 봉제 또는 기타의 방법으로 결합 공정이 수행된 것에 한정한다.(최소기준 : 총중량의 7% 이하)

- 6201.93: 다른 류에 해당하는 재료(품목번호 5106부터 5113까지,

5204부터 5212까지, 5307부터 5308까지, 5310부터 5311까지, 5401부터 5402까지, 5403.20, 5403.33부터 5403.39까지, 5403.42부터 5408까지, 5508부터 5516까지, 5801부터 5802까지 및 6001부터 6006까지의 것은 제외한다)로부터 생산된 것.

※ 다만, 다음 각 호의 요건을 모두 충족한 것에 한정한다.

1. 체약당사국에서 재단이 이루어지고, 봉제 또는 기타의 방법으로 결합 공정이 수행된 것

2. 보이는 안감이 제62류의 주 1에 따른 요건을 충족한 것

- 6202.99 이하: 다른 류에 해당하는 재료(품목번호 5106부터 5113까지, 5204부터 5212까지, 5307부터 5308까지, 5310부터 5311까지, 5401부터 5402까지, 5403.20, 5403.33부터 5403.39까지, 5403.42부터 5408까지, 5508부터 5516까지, 5801부터 5802까지 및 6001부터 6006까지의 것은 제외한다)로부터 생산된 것.

※ 다만, 체약당사국에서 재단이 이루어지고, 봉제 또는 기타의 방법으로 결합 공정이 수행된 것에 한정한다.

출처: 상담사례로 알아보는 FTA, 관세청.

1.3.1 원산지규정의 개요 >>>

1. 정의 및 종류

원산지규정(rules of origin)이란 상품의 원산지(country of origin)를 결정하기 위한 제반기준 및 절차 등을 이른다. 사람에 비유하자면 국적을 판정하기 위한 기준이라 할 수 있다. 오늘날 생산활동이 범세계화함에 따라 상품의 원산지를 판정하기가 매우 복잡해졌다. 반면에 각국이 무역정책을 실시하는 데 있어서 상품의 원산지를 판정해야 할 필요성은 점점 더 늘어나고 있다. 이와 같은 현실이 국제무역 및 투자와 관련하여 원산지규정이 주요 쟁점으로 등장하고 있는 주된 배경이라고 볼 수 있다.

컴퓨터를 조립해 보거나 적어도 옆에서 한 번 지켜본 사람은 컴퓨터가 매우 다양한 나라에서 만들어진 부품으로 구성되어 있음을 잘 알 수 있을 것이다. 예컨대, 하드디스크와 마더보드가 만들어진 나라가 제각각이며, 중앙연산처리장치(CPU)와 각종 카드도 다양한 국가에서 수입된 경우가 많다. 이러한 부품들을 가지고 우리나라에서 조립한 컴퓨터를 미국에 수출할 때 과연 'made in Korea'라고 부착하여도 상관없을 것인가?

이러한 질문이 제기되는 이유는 무엇보다도 실제로 많은 국가에서 수입품에 대하여 원산지를 문제삼는 경우가 늘어나고 있으며 원산지의 판정에 따라 정책 결정이 달라지기 때문이다. 위의 예와 같이 조립한 제품에 'made in Korea'라고 표시하여 수출하였을 때 미국이 잘못된 원산지표시라고 판정할 경우 통관이 보류되거나 벌금을 물게 될 수도 있다. 따라서 미국이 과연 어떤 기준에 의해서 원산지를 결정하는지 미리 알아두어야 할 필요가 있다. 이 밖에도 각국들은 특정국 제품에 특혜를 부여하는 정책을 사용하고 있다. 우리나라도 OECD에 가입함에 따라 향후에는 개도국들에 대하여 일반특혜관세제도(GSP) 혜택을 부여해야 하는데, 이 경우 당연히 특혜대상의 제품만 잘 가려 내어야 하는데 이때 원산지규정이 필요한 것이다.

그런데 오늘날 본 규정이 이슈로 제기되고 있는 보다 근본적인 이유는 원산지규정이 보호무역정책의 수단으로서 효과적으로 사용될 수 있기 때문이다. 그동안 원산지규정에 대한 국제규범이 존재하지 않고 국가마다 본 규정이 제각기 다를 뿐만 아니라 그 자체의 불명료성, 복잡성, 그리고 차별성으로 인해 적용과정에서 상당한 무역장벽 효과를 가져온 것으로 알려져 있다. 특히 여러 차례 거듭된 다자간 무역협상의 결과 종래의 명시적인 관세로는 적절한 보호조치를 취하기 힘들어짐에 따라 본 규정을 소위 '2차적 무역장벽'(Secondary Trade Barrier)으로 사용하는 경향도 나타나고 있다.

원산지규정이 본래의 목적 이외에 수입장벽 효과를 수반하는 경우가 늘어남에 따라 일본 등 주요 수출국들은 본 규정을 점차 주요한 비관세장벽으로 인식하게 되었으며 나아가 우루과이라운드 협상의제의 하나로 채택하게 되었다. 그 결과 보다 명료하고 통일된 소위 '통일원산지규정

(Harmonized Rules of Origin)의 제정'을 위한 협상이 이루어졌고 현재 통일 원산지규정의 제정을 위한 작업이 본격적으로 진행되고 있다.

원산지규정은 적용목적에 따라 크게 특혜 원산지규정(Preferential Rules of Origin)과 비특혜 원산지규정(Non-Preferential Rules of Origin)으로 분류될 수 있다. 특혜 원산지규정이란 EU, 북미자유무역협정 등 특정 국가간에 관세상의 특혜를 베푸는 자유무역지대의 운영이나, 일반특혜관세제도(Generalized System of Preference: GSP) 등 특정 국가군을 대상으로 관세특혜를 부여하는 경우에 사용된다. 즉, 특혜관세의 수혜국을 정확히 식별함으로써 비수혜국이 부당한 혜택을 입는 것을 방지하고 특혜프로그램의 실효를 거두기 위한 것이라고 볼 수 있다.[1]

비특혜 원산지규정은 이와는 달리 무역정책을 실시하는 과정에서 상품의 원산지를 일반적으로 식별할 필요가 있는 경우에 사용되는 것이다. 예를 들면, 특정 국가로부터의 수입제한을 실시할 경우 당연히 원산지의 식별이 필요하므로 해당정책의 운영상 원산지규정이 요구되는 것이다. 반덤핑관세 및 상계관세의 경우에도 원산지의 식별은 물론 제소의 대상이 된 상품의 유사상품(like products)이나 국내산업(domestic industry)의 존재여부를 판정하는 데 있어서도 본 규정의 적용이 필요하다. 또한 단순히 정확한 무역통계의 작성상 원산지규정의 적용이 요구되기도 한다.

사람의 경우에는 국적을 판정하는 기준으로써 속지주의 또는 속인주의를 사용한다. 마찬가지로 상품의 원산지를 판정하는 데 있어서도 이와 비슷한 원칙이 필요하다. 그러나 상품의 생산이 2개국 이상에 걸쳐 생산될 수 있기 때문에 원산지 판정기준과 국적판정기준은 근본적으로 차이가 있다. 따라서 원산지 판정기준의 핵심은 이러한 생산과정을 거친 상품에 대해서 과연 어느 국가에 원산지를 부여할 것인가에 관한 원칙인 것이다.

원산지 판정기준은 비교적 다양하고 복잡한 형태를 띠고 있지만 이들의 근본원리는 바로 '실질적 변형'(substantial transformation)이라는 개념이다. 실질적 변형이란 원료와 부품으로부터 제품이 제조되는 생산과정 중에서 제품의 본질적 성격을 부여하는 과정을 말한다. 어떤 제품의 본질적인 성격을 창조하는 과정은 그 제품의 생산과정에서 가장 중요하게 취

---

1) 특혜원산지규정의 경제적 의의에 대해서는 한홍렬(1994)을 참조.

급되어야 하며 이러한 과정을 수행한 국가에 원산지가 부여되어야 한다는 것이다.

문제는 과연 실질적 변형의 발생 여부를 어떻게 판단해야 하는 것인가이다. 오늘날 국제적으로 사용되고 있는 실질적 변형 발생의 판단기준은 다음과 같이 크게 세 가지가 있다: 첫째 세번변경기준(change in tariff schedule), 둘째 부가가치기준(value added criteria), 셋째 주요 공정기준(important operation or process criteria) 등이다.

세번변경기준은 글자 그대로 세번(稅番)을 이용한 것으로서 제품의 제조 및 생산과정에서 투입된 원재료 또는 부품의 세번과 이로부터 생산된 제품의 세번이 상이할 경우 해당공정이 일어난 국가에 원산지를 부여한다는 기준이다.[2] 부가가치기준은 특정 공정이 일어나는 과정에서 일정한 수준의 부가가치가 발생할 경우 해당공정이 일어난 곳에 원산지를 부여한다는 기준이다. 주요 공정기준이란 생산과정상 거쳐야 하는 주요 공정을 파악한 후 가장 중요하고 실질적 변형이 일어났다고 인정할 수 있는 공정이 발생한 장소에 원산지를 부여하는 것이다.

이러한 기준들은 적용목적에 따라 달리 채택되고 있으나 대체로 혼용되고 있다. 그러나 원산지 판정기준은 특정국가가 어떤 상품의 원산지로 부여받기 위해서는 그 국가에서 해당상품의 본질상 가장 중요한 변화가 일어나야 한다는 원칙에 입각해 있다고 볼 수 있으며 각 기준은 이러한 본질적 변화를 어떻게 정의하는가에 따라 차이가 난다. 물론 이상과 같은 기준들은 제품에 적용되는 무역조치의 성격에 따라 달라질 수도 있으며 적용대상 제품의 생산공정상의 특징에 의해서도 많은 영향을 받는다.

2. 원산지규정의 경제적 효과

원산지규정은 무역 및 투자의 흐름에 직접적으로 영향을 미친다. 그러나 원산지규정이 직접적으로 무역과 투자를 통제하는 경우는 매우 드

---

2) 국제적으로 거래되는 모든 제품은 관세부여상의 편리를 위하여 일정한 번호가 부여되어 있는데 이를 세번(tariff headings)이라고 한다. 앞의 관세와 관련한 장에서 설명한 바와 같이 현재 국제적으로 적용되는 분류체계는 HS(Harmonized System)이다.

물며 대부분 여타 무역제도와 결부되어 그 효과를 나타낸다. 따라서 원산지규정은 간접적으로 경제적 효과를 갖게 되지만 그 효과는 매우 실질적으로 나타나는 경우가 많은 점에 유의해야 한다. 또한 원산지규정의 경제적 효과를 이해하기 위해서는 이것이 결부되는 무역제도에 대한 이해가 선행되어야 한다.

1) 특혜 원산지규정

지역간 무역협정이 갖는 무역전환 효과는 역내국간의 관세 및 비관세 장벽의 철폐로 인하여 역내국 제품이 가격상의 우월성을 가짐으로써 대체로 발생한다. 예를 들면, NAFTA체결에 있어서 관세철폐계획은 역외국 제품의 상대적 가격상승효과를 유발하게 된다. 이러한 가격효과는 원산지규정에 의하여 비롯된 것은 아니지만 이 같은 관세혜택을 받을 수 있는 요건을 규정함으로써 소기의 목적을 실현한다. 따라서 원산지규정은 무역전환효과를 보장하는 성격을 지니고 있다. 한편, 원산지규정의 효과는 판정기준의 상대적 엄격성에 따라 달리 나타날 수 있다. 예를 들어, 부가가치기준에 의하여 원산지를 판정한다고 할 때, 역내에서 발생해야 할 부가가치의 요건이 50%인 경우와 30%인 경우는 각기 다른 효과를 가질 수 있는 것이다.

원산지규정의 투자에 대한 효과 역시 유사하게 생각해 볼 수 있다. 특정 제품에 대한 관세가 매우 높을 경우, 역외의 기업들이 역내의 부품을 이용하거나 현지생산을 촉진하는 경향이 늘어날 수 있다. 예를 들어, 한국의 의류생산기업이 국내에서 생산할 경우 경쟁력이 완전히 상실된다고 판단하고 미국시장에 수출을 계속하기 위하여 공장의 해외 이전을 추진한다고 가정하자. 이 기업은 멕시코에 직접투자하여 0%의 관세로 미국에 의류수출을 계획할 수도 있으며, 어타 중남미국가에 진출하여 5%의 GSP관세혜택을 도모할 수도 있다. 만약 다른 조건이 다 같다면 당연히 전자의 선택이 취해질 것이다. 그러나 문제는 NAFTA와 GSP의 역내조달비율의 차이이다.[3] 만일 한국기업의 해외진출 목적이 현지의 싼 노동력

---

3) 역내조달비율이란 특혜관세의 혜택을 받기 위해서는 최종 제품의 가격에서 일정한 수준 이상의 부가가치비율을 충족시켜야 하는 의무사항을 말한다.

이용에 있다면 가능한 한 조달비율이 낮은 쪽을 선호할 것이다. 따라서 이윤극대화를 목적으로 하는 기업가로서는 관세상의 차이와 조달비율의 차이가 가져다주는 득실을 계산하여 직접투자 후보지를 선정하게 될 것이다. 그러나 의류에 대한 원산지 판정기준이 실제와 같이 매우 엄격하다면 현지조달의 과중한 부담 때문에 직접투자 후보로서 멕시코의 매력은 훨씬 줄어들 것임에 틀림없다. 따라서 이 경우는 원산지규정이 투자를 오히려 전환하는 효과를 발생시킨 것으로 볼 수 있다.

2) 비특혜 원산지규정

비특혜 원산지규정은 앞에서 설명한 바와 같이 지역무역협정 또는 여하한 특혜무역협정과 무관하게 실시되는 무역정책에 수반되는 규정이다. 그런데 어떠한 무역제도이든 수입품의 원산지에 따라 차별이 가해질 경우, 원산지규정은 무역의 흐름에 중대한 영향을 초래할 수 있다. 예를 들어, 2005년까지 실시되었던 다자간 섬유협정(MFA)과 같이 수출국에 따라 수입물량이 차별적으로 적용되는 경우에는 당연히 원산지의 적절한 판정이 매우 중요하게 작용하였다.

한편 원산지규정이 가장 직접적으로 적용될 수 있는 제도 중의 하나로서 원산지 표시제도를 들 수 있다. 원산지 표시제도(origin marking)는 국제적으로 광범위하게 적용되는 제도는 아니지만 '원산지'가 특별히 강조되는 제도라는 점에서 원산지규정이 중요한 역할을 하고 있다. 미국은 1930년 관세법에 의하여 원칙적으로 모든 수입물품에 대하여 원산지표시를 의무화하고 있다. '최종구매자'(ultimate purchaser)에게 원산지의 표시가 명료하게 전달될 것을 의무화하는 이 제도는 주로 중간재의 경우 '최종구매자'가 누구인가 하는 문제가 자주 쟁점으로 등장하는데 그 정의에 따라서 원산지의 표시방법이 달라져 결국 수출에 영향을 주기 때문이다. 우리나라의 경우, 1991년 원산지표시제도를 처음 실시하였는데 이를 계기로 원산지규정의 적용이 본격적으로 시작되었다.

1.3.2 국제규범 형성의 배경 및 현황 〉〉〉

　　원산지규정에 관한 국제규범의 확립을 위한 논의가 본격화된 배경은 상품의 원산지를 판정하기가 복잡해진 반면 무역정책의 실시에 있어서 상품의 원산지를 판정해야 할 필요성은 점점 커진 데 있다. 이와 함께, 반덤핑 등의 무역조치를 취함에 있어서 원산지규정을 적용하는 사례가 빈번해짐에 따라, 원산지규정은 중립적인 성격을 자주 잃어버리고 오히려 통상정책으로서의 기능을 갖게 되었다. 이와 같은 현상은 무역 및 국제투자 활동에 있어서 불확실성의 증가를 의미하고 따라서 안정적인 무역환경의 조성을 위해 본 규정의 예측가능성을 확보해야 한다는 주장이 주요 수출국을 중심으로 제기되었다.

　　원산지규정에 관한 보다 본격적인 논의는 관세협력기구(Customs Cooperation Council: CCC)[4]에서 이루어졌다. 본 기구하에서 체결된 '통관절차의 간소화와 조화에 관한 국제협약'에는 원산지규정에 관한 부속서가 첨부되었다. 그러나 형식적으로는 본 협약의 서명국들은 이에 따를 의무가 있었지만, 부속서의 내용 자체가 매우 원칙적인 내용과 광범위한 재량권을 인정하고 있었기 때문에 실질적인 구속성은 없다고 할 수 있다.

　　원산지규정에 대한 실질적인 국제적 규범의 필요성은 일본, 홍콩, 그리고 우리나라와 같이 주로 선진국 시장에서 반덤핑 등의 제도와 관련한 피해를 실감한 주요 수출국들에 의하여 우루과이라운드 협상과정에서 제기되었다. 특히 1989년 6월 일본은 통일 원산지규정의 제정을 요구하였다. 그러니 지역긴 무역협정의 운영에 있어서 매우 엄격한 원산지규정을 사용하고 있었던 EC와 EFTA 등은 자연히 자신들을 제약할 국제규범의 제정에 소극적으로 대처하였으며, 관세행정과 관련하여 전문성을 가진 국제관세기구에서 이를 관장하는 것이 바람직하다는 입장을 견지하였다.

---

4) CCC는 1995년 국제관세기구(world customs organization)로 명칭이 바뀌었다.

이처럼 주요 국가간 뚜렷한 입장차이로 우루과이라운드 협상기간 동안에 구체적인 규범을 제정하기 힘들어짐에 따라 장단기 목표를 구분하는 접근방식이 협상과정에서 채택되었다. 즉, 장기적으로는 여러 가지 무역제도에 대하여 모든 국가가 공통으로 적용할 수 있는 소위 '통일원산지규정'(Harmonized Rules of Origin)의 제정이라는 목표에 합의하였다. 단기적으로는 잠정기간 동안 각국이 원산지규정을 적용하는 과정에서 지켜야 할 원칙(비차별성, 투명성, 공정성, 객관성, 예측가능성 등)을 정하는 한편, WTO와 WCO(국제관세기구)에 원산지규정 관련위원회를 설치하고 구체적인 작업을 진행시키기로 하였다. 이 같은 내용을 주로 하는 WTO 통일원산지규정에 관한 협정이 만들어졌으며, 이를 바탕으로 현재 비특혜 부문에 관한 '통일원산지규정'의 작성작업이 98년 타결을 목표로 진행해 왔다. 그러나 본 협상은 각 제품별로 원산지 판정기준을 작성해야 하는 기술적 어려움과 작업의 방대성, 그리고 각국의 입장차이로 인하여 협상타결 시한을 넘긴 채 계속되고 있다.

1.3.3 원산지규정 관련 국제규범　　　　　　　　　>>>

1. WTO 원산지규정 협정

우루과이라운드 협상의 결과로 나타난 WTO 통일원산지규정 협정의 가장 핵심적인 내용은 비특혜 통일원산지규정을 제정하자는 합의이다. 이 같은 합의가 실현될 경우 원산지규정이 갖는 무역환경에 대한 부정적 효과를 상당히 감소시킬 가능성이 있다. 본 협정의 주요 내용은 다음과 같다.

1) 적용범위

본 협정의 적용범위는 주요 협상참가국의 입장이 가장 첨예하게 대립된 부분 중의 하나로서 특혜무역의 포함여부가 주요 쟁점이었다. 본 협정은 자유무역지대 및 관세동맹과 같은 지역간 통합이나 특혜관세제도와 같은 일방적 관세특혜에 적용되는 특혜 원산지규정에는 적용되지 않으며 여타 일반적인 무역조치에 수반되는 비특혜 원산지규정에 국한하고 있다. 즉, GATT 1조 1항의 최혜국대우원칙이 적용되지 않는 특혜관세제도를 제외한 일반적인 교역에 있어서 상품의 원산지국가를 결정하는 것으로 그 범위가 한정된다. 본 협정의 구체적 적용범위는 MFN원칙(GATT 1, 2, 3, 11, 13조), 반덤핑 및 상계관세(6조), 세이프가드(19조), 원산지 표시요건(9조), 여타 모든 차별적인 수량규제나 할당관세 등의 적용과 같이 비특혜적인 통상정책 수단의 적용 그리고 정부조달 및 무역 통계의 작성이다(제1조 2항).

한편 부속서에 마련된 공동성명을 통하여 특혜무역협정에 있어서도 본 협정의 기본원칙을 적용해야 한다고 선언해 두고 있다. 그러나 이는 권고사항이며 엄격한 의미에서 특혜무역에 대하여 본 협정상의 각종 기준이 적용되지는 않을 것이다. 현재 진행중인 협상과정에서 통일 원산지규정을 반덤핑, 세이프가드, 상계관세, 원산지 표시 등 모든 비특혜 무역정책 수단에 그대로 적용할 것인지 각 회원국이 이의 적용여부를 선택할 수 있는지가 중요한 쟁점이다. 그 중에서도 반덤핑 협정에의 적용여부에 관해 이의 적용을 제외시키려는 미국과 그렇지 않은 국가들과의 입장 차이가 현격한 상황이다. 미국이 반대하는 근거로는 첫째, 무역조치에 원산지 규정을 가진 나라가 거의 없으며 둘째, 반덤핑 제도 등에 원산지 규정의 사용여부가 분명치 않으며 마지막으로 반덤핑 위원회 등 여타 WTO 협정에서 통일원산지 협상의 논의동향을 알지 못한다는 등의 이유를 들고 있다. 이에 반해 호주, 뉴질랜드, EC, 일본 등 여타 다른 국가들은 원산지협정 본문 및 1.2조에 따라 통일 원산지 규정은 반덤핑 협정뿐만 아니라 다른 모든 비특혜 무역정책 수단(non-preferential commercial policy instrument)에 적용되어야 한다는 원칙을 고수하고 있다.[5]

---

5) 다만 2013년 발리 및 나이로비 각료회의 결정에 의하여 LDC 수출에 대한 특혜원산지규정 가이드라인 제정을 통하여 개도국의 수출이 보다 용이해지도록 추진한 바 있다.

2) 원산지 판정기준

원산지 판정기준으로서 '실질적 변형'(substantial transformation)의 기준을 적용하고 있다. 실질적 변형의 발생 여부를 판단하는 주된 기준은 세번변경기준이며 보조적으로 부가가치기준과 주요 공정기준을 사용하기로 하였다. 원산지 판정기준의 기본원칙으로서 세번변경을 채택함으로써 원산지규정의 명료성 제고에 긍정적인 작용을 하게 될 것이며 여타 보완적인 기준의 작성시에도 자의성의 배제를 위한 원칙이 제시되어 있는 것으로 평가할 수 있다.

세번변경기준의 적용시 세번변경으로 인정되는 세번의 단위를 분명히 명시해야 하는데 이는 현행 공통적으로 적용되고 있는 HS를 기준으로 원산지의 부여가 가능한 세번의 변경 단위, 즉 HS 4단위 또는 HS 6단위의 적용여부를 미리 규정함으로써 시행상의 자의성을 배제하자는 것이다.

부가가치기준의 적용시 부가가치비율을 산정하는 방법이 원산지규정에 명시되어야 한다고 규정하고 있다. 부가가치 기준의 적용시에는 각종 비용의 포함여부, 직접생산비의 정의문제 그리고 생산자의 이윤 포함문제 등 매우 복잡한 개념들이 명확히 전제되어야 한다.

주요 공정기준의 적용시에는 상품의 원산지를 부여하는 공정이 정확히 명시되어야 한다. 즉, 원산지판정기준은 원산지의 부여가 가능한 기준을 중심으로 기술된 포지티브 기준이다. 이는 단순히 원산지를 부여할 수 없는 기준만을 제시함으로써 발생할 수 있는 불확실성을 제거하기 위한 것이다. 네거티브 기준이란 단순히 원산지가 부여될 수 없는 기준을 기술하는 것이다. 따라서 네거티브 기준의 경우 어떠한 경우에 원산지의 취득이 가능한지 미리 예측하기 힘들어지므로 무역 관련 활동에 상대적으로 높은 불확실성을 부여하게 된다.

3) 통일원산지규정의 제정작업

현재 진행되고 있는 통일원산지규정의 제정을 위한 협상은 WCO(World Customs Organization: 국제관세기구)의 기술위원회와 WTO 원산지규정위원회에서 이루어지고 있다. WCO의 기술위원회는 HS 분류에 입각한 개별 품목별로 기술적 검토작업을 수행하고 원산지판정기준을 제시하는 역할을 담당하고 있다. 한편 WTO는 품목별 원산지판정기준 관련 쟁점에 대하여 토의 및 절충하는 역할을 담당하고 있다. 당초 본 협상의 1차 목표는 98년 7월이었으나, 개별 품목별로 원산지판정기준을 정하는 작업의 방대함과 주요 품목에 대한 국가들의 이해관계 대립으로 인하여 2005년 12월까지 협상기한을 연장하여 계속 진행되었다.[6]

우선 완전생산기준(wholly obtained goods)은 한 국가 내에서 생산된 것으로 간주될 수 있는 제품에 적용된다. 본 기준은 동식물 및 광산물과 같이 한 국가 내에서 얻어지는 경우에 해당하며 대체로 상식적인 판단이 가능한 경우가 대부분이다. 즉, 한 국가에서 태어나고 길러진 산동물 및 사냥, 덫, 어로, 수집 및 포획된 동물 그리고 이로부터 얻어진 제품의 원산지는 당연히 그 국가가 된다. 또한 한 국가 내에서 수확, 채집된 식물 및 식물제품의 원산지 역시 마찬가지의 원리이다. 한편 한 국가 내에서 채굴되거나 얻어진 광물제품과 여타 자연물품의 원산지도 그 국가에 부여된다. 그러나 완전생산기준은 위와 같이 명확하지 않은 경우도 포함하고 있다. 어느 한 국가에서 이루어진 제조공정 또는 소비의 결과로 생겨난 폐기물과 당초의 목적에 더 이상 사용될 수 없는 물품과 재료 등이 처리 및 원자재 재생의 용도에 국한될 경우 그 나라를 원산지로 인정하고 있다. 이러한 규정은 제품의 제조공정 과정이나 폐기물 처리 과정에서 원산지가 변경될 수 있는 가능성을 제거하기 위한 것이다. 또한 공해에서 생산된 어획물은 선박의 국적에 따라 원산지를 결정하고 있는데 이 경우 선박의 국적을 어떻게 결정할 것인가가 문제가 된다. 선박의 국적은 선박의 등록, 선주의 국적 등 다양한 견해가 제시된 바 있는데, 결국 선박이 게양하는 국기에 따라 결정하기로 합의되었다. 한편, 공해지역의 해저에서 채취된 물품의 원산지는 해저사용권과 관련한 UN의 해양법협약에 준하기로 하였다.

WTO 원산지규정 협상의 핵심은 제품별로 적용하는 원산지판정기준이라고 할 수 있다. 품목별 원산지판정 기준의 전반적 체계에 대해서는 여전히 합의를 보지 못하고 있으나 현재까지 협상경과를 두고 볼 때, 대

---

6) 원산지규정은 기술적으로 90% 이상 타결되었으나 일부 정책적 이해관계의 충돌과 DDA협상의 실질적 실패로 인하여 그 협상이 마무리되지 못한 상태에 있다.

| 표 Ⅲ-1-15 | 품목별 원산지규정 협상동향

구 분	총이슈	타결이슈	미결이슈	타결률
농산물(ch 1-24)	125	66	59	52.8
광물제품(ch 25-27)	10	8	2	80.0
화학제품(ch 28-40)	38	27	11	71.1
가죽(ch 41-43)	8	6	2	75.0
목재 및 제지(ch 44-49)	11	11	0	100
섬유(ch 50-63)	83	52	31	62.7
신발 및 모자(ch 64-67)	14	9	5	64.3
세라믹(ch 68-70)	12	9	3	75.0
보석제품(ch 71)	5	5	0	100
철강(ch 72-73)	12	9	3	75.0
비철금속(ch 74-81)	24	20	4	83.3
금속제품(ch 82-83)	17	17	0	100
기계류(ch 84-90)	86	74	12	86.0
시계(ch 91)	6	5	1	83.3
기타 잡품(ch 92-97)	35	30	5	88.6
합 계	486	348	138	71.6

자료: 산업통상자원부(2017).

체로 다음과 같은 내용으로 결정될 것으로 예상된다. 우선 UR협상에 명시한 바와 같이 원산지판정은 세번변경기준(Change in Tariff Classification)을 일차기준(primary rule)으로 사용하는 것을 원칙으로 한다. 품목에 따라 이러한 기준의 적용이 어려울 경우가 있는데, 이럴 때에는 부가가치 기준 등 여타 기준을 적용하고 있을 뿐만 아니라, 특정 제품에 한해서는 여러 가지 기준 중에서 국가가 선택할 수 있도록 규정하고 있다. 한편, 세번변경이 원산지판정의 주된 기준이기는 하지만 이러한 변경이 '분해', '포장' 등 제품의 본질적 변화와 무관한 과정에서 일어날 경우에는 그 적용을 배제하기로 하였다.[7] 한편, 일차기준에 의해서 원산지판정이 불가능할 경우에는 부차기준(residual rule)에 의해서 원산지를 판정한다. 부차기준은 제품의 부품의 원산지에 따라 결정되거나, 역시 각 품목별로 설정되는 기

---

7) 예를 들어, HS 8701-8716에 해당하는 제품에 대해서는 여러 종류의 판정기준 중에서 선택할 수 있도록 허용하고 있다.

준에 따르는 형식을 취하고 있다. 〈표 III-1-15〉는 2005년까지의 원산지규정 협상의 진행상황을 보여 주고 있는데, WTO 원산지규정위원회에 회부된 총 486개 미합의 이슈 중에서 약 72%인 348개 이슈가 타결된 상태이다. 여전히 합의되지 않은 주요 이슈를 살펴보면, 커피원두의 볶는 공정, 동물의 도축, 정유공정, 직물의 염색과 프린팅 공정, 철강제품의 코팅공정, 자동차 조립공정, 신발의 제조공정 등에 대한 원산지 인정 여부 등 총 12개 이슈가 쟁점으로 남아 있다.

WTO 원산지 규정 협상은 최근까지 부분적으로 쟁점이 해소되기도 했지만 여전히 전반적 타결에 대한 전망이 불투명하다. 그것은 무엇보다도 본 협상이 타결될 경우 이를 비특혜무역조치에 전면적으로 적용되어야 한다는 입장(EU)과 통일원산지 규정의 적용범위를 제한하고 기존의 국가별 규정을 유지하려는 입장(미국, 캐나다)이 첨예하게 대립되어 있기 때문이다. 따라서 향후 전망은 기술적 문제에 대한 절충이 아니라 WTO 통일원산지 규정의 지위에 대한 대타협 여부에 달려 있다.

2. 여타 원산지규정 관련 국제규범

전술한 바와 같이 WTO 이전에는 실질적인 비특혜원산지규정에 관한 국제규범이 존재하지 않았다. 다만 지역간 협정의 운영에 있어서 원산지규정이 매우 중요한 기능을 갖고 있음은 앞에서 언급한 바와 같다. 주요 특혜무역협정과 이에 수반되는 원산지규정은 〈표 III-1-16〉에 요약되어 있다. 특혜원산지규정은 매우 다양한 형태를 띠고 있음이 드러나고 있다. 여기서 주의할 점은 각 기준이 '원산지' 그 자체를 판정하기 위한 것이라기보다는 특혜조치의 수혜를 위한 '자격요건'을 규정하고 있다는 사실이다.

한편 2002년에 타결된 한·칠레 FTA에 있어서도 원산지규정을 담고 있다. 본 협정에서도 제3국에서 원재료를 수입하여 양국에서 가공하는 경우 실질적 변형(Substantial Transformation)이 발생한 나라에 원산지를 부여하는 것을 주요 내용으로 하고 있다. 특히 WTO의 원칙과 같이 실질적 변형의 판정은 세번변경 기준을 원칙으로 하며, 부가가치 기준 및 특정공정기준 등을 보완적으로 사용하고 있다. 본 협정에 의하면 농산물의

| 표 III-1-16 | 주요 특혜무역협정의 원산지판정기준

특혜무역협정	주요 회원국(수혜국)	원산지규정의 주요 내용
NAFTA	미국, 캐나다, 멕시코	- 세번변경기준을 중심으로 함 - 보조기준으로써 50-65%의 부가가치기준 및 주요 공정기준을 부가하고 있음
AFTA	말레이시아, 태국, 인도네시아, 싱가포르, 필리핀, 부르나이	- 40%의 부가가치기준 - 역내 누적을 인정함
CER	호주, 뉴질랜드	- 50%의 부가가치기준 - 마지막 제조공정이 회원국에서 수행
EU의 대외특혜조치	EFTA, ACP제국, Mashreg 제국, Magreb 제국	- 세번변경기준을 중심으로 함 - 사안에 따라 주요 공정기준 또는 부가가치기준을 적용
EFTA	스위스, 노르웨이, 아이슬랜드, 리히텐슈타인	- 주요 공정기준을 중심으로 함(그러나 공정기준 그 자체는 세번의 변경으로 표시됨) - 보조기준으로서 50%의 부가가치기준
MERCOSUR	아르헨티나, 브라질, 파라과이, 우루과이	- 세번변경기준을 중심으로 함 - 보조기준으로서 50%의 부가가치기준과 주요 공정기준을 사용함
미국의 GSP	주요 개도국	- 35%의 부가가치 기준을 중심으로 함 - 부가가치의 산정에 있어서 소위 'Double Substantial Transformation' 기준을 적용함

주: CER은 Closer Economic Relationship, EFTA는 European Free Trade Association, MERCOSUR은 Mercado Comun del Sur의 약칭임.

경우 엄격한 2단위 변경(CC)이 많으며, 공산품의 경우 4단위(CTH)·6단위(CTSH) 변경이 주류를 이루고 있다. 부가가치기준의 경우, 일반적으로 45% 기준(직접법은 30%)을 적용하고 있으며 예외적으로 높은 기준이 적용되는 제품도 있다. 주요 공정기준은 주로 섬유분야에 적용되고 있다. 이 밖에도 일부 농산물 및 가공제품에 대하여 별도의 원산지 판정기준이 규정되어 있다.

한편 2007년 타결된 바 있는 한미 FTA 협상에서도 원산지규정은 중요한 이슈로 다루어졌다. 본 협정에서도 기본원칙으로 완전생산기준과 실질변형기준이 도입되었는데, 앞에서 언급한 바와 같이 광산물, 재배 수확된 농산물, 수렵 또는 어로행위, 양식 등을 통해 획득한 물품에 대해서는 완전생산기준이 적용된다. 또한 양국에서 최종 생산과정을 거친 물품에 대해 원산지를 인정하되, 구체적인 판정기준으로 품목별 특성에 따라 세번변경기준, 부가가치기준 또는 주요 공정기준을 적용하고 있다. 실질변형기준을 보충하기 위해 최소허용기준(De Minimis), 누적기준(Accumulation), 부속품 등의 특례 및 직접운송원칙 등의 보충적 원산지 결정기준 규정이 도입되었다. 한미 FTA 원산지규정은 이와 같이 여타 FTA와 형식적인 측면에서 동일한 구조를 이루고 있다고 볼 수 있다. 그러나 본 협상에서는 몇 가지 특기할 만한 쟁점을 내포하고 있는 것이 특징이다. 예를 들어, 개성공단에서 생산된 제품에 대하여 한국산으로 인정하는 문제가 커다란 쟁점으로 등장하였다. 개성공단 제품의 한국산 인정문제는 개성공단사업의 촉진을 위하여 한국으로서는 꼭 관철해야 할 문제라고 할 수 있으나

| 표 III-1-17 | 주요 품목별 한미, 한-EU FTA 원산지규정

품 목		한-EU FTA	한미 FTA
합성수지 (39류)		세번변경기준(4단위) - 일부 역외부가가치 기준 (50%)	세번변경기준 (4단위 또는 6단위)
섬유·의류 (50-63류)		[의류] Fabric forward [섬유] Yarn-forward - 일부 수입 쿼터 적용	Yarn-forward - TPL 직물 의류 각각 1억 SME
비철금속 (74-81류)		세번변경기준(HS 4단위 기준) - 일부 역외부가(50)	세번변경기준(HS 4단위 기준)
기계 전기전자 (84 85 90류)		[일반기준] 세번변경기준(HS 4단위 기준) 또는 역외부가(50) [예외기준] 세번변경기준(HS 4단위 기준) 또는 역외부가(45) - 일부 역외부가(45/50)	세번변경기준(HS 4단위 또는 6단위) - 일부 역외부가(55)
자동차 (87류)	완성차	역외부가(45)	역외부가(45) or 순원가법(35)
	자동차 부품	세번변경기준(HS 4단위 기준) or 역외부가(50)	세번변경기준(HS 4단위 또는 6단위)

자료: 한-EU FTA협상결과 및 기대효과(지식경제부, 2009)

미국의 입장에서 볼 때에는 원산지규정의 원칙 및 정치적 관점에서 수용하기 어렵다는 점에서 첨예하게 대치되었다. 결국 본 쟁점과 관련된 합의사항은 개성공단이 역외가공지역으로 인정받을 수 있는 근거를 마련하기는 하였으나 구체성을 결여하고 있어 양자간의 정치적 이해관계를 모호한 형태로 반영한 결과로 평가된다. 반면에 자동차에 한해 한미 FTA에서 처음으로 자동차의 역내 부가가치비율 산출공식으로 순원가법 적용이 허용되었다. 특히 NAFTA와 달리 한미 FTA에서는 기업이 이를 선택적으로 사용할 수 있게 함으로써 순원가법만을 사용할 경우 예상되는 방대한 회계자료 작성에 따른 인력 및 비용지출과, 회계자료가 반덤핑 조사자료로 활용될 가능성 등에 대한 우려를 해소한 것으로 평가된다. 〈표 Ⅲ-1-17〉은 주요 품목에 대한 한-미 및 한-EU FTA 원산지 규정을 정리하고 있다.

1.3.4 평가 및 전망 〉〉〉

이상에서 살펴본 바와 같이 원산지규정에 대한 논의는 국제경제질서의 변화가 급격하게 이루어지는 한편 국경을 초월한 글로벌전략이 일반화함에 따라 그 빈도와 깊이를 더해 갈 것임을 알 수 있다. 이러한 의미에서 현재 WTO협정에 따라 이루어지고 있는 통일원산지규정의 제정작업은 원산지규정에 대한 실질적인 최초의 국제규범이 탄생하는 과정이라는 점에서 매우 중요한 의미를 지닌다. 그러나 수년간의 방대한 노력에도 불구하고 각국의 입장 차이가 해소되지 못한 채 난항을 겪고 있는 것은 매우 안타까운 현실이 아닐 수 없다. 그러나 지금까지 진행된 작업만 두고 보더라도 기술적·경제적·정책적 측면에서 일찍이 다자간 협상에서 경험하지 못한 축적을 이룬 것으로 평가되며 소중한 자산이 아닐 수 없다. 따라서 협상당사국들은 이를 생산적으로 활용하여 통일원산지 규정을 완성함으로써 무역환경의 개선에 기여해야 할 것이다.

주요용어

- 통일원산지규정
- 실질적 변형
- 세번변경기준
- 주요 공정기준
- 국제관세기구

- 특혜(비특혜) 원산지규정
- 완전생산기준
- 부가가치기준
- 원산지표시제도

연습문제

1. 오늘날 원산지규정이 중요한 이슈로 등장하게 된 국제경제적 배경에 대하여 논하시오.
2. 원산지판정기준에 있어서 '실질적 변형'의 개념과 이를 결정하는 구체적 기준을 설명하시오.
3. 원산지 규정의 적용이 필요한 무역 관련 제도를 구체적으로 예를 들어 설명하시오.

제 4 절 >>> 무역에 대한 기술적 장벽

EU의 LED 에코디자인 기준

2012년 EU는 「Directive 2009/125/EC」에 의거하여 에너지 효율강화를 위한 LED 에너지 효율규제 도입계획을 WTO에 통보하였다. EU의 LED 에너지 효율규제는 소비자들이 조명기구를 구입할 때 충분한 정보에 근거해 선택을 할 수 있도록 하고, 에너지 효율이 높은 환경 친화적인 제품의 보급 확대를 목적으로 한다. 동 규제에 따라 EU는 LED 등 조명기기의 최저 에너지 소비효율과 기능성, 표시사항 등을 규정하였으며, 해당 요건을 만족시키지 않는 제품에 대해서는 유럽시장 내에서의 판매를 금지한다.

우리나라는 이에 대하여 양자협의 및 특정무역현안 제기를 통해 LED 램프의 장점과 기술적인 한계를 고려하여 EU의 기준을 완화할 것을 요청하였다. 그러나 EU는 ① 형광등보다 더 높은 가격의 LED 램프 수명요건을 형광등과 다르게 적용할 경우 형평성에 어긋나며, ② LED 패키지 상태에서 3,000시간 수명 검사를 통과한 완제품에 대한 3,000시간 테스트 면제 요청도 받아들일 수 없다는 입장을 표명하였다.

2013 외국의 통상환경 보고서(산업통상자원부·외교부).

1.4.1 개 요 >>>

대부분의 국가들은 그 나라 나름대로의 표준, 기술규정 및 적합판정
절차를 보유하고 있다. 이는 과거에 각국이 국내시장만을 대상으로 하여
표준화를 위한 기준 및 절차를 제정한 것에 기인한다. 또한 국가간 상이
한 산업화과정 및 발전속도 등도 각국이 서로 다른 표준화제도를 제정·
시행하게 된 이유이다.

국가간 서로 다른 기술규정, 표준 및 적합판정절차는 국가간 무역에
상당한 영향을 미치게 된다. 상품을 수출할 때 수입국의 기술명세에 부합
하도록 변형작업을 해야 하거나 수입국의 기술명세에 적합한 생산시설을
구비해야 함에 따라 추가적인 조정비용이 발생하게 된다. 이러한 경우 수
출원가가 상승하게 되므로 국가간 표준화제도의 차이로 인해 수출국의
경쟁력이 저하되는 반면 수입국은 어느 정도 수입을 억제하는 효과를 거
둘 수 있게 된다. 이와 같이 국가간 표준화제도의 차이는 잠재적인 무역
장벽으로 작용하게 되며 특히 어떤 국가의 고의적인 의도로 인한 표준화
제도의 차이는 실제적인 무역장벽을 형성하게 된다. 어떤 상품에 대한 표
준화제도의 차이에 따라 발생할 수 있는 국가간 상품이동에 대한 장애를
무역에 대한 기술적 장벽(Technical Barriers to Trade: TBT)이라 한다. WTO
'무역에 대한 기술적 장벽에 관한 협정'(Agreement on Technical Barriers to
Trade: TBT협정)의 전문에서는 기술적 장벽을 '포장, 표시, 등급표시 요구
를 포함한 기술규정 및 표준 그리고 적합판정절차가 국제무역에 불필요
한 장애가 되는 것'으로 암묵적인 정의를 내리고 있다.

한편 대부분의 국가가 표준화를 위한 목적과는 별도로 국내 공공정
책목표의 달성을 위해 상품에 대한 기술명세를 제정하여 그 기준을 의무
적으로 준수하도록 하고 있으며 수입품에도 동일한 요건을 부과한다. 대
표적인 공공정책목표로는 인간·동식물의 생명보호, 보건, 안전, 환경보호,
국가안보 등이 있다. 이러한 기준은 대부분의 경우 상품에 대한 기술적

표준화제도

표준화(standardization)는 어떤 상품의 기술명세(technical speci-fication)를 정하는 것을 말한다. 일반적으로 기술명세는 품질수준, 성능, 안정성 등과 같은 상품의 기술적 특성을 규정하는 목록으로서 상품에 적용되는 용어, 기호, 검사 및 검사방법, 포장, 표시 및 분류조건 등도 포함하는 개념이다. 기술명세는 준수의 강제성여부에 따라 준수의무가 없는 표준(standards)과 의무적으로 준수해야 하는 기술규정(technical regulations)으로 구분된다.

표준화는 어떤 상품의 형태·치수·소재·기능·안정성 등과 같은 기술적 특성을 일률적으로 규정함으로써 상품의 생산 및 유통의 효율성 제고를 목적으로 한다. 표준화는 소비자의 상품 비교·선택을 보다 용이하게 하고 부품이나 유사상품과의 호환성·연계성을 제고시킨다. 또한 표준화에 따라 시장이 확대되면 생산자는 대량생산에 따른 규모의 경제로 인하여 비용절감 효과도 거둘 수 있게 된다. 기술의 급속한 발달로 인하여 상품이 보다 다양해짐에 따라 표준화의 대상범위가 점차 넓어지고 있으며, 상품에 체화된 기술이 복잡해짐에 따라 더욱 세분화된 표준화가 요구되고 있고, 첨단기술에 의한 신상품의 개발에 따라 새로운 표준이 등장하고 있다.

상품의 기술적 특성에 대한 기준인 표준과 기술규정이 실제적으로 적용되기 위해서는 어떤 상품이 그러한 기준에 부합하는지를 판정하는 것이 필요하다. 이를 위한 방법이나 절차를 적합성판정절차(conformity assessment procedures)라고 한다. 이러한 절차는 표본추출, 시험 및 검사, 평가, 검증과 적합판정, 등록, 인정과 승인 등을 포함한다.

특성을 규정하게 되므로 무역에 대한 기술적 장벽으로 작용하게 될 소지가 있다.

1.4.2 국제규범의 형성배경 및 과정 >>>

　　각 국별로 독립적으로 발전되어 오던 표준화제도의 국제적 조화노력
은 1920년대부터 추진되어 왔으며 그 결과 국제표준화와 관련하여 현재
29개의 국제기구가 있다. 국제표준화기구(ISO)와 국제전기기술위원회
(IEC)는 표준화와 관련하여 각각 비전기 및 전기분야를 관할하는 양대 기
구로서 국제표준의 약 85%를 관장하고 있다.[1] 이와 함께 국제전신전화
자문회의(CCITT)는 주로 정보통신기기의 표준화를, 국제법정계량기구
(IOLM)는 계량기기의 표준화를, 국제식품표준위원회(CAC)와 국제수역사무
국(IOE)은 식품 및 동식물검역에 관한 표준을 각기 담당하고 있는바, 이
들 기구가 국제표준화와 관련하여 가장 중추적인 역할을 하고 있다.

　　이와 같이 많은 국제기구들이 국가간 상이한 표준화제도의 국제적
조화노력을 오랜 기간 추진했음에도 불구하고 아직 많은 분야에서 보편
적인 국제표준이 설정·준수되지 못하고 있다. 이는 주요 국가들이 자국
의 관습에 따라 지속되어 온 기술규정 및 표준들을 바꾸려고 하지 않기
때문인데 특히 미국의 경우가 가장 심한 것으로 나타나고 있다. 이는 세
계 최대의 단일시장인 미국의 경우 자국시장을 위한 국내표준화제도를
제정할 때 국제표준을 따를 필요성이 상대적으로 적다는 점과 대부분의
표준화관련 국제기구들이 유럽국가들 중심으로 운영되고 있다는 점에 기
인한다. 또한 표준화관련 국제기구에서는 가입국들이 국제표준을 이행하
지 않는 것에 대해 제재할 수 있는 수단이 결여되어 있어 국제표준의 강
제적·의무적 이행이 불가능하다는 것도 보편적인 국제표준의 확산을 저
해하는 원인이 되고 있다.

　　1964-67년 진행되었던 케네디라운드에서 합의된 일괄적인 관세인하
는 관세의 무역제한기능을 대폭 약화시켰다. 이에 따라 비관세장벽이 국

---

1) 우리나라는 1963년 두 기구에 모두 회원국으로 가입하였다.

| 표 Ⅲ-1-18 | 기술적 장벽의 일반적인 유형

기술장벽의 유형		기술장벽의 내용
기술 규정	차별적 기준 적용	- 조달비율의 계산에 국내외 업체간 산정방식 차별 적용
	상이한 표준 적용	- 국가, 지자체, 공동체 회원국간 독자적인 표준제도 운영 - 동일 국가내 동일제품에 대해 일부 지방에서 특정 산업의 보호를 위한 수입금지조치
	국제표준과의 불일치	- 제품표준이나 인증절차가 국제표준과 불일치
	과도한 기술요건	- 다른 국가들보다 엄격한 기술요건 설정 - 까다로운 규격 및 인증마크 취득절차
	투명성 결여	- 빈번한 기술규정의 개정 및 불충분한 사전공시기간

임의표준		- 민간표준화기구 및 단체에 의해 설정된 자발적인 임의표
		  준과 국내시장에서의 판매를 위한 인증취득에 실질적인
		  강제성 부여

적합성 평가	중복검사	- 이미 인증을 획득하였으나 이를 인정하지 않고 중복검사 요구 - 인증제도의 이원화
	과다시간 소요	- 인증마크 획득에 과다시간 소요 - 담당인력의 부족으로 검사지연
	과다비용 소요	- 높은 검사비용 - 과다한 표준조사 등으로 인한 비용증가 - 중복검사로 인한 비용 발생
	투명성 결여	- 판정 기준이 불분명하여 검사원의 자의성에 따른 판정 - 경쟁관계에 있는 자국의 민간업체에 의한 검사
상품표시부착		- 국내조달비율의 표시를 요구하여 자국산 구매의욕 고취 - 자국어로 표기 의무 - 표기를 상품자체에 하도록 요구

자료: 산업통상자원부·외교부, 2013 외국의 통상환경.

제무역을 제한하는 수단으로 남용되는 경우가 빈발하였고 그 결과 비관
세장벽 문제가 1974-79년 추진된 도쿄라운드의 핵심의제로 다루어졌다.[2]
TBT협정은 미국, EC, 일본 등 38개국이 가입한 복수국간 협정으로서

---

2) 도쿄라운드에서는 기술적 장벽과 함께 수입허가절차, 관세평가, 보조금 및 상계관세, 정
  부조달, 반덤핑 등 9개의 주요 비관세장벽에 관해 분야별로 각각 협상이 체결되었다.

1980년 발효되었으며 우리나라도 1980년 10월 이에 가입하였다.

도쿄라운드의 TBT협정은 가입국이 자국의 표준화제도를 의도적으로 까다롭게 하거나 타국과 상이한 제도를 제정함으로써 표준화제도를 무역제한수단으로 사용하는 것을 방지하려 하였다. 즉 TBT협정은 각국의 상이한 표준화제도가 국제무역을 저해하는 요소로 작용하지 않도록 하기 위해 가입국이 준수해야 할 각종 의무를 규정하였다. 그러나 TBT협정이 있음에도 불구하고 각국은 시간이 지날수록 기술적 장벽을 보다 효과적인 수입제한수단으로 활용하였다. 기술적 장벽은 기술적인 요소를 포함하고 있어 매우 복잡한 형태를 띠고 있기 때문에 다른 비관세장벽(쿼터, 수량제한, 수입허가절차, 보조금, 정부조달 등)과 비교하여 무역장벽으로 작용하는지의 여부가 상대적으로 불명확하다. 또한 수출자율규제(VER)나 시장질서유지협정(OMA)과 같은 회색지대조치(grey area measures)와 비교하여 기술적 장벽은 무역장벽으로서의 가시성(visibility)이 크게 부족하여 쉽게 드러나지 않을 뿐만 아니라 위생·환경·안전 등을 포함한 대부분의 분야에 쉽게 적용될 수 있다. 즉 기술적 장벽은 상대적 불확실성, 비가시성 및 여러 분야에의 적용 용이성으로 인해 수입억제를 위한 주요 무역정책수단으로 활용될 소지를 안고 있다. 그러나 도쿄라운드 TBT협정은 기술적 장벽의 남용을 억제하기에는 많은 허점을 지니고 있었고, 그에 따라 도쿄라운드 이후 1980년대에 기술적 장벽과 관련된 통상마찰이 크게 증가하였다. 이러한 문제를 해소하기 위하여 UR에서는 TBT협정을 보완·강화하는 작업이 추진되었고 UR협상의 타결과 함께 WTO TBT협정이 채택되었다. 도쿄라운드 TBT협정이 복수국간 협정이었던 반면 WTO TBT협정은 다자간 협정으로서 WTO의 모든 회원국은 이 협정을 준수해야 한다.

한편 다자간 무역규범인 WTO협정과는 별도로 소수국간 자유무역협정(FTA)을 통해서도 TBT를 규율하려는 노력이 진행되고 있다. FTA에서의 TBT규범은 FTA 체결국간 상호 관심사항을 반영하여 WTO TBT협정을 보다 구체화하는 내용을 담고 있다.

1.4.3 WTO TBT협정의 주요 내용 >>>

〈표 Ⅲ-1-19〉에 나타나 있는 바와 같이 TBT협정은 전문, 총 15개의 본 조항 및 3개의 부속서로 구성되어 있다. TBT협정은 기본적으로 공산물 및 농산물을 포함한 모든 제품에 적용되나 동·식물의 위생 및 검역조치 와 정부조달제품에 대해서는 적용되지 않는다.

| 표 Ⅲ-1-19 | WTO TBT협정의 구성

```
전문
제Ⅰ부:    일반규정
     제1조   일반규정
제Ⅱ부:    기술규정 및 표준
     제2조   중앙정부기관에 의한 기술규정의 준비, 채택 및 적용
     제3조   지방정부기관 및 비정부기관에 의한 기술규정의 준비, 채택 및 적용
     제4조   표준의 준비, 채택 및 적용
제Ⅲ부:    기술규정 및 표준의 적합
     제5조   중앙정부기관에 의한 적합판정절차
     제6조   중앙정부기관에 의한 적합판정인정
     제7조   지방정부기관에 의한 적합판정절차
     제8조   비정부기관에 의한 적합판정절차
     제9조   국제제도 및 지역제도
제Ⅳ부:    정보 및 지원
     제10조  기술규정, 표준 및 적합판정 절차에 관한 정보
     제11조  타회원국에 대한 기술지원
     제12조  개발도상국들에 대한 특별 및 차별대우
제Ⅴ부:    기구, 협의 및 분쟁해결
     제13조  기술규정, 표준 및 적합판정 절차에 관한 정보
     제14조  협의와 분쟁해결
     제15조  최종조항
부속서 1   용어와 그 의의
부속서 2   기술전문가 그룹
부속서 3   표준의 준비, 채택 및 적용에 대한 모범관행규약
```

1. 기본정신

국제표준과 적합판정절차가 생산능률의 향상은 물론 국제교역의 활성화를 위해 중요하므로, 회원국들은 자국의 기술규정, 표준 및 적합판정절차가 국제무역을 불필요하게 제한하지 않도록 해야 한다. 회원국은 수출품의 품질보장, 인간·동식물의 생명과 건강보호, 환경보호, 기만적인 관행의 방지 등을 위해 필요한 조치를 시행하고자 하는 경우, 자의적이거나 부당한 차별수단 또는 국제무역에 대한 위장된 제한수단으로 사용하지 않는다는 전제하에 그러한 조치를 취할 수 있다.

2. 기술규정 및 표준의 준비, 채택 및 적용

회원국은 기술규정을 운영함에 있어 내국민대우 및 최혜국대우원칙을 준수해야 하며, 국제무역에 불필요한 장애를 야기하는 방식으로 기술규정을 준비·채택·적용해서는 안 된다. 이를 위해 기술규정은 그 기술규정이 시행되지 않음에 따라 야기될 수 있는 위험을 고려하여 채택하되 합법적인 목적의 달성을 위해 필요한 정도 이상으로 무역을 제한해서는 안 된다.3) 이는 일명 비례성의 원칙이라고 불리는 것으로서, '어떤 기술규정이 시행되지 않음에 따라 야기될 수 있는 위험'과 '기술규정이 과도한 형태로 시행됨에 따라 나타날 수 있는 비용' 간의 비례성을 고려하여 적절한 기술규정이 도입되어야 한다는 것을 의미한다.

어떤 기술규정이 더 이상 필요하지 않은 경우 또는 어떤 기술규정보다 무역을 덜 제한하는 다른 방법이 있는 경우 그 기술규정은 폐지되어야 한다. 또한 관련 국제표준이 존재하는 경우에는 그에 기초하여 기술규정을 제정해야 하며, 국제표준을 따른 기술규정은 국제무역에 불필요한 장벽을 야기하지 않는 것으로 간주된다. 관련 국제표준이 존재하지 않거나 국제표준과는 다른 기술규정을 도입하여 다른 회원국의 무역에 중대한

---

3) 합법적인 목적으로는 국가안보상 필요성, 기만적 관행의 방지, 인간의 건강 또는 안전, 동·식물의 생명 또는 건강, 환경보호 등을 들 수 있다.

| 그림 Ⅲ-1-2 | 1995년 이후 WTO회원국의 신규 TBT 통보문 건수

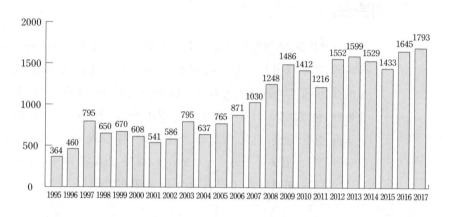

자료: WTO(2018), Twenty-Third Annual Review of the implementation and operation of the TBT Agreement, G/TBT/40

| 그림 Ⅲ-1-3 | 1995년 이후 우리나라의 TBT 통보문 건수

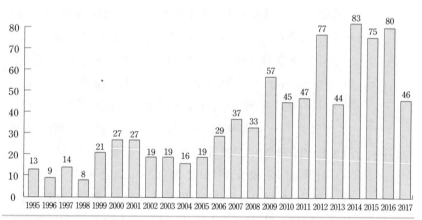

자료: http://i-tip.wto.org, WTO

영향을 줄 우려가 있을 경우 회원국은 기술규정의 도입의도를 조속히 공표하고 WTO사무국을 통해 여타 회원국에게 기술규정의 목적과 합리적 근거에 관한 간단한 설명과 함께 기술규정이 적용되는 물품을 통보해야 한다.

회원국은 타회원국의 기술규정이 자국의 기술규정과 다를지라도 자국의 기술규정 도입 목적에 부합하면 그러한 타회원국의 기술규정을 자국의 기술규정과 동등한 것으로 수용하도록 해야 한다. 또한 긴급한 상황이 아닌 경우 수입국은 기술규정의 제정과 시행 사이에 적당한 시차를 둠으로써 수출국의 생산자가 상품 또는 생산방법을 수입국의 요구에 맞출 수 있는 시간을 제공해야 한다.

3. 기술규정 및 표준에의 적합판정절차

회원국은 내국민대우원칙 및 최혜국대우원칙에 입각하여 적합판정절차를 운영해야 하며, 적합판정절차가 국제무역에 불필요한 장애가 되거나 그러한 효과를 야기하도록 운영해서는 안 된다. 또한 적합판정절차는 가능한 신속히 실시되고 완료되어야 하며, 적합판정절차의 처리기간이 공표되거나 예상처리기간이 통보되어야 한다.

국제표준기관이 발표한 지침이나 권고사항이 있는 경우 회원국은 그러한 지침이나 권고사항에 기초하여 적합판정절차를 제정 · 운영해야 한다. 단 국가안보요건, 기만적 행위의 방지, 인체의 건강 또는 안전, 동 · 식물의 생명 또는 건강, 환경보호 등의 예외적인 경우 회원국은 나름의 적합판정절차를 운영할 수도 있다. 관련 국제기준이 존재하지 않거나 국제기준과 다른 적합판정절차를 도입하려 할 경우 그 절차가 무역에 심각한 영향을 미칠 것으로 예상된다면 그 회원국은 그러한 절차의 도입을 초기 단계에서 공표하고, WTO사무국에 합리적 근거에 관한 간단한 설명과 함께 적합판정절차가 적용되는 물품을 통보해야 한다.

회원국은 타회원국의 적합판정절차가 자국의 절차와 다를지라도 자국의 절차에 상응하는 적합판정이 이루어지고 있다고 판단되는 경우에는 그 결과를 수용해야 한다.

한 · 미 FTA와 한 · EU FTA: TBT 규범의 주요 내용

한 · 미 FTA
- TBT 협정문에 기술규정 관련 정보제공에 대한 지방정부의 의무사항을 명시하여 TBT 협정의 적용범위에 사실상 미국의 주정부를 포함
- 표준 및 기술규정의 제·개정 시 상대국이 의견을 제시할 수 있도록 하는 투명성 조항을 규정
- '한-미 TBT 위원회'를 설치하여 표준 및 기술규정에 대한 상호 협력사항과 양국간에 발생하는 기술무역장벽 문제를 지속적으로 논의할 수 있는 협의채널을 운영
- 정보통신기기 분야의 제품인증서 상호인정협정을 체결하기로 함에 따라 한국 업체는 한국에서 발급한 제품인증서로 미국시장에 곧바로 수출 가능

한 · EU FTA
- 기술규정 제·개정 시 상대측 이해당사자의 참여를 허용하는 내국민대우 원칙 적용
- 상대국이 요청하면 기술규정 제·개정의 목적, 법적근거 및 정당성 등에 대한 입증책임 부담
- EU 회원국간 기술규정이 통일성 있게 적용되도록 노력하고 관련 교역장애가 발생 시 EU측이 시의적절하게 처리하도록 노력
- 한국과 EU간에 제기되는 TBT 이슈에 대한 신속한 처리와 원활한 협정이행을 모니터링하기 위하여 TBT 코디네이터를 지정
- 전기전자제품, 화학물질 등 분야별 기술기준의 조화 및 적합성평가절차의 간소화를 통하여 양국간 교역비용 절감과 교역증대 여건을 조성

4. 표준에 대한 모범관행규약(Code of Good Practice)

모범관행규약은 표준에 관한 규약으로 중앙정부기관, 지방정부기관 또는 비정부기관 등에 관계없이 WTO TBT협정 회원국 내에 소재한 모든 표준기관을 대상으로 하며, 이들 기관은 자발적으로 이 규약을 수용할 수 있다. 모범관행규약은 표준의 준비, 채택 및 적용과 관련하여 내국민대우

원칙과 최혜국대우원칙, 표준의 무역장벽화 방지, 국제표준의 최대한 활용
및 채택, 표준의 국제적 조화 및 국제표준화에의 적극적 참여, 도안이나
외형적 특성이 아닌 상품성능의 측면에서 표준설정, 표준제정시 ISO/IEC
를 통해 사전 공표, 채택된 표준의 즉시 공표, 협의기회의 부여 등을 규정
하고 있다.

1.4.4 평가 및 전망 >>>

WTO TBT협정으로 인해 기술규정, 표준 및 적합판정절차가 무역장벽
으로 사용될 수 있는 여지가 대폭 축소되었다. 우리나라의 국내법 중 TBT
협정과 관련된 것은 산업표준화법과 공산품품질관리법에 바탕을 두고 있
는 표준화제도와 위생, 안전, 환경보호, 소비자보호 등과 관련된 특별법이
있다. 이러한 국내제도를 시행함에 있어 앞으로는 WTO TBT협정에의 부
합여부를 면밀히 검토함으로써 불필요한 통상마찰을 회피해야 할 것이다.
특히 국제표준에 기초하여 제정되는 표준화제도는 자동적으로 기술적 장
벽이 아닌 것으로 간주되므로, 가능한 한 국제표준을 활용하는 것이 바람
직할 것이며 이는 우리의 표준화제도를 국제화하는 데에도 큰 도움이 될
것이다.

주요용어

- 표준
- 기술명세
- 모범관행규약
- 기술규정
- 적합판정절차
- 비례성의 원칙

연습문제

1. 캐나다 정부가 음료캔의 사이즈를 정하고 그에 부합하지 않는 제품의 수입을 금지하였다. 이러한 조치가 TBT협정에 위배되는가?

2. 그리스 정부가 택시의 길이를 최대 5m, 엔진출력을 최대 20 그리스마력으로 제한하고 이러한 기준을 충족하지 않는 자동차의 수입을 제한하였다. 이러한 조치가 TBT협정에 부합하는가?

제 **5** 절 >>> **위생 및 검역조치**(Sanitary and Phytosanitary Measures)[1]

제 **5** 절 >>> 위생 및 검역조치(Sanitary and Phytosanitary Measures)[1]

1.5.1 개 요 >>>

각국은 자신이 안전하다고 판단되는 기준에 따른 식품안전을 보장하기 위해 다양한 조치를 취하고 있다. 이러한 조치는 국내에서 생산된 식품이나 국내의 동식물에도 적용되지만 수입품에도 적용되게 된다. 교통수단이 발전하지 않고 농산물무역의 자유화 정도가 크지 않았던 시기에는 국내규정만으로 식품안전의 보장이 가능할 수도 있었다. 하지만 최근 교통의 급속한 발전과 WTO체제하에서의 농산물 자유화와 각종 지역무역협정에 의한 농산물의 국경간 거래의 활성화로 인하여 국내규정만으로는 충분하지 않게 되었으며 국제적인 협력의 필요성이 증대하고 있으며 이러한 조치의 중요성은 점차 높아지고 있다. 대부분의 국가에서 국내적으로는 수입농산물에 대한 소비자의 안전성 요구가 증가하고 있으며 외래 병해충 및 가축전염병의 유입으로부터 국내 농축산업을 보호할 필요도 증가하고 있다. 따라서 어느 정도의 무역에 있어서의 제한은 필요하다. 그러나 어떤 경우에는 엄격한 건강 및 안전규정에 관한 조치가 국내생산자를 보호하기 위한 수단으로 사용되고 있는 것도 사실이다. 특히 그 기술적 복잡성으로 인해 매우 효과적인 보호수단이 될 수도 있다. 즉 내국민 및 국내 동식물의 보호의 기능을 수행하지만 보호주의의 수단으로 사용

---

1) Sanitary and Phytosanitary Measures는 공식적으로는 위생 또는 식물위생 조치로 번역된다. 그러나 위생 및 검역조치라는 용어로 오랫동안 사용되어 왔기 때문에 제목에서는 이렇게 지칭하고 WTO협정문 등의 사례를 설명할 때에는 위생 또는 식물위생 조치라는 용어를 사용하도록 한다.

되고 있기도 한 것이다. 특히 최근 다른 무역장벽 수단들이 사라지게 됨에 따라 SPS조치를 무역제한의 수단으로 사용하고자 하는 유인이 커지고 있다. 따라서 인간, 동물 또는 식물의 생명 또는 건강을 보호하기 위하여 필요한 조치가 국가간에 자의적 또는 부당한 차별 또는 국제무역에 대한 위장된 제한을 구성하는 방법으로 이용되지 않는다는 조건으로 동 조치를 채택 또는 이행하는 것이 중요하게 되었다. 또한 국제기준과 국내기준과의 조화가 중요한 문제로 대두되게 되었으며 수출국과 수입국간의 위생 및 검역방법의 차이에 따른 분쟁의 가능성도 높아지고 있음에 따라 이에 관한 합의도 필요하게 되었다.

위생 및 검역조치는 동식물의 해충 또는 질병, 식품·음료·사료의 첨가제, 독소, 질병원인체 등에 대해 시행되는 조치를 말한다. 이러한 조치는 소비자에 대한 식품안전과 동물과 식물에 있어서의 해충이나 질병의 확산을 막기 위해 도입된다. 다양한 형태로 나타날 수 있는데 예를 들어 해당 품목이 병해충 안전지역에서 생산될 것을 요구할 수도 있고 제품의 검사나 특정한 처리 및 공정을 거칠 것을 요구할 수도 있다. 또한 농약잔류물의 잔존기준을 설정하거나 식품첨가물의 제한 등의 형태를 띨 수도 있다. SPS조치는 국민의 생명과 건강의 보호라는 공공정책목표를 달성하기 위한 것이므로 GATT 체제하에서도 일정한 조건하에 허용되었다. 그러나 이러한 조치들이 타당한 기준에 근거하지 않고 임의적으로 제정되고 운영될 경우에는 부당하게 무역을 제한하는 보호주의적 수단으로 남용될 소지가 있었다. 실제로 GATT의 예외조항을 원용하여 위생 및 검역 조치를 농산물의 수입을 제한하는 수단으로 사용하는 사례가 증가해 왔으며, 이를 방지하기 위하여 UR 협상을 통해 WTO 위생 및 식물위생에 관한 협정(Agreement on Sanitary and Phytosanitary Measures: 이하 SPS 협정)이 체결되게 되었다. 즉 위생 및 식물위생 조치가 무역에 미치는 부정적인 영향을 최소화하기 위하여 동 조치의 개발, 채택, 및 집행을 지도하기 위한 다자간 규칙 및 규율의 틀을 설정하기 위하여 SPS협정이 만들어지게 된 것이다.

WTO의 위생 및 식물위생 조치의 적용에 관한 협정의 부속서 1에 의하면 SPS 조치는 다음과 같은 목적으로 적용되는 모든 조치로 정의된다.

즉 ① 병해충, 질병매개체, 질병 원인체의 유입, 정착 또는 전파로 인하여 발생하는 위험으로부터 회원국 영토내의 동식물의 생명 또는 건강의 보호, ② 식품, 음료, 사료의 첨가제, 오염물질, 독소 또는 질병원인체로 인하여 발생하는 위험으로부터 회원국 영토내의 인간 또는 동물의 생명과 건강의 보호, ③ 동물 또는 식물로 만든 생산품에 의하여 전달되는 질병이나 해충의 유입, 정착, 전파로 인하여 발생하는 위험으로부터 회원국 영토내의 인간의 생명과 건강의 보호, ④ 해충의 유입, 정착, 전파로 인한 회원국 영토내의 다른 피해의 방지 및 제한 등이 SPS조치에 속한다.

SPS 조치는 모든 관련 법률, 법령, 규정, 요건 및 절차를 포함하며, 특히 최종제품 기준, 가공 및 생산방법, 시험, 조사, 증명 및 승인절차, 동물 또는 식물의 수송 중 생존에 필요한 물질과 관련된 적절한 요건을 포함한 검역처리, 관련 통계방법, 표본추출절차와 위험평가 방법에 관한 규정, 식품안전과 직접적으로 관련되는 포장 및 상표부착을 포함한다. SPS 협정은 회원국이 자국의 고유한 기준을 설정하는 것을 허용한다. 하지만 그 기준은 과학적 근거에 기반해야만 하며, 자의적이어서도 안 되고, 동일하거나 유사한 조건하의 국가간의 용인할 수 없을 정도의 차별을 가해서도 안된다. 또한 국제기준, 가이드라인, 권고가 존재하는 경우 이를 사용하도록 권장되지만 과학적 정당성이 존재한다면 그보다 더 높은 기준을 사용할 수도 있으며 위험성 평가가 일관성이 있고 자의적이 아닌 경우 이에 기초한 국제적 기준보다 더 높은 수준의 기준을 사용할 수도 있다.

1.5.2 국제규범의 형성배경 및 과정 >>>

관세 및 무역에 관한 일반협정(General Agreement on Tariffs and Trade, 이하 GATT) 1947 체제에서는 각국의 검역주권을 이유로 한 수입규제조치가 GATT 제XX조(b)호의 '인간 및 동식물의 생명 또는 위생을 보호하기 위해 필요한 조치' 예외를 통해 허용될 수 있었다. 그러나 위의 요건을 충족한 경우라도, GATT 제XX조를 통한 예외의 남용 및 오용 방지를 위해 두문(Chapeau)의 "동일한 여건이 지배적인 국가간에 자의적이거나 부당한 차별의 수단을 구성하거나 국제무역에 대한 위장된 제한을 구성하는 방식으로 적용되어서는 안된다"는 규정에 합치하여야만 정당화될 수 있었다. 이러한 제한에도 불구하고 GATT 1947 체제하에서 농산품 교역은 이후 출범한 WTO의 GATT 1994와는 달리 별도의 협정으로 자유화 되지 못했으며 각종 예외 주장과 높은 관세, 불투명한 비관세장벽 등으로 인해 용이하지 않았다.

도쿄 라운드에서는 '무역에 대한 기술장벽협정(Agreement on Technical Barrier to Trade, 약칭 '1979 TBT 협정' 또는 'Standards Code')'이 논의되었다. 동 협정은 주목적이 일반적인 무역에 저해되는 기술적 장벽에 관한 협정이므로 SPS 조치 규율이 주된 목적은 아니었지만, 잔류농약 한계치, 검사요건 및 라벨링을 포함하여 식품안전 및 동식물 위생조치에 관한 기술적 요건(technical requirements)을 다루었다. 1979 TBT 협정에서는 무역에 대한 기술조치를 취할 때 관련 국제기준을 사용할 것을 규정하였으나 이러한 국제기준이 자국의 위생을 적절히 보호할 수 없다고 판단했을 때는 따르지 않을 수 있었다. 1979 TBT 협정은 국제기준에 기초하지 않은 기술규정에 대한 통보 의무를 규정하였고 투명성(transparency)의 원칙에 기초하는 절차를 발전시켰다. 그러나 1979 TBT 협정은 동 협정을 비준한 국가들에게만 적용되는 복수국간 협정(plurilateral Agreement)으로 협상되어서 동 협정에 참여한 일부 국가에게만 적용되었다. 또한 동 협정은 분쟁 해결 절차를 포함하고 있었으나 GATT 체제하에서는 협정하의 의무를 강제할 집행력 있는 절차를 마련하지 못하였다.

우루과이 라운드(Uruguay Round, 1986~94년)에서 농산물 교역과 관련하여 SPS 조치에 관한 다자간 규율 마련의 필요성이 주장되었다. 작업반이 만든 1990년 SPS 협정 초안을 보면 비차별 원칙, 과학적 기초, 개도국에 대한 특별한 고려, 투명성 원칙, 국제 기준의 사용 등에 대해 규정하였다. 그러나 어떠한 상황에서 국제기준보다 더 엄격한 국내규제가 가능한지 및 경제적 고려 또는 소비자 염려 등이 위험평가의 절차에 포함되어야 하는지 여부, 검사·승인 등의 쟁점에 대해서는 합의가 이루어지지 않았다. 우루과이 라운드 협상 타결이 요원하자 1991년 당시 GATT 사무총장이던 던켈이 제시한 던켈 초안('Denkel Text')에서는 식품안전을 위한 위험평가에서 경제적 고려 관련 사항이 배제되는 등 작업반 초안이 일부 수정되었다. 던켈 초안에 기초하여 SPS 협정이 최종적으로 합의되었고, 이를 포함한 WTO 협정이 1994년 모로코 마라케시에서 서명되었으며 1995년 1월 1일부터 발효하였다. SPS 협정은 각 회원국이 각자 적합하다고 생각하는 생명 및 건강 보호 수준을 정하고 이를 확보하기 위한 SPS 조치를 선택, 시행할 수 있는 고유한 주권적 권리를 보장하는 한편, 이러한 주권적인 권리의 행사가 국제무역에 불필요한 장벽으로 행사되지 않도록 규제하는 이중의 목적을 가지고 만들어졌다. 그러나 국가간 상충되는 이해관계 속에서 타결을 위해 봉합된 협정으로 출범하게 되어 일부 규정이 모호하게 규정되어 있어 협정 입안자의 본래 의도를 파악하는 것이 어렵거나 실제 사안에 적용할 때 입장의 대립이 발생하기도 한다.

1.5.3 WTO SPS 협정의 주요 내용 >>>

위생 및 식물위생 조치의 적용에 관한 협정

서문
제 1 조: 일반규정(General Provision)
제 2 조: 기본적인 권리 및 의무(Basic Rights and Obligations)
제 3 조: 조화(Harmonization)
제 4 조: 동등성(Equivalence)
제 5 조: 위험 평가 및 보호의 적정수준 결정(Assessment of Risk and Determination of the Appropriate Level of Sanitary or Phytosanitary Protection)

제6조: 병해충 안전지역 및 병해충 발생이 적은 지역을 포함하는 지역적 조건에의 적응(Adaptation to Regional Conditions, Including Pest- or Disease-Free Areas and Areas of Low Pest or Disease Prevalence)

제7조: 투명성(Transparency)

제8조: 방제, 검사 및 승인 절차(Control, Inspection and Approval Procedures)

제9조: 기술지원(Technical Assistance)

제10조: 특별 및 차등 대우(Special and Differential Treatment)

제11조: 협의 및 분쟁해결(Consultations and Dispute Settlement)

제12조: 관리(Administration)

제13조: 이행(Implementation)

제14조: 최종 조항(Final Provisions)

부속서 1: 정의(Definitions)

부속서 2: 위생 및 식물위생 규정의 투명성(Transparency of Sanitary and Phyto-sanitary Regulations)

부속서 3: 통제, 검사 및 승인 절차(Control, Inspection and Approval Procedures)

SPS 협정은 WTO 회원국이 합의한 권리와 의무에 관한 14개 조항으로 이루어져 있으며 용어의 정의와 의무와 관련하여 더욱 자세하게 설명하고 있는 3개의 부속서로 구성되어 있다. 그중 제2조와 제3조, 제5조가 SPS 협정 위반 판단의 핵심 조항으로 기능하고 있다.

제1조의 일반규정에서는 이 협정이 국제무역에 직접적 또는 간접적으로 영향을 미칠 수 있는 모든 위생 및 식물위생 조치에 적용되며, 해당 조치는 이 협정의 규정에 따라 개발 및 적용되어야 한다는 것, 이 협정은 협정의 대상이 아닌 조치와 관련하여 TBT협정에 따른 회원국의 권리에 아무런 영향을 미치지 아니한다는 것을 밝히고 있다.

제2조의 기본적인 권리 및 의무에서는 다음과 같은 내용이 규정되어 있다. 먼저 회원국은 인간, 동물 또는 식물의 생명 또는 건강을 보호하기 위하여 이 협정의 규정에 합치되는 위생 및 식물위생 조치를 취할 수 있는 권리를 갖는다. 단 회원국은 위생 및 식물위생 조치가 인간, 동물 또는 식물의 생명 또는 건강을 보호하는 데 필요한 범위내에서만 적용되고, 과학적 원리에 근거하며, 충분한 과학적 증거 없이 유지되지 않도록 보장

해야 한다(단, 제 5 조 제 7 항에 규정된 사항은 제외된다). 또한 회원국은 자국 영토와 다른 회원국 영토간에 차별 적용하지 않는 것을 포함하여 자국의 위생 및 식물위생 조치가 동일하거나 유사한 조건하에 있는 회원국들을 자의적이고 부당하게 차별하지 아니하도록 보장해야 한다. 위생 및 식물 위생 조치는 국제무역에 대한 위장된 제한을 구성하는 방법으로 적용되어서는 안 된다. 이와 더불어 이 협정의 관련규정에 따르는 위생 또는 식물위생 조치는 동 조치의 이용과 관련된 1994년도 GATT 규정, 특히 제20조제(b)항의 규정에 따른 회원국의 의무에 합치하는 것으로 간주된다는 점을 규정하고 있다. 즉 SPS조치는 과학적 근거에 입각하여야 하며 무차별 및 내국민대우에 근거하여 운영되어야 함을 밝히고 있다.

제 3 조는 SPS협정의 중요한 요소라 할 수 있는 조화에 관한 다음과 같은 규정을 제시하고 있다. 먼저 SPS조치를 가능한 한 광범위하게 조화시키기 위하여, 이 협정에 달리 규정된 경우를 제외하고, 회원국은 자국의 SPS조치를 국제기준, 지침 또는 권고가 있는 경우 이에 기초하도록 하도록 하고 있다. 즉 WTO는 SPS에 관한 기준을 제정하지는 않지만, 관련 국제기구의 국제표준, 지침 또는 권고에 합치하는 SPS조치는 인간, 동물 또는 식물의 생명 또는 건강을 보호하는 데 필요한 것으로 간주되며, 이 협정 및 1994년도 GATT의 관련 규정에 합치하는 것으로 추정한다고 규정하고 있다. 그러나 회원국은 과학적 정당성이 있거나, 회원국이 특정 보호 수준의 결과 제 5 조의 관련 규정에 따라 적절하다고 결정하는 경우 회원국은 관련 국제기준, 지침 또는 권고에 기초한 조치에 의하여 달성되는 위생 또는 식물위생 보호 수준보다 높은 보호를 초래하는 SPS 조치를 도입 또는 유지할 수 있다. 회원국은 관련 국제기구 및 그 보조기관, 특히 국제식품규격위원회(Codex Alimentarius Commission), 국제수역사무국(International Office of Epizoodics) 및 국제식물 보호협약(International Plant Protection Convention)의 체제내에서 운영되는 국제 및 지역기구내에서 SPS 조치의 모든 측면과 관련된 기준, 지침 또는 권고의 개발 및 정기적인 검토를 이들 기구내에서 촉진하기 위하여 자국의 자원의 범위내에서 충분한 역할을 한다. 또한 SPS위원회를 설치하고 이 위원회를 통하여 국제적인 조화의 과정을 감독하는 절차를 개발하고, 관련 국제기구와 이와

관련한 노력을 조정한다. 즉 제3조는 국제기준보다 보호 수준이 더 높은 SPS 조치도 허용되나 이 경우 과학적 정당성이 있거나 제5조의 관련 규정에 따라야 함과 국내조치가 국제기구의 기준과 상이한 경우 국제기준에 합치시키거나 과학적 정당성을 확보하여야 함을 밝히고 있는 것이다.

제4조는 동등성에 관해 규정하고 있다. 수출회원국이 자기나라의 조치가 수입회원국의 위생 및 식물위생 보호의 적정수준을 달성한다는 것을 동 수입회원국에게 객관적으로 증명하는 경우, 회원국은 다른 SPS 조치가, 자기나라 또는 동일품목의 무역에 종사하는 다른 회원국이 사용하는 조치와 상이하더라도 이를 동등한 것으로 수락한다. 이 목적을 위하여 요청이 있는 경우, 검사, 시험 및 다른 관련절차를 위하여 수입회원국에게 합리적인 접근이 부여된다. 또한 회원국은 요청이 있는 경우 특정 SPS조치의 동등성 인정에 관한 양자 및 다자간 합의를 달성하기 위한 목적으로 협의를 개시한다.

제5조는 위험 평가, 그리고 위생 및 식물위생 보호의 적정수준 결정에 관한 규정으로 회원국은 관련 국제기구에 의해 개발된 위험평가 기술을 고려하여 자기나라의 SPS 조치가 여건에 따라 적절하게 인간, 동물 또는 식물의 생명과 건강에 대한 위험평가에 기초하도록 보장한다는 규정이다. 또한 위생 또는 식물위생 보호의 적정수준 결정시, 회원국은 무역에 미치는 부정적 영향을 최소화하는 목표를 고려하여야 한다는 것도 포함하고 있다. 즉 위생 또는 식물위생 보호의 적정 수준이라는 개념의 적용에 있어서 각 회원국은 상이한 상황에서 적절한 것으로 판단하는 수준에서의 구별이 국제무역에 대한 차별적 또는 위장된 제한을 초래하는 경우에는 자의적 또는 부당한 구별을 회피하여야 한다. 또한 위생 또는 식물위생 보호 적정 수준을 달성하기 위하여 SPS조치를 수립 또는 유지하는 때에는 회원국은 기술적 및 경제적인 타당성을 고려하여 동 조치가 위생 또는 식물위생 보호의 적정수준을 달성하는 데 필요한 정도 이상의 무역 제한적인 조치가 되지 않도록 보장하여야 한다. 관련 과학적 증거가 불충분한 경우, 회원국은 관련 국제기구로부터의 정보 및 다른 회원국이 적용하는 SPS조치에 관한 정보를 포함하여 입수가능한 적절한 정보에 근거하여 잠정적으로 SPS 조치를 채택할 수 있다. 또한 다른 회원국이 도입 또

는 유지하는 특정 SPS조치가 자국의 수출을 제한하거나 제한할 잠재력이
있으며 동 조치가 관련 국제표준, 지침 또는 권고에 근거하지 않거나, 그
러한 표준, 지침 또는 권고가 없다고 믿을 만한 이유가 있을 때에는, 동
조치에 대한 해명을 요구할 수 있다.

제 6 조는 병해충 안전지역 및 병해충 발생이 적은 지역을 포함하는
지역적 조건에의 적응에 관한 규정을 제시하고 있는데 회원국은 상품의
원산지 및 도착지의 위생 또는 식물위생상의 특징에 자국의 SPS조치를
보장한다고 규정하고 있다. 또한 어느 지역의 위생 또는 식물위생상의 특
징을 평가하는데 있어서 회원국은 특히 특정 병해충 발생율, 박멸 또는
방제계획의 존재 및 관련 국제기구에 의해 개발되는 적절한 기준 또는 지
침등을 고려하여야 한다고 규정하고 있다. 이 중 특기할 만한 조항은 2항
인데 여기에서는 회원국이 병해충 안전지역과 병해충 발생이 적은 지역
의 개념을 인정하도록 하고 있다. 이는 한 국가 내라고 하더라도 특정지
역에서 병해충의 발생이 없다면 그 지역은 국가전체와는 별도로 취급하
여야 함을 의미한다.[2] 이러한 지역의 결정은 지리, 생태학적 체계, 역학적
감시 및 위생 또는 식물 위생관리의 효과성 등의 요소에 근거한다. 또한
자기나라의 영토내의 지역이 병해충 안전지역 또는 발생이 적은 지역이
라고 주장하는 수출회원국은 이러한 지역이 병해충 안전지역 또는 발생
이 적은 지역이라는 사실을 수입회원국에게 객관적으로 증명하기 위하여
필요한 증거를 제시하여야 하며 이 목적을 위하여 요청이 있는 경우 검
사, 시험 및 다른 관련절차를 위해 수입회원국에게 합리적인 접근이 부여
됨도 규정하고 있다.

제 7 조는 투명성에 관한 규정으로 회원국은 부속서 2의 규정에 따라
자국의 위생 또는 식물위생 조치의 변경을 통보하고 자국의 위생 또는 식
물위생 조치에 관한 정보를 제공할 의무가 있음을 규정하고 있다.

제 8 조는 방제, 검사 및 승인 절차에 관한 조항으로서 회원국은 식품,
음료 또는 사료의 첨가제 사용 승인 또는 오염물질 허용치 설정에 관한
국내제도를 포함한 방제, 검사 및 승인절차의 운영에 있어서 부속서 3의

---

2) 이러한 조항에 따라 예를 들어 한국에서 구제역이 발생하여 돼지고기의 수출이 불가능
   한 경우에도 제주특별자치도의 돼지고기는 수출할 수 있는 여지가 있다.

규정을 준수하며, 자국의 절차가 이 협정의 규정에 불일치하지 아니하도록 보장하여야 함이 규정되어 있다.

제9조는 기술지원에 관한 규정이다. 회원국은 양자적으로 또는 적절한 국제기구를 통하여 다른 회원국, 특히 개발도상회원국에 대한 기술지원 제공을 촉진하는 데에 동의한다고 규정하고 있다. 이와 더불어 수입회원국의 위생 및 식물위생 요건을 수출국인 개발도상회원국이 충족하기 위하여 상당한 투자가 필요할 경우, 수입회원국은 개발도상회원국이 관련 상품에 대한 시장접근 기회를 유지하고 확대할 수 있도록 기술지원을 제공할 것을 고려하여야 한다고도 규정하고 있다.

제10조는 특별 및 차등 대우에 관한 것으로 SPS조치의 준비 및 적용에 있어서, 회원국은 개발도상회원국, 특히 최빈개도국회원국의 특별한 필요를 고려하여야 함을 적시하고 있다. 개발도상회원국들이 수입국의 SPS조치를 준수함에 있어서 특별한 어려움을 겪을 수 있으며, 결과적으로 시장접근상의 어려움을 겪을 수 있고, 또한 자기나라 영토내에서 위생 및 식물위생 조치의 수립과 적용에 있어서도 어려움을 겪을 수 있다는 점을 인정하여 이들 국가들에 대한 우대조치를 만들고 있는 것이다.

제11조는 협의 및 분쟁해결에 관한 규정으로 이 협정에 명시적으로 달리 규정된 경우를 제외하고, 이 협정에 따른 협의 및 분쟁해결에 대하여는 WTO의 일반적 분쟁해결절차에 따라야 함을 규정하고 있으며 이 협정에 따른 과학적 또는 기술적인 쟁점을 포함하는 분쟁시, 패널은 분쟁당사국과 협의하여 패널이 선정한 전문가로부터 자문을 구하여야 하고, 이 목적을 위하여 패널은 적절하다고 판단하는 경우에는 일방 분쟁당사국의 요청 또는 자신의 주도에 의하여 기술전문가 자문단을 설치하거나 관련 국제기구와 협의할 수 있음을 규정하고 있다.

제12조는 관리에 관한 조항으로 이 협정에 의하여 정기적인 협의의 장을 제공하기 위하여 컨센서스에 의하여 결정에 도달하는 위생및식물위생조치위원회를 설치 근거를 제공하고 있다. 위원회는 국제적인 조화의 과정 및 국제표준, 지침 또는 권고의 이용 상황을 감시하기 위한 절차를 개발하여야 하며 이 목적을 위하여, 관련 국제기구와 함께, 무역에 중요한 영향을 미치는 것으로 판단하는 위생 또는 식물위생 조치에 관한 국제표

준, 지침 또는 권고의 설명이 포함된 목록을 작성하여야 한다고 규정하고 있다. 또한 회원국이 수입조건으로서 국제표준, 지침 또는 권고를 적용하지 아니하는 경우, 동 회원국은 특히 동 표준이 위생 또는 식물위생 보호의 적정수준을 제공하기에 충분히 엄격하지 못하다고 판단하는지 여부 등 그 이유를 적시하여야 함도 규정하고 있다.

제13조는 이행에 관한 조항으로 회원국은 이 협정에 규정된 모든 의무의 준수에 대해 전적으로 책임을 지며 중앙정부기관 이외의 기구에 의한 이 협정의 규정의 준수를 지원하는 적극적인 조치 및 제도를 입안하여 시행하여 함을 규정하고 있다.

우선 SPS 협정은 '식품에서 기인하는(food-borne) 인간과 동물의 건강상의 위험으로부터의 보호', '병해충(pests) 또는 질병(disease)으로 인한 인간, 동물 및 식물에 대한 위험으로부터의 보호' 또는 '병해충으로 인한 위험으로부터 다른 손해의 방지나 제한'을 목적으로 하는 SPS 조치에 적용된다. GATT체제에서는 위생검역 조치가 비차별원칙이나 시장 접근 관련 규정 등 다른 GATT 규정 위반에 해당되는 경우 그 위반을 정당화하기 위해 GATT 제XX조를 통한 예외인정 여부가 심리되었던 데 반해, SPS 협정에서는 SPS 조치가 취해진 경우 SPS 협정의 제반 규정에 따라 그 정당성 판단이 이루어진다. SPS 협정 제 2 조는 인간, 동식물의 생명 또는 건강을 보호하기 위해서 SPS 조치를 취할 국가의 권리를 인정하는 한편, SPS 조치가 필요한 범위 내에서만 적용되고 과학적 원리에 근거하며 충분한 과학적 증거없이 유지되지 않을 것을 규정한다(단, 제5.7조에 따른 잠정조치 제외).

SPS 협정 제 3 조에서는 국제표준, 지침 또는 권고(international standard, guideline or recommendation, 이하 국제기준)가 있는 경우 그에 기초(based on)할 것을 규정하며, 관련 국제기준에 합치하는 SPS 조치는 인간, 동물 또는 식물의 생명 또는 건강을 보호하는 데 필요한 것으로 간주(be deemed)하고 SPS 협정 및 GATT 1994의 규정상 합치되는 것으로 추정(presumed)한다. 국제기준보다 보호 수준이 더 높은 SPS 조치도 허용되나 이 경우 과학적 정당성이 있거나 제 5 조의 관련 규정에 따라야 한다.

SPS 협정 제 5 조에 따르면 SPS 조치는 위험평가에 기초하여야 하고, 회원국이 결정한 적정보호수준에 대해 일관성을 유지하여 자의적이거나 정당화되지 않은 차별 또는 무역에 대한 위장된 제한이 없어야 하고 적정 보호수준을 달성하는 데 필요 이상의 무역제한조치를 취해서는 안 된다.

또한 그밖에 수출국의 SPS 조치가 수입국의 보호 수준을 달성하고 있다는 사실을 객관적으로 입증하는 경우 수입국 또는 동일한 품목을 거래하는 다른 회원국의 조치와 다르더라도 동등한 SPS 조치로 인정하여야 하며, 부속서B(투명성) 규정에 따라 자국의 SPS 조치 변경을 통보하고 관련 정보를 제공할 의무가 있고, 병해충 안전지역과 병해충 발생이 적은 지역의 개념을 인정하여야 한다.

주로 중앙정부가 SPS 조치를 채택·적용하지만 경우에 따라서는 주정부나 지역기구 또는 비정부기구가 SPS 조치를 취하기도 한다. 이 경우 WTO 회원국은 이러한 기관이 SPS 협정을 준수하도록 이용 가능한 합리적 조치를 취해야 하며, 직간접적으로 비합치를 장려하는 효과를 초래하는 조치를 취해서는 안 된다.

1.5.4 평가 및 전망 〉〉〉

SPS협정의 의미는 다음과 같다. 먼저 SPS조치가 WTO체제내로 편입되게 됨에 따라 해당분야가 단순한 검역전문가들의 영역에서 벗어나 무역상의 문제로 다루어지게 되었다. 즉 종전의 기술적 문제에 통상문제가 결부되게 된 것이다. 또한 각 회원국의 SPS조치의 국제화 및 표준화를 촉진하게 된 계기가 되었다고 할 수 있다. 한편 종전에는 국가 또는 도서단위로 수입규제 및 규재대상 지역을 정하였던 것이 병해충 미발생 및 안전지역 개념으로 바뀌게 됨에 따라 한 국가내에서도 수출이 가능한 지역과 그렇지 않은 지역이 구별될 수 있다는 의의도 있다. SPS협정에 따라 SPS

관련 조치의 도입 및 변경 시 사전에 WTO 및 관련당사국에 통보하고 협
의해야 하는 의무가 발생하게 되어 임의적인 법 개정이 어렵게 되고 관련
자료의 제공이 필요함에 따라 각 회원국의 SPS규정이 명료화되었다.

WTO가 출범한 이후 2018년 6월 말 현재 SPS위원회에 통보된 회원
국의 SPS조치는 일반적 조치 15,568건, 긴급조치 2,084건에 달하고 있다.
이는 회원국들이 SPS협정 도입후 자국의 SPS조치를 투명하게 공개하고
자 하는 노력을 보여주고 있는 것이다.

SPS협정에 따르면 SPS위원회는 협정의 효력발생 후 3년 후에 동협
정의 운영과 이행에 대해 검토를 하도록 되어 있으며 그 이후에는 필요시
검토를 진행하도록 되어 있다. 따라서 1차 검토는 1999년 완료되었으며
제4차 각료회의에서 최소 매 4년마다 검토를 진행하도록 결정되어 이에
따른 검토가 진행되고 있다. 1995년 SPS협정이 발효한 이후 2018년 6월
말까지 총 439건에 대한 이의가 제기되었는데 매년 최대 43건에서 최소
2건의 새로운 이슈가 제기되고 있다. 이 중 165건은 해결되었으며 부분적
으로 해결된 건수도 34건에 달한다.

한국은 2017년 말까지 냉동가금육에 관한 수입규제, 쇠고기 및 돼지
고기의 지역화, 방사능관련 수산물 수입금지 강화 등 총 14건에 대해 다

| 표 III-1-20 | WTO SPS위원회에 제기된 SPS조치 건수

년도	건수	년도	건수	년도	건수
1995	2	2003	29	2011	16
1996	11	2004	21	2012	16
1997	24	2005	31	2013	24
1998	23	2006	10	2014	14
1999	13	2007	16	2015	21
2000	10	2008	16	2016	14
2001	28	2009	13	2017	17
2002	43	2010	22	2018	5
합계: 439건					

자료: http://spsims.wto.org/en/PredefinedReports/STCReport 2018.07.07.검색

른 회원국으로부터 이의를 제기받은 바 있다.3)

이를 주제별로 나누어 보면 동물건강 164건(37.4%), 식품안전 140건 (31.9%), 식물건강 107건(24.4%), 기타 28건(6.4%)으로 구분할 수 있다. 또한 선진국에 의해 제기된 건수가 245건, 개도국에 의한 것이 187건, 최 빈개도국에 의한 것이 7건으로 나타나고 있으며 2008년 이후에는 개도국 에 의한 제기건수가 선진국보다 많아지고 있어 최근 SPS협정을 사용하는 개도국이 늘어나고 있음을 보여주고 있다.

이처럼 SPS협정은 자국민이나 동식물의 건강을 보장하기 위한 수단 이 다른 나라로부터의 수입을 억제하기 위한 SPS조치로 활용되지 않기 위한 역할을 수행하고 있다. 또한 SPS협정의 여러 원칙에 따라 각 회원국 은 과학적 근거가 없는 조치를 도입하는 데 어려움이 있으며 국제적 기준 과의 조화도 도모하게 되었다. 즉 농산물 수입국들은 이제는 과학적 근거 에 입각한 조치만을 도입할 수 있으며 그 입증책임도 농산물 수출국이 아 닌 수입국에 있기 때문에 과거와 같이 자의적인 SPS조치를 도입하여 보 호무역의 수단으로 활용하기 어렵게 되었다는 것을 의미하는 것이다. 그 러나 SPS관련 기술이 발전되어 있는 선진국인 경우에는 정도의 차이는 있으나 과학적 근거를 제시하면서 SPS조치를 비관세장벽으로 활용할 수 있는 가능성이 있는 것도 사실이다.

SPS협정은 앞으로 국제교역의 확대와 농산물무역 자유화의 진전으로 그 중요성이 더욱 높아질 것으로 전망된다. 따라서 한국의 입장에서도 국 민과 국내 동식물의 건강을 확보하기 위해 정당한 과학적 근거를 마련함 과 동시에 국제기준과의 조화 및 국내제도의 개선을 통하여 불필요한 통 상마찰의 발생을 막기 위해 노력하여야 할 것이다.

---

3) 이 중 8건이 해결(resolved)되었고 1건은 부분적 해결(partially resolved), 나머지 5건은 회부되지 않았다(not reported). 모든 케이스가 해결된 것은 아니지만 한국의 경우 WTO회원국 전체 평균보다는 높은 해결 비율을 보이고 있다.

주요용어

- 조화
- 위험평가
- 투명성
- 동등성의 원칙
- 지역화

연습문제

1. SPS조치가 새롭게 도입되려면 어떤 과정을 거쳐야 하는가?
2. SPS조치의 무역제한적 성격은 무엇인가?

제 **2** 장

무역구제조치 및
분쟁해결절차

무역상대국과 갈등이 잦은 미국의 반덤핑제도 운용

미국은 반덤핑제도 운용과 관련하여 회원국들과 자주 갈등을 겪는다. 그의 가장 큰 이유는 미국이 덤핑마진을 산정하는 데에 있어서 조사당국에게 과도한 재량권을 부여하여 고율의 반덤핑관세를 부과할 수 있도록 규정하고 있기 때문이다. 그 대표적인 예가 제로잉(Zeroing), 불리한 이용가능한 사실(Adverse Facts Available), 특별시장상황(Particular Market Situation) 등의 규정이다. 2009년 11월 24일 한국은 3개의 한국산 철강제품에 대해 미국이 제로잉(Zeroing) 방식을 사용하여 덤핑마진을 산정한 데 대해 부당함을 제기하며 WTO 분쟁해결절차상의 협의를 미국에 요청했다. 제로잉이란 수출가격이 내수가격보다 낮을 때(덤핑)만 그 차액을 덤핑마진에 합산하고 수출가격이 내수가격보다 높을 때(마이너스 덤핑)에는 마진 계산에 반영하지 않는 것을 의미한다. 한국은 미 상무부가 제로잉 방식을 사용함으로써 덤핑마진을 인위적으로 창출 또는 확대했고 이는 WTO 반덤핑 협정상의 덤핑산정 규정에 위배된다고 주장했다. 중국, EU, 일본, 멕시코, 태국, 베트남 등도 제3국의 자격으로 분쟁에 참여한 이 사안에서 WTO 패널은 제로잉 방식이 WTO 반정핑협정상의 규정(제2조 4항의2)에 위배된다는 결론을 내렸고, 패널결정에 대한 미국의 이행으로 반덤핑 관련 분쟁사안은 종료됐다. 그러나, 미국은 최근 들어 '불리한 이용가능한 사실'과 '특별시장상황' 등을 사용하여 덤핑마진을 확대하려는 경향이 자주 나타나고 있다. 2018년 한국 정부가 그와 같은 미국의 반덤핑 조사 기법을 WTO에 제소하자 EU를 비롯한 다수의 주요 철강 수출국들이 관심을 보이고 공동대응의 움직임을 보이고 있다.

2.1.1 반덤핑제도의 개요 >>>

1. 덤핑의 정의

덤핑은 흔히 물품을 원가 이하의 저렴한 가격으로 판매하는 것으로 인식되고 있다. 그러나, 국제무역에서 의미하는 덤핑은 수출국의 생산자 혹은 수출자가 자국 내에서 통상적으로 거래되는 정상가격보다 낮은 가격으로 수출하는 것을 의미한다. 즉, 수출국 내에서 통상적으로 거래되는 특정 물품의 정상가격이 무역상대국(수입국)으로의 수출가격보다 높을 때에 덤핑이 성립되며, 그 과정에서 발생하는 차액을 덤핑마진이라 일컫는다. 이를 등식으로 나타내면 '수출국 내의 정상가격 – 수출가격 = 덤핑마진'으로 표시될 수 있다. 따라서, 수출가격이 수입국 내에서 소비되는 동종물품의 가격에 비해 월등히 낮다고 할지라도 수출국 내에서 통상적으로 거래되는 가격과 같거나 혹은 그보다 높을 때에는 덤핑이 성립되지 않는 것이다.

이와 같은 정의에 의하면, 덤핑의 개념은 매우 단순하게 이해될 수 있겠으나, 실제로 덤핑이 발생했는지의 여부를 가리는 데에는 매우 복잡한 문제가 따른다. 즉, 수출가격과 정상가격은 서로 비교가능하여야 하는데, 두 가격이 비교가능하도록 하기 위해서는 복잡한 조정절차를 거쳐야 하는 것이다. 수출가격과 정상가격은 해당물품의 출고가격, 즉 국제시장 간의 가격차이를 발생시키는 운송비용이나 판매비용이 가산되기 이전의 공장도가격수준에서 비교되어야 하므로 복잡한 조정절차기 불가피하다고 할 수 있다. 또한, 해당물품이 수출국 내에서는 극히 소량이 판매되거나 혹은 전혀 판매되지 않을 경우에는 국내에서 통상적으로 거래되는 가격 대신에 제3국으로의 수출가격이나 구성가격 등이 사용되지만, 이와 관련해서도 많은 복잡한 문제가 따른다. 더욱이, 최근에는 수출국 내에서 원가 이하에 판매되는 물품의 가격을 정상가격 산정에서 제외하는 것이 국제적 관행이 되었는데, 이는 사실상 국내에서의 원가 이하 판매도 덤핑으로 간주하는 것으로 덤핑의 개념이 보다 확대되고 복잡해지고 있음을 의미한다고 하겠다.

2. 반덤핑제도의 의의 및 특성

덤핑은 수입국 내의 효율적인 자원분배를 저해하고 시장질서를 문란하게 한다는 점에서 국제무역에서는 불공정무역으로 간주되고 있다. 따라서, 수입국의 정부가 외국(수출국)의 생산자가 덤핑을 하였다는 증거를 확보하고 국내의 동종산업이 덤핑수입으로 인하여 실질적 피해를 입었거나 또는 입을 우려가 있다고 판단한 경우에 그러한 덤핑행위를 시정함으로써 공정한 경쟁관계를 확립하고 국내산업을 보호하기 위한 목적으로 덤핑차액 이하에 상당하는 관세, 즉 반덤핑관세를 부과할 수 있도록 국제협정에 의해 허용되고 있다.

반덤핑관세는 수입자가 부담한다는 면에서는 일반관세와 동일하다고 할 수 있으나, 그 발생원인이 수출자의 불공정한 덤핑행위이므로 그 책임이 수출국에 전가되어 특정 수출국 혹은 특정 수출자의 물품에 대하여 선별적으로 부과된다는 점에서 모든 수출국이나 수출자에게 무차별적으로 동일한 관세를 부과하는 일반관세와는 그 성격이 매우 다르다고 할 수 있다. 특히, 흔히 세이프가드(safeguards)라고 불리우는 긴급수입제한조치와는 수입으로부터 발생하는 국내산업의 피해를 구제하기 위해 수입을 제한하는 측면에서는 같은 의의를 갖고 있으나, 그 기본적인 성격이 명확히 구분된다는 점에 유의해야 한다. 즉, 긴급수입제한조치는 수출국이 국제규범을 위배하지 않고 공정하게 수출을 하였음에도 불구하고 수입국 내에 수입이 증가하여 산업피해가 발생했을 때에 한시적으로 수입을 규제하는 제도임에 반하여, 반덤핑조치는 수출국이 WTO협정에 의해 금지되어 있는 덤핑행위, 즉 불공정무역행위를 자행함으로써 수입국 내에 산업피해를 야기했을 경우에 한시적으로 관세를 부과하는 이른바 불공정무역에 대한 수입제한조치이므로 다분히 응징적인 성격을 띠고 있다고 할 수 있다.

이와 같이, 반덤핑제도는 특정 수출국이나 수출자의 상품에 대해 선별적으로 적용할 수 있고 보상의무가 면제되므로 그 적용이 비교적 용이하다. 또한 WTO반덤핑협정상의 규정에 모호한 점이 많아, 자칫하면 수입국의 자의적인 운용으로 동 제도가 남용될 가능성이 높다는 특성이 있다. 특히, 각국은 WTO반덤핑협정의 모호한 규정을 이용하여 반덤핑제도의 운용절차를 자국에 유리하도록 규정하고 있다. 또한 다수국가들이 덤핑이라는 불공정무역행위의 규제보다는 조사당국의 편의와 보호무역의 수단으로서 반덤핑제도를 남용하는 경향이 있다. 이와 더불어 장시간의 조사기간을 통하여 조사결과에 관계없이 피소기업의 수출에 막대한 타격을 입힐 수 있다는 점에서 반덤핑제도의 자의적인 운용이 국제사회에서는 중요한 비관세무역장벽의 하나로 분류되고 있다.

2.1.2 반덤핑제도의 약사 >>>

덤핑은 18세기 말경부터 영국의 제조업자들이 미국의 신생기업들에게 피해를 야기시키면서 일부 국가들이 관심을 갖기 시작하였으며, 19세기 말경부터는 덤핑으로 인한 국가간의 논란이 심화되자, 각국은 덤핑을 규제하기 위한 법을 제정하기 시작하였다. 1903년 캐나다가 처음으로 반덤핑법을 입법화한 후로 호주(1906년), 남아프리카(1914년), 미국(1921년) 등이 차례로 입법화함으로써 덤핑은 국제적으로 규제를 받기에 이른 것이다.

미국의 경우, 반덤핑법의 역사는 사실상 덤핑관련 문제를 직접적으로 다룬 1916년 재정징수법(Revenue Act of 1916)에서 시작되었다고 할 수 있다. 그러나 동법은 반덤핑관세의 부과를 위한 것이라기보다는 덤핑행위에 대한 처벌을 위한 규정이었으며, 반덤핑관세의 부과를 직접적으로 규정한 반덤핑법은 1921년 관세법 201조(Tariff Act of 1921 §201)가 그 시초라고 할 수 있다.

반덤핑관세에 대한 국제적 관심은 1920년대 초 국제연맹(League of

Nations)으로부터 고조되기 시작했으며, 이에 대한 논의가 보다 구체화된 것은 1933년의 세계경제회의(World Economic Conference)로서, 이것이 후에 ITO와 GATT의 입법과정에서 참고가 되었다. 즉, 일부국가가 보유하고 있는 상이한 반덤핑규정들을 통일하여야 할 필요성을 인식하여, 미국은 국내의 입법내용을 ITO헌장에 상당부분 반영시켰으며, 이것이 반덤핑 및 상계관세를 규정하고 있는 현재의 GATT 1994 제6조의 근간이 되고 있는 것이다. 1947년 GATT회의에서는 덤핑을 규제하기 위한 특별규정(GATT 제6조)이 마련되었는데, 이에 의하면 GATT는 "체약국들이 덤핑수입으로 인하여 국내의 경쟁산업에 실질적 피해나 피해우려가 있음이 입증될 때에는 덤핑수입된 물품의 덤핑마진을 상쇄하기 위해 반덤핑관세를 부과할 수 있도록" 허용하고 있으며, 이 규정이 오늘날 국제 반덤핑규정의 핵심이 되고 있다.

그러나 동 규정은 상당히 모호한 점이 많아 다수 국가들이 덤핑마진이나 피해를 자국의 반덤핑규정에 따라 자의적으로 산정하는 경우가 많았으며, 이는 결국 국제무역의 흐름을 저해하는 새로운 무역장벽이 되어가는 결과를 초래하였다. 따라서, GATT의 제6차 다자간 협상인 케네디라운드(1962-67)에서는 각국의 자의적인 운용절차를 제한하기 위한 국제반덤핑코드가 제정되었는데, 동 코드는 도쿄라운드 막바지에 이르러 대폭보완·개정되어 1980년 1월부터 1995년 WTO출범 이전까지 적용되어 왔다. 그러나 동 협약 역시 불명확한 규정이 많아 우루과이라운드 협상에서 협약상의 불명확한 규정의 대대적인 개선을 위한 논의가 이루어졌고, 그 결과 오늘날의 WTO 반덤핑협정이 탄생하게 된 것이다. 그럼에도 불구하고, WTO 반덤핑협정의 출범 이후 기존의 선진국은 물론이고 개도국에서도 반덤핑조치의 남용이 확산되는 경향이 나타나고 있다. 이에 따라, 반덤핑협정의 개선필요성이 또 다시 대두되면서 반덤핑이슈가 도하개발아젠다(DDA)협상의 대상분야로 선정되어 논의되었으나, DDA협상의 지체와 함께 여전히 진전을 보이지 못하고 있다.

2.1.3 WTO 반덤핑협정의 주요 내용 >>>

WTO반덤핑협정의 주요 내용은 대체로 ① 덤핑의 결정, ② 피해의 결정, ③ 조사절차, ④ 구제조치의 범위 및 이행절차 등 크게 4가지로 구분될 수 있다.

1. 덤핑의 결정

덤핑여부를 결정하기 위해서는 덤핑의 정의에 따라 수출가격과 수출국 내의 동종물품의 정상가격을 비교하는 것이 필수적이라 할 수 있는데, 수출가격과 정상가격의 산정 및 비교방식에 매우 복잡한 문제가 따른다. 덤핑의 결정은 결국 반덤핑관세율을 결정하는 덤핑마진을 산정하는 중요한 문제로 연결된다는 점에서 반덤핑 분야에서는 피해의 결정과 함께 가장 중요한 부문이며, 그 주요 내용은 다음과 같다.

1) 원가 이하의 판매(sales below cost)

덤핑여부를 결정하는 데에 있어서 WTO출범 이전까지, 즉 새로운 반덤핑협정이 제정되기 전까지는 원가 이하의 국내판매가격을 정상가격산정에서 제외함으로써 덤핑판정을 쉽게 하려는 경향이 있었다. 이는 수출가격과의 비교기준이 되고 있는 수출국 내의 정상가격을 산정하는 데에 있어서, 원가 이하로 판매되고 있는 동종물품의 국내거래가격을 가중평균의 대상에서 제외할 경우 정상가격이 높게 산정되고, 이로 인하여 덤핑가능성뿐만 아니라 덤핑의 폭도 커지게 되기 때문이다. 이와 같은 원가 이하의 판매는 총비용에서 고정비용이 큰 비중을 차지하는 신생기업의 경우에 단기적인 국내시장의 확보를 위해 생산초기에 흔히 행하는 관행으로서 국제무역에 있어서의 덤핑행위와는 전혀 무관하다고 할 수 있다. 이러한 관점에서 원가 이하의 판매를 국내정상가격 산정에서 제외하는 것은 덤핑의 본래의 의미를 고려할 때 논리의 타당성이 적은 보호주의적인 사고에서 비롯된 것으로 해석될 수 있다.

이와 같은 점을 고려하여, WTO반덤핑협정에는 "원가 이하의 판매가 상당기간(대체로 1년 이하이나 6개월 이하는 불가) 동안 상당량(개별거래의 가중 평균판매가격이 가중평균 단위비용 이하이거나 혹은 단위비용 이하인 판매 규모가 총거래 규모의 20% 이상) 계속되고 합리적인 기간 내에 총비용을 회수하지 못할 경우 정상가격으로 인정되지 않을 수 있다"고 규정하고 있다.

동 규정에 의하면, 국내판매분 중 원가 이하의 판매가 이루어진 경우에도 합리적인 기간 내에 비용을 회수할 수 있는 경우에는 이를 정상적인 거래로 인정하도록 하고 있는데, '원가 이하의 판매가격이 조사기간 동안의 가중평균비용을 상회할 경우'에 한하여 합리적 기간 내에 비용회수가 가능한 것으로 보고 있다. 또한, 비용산정에 있어서는 비용이 생산개시단계에 의해 영향을 받을 경우에 비용을 조정할 수 있도록 함으로써, 원가 이하의 판매라 하더라도 정상가격으로 인정되는 범위가 확대되었다고 할 수 있다. 다만, '합리적 기간'에 대한 구체적 설명이 결여되어 있어, '비용회수가 가능한 기간'에 대한 해석을 둘러싸고 수출입국 간에 논란의 가능성이 존재한다는 것이 문제점으로 지적될 수 있을 것이다.

2) 구성가격(constructed value)의 산정

WTO반덤핑협정에는 정상적인 국내가격이 존재하지 않을 경우 수출가격을 구성가격, 즉 생산비에 합리적인 판매비용과 이윤을 가산한 가격과 비교하여 덤핑 여부를 결정하도록 규정하고 있다. 하지만 구성가격의 산정에는 많은 어려운 문제점이 따르기 마련이다. 우선, 구성가격을 산정하기 위해서는 수출기업의 관련 통계자료가 필수적으로 요구되지만, 국가 간의 회계방식이나 언어상의 차이점은 물론이고 관련자료의 상당부분이 영업비밀에 해당되어 수출기업이 자료노출을 꺼림으로써 발생하는 행정적 문제가 있다. 물론 조사당국이 영업비밀을 보장해야 할 의무는 있으나, 수입국의 조사당국에 의한 비밀보장에는 한계가 있기 마련이라는 것이 수출기업의 일반적 관념이기 때문에 수출기업들은 정보의 제공을 기피하는 경우가 많은 것이다. 이와 같은 문제점을 고려하여 WTO반덤핑협정에는 수출기업이 적절한 기간 내(통상 30일 이내)에 필요한 정보에 대한 접근을 거부하거나 이를 제공하지 아니하는 경우 또는 조사를 현저히 방해하는 경우에는 이용가능한 사실을 근거로 예비적 또는 최종적 판정을 내릴 수 있도록 규정하고 있다. 또한 구성가격을 산정하는 데에 있어서 가장 어렵고 중요한 일이 구성가격을 이루고 있는 판매관리비 및 기타비용과 이윤 등을 어떻게 산정하느냐 하는 것이다.

이와 관련하여 WTO반덤핑협정에서는 판매관리비 및 기타비용과 이윤 등은 조사대상인 동종물품의 수출자 혹은 생산자가 정상거래과정에서 실현한 실제자료를 기초로 산정하되, 특히 이윤산정과 관련하여 그와 같은 산정이 어려울 경우에는 다음과 같은 세 가지 기준에 의해 산정하도록 규정하고 있다.

① 수출국 내의 동일부류(the same general category)물품을 생산·판매하는 조사대상 수출자나 생산자가 당해국 시장에서 실현한 실제규모의 이윤

② 수출국 내의 동종물품(the like product)을 생산·판매하는 여타 수출자나 생산자가 당해국 시장에서 실현한 가중평균이윤

③ 수출국 내의 동일부류의 물품을 생산·판매하는 여타 수출자나 생산자가 정상적으로 실현한 이윤을 초과하지 않는 범위 내에서 기타 합리적인 방법으로 산정된 이윤

3) 수출가격과 정상가격의 비교

덤핑의 결정에 있어서 가장 중요한 문제는 수출가격과 정상가격의 비교방식이라고 할 수 있다. 두 가격이 가장 공정하고 합리적으로 비교되기 위해서는 동일한 물품이 동일한 환경 및 동일 수준의 거래단계에서 비교되어야 하는데, 사실상 대부분의 경우에 있어서 서로 상이한 시장에서 판매되는 물품은 그 물리적 특성이나 판매환경이 다를 수밖에 없으며, 동일한 거래단계에서의 가격비교도 용이하지 않다. 따라서, 두 가격을 비교하기 전에 가격조정이 이루어져야 하는데, 통상적으로는 포장비, 운송비,

판매량, 판매조건, 물품의 물리적 특성, 간접세나 부과금 등에 있어서의 제반 차이 등이 고려된다.

이에 대해 WTO반덤핑협정에서는 "두 가격은 동일거래단계, 일반적으로는 공장도단계에서 비교되어야 하며, 가능한 한 동일시기에 대해서 비교되어야 한다. 각각의 경우에 있어서 판매조건 및 기간, 조세, 거래단계, 판매량, 물리적 특성 등에 있어서의 차이를 포함하여 가격비교에 영향을 미치는 제반 차이에 대해 적절한 조정이 이루어져야 한다"고 규정하고 있다.[1]

동 조항에서는 또한 환율의 차이 및 환율변동에 대해서도 적절한 조정을 하도록 함으로써, 비용의 차이뿐만 아니라 가격의 차이에 직·간접적으로 영향을 주는 모든 사항들을 고려하여 공정한 비교가 이루어지도록 규정하고 있다.

그러나 수출가격과 정상가격에 대한 적절한 조정이 이루어지더라도, 두 가격의 비교방식에 따라 덤핑마진은 상당히 달라질 수 있는 문제점이 있다. 즉, 두 가격은 동일한 조건하에서 비교되어야 함에도 불구하고 과거의 국제관행은 정상가격은 국내가격을 가중평균하여 산정하고 수출가격은 개별거래가격을 사용하여 두 가격을 비교하되, 부의 덤핑마진 (negative dumping margin)이 발생한 경우에는 덤핑마진이 없는 것으로 간주하는 것이 일반적이었다.[2] 예를 들어 국내에서 100원에 팔리는 상품을 수출할 때 한 번은 90원에 팔고 또 한 번은 110원에 팔았다고 하자. 다른 조건이 일정하다면 덤핑마진의 계산은 각각 10원과 마이너스 10원이 된다. 따라서 부의 덤핑마진을 인정한다면 덤핑마진은 없게 되나(10-10) 이를 인정하지 않는다면 덤핑마진은 10원이 되게 되는 것이다. 따라서, 덤핑의 존재는 거의 필연적이며, 그로 인한 덤핑마진 역시 확대산정되어 왔던 것이다.

이와 같은 덤핑마진 산정상의 모순을 고려하여 WTO반덤핑협정에서는 특별한 경우를 제외하고는 수출가격과 정상가격을 각각 가중평균하거

---

1) 제2조 4항.
2) 이를 제로잉(zeroing)이라 하며 DDA협상에서는 이의 인정여부를 두고 이해관계가 첨예하게 대립되었다.

나 거래별로 비교함으로써 부의 덤핑마진도 사실상 덤핑마진 산정시 인정되도록 규정하고 있다. 다만, 수출가격이 구매자, 지역, 또는 기간별로 상당한 차이가 있을 경우에는 가중평균 정상가격을 거래별 수출가격과 비교하여 산정하도록 하고 있다.

2. 피해의 결정

WTO반덤핑협정에서는 반덤핑관세를 부과하기 위해서는 덤핑의 존재 사실은 물론이고 그러한 덤핑으로 인하여 국내산업에 실질적 피해나 피해위협이 존재해야 한다고 규정하고 있다. 즉, 수입국은 덤핑사실이 존재하더라도 그로 인하여 국내의 동종산업에 실질적 피해나 피해위협이 존재하지 않을 경우에는 반덤핑관세를 부과할 수 없는 것이다. 덤핑의 결정이 객관적인 사실과 자료에 근거하는 데에 비해, 피해의 결정은 상대적으로 주관적인 판단을 많이 요구하는 사항이라고 할 수 있는데, 다음에서는 WTO반덤핑협정상의 피해의 결정기준을 살펴보기로 한다.

1) 실질적 피해

피해의 결정과 관련하여 우선적으로 논의되어야 할 사항은 과연 '실질적 피해'(material injury)가 의미하는 바가 무엇이며, 구체적으로 어느 정도의 피해를 의미하느냐 하는 문제이다. 과거 GATT규정들은 이와 같은 '실질적 피해'의 개념을 모호하게 정의하고 있어서 각국이 적용하는 피해의 기준은 다양하며, 이로 인하여 종종 국가간에 마찰을 빚어 왔다. GATT조항 중 피해요건을 명시한 대표적인 조항은 GATT 1994 제19조의 세이프가드 조항과 제6조의 반덤핑 및 상계관세 조항이라고 할 수 있는데, GATT 1994 제6조의 '실질적 피해'가 19조이 '심각한 피해'(serious injury)에 비해 다소 광범위하고 덜 엄격한 개념으로 해석되고 있다. 그러나, 이와 같은 해석은 두 종류의 피해의 개념에 있어서 상대적인 비교가 될 뿐, 과연 피해의 정도가 어느 정도이어야 하는지에 대한 기준은 제시하고 있지 않다.

WTO반덤핑협정에는 피해의 결정이 '덤핑수입량의 절대적 증가 혹은 해당물품의 국내총생산량이나 소비량에 대한 상대적 증가 여부'와 '덤핑이 국내 동종물품의 가격 및 생산자에게 미치는 영향에 대한 긍정적 증거와 명료한 조사'에 근거하도록 하고 있다. 특히 덤핑수입이 가격에 미치는 영향으로서는 '덤핑수입으로 인하여 수입국 내의 동종물품의 가격이 현저하게 하락 또는 억제되었거나 혹은 예상되었던 가격상승이 현저하게 방해를 받았는지의 여부'를 고려하도록 하고 있다. 또한 동 협정에서는 덤핑수입이 국내산업에 미치는 영향을 조사하는 데에는 판매액, 이윤, 생산고, 시장점유율, 생산성, 투자수익, 조업도 등에 있어서 실제적이거나 잠재적인 저하, 국내가격에 영향을 주는 요인, 덤핑마진의 크기, 자금순환, 재고, 고용, 임금, 성장, 자본조달 또는 투자능력에 대한 실제적이거나 잠재적인 부정적 영향 등 당해 산업의 상태와 관계 있는 모든 적절한 경제적 요인과 지표에 대한 평가를 포함하도록 하고 있다. 그러나 이는 국내산업에 관계되는 모든 경제지표를 총망라함으로써 평가대상을 지나치게 광범위하게 규정하고 있을 뿐, 국내가격이나 생산자가 어느 정도의 영향 혹은 피해를 입었을 경우 실질적 피해에 해당하는지에 대한 구체적인 기준이 결여되어 있어 수출입국간에 논란의 여지를 남기고 있다.

한편, WTO반덤핑협정에는 피해의 '누적평가'를 허용하고 있는데, 이는 다수의 국가가 일국에 덤핑수출을 한 경우 수입국이 각국의 덤핑에 의한 피해를 독립적으로 평가하는 것이 아니라, 각국에 의한 피해를 누적하여 평가하는 것을 의미한다. 그러나 누적평가를 허용하게 될 경우 수입국의 조사당국이 보다 용이하게 피해에 대한 긍정판정을 내릴 수 있게 되므로, WTO반덤핑협정에서는 누적평가를 할 수 있는 조건을 제시하고 있다. 즉, 덤핑마진과 덤핑수입량이 무시하지 못할 만한 수준인 동시에 수입제품이 상호간 및 국내동종물품과 경쟁하고 있다는 것이 입증될 경우에 한하여 피해를 누적해서 피해여부를 평가할 수 있는 것이다.

2) 실질적 피해위협

GATT규정에는 피해의 판정에 있어서 '실질적 피해위협'의 개념까지 포함하여 고려할 수 있도록 함으로써, 그의 판정기준을 더욱 모호하게 하고 있다. 즉, 수입국의 조사당국은 덤핑으로 인하여 향후에 발생할 수 있는 피해를 전망하고 피해정도를 예측하여 실질적 피해위협의 존재여부를 결정하여야 하는데, 불확실한 미래에 근거한 피해판정이 가능하여 수입국의 자의적인 피해판정 가능성이 한층 높다고 할 수 있다. 이에 대해 협정문에서는 "실질적 피해위협의 결정은 사실에 근거하여야 하며, 단순히 주장이나 추측 혹은 막연한 가능성에 근거해서는 안 된다"고 명시하고, "덤핑이 피해를 야기할 수 있는 상황을 발생시킬 여건의 변화는 명백히 예측되고 급박해야 한다"라고 규정하고 있다.

그 외에도 반덤핑협정에는 수입국이 반덤핑조치를 취하지 않을 경우 덤핑수출이 급격히 증가하여 수입국 내의 산업에 실질적 피해를 미칠 우려가 있을 만한 요소들을 구체적으로 나열하고 있으나, 궁극적으로는 미래에 발생할 가능성을 예측해야 한다는 점에서 수입국의 조사당국에 의한 자의적인 판단을 제한하는 데에는 상당한 한계가 있다고 하겠다.

3) 덤핑수입과 피해간의 인과관계

피해판정에 있어서 반드시 논의되어야 할 또 하나의 중요한 요건은 덤핑수입과 실질적 피해간의 인과관계의 증명이라고 할 수 있다. 덤핑사실이 증명되고 동종산업에 실질적 피해가 존재한다는 사실이 밝혀지더라도 그러한 피해가 덤핑수입에 의해 발생했다는 사실이 증명되지 않을 경우에는 반덤핑관세의 부과대상이 되지 않는 것이다. 덤핑수입과 산업피해간의 인과관계를 조사하는 데에 있어서는 우선 피해원인에 대한 분류기준 및 방법을 구체화시키는 것이 가장 중요한 일이라고 하겠다. 따라서, WTO반덤핑협정에서는 "덤핑수입과 국내산업피해간의 인과관계 입증은… 모든 관련증거에 근거하여야 하며, 조사당국은 국내산업에 피해를 야기시키고 있는 덤핑수입 이외의 여타 요소들을 고려하고, 동 요소들에 의한 산업피해를 덤핑수입에 의한 것으로 전가해서는 안 된다"고 규정하고 있다. 뿐만 아니라, 덤핑수입 이외에 고려되어야 할 여타 요소들로서 덤핑수입되지 않은 동종물품의 수량 및 가격, 수요의 감축이나 소비성향의 변화, 수출입국간의 무역제한관행 및 경쟁, 기술발전 및 국내산업의 수출수행능력과 생산성 등 모든 관련요소들을 명시하고 있다.

물론, 그와 같은 요소들이 덤핑수입과 산업피해간의 인과관계증명에 고려되어야 할 덤핑수입 이외의 모든 여타 요소들을 열거한 것은 아니다. 비록 규정상에는 명시되어 있지 않지만, 그러한 인과관계 증명을 위해서는 덤핑마진이 국내가격에 미치는 영향을 고려하지 않을 수 없다. 즉, 덤핑수입이 국내산업에 미치는 영향을 조사하는 데에 있어서 덤핑수입량뿐만 아니라 덤핑마진의 크기가 고려되지 않는다면, 이는 국내산업의 피해가 순수한 덤핑으로만 야기된다고 볼 수 없는 것이다. 예를 들어, 덤핑수입으로 인하여 국내가격이 15% 하락하였다고 하더라도 덤핑마진이 5%에 불과하다면, 그러한 가격하락은 순수한 덤핑으로 인하여 발생했다기보다는 수입증가 사실 자체가 최소한 약 10%의 국내가격 하락에 기여한 것으로 볼 수 있다는 점에서 명백히 덤핑 이외의 요소가 산업피해에 기여했다고 판단할 수 있는 것이다.

3. 조사개시 및 조사

반덤핑제도가 국제적으로 흔히 비관세장벽으로 분류되는 가장 큰 원인은 덤핑 및 산업피해 여부를 조사하는 데에 있어서 각국이 조사기준을 자국의 국내산업에 유리하도록 설정하고 있을 뿐만 아니라, 조사절차 역시 매우 복잡하고 지나치게 장기화되도록 운용하고 있어서 효과적인 보호주의적 도구로 이용되고 있기 때문이다. 조사절차와 관련하여서는 WTO 반덤핑협정에도 다양한 규정이 마련되어 있는데, 주요 내용을 간추리면 다음과 같다.

1) 국내산업의 정의

WTO반덤핑협정에는 국내산업을 '동종물품의 국내생산자 전체 또는 당해물품의 국내총생산량의 상당부분을 점하는 국내생산자 집단'을 의미하는 것으로 규정하고 있으며, 국내생산자가 수출자 혹은 수입자와 특수관계가 있거나 또는 직접적으로 당해 물품의 일부를 수입하는 경우에는 국내산업에서 제외되도록 하고 있다.

이와 같은 반덤핑협정상의 국내산업의 정의를 보다 구체화하기 위해서는 두 가지의 개념정립이 선행되어야 하는바, 즉 '동종물품' (like product)의 개념과 '상당부분'(major proportion)에 대한 개념의 정립이라 할 수 있다.

동 협정에 의하면, 동종물품이란 '고려대상인 물품과 모든 면에서 유사하거나, 혹은 그러한 물품이 존재하지 않을 경우에는 비록 모든 면에서 유사하지는 않더라도 매우 유사한 특성을 지닌 물품'을 의미하는 것으로 규정하여, 물리적 동일성에 기초를 두되, 표현에 있어서 다소 신축성을 부여하고 있다. 이러한 이유는 동종물품의 개념을 지나치게 확대하여 적용할 경우에는 반덤핑조치를 보호주의조치로 남용하게 될 것을 우려한 데서 비롯된 것으로 분석된다.

한편, 국내산업을 정의하는 데에 있어서 국내총생산량의 '상당부분'을 점하는 생산자 집단이라 하고 있는데, 우루과이라운드 협상에서는 '상당부분'이 어느 정도를 의미하는지에 대한 문제가 수출입국간의 주요 쟁점이 된 바 있다. '상당부분'이라는 표현이 매우 모호하기 때문에 수입국들은 이를 축소해석하여 제소 및 산업피해판정을 용이하게 하려는 반면에, 수출국들은 수입국들의 자의적인 기준적용을 방지하기 위하여 보다 확대된 기준으로 계량화시키기 위한 노력을 경주하였던 것이다. 이와 같은 문제는 제소자격과 매우 밀접한 연관이 있으므로 보다 자세한 내용은 후술하기로 한다.

국내산업의 정의와 관련하여 논의될 수 있는 또 하나의 중요한 문제는 한 국가의 특정 지역에 덤핑수입이 집중되어 당해 특정 지역 내의 산업에 실질적 피해를 야기한 경우 당해 지역만을 기준으로 피해판정을 할 수 있느냐 하는 문제이다. 이에 대해 WTO반덤핑협정에서는 다음과 같은 경우에 한하여 일국 내의 특정 지역을 분리된 시장, 즉 별개의 국내시장으로 간주할 수 있도록 하였다.

① 당해 특정 지역시장 내의 생산자가 생산한 해당물품의 전부 또는 거의 전부를 그 시장에서 판매하는 경우

② 당해 특정 지역시장 내 수요의 상당부분이 당해국 영역 내의 당해 시장 이외의 장소에 소재하는 해당물품의 생산자에 의해 공급되지 아니하는 경우

즉, 상기의 요건이 충족되는 경우에는 수입국의 전체 국내산업의 상

당부분에 피해가 발생하지 않더라도 독립된 시장 내에서 해당물품을 생산하는 생산자 전체 또는 거의 전부에 피해를 야기하면 피해의 존재가 인정되어 반덤핑조치가 취해질 수 있는 것이다.

2) 이해관계자 및 제소자격

반덤핑제도를 운용하는 데에 있어서는 '이해관계자'에 대한 명확한 정의가 필수적이라고 할 수 있다. 이는 제소자격의 인정여부 및 제소대상의 선정과 밀접한 관계가 있을 뿐만 아니라, 수입국의 조사당국이 조사개시에서부터 판정에 이르기까지 그들로부터 필요한 정보를 수집 혹은 제공해야 할 의무가 있기 때문이다.

반덤핑협정상의 규정에 의하면 이해관계자를 ① 조사대상 물품의 수출자나 외국생산자 또는 수입국 내의 수입자, 혹은 대부분의 회원이 그러한 생산자, 수출자, 또는 수입자로 구성된 무역이나 사업자의 단체(trade or business association), ② 수출국 정부, ③ 수입국 내의 동종물품의 생산자, 혹은 대부분의 회원이 수입국 내에서 동종물품을 생산하는 생산자로 구성된 무역 및 기업의 협회 등으로 정하고 있다.

우루과이라운드 협상에서는 해당물품의 산업소비자(industrial user), 대표적 소비자단체, 혹은 노동조합 등도 이해관계자의 범위에 포함시켜야 하는지의 여부에 대해 수출입국간에 많은 논란이 있었다. 이는 덤핑가격에 판매되는 물품의 사용을 선호하는 수입국 내의 산업소비자나 소비자단체를 이해관계인의 범주에 포함시킴으로써 반덤핑제소를 어렵게 하려는 수출국의 의도와 노동조합을 이해 관계인의 범주에 포함시킴으로써 반덤핑제소를 보다 용이하게 하려는 수입국의 의도가 상충된 결과라고 할 수 있다. 결국 최종협정에는 이들 단체가 모두 이해관계자의 범주에서 제외되었으며, 단지 해당물품의 산업소비자와 대표적 소비자단체에게는 조사당국이 덤핑 및 피해조사에 관련된 정보를 제공하도록 하는 의무만을 규정하게 되었다.

위에 열거한 '이해관계자'는 반덤핑조사과정에서 조사당국의 요구가 있을 경우 필요한 정보 및 관련증거를 제시해야 할 의무가 있으나, 또 한편으로는 그들의 요구에 따라 공청회나 서면 및 구두진술을 통하여 그들의 이익을 방어할 수 있는 충분한 기회가 주어진다. 그러한 과정에서 통지 혹은 교환되는 정보나 증거 중 영업비밀에 해당하는 사항은 조사당국에 의하여 가능한 한 충분히 보장을 받도록 되어 있다.

한편, 반덤핑조사는 국내산업을 대표할 수 있는 이해관계자의 서면요청에 의해 개시될 수 있으나, 국내산업을 대신할 수 있는 이해관계자의 범위를 결정하는 것이 문제가 된다. 국내생산자 중에서도 덤핑으로 인한 피해를 입은 생산자는 제소에 찬성하는 경우가 대부분이겠으나, 경우에 따라서는 제소에 반대하는 생산자도 있을 수 있다. 따라서, 어느 정도의 생산자가 제소에 찬성할 경우에 조사가 개시될 수 있느냐의 문제는 매우 중요하게 다루어져야 한다.

이와 관련하여, 반덤핑협정에서는 "조사는 … 수입당국이 동종물품의 국내생산자에 의해 제기된 청원에 대해 지지 혹은 반대 정도를 검토하여 … 국내산업을 대신한다는 결정이 없는 한 개시될 수 없다"라고 규정하고 그에 대한 구체적 기준까지 제시하고 있다. 즉, 제소는 지지도에 대한 조사에 근거하여 전체의사표명자가 생산하는 국내 동종물품 생산량의 50% 이상을 생산하는 국내생산자의 지지가 있을 경우에 가능하나, 어느 경우에라도 국내 동종물품 총생산액의 25% 이상이 되어야만 개시될 수 있는 것이다.

3) 조사절차

조사는 국내산업을 대신한 이해관계자의 서면요청에 대해 수입국의 조사당국이 그 정확성 및 타당성을 검토하여 제소의 충분한 요건이 입증되면 개시되며, 조사개시의 결정사실은 수출국 정부를 포함한 모든 이해관계자들에게 통보된다. 덤핑조사와 피해조사는 동시에 진행되며, 조사수행이 정당화될 만한 덤핑이나 피해에 관한 사실이 충분히 입증되지 않을 경우에 조사는 즉시 종결되도록 되어 있다. 또한 덤핑이나 피해가 존재함이 입증되더라도 덤핑마진이나 덤핑수입량, 혹은 그로 인한 피해가 실제적(actual)이든 잠재적(potential)이든 간에 무시할 정도(negligible)인 경우에도 조사당국은 조사를 즉시 종결해야 한다. 반덤핑협정에서는 덤핑마진이 2% 미만이거나 혹은 특정 국가로부터의 덤핑수입량이 수입국 내 동종물품 수입량의 3% 미만의 점유율을 차지할 경우에는 덤핑마진이나 덤핑수입량이 경미한(de minimis) 것으로 그 기준을 설정해 놓고 있다. 다만, 3% 미만의 개별국가의 덤핑수입량의 합계가 7% 이상의 점유율을 차지할 때에는 조사를 계속할 수 있도록 하고 있다.

조사과정에서 가장 중요시되는 것은 조사당국에 제공된 정보와 자료가 어느 정도의 정확성과 타당성을 갖느냐 하는 문제라고 할 수 있다. 관련정보 및 자료가 정확성과 타당성을 결여할 경우, 이는 최종판정에 직접적으로 영향을 미침으로써, 결국 조사당국의 공신력을 실추시킬 뿐만 아니라 국제적인 분쟁으로까지 비화될 수 있는 것이다. 따라서, 조사당국은 질문서(questionaire), 현지조사(spot surveillance) 및 공청회(public hearing) 등 모든 가능한 방법을 동원하여 관련 정보 및 자료의 정확성과 타당성을 확보하는 데에 노력해야 하며, 어느 이해관계자라도 일방적으로 불이익을 당하지 않도록 세심한 배려를 하여야 한다. 만약에 어느 이해관계자가 특별한 사유 없이 합리적인 기간 내에 조사에 필요한 정보제공 혹은 정보의 공개를 불허함으로써 조사를 방해할 경우에는 조사당국은 이용가능한 사실(facts available)에 근거하여 예비 및 최종 판정을 할 수 있다.

한편, 대부분의 국가가 반덤핑조사절차를 예비조사와 본조사로 구분하여 예비조사의 결과를 토대로 예비판정을 내리고 있다. WTO반덤핑 협정의 어느 규정에서도 예비조사제도를 반드시 두어야 한다는 명시적 조항은 없지만, 후술되는 잠정조치를 취하기 위해서는 예비판정에 근거하여야 한다는 조항이 있는 점을 고려할 때, 단기간 내에 심화될 수 있는 국내산업의 피해를 구제하기 위한 반덤핑조치의 실효성 확보라는 측면에서 조사절차를 예비조사와 본조사로 구분하는 것은 매우 바람직하다고 할 수 있다.

마지막으로, 조사절차와 관련하여 유념해야 할 것은 특별한 경우를 제외하고는 조사가 개시 이후 1년 이내에 종결되어야 하며, 특별한 경우에라도 18개월을 초과해서는 안 된다는 것이다. 이는 반덤핑제도의 특성상 일단 조사가 개시되면 수출국의 기업은 상당한 타격을 입게 마련이어서 조사기간의 장기화로 인한 수출기업의 불이익을 방지하기 위한 것으로 해석된다.

4. 구제조치

반덤핑제도를 운용하는 데에 있어서 구제조치는 반덤핑관세의 부과, 잠정조치 및 약속수락 등 3가지의 유형으로 구분될 수 있으며, 자세한 내용은 다음과 같다.

1) 반덤핑관세의 부과

반덤핑조사 결과, 덤핑사실이 존재하고 그로 인하여 국내의 동종산업에 실질적 피해나 피해위협, 혹은 국내산업의 확립이 실질적으로 지연되었다는 최종판정이 내려진 경우, 수입국은 덤핑마진의 범위 내에서 관세를 부과할 수 있다. 물론 반덤핑관세는 확정된 덤핑마진만큼 부과할 수도 있겠으나, WTO반덤핑협정에는, "반덤핑관세는 덤핑마진을 초과할 수는 없으며, 만약 국내산업의 피해를 구제하기에 충분하다면 덤핑마진보다 낮은 관세(lesser duty)를 부과하는 것이 바람직(desirable)"하다고 규정되어 있다. 이와 같은 규정은 반덤핑제도 운용의 원래 목적이 수입을 규제하기 위한 것이 아니라, 단지 덤핑으로부터 야기된 국내산업의 피해를 구제하기 위한 것이라는 점을 잘 반영하고 있다.

한편, 반덤핑관세는 덤핑으로 피해를 야기시킨 물품을 수출하는 모든 기업에 대해 무차별적으로 부과하도록 되어 있다. 즉, 수입국은 해당물품을 수출하는 모든 공급자를 지명하여 그들에게 무차별적으로 관세를 부과해야 한다. 그러나 동일국가에서 다수의 기업이 수출하여 그들을 모두 지명하기가 곤란할 경우에는 해당국가를 지명하고 그 국가로부터 수입되는 당해 물품에 대해 모두 관세를 부과할 수 있다. 또한 2개국 이상에서 다수의 기업이 동종물품을 수출하는 경우에도 수입국은 모든 관련기업을, 혹은 관련국가를 지명하여 관세를 부과할 수 있다. 즉, 반덤핑관세는 경우에 따라서 업체별 혹은 국가별로 부과하는 것이 가능하다고 할 수 있다.

그러나 반덤핑협정에서는 덤핑마진이 표본조사(sampling)에 의해서 산정된 경우에 표본조사대상에서 제외된 기업과 이미 확정반덤핑관세가 부과된 물품을 새로이 수출하는 신규수출기업(new comer)에 대해서는 반덤핑관세의 부과요건을 별도로 규정하고 있다.

조사대상기업이 많은 경우에 조사당국은 표본조사에 근거하여 반덤핑관세를 부과할 수 있으나, 표본조사에서 제외된 기업의 경우에는 ① 표본조사에 선정된 수출자 혹은 생산자의 가중평균마진이나, 혹은 ② 반덤핑관세가 미래의 정상가격(prospective normal value)으로 산정된 경우에는 조사대상 수출자 혹은 생산자의 개별거래가격의 차액을 초과할 수 없도록 하였으며, 가중평균시 덤핑마진이 없거나(zero) 최소기준(de minimis) 이하인 경우에는 덤핑마진 산정에서 제외하고, 사실상 입증되지 않은 이용가능한 자료에 근거한 덤핑마진 산정도 금지하고 있다. 특히, 표본조사에서는 제외되었으나 조사과정에서 필요한 정보를 제공한 기업, 즉 자발적으로 조사에 참여한 기업에 대해서는 개별적인 정상가격을 적용하고 반덤핑관세도 개별적으로 부과하도록 함으로써, 조사받지 않은 기업 혹은 자발적으로 조사에 참여한 기업이 일률적인 반덤핑관세부과로부터 받을 수 있는 불이익을 방지하고 있다.

반덤핑협정이 특별히 고려하고 있는 또 하나의 경우는 조사기간 동안 수출을 하지 않았던 기업(new comer)이 반덤핑조치를 받고 있는 물품을 새로이 수출하는 경우라고 할 수 있다. 협정문에서는 "조사기간 동안 반덤핑관세 부과대상의 물품을 수출한 바 없는 수출자나 생산자가 기존의 반덤핑관세 부과대상인 수출자나 생산자가 기존의 반덤핑관세 부과대상인 수출자나 생산자와 관련이 없다는 사실을 증명할 경우, 그들의 개별적 덤핑마진을 결정하기 위한 조사를 신속히 수행해야 한다"라고 규정하고, 그러한 별도의 조사가 진행되는 동안에는 그들로부터의 수입물품에 대해서는 반덤핑관세를 부과할 수 없도록 하고 있다.

이와 같은 규정은 해외진출을 시도하는 신규수출자, 특히 중소수출기업에 대해 별도의 조사 없이 반덤핑관세를 부과함으로써 그들의 해외진출을 방해하는 것을 방지하고, 또 한편으로는 덤핑혐의가 없는 것으로 판명될 때까지 덤핑이 있는 것으로 추정하는 불합리한 논리에 제동을 걸기 위한 것으로 해석할 수 있을 것이다.

2) 잠정조치 및 약속수락

반덤핑조치라고 하면 흔히 조사결과 최종적으로 부과하는 확정 반덤 핑관세만을 연상하기 쉬우나, 실제로는 조사가 종결되기 전이라도 급속히 심화될 수 있는 국내의 산업피해를 구제하기 위해 잠정적으로 관세를 부 과하거나 혹은 그에 상응하는 조치를 취하는 잠정조치와 수출국의 정부 나 기업 혹은 수입국의 정부 중 일방의 제의에 의해 이루어질 수 있는 가 격인상약속 등도 모두 반덤핑조치에 해당된다.

WTO반덤핑협정에 의하면 잠정조치의 발동요건을 ① 정당한 절차에 의해 조사가 개시된 후, 그 결과에 대한 공지(public notice)가 이루어지고, 이해관계자가 정보를 제공하거나 의견을 제시할 만큼의 충분한 기회가 주어진 경우, ② 덤핑 및 그로 인한 국내산업에의 피해에 대하여 긍정적 인 예비판정이 이루어진 경우, ③ 조사당국이 조사기간중에 발생할 수 있 는 피해를 예방하기에 꼭 필요하다고 판단한 경우 등으로 국한시키고 있 다. 그러나 ①, ②, ③의 어느 경우에라도 잠정조치는 조사개시 후 60일 이내에 취할 수 없고, 그의 적용기간도 일반적으로 4개월을 초과할 수 없 으며, 관련거래의 상당한 비중을 차지하는 수출자의 요청이 있을 경우에 도 조사당국의 결정에 따라 6개월을 초과할 수 없도록 되어 있다. 단, 조 사당국이 조사과정에서 덤핑마진보다 낮은 관세로서 피해를 구제하기에 충분한지의 여부를 검토할 경우에는 6개월 혹은 연장요청에 의해서 9개 월 동안 잠정조치를 취할 수 있도록 혜택을 부여하고 있다. 잠정조치는 흔히 잠정관세의 부과나 혹은 경우에 따라서 현금 또는 유가증권 등을 예 치하도록 하는 것이 일반적이다.

한편, 수출자가 수입국 내의 피해를 제거할 수 있도록 자발적으로 가 격을 인상하거나 혹은 덤핑가격으로이 수출을 중지하겠다는 약속을 세안 하거나, 또는 수입국이 그러한 제안을 하여 상대방이 수락한 경우에도 잠 정조치나 반덤핑관세를 부과하지 않고 조사는 종결될 수 있다. 물론, 약 속수락이 이루어진 경우에라도 수출자나 조사당국이 원할 경우에는 조사 가 계속될 수 있으며, 조사결과 덤핑이나 피해에 대한 부정적 판정이 있 으면 약속은 자동적으로 철회되나, 긍정적 판정의 경우에는 정한 기간 동안 약속이 지속된다. 가격인상약속이 제대로 이행되지 않을 경우에는 조사당국이 최선의 이용가능한 정보를 기초로 잠정조치를 취하는 등 즉각적인 조치를 취할 수 있도록 되어 있다. 가격인상약속 역시 잠정조치의 경우와 마찬가지로 덤핑사실 및 그로 인한 국내산업의 피해에 대해 긍정적인 예비판정이 내려지기 전에는 취할 수 없다.

3) 반덤핑조치의 종결

반덤핑조치는 덤핑으로 인한 국내산업의 피해를 구제하는 데에 근본목적이 있기 때문에, 동 목적이 달성되면 철회하는 것이 원칙이다. WTO반덤핑협정에서도 "반덤핑관세는 산업피해를 야기시킨 덤핑의 효과를 상쇄하기에 필요한 정도 및 기간에 한해서만 부과되어야 한다"고 규정하고 있다. 따라서, 수입당국은 스스로의 판단에 의해서 혹은 합리적 기간이 경과한 후에는 이해관계자의 요청에 따라 지속적인 반덤핑조치가 덤핑의 효과를 상쇄하기 위해 반드시 필요한지의 여부와 함께 반덤핑조치가 철회되거나 수정되면 피해의 재발가능성이 있는지의 여부 등에 관하여 재심사를 하고, 그 결과 지속적인 조치가 불필요하다고 판단되면 즉각 종결하도록 되어 있다. 재심과정에서는 그 동안 발생한 상황변화가 함께 고려되는데, 이에는 주로 환율, 수출가격 및 국내판매가격 등의 변동과 그에 따른 덤핑마진의 변동, 그리고 수출자의 덤핑행위의 중지 및 가격인상약속의 이행여부 등이 검토된다.

특히, WTO반덤핑협정에는 반덤핑조치가 자동적으로 종결되어야 할 시한을 설정하고 있는바, 즉 관세부과일이나 덤핑 및 피해에 관한 가장 최근의 재심일로부터 5년 이내에 재심(sunset review)을 거치지 않으면 반덤핑조치가 자동적으로 종결되도록 하고 있다. 만약 재심제도가 보호주의적인 경향에서 탈피하여 공정하게 운용될 수만 있다면, 동 제도는 수출국의 덤핑행위를 신속히 시정하도록 유도하는 효과뿐만 아니라, 국내산업피해구제라는 반덤핑조치의 본래의 목적에 맞게 운용될 수 있는 긍정적 효과가 있어서 소멸시효의 설정은 크게 필요하지 않을 수도 있을 것이다. 다만, 재심제도의 공정성이 절대적으로 확보되지 않는 한, 자동종결시한의 설정은 반덤핑조치의 장기화를 방지한다는 데에서 그 의의를 찾을 수 있을 것으로 보인다.

2.1.4 평가 및 전망 >>>

WTO반덤핑협정은 앞에서 살펴본 바와 같이 과거 GATT체제하에서의 반덤핑협정의 모호한 부분을 명확히 하고 불합리한 부분을 개선함과 동시에 그동안 미국과 EU 등에서 다르게 시행되고 있던 내용을 구체적으로 법제화함으로써 선진국들에 의한 반덤핑제도의 자의적인 운용 가능성을 극소화했다는 점에서 매우 높게 평가되고 있다.

그러나 반덤핑제도가 그의 근본적인 성격상 국내산업을 보호하기 위한 조치로 남용될 가능성이 여전히 크다는 점에서 우루과이라운드 협상에서의 개선과 성과가 과대평가되어서는 안 되며, 지속적인 협상을 통해 많은 부분을 개선해 나가야 할 것이다. 최근 들어, 미국 등 주요국에서 보호주의 경향이 강화되면서 반덤핑조치의 건수가 증가하는 추세를 보이고 있다는 점도 그의 필요성을 반영하고 있다고 하겠다. 특히, 미국이 활용하고 있는 덤핑마진 산정시의 제로잉(zeroing) 관행이라든지, 불리한 가용정보(adverse facts available)나 특별시장상황(particular market situation)의 활용 등은 반덤핑제도를 보호주의의 수단으로 활용하기 위한 대표적인 예로서 WTO차원에서의 신중한 검토가 필요하다. WTO가 아무리 훌륭한 법령을 갖추고 있더라도 개별 회원국들이 그의 효과적인 운영과 실행을 자국법에 제도저으로 보장히지 않는다면 불공징무역을 세서하고자 하는 반덤핑제도의 본연의 목적을 달성할 수 없다. 반덤핑제도가 국제사회에서 올바르고 공정한 제도로 정착되기 위해서는 WTO뿐만 아니라 모든 개별 회원국들이 스스로 최대한의 노력을 경주해야 하는 이유이다.

주요용어

- 가격인상약속
- 덤핑마진
- 실질적 피해
- 잠정조치
- 표본조사

- 구성가격
- 동종물품
- 원가 이하의 판매
- 정상가격

연습문제

1. 반덤핑제도의 의의 및 특성에 대해 설명하시오.
2. 반덤핑조치의 발동요건에 대해 설명하시오.
3. 덤핑마진의 결정방식에 대해 설명하시오.
4. 반덤핑제도에서 국내산업 피해 여부를 결정하는 데에 고려해야 할 사항들에 대해 설명하시오.
5. WTO협정상의 반덤핑 조사절차에 대해 설명하시오.
6. 반덤핑제도의 경쟁제한적 요소에 대해 설명하시오.

제 2 절 >>> 보조금 · 상계조치

한국산 철강제품에 대한 미국의 수입규제

전세계 철강산업의 화두는 통상마찰이다. 내수침체, 공급과잉, 중국산 철강재 유입 증가의 3중고에 직면한 주요국들은 관세인상, 반덤핑관세 등 무역구제활용을 통하여 철강제품수입 규제에 주력하여 왔다. 2016년 5월 이후 한국산 철강제품에 대하여 미국이 연이어 반덤핑 및 상계관세를 부과하여 온 것도 이와 맥을 같이 한다.

미국의 국제무역위원회는 2016년 5월, 한국산 도금강판에 대하여 47.80%의 반덤핑 관세를 부과하였다. 2016년 7월에는 냉연강판에 대하여 34.33%의 반덤핑관세를 부과하였고, 2016년 8월에는 59.72%의 상계관세를 부과하였다. 2016년 8월에는 열연강판에 대하여 58.68%의 상계관세, 9월에는 9.49%의 반덤핑관세를 부과하였다.

여기서 문제가 되는 것은 미국이 조사당국의 재량권을 강화하기 위하여 2015년 6월부터 시행된 무역특혜연장법안에 추가한 '불리한 가용정보(Adverse Fact Available: AFA)' 규정을 적용하였다는 점이다. AFA 규정은 조사당국의 자료제출 또는 협력요구에 성실하게 응하지 않는 경우 조사당국은 수출업자에게 입수가능한 불리한 정보를 사용할 수 있도록 허용하고 있다.

AFA 규정은 조사관의 재량권을 넓히고 수출업자가 제출한 자료를 임의로 대체할 수 있어서 수입규제에 악용될 수 있는 소지가 크다. 실제로 미 상무부는 반덤핑관세부과와 상계관세부과 과정에서 한국기업들이 제출한 자료의 입증이 어렵다는 핑계로 AFA 규정을 적용하였다. 한국은 AFA로 인한 고율 반덤핑·상계관세를 부과한 미국을 2018년 2월 WTO에 제소하였다.

2.2.1 개 요 >>>

1. 정의 및 개념

보조금(subsidy)은 정책당국이 특정 정책목표를 달성하기 위하여 산업 및 기업활동에 제공하는 금융·조세상의 각종 지원을 의미한다. 보조금의 지급은 조세와 정반대의 효과를 가져온다. 일반적으로 보조금은 해당 재화나 용역의 생산을 촉진시켜 균형가격을 낮추고 소비를 증가시키게 된다. 특정 요소에 대한 보조금 지급은 해당요소의 고용을 증가시키게 되며, 연구개발과 같은 특정 활동에 대한 보조금도 자원배분을 해당부문에 집중시키는 효과를 가져온다.

보조금의 지급은 국내생산 및 소비를 변화시킬 뿐 아니라, 수출입에도 직·간접적으로 영향을 미치게 된다. 수출주도형 성장전략을 택한 개도국의 경우 수출산업에 대한 지원정책은 일종의 관행이 되다시피 하였다. 선진국에서도 개도국과의 경쟁으로부터 자국의 산업을 보호한다는 명목 하에 보호장벽을 제공하고 보조금을 지급하는 예가 광범위하게 발견된다. 그러나 특정 산업의 경쟁력에 영향을 주는 보조금은 수출촉진이나 수입대체 등 장기적이고 구조적인 무역왜곡효과를 가져올 수 있다.

보조금의 지급을 둘러싼 무역갈등이 빈번하게 발생하면서 상대국의 보조금으로 인한 자국의 피해를 최소화할 수 있는 합법적인 방어수단으로 고안된 것이 상계조치(countervailing measures)이다. 구체적으로 상계조치는 관세부과의 형태를 갖게 되는데, 이것을 상계관세(countervailing duties)라고 부른다. 상계관세란 생산물의 제조, 생산, 또는 수출에 직·간접적으로 부여된 보조금을 상쇄할 목적으로 부과되는 특별관세를 의미한다. 관세와 마찬가지로 상계관세는 국내가격을 적정수준으로 증가시켜 국내생산을 증가시키고 국내소비를 감소시킴으로써 과다수입을 규제하는 것이 기본적 취지이다. 다만, 상계관세는 보조금지급이 수입국의 기존국내산업에 피해를 입히거나 입힐 우려가 있는 경우에만 발동하도록 규정되어 있다. 이는 상계관세가 보호무역적 정책수단으로 남용될 소지가 크기 때문이다.

보조금과 상계조치는 정의대로 상호 밀접하게 연관되어 있다. 물론, 모든 보조금에 대하여 항상 상계관세를 발동할 수 있는 것은 아니다. 예를 들어 국내수입대체산업에 대한 보조금 지급으로 인하여 수입이 감소된다면, 수출국의 관세부과로서는 해결할 수 없다. 또한 수출보조금으로 인한 제3국시장에 대한 수출증가가 자국수출을 감소시키는 경우 해당국의 조치가 이루어지지 않는다면 피해를 보는 국가에서는 속수무책일 뿐이다. 상계관세는 수출에 영향을 미치는 보조금에 대한 대항수단일 뿐, 보편적인 수단은 아니다. 따라서 보조금지급으로 인한 무역갈등을 해결하려면 우선 보조금을 지급할 수 있는 경우와 그렇지 않은 경우를 명확히 규정하는 것이 1차적인 과제라고 할 수 있다.

2. 이론적 배경

보조금은 수출촉진이나 또는 수입대체의 수단으로 남용되는 경향이 있다. 경제적 논리대로라면 보조금은 시장실패로 인하여 바람직한 자원배분이 이루어지지 않을 때 정당화될 수 있다. 예를 들어 첨단산업의 경우

| 그림 III-2-1 | **외부경제효과와 보조금**

연구개발의 열매가 다른 산업에 파급되어 사회적으로 긍정적인 외부효과가 있음에도 불구하고 기술사용에 대한 적절한 대가가 지급되지 않기 때문에 이에 대한 투자가 제대로 이루어지지 않을 수 있다. 이러한 경우에는 정부가 첨단산업에 대하여 보조금을 지급함으로써 기술개발을 촉진하고 외부경제효과 증대를 유도할 수 있을 것이다. 〈그림 Ⅲ-2-1〉은 사회적 생산비용이 사적 생산비용보다 낮은 경우 보조금의 지급이 사회적 후생을 증대시킬 수 있음을 보여 준다.

생산경험이 증가함에 따라 비용이 감소하는 학습효과가 있는 경우, 즉 동태적인 효율성 증가가 예상되는 경우에도 보조금지급은 정당화될 수 있다. 오랜 역사를 지닌 유치산업론은 현재 국제경쟁력이 없더라도 일정기간 보호를 해 줄 경우 충분한 보상이 가능하다고 판단되는 경우에는 지원 및 보호가 필요하다는 주장이다. 그러나 과연 어떠한 산업이 장래 경쟁력을 가질 만한가를 예단하기 힘들 뿐 아니라, 시장실패가 존재하지 않는 경우 왜 정부가 개입하여야 하는가라는 반론에 대하여 마땅한 설명을 찾기 힘들다.[1]

요약하면 시장실패가 존재하지 않는다면 보조금은 사회적 후생의 감소를 가져올 것이다. 그 대표적인 예가 바로 수출보조금이다. 수출보조금은 수출가격을 낮추는 대신, 국내에서는 공급이 감소하게 되어 가격이 상승하게 된다. 〈그림 Ⅲ-2-2〉에서 볼 수 있는 바와 같이 수출보조금은 생산자에게는 도움이 되지만, 이러한 효과가 소비자후생감소와 국민들의 보조금지급 부담에는 못 미치기 때문에 사회적 후생은 감소한다. 수출보조금이 지급되는 경우에는 수출가격이 하락하기 때문에 상대국의 생산자는 피해를 보게 되지만, 사회적 후생은 증가한다.

수출보조금의 경우 상계관세의 부과가 과연 경제적으로 정당한가에 대하여 강한 의문이 제기된다.[2] 널리 알려진 대로 관세는 일반적으로 사회적 후생을 감소시킨다. 상대국이 보조금을 지급하여 수입가가 낮아진 경

---

1) 무역정책 및 산업정책의 정치경제학적 논의에 대해서는 Krugman and Obstfeld(1997)의 제9장 참조.

2) 잭슨(Jackson, 1989)은 보조금지급으로 수입가가 낮아진다면 마땅히 해당국가의 정부에게 감사편지를 써야 하는 상황이라고 주장하였다("The best response is to send a thank you note").

| 그림 Ⅲ-2-2 | 수출보조금의 효과

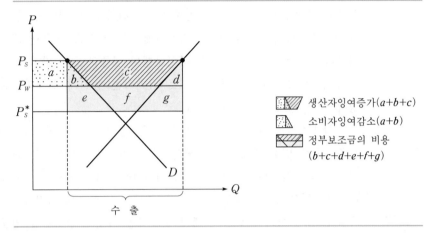

우, 시장실패가 존재하지 않는다면 관세부과는 단지 사회적 후생을 감소시키는 효과를 초래할 뿐이다. 상대국이 보조금을 지급한 제품의 수입으로 인하여 발생하는 자국산업의 피해를 방지한다는 명분은 생산자잉여만을 고려할 뿐, 소비자잉여의 감소는 반영하지 못하는 주장이다. 따라서 상계관세는 자유무역의 이상과 부합되지 않는 보호주의적 수단이라고 할 수 있다.[3]

2.2.2 국제규범 형성의 배경과 과정 >>>

1. 국제적 논의의 배경

보조금·상계조치문제는 개도국으로부터의 수입증가로 선진국의 일부산업이 사양화되는 과정에서 본격적으로 통상이슈로 부각되었다. 1970

---

3) 시장지배력이 큰 국가의 경우에는 상계관세를 교역조건을 개선시키는 전략적 수단으로 고려할 수 있을 것이다. 그러나 소위 최적관세론은 상계관세의 본래 취지와는 크게 벗어난다.

년대에 들어와 개도국의 수출이 급증하면서 선진국에서는 보조금지급을 일종의 불공정 무역관행으로 간주하는 견해가 확산되었다. 선진국들이 자국산업의 피해를 방지한다는 명목하에 일방적으로 상계관세를 활용하기 시작하자 이를 둘러싼 국제적 무역분쟁이 급증하였다. 따라서 무역왜곡효과가 큰 보조금지급을 원천적으로 금지하는 동시에 상계관세발동요건을 명확히 할 필요성이 제기되었다.

상계조치를 불공정무역조치에 대한 정당한 방어라는 관점에서 보면 보조금으로 인한 산업피해를 규명하는 것이 필수적인 조건이다. 다시 말해서 물리적인 피해가 발생하여야 이에 대한 적절한 조치가 취해질 수 있다. 구체적으로 말하자면 보조금을 지급받은 물품이 수입됨으로써 일부 특정 기업이 아니라 산업 전체에 실질적인 피해가 발생함을 입증할 수 있어야 한다. 그러나 현실적으로 피해판정의 기준을 어떻게 정하는가부터 결코 쉽지 않은 문제이다.

여하튼 보조금·상계조치에 대한 국제규범의 논의는 이미 보조금을 불공정무역행위로 간주하려는 견해를 수용하고 있다고 볼 수 있다. 경제학적으로는 보조금지급에 대하여 상계관세조치를 허용하는 것이 과연 바람직한가에 대하여 많은 논란이 있으나, 이는 무시되었다. 또한 보조금의 목적이 무역왜곡에 있다고 판단되는 경우 피해판정과 무관하게 원천적으로 이를 금지한다는 GATT의 기본원칙도 이러한 입장과 맥을 같이한다.

GATT규범은 회원국들이 농산물분야를 제외한 전 분야에서 수출보조금을 사용할 수 없다는 원칙을 오랫동안 견지하여 왔다. 그러나 수출에 간접적인 영향을 미치는 국내생산보조금에 대한 국제적 합의를 도출하는 것은 훨씬 어려운 과제임이 분명하다. 정책당국은 무역과는 직접적인 관계가 없어 보이는 다양한 이유를 내세워 보조금을 지급하고 있다. 방위산업의 육성, 낙후지역의 개발, 인적자본 개발 또는 환경보존, 연구개발 등을 위한 보조금이 그 대표적인 예이다. 이러한 보조금은 생산 및 소비에 영향을 주기 때문에 간접적으로 무역에도 영향을 줄 수밖에 없다. 그렇다고 해도 이러한 보조금을 규제하여야 하는 논리를 찾아내기는 쉽지 않다.

이러한 배경 때문에 GATT에서는 무역에 미치는 효과 및 목적에 따라 보조금을 구분하려는 접근방식을 취하였다. 만약에 보조금이 지역개발과 같이 특정 산업이나 기업에 대한 영향을 주지 않은 경우는 허용될 수 있으나, 명백하게 수출촉진이나 수입대체와 같은 무역왜곡효과를 가져올 수 있는 보조금에 대해서는 상계조치를 취할 수 있도록 한다는 입장이다. 따라서 논의의 초점은 상계조치가 가능한 보조금의 범위를 어떻게 정의하느냐에 집중되었다.

2. 국제규범의 성립과정

보조금 및 상계조치에 대한 최초의 국제규범은 GATT에서 다루어졌다고 볼 수 있다. 1947년 규약에서는 상계관세에 대한 허용을 다루고 있을 뿐, 보조금에 대한 규범은 거의 찾아볼 수 없다. 다만, 제16조에서 보조금에 대한 통보의무와 수입대체를 목적으로 하는 보조금지급을 사용하지 말아야 한다고 규정하였다.

수출보조금에 대한 구체적 규제조항은 1955년에 비로소 마련되었다. GATT 제16조 2항부터 5항까지는 보조금이 특정 산업이나 기업의 경쟁력에 영향을 줌으로써 수출촉진이나 수입억제 등 장기적이고 구조적인 무역왜곡효과를 가져올 수 있다는 데 주목하고, 일부 수출보조금의 지급을 규제하려는 입장을 취하고 있다. 회원국들은 무역왜곡효과를 가지는 일체의 보조금에 대하여 GATT에 통보하고 타회원국의 협의요청이 있는 경우 이에 응하여야 한다고 규정하고 있다. 특히 GATT 제16조 4항은 공산품에 대한 수출보조금 중지를 의무화하였고, 이를 지키기로 약속한 주요 선진국들을 중심으로 1962년 11월 14일부로 발효하게 되었다. 그러나 대다수의 개도국들은 해당 조항이 불공평하다는 판단하에 여기에 서명하지 않았다.

한편 GATT 제6조는 수입국이 덤핑 및 보조금지급 상품의 수입으로 인하여 자국산업이 실질적 피해를 입거나 입을 우려가 있을 경우, 별도의 관세를 부과할 수 있도록 허용하고 있다. 불공정 보조금에 대해서는 개별 정부는 상계관세를 이용하여 수입품에 체화된 보조금요소를 상쇄할 수 있다. 그러나 상계관세의 조건으로 물리적 피해를 전제로 하고 있는 GATT규정은 그 기준이 불명확하여 분쟁의 소지를 안고 있다. 또한 미국의 경우에는 1897년 국내법을 근거로 물리적 피해를 입증하지 않더라도

상계조치를 취할 수 있다는 입장을 취하였기 때문에 GATT중심의 국제규범과는 마찰이 불가피하였다.[4]

도쿄라운드의 다자간 협상에서는 상기조문의 구체적 해석과 운용절차를 규정한 보조금·상계관세협정문(Agreement on Interpretation and Application of Articles Ⅵ, ⅩⅥ and ⅩⅩⅢ of the GATT)이 채택되었다. 이에 따라 산업피해의 기준과 분쟁해결절차가 보다 명확해졌다. 즉 공산품에 대한 수출보조금과 다른 나라의 수출을 저해하거나 실질적인 가격하락을 초래하는 1차산품에 대한 수출보조금을 금지하기로 합의하였으며, 국내보조금에 대해서는 타국의 이익을 침해하지 않는 범위 내에서 사용 가능하다고 규정하였다. 한편 보조금으로 인하여 실질적인 피해가 발생하거나 또는 발생할 위험이 있는 경우에는 보조금 지급 범위 내에서 상계관세를 부과할 수 있다고 규정하였다.

그럼에도 불구하고 경쟁적인 보조금 지급과 상계관세의 남용, 그리고 이에 따른 무역분쟁은 여전히 지속되었다. 상계관세를 가장 광범위하게 사용하는 국가는 미국이다. 1985년 7월부터 1992년 6월 기간중 GATT에서 상계관세 관련 조사는 총 187건이었는데 이 중 106건이 미국이 제기한 것이었고, 다음으로 호주가 38건을 기록하였다.

1986년 시작된 UR 보조금·상계조치 협상은 국제무역에 미치는 모든 보조금과 상계관세와 관련된 기존의 GATT규범을 개선하는 것을 목적으로 하여 추진되었다. 즉, 보조금의 범위와 기준을 명확히 하고 상계관세의 발동절차를 분명히 규정함으로써 보조금지급과 관련된 분쟁을 완화시키는 것이 협상의 기본목표였다. 협상과정에서 보조금에 대한 선진국의 규율강화를, 상계관세조치 발동조건의 강화에 대한 개도국의 주장을 균형 있게 고려하면서 효과적인 분쟁해결절차를 마련하는 것이 협상의 기본적 골격을 이루었다.

WTO 보조금·상계조치협정(Agreement on Subsidies and Countervailing

---

4) 법률상으로 '심각한 피해'(serious injury)는 피해를 규명하기가 어렵다는 면에서 가장 엄격한 기준이라고 할 수 있다. 한편 '물리적 피해'(material injury)판정은 상대적으로 용이하다고 할 수 있는데, 그 이유는 불공정무역조치로 인하여 피해를 보는 국내산업이 조속한 대응조치를 취할 수 있도록 배려하고 있기 때문이다.

Measures = SCM Agreement)은 보조금 지급에 대한 다자간 규율제정과 보조금지급으로 인한 피해를 상쇄하는 조치허용이라는 두 가지 목적하에 제정되었다. 이제 보조금 지급이 타당한가에 대한 논란의 여지가 있을 경우 WTO 분쟁해결기구를 통해 시비를 가리게 되었다. 또한 보조금지급으로 인한 산업저해가 명확하다고 판단되는 경우 상계관세를 합법적으로 부과할 수 있게 되었다.

2.2.3 WTO 보조금/상계조치협정의 주요 내용 >>>

1. WTO협정의 핵심내용

WTO 보조금·상계조치에 관한 협정(Agreement on Subsidies and Countervailing Measures: 이하 SCM 협정)은 보조금 사용에 대한 규율을 강화하고, 보조금효과를 상쇄시키기 위하여 취할 수 있는 조치를 규제하려는 데 목적이 있다. SCM협정의 골격은 〈표 III-2-1〉에서 보는 바와 같다. 그 주요 내용을 요약하면 다음과 같다.

① 보조금의 정의: 보조금은 정부나 공공기관에 의한 재정지원으로 정의할 수 있다. 여기에는 직·간접적 자금이전, 세입의 포기, 재화와 용역의 제공 및 구매가 포함된다. 보조금의 종류는 금지와 상계가능 두 가지로 구분된다.[5]

② 특징성(specificity): 특징성이란 보조금지급이 객관적 기준이나 조건을 명시함이 없이 일부기업에 제한되거나, 소수특정 기업에

---

5) 원래 협정에는 특정성이 없거나, 특정적이더라도 연구개발지원이나 지역개발지원 및 환경보존을 목적으로 지급되는 경우와 같이 상계조치를 취할 수 없는 허용보조금(non-actionable subsidies)이 포함되었다. 그러나, 1999년 12월 31일까지 한시적이라고 명기하였고, 결국 연장여부에 대한 선진국과 개도국간 협상이 결렬되면서 실효되었다.

지나치게 거액의 보조금이 지급되는 경우를 지칭하는데, 특정성
이 있는 경우는 금지 또는 상계가능보조금으로 분류하여 엄격하
게 규제하고 있다.

| 표 Ⅲ-2-1 | WTO 보조금·상계조치협정 개요

가. 보 조 금	제1조(보조금의 정의) 정부나 공공기관에 의한 재정지원 (financial contribution)이 행해지는 경우(직접적 자금이전, 정부 세입의 포기, 재화 및 용역의 제공이나 구매) 제2조(특정성) 보조금의 성격상 특정성(specificity)이 있다고 판단되는 경우, 금지보조금이나 조치가능보조금 및 상계관세에 대한 규정이 적용됨. 특정성의 준거로는 일부기업에 대하여 보조금지급을 명확히 제한하거나, 소수특정기업에 대하여 국한된 보조금지급, 또는 특정 기업에 대한 거액의 보조금지급, 보조금지급에 있어서 공여기관이 재량권을 행사하는 경우 등이 해당 제3조(금지보조금) 수출 또는 국내생산품사용을 촉진할 목적의 보조금은 금지 제5조(상계가능보조금) 타국의 국내산업에 피해를 주거나, 타국 이익을 심각하게 침해하는 경우 상계조치 발동가능 제6조(심각한 침해) 보조금이 상품가의 5%를 초과하는 경우, 영업손실을 보전하기 위한 보조금(해결에 장기간의 시간이 필요하고 심각한 사회적 문제를 초래하는 경우 비반복적인 일회적 보조금 지급은 예외), 직접적 채무감면 제8조(허용보조금) 특정성이 없거나 있더라도 연구개발이나 지역개발지원의 경우에는 상계조치 불가. 연구개발의 경우 기초산업 기술연구의 경우 소요비용의 50%, 응용연구의 경우에는 25%까지 지원 가능(2000년 1월 1일부로 실효)
나. 상계조치	제17조 (상계관세부과) 상계관세액은 보조금액을 초과할 수 없으며, 보조금지급으로 피해를 초래한다고 판정된 모든 국가에게 차별 없이 부과되어야 함 ※ 당사국과의 협의(30일) → 분쟁해결기구에 패널구성요청, 검토(90일) → 패널의 판정에 대한 상고(30일) → 보복조치
다. 개도국 우대조치	제28조 극빈개도국이나 소득수준 천 달러 이하의 최빈국에 대해서는 수출보조금의 금지를 적용하지 않음. 여타 개도국은 UR협상 종결 후 8년 이내에 수출보조금을 철폐하여야 함. 상계가능보조금에 있어서 개도국의 경우에는 심각한 침해를 초래하는 것으로 간주되는 보조금지급에 대하여 예외를 인정

③ 금지 또는 상계가능보조금: 무역왜곡효과가 명백하거나 우려되는 경우를 대상으로 한다. 수출 또는 국내생산품사용을 촉진할 목적의 보조금은 금지보조금에 해당된다. 한편 상계가능보조금이란 보조금지급이 상대국에 심각한 피해를 입히는 경우로 정의된다.

④ 상계조치의 발동: 상계조치를 취하려면 반드시 당사국간의 협의를 거쳐 분쟁해결기구에 패널구성을 요청하도록 하고 있다. 이때 보조금지급물품의 수입과 피해발생과의 인과관계에 대한 충분한 증거를 제시하여야 한다. 보조금의 규모가 상품가액대비 1% 미만의 소액이거나 수입물량 또는 피해정도가 무시할 정도라면 즉각 조사를 종결하여야 한다. 산업피해에 대한 예비적 긍정판결이 난 경우에는 잠정적 상계관세조치를 발동할 수 있다.

⑤ 경과조치 및 개도국 우대조치: 협약과 어긋나는 보조금(금지보조금)은 3년 이내에 조정 또는 철폐하여야 한다고 규정하고 있다. 극빈 개도국이나 소득수준 천불 미만의 개도국의 경우 수출보조금금지조항을 적용하지 않으며, 여타 개도국의 경우 8년간 유예기간을 부여한다. 수입대체보조금의 금지는 개도국은 5년간, 극빈 개도국은 8년간 유예한다.

2. 관련 협정과의 관계

WTO SCM 협정은 해당부문의 유일한 국제규범이라고 보아도 무방하다. 도쿄라운드 협정과 비교하면 현 규범은 특정보조금 개념을 도입하여 보조금에 대한 규율강화를 주장한 선진국의 입장을 대폭 반영한 반면, 보조금의 긍정적 역할에 대한 개도국의 입장은 인색하게 반영하였다고 할 수 있다. 또한 도쿄라운드 협정에 서명한 개도국에게 대한 수출보조금사용의 예외조치가 극빈개도국 중심으로 축소되고, 개도국은 일정한 유예기간을 거쳐 보조금지급을 줄일 수밖에 없도록 되었다. 그러나 보조금의 운용을 둘러싼 불명확성이 상당부분 제거되고 도쿄라운드 협정에서는 단지 언급에 그쳤던 '심각한 침해'에 대해서도 구체적 준거를 마련하였다는 점은 커다란 성과라고 할 수 있다.

WTO SCM 협정은 반덤핑협정과 유사한 점이 많다. 많은 회원국들이 반덤핑조치와 상계조치를 동일법하에서 동일한 절차로 다루고 있다. 덤핑이나 보조금지급 최혜국대우원칙을 무시하고 특정국의 특정 상품에 관세를 부과하는 것도 둘 다 그 대응조치로 공통점이라 하겠다. 그러나 덤핑은 기업에 의한 행위인 반면, 보조금은 정부가 주체가 된다는 것이 근본적인 차이점이다. WTO는 기업의 행위를 직접 규제할 수 없기 때문에, 덤핑에 대한 국가의 대응조치만을 문제삼을 수 있다. 한편 보조금·상계조치의 경우에는 보조금의 지급과 이에 대한 대응조치 양쪽을 모두 규제한다는 차이가 있다.

한편, OECD의 경우에는 회원국들에 대한 특별한 규범을 가지고 있지 않으나, 지나친 R&D 보조금 지급을 규제하자는 움직임이 계속되어 왔다. EU의 경우에는 국가보조금에 대하여 공동정책을 실시하고 있는데 지역개발차원의 보조금이라도 무역왜곡효과가 심각할 경우 상계조치가 가능하기 때문에 분쟁의 여지가 많다. EU국가들은 주로 철강, 자동차, 첨단산업(의약, 항공기, 전자)에 대하여 보조금지급과 보호장벽제공을 적극적으로 추진하여 왔고 이는 미국에 의한 상계조치의 원인을 제공하여 왔다. 향후 이러한 기존정책이 WTO협정과 어떻게 조화를 이룰 수 있을지 주목된다.

2.2.4 평가 및 전망 >>>

보조금의 규제를 기본목표로 하는 WTO SCM 협정은 장기적으로 무역 및 투자자유화와 함께 공정경쟁의 틀을 마련한다는 데 크게 기여할 것이다. 그러나 단기적으로는 국내보조금의 규제를 둘러싸고 자국 내 이해집단들간의 갈등은 물론 특정성과 관련하여 국가간 갈등도 심화될 것으로 예상된다.

특히 기존 SCM 협정상의 불명확한 규율을 명확히 하고, 개도국이 주장하고 있는 보조금의 필요성을 일부 인정할 것인가는 문제의 소지가 남아 있다. 보조금의 특정성과 관련하여서 경제활동의 다양성과 보조금제도의 운용기간을 고려하여 판정한다는 규정의 개정여부가 문제가 되고 있다. 개도국의 경우에는 보조금철폐를 위한 경과기간의 추가 연장여부와 보조금 기준 자체의 완화를 둘러싸고 많은 논란이 예상된다.

SCM협정은 자원배분에 대한 정부간섭이 컸던 한국경제로서는 커다란 부담이 될 수밖에 없다. 그동안 보조금정책은 국제규범에 맞도록 많이 개선되었지만, 여전히 분쟁의 소지가 많이 남아 있다. 국제적으로 보조금 관련 분쟁이 야기된 분야들이 철강, 자동차, 항공, 농산물 및 가공품에 집중되고 있다는 점도 향후 산업정책을 명실상부하게 간접적인 지원정책으로 전환하여야 함을 시사한다. 정부의 연구개발지원 같이 특정성이 없어 보이는 경우라도 사실상 수출촉진효과가 있는 경우 정책수정이 불가피할 것이다.

한편 국내산업의 구조조정을 돕기 위해서는 그동안 유명무실하게 운용되어 온 상계조치제도를 산업피해제도의 일환으로 적극 활용하여야 할 것이다. 이를 위하여 대내적으로는 산업피해구제기관의 위상을 제고하고, 상계조치법을 WTO규범에 맞추어 정비하여야 한다. 대외적으로는 주요국의 보조금지급에 대한 정보수집을 강화하여 국내기업의 피해를 최소화하도록 노력하여야 할 것이다.

주요용어

- 보조금
- 외부경제효과
- 금지보조금
- 분쟁해결기구
- 상계조치
- 특정성
- 상계가능보조금
- 심각한 침해

연습문제

1. 보조금의 정의 및 기준에 대하여 설명하시오.

2. 보조금과 상계조치간 상호연관성에 대하여 설명하시오.

3. 수출보조금의 경제적 효과에 대하여 그림을 이용하여 설명하시오.

4. 보조금·상계조치에 대한 국제규범의 성립배경에 대하여 설명하시오.

5. WTO보조금·상계조치협정상의 금지보조금 및 상계가능보조금의 개념과 그 기준에 대하여 설명하시오.

6. WTO협정하에서 보조금 규제가 한국경제에 미치는 영향과 대책에 대하여 논하시오.

제 3 절 >>> 세이프가드

세이프가드 조치 건수가 반덤핑에 비해 현저히 적은 이유

1995년 WTO출범 이후, 2016년 12월 31일 기준 전 세계적으로 모두 51개국에서 총 323건의 세이프가드 제소가 있었고 그 가운데에 35개국에서 155건에 대해 실제로 세이프가드 조치가 취해졌다. 전체 제소건수의 절반이 넘는 나머지 168건에 대해서는 제소가 철회 또는 기각되거나 조사당국에 의해 부정적 판정이 내려져서 실제로 조치단계에까지는 이르지 못한 것이다. 이에 반해, 같은 기간 동안 반덤핑은 전 세계적으로 모두 62개국에서 총 5286건의 제소가 있었고 그 가운데에 50개국에서 전체 제소건수의 약 65%에 이르는 총 3405건에 대해 실질적으로 반덤핑 조치가 취해졌다. 그렇다면 왜 세이프가드가 반덤핑에 비해 제소나 조치 면에서 건수가 훨씬 적은 것일까?

근본적인 이유는 반덤핑 조치가 수출국의 불공정한 관행으로 인한 자국 산업의 피해를 구제하기 위해 취하는 수입규제 조치인데 반해, 세이프가드는 수출국의 공정한 무역관행에도 불구하고 특정 물품의 수입급증으로 인한 자국 산업의 피해를 구제하기 위해 취하는 조치라는 점에 있다. 즉 WTO는 공정무역 관행에 대해 취하는 세이프가드의 발동 요건을 불공정무역 관행에 대해 취하는 반덤핑 조치의 발동 요건에 비해 매우 까다롭게 규정하고 있어서 회원국들이 그러한 발동요건을 충족시키기가 쉽지 않다는 것이다. 뿐만 아니라, 반덤핑 조치는 불공정 무역관행을 행한 수출국에 대해서만 적용되는 반면에 세이프가드 조치는 모든 국가에 대해 동일하게 적용되고 그에 대한 적절한 보상이 이루어져야 한다는 부담도 세이프가드 발동을 제한하는 중요한 요인이 되고 있다.

2.3.1 세이프가드의 개요 >>>

1. 세이프가드의 정의

세이프가드(safeguards)는 넓게 해석하면 한 국가가 수입으로부터 발생하는 국제수지의 악화 및 국내산업에의 피해를 방지하기 위하여 사용하는 모든 무역제도적 장치를 의미한다. 즉, 관세 및 비관세조치를 포함한 모든 무역장벽의 설치뿐만 아니라, 산업구조조정 및 지원 등 산업정책을 통한 경쟁력 강화를 추진하기 위하여 실시되는 모든 무역정책을 일컫는 것이다. 따라서, 세이프가드 규정은 반덤핑의 경우와 달리 WTO협정에서 뿐만 아니라 대부분의 FTA협정에서도 다양한 형태로 도입되어 있다.

그러나 국제무역에서 일반적으로 사용되는 좁은 의미의 세이프가드는 특정 물품의 수입이 급격히 증가해서 수입국의 전반적인 경제여건이나 국내경쟁산업에 피해를 주거나 또는 피해를 줄 우려가 있을 때 WTO의 GATT 1994 제19조 및 세이프가드 협정에 근거하여 실시하는 WTO회원국의 대응조치를 의미하며, 일명 긴급수입제한조치라고도 한다.

WTO협정에서는 국가간의 무역자유화를 촉진하기 위하여 모든 회원국에게 수량제한을 일반적으로 금지하는 의무를 부과하고 관세장벽은 인정하되 점차 인하하는 방식을 원칙으로 정하고 있다. 그러나 다른 한편으로는 특수한 상황하에서 국내산업을 보호할 수 있도록 많은 예외조항을 두고 있는데(표 Ⅲ-2-2 참조), 그중에서도 대표적인 조항은 '특정 물품의 수입에 대한 긴급조치'(emergency action on imports of particular products)를 규정하고 있는 GATT 1994 제19조의 세이프가드 조항이라고 할 수 있다.

GATT 1994 제19조의 핵심규정은 1항 (a)로서 "회원국은 예측하지 못한 사태의 진전과 WTO협정에 의하여 회원국이 부담하는 의무(관세양허를 포함)를 이행한 결과, 특정 물품이 국내의 동종물품 또는 직접적 경쟁물품의 국내생산자에게 심각한 피해를 주거나 줄 우려가 있을 만큼 증가된 수량과 상황하에 자국 내에 수입되고 있을 때에 그 회원국은 해당물품에 대한 피해를 방지 또는 구제하기 위하여 필요한 한도 및 기간 동안 협정상 의무의 전부 또는 일부를 정지하거나 양허를 철회 또는 수정할 수 있다"라고 규정하고 있다. 이를 요약하면, WTO회원국이 수입급증으로 인한 자국 내의 산업피해를 구제하기 위하여 일정한 발동요건과 절차에 의하여 수입수량을 제한하거나 양허의 철회를 통한 관세인상을 할 수 있다는 것이다.

그와 같은 규정이 수입규제조치와 관련된 GATT 1994의 다른 예외조항과 특이하게 구별되는 점은 세이프가드가 공정무역관행으로 발생한 국내산업피해구제조치이므로 다른 조항에 비해 그 적용규정이 매우 까다롭다는 것이다.

| 표 Ⅲ-2-2 | 수입규제 관련 GATT 1994의 예외조항

예외조항	항 목	내 용
6조	반덤핑 및 상계관세	· 덤핑 및 수출보조금에 의한 수입규제
11조	수량제한의 일반적 금지에 대한 예외	· 식량부족을 해결하기 위한 수출제한 · 표준화제도 시행을 위한 수입제한 · 특정한 경우의 농산물 수입제한
12조	국제수지의 옹호를 위한 제한	· 선진국의 국제수지 방어를 위한 수입제한
18조	경제개발에 대한 정부지원	· 개도국의 국제수지 방어와 경제개발을 위한 수입제한
19조	특정 물품 수입에 대한 긴급조치	· 수입급증으로 인한 산업피해구제를 위한 수입제한
20조	일반적 예외	· 공중도덕, 위생 및 생명보호를 위한 수입규제
21조	안전보장을 위한 예외	· 국가의 안전보장을 위한 수입규제
25조	체약국의 공동행위	· Waiver 획득에 의한 수입제한
28조	양허표의 수정	· 양허표의 수정을 통한 수입제한
35조	특정 체약국간의 협정부적용	· GATT의 제협정이 적용되지 않는 경우

2. 세이프가드의 의의와 성격

세이프가드는 수입을 일시적으로 제한하여 피해를 입은 국내경쟁산업에게 적절한 조정기회를 부여함으로써 해당산업의 경쟁력을 향상시키고 자원의 효율적 이동을 촉진시키는 데에 그 의의가 있다고 할 수 있다. 국제무역장벽이 낮아짐에 따라 상이한 체제간에 무역으로 발생할 수 있는 급격한 개혁을 방지하는 국경조치로 사용함으로써 특정 산업과 노동자들을 불가피한 심각한 피해로부터 보호하고 자유무역경쟁에 적응할 수 있는 적절한 시간을 부여하고자 하는 것이다.

그러나 세이프가드의 이러한 의의는 경제학적인 관점에서 살펴볼 때 몇 가지 중요한 문제점을 내포하고 있다. 세이프가드가 수출국의 공정한 무역관행에 대한 제재조치이므로 이는 바람직한 국제무역정책에 호응하는 효율적인 생산자들에게 피해를 입히는 결과를 초래한다. 즉, 세이프가드는 국가간 비교우위에 입각한 효율적인 생산자들로 하여금 시장을 개척하게 하고 그들의 시장진입을 용이하게 하려는 자유무역정책의 목표에 배치되는 것이다.

또한 세이프가드는 수입급증에 따른 산업구조조정비용의 부담을 줄이는 방법으로서는 그 대가가 너무 크며 장기적으로는 경쟁력이 약한 산업이 수입제한에 따른 보호의 힘으로 생산을 계속하도록 장려함으로써 국가경제에 유해한 결과를 초래할 수 있다. 기업들은 끊임없이 변화하는 정치, 경제, 사회환경 속에서 그들의 기업전략을 개발하고 조정해 나가야 할 의무가 있다. 따라서 수입급증도 단지 그러한 변화 속에서 발생할 수 있는 한 가지 형태에 불과하며 기업은 이를 스스로 극복해 나아가야 할 의무가 있는 것이다.

이러한 문제점에도 불구하고 세이프가드는 한편으로 정치적 당위성을 지니고 있다. 정부의 정책변화로 야기되는 산업피해에 대해서는 정부가 관심을 기울이고 적절한 조치를 취하는 것이 당연하다는 것이다. 정책변화로 발생되는 수입에 의한 피해는 환경변화에 의해 발생하는 형태의 피해와는 그 성격이 근본적으로 다르며, 정책결정에 영향력을 행사할 수 있는 국내의 유권자들이 직접적으로 영향력을 행사할 수 없는 외국인에게 조정의 부담을 지우려는 것은 자연스럽게 발생하는 정치적 경향이라는 것이다.

2.3.2 세이프가드 관련 국제협정의 배경 >>>

　최근까지 국제무역에 커다란 장애요인으로 작용하여 온 세이프가드에 관한 논의는 일찍이 제 2 차 세계대전 직후 GATT창설 당시에서부터 시작되었다.

　1945년 미국의 GATT가입을 승인한 미의회는 행정부의 과도한 자유무역주의 노선을 경계하여 GATT협정문에 면책조항(Escape Clause)을 삽입할 것을 행정부에 요청하였다. 이에 따라 트루먼 대통령은 1947년 GATT 준비위원회에서 면책조항문제를 정식으로 거론하였고 1942년의 미국-멕시코간 쌍무협정에 삽입된 바 있는 면책조항을 향후 미국이 체결하는 모든 무역협정에 포함시키도록 행정명령을 발동하였다. 1959년 11월 GATT 제16차 총회에서 일부 품목의 단기간내 수입급증으로 인한 피해문제가 거론됨에 따라 1960년 11월 GATT 제17차 총회에서는 오늘날 GATT 1994 제19조의 근원이라 할 수 있는 세이프가드 발동요건에 합의하였다. 그 후 1973년의 도쿄선언에서는 세이프가드 제도의 타당성을 검토하기로 합의하고, 1975년 도쿄라운드 무역협상위원회(Trade Negotiation Committee: TNC) 산하에 세이프가드 협상위원회를 설치하게 되었다.

　세이프가드에 관한 본격적인 논의는 도쿄라운드가 끝나갈 무렵인 1978년에 가서 시작되었으나, 계속되는 협상에도 불구하고 선진국·개도국간에 주요 쟁점에 대한 합의가 이루어지지 못하고 결국 1979년 4월 12일 도쿄라운드 협상 일괄타결시 협상에서 제외되었다. 그 과정에서 선진국과 개도국간 협상의 가장 큰 걸림돌은 선별적용(selectivity)문제와 최혜국대우(MFN) 준수문제였다. 즉, 선진국이 GATT 제19조와 관련하여 수입급증을 직접 야기시킨 1개국 또는 소수국가에 대해서만 선별적으로 세이프가드 조치를 허용할 것을 주장한 반면, 개도국은 GATT의 기본원칙인 최혜국대우원칙을 준수하여 선별적용을 배제하자고 주장해 왔던 것이다.

결과적으로 선별적용조치의 배제 및 최혜국대우 준수문제에 대해서는 협상참가국간의 합의도출에는 실패하고, 이 문제를 지속적으로 검토하기 위하여 1979년 11월 제35차 GATT총회에서 GATT 내에 세이프가드위원회(Safeguard Committee)를 설치하기에 이르렀다. 세이프가드 협상에 대한 최초의 선진국·개도국간 합의는 1982년 제네바 각료회담에서 이루어졌는데, 이 회담에서 채택된 각료선언에서는 세이프가드 규범체제의 개선 필요성에 선진국·개도국이 합의하면서 세이프가드조치의 명료성·범위·발동기준·산업구조조정과의 연계, 보상과 보복 및 분쟁해결기능의 강화 등 6개 분야에 대한 협상목표를 제시하였다.

그 이후 수차에 걸친 비공식 통상장관회의와 1985년 10월부터 개최된 GATT고위실무자회의 그리고 1986년 1월부터 개최된 뉴라운드 준비위원회를 거치면서 선진국·개도국간의 입장개진과 협상방향에 대한 논의가 이루어졌으나, 국제규범과 관련하여 검토되고 고려되어야 할 문제점만 부각되었을 뿐 합의가 이루어진 분야는 거의 없었다.

이러한 협상기반 위에서 1986년 9월 우루과이에서 개최된 GATT각료회의에서는 세이프가드를 우루과이라운드 총 15개 협상의제 중의 하나로 선정하여 1982년 GATT각료선언에 포함되었던 6개 분야에 대한 포괄적인 다자간 협정을 제정하기로 하였다. 그 후 선진국·개도국간의 의견대립으로 1990년 말까지 커다란 진전을 보이지 못하던 세이프가드 협상은 1991년 4월 무역협상위원회 회의에서 기존의 15개 협상의제를 7개 의제로 통합조정하고, 세이프가드가 규범제정 및 투자분야 중 하나의 의제로 통합되면서 본격 논의되기 시작했다. 협상과정에서는 세이프가드 조치의 실효성 확보를 위해 기존의 GATT 제19조의 규정을 명료화하고, 발동기준을 완화하는 동시에 일정한 요건을 충족한 경우에는 보상·보복을 면제하도록 하고 회색지대조치는 철폐되어야 한다는 데에 일찍이 의견의 접근을 보았으나, 선별적용여부, 회색지대조치의 철폐방법 및 시한 등이 최종단계까지 주요 쟁점이 되었다.

WTO 세이프가드협정의 주요 내용　　　>>>

GATT 1994 제19조는 세이프가드의 발동요건, 발동기간과 대상, 발동절차, 그리고 피발동국 보복조치 등을 규정하고 있으며, 그 세부적인 내용은 세이프가드협정에 자세히 규정되어 있는데, 그의 주요 내용은 다음과 같다.

1. 발동요건 및 기준

WTO회원국인 수입국이 세이프가드를 발동하기 위해서는 ① 수입증가, ② 동종 혹은 직접경쟁물품을 생산하는 국내산업에의 심각한 피해나 피해위협, ③ 수입증가와 국내산업피해간의 인과관계 등을 증명해야 한다.

'수입증가'란 그 기준이 명료하지는 않으나, 협정문에 의하면 수입의 절대량이 증가했을 경우에는 물론이고 수입수량이 국내생산량에 비해 상대적으로 증가했을 경우에도 수입이 증가한 것으로 간주할 수 있다.

일반적으로 '동종물품'이란 사용용도뿐만 아니라 물품의 고유성질상 그 재료, 모양 및 품질에 이르기까지 수입품과 동일한 물품을 의미하며, '직접경쟁물품'이란 고유성질상 동일하지는 않더라도 상업적 목적상 같은 물품, 즉 같은 용도로 사용될 수 있는 물품을 의미한다. 따라서, 직접경쟁물품의 개념이 동종물품의 개념보다는 넓은 의미로 해석될 수 있을 것이다. 한편, '국내산업'에 관해 WTO협정에는 '수입국 내에서 영업을 하는 동종 또는 직접적인 경쟁물품을 생산하는 생산자 전체 또는 그의 산출량 합계가 국내 총생산량에서 중요한 비중을 차지하는 생산자집단'을 의미하는 것으로 규정하고 있다. 따라서, 그의 정의는 동종물품 및 직접경쟁물품에 대한 명확한 정의에 근거하여 이루어짐을 알 수 있다. 국내산업의 범위결정은 수입증가에 의한 산업피해를 조사하는 데에 있어서 매우 중요한 의미를 갖는데, 이는 일반적으로 국내산업을 좁은 범위로 축소시킬수록 국내생산대비 수입의 증가율이 높아짐으로써 긍정적인 피해판정이 날 가능성이 커지므로 국내생산업계에 유리한 결과를 가져오는 반면, 국내산업을 넓게 정의할수록 국내산업에 대한 수입의 영향이 희석되어 수입증가율이 낮게 나타남으로써 국내생산업계에 불리한 결과를 가져오기 때문이다.

'심각한 피해'란 국내산업에 미치는 중대한 전반적인 손상을 의미하는 것으로, 그리고 '심각한 피해위협'이란 그와 같은 심각한 피해가 임박했을 경우를 의미하는 것으로 WTO협정은 규정하고 있다. 이 요건들은 세이프가드의 모든 발동요건 중 충족시키기가 가장 어려운 요건으로 인식되고 있는데, 이는 세이프가드가 공정무역으로 야기된 피해구제조치임을 감안하여 그 피해기준을 매우 높고 엄격하게 요구하고 있기 때문이다. 그러나 협정문상에 그에 대한 명확한 정의가 결여되어 있어 많은 논란의 여지를 남기고 있다. 더욱이, '심각한 피해위협'에 관한 개념은 미래에 발생할 수 있는 피해에 대한 예측이 따라야 하므로 그 개념이 더욱 모호할 수밖에 없다.

마지막으로, 세이프가드를 발동하는 데에 있어서 가장 중요한 요건이 바로 수입증가와 산업피해간의 인과관계에 대한 증명이라고 할 수 있다. 즉, 국내산업에의 피해가 발생했다 할지라도 그 피해가 반드시 수입이 증가한 결과로 발생했다는 것이 입증되어야 한다는 것이다. 국내산업에의 피해가 수입의 증가에 의한 것이기보다는 주로 경기침체에 따른 수요의 감소, 소비성향의 변화 및 정책의 변화에 따른 것이라면 세이프가드는 발동될 수 없는 것이다.

2. 발동절차 및 기간

세이프가드조치를 발동하거나 연장하고자 하는 국가는 그와 같은 의도를 세이프가드위원회 및 관련 회원국들에게 통고해야 하며, 관련 회원국들은 세이프가드 발동국과의 협의를 통해 당해 조치가 그들의 무역에 미치는 부정적 영향에 대해 적절한 보상을 요구할 수 있다. 협의 개시일로부터 30일 이내에 보상에 대한 합의에 도달하지 못할 경우, 영향을 받은 수출국은 세이프가드 발동국에 대해 자국이 받은 부정적 영향에 상응하는 만큼의 보복조치를 취할 수도 있으나, 세이프가드조치가 규정에 따라 합법적으로 취해진 경우에는 조치 발동 후 3년 동안에는 보복조치를 취할 수 없다.

한편, 지연되면 회복하기 어려운 손해가 초래될 수 있는 긴급한 상황에서는 수입국은 수입증가가 심각한 피해를 야기했거나 또는 그와 같은 피해를 야기할 우려가 있다는 명백한 증거가 있다는 예비판정에 근거하여 200일을 초과하지 않는 범위 내에서 잠정 세이프가드조치를 취할 수 있다. 그와 같은 긴급한 상황에서는 추후에 즉시 협의할 것을 조건으로 사전협의 없이 잠정조치를 적용할 수 있도록 허용되고 있다.

세이프가드조치는 심각한 피해를 방지하거나 치유하고 구조조정을 용이하게 하는 데에 필요한 만큼의 기간 동안에만 적용되어야 하나, 특별한 경우를 제외하고는 그 적용기간이 4년을 초과할 수 없다. 여기에서 특별한 경우란 심각한 피해를 방지하거나 치유하기 위해 지속적인 조치가 필요하다고 인정되는 동시에 피해를 입은 산업이 구조조정과정에 있다는 명백한 증거가 제시된 경우이며, 그와 같은 이유로 그 적용기간이 연장된다고 할지라도 잠정조치 적용기간, 최초발동기간, 연장기간 등을 모두 합하여 8년을 초과할 수는 없다. 한편, 세이프가드조치의 대상이 되었던 물품의 수입에 대해서는 이전의 조치적용기간만큼의 기간이 경과한 후에만 세이프가드조치의 재발동이 가능하나, 180일 이내의 단기간 동안 적용되었던 세이프가드조치의 경우를 제외하고는 조치 종료 후 최소한 2년 이내에는 재발동이 불가능하다.

3. 적용수단 빛 원직

세이프가드조치는 심각한 피해를 방지하거나 치유하고 구조조정을 용이하게 하는 데에 필요한 정도로만 취해져야 한다. 세이프가드조치 수단으로는 관세인상이나 수량제한이 모두 가능하며, 최혜국대우(MFN)원칙에 따라 해당물품을 수출하는 모든 국가에게 동일하게 적용하는 것이 원칙이다. 다만 수량제한의 경우 당해 물품을 수출하는 국가들과의 협의를 통해 수출량에 따른 국가별 쿼터(Quota)를 배정할 수 있으며, 그와 같은 경우에도 최근 3년 동안의 평균수입량 이하로 수입을 감축할 수는 없다. 한편, 세이프가드는 구조조정을 촉진하기 위해 적용기간 동안 점차적으로 규제의 정도를 완화하는 동시에 자유화의 속도를 증가시키는 방향으로 운용되어야 한다.

4. 기타 사항

회원국은 특정 물품의 수입에 대해 취해진 어떠한 긴급조치도 GATT 1994의 제19조의 규정에 일치하지 않을 경우, 그와 같은 조치를 취하거나 모색할 수 없다. 즉, 세이프가드 협정에 규정된 제반절차에 따르지 않은 수출자율규제(VER), 시장질서유지협정(OMA), 혹은 그와 유사한 어떠한 조치도 취할 수 없는 것이다. 이에는 수출조절, 수출입가격감시, 수출입감시, 강제적 수입카르텔, 자의적 수출입허가제도 등 모든 보호주의적 조치가 포함된다. 따라서 과거 GATT체제하에서 교묘하게 운용이 되어 왔던 모든 회색지대조치(grey area measures)가 WTO체제하에서는 더 이상 존속이 될 수 없는 것이다.

2.3.4 기타 세이프가드 관련 규정 >>>

지금까지 설명된 세이프가드 규정은 GATT 1994 제19조 및 WTO 세이프가드 협정에 근거하여 적용되는 일반적인 세이프가드조치에 관한 것으로서 주로 이미 GATT체제 내에 편입된 분야에 적용된다. 그러나 WTO에서는 최근 GATT체제 내로 편입 또는 복귀되는 분야에 대해 동 분야의 특수성을 고려한 별도의 세이프가드 규정을 두고 있다. 대표적인 예가

WTO 농산물협정상의 특별세이프가드(special safeguard)라고 할 수 있다.

농산물분야의 특별세이프가드는 농산물관련 관세화의 보완장치로서 일반관세로 전환된 농산물의 수입량이 급증하거나 수입가격이 크게 하락하는 경우에 추가적으로 관세를 부과할 수 있도록 하는 제도이다. 즉 국내산업에의 피해여부와는 관계없이 물품의 수입량이 일정수준을 초과하거나 가격이 일정수준 이하로 하락할 경우에 적용할 수 있는 것이다. 특별세이프가드를 발동한 회원국은 조치실행 10일 이내에 농업위원회에 관련 자료를 서면으로 통보해야 한다.

WTO 출범 초기에는 섬유 및 의류분야의 잠정세이프가드가 있었지만, 이는 우루과이라운드협상타결 이후 10년간 모든 섬유류가 WTO에 복귀할 때까지 한시적으로 운용된 것으로 현재에는 폐지된 상황이다. 이는 수입으로 인한 수입국 내 유사품목 또는 직접적 경쟁품목의 국내산업에 심각한 피해 또는 피해위협이 있을 경우에 취할 수 있다는 점에서 기본적으로 일반 세이프가드제도와 크게 다를 바 없다.

한·미 FTA에서는 추가협상단계에서 미국측의 강력한 요청에 따라 자동차 부문에 특별세이프가드 제도를 도입했다. 한·미 FTA에는 일반 세이프가드 규정이 있지만, 자동차 부문 특별세이프가드는 두 가지 점에서 일반 세이프가드와 구분된다. 첫째 일반세이프가드의 발동가능기간은 협정 발효 후 10년이지만 자동차 세이프가드는 관세가 완전 철폐된 이후 10년간 발동할 수 있다는 점, 둘째 그의 적용기간은 한·미 FTA의 일반 세이프가드의 3년보다 긴 4년간 고율의 관세를 부과할 수 있다는 점이다.

한·미 FTA에서는 또한 외환위기 등 긴급한 시기에 자금의 대외거래나 송금을 일시적으로 금지한 금융세이프가드를 도입하고 있는데, 그의 발동기간은 1년 이내로 제한되어 있다.

2.3.5 평가 및 전망 >>>

　　세이프가드는 수출국의 공정한 무역관행에도 불구하고 단지 수입국 내의 수입증가로 인하여 국내산업에 피해가 발생했을 경우에 한시적으로 운용되는 수입제한조치임은 앞에서 충분히 설명되었다. 따라서, 세이프가드는 여타의 조치에 비해 매우 엄격하게 운용되어야 할 것이며, 그와 같은 점에서 WTO세이프가드 협정은 구체적이고 엄격한 법규정을 통해 그의 자의적인 운용을 제한하는 데에 크게 기여하고 있는 것으로 평가되고 있다. 특히, GATT무역체제에 중대한 위협이 되어 왔던 회색지대조치를 철폐하도록 한 규정은 자유로운 다자간 무역체제를 확립한다는 WTO의 기본목표와 의의에 부합되는 획기적인 진전이라고 할 수 있다. 비록 수량제한의 경우에 세이프가드조치의 선별적용이 허용되어 부분적으로나마 최혜국대우원칙과 상충되는 면도 없지 않으나, 그와 같은 선별적용도 WTO 내의 다자간 규범의 엄격한 틀과 방식에 의해서만 가능하도록 되어 있어 오히려 오랫동안 논란이 되어 왔던 부분이 원만하게 해결되었다는 긍정적인 평가도 가능하다고 할 수 있다.

　　한편, 그와 같이 엄격한 법규정으로 인하여 수입증가로부터 피해를 입은 국내산업들이 산업피해구제수단으로서 세이프가드제도에 의존하기 보다는 비교적 그 적용이 용이한 반덤핑제도에 의존하려는 경향이 늘고 있는 것은 또 다른 문제점으로 지적되고 있다. 세이프가드제도는 오히려 다수의 FTA에서 특정부문에 도입하고 있는데, 이는 자유화과정에서 발생하는 국내산업의 피해를 구제하기 위한 것으로서 기본적인 의의와 적용방법은 WTO의 일반세이프가드에서 크게 벗어나지 않는다.

주요용어

- 면책조항
- 수출자율규제
- 잠정세이프가드
- 회색지대조치

- 선별적용
- 심각한 피해
- 특별세이프가드

연습문제

1. 세이프가드의 의의 및 성격에 대해 설명하시오.
2. 세이프가드조치의 발동요건에 대해 설명하시오.
3. WTO출범 이후 세이프가드조치의 활용빈도가 국제적으로 급격히 감소한 이유에 대해 설명하시오.
4. 세이프가드제도와 반덤핑제도간의 주요 차이점에 대해 설명하시오.

제4절 >>> 분쟁해결절차

WTO체제하에서의 국제무역분쟁의 증가

1995년 WTO출범 이후, 2017년 말 기준 전세계적으로 WTO분쟁해결절차에 회부된 제소건수는 총 535건에 이른다. 이는 WTO 출범 이후의 연평균 제소건수가 약 23건으로 GATT체제하의 연평균 제소건수인 9건에 비해 현저히 증가한 것이다. 이와 같이 WTO체제에서 분쟁건수가 급격히 증가하게 된 것은 WTO 회원국 수의 증가와 함께 WTO의 관할 영역이 크게 확대된 것이 가장 큰 이유로 설명되고 있다. WTO가 창설되면서 지속적으로 회원국의 수가 증가했고, 과거 GATT체제가 포괄하지 못했던 농산물, 섬유, 무역관련 지식재산권, 무역관련 투자조치, 서비스 교역 등이 WTO체제 내로 흡수되거나 새로이 편입되면서 관련 분쟁건수가 대폭 증가한 것이다. 뿐만 아니라, WTO 분쟁해결제도가 과거의 GATT 분쟁해결제도에 비해 훨씬 공정하고 효율적인 제도로 평가 받으면서 회원국들이 각종 통상마찰을 WTO체제 내에서 해결하려는 경향이 증가한 것도 분쟁건수의 증가에 크게 기여한 것으로 평가된다. 분쟁해결절차의 매 단계마다 일정한 시한을 명시하여 분쟁해결의 지연을 방지하고 회원국 전체가 반대하지 않는 한 패널보고서나 상소보고서를 채택할 수 있게 함으로써, GATT체제에서 흔히 볼 수 있었던 강대국의 보고서 채택저지가 WTO체제에서는 사실상 불가능해진 것이다. 실제로 개도국이 선진국에 대해 승소하는 사례가 증가하면서 WTO 분쟁해결절차에 대한 신뢰감이 크게 상승한 것으로 나타났다. 무역에 관한 회원국간 이해관계가 상당히 다르다는 점에서 국제무역분쟁은 필연적일 수밖에 없다. 따라서, WTO체제 하에서 발생하는 국가간 무역분쟁의 증가를 반드시 부정적으로만 평가할 필요는 없을 것이다.

2.4.1 분쟁해결절차의 정의 및 의의 >>>

분쟁해결절차는 동일한 국제규범을 적용받는 국가간의 무역이나 투자행위로부터 발생하는 분쟁을 공정하고 신속하며 효과적으로 해결함으로써 당해 국제규범하에서의 관련 국가간의 권리와 의무의 적절한 균형을 유지해 주는 절차적 제도를 의미한다. 그렇기 때문에, 자체적으로 규범을 보유한 국제기구는 그와 같은 규범의 권위와 효율성을 확보하기 위한 분쟁해결절차를 보유하고 있는 경우가 많다. 그 대표적인 예가 바로 WTO 분쟁해결절차라고 할 수 있다. 즉, WTO 분쟁해결절차는 회원국간에 발생하는 무역분쟁에 대해 다자간 규정의 적용을 보장함으로써, WTO체제에서의 각종 협정(이하 'WTO협정'이라 칭함)의 권위를 강화하고 효율성을 확보하는 수단이라고 할 수 있다. 이를 보다 구체적으로 설명하면, 한 회원국이 다른 회원국의 무역조치로 인하여 자국의 경제적 이익이 침해를 받았을 경우에 이를 정해진 절차에 따라 공정하고 신속하게 해결함으로써, WTO협정의 기능을 효율적으로 수행하도록 하는 한편 회원국들의 권리와 의무간의 적절한 균형을 유지해 주는 제도가 바로 WTO 분쟁해결절차라고 할 수 있는 것이다. 이와 같은 분쟁해결절차는 다자간 무역체제에 안정성과 예측가능성을 제공하는 매우 중요한 요소로서 WTO협정하의 권리와 의무를 보존하고 협정상의 제반규정에 대한 해석을 명확히 하고자 하는 데에 그 의의가 있다고 하겠다. WTO 분쟁해결절차는 WTO협정을 준수해야 할 회원국이 그 의무를 이행하지 않는 경우는 물론이고 비록 협정을 위반히지는 않았다 하더라도 한 회원국의 조치가 결과적으로 다른 회원국에 대해 경제적 피해를 주었을 경우에도 적용될 수 있기 때문에 그의 적용범위가 매우 넓다는 특징을 갖고 있다.

2.4.2 WTO분쟁해결절차의 약사 >>>

과거의 GATT체제에서는 회원국간에 발생하는 무역분쟁을 해결하기 위한 조항이 GATT규정의 여러 부분에 산재해 있었지만, 가장 기본적인 분쟁해결조항은 GATT 제22조와 23조라고 할 수 있다. GATT 제22조는 비교적 단순한 조항으로서 GATT규범의 운용에 영향을 주는 모든 문제에 대해 협의할 수 있도록 하고, 만약 양자간 협의가 원만히 타결되지 못할 경우에는 회원국 공동의 협의에 부쳐질 수 있도록 규정하고 있으며, GATT 제23조는 회원국이 GATT체제에서 누릴 수 있는 권리나 이해관계가 무효화 또는 침해되었을 경우 이를 해결하는 중심규정이라고 할 수 있다. 따라서, 분쟁해결의 초기단계에서는 GATT 제22조에 따라 분쟁당사국이 양자간 협의 및 다자간 협의 등의 협의단계를 거치도록 하고, 보다 공식적인 분쟁해결은 GATT 제23조에 의해 해결될 수 있도록 했던 것이다. 이와 같은 GATT 제23조의 분쟁해결규정은 1955년에 일부 개정된 이래 그 이후에는 조문 자체의 추가개정 없이 몇 차례에 걸친 결정(decision) 혹은 선언(declaration)을 통해 보완되는 형태로 유지되었다. GATT 초창기에는 그와 같은 절차의 운용이 전체 회원국, 혹은 분쟁당사국이 포함되는 작업단(working group)에 의해 수행되었으며, 1950년대 중반부터는 3인 혹은 5인으로 구성된 패널에 의해 수행되는 것이 관례가 되어 왔다. 그러나 오늘날의 비교적 체계화 또는 구체화된 분쟁해결절차는 사실상 1979년 도쿄라운드협상의 타결시 채택된 '분쟁해결을 관장하는 규정 및 절차에 관한 양해'(Understanding on Rules and Procedures Governing the Settlement of Disputes)에 기초를 두고 있다.

당시 채택된 분쟁해결절차는 비록 GATT에서 전통적으로 사용해 온 분쟁해결절차를 재정리한 것에 불과하지만, 모든 회원국들이 계속적으로 유지하기를 원했던 절차에 시간제한을 둠으로써 보다 효과적인 분쟁해결 수단을 제공하고 있다는 데에 그 의의가 있다고 하겠다. 그 후 WTO 분쟁해결절차가 새로이 제정되기 전까지 3차례의 수정 혹은 보완이 있었는데, 1982년의 GATT각료선언에서는 대체로 1979년의 절차를 재확인한 데에 불과했으나, 1984년의 각료선언에서는 패널리스트의 선정에 관한 보다 구체적인 방안이 제시되었다.

　　이와 같은 일련의 조치에도 불구하고, GATT분쟁해결절차는 GATT규정상의 의무에 불일치하는 조치를 취하는 국가에 유리하게 작용하고 있으며, 분쟁해결기능도 약화되었다는 비난을 받으면서 전반적인 개선이 필요하다는 데에 모든 회원국들이 공감하게 되었다. 이에 따라 우루과이라운드 협상에서는 분쟁해결절차를 별도의 협상의제로 채택하여 분쟁해결규칙과 절차를 개선하고 그 기능을 대폭 개선하기에 이른 것이다. 1989년 몬트리올 중간검토회의에서는 패널 설치시한, 패널 권고사항 이행에 대한 감시기능 강화 등을 합의하는 등 주요 개혁을 단행하고 그 후에도 UR협상이 종료되는 마지막 시점까지 일방조치억제, 패널 및 상소보고서의 자동채택, 보복의 자동승인, GATT규정을 위반하지 않은 분쟁에 대한 입장정리 등 제반 규정을 보다 명료화하고 강화하는 데에 협상의 중점이 두어져 오늘날의 WTO 분쟁해결절차가 탄생하게 된 것이다. 그러나 WTO분쟁해결절차상의 이행과 관련하여 국가간의 관점이 상이하여 하나의 분쟁이 연속적인 분쟁을 초래하면서 일부 규정에 대한 개선논의가 지속적으로 진행중에 있다.

2.4.3 WTO분쟁해결절차의 주요 내용　　>>>

1. 패널설치 이전 단계

　　GATT체제에서와 마찬가지로 WTO체제에서의 분쟁해결제도의 가장 중요한 기능은 패널이 수행하지만, 분쟁당사국들은 패널절차를 개시하기 전에 협의, 알선, 조정, 중개 등의 절차를 통하여 분쟁을 해결하려고 노력해야 한다.

이 중에서도 협의(consultation)는 분쟁해결절차 중 가장 기본적인 분쟁해결방법이라고 할 수 있다. 분쟁해결절차에서 협의의 중요성이 강조되는 이유는 분쟁이 제3자의 개입 없이 분쟁당사국들 스스로 해결하는 것이 가장 원칙적이고 바람직하다는 데에 있다. 협의를 요청받은 회원국은 분쟁당사국간에 별도의 합의가 없는 한 협의요청을 받은 후 10일 이내에 그에 응해야 하며, 30일 내에 협의를 개시해야 한다. 그와 같은 기간 내에 협의가 개시되지 않을 경우 협의를 요청한 회원국은 즉시 패널설치를 요청할 수 있다. 또한 협의요청을 받은 후 60일 이내에 분쟁이 만족스럽게 해결되지 않을 경우 제소국은 패널설치를 요청할 수 있다. 이와 같은 협의는 부패하기 쉬운 상품의 경우를 포함한 긴급한 경우에 훨씬 신속하게 진행되어야 한다. 즉, 농수산물과 같이 부패하기 쉬운 상품이 관련되거나 긴급한 상황에서는 협의 요청을 받은 후 10일 이내에 협의를 개시하고 20일 이내에 분쟁을 해결해야 하며, 분쟁해결에 실패할 경우 협의요청국은 즉시 패널설치를 요청할 수 있는 것이다. 협의요청은 구체적 요청사유를 밝힌 서면으로 제출되어야 하며, 협의를 요청한 회원국은 이를 분쟁해결기구(Dispute Settlement Body: DSB)와 관련 이사회 및 위원회에 통고해야 한다. 협의는 비공개로 진행된다.

협의 외에도 분쟁을 분쟁당사국간에 보다 우호적으로 해결할 수 있는 방법으로는 알선(good offices), 조정(conciliation), 중개(mediation) 등이 있다. 이와 같은 절차는 분쟁당사국의 합의에 의해서 또는 WTO사무총장의 직권으로 이루어질 수 있으며, 시간에 구속받지 않고 개시되고 종결될 수 있는 특징이 있다. 따라서, 동 절차가 패널설치 이전에 진행되었음에도 불구하고 만족스럽지 않은 결과가 도출되었을 경우 협의요청국이 패널설치를 요구할 수 있으나, 패널절차가 진행중이더라도 그와 같은 절차는 지속될 수 있는 것이다.

2. 패널절차 및 시한

앞에서 설명한 협의, 알선, 조정, 중개 등의 절차를 통해 분쟁이 해결되지 않을 경우 이를 요청한 회원국은 서면으로 WTO에 패널설치를 요구할 수 있으며, 그와 같은 요청사항이 새로운 의제로 상정된 분쟁해결기구회의(DSB회의)에서 패널설치가 총의(consensus)에 의해 부결되지 않는 한, 그 후의 가장 가까운 시일 내에 개최되는 DSB회의까지는 패널이 설치되어야 한다. 동일한 분쟁사안에 대해 여러 국가가 제소하는 경우, 모든 관련 회원국들의 권리 및 이익을 고려한 단일패널이 설치될 수 있다.

패널이 설치된 후 분쟁당사국은 20일 이내에 3인 또는 5인의 패널리스트를 선정해야 한다. 패널리스트는 흔히 사무국에서 보유하는 패널리스트 명부에 등재된 인사 중에서 선정되는데, 주로 WTO나 과거 GATT회원국의 대표로서의 경험이 있거나, 혹은 WTO나 GATT사무국에서 종사한 경험이 있는 등 국제무역법이나 무역정책에 상당한 지식 또는 실무경험이 있는 자로 구성된다. 분쟁당사국이나 해당 분쟁에 상당한 이해관계가 있는 제3국의 국적을 가진 인사는 당사국간의 합의가 없는 한 패널리스트로 선정될 수 없음은 물론이다. 패널설치 후 20일 이내에 패널리스트 선정에 합의하지 못하여 일방당사국이 요청할 경우, 사무총장은 분쟁당사국, 분쟁해결기구 의장 및 관련위원회나 이사회의 장과 협의한 후 가장 적합한 패널리스트를 지명하고, 요청일로부터 10일 이내에 패널구성에 대해 통보해야 한다.

패널리스트들은 분쟁당사국과 협의 후 가급적이면 패널에서 수행해야 할 위임사항(terms of reference of panels)에 대해 합의하고 그 후 일주일 이내에 작업계획표를 작성해야 한다. 패널의 위임사항은 분쟁당사국이 달리 합의하지 않는 한 패널설치 후 20일 이내에 설정된다. 한편, 분쟁당사국 및 분쟁과 관련된 기타 회원국들의 이해관계는 패널진행과정에서 충분히 고려되어야 하는데, 예를 들어, 분쟁사안에 실질적 이해관계가 있음을 분쟁해결기구에 통보한 제3국은 패널에 참여하는 동시에 서면으로 자국의 의견을 제시할 수 있다.

패널의 조사기간은 패널구성 및 위임사항들에 관한 합의시점으로부터 최종보고서가 분쟁당사국에 제시되는 시점까지 6개월을 초과할 수 없으며, 부패성 물품이 관련되는 등 긴급한 상황하에서는 3개월 내에 그와 같은 절차가 모두 이루어져야 한다. 물론 그와 같은 시한 내에 보고서 제출이 어려울 경우에는 패널이 연장사유 및 보고서 제출예정일을 분쟁해결기구에 통보하여 그 연장이 가능하나, 어떠한 경우에도 9개월을 초과할 수는 없다. 제소국의 요청이 있을 경우 패널은 12개월이 초과하지 않는 범위 내에서 작업을 중지할 수 있으며, 12개월이 초과되는 경우에는 패널 설치가 자동적으로 무산된다.

패널은 최종보고서를 제출하기 이전에 패널의 서술부문과 조사부문 및 결론 등이 포함된 중간보고서를 제시해야 하는데, 분쟁당사국이 이의를 제기할 경우 패널 중간보고서의 특정 사안에 대해 검토해야 하나, 분쟁당사국들 다수의 특별한 견해표명이 없을 경우에는 중간보고서가 바로 최종보고서로 간주된다. 패널의 결정이 효력을 발하기 위해서는 패널이 제시한 최종보고서가 분쟁해결기구에 의해 채택되어야 하는데, 일방당사국이 공식적으로 상소할 의사를 분쟁해결기구에 통보하지 않았거나, 분쟁해결기구가 동 보고서를 채택하지 않기로 총의로 결정하지 않는 한, 동 보고서는 회원국들에 제시된 후 60일 이내에 채택되도록 되어 있다. 즉, 한 회원국이라도 보고서를 채택하기를 원할 경우 동 보고서는 채택되어야 하므로, 사실상 보고서는 60일 이내에 자동적으로 채택된다고 볼 수 있는 것이다. 그러나 분쟁해결기구는 회원국들이 패널보고서를 충분히 검토할 수 있도록 보고서가 배부된 지 20일 이내에는 채택되지 않도록 고려해야 하며, 분쟁당사국 중 한 국가가 상소의사를 통보할 경우 동 보고서는 상소절차가 종결될 때까지 채택될 수 없다. 분쟁당사국이 달리 합의하지 않는 한, 패널설치일로부터 패널보고서가 채택되기까지의 기한은 9개월을 초과할 수 없다.

3. 상소검토절차

패널의 결정에 이의가 있는 일방 분쟁당사국은 그 결정에 대해 상소기구에 이의를 제기할 수 있다. 상소기구는 분쟁해결기구에 의해 설립된 기구로서 7인의 법관으로 구성되어 있으며, 한 사건에 대해 3인씩 교대로 상소업무를 담당하도록 되어 있다. 임기가 4년으로 1회에 한하여 재임용이 가능한 상소법관들은 법률과 국제무역 및 관련 분야의 전문가로서 어떠한 개별국가의 정부와도 관계를 가져서는 안 되며, 직·간접적으로 이해관계가 있는 분쟁사안에 대한 심사에는 참여할 수 없다.

　　일방 분쟁당사국의 상소의사가 공식적으로 표명될 경우, 상소기구는 분쟁해결기구 의장 및 사무총장과 협의한 후 상소검토절차를 작성한다. 상소검토절차는 모든 회원국에 통지되어야 하며, 그 절차는 비공개로 진행된다. 상소는 패널보고서상의 법규 및 패널에서 제기된 법률해석에만 국한되며, 상소기구는 패널의 결정사항 및 결론을 지지, 수정, 또는 취소할 수 있다.

　　상소기구는 일방분쟁당사국이 공식적으로 상소의사를 통보한 일자로부터 60일 이내에 보고서를 제출해야 하나, 기한 내에 보고서를 제출할 수 없을 경우에는 연장사유와 보고서 제출예정일을 서면으로 분쟁해결기구에 제시해야 한다. 그러나 어떠한 경우에도 그 기간이 90일을 초과할 수는 없다. 상소보고서가 회원국들에 배부되면, 분쟁해결기구는 그로부터 30일 이내에 동 보고서의 채택여부를 결정해야 하는바, 이 경우에도 어느 한 회원국이라도 보고서 채택을 원하면 동 보고서는 채택되어야 한다. 분쟁당사국이 달리 결정하지 않는 한 패널설치일로부터 상소보고서가 채택되기까지의 기한은 12개월을 초과할 수 없다.

4. 권고 및 결정의 이행 및 보복조치

　　판정에서 패소한 분쟁당사국은 패널 혹은 상소기구의 보고서가 채택된 후 30일 이내에 개최되는 분쟁해결기구회의에서 권고 및 결정의 이행에 관한 자국의 의도를 분쟁해결기구에 통보해야 한다. 권고 및 결정의 즉각적인 이행이 어려운 경우에는 분쟁해결기구가 승인한 기간 내에 이행해야 하나, 그와 같은 승인을 받지 못한 경우에는 권고 및 결정이 채택된 후 45일 이내에 승소국과 합의하여 결정된 기간 내에 이행해야 한다. 또한 그와 같은 합의를 도출하지 못한 경우에는 권고 및 결정의 채택 후

90일 이내에 구속력 있는 중재를 통해 결정된 기간 내에 이행해야 한다.

패널설치일로부터 합리적 이행기간의 종결까지는 분쟁당사국이 달리 결정하지 않는 한, 분쟁해결절차에 정해진 특별한 경우를 제외하고는 15개월을 초과할 수 없다. 패널이나 상소기구에 의해 보고서 제출이 연장된 경우, 그와 같은 추가적 기간은 15개월에 합산되나, 특수한 상황이 존재한다는 분쟁당사국간의 합의가 없는 한, 총기간이 18개월을 초과할 수는 없다. 그 기간 동안 분쟁해결기구는 권고 및 결정의 이행여부를 계속해서 감시한다.

권고 및 결정사항이 합리적인 기간 내에 이행되지 않을 경우, 승소국은 패소국으로부터 보상을 받거나, 혹은 보복조치로서 패소국에 대해 양허나 기타 WTO협정상에서 지켜야 할 의무를 정지할 수 있다. 즉, 이행을 위한 합리적 기간이 종료한 후 20일 이내에 만족할 만한 보상합의가 이루어지지 않을 경우, 승소국은 분쟁해결기구에 양허나 기타 의무적용의 정지 등 보복에 대한 승인을 요청할 수 있으며, 분쟁해결기구가 그와 같은 요청을 총의에 의해 기각하지 않는 한, 이는 합리적 기간의 종료 후 30일 이내에 승인되는 것이다. 그러나 보복은 일정한 원칙 및 절차에 따라서 이루어져야 하는데, 상대국 조치로 인해 피해를 받은 분야와 동일한 분야에 대해 우선적으로 보복조치가 가능하며, 그와 같은 보복조치가 현실적이거나 효과적이지 못할 경우에 한해서 다른 분야에 대한 보복이 가능하도록 되어 있다. 그와 같은 보복조치의 수준은 상대국의 조치로 인해 입은 피해와 동등해야 하며, 동 수준에 이의가 있을 경우 합리적 기간 종료 후 60일 이내에 내려져야 하는 중재판정에서 그 수준의 동등여부가 결정된다.

한편, 승소국이 상대국의 불합리한 조치를 시정하고자 할 경우에는 WTO 분쟁해결절차상의 원칙과 절차, 그리고 분쟁해결절차가 채택한 패널 및 상소기구의 보고서 또는 중재판정서의 판정을 준수해야 한다. 따라서, WTO 분쟁해결절차의 원칙과 절차를 따르지 않는 어떠한 일방조치도 WTO 협정에 위배된다고 할 수 있는 것이다.

2.4.4 자유무역협정에 따른 분쟁해결절차 >>>

지금까지 WTO 분쟁해결절차에 대해 설명하였는데, 국가간 분쟁은 반드시 WTO 분쟁해결절차를 따라야 하는 것은 아니다. 예를 들어 미국, 캐나다, 멕시코간 북미자유무역협정(NAFTA)은 회원국간의 무역 및 투자 분쟁을 해결하기 위한 자체적인 분쟁해결절차를 보유하고 있다. 동 분쟁 해결절차는 체약국간에 발생하는 일반적 무역분쟁을 해결하기 위한 절차 뿐만 아니라, 체약국의 투자자와 타체약국간에 발생하는 분쟁을 해결하기 위한 절차, 그리고 반덤핑과 상계관세 규정과 관련된 분쟁을 해결하기 위한 절차를 포함하고 있다.

우리나라의 경우도 다수의 국가 또는 경제권과 자유무역협정(FTA)을 맺고 있는데, 이들 자유무역협정에도 대부분 분쟁해결절차가 포함되어 있다. 여기서는 이 가운데 한·미 FTA 협정문에 나타난 일반적 분쟁해결절차와 투자자-국가간 분쟁해결제도(Investor-State Dispute Settlement Mechanism: ISD)를 예로 들어 자유무역협정에 따른 분쟁해결절차를 설명하고자 한다.[1]

1. 한·미 FTA 분쟁해결절차

1) 분쟁해결절차의 선택

어떠한 사안에 대한 분쟁이 발생하는 경우, 한·미 FTA협정과 세계 무역기구협정 또는 양 당사국이 당사국인 그 밖의 협정에서 발생하는 경우, 제소 당사국은 그 분쟁을 해결하기 위한 분쟁해결절차를 선택할 수 있다.

---

[1] 한·미 FTA에서의 분쟁해결절차는 협정문 제22장에 나타나 있다.

2) 협의 및 공동위원회 회부

당사국은 다른 쪽 당사국에게 서면통보를 전달함으로써 다른 쪽 당사국에 협의를 요청할 수 있다. 양 당사국이 협의요청의 전달로부터 60일 이내에(부패성 상품의 경우 20일 이내에) 사안을 해결하지 못하는 경우, 당사국은 다른 쪽 당사국에게 서면통보를 전달함으로써 그 사안을 공동위원회에 회부할 수 있으며, 공동위원회는 신속하게 그 사안을 해결하기 위해 노력하도록 규정되어 있다.

3) 패널의 설치 및 보고서

공동위원회 회부에 관한 통보의 전달 후 60일 이내에(부패성 상품의 경우에는 30일 이내에), 또는 양 당사국이 합의할 수 있는 그 밖의 기간 이내에 공동위원회가 사안을 해결하지 못하는 경우, 제소 당사국은 다른 쪽 당사국에게 서면통보를 전달함으로써 분쟁해결패널에 그 사안을 회부할 수 있다. 패널은 3인의 위원으로 구성되며, 패널은 의장이 임명된 후 180일 이내에 사실의 조사결과와 i) 문제가 되는 조치가 협정의 의무에 불합치하는지 여부, 당사국이 협정상의 의무를 달리 이행하지 못하였는지 여부, 또는 iii) 문제가 되는 조치가 협정의 혜택을 무효화 또는 침해를 초래하고 있는지 여부 등에 대한 판정, 그리고 그 조사결과 및 판정에 대한 사유를 포함한 최초보고서를 양 당사국에 제출하게 되어 있다. 또한 양 당사국의 요청이 있는 경우, 패널은 분쟁의 해결을 위한 권고를 할 수 있다. 양 당사국은 최초보고서의 제출로부터 14일 이내에 보고서에 대한 서면의견을 패널에 제출할 수 있으며, 패널은 양 당사국이 달리 합의하지 아니하는 한, 최초보고서의 제출로부터 45일 이내에 최종보고서를 양 당사국에 제출하도록 되어 있다.

4) 최종 보고서의 이행 및 불이행

패널의 최종보고서를 접수하면, 양 당사국은 패널의 판정과 권고가 있을 경우 그 권고에 통상적으로 합의하는 분쟁해결에 합의한다. 양 당사국이 최종보고서 접수 후 45일 이내에(또는 양 당사국이 합의하는 그 밖의 기간 내에) 분쟁해결에 대한 합의에 이르지 못하는 경우, 피소 당사국은 상호 수용가능한 보상을 마련하기 위하여 제소 당사국과 협상을 개시한다. 양 당사국이 30일 이내에 보상에 관하여 합의하지 못하거나, 분쟁해결에 합의하였으나 피소 당사국이 합의 조건을 준수하지 못하였다고 제소 당사국이 판단하는 경우, 제소 당사국은 동등한 효과를 갖는 혜택의 적용을 정지하고자 하는 서면통보를 할 수 있다. 다만, 피소 당사국이 i) 제소 당사국이 정지하겠다고 제안한 혜택의 수준이 명백히 과도하다고 판단하거나, ii) 패널이 판정한 불합치나 무효화 또는 침해를 제거하였다고 판단하는 경우 30일 이내에 패널이 재소집되도록 요청할 수 있다. 패널은 재소집된 후 90일 이내에(두 가지 모두의 요청에 대해서는 120일 이내에) 자신의 판정을 양 당사국에 제출하며, 정지하겠다고 제안된 혜택의 수준이 명백히 과도하다고 패널이 판정하는 경우, 패널은 동등한 효과를 갖는 혜택의 수준을 판정하도록 되어 있다.

5) 금전적 보상

그러나 혜택을 정지하겠다는 의사를 서면으로 통보한 후 30일 이내에(패널이 재소집된 경우에는 패널 판정 후 20일 이내에) 피소 당사국이 연간 금전적 평가액을 지불하겠다고 다른 쪽 당사국에게 서면으로 통보하는 경우, 제소 당사국은 혜택을 정지할 수 없다. 피소 당사국이 통보한 후 10일 이내에 시작하여 양 당사국은 평가금액에 관해 협의하며, 협의가 개시된 이후 30일 이내에 양 당사국이 합의에 이르지 못하는 경우, 평가금액은 패널이 동등한 효과를 가진다고 판정한 혜택의 50%(패널이 판정하지 아니하는 경우에는 제소 당사국이 정지하겠다고 제안한 수준의 50%)와 같은 수준에서 결정되며, 피소 당사국이 지불하겠다는 의사를 통보한 후 60일부터 시작하여 분기별로 균등한 액수로 제소 당사국에 지불된다.

6) 특정분쟁에서의 불이행

노동법의 적용 및 집행 또는 환경법의 적용 및 집행상의 의무에 합치하지 아니하였다고 패널이 최종보고서에서 판정하고, 분쟁해결에 합의하지 못하거나 합의의 조건을 준수하지 못하였다고 제소 당사국이 판정하는 경우, 제소 당사국은 패널이 재소집되도록 요청할 수 있다. 패널은 재소집된 후 90일 이내에 금전적 평가액을 결정하는데, 평가액은 공동위원회가 설치하는 기금에 지불된다.

이와 같은 한·미 FTA 분쟁해결절차는 분쟁해결 시한면에서 WTO 분쟁해결절차에 비해 상대적으로 짧은 시한 내의 해결을 목표로 하고 있는 특징을 갖는다. WTO 분쟁해결절차는 패널의 설치 후 최종보고서의 작성까지 이론상 15개월 이내에 이루어져야 하는 반면,[2] 한·미 FTA 분쟁해결절차에서는 그와 같은 기간이 6.5개월밖에 되지 않는다. 다만, 한·미 FTA 분쟁해결절차에서는 60일간의 협의와 60일간의 공동위원회를 통한 해결이라는 분쟁해결 과정을 두고 있다. 더욱이 부속서 22-다에는 자동차 제품에 대한 대체적 분쟁절차를 규정하고 있는데, 이 경우 협의기간이 의무화되지 않을 뿐만 아니라 공동위원회 해결기간이 30일, 패널 최초보고서 기간이 120일, 최종보고서 기간이 21일로 단축되어 신속한 분쟁해결이 이루어지도록 규정하고 있다. 또한 신속한 분쟁해결을 위해 한·미 FTA 분쟁해결절차에는 패널의 결정에 상소할 수 있도록 하는 규정이 마련되어 있지 않다. 한·미 FTA 분쟁해결절차의 또 하나의 특징은 피소 당사국이 연간 금전적 평가액을 지불하겠다고 하는 경우, 제소 당사국은 (동등한 효과를 갖는) 혜택을 정지할 수 없다는 점이다. 이와 같은 금전적 보상은 WTO에서는 거의 활용되지 않는 것으로, 관세인상을 목표로 관련 업계의 로비를 피할 수 있다는 점에서 분쟁해결의 한 가지 대안으로 평가된다.

2. 투자자-국가간 분쟁해결절차(ISD)

한편, 한·미 FTA 협정문에는 투자자와 국가간 분쟁해결절차도 규정하고 있다.[3] 투자분쟁이 협의 및 협상을 통하여 해결되지 않는 경우, 투자자(청구인)는 중재를 청구할 수 있는데, 중재는 세계은행 산하의 민간기구인 국제투자분쟁해결센터(International Center for Settlement of Investment Disputes; ICSID)의 중재절차에 따라 이루어진다. 중재판정부가 피청구국

---

[2] 그러나 실제는 상소가 이루어진 경우, 평균 18-19개월, 상소가 없는 경우, 15-16개월 걸리는 것으로 나타나고 있다. 자세한 것은 Kwon, H.W.(2008) p. 76 참조.
[3] 한·미 FTA 협정문 제11장 참조.

에 최종적인 패소판정을 내리는 경우, 중재판정부는 금전적 손해배상과 재산의 원상회복 등을 판정할 수 있다.

이러한 제도는 해외투자자가 현지의 부당한 정책이나 법으로 인한 재산상의 피해를 실효적으로 보호받을 수 있게 하기 위해 도입되었다. 즉 투자유치국의 정책변화에 대한 예측가능성을 확보하고, 불합리한 차별대우로 발생하는 피해로부터 투자자를 보호하는데에 그 목적이 있는 것이다.

1992년 미국, 캐나다, 멕시코간 체결된 북미자유무역협정(NAFTA) 역시 동제도를 도입하고 있는데, 국가의 합리적인 법령이나 공공정책을 통한 정부의 역할을 무력화시킬 수 있다는 점, 강대국과 약소국의 협정에서 강대국의 영향력이 큰 국제기구의 중재절차가 중립적이지 못할 수 있다는 점 등에서 한·미 FTA에의 도입과정에서 논란이 되었다. 2017-18년 한·미 FTA 개정협상에서는 한국측의 요구로 투자자 제소남발방지 및 정부의 정당한 정책권한 관련 요소가 추가적으로 반영되었다.

2.4.5 평가 및 전망 >>>

WTO체제의 분쟁해결절차는 다자무역체제의 안정성과 예측가능성을 제공하는 중심요소로서 과거 GATT체제에서의 분쟁해결제도보다는 훨씬 효율적이고 공정한 제도로 평가되고 있다. 그 근거로서 우선 과거의 GATT체제가 포괄하지 못했던 농산물, 섬유, 무역 관련 지식재산권, 무역 관련 투자조치, 서비스교역 등이 WTO체제 내로 흡수되어 국제무역에서 발생하는 대부분의 분쟁을 WTO체제 내에서 해결할 수 있게 되있다는 점을 들 수 있다. 물론, 그와 같은 분쟁의 포괄범위에 대한 긍정적 평가는 WTO분쟁해결절차 자체의 개선보다는 전체적인 WTO체제의 포괄범위가 넓어졌다는 데에 근거를 두고 있다고 할 수 있겠으나, 모든 분쟁해결 업무가 상설적인 분쟁해결기구로 이관되어 통일되고 일관성 있는 분쟁해결이 가능해졌다는 점은 분명히 획기적인 개선이라고 할 수 있을 것이다.

뿐만 아니라, WTO 분쟁해결절차는 패널절차의 시한설정, 의사결정방식의 개선, 상소제도의 도입 및 이행조치의 효율적인 감시 등으로 과거의 GATT 분쟁해결제도에 비해 분쟁해결능력이 훨씬 뛰어나다는 평가도 받고 있다. 다만, 지나치게 엄격한 절차의 설정으로 인하여 화해와 협상을 기초로 하는 분쟁해결절차의 기능이 경직될 수도 있다는 점, 상소절차의 도입으로 WTO를 사법기구화하는 경향이 있다는 점, 그리고 사실상 보복의 자동승인을 인정함으로써 제소국에 의한 보복행위의 남용이 가능할 수 있다는 점 등이 우려사항으로 지적되고 있다. 또한, 강대국에 대한 무역의존도가 높은 약소국의 보복수단은 제한적일 수 밖에 없고, 강대국의 횡포를 완전 차단하기 어려운 것은 WTO체제 그 자체의 한계라고 할 수 있으며, 이에 대한 개선책은 지속적으로 논의되어야 할 사항이다. 최근에는 많은 국가들이 자유무역협정의 체결을 통해 별도의 분쟁해결절차를 마련함으로써 WTO체제의 문제점을 일부 보완해 가는 추세를 보이고 있다.

주요용어

- 무효화
- 알선
- 일방주의
- 중개

- 상소검토절차
- 위임사항
- 조정
- 총의

연습문제

1. WTO의 분쟁해결제도에서의 각 단계별 절차 및 시한에 대해 설명하시오.
2. WTO 패널리스트의 자격요건에 대해 설명하시오.
3. WTO 분쟁해결제도에서 보복조치의 원칙 및 절차에 대해 설명하시오.
4. WTO출범 이후 국제무역분쟁이 급격히 증가하게 된 주요 원인에 대해 논하시오.
5. 미 통상법 301조가 WTO체제하에서 적용가능한지 여부에 대해 논하시오.

제3장

상품외 거래 관련
국제통상규범

- 서비스무역
- 지식재산권
- 정부조달
- 무역원활화
- 자본거래

제 1 절 >>> 서비스무역

서비스무역 자유화협상

　　서비스무역의 자유화문제는 1982년 관세 및 무역에 관한 일반협정 (GATT)의 각료회의시 미국이 서비스무역 문제를 다룰 실무작업반을 설치하자고 공식 제안함으로써 처음 논의되기 시작하였다. 당시 미국은 서비스 산업과 무역이 세계경제에서 차지하는 중요성을 강조하였으며 동시에 GATT가 서비스무역을 다룰 수 있는 가장 적합한 기구임을 주장하였다. 미국의 이러한 제안은 개도국의 강력한 반대에 부딪혀 관철되지 못하였으며 다만 서비스무역의 자유화에 대한 연구를 추진한다는 실무작업계획에 각국의 통상장관들이 합의하였다. 1982년에 합의한 실무작업계획의 실질적인 추진은 1984년 말에 가서야 시작되었으며 1986년까지 17개 국가와 13개 국제기관이 서비스교역에 관한 보고서를 GATT에 제출하였으나 의견이 크게 두 가지로 나뉘어져 결론을 얻지 못하였다.

　　그러나 이러한 이견들은 결국 1986년 9월 푼타 델 에스테에서의 우루과이라운드(UR) 출범시 절충되어 다자간 서비스협상이 정식으로 개시되었다. 시종 반대의견을 견지해 오던 강경개도국들이 협상에 참여하게 된 주요 동기는 선진국들과의 절충에서 그들의 입장이 상당부분 반영되었기 때문이었다. 즉 서비스협상은 상품협상과는 달리 GATT 법적 체계 밖의 서비스 협상그룹에서 진행한다는 절차상의 신축성이 주어지고, 또한 개도국 경제발전개념을 중요시하며, 서비스무역에 관한 국제규범은 국내법과 각국의 경제정책목표를 존중해야 한다는 내용이 서비스협상 지침에 포함되었던 것이다. 그러나 서비스 협상그룹도 UR 전체협상을 주도하는 무역협상위원회(TNC)의 관할을 받도록 되어 있었으며, UR협상의 최종타결 또한 상품협상과 서비스협상이 함께 일괄타결(single-undertaking)되어야 하는 조건이 부여되었다.

3.1.1 서비스의 정의 및 서비스무역의 유형 〉〉〉

우리의 일상생활은 물질적 수단 없이 지탱될 수 없다. 물질적 수단에는 우리가 눈으로 볼 수 있는 유형의 재화뿐만 아니라 눈으로 볼 수 없는 무형의 용역(서비스)이 있다. 예를 들어, 변호사의 법률상담, 국내외 여행, 은행에서의 금융거래, 고속버스 운전사의 운행, 이발사의 이발 등은 모두 무형의 물질적 수단이다. 그러나 이들은 의식주의 수단이나 컴퓨터, 운동기구, 자동차, 냉장고 등 유형의 수단과 본질적으로 다른 것이 없고 단지 눈에 보이지 않을 뿐이다.

물질적 수단이라는 점에서는 재화와 서비스간에 차이가 없다. 그러나 과거에 경제학자들은 공급과 수요의 관계에 있어서 재화와 서비스간에 근본적인 차이가 있다고 보아 왔다. 즉 재화의 경우 거래가 이루어지기 위해서 공급자와 수요자가 반드시 함께 있어야 할 필요가 없는 반면, 서비스의 경우 공급자와 수요자가 함께 있어야 거래가 이루어질 수 있다는 것이다. 신발은 공장에 가서 살 필요가 없으며 수요자 자신이 반드시 시장에 갈 필요도 없다. 그러나 이발을 하기 위해서는 이발사와 머리를 깎고자 하는 수요자가 함께 있어야 한다는 것이다. 이러한 재화와 서비스의 차이로 인해 재화는 국제무역의 대상이 된 반면 서비스는 전통적으로 국제무역의 대상으로 간주되지 않았다.

그러나 교통과 통신이 발달하고 경제주체들의 활동이 국경을 넘어 이루어짐에 따라 점차 서비스의 국가간 거래가 다양한 형태로 이루어지기 시작하였다. 특히 최근에는 통신, 금융, 법률, 회계, 엔지니어링, 해운, 유통 등 고부가가치 서비스를 중심으로 국제거래가 이루어지고 있으며 이러한 거래에는 미국, 유럽연합국가 등 선진국들이 주로 참여하고 있다. 서비스의 국제거래에는 외국의 보험회사가 외국인직접투자를 통해 현지에 보험회사를 설립하여 수요자에게 직접 서비스를 공급한다든가(회사의 설립), 외국으로 관광 또는 유학을 가서 관광 및 교육 서비스를 수요하는 것(소비자의 이동), 통신매체를 통해 외국의 의사로부터 의료 서비스를 받는 것(서비스의 국경이동), 외국의 변호사가 방문하여 법률 서비스를 공급하는 것(인력의 이동) 등의 형태가 있다.[1] 일본과 신흥개도국들이 제조업 분야에서 국제경쟁력을 발휘하게 되자 미국을 비롯한 선진국들은 그들이 우위에 있는 서비스의 수출에 힘을 기울이기 시작한 것이다.

3.1.2 UR 서비스협상과 그 의의 >>>

1. 협상의 기본목표

1986년 9월 푼타 델 에스테(Punta del Este)에서 이루어진 UR각료선언은 제2부에서 서비스협상의 기본목표를 제시함으로써 UR 서비스협상을 정식으로 출범시켰다. UR 서비스협상의 기본목표는 서비스의 국제무역질서를 정립하기 위한 다자간 원칙 및 규범을 제정하는 데 있으며,[2][3] 이러한 다자간 규범을 정립함에 있어서는 다음의 사항들이 고려되어야 한다고 명시하였다. 첫째, 서비스무역의 확대는 공개주의(transparency)와 점진적 자유화(progressive liberalization)에 바탕을 두고 이루어져야 한다. 둘째, 동 규범은 모든 무역당사국의 경제성장과 개도국의 경제발전을 촉진시키는 수단이 되어야 한다. 셋째, 각국의 국내법과 규칙에 내포된 정책목표를 존중하고 관련 국제기구와의 연계를 고려해야 한다.

---

1) 서비스무역과 관련한 공급의 유형은 〈표 Ⅲ-3-2〉를 참조.
2) 필요한 경우 특정 서비스 분야의 무역과 관련된 국제규범의 제정도 포함될 수 있다.
3) 서비스의 분야별 자유화협상은 브뤼셀 각료회담시 선진국들의 주장에 의해 추진되었다.

1997년 2월 당시 루지에로 WTO사무총장이 WTO통신서비스 협상 타결소식을 듣고 기뻐하는 모습.

2. 서비스협상의 과정

1988년 12월, 협상개시 후 2년간의 협상진전 상황을 중간점검하고 향후 협상진전을 위한 보다 구체적인 협상지침 설정과 정치적인 지원을 하기 위해 캐나다의 몬트리올에서 각료급 무역협상위원회(TNC)가 개최되었다. 서비스협상은 몬트리올 각료회담 이후부터 실질적으로 진전되기 시작하였으며 당시 협상은 서비스무역에 대한 일반협정의 제정에 모든 시간과 노력을 집중시켰다. 그 후 협상이 진전되면서 일반협정의 규정을 적용하기 곤란하거나 분야별로 특수하고 상세한 추가규정이 필요한 서비스분야에 대한 분야별 부속서(sectoral annex)를 제정하는 협상이 병행되었다. 그러나 1990년 12월 초 UR협상을 종결시키기 위해 벨기에 브뤼셀에서 열린 각료회담이 실패로 돌아감에 따라 서비스협상도 더 이상 아무런 진전을 보지 못했다. 특히 서비스무역의 정의와 노동력 이동, 최혜국 대우와 자유화약속, 서비스협정의 가입자격, 분야별 최혜국대우원칙의 일탈, 금융 서비스 부속서 작성 등이 쟁점으로 부각되었다. 또한 이러한 일반협정과 분야별 부속서 관련 쟁점들에 대해 미국과 유럽연합 등 주요 국가들이 심각한 입장차이를 보임으로써 협상이 제자리걸음을 반복하게 되었다.

브뤼셀 각료회담이 실패로 돌아갔음에도 불구하고 서비스협상에서는 한 가지 주목할 만한 상황이 벌어졌다. 당시 협상에서 별로 논의되지 않았던 각국의 서비스시장 개방계획서를 확정하는 자유화약속을 위한 양허협상의 필요성이 지적된 것이다. 즉 우루과이라운드 협상에서 서비스무역에 대한 일반협정과 분야별 부속서만을 제정하는 데에 그치지 않고 이들 규범에 입각하여 서비스시장의 개방도 함께 협상해야 한다는 것이다. 이를 계기로 서비스협상은 일반협정, 부속서, 자유화 등 세 가지 부문으로 나뉘어 병행해서 진행되었다.

서비스협상은 1992년에 들어와 던켈(Dunkel) 당시 GATT사무총장이 서비스무역에 대한 일반협정 초안을 제출함에 따라 본격적으로 진전되었다. 서비스협상은 그 후 여러 차례의 난관을 극복함으로써 1993년 12월 우루과이라운드 일괄타결의 일환으로 종료되었다. 그러나 다른 부문의 협상과는 달리 서비스협상은 많은 미해결 과제를 남겼다. 특히 금융, 기본통신, 해운, 인력이동 등에 대한 자유화협상은 종료시한까지 타결되지 못하고 추후에 협상을 계속하기로 합의하였다.[4]

3. 의   의

여러 어려움에도 불구하고 UR협상에서 서비스무역에 관한 일반협정이 만들어진 것은 다음 세 가지 측면에서 그 의의를 찾아볼 수 있다. 첫째, UR협상을 통해 만들어진 서비스무역에 관한 국제규범은 세계 상품시장에 못지않은 거대한 규모의 서비스시장의 무역질서를 규율할 수 있게 되었다는 것이다. 선진국과 개도국 구별 없이 서비스 산업이 자국경제에서 차지하는 비중이 1990년대 이후 빠른 속도로 증가했는데, 세계전체평균비중은 1995년 58.3%에서 2015년 69.0%로 증가한 후 2016년에 66.1%로 다소 줄어들었다. 한편 한국이나 중국과 같이 경제성장이 급속도로 이루어지는 국가의 경우 그 비중은 지속적으로 증가하고 있다(그림 Ⅲ-3-1 참조). 서비스무역 역시 지속적으로 증가하였는데 세계 총 수출에서 서비스 수출은 약 20% 정도를 차지하고 있으며 2014년 기준 그 규모는 약 6

---

4) 금융서비스의 경우는 1990년 1차 추가협상과 1997년 2차 추가협상을 거쳐 최종 타결되었다.

| 그림 Ⅲ-3-1 | **주요국의 서비스산업 비중**(1996-2016) (서비스산업/GDP)

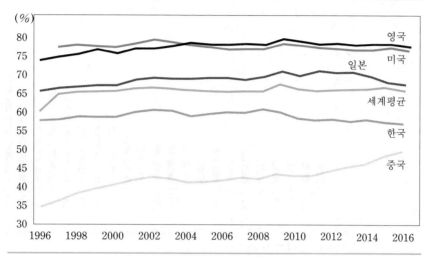

자료: World Bank, 국민계정 데이터, OECD 국민계정 데이터 파일.

| 그림 Ⅲ-3-2 | **세계 총수출 및 GDP 대비 서비스수출 비중**

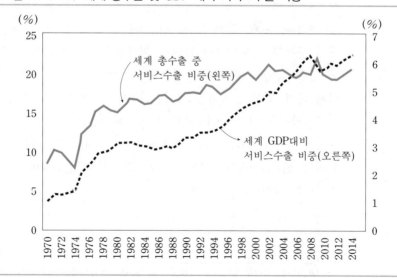

자료: P. Loungani, et al., "World Trade in Services: Evidence from a New Dataset," IMF WP No. 17/77, 2017.

| 그림 Ⅲ-3-3 | 세계 서비스수출 규모(십억$)

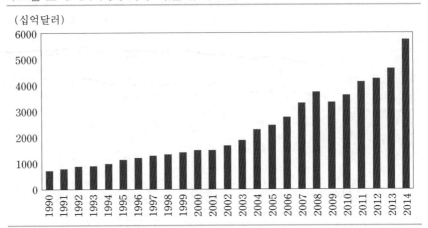

자료: P. Loungani, et al., "World Trade in Services: Evidence from a New Dataset," IMF WP No. 17/77, 2017.

조 달러에 달하고 있다(그림 Ⅲ-3-2, 그림 Ⅲ-3-3 참조). 따라서 서비스무역에 대한 국제규범의 제정이 갖는 의의가 상당하다고 하겠다. 따라서 서비스무역에서 발생하는 국가간의 분쟁은 다자간 규범으로 해소시킬 수 있게 되었으며 이는 국제무역질서의 안정을 가져다주는 데 중요한 역할을 할 것이다. 둘째, 역사적으로 선진국들의 클럽인 OECD 내에서도 국제무역의 문제로 다루어지지 않았던 외국인회사의 상업적 주재와 노동력 이동 등을 통한 서비스의 국제거래가 서비스무역으로 다루어졌으며 또한 이에 대한 법적 구속력을 지니는 다자간 규범이 제정되었다는 것이다.[5] 셋째, 쌍무주의(bilateralism)와 지역주의(regionalism)의 확산으로 다자간 무역질서가 위협받고 있는 상황에서 서비스협상은 보다 큰 의미로 GATT 체제의 신뢰도 내지는 다자간 무역질서의 개편향방에도 중요한 영향을 미쳤다는 점이다.

---

[5] OECD의 '경상무역외거래 자유화규약'에서도 서비스의 국경간 이동, 일부 분야의 상업적 주재, 내국민대우 등을 다루고는 있으나 이들을 포괄적인 서비스무역의 개념으로는 다루고 있지 않다.

서비스교역에 관한 일반협정(General Agreement on Trade in Services: GATS)은 서문을 시작으로 6부 29조의 조항과 8개의 분야별 부속서로 구성되어 있다. 서문에서는 서비스무역이 세계경제의 성장 및 발전에서 차지하는 중요성이 커지고 있음을 감안하여 서비스무역에 관한 다자간 원칙과 규율을 만드는 것을 서비스일반협정의 기본목표로 규정하고 있으며, 서비스 일반협정의 제정 및 향후 집행에 있어서 고려되어야 할 사항들을 나열하고 있다. 첫째, 서비스무역의 확대는 공개주의(transparency)와 점진적 자유화(progressive liberalization)원칙하에서 이루어져야 하며 이는 모든 무역국의 경제성장과 개도국의 경제발전의 수단이 되어야 한다. 둘째, 각국의 경제정책목표를 달성하기 위해 신규규제를 포함한 규제권한을 인정하며 서비스관련 규제제도의 발전정도가 국가마다 다름을 고려하여 개도국의 규제권한행사의 필요성을 특별히 인정해야 한다. 셋째, 세계 서비스무역에 가능한 한 개도국의 적극적인 참여를 독려하고 이들 국가는 서비스 생산능력, 효율성 및 경쟁력 제고를 통해 서비스수출의 촉진에 공헌해야 한다는 것이 서문의 주요 내용이다. 이러한 서문의 내용이 시사하듯이 서비스 일반협정에 개도국의 많은 참여가 필수적임을 알 수 있다.

| 표 Ⅲ-3-1 | 서비스교역에 관한 일반협정의 목차

서 문	
제Ⅰ부	범위 및 정의
제1조	서비스교역의 정의 및 범위
제Ⅱ부	일반의무 및 원칙
제2조	최혜국대우
제3조	공개주의
제3-1조	기밀정보의 노출
제4조	개도국의 무역비중 증대

| 표 Ⅲ-3-2 | 서비스 공급의 유형

		외국 공급자	
		국 내	국 외
국내 소비자	국 내	상업적 주재 (공급인력의 이동)	국경간 이동
	국 외	-	소비자 이동

1. 제1부: 범위 및 정의

제1부는 같은 제목의 제1조로 구성되어 있으며 서비스협정의 대상과 서비스무역의 정의를 규정하고 있다. 서비스협정의 대상은 서비스 무역에 영향을 미치는 제반조치이며 이들 조치에는 중앙, 지역, 또는 지방 정부뿐 아니라 이들의 권한을 위임받은 비정부기관에 의해 취해진 것도 포함됨을 밝히고 있다. 또한 서비스무역은 서비스 공급이 ① 국경간 이동, ② 소비자의 이동, ③ 서비스 공급업체의 상업적 주재, ④ 서비스 공급을 위한 자연인의 이동 등에 의해 이루어진 것으로 정의하고 있다. 서비스무역의 정의에서 주목해야 하는 것은 외국 서비스 공급업체의 상업적 주재를 통한 서비스 공급과 같은 직접투자를 서비스무역으로 간주한다는 것이다. 이러한 정의는 상품의 경우와 다른 것으로서 새롭게 도입된 개념이라고 할 수 있다.

2. 제2부: 일반적 의무 및 규칙

제2부는 서비스무역과 관련된 일반적 의무와 규칙을 규정하고 있으며 제2조인 최혜국대우를 비롯하여 제15조인 보조금까지 14개 조문으로 구성되어 있다. 이들 중 몇 가지 핵심적인 조문의 내용을 살펴보기로 한다.

1) 제2조: 최혜국대우

서비스협상에서 가장 민감한 쟁점사항 중의 하나로 논의되어 왔던 분야별 최혜국대우의 일탈문제는 아직도 합의가 이루어지지 못하고 있다. 제2조 1항의 최혜국대우원칙은 한 국가에게 부여한 대우보다 불리하지 않은 대우를 다른 국가에게 즉시 그리고 무조건적으로 부여해야 한다는 전통적 개념으로 규정되어 있다. 그러나 제2조 2항은 '제2조의 예외사항에 대한 부속서'(Annex on Article Ⅱ Exemptions)에 기재된 조치에 대해서는 최혜국대우원칙을 적용하지 않아도 된다고 밝히고 있다. 즉 서비스무역에 있어서 특별한 경우 최혜국대우원칙을 지키지 않아도 된다는 예외를 인정한 것이다. 이는 상품무역을 다루어 온 GATT에서는 찾아볼 수 없는 조항이다. 이렇게 예외를 인정하는 것은 서비스무역에 대한 국제규범이 없는 상태에서 부문별로 양자간 또는 복수간 협약들만이 존재해 온 까닭에 최혜국대우원칙을 무조건적으로 준수하게 할 경우 무임승차 등 불공평한 무역문제가 발생할 수 있기 때문이다. 그러나 서비스 일반협정이 다자간 규범으로서의 명실상부한 성격을 갖추기 위해서는 최혜국대우원칙을 확고히 갖추는 것이 가장 시급히 극복해야 할 과제로 남아 있다.

2) 제3조: 공개주의 원칙

각 회원국은 서비스 일반협정의 운영과 관련된 제반조치(법률, 규정, 행정지침 등)를 의무적으로 공개해야 한다고 규정하고 있다. 즉 서비스무역에 영향을 주는 모든 조치를 발간해야 하고, 무역에 심각한 영향을 주는 조치의 변경 및 신규도입 등은 적어도 1년에 한 번씩 회원국단에 알려야 하는 통고의 의무를 규정하고 있다. 또한 각국은 문의처(inquiry point)를 설치하여 회원국의 질문에 답변토록 규정하고 있다. 그러나 공개주의 원칙이 기밀사항을 공개하라는 것이 아님을 밝히고 있다.

3) 제5조: 경제통합

서비스 일반협정은 서비스무역의 자유화를 추구하기 위한 회원국들 간의 경제통합을 허용하고 있는 반면, 이러한 경제통합이 역외국가에 대한 서비스무역의 장벽수준을 높이는 결과를 초래하게 해서는 안 된다고 규정하고 있다. 본 조항은 GATT의 24조와 같이 정식으로 최혜국대우(MFN)원칙의 예외를 허용하는 경우를 규정하고 있으므로 서비스 일반협정이 인정하는 경제통합에 대한 상세한 조건 및 의무사항들을 제시하고 있다. 여기에는 개도국들이 경제통합을 형성하는 경우에는 보다 완화된 조건의 의무가 적용되며, 경제통합이 확장 또는 수정될 경우 회원국에 보고해야 한다는 의무 등을 규정하고 있다.

4) 제 6 조: 국내규제

제 6 조는 국내규제에 관한 것으로서 각 회원국은 양허한 업종의 서비스교역에 대한 모든 조치를 합리적이고, 객관적이며, 공평하게 집행해야 한다고 규정하고 있다. 또한 인가가 필요한 경우 관계당국은 인가신청 후 합리적인 기간 내에 결정사항을 통보해야 하며, 요청이 있을 경우 인가처리 상태를 불필요하게 지연하지 말아야 한다고 규정하였다. 특히 자격요건 및 취득절차, 기술표준, 면허요건과 관련된 조치들이 불필요한 무역장벽이 되지 않도록 해야 하며, 이를 위해서 회원국단은 적절한 기구를 설립하여 필요한 규율을 개발해야 함을 명시하고 있다.

자격·기술·면허관련 요건은 객관적이고 명백한 기준을 바탕으로 정해져야 하며, 이들 요건은 서비스의 질을 보장하기 위해 필요한 요건 또는 조치 이상으로 부담을 주어서는 안 된다. 더욱이 면허요건인 경우 그 자체가 서비스 공급의 규제역할을 해서는 안 된다는 것이다. 이와 관련해서 비차별적인 질적 규제는 원칙적으로 양허표 기재대상이 아니나, 이들 규제가 실질적으로 서비스무역에 장애요인으로 작용한다면 추가양허사항으로 협상 및 기재대상이 될 수 있다는 데 합의가 이루어졌다.

5) 제 7 조: 인정

각 회원국은 인가기준과 서비스 공급자의 자격요건 등과 관련하여 특정 국가에서 취득한 학력, 경력, 면허, 자격 등을 인정할 수 있으며 관심 있는 국가에게는 인정제도의 혜택이 주어질 수 있도록 적절한 기회가 부여되어야 한다는 것이다. 각 회원국은 그들이 실행하고 있는 인정제도를 회원국단에 알려야 하며 그 후 이에 대한 변경이 있을 경우 즉시 회원국단에 통보해야 한다. 이러한 인정제도는 가능한 한 다자간에 합의된 기준에 근거해야 하며, 국제적인 표준 및 기준설정을 위해 필요하다면 정부간 또는 비정부기관간의 협력이 이루어져야 한다.

6) 제8조: 독점적 및 배타적 서비스 공급자

동 조항에서 각 회원국은 독점적 서비스 공급자가 제2조(최혜국대우)의 일반적 의무와 제3부의 구체적 자유화약속을 위배하는 방향으로 행동하지 못하도록 관리·감독할 것을 규정하고 있다. 독점적 서비스 공급자가 직접 또는 계열회사를 통하여 허용된 독점권의 범위에 벗어나는 사업을 하는 경우 독점적 지위를 남용하지 말아야 한다. 또한 서비스 일반협정에 따라 양허한 업종에 대하여 독점권을 신규로 허용할 경우, 시행되기 전 적어도 3개월 전에 회원국단에 통보해야 하며 제21조(양허표 수정)의 적용을 받아야 한다. 이 조항은 소수의 서비스 공급자에게만 설립인가를 허용하거나 실질적으로 서비스 공급자간의 경쟁을 제한하는 경우에도 적용된다.

7) 제10조: 긴급수입규제조치

제10조는 서비스 일반협정의 발효 이후 3년 이내에 서비스무역에 있어서의 긴급수입규제조치에 대한 다자간 협상을 완료할 것과 긴급수입규제조치는 무차별원칙에 기초를 두어야 한다고 규정하고 있다. 그러나 서비스무역이 새로운 개념으로 다루어지고 있기 때문에 상품의 경우와는 달리 서비스무역에 대한 긴급수입규제조치는 아직 구체화되지 못하고 있다. 특히 국내기업과 산업피해에 대한 개념정립이 이루어지지 못하고 있으며, 긴급규제조치의 구체적 방안이 제시되지 못하고 있다.

8) 제12조: 국제수지 관련 긴급수입규제

제12조는 심각한 국제수지문제와 대외금융상의 어려움 및 그에 대한 위협이 있는 경우 각 회원국은 양허한 분야의 서비스무역에 대하여 제한조치를 도입하거나 유지할 수 있음을 규정하고 있다. 동 조문은 특히 경제개발과정 또는 경제전환기에 처해 있는 회원국이 경제개발계획 또는 경제전환정책 수행에 사용할 적절한 금융자산보유를 위해 이러한 규제조치가 필요함을 인정해야 한다고 명시하고 있다. 그러나 이러한 규제조치가 결코 특정 서비스산업의 보호를 위해 취해져서는 안 될 것임을 명확히

밝히고 있다.

또한 이 조항이 허용하는 규제조치는 차별적으로 운영되지 말아야 하며 국제통화기금(IMF)의 규정과도 일치해야 한다. 이러한 규제조치는 일정기간만 한시적으로 취해져야 하며, 상황의 진전에 따라 점진적으로 철회되어야 함을 의무로 규정하고 있다. 각 회원국들은 이와 같은 조치를 취하게 될 경우 회원국단에 즉시 통보해야 하며 회원국단은 이러한 상황을 정기적으로 협의하기 위한 절차를 수립해야 한다.

9) 일반적 예외

동 조항은 서비스교역 일반협정을 적용함에 있어 예외가 될 수 있는 사유를 규정하고 있다. 즉, 공중도덕(public morals) 및 공공질서(public order)의 유지, 인간·동물·식물의 생명 및 건강의 보호, 범죄·사기의 방지, 개인 프라이버시의 보호, 국가안보 등을 위해 취해지는 조치들은 일반적 예외로 인정한다는 것이다. 일반적 예외의 경우에는 시장접근, 내국민대우, 최혜국대우 등 서비스교역 일반협정이 규정하는 모든 사항에 대해 예외를 인정받을 수 있다. 이와 관련하여 국가간에 분쟁이 발생할 경우 WTO차원의 분쟁해결 절차를 통해서 조정하게 된다.

그러나 공평하고 효과적인 소득세를 부과하기 위해 취해지는 차별조치는 일반적 예외로 인정되지는 않아도 제17조(내국민대우원칙)에 위반된 것으로 간주되지 않으며, 이중과세방지협정에 따른 조치 또한 제2조(최혜국대우)에 위반된 것으로 간주되지 않는다.

3. 제3부: 구체적 약속

제3부는 제2부의 일반적인 의무나 규율과는 달리 서비스무역의 자유화추진방식과 분야와 직결되는 구체적 약속을 규정하고 있으며 제16조(시장접근), 제17조(내국민대우), 제18조(추가약속) 등 3개 조문으로 구성되어 있다.

1) 제16조: 시장접근

동 조항은 각 회원국이 타회원국들의 국내시장에 접근함에 있어 양허계획서에 명시한 사항보다 불리한 대우를 받지 않는다고 규정하고 있으며, 시장접근이 양허된 분야의 양허계획서에 기재하지 않은 이상 회원국이 유지 또는 채택하지 말아야 하는 조치들의 성격을 명시하고 있다. 첫째 쿼터, 독점, 독점적 서비스 공급자 또는 경제적 필요성조사 요구에 의한 서비스 공급자의 수, 서비스 총거래액 및 총자산 규모, 총영업횟수 및 총산출액, 고용인의 수 등에 대한 제한조치, 둘째 외국 서비스 공급자의 상업적 주재의 특정 형태나 외국인의 주식취득에 대한 제한조치 등은 취해서는 안 된다는 것이다.

2) 제17조: 내국민대우

제17조는 양허계획서에 별도로 명기되지 않는 한 타회원국들의 서비스나 서비스 공급자에 대해 자국의 유사한 서비스 및 서비스 공급자들보다 불리하지 않은 대우를 부여해야 함을 명시하고 있다. 제17조 2항에서는 이와 같은 내국민대우를 위해 국내의 서비스나 서비스 공급자에게 취해지는 조치와 형식적으로 동일하거나 다른 조치를 취할 수 있음을 명시하는 한편, 3항에서는 이러한 조치가 형식적 동일성 여부를 떠나 국내의 서비스나 서비스 공급자에게 유리하게 경쟁여건을 변경할 경우 내국민대우에 위배되는 것으로 간주된다는 것을 명시하고 있다.

4. 기타 조항

제4부는 추후의 서비스교역 자유화협상이 점진적 자유화(progressive liberalization)원칙에 입각하여 이루어져야 한다고 규정하고 있으며 서비스교역 일반협정을 근거로 한 서비스교역 양허협상 추진과 양허계획서에 기재해야 할 사항 등과 관련하여 제19조(양허협상), 제20조(양허표), 제21조(양허수정) 등 3개 조문으로 구성되어 있다. 이들 조항은 자유화약속을 위한 양허협상에는 각국의 정책목표와 경제전반 및 개별산업의 발전수준이 고려되어야 하며 개도국의 자유화약속 수준에는 적절한 신축성이 부

여되어야 함을 명시하고 있다.

제 5 부는 서비스교역 일반협정의 운용과 서비스교역의 자유화추진과 정에서 야기될 수 있는 제반사항과 관련된 제도에 대해 규정하고 있으며 제22조(협의)와 제23조(분쟁해결)를 비롯하여 제26조(타국제기구와의 관계) 등 5개 조문으로 구성되어 있다.

끝으로 제 6 부는 서비스교역 일반협정의 혜택을 거부할 수 있는 조건과 주요 용어들의 개념에 대해 정의를 내리고 있으며, 마지막 조문인 제29조는 서비스교역 일반협정에 첨부된 부속서는 동 협정과 같은 법적 효력을 지닌 동 협정의 한 부분임(an integral part of this agreement)을 명시하고 있다.

5. 부 속 서

서비스교역 일반협정문 마지막에는 8개의 부속서들이 첨부되어 있는데 제 2 조(최혜국대우) 예외사항에 대한 부속서, 자연인의 이동에 대한 부속서, 항공운송서비스 부속서, 금융서비스 부속서, 제 2 금융서비스 부속서, 해운서비스 부속서, 통신서비스 부속서, 기본통신서비스 부속서 등이다.

제 2 조(최혜국대우) 예외사항에 대한 부속서는 최혜국대우의 면제를 위한 조건과 면제대상조치의 검토방법, 그리고 면제조치의 종결기간 등에 대해 명시하고 있다. 일반 상품을 규율하는 GATT와는 달리 서비스교역 일반협정은 이와 같은 면제조항을 두고 있으나, 면제신청시에는 WTO설립 협정문 제 9 조(의결사항: Decision-making)를 따르게 되어 있다. 동 조항에 의하면 최혜국대우의 면제는 각료회의시 전체의 4분의 3 이상의 동의를 거치게 되어 있어 최혜국대우의 면제는 매우 까다로운 절차를 거치게 되어 있다.

자연인의 이동에 대한 부속서는 입국 및 일시체류 등이 약속된 서비스 공급자나, 서비스 공급자에게 고용된 자연인에 대해 영향을 주는 조치들에 적용된다. 동 부속서는 서비스교역 일반협정은 각 회원국이 자국의 노동시장을 보호하고 노동인력의 질서 있는 국경이동 등을 확보하기 위해 자연인의 입국과 일시체류 등을 규제하는 등의 조치를 허용하며, 이들 조치는 양허된 특혜를 해치지 말아야 함을 밝히고 있다.

항공운송서비스 부속서는 원칙적으로 항공운송서비스 관련 양자간 또는 복수간 협정이 서비스교역 일반협정에 의해 영향을 받지 않음을 규정하고 있다. 그러나 동 부속서는 주요 개념이나 용어들에 관한 정의와 함께 서비스교역 일반협정이 적용되는 조치의 범위를 규정하고 있다.

금융서비스 부속서는 금융서비스의 공급에 영향을 주는 조치에 적용되며 동 부속서에서 다루어지는 금융서비스는 서비스교역 일반협정 제1조에 정의된 서비스임을 밝히고 있다. 따라서 ① 통화 및 외환정책을 수행하기 위한 중앙은행 및 통화당국의 활동, ② 사회보장제도와 공공기관의 연금제도 등의 법적·제도적인 활동, ③ 정부보증 또는 정부금융자산을 이용한 행위와 공공기관의 회계활동 등은 원칙적으로 금융서비스에서 제외된다. 또한 동 부속서는 어떠한 경우라도 각 회원국들은 금융감독을 위한 국내규제를 취할 수 있도록 규정하고 있으며, 금융감독관련 쟁점과 금융서비스에 관한 분쟁을 위해 패널이 구성될 경우 분쟁대상 금융서비스에 대한 전문가가 필수적으로 포함되어야 함을 명시하고 있다. 제2금융서비스 부속서는 WTO협정 발효 후 60일 이내에 최혜국대우 면제조치를 확정하여 부속서에 추가하여야 하며, 이 기간에 금융서비스에 관한 양허내용을 개선, 수정, 철회할 수 있음을 명시하였다.

통신서비스 부속서는 통신서비스의 특수성, 즉 별개의 경제활동 분야이면서 동시에 다른 경제활동의 매개수단이라는 이중적인 역할을 한다는 점 때문에 서비스교역 일반협정문의 조항들을 보완하기 위해 작성되었다. 동 부속서는 동 부속서가 적용되는 조치의 범위를 규정하고 통신, 공중통신운송서비스, 공중통신운송망, 기업내 통신 등의 주요 개념들을 정의하고 있으며, 공개주의에 입각하여 대중에게 공개해야 할 통신서비스 관련 정보들의 종류를 제시하였다. 끝으로 기본통신서비스 부속서는 해운서비스 부속서와 유사한 것으로 최혜국대우 면제조치와 이의 발효일을 명기하였다.

3.1.4 서비스교역 일반협정(GATS)의 특징 >>>

서비스라는 용역의 특수성은 물론 서비스 산업과 무역에 대한 통계의 미비함, 여러 국가들간 서비스에 대한 정의 및 분류의 차이와 서비스산업과 경제발전의 차이 등으로 인하여 우루과이라운드 서비스협상은 초기부터 난항을 겪기 시작하였다. 그럼에도 불구하고 6부 29조로 구성된 협정조문, 분야별 부속서, 양허협상에 대한 실질적 지침 등을 제대로 갖춘 서비스교역 일반협정이 작성된 것은 서비스교역의 확대와 시장질서유지를 위한 중요한 진전으로 평가되고 있다. 그러나 서비스교역 일반협정문과 관련해서는 여전히 합의가 이루어지지 않은 쟁점분야가 남아 있어 추가적인 개선이 요구된다.

1) 최혜국대우의 면제 허용

GATT의 경우 최혜국대우가 예외 없이 적용이 되는 일반 의무사항인데 반해 서비스교역협상에서는 이의 적용을 둘러싸고 많은 논란이 있어 왔다. 결국 서비스교역 일반협정에서는 일정한 조건을 충족할 경우 최혜국대우의 면제가 가능토록 하였으며, 이 점에서 GATT와 큰 차이가 있다고 하겠다. 하지만 최혜국대우의 면제조항은 부속서상에 엄격한 조건규정을 두고 있어 이의 남용을 나름대로 통제하고 있다. 또한 최혜국대우의 면제를 원할 경우 이를 사전에 서비스 이사회에 보고하여 엄격한 심사를 거치도록 하고 있다.

2) 내국민대우 및 시장접근에 대한 제한

서비스교역 일반협정은 무역을 규율한다는 측면에서 기존의 GATT와 공통점을 가지며, 또 실제로 일부 조항들의 경우 GATT의 조항과 매우 유사한 형태로 협정문에 포함되기도 하였다. 그러나 서비스라는 용역이 일반상품과 구분되는 특성을 고려해 볼 때 일반상품의 규범이 그대로 적용되기는 불가능하다. 즉 일반상품의 경우 대표적인 수입제한조치가 관세라고 할 수 있는데 서비스라는 용역에 대해서는 관세를 부과한다는 것이 불가능하다는 특수성이 있다. 서비스의 특징은 구체적인 형태로서 저장되거나 유통되지 않는 비저장성과 생산과 소비가 동시에 일어나는 동시성이라고 할 수가 있다. 따라서 관세부과의 의미가 없는 만큼 시장접근이나 내국민대우상의 제한조치들이 주된 제한조치가 될 수밖에 없는 것이다. 또한 서비스의 경우 국내규제나 제도의 상이성으로 인해 일반적으로 내국민대우를 의무화하기 어렵다. 즉 경우에 따라서는 내국민 대우를 적용한다 하더라도 실질적으로는 수입된 서비스가 차별대우를 받게 될 수가 있기 때문이다. 따라서 서비스교역 일반협정에서는 내국민대우를 일반적 의무사항으로 규정하지 않고 양허부분에 포함시킴으로써 이 문제를 해결하였다. 각국은 양허협상을 통하여 실질적인 차별대우를 양허표에 반드시 기록해야 하며 그 이외의 어떠한 차별조치도 할 수 없도록 하였다.

3) 점진적 자유화방식의 채택

서비스의 특수성을 감안하여 자유화에 있어서도 GATT와는 다른 추진방식이 채택되었다. 즉 자유화하고자 하는 서비스 부문에 대해서 시장접근 및 내국민대우에 대한 제한조치만을 명시토록 하였으며 향후 이러한 제한조치들을 협상에 의하여 점진적으로 철폐해 나가기로 하였다. 즉 자유화 대상 서비스분야를 포지티브 방식(원칙 금지, 예외 허용)으로 제시한 후 이 분야에 한해 네거티브 방식(원칙 허용, 예외 금지)으로 시장접근과 내국민대우를 제한하는 방식이다.

3.1.5 WTO출범 이후의 서비스협상 논의 동향 >>>

　　WTO협정문에는 협정발효일인 1995년 1월 1일부터 5년 이내에 서비스관련 후속협상이 개시되도록 기설정의제(built-in agenda)로 명시되어 있다. 이에 2000년부터 서비스협정에 대한 협상이 재개되었다. 서비스협상이 재개된 후 2001년 3월에는 향후 협상의 중요한 틀을 제공하는 협상가이드라인이 채택되었고, 주요국이 제시한 제안서에 대해 검토가 이루어지는 등 상당한 진전을 이루었다. 그러나 2001년 11월 카타르 도하에서 개최된 제4차 WTO 각료회의에서 도하개발아젠다(DDA)가 채택되기 이전까지 각국은 적극적으로 협상에 참여하지는 않았다. 이후 서비스협상은 2001년 11월 도하개발아젠다가 성공적으로 출범함에 따라 새로운 국면에 접어들게 되었는데, 도하개발아젠다 각료선언문에는 서비스협정에 대한 협상을 2005년 1월 1일까지 완료하도록 명시하고 있다. 그 결과 2002년부터 본격적인 협상이 이루어졌으나 2003년 9월에 개최된 제5차 멕시코 칸쿤 각료회의가 실패로 돌아감에 따라 서비스분야 협상에서도 별 다른 진전을 이루지 못하였다. 다만 서비스분야 협상과 관련한 주요국의 제안서가 제출되어 논의되었으며 시장개방과 관련된 1차 양허안이 제출되었다. 그러나 서비스 협상 자체가 DDA협상 체계안에서 실질적인 논의가 이루어지지 않아 양허안의 수준이 우루과이라운드때 제출한 양허안 수준에서 크게 진전되지 못하고 있는 실정이다. 칸쿤회의 이후 2004년 8월 DDA협상이 본격적으로 재개됨에 따라 서비스협상도 다시 논의되기 시작하였다. 그러나 개도국들이 농업, 개발 등 다른 이슈에 관심의 초점을 맞추고 특히 서비스분야의 협상을 선진국들의 지나친 요구로 간주하는 경향이 있이 실질직인 협상이 이루어지지 못했다. 2005년 12월에 개최된 홍콩 각료회의에서도 서비스분야 협상은 큰 성과를 거두지 못했지만 몇 가지 진전이 있었다. 즉 개도국들의 요구를 받아들여 서비스협상의 목표, 개도국 유연성 원칙 등에 대한 합의가 이루어졌으며, 나아가 서비스무역 유형별 협상목표와 복수국가간 협상시 개도국에 대한 고려 등이 반영되었다. 복수국가간 서비스협상은 기존의 양자간 R/O(request/offer: 요청/대응)방식의 비효율성을 개선한 것으로 관심 있는 복수의 국가들이 집단으로 특정 상대국가의 서비스 시장개방을 요구하는 방식이다.[6] 또한 홍콩 각료선언문에는 구체적인 서비스협상 일정이 제시되었다. 이에 따르면 2006년 2월까지 복수국가의 양허 요청서를 제출하고, 2006년 10월 최종양허안이 제출되었다.

홍콩 각료회의 이후 2006년 2회, 2007년 5회 및 2008년 3월 총 9차례에 걸쳐 각 1-2주간 서비스 시장접근 협상을 개최하였다. 진행방식으로 양자협상과 복수국간 R/O 협상을 병행하며 각국의 개방안에 대한 협상이 진행되었다. 한국은 총 21개 분야 중 10개 분야에는 양허 요청국으로, 9개 분야에는 요청 대상국으로 협상에 참여하였다.

2007년 협상에서는 향후 수정양허안에 포함될 주요 양허개선 사항(signal)과 함께 자국의 타 회원국에 대한 핵심 양허 요청사항(priority aspirations)을 논의하였다. 선진국들은 주로 금융, 통신, 해운 등 상업적으로 의미가 있는 인프라 서비스 분야의 상업적 주재(mode 3) 추가 개방을 요청하였고, 브라질, 인도 등 주요 개도국들은 인력이동(mode 4) 및 국경간 공급(mode 1)을 중심으로 양허 개선을 촉구하였다. 이후 2008년 7월에는 서비스 분야에 대한 각국의 개방의지를 확인하는 회의(Signaling Conference)가 스위스 제네바에서 개최되었으나 합의에 이르지 못하고 종료되었다.

이렇게 DDA 서비스협상이 별다른 진전을 보이지 못하자 2012년 미국과 EU 그리고 호주가 중심이 되어 서비스거래자유화를 확대할 수 있는 협정을 추진하기 시작했다. 이 협상에 2017년말 한국, 미국, EU, 일본 등 23개국이 참여하고 있는데 이 협정을 복수국간 서비스협정(TiSA: Trade in Services Agreement)으로 명명하고 협상을 진행하였다. 이들 23개국이 전세계 서비스무역에서 차지하는 비중은 약 70%에 달한다. 그러나 2017년 미국 트럼프 행정부 출범 이후 협상동력이 약화되고 있다. TiSA는 WTO의 관할 범위밖에서 협상이 진행되고 있지만 기본적으로 GATS체제

---

6) 먼저 원하는 자유화 조치를 요청하고 그것에 대해 답변하는 형태의 자유화방식을 request/offer방식이라 한다.

내에서 일부 회원국만 참여하는 복수국간 협정의 형태를 존속할 것으로 전망된다. 주요 의제로는 데이터보호, 디지털무역, 금융서비스거래 확대 그리고 새로운 형태의 미래 서비스에 대한 자동 협정 적용 등이 있다.

한편 WTO 서비스협상의 핵심 논의는 크게 모든 분야에 적용되는 수평적 규범분야 이슈와 분야별 양허협상으로 구분된다. 수평적 규범분야는 긴급세이프가드, 보조금, 정부조달과 같은 규범제정과 관련된 사항, 자격요건 및 절차, 기술적 표준, 면허요건과 같은 각국의 국내규제와 관련된 사항, MFN면제 등과 관련된 사항 등을 포함하고 있다. 그리고 수평적 분야와는 별도로 각국이 서비스 분야별·공급형태별로 양허표에 기재할 자유화 약속사항에 대해 협상을 진행한다.

| 표 III-3-3 | WTO출범 이후의 서비스협상 주요 논의 내용

이　슈		소관 위원회 및 작업반	논의내용
수평적 규범분야	서비스 규범	서비스 규범작업반	- 긴급세이프가드, 보조금, 정부조달 등에 대한 규범제정 작업을 진행 - 현재 긴급세이프가드에 대한 논의만 이루어지고 있음
	국내규제	서비스 국내규제작업반	- 국내규제의 투명성과 필요성 개념에 대하여 논의
	MFN면제	서비스이사회	- MFN 면제 목록의 배경, 목적, 달성 정도, 향후 계획 등을 검토 - MFN 면제에 대한 국가별·그룹별 이견을 좁히지 못하고 있음
	자발적 자유화	서비스이사회	- 자발적 자유화에 대한 credit 인정 등 구체적 방법론에 대해 논의중임
분야별 양허협상		서비스이사회 및 서비스 양허 위원회	- 서비스 분야별·공급형태별로 양허표 기재사항을 협상 - 현재 23개국이 100여 개의 협상제안서 제출 - 2003년 1차 양허안, 2006년 2차 양허안 제출

주요용어

- 서비스의 국경간 이동
- 점진적 자유화원칙
- 수평적 규범분야
- 상업적 주재
- 최혜국대우원칙의 일탈
- request/offer

연습문제

1. 서비스 공급의 유형별 예를 들어보시오.
2. 국내소비자가 해외에서 서비스를 자유롭게 수요할 경우 반드시 보장되어야 하는 것은?
3. 서비스 자유화의 구체적 약속을 설명하시오.
4. 서비스 자유화의 기본원칙을 설명하시오.
5. 도하개발아젠다 출범 이후 서비스협상 관련 주요 논의사항을 설명하시오.
6. 홍콩 각료회담에서의 서비스협상의 주요결과를 설명하시오.

소리 · 냄새 상표

한미 FTA 지식재산권 분야 최종협정문에 소리·냄새 상표를 보호대상으로 인정하는 것으로 명시되었는데, 이는 우리나라에서는 다소 생소한 개념이라고 볼 수 있다. 소리·냄새 상표를 인정하는 것이 국제적 추세이기는 하지만, 사용주의를 근간으로 하는 미국과 달리 등록주의를 채택하고 있는 우리나라에서는 소리나 냄새에 대한 상표권 인정이 미국보다 상대적으로 많은 문제를 야기할 수 있다.

미국의 경우 사용에 의해 식별력을 취득한 상표에 대해서만 보호를 인정하는 것을 원칙으로 하고 있어 소리나 냄새가 상표로서 그 기능을 제대로 발휘하지 못하는 경우에는 상표로서 보호될 가능성이 매우 적다(소리상표의 예로는 인텔사의 효과음을, 냄새상표의 예로는 레이저프린터 토너의 레몬향을 들 수 있다). 그러나 우리나라와 같은 등록주의에서는 식별력이 있는 소리나 냄새가 일단 상표로 등록된 후 사용에 의해 소비자에 대해 식별력을 인식시키는 과정을 거치는 것이 일반적이기 때문에 그 자체로 식별력 있는 표지를 선별하는 것이 결코 용이하지 않다.

그러나 10년 이상 소리나 냄새에 대해 상표등록을 인정해 온 미국이나 영국 등에서도 실제로 소리나 냄새에 대해 상표등록이 인정된 사례는 매우 드물다는 점을 감안하면, 한미 FTA에서 소리·냄새 상표를 보호대상으로 인정하게 된 것의 영향은 미미할 것으로 예상되고 있다.

출처: 대외경제정책연구원(2007), 「한미 FTA협상의 분야별 평가와 정책과제」, 경제·인문사회연구회 합동연구 총서 07-08-01.

3.2.1 지식재산권의 개요 >>>

1. 지식재산권의 정의 및 종류

1) 정   의

세계지식재산권기구(World Intellectual Property Organization: WIPO)는 지식재산권(Intellectual Property Rights)을 "문학, 예술 및 과학작품, 연출, 예술가의 공연, 음반 및 방송, 인간노력의 모든 분야에 있어서의 발명, 과학적 발견, 공업의장, 등록상표·서비스마크, 상호 및 기타 명칭, 부정경쟁에 대한 보호 등의 권리와 공업·과학·문학 또는 예술분야의 지적활동에서 발생하는 기타 모든 권리를 포함한다"라고 규정하고 있다.[1][2]

지식재산권은 산업·과학적 발명과 문예적 창작 등 인간의 창의적 정신활동의 결과인 지식재산물에 대한 배타적 소유권을 총칭하는 것으로서, 지식재산권 자체는 무형물이지만 특허·의장·상표·저작 등의 형태로 유체물에 체화되어 있는 무형의 지적요소들을 그 소유의 대상으로 하고 있다. 예를 들어, 빨래방망이 기능을 가진 새로운 형태의 회전봉을 사용한 세탁기가 갑(甲)이라는 회사에 의해 만들어졌다면, 이러한 새로운 기술과 디자인은 세탁기에 체화되어 재산권적인 가치를 지니게 된다. 이는 지식재산권이 무체재산권이라 하여 발명과 창작이 그 자체로서 권리의 대상이 되는 것이 아니라, 이러한 발명과 창작이 구체적으로 실용화되어 유형적인 형태로 나타날 때 비로소 권리의 대상이 됨을 의미한다. 추상적인 아이디어나 착상 그 자체를 재산권으로 규정하면 타인의 자유

---

1) 이 정의는 WIPO설치협약 제2조 7항에 따른 것이다.

2) Intellectual property right라는 용어는 일본에서 지식재산권 또는 지적소유권으로 번역한 것을 우리나라에서도 그대로 사용해 왔다. 그러나 최근 우리나라에서는 '지식산업'이 중요시되면서 '지식재산권'이라는 용어를 사용하기 시작하였다. 본서에서도 최근의 흐름을 반영하여 이 용어를 사용하였다.

로운 발상의 자유를 침해할 가능성이 있기 때문에 지식재산권의 보호대
상이 될 수 있는 요건은 법적으로 엄격히 규정되고 있다.

아울러 지식재산권은 재산권적 측면 이외에도 발명가나 창작자의 인
격적 측면을 고려하는 지적인격권도 포함하고 있다. 특히 산업적 발명보
다는 문예적 창작에 따른 저작권의 경우 작품의 시장가치보다 저작자의
명예나 성취감이 더욱 중요할 경우가 많기 때문에 인격권의 보호가 강화
되어 있다.

2) 종 류

지식재산권은 크게 나누어 산업재산권(industrial property right), 저작
권(copyright) 및 신지식재산권의 세 분야로 대별되고, 각 분야는 다음과
같이 세분된다.

첫째, 산업재산권은 최근까지 사용되어 왔던 공업소유권을 개칭한 것
으로 특허, 의장, 실용신안 및 상표에 대한 권리로 구성되어 있다. 특허권
(patent)은 새로운 산업적 발명에 대해 그 발명자가 일정기간 동안 이 발
명에 대한 독점권을 가지는 것을 말하며, 물질특허(product patent), 제법
특허(process patent), 용도특허(use patent)로 구분되고 있다. 물질특허는
신물질의 발명에, 제법특허는 새로운 제조기술에, 용도특허는 새로운 용
도개발에 주어지는 소유권을 의미한다. 실용신안권(utility model)은 특허
에 비해 상대적으로 작은 발명(고안)에 대해 주어지는 권리로 상품의 구
조 또는 조립에 관한 기술적 창작에 대한 재산권을 의미하고, 의장권
(industrial design)은 상품의 새롭고 독창적인 모양이나 형태를 소유권의
대상으로 한다. 한편 상표권(trademark)은 어떤 상품을 다른 상품과 구별
하기 위해 사용된 문자, 도형, 기호, 색채 등의 결합으로 표현된 상징에
대한 독점적 사용권을 의미한다.

둘째, 저작권은 다시 저작물에 대한 저작재산권과 저작자의 인격적 보
호를 위한 저작인격권, 그리고 저작인접권으로 구분된다. 저작권은 문학·
예술적 창작물인 저작에 대한 배타적 소유권을 의미한다. 이는 저작물 자
체와 그 저작물의 복제, 공연, 방송 등의 권리를 관할하는 저작재산권과,
저작권에 관한 경제적 권리와는 별도로 자신의 저작물을 왜곡하는 행위로

| 그림 Ⅲ-3-4 | 지식재산권의 분류

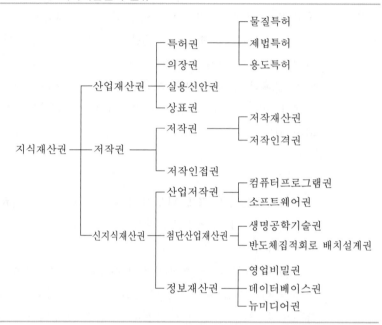

인하여 자신의 명예와 평판이 손상되는 것을 방지할 수 있는 권리인 저작
인격권을 포함하고 있다. 한편 저작인접권은 저작물의 이용과 배포에 관련
된 권리로서 녹음, 방송, 위성방송 등에 관련된 권리를 의미한다.

셋째, 신지식재산권은 산업저작권, 첨단산업재산권, 정보재산권으로
구별된다. 산업저작권(industrial copyright)은 산업재산권과 저작권을 합성
한 단어로서 창작의 방법과 내용에 있어서는 저작권적 측면에 더욱 유사
하나, 그 용도는 산업재산권과 같이 산업적 활용이 주요 기능인 지적생산
물에 대한 소유권을 의미한다. 예를 들어 컴퓨터 프로그램이나 소프트웨
어의 개발은 기계언어로 쓰여진 논리체계로 쉽게 복제가 가능한 저작권
과 같은 창작에 가깝지만, 그 용도는 컴퓨터의 하드웨어를 움직이게 하는
산업적 활용에 있기 때문에 산업재산권의 성격을 가지고 있다. 이러한 산
업저작권은 사회전반의 정보화, 소프트화가 진전됨에 따라 더욱 다양화될
것으로 예상된다.3) 첨단산업재산권은 첨단산업과 관련된 산업재산권을 의

---

3) 신지식재산권을 독립적인 지식재산권의 한 분야로 다루는 이유에 대해서는 손찬현

미하는 것으로 종래의 산업재산권의 보호대상으로 포함되지 않고 있었으나, 유전공학, 전자·정보산업 등 첨단기술의 발달로 인해 새롭게 산업재산권으로 보호되기에 이른 생명공학기술, 반도체 집적회로의 배치설계에 관한 권리 등을 포함한다. 정보재산권은 상품의 제조, 판매, 영업, 기획 등 기업활동 전반에 걸쳐 상품화될 수 있는 정보와 이의 전달 수단에 대한 소유권을 의미하는 것으로, 영업비밀, 데이터베이스, 뉴미디어에 대한 권리 등이 여기에 속한다.

2. 지식재산권의 의의

지식재산권 보호의 필요성에 관한 최근의 논의는 주로 경제적 후생에 초점을 맞추고 있다. 지식재산권을 보호한다는 것은 지적생산물에 대한 배타적 소유권을 인정함으로써 타인의 불법적 사용을 방지하고 독점적 경제이익을 보장받을 수 있게 해 주는 것을 의미한다. 따라서 지적생산물에 대한 독점이윤의 기대는 발명과 창작에 대한 의욕을 고취시켜 이에 대한 투자와 상품화를 촉진시키며, 그 발명과 창작의 내용이 공공의 영역에 발표되도록 함으로써 궁극적으로 산업기술발전의 기반이 되는 지식과 정보의 축적을 가속화시킨다.

그러나 지식재산권의 보호가 경제적 후생의 관점에서 반드시 긍정적인 영향만을 가져다 주는 것은 아니다. 지적생산물에 대한 독점력의 허용은 독점가격 형성을 통해 자원의 비효율적인 분배를 가져오게 되고, 지식재산권 소유자에 의한 경쟁제한적인 불공정행위가 초래될 가능성이 있다. 즉 이미 발명 또는 창작된 지적생산물은 다른 사람이 아무리 많이 사용해도 발명자의 효용이 감소된다고 보기 어렵고 오히려 이러한 발명과 창작을 많이 쓸수록 사회 선체의 복지는 증가하기 때문에 일단 발명 또는 창

(1990), p. 21 참조. "… 신지식재산권이 저작권으로 분류되느냐 또는 산업재산권(예컨대, 특허)으로 분류되느냐에 따라 우선 이의 보호기간이(50년 또는 20년 정도) 달라지게 된다. 또한 저작권으로 분류되는 경우에는 아이디어의 '표현'에 보호의 초점이 놓이는 데 반해 특허권으로 분류되는 경우에는 아이디어 '자체'를 보호하게 되므로 특허권으로 분류될 경우 이의 보호수준이 훨씬 강화되게 된다. 따라서 양자의 성격을 모두 지닌 분야는 신분야로 구분하여 독립적으로 논의하는 것이 바람직하다."

작된 지적생산물의 사용가격을 가능한 낮게 책정하는 것이 바람직하다고 할 수 있다. 그러나 사회후생의 극대화를 위해 지식재산권의 사용비용을 영(0)으로 책정할 경우 장기적으로 아무도 노력과 위험이 뒤따르는 발명과 창작활동을 하지 않고, 모든 사람이 무임승차하기를 바라게 될 것이기 때문에 지식재산권의 보호가 필요한 것이다.

이처럼 일견 상반된 경제적 파급효과를 가지고 있는 지식재산권 보호논의는 사실상 관점이 서로 다른 논리라는 점을 잘 인식해야 한다. 지식재산권 보호의 긍정적 측면인 발명과 창작의 장려, 투자 및 상품화의 촉진 등은 주로 지식재산권 보호에 따르는 장기적·동태적 효율에 근거를 둔 논리이다. 반면, 부정적 측면은 주로 지식재산권 보호에 수반되는 독점력에 논의의 초점을 맞추어 독점으로 인한 자원의 비효율적 배분, 시장경쟁의 약화 가능성 등 단기적이며 정태적인 분석에 바탕을 두고 있다. 따라서 지식재산권 보호의 득실은 결국 이것이 가지는 동태적 효율과 정태적 비효율간의 득실관계에 따라 평가되어야 하며 어느 한 가지 측면만을 보고 지식재산권의 의의를 평가해서는 안 된다.

최근 들어 각국은 상이한 경제발전 수준과 지향목표에 따라 서로 다른 지식재산권 보호성향을 보이고 있다. 선진국의 경우 지식재산권의 배타적 소유권을 최대한 보장함으로써 지식재산물 생산에 있어서의 비교우위를 유지하려는 경향이 있다. 반면, 개발도상국은 독자적인 기술개발 역량이 부족하여 지식재산물의 생산이 비교열위 상태에 있기 때문에 지식재산물의 공공재적 특성을 강조하고 있다. 특히 대부분의 산업에서 정보화·서비스화가 빠른 속도로 진전됨에 따라 미국을 비롯한 주요 선진국에서 지적인 활동을 무역과 연계시키고 그 분야에서 비교우위를 찾으려는 경향이 뚜렷해지고 있기 때문에 지식재산권의 중요성은 향후 훨씬 더 커질 것으로 예상된다.

3.2.2 국제규범 형성의 배경과 과정 >>>

1. 국제적 논의의 배경

　지식재산권의 보호를 위한 논의는 이미 한 세기 전부터 구체화되었다. 가장 대표적인 국제협약으로는 특허와 상표 등 산업재산권 보호를 위한 파리협약(1883), 저작권 보호를 위한 베른협약(1886) 등을 들 수 있다. 파리협약(Paris Convention for the Protection of Industrial Property)은 산업재산권의 국제적 보호와 협력을 위하여 1883년에 체결된 매우 포괄적이며 종합적인 국제협정이다. 이는 특허, 의장, 실용신안 및 상표 등의 산업재산권뿐만 아니라 상호, 원산지표시, 불공정경쟁 방지 등의 광범위한 분야를 포괄하고 있으며 여러 차례에 걸친 개정작업이 계속되어 왔다. 파리협약은 산업재산권의 보호를 위해 내국민대우(national treatment)원칙, 우선권(right of priority)원칙을 채택하고 있다. 내국민대우의 원칙은 각 가맹국이 내·외국인의 차별 없이 동등한 수준의 보호를 취해야 함을 의미하며, 우선권원칙은 어느 특정 국가에서 산업재산권 신청이 접수된 경우 일년의 시간적 여유를 두고 타회원국에 권리신청을 할 수 있다는 것을 의미한다. 이상의 두 가지 원칙을 제외하고는 대체로 각국의 법률이 그대로 인정되는 속지주의(mutual independence of patents)원칙을 채택하고 있다.

　한편 저작권 관련 국제협약으로 1886년 체결된 베른협약(Berne Convention for the Protection of Literary and Artistic Works)은 저작권 관련 국제협약 중 가상 보괄적이고 높은 수준의 보호를 규정하고 있다. 이 협약은 가맹국 중 어느 한 국가에서 발행된 저작물은 특별한 절차나 등록 없이도 다른 회원국에서 자동적으로 내국민과 동등하게 보호를 받는다는 무방식주의(principle of automatic protection)에 따른 내국민대우원칙과, 이 협약에서 정한 최소보호기간(저작자 사후 50년) 이후의 계속보호 여부는 각국에 위임되는 보호독립의 원칙을 채택하고 있다. 베른협약은 가입 전

| 표 Ⅲ-3-4 | WIPO 주관하의 산업재산권 관련 국제협약

협정명	체결 연도	가입국 수	주요내용	우리나라 가입여부
Paris협약*	1883	175	산업재산권 보호	1980. 5
Madrid Protocol**	1891	91	상표의 국제등록	미가입
Hague협정**	1925	61	의장의 국제등록	2003. 4
Nice협정***	1957	84	상표등록을 위한 국제상품, 서비스 분류	1999. 1
Lisbon협정**	1958	28	원산지명칭 보호 및 국제적 등록	미가입
식물변종보호협약 (UPOV)	1961	71	식물변종 보호	2002. 1
Locarno협정***	1968	53	의장의 국제분류	미가입
특허협력조약 (PCT)**	1970	148	특허의 국제화	1984. 8
Strasbourg국제특허 분류협정(IPC)***	1971	62	특허의 국제분류	1999. 10
Vienna협정***	1973	32	기호(표시)의 저형요소 분류	2011. 4
Budapest조약**	1977	78	특허 절차상 미생물기탁의 국제적 승인	1988. 3
Nairobi조약*	1981	50	올림픽 상징물의 상업적 사용 통제	미가입
상표법조약*	1994	53	상표에 관한 국제적 기본법률 제정	2003. 2
특허법조약*	2000	72	특허에 관한 국제적 기본법률 제정	미가입
Singapore조약*	2006	67	상표등록절차의 국제적 조화, 상표법 조약보다 더 포괄적, 통신기술분야 포함	미가입

주: * 각 국가에서 국제적으로 승인된 지식재산 보호의 기본적인 기준을 규정하는 협약/조약 그룹.

** 한 체약국에서의 등록이 모든 체약국에서 동일한 효력을 발생시키는 협정/조약 그룹.

*** 발명, 상표, 의장 등에 관한 정보를 분류하는 협정그룹.

참고: 협약(Convention), 협정(Agreement), 조약(Treaty).

자료: www.wipo.org, www.wipo.int/treaties/index.html.

저작물에 대한 권리도 소급하여 보호해 주는 소급주의를 인정해 준다는 점이 특징적이다.

　　최근에는 1967년에 창설된 세계지식재산권기구(World Intellectual

| 표 Ⅲ-3-5 | WIPO 주관하의 저작권 관련 국제협약

협 정 명	체결 연도	가입국 수	주 요 내 용	우리나라 가입여부
Berne 협약*	1886	167	저작권 보호	1996. 8
Rome 협약*	1961	91	저작인접권 보호	2009. 3
Phonograms Convention*	1971	78	음반복제 방지	1987.10
Brussels 협약*	1974	35	위성통신 signal보호	미가입
WIPO 저작권 조약*	1996	91	저작권 보호	2004. 6
WIPO 공연·음반 조약(WPPT)*	1996	92	공연과 음반의 저작인접권 보호	2009. 3

주: * 각 국가에서 국제적으로 승인된 지식재산 보호의 기본적인 기준을 규정하는 협약/
 조약 그룹.
자료: www.wipo.org, www.wipo.int/treaties/index.html.

Property Organization: WIPO)가 1974년 UN전문기구로 격상되면서 전세계
에 걸친 지식재산권 보호 기능을 수행하고 있다. WIPO의 주요 기능은 첫
째가 지식재산권 보호를 촉진시키기 위해 새로운 조약을 장려하고, 각국
의 국내법을 근대화시키며 정보수집과 기술지원을 하는 것이고, 둘째가
지식재산권 보호를 위한 각종 협약들 사이의 긴밀한 협조가 이루어질 수
있도록 공동사무국으로서의 역할을 담당하는 것이다. 우리나라의 경우
1979년 3월 1일에 WIPO에 가입하였으며, 2013년 기준 WIPO에 가입한
회원국수는 186개국이다. WIPO가 주관하는 지식재산권 관련 국제협약을
산업재산권과 저작권으로 구분하여 정리하면 〈표 Ⅲ-3-4〉, 〈표 Ⅲ-3-5〉
와 같다.

　최근 들어 한 국가의 국가경쟁력을 결정하는 핵심적인 요소로서 기
술과 정보의 중요성이 크게 부각되고 있다. 특히 개발도상국이 국제교역
에서 차지하는 비중이 커지면서 미국을 비롯한 선진국들은 개발도상국의
경제발전이 선진국의 축적된 과학과 기술을 개발도상국들이 무임승차(free
ride)한 결과라고 주장하기 시작했고, 그에 따라 과학과 기술의 공공재적
성격보다는 하나의 상품으로서의 가치가 강조되면서 지식재산권 보호의
국제화가 급속히 진행되고 있다. 특히 미국의 국제무역위원회(United

States International Trade Commission: ITC)의 주장4)에 따르면 다른 나라들의 지식재산권 보호 미흡으로 인한 미국의 피해액은 연간 238억 달러(1986년 기준)에 달하는 것으로 나타나고 있기 때문에, 이 문제는 1980년대 이후 미국의 무역관련 주요 현안의 하나로 대두되었다.

2. 국제규범의 성립과정과 주요 쟁점

1) 국제규범의 성립과정

지식재산권의 보호문제에 대해 WIPO를 중심으로 여러 국제협약이 있었음에도 불구하고 1986년 UR 출범과 더불어 '위조상품을 포함한 무역관련 지식재산권 협상그룹'(Negotiation Group on Trade-Related Aspects of Intellectual Property Rights: TRIPs 협상그룹, Including Trade in Counterfeit Goods)이 활동을 개시하면서 GATT 내에서 본격적으로 논의되기 시작하였다. 이처럼 지식재산권 문제가 GATT의 협상의제로 채택된 이유는 기존 국제협약이 지식재산권을 충분히 보호하지 못하고 있다는 점과 미국의 강력한 보호의지 때문이라고 할 수 있다. 1978년 도쿄라운드에서도 지식재산권 보호문제가 공식적으로 언급되기는 했으나, 이 당시만 해도 미국이 지식재산권 보호문제가 미국산업의 국제경쟁력에 영향을 미치기는 하지만 근본적으로는 무역정책상의 문제가 아닌 기술적 사항인 것으로 간주하였기 때문에 강경한 입장을 취하지는 않았다. 그러나 1980년대에 이르러 미국의 무역적자가 큰 문제로 대두되면서 미국정부는 지식재산권 침해를 중요한 불공정무역관행으로 규정하게 되었다. 특히 미국은 위조상품의 교역이 국제무역의 흐름을 왜곡시킨다는 명분하에 지식재산권 보호분야의 확대와 더불어 강력하고도 통일된 시행과 제재수단이 확실한 분쟁해결절차의 필요성을 강조하였다. 미국은 WIPO를 근본적으로 지식재산권 침해에 대한 강제적 제재수단의 채택이 불가능한 국제기구로 간주하였기 때문에 GATT의 패널과 같이 강력한 분쟁해결의 기능을 가지고 있으면서 동시에 일반상품과 연계되는 보복수단도 겸비되어 있는 GATT 내에

---

4) U.S. ITC(1988), pp. 4-1~4-2 참조.

서의 협상을 선호하였다. 이와 동시에 양자협상이나 상호주의에 입각한 일방적 조치를 통해 이 문제를 해결하고자 하는 노력을 병행하였다.

2) UR에서의 협상그룹별 입장 및 의제별 주요 쟁점

UR 지식재산권 협상은 수십차례의 공식회의를 거쳐 1991년 12월 브뤼셀회의에서 던켈(Dunkel)초안의 일부로서 전문 73조로 구성된 지식재산권 협정안을 완성하였다. 이 협상은 미국을 중심으로 한 선진국 진영과 인도, 브라질, 페루 등의 개도국 진영으로 양분되어 진행되었다. 선진국 진영은 지식재산권의 강력한 보호와 이의 조속한 실행을 주장한 반면, 개도국 진영은 위조상품의 교역방지와 같은 최소한의 보호와 가능한 장기간의 유예기간 설정을 주장하였다. 그러나 협상 초기 논의범위가 위조상품 교역방지 중심이었던 것이 지식재산권 일반, 신지식재산권 분야로까지 지속적으로 확대되고, 협상의 기본방향도 기존의 관련 국제협약을 최저보호수준으로 하여 보호정도를 강화시키는 '국제협약 플러스' 접근방식을 채택하는 등 선진국의 의도대로 진행되었다.

양진영간의 입장차이는 TRIPs협상과 WIPO와의 관계, 공공이익의 개념, 지식재산권 보호에 따르는 권리와 의무의 균형, 신지식재산권 보호문제 등의 주요 의제에서 현저하게 드러났다. 첫째, TRIPs협상과 WIPO의 관계에 대해 선진국 진영은 TRIPs협상이 WIPO나 그 밖의 지식재산권 관련협정에서 보호하지 못하는 사항들을 출발점으로 하여 논의가 시작되어야 한다는 입장인 반면, 개도국 진영은 지식재산권의 전반적인 보호문제는 GATT의 소관사항이 아니므로 WIPO와 협력하여 기존협약과의 조화를 모색해야 한다고 주장했다. 둘째, 공공이익의 개념에 관해 선진국들은 지식재산권 자체에 대한 논의를 강조한 반면, 개도국들은 무역관련 지식재산권만을 논의대상으로 할 것을 주장하고 무역관련 지식재산권에 대한 보호범위와 기준은 각국의 공공정책목표, 기술개발목표 등에 따라 적절히 조정될 수 있도록 충분한 유예기간의 보장을 요구하였다. 셋째, 선진국들은 지식재산권의 권리를 보호하는 데 대한 논의가 TRIPs협상의 주요 의제라고 주장하는 반면, 개도국들은 권리에 상응하는 의무도 동시에 부과되어야 한다고 주장하였다. 즉, 지식재산권의 보호는 법적으로 독점력을 확보해 주는 것이기 때문에 독점에 의한 경쟁제한적 행위를 규제할 필요가 있고, 이를 위해 강제실시(compulsory licensing)의 발동요건을 용이하게 하여야 한다는 것이 개도국의 입장이었다.[5] 넷째, 선진국들은 신지식재산권의 보호를 강력히 주장한 반면, 개도국들은 이 분야에 대해서는 후발개도국들에게 일방적으로 불리할 뿐 아니라 지식재산권의 과보호 가능성까지 있기 때문에 상당히 유보적인 자세를 취하였다.

3.2.3 TRIPs협정의 구성 및 주요 내용 >>>

1. TRIPs 최종협정문의 구성

TRIPs 최종협정문은 〈표 Ⅲ-3-6〉과 같이 총 7부, 73조로 구성되어 있다.

2. TRIPs협정의 주요 내용[6]

1) 기본원칙 및 일반규정

지식재산권의 보호를 위해 내국민대우와 최혜국대우를 기본원칙으로 규정하고 있다. 권리소진은 원칙으로 규정하지 않고 다만 각 회원국이 자유롭게 결정할 수 있으며, 분쟁해결절차의 대상이 되지 않는 것으로 규정하고 있다.

내국민대우의 원칙이란 지식재산권 보호에 있어서 타회원국의 국민에게도 자국민에게 부여하는 것과 동등한 대우를 해야 한다는 것이다.[7]

---

5) 강제실시란 특허권자에 의한 특허권의 오용, 남용을 방지하기 위해 특허법에 의거하여 특허권자의 의사와 관계없이 제3자에게 특허를 사용할 수 있게 하는 제도를 의미한다.

6) WTO협정문의 주요 내용에 관해서는 대외경제정책연구원(1994), pp. 364-375 참조.

7) 다만 파리협약, 베른협약, 로마협약, 및 집적회로 보호에 관한 협약에서 이미 규정하고

| 표 Ⅲ-3-6 | TRIPs 최종협정문의 구성

최종협정문의 내용	관련 조항
제 1 부 일반규정 및 기본원칙	제 1 조-제 8 조
제 2 부 보호기준(지식재산권의 획득 범위 사용)	
(1) 저작권 및 저작인접권	제 9 조-제14조
(2) 상표	제15조-제21조
(3) 지리적 표시	제22조-제24조
(4) 의장	제25조-제26조
(5) 특허	제27조-제34조
(6) 집적회로 배치설계	제35조-제38조
(7) 미공개 정보의 보호	제39조
(8) 라이센스계약에 있어서 반경쟁적 행위의 통제	제40조
제 3 부 시행절차	제41조-제61조
제 4 부 권리의 획득 유지 및 관련 내부절차	제62조
제 5 부 분쟁방지 및 해결절차	제63조-제64조
제 6 부 경과조치	제65조-제67조
제 7 부 제도적 규정 및 최종조항	제68조-제73조

또한 WTO체제하에서는 한 회원국이 타회원국의 국민에게 허용하는 모든 이익, 혜택, 특전, 또는 면책 등이 즉시, 무조건적으로 다른 모든 회원국의 국민에게 부여되어야 한다는 최혜국대우원칙을 채택하고 있다.[8]

권리소진의 원칙이란 지식재산권의 권리자가 권리가 체화된 특허나 상표 등의 이용권을 양도한 후에는 다시 자기의 권리를 주장할 수 없다는 것으로, 이 원칙은 국내법의 경우 대부분 인정되고 있으나 국제적인 권리소진의 인정은 병행수입의 허용과 밀접한 관련을 갖고 있기 때문에 TRIPs협정에서는 기본원칙으로 채택하지 않았다.

2) 보호기준

가. 저작권 및 저작인접권(copyright and related rights)

저작권 및 저작인접권에 관한 규정은 저작권 관련 국제협약인 베른협

있는 예외조항들이 인정되고 있다.

[8] 지식재산권 보호에 관한 기존의 협약에서는 지식재산권 보호체제가 속지주의원칙을 채택하고 있어서 내국민대우의 원칙만으로도 충분했기 때문에 최혜국대우원칙이 필요없었다.

약과 TRIPs협정간의 관계, 컴퓨터 프로그램과 데이터 베이스의 보호에 관한 규정, 대여권, 보호기간, 예외규정, 저작인접권 등으로 구성되어 있다.

회원국은 베른협약의 제규정을 준수해야 하나, 영·미법에는 저작인격권이 인정되지 않고 있기 때문에 TRIPs협정에서는 베른협약상의 저작인격권에 관한 규정이 적용되지 않고 있다. 컴퓨터 프로그램은 베른협약에서 언문저작물로서 보호되며, 데이터 베이스도 일반저작물로서 보호받고 있다. 컴퓨터 프로그램과 영상저작물에 대해서는 배타적인 대여권을 인정하고 있다. 사진저작물과 응용저작물이 아닌 저작물의 보호기간은 자연인 사망시 기산주의를 채택하고 있지 않은 경우 발행연도의 다음 해부터 50년, 또는 완성 후 50년 내에 발행되지 않았을 경우 완성연도의 다음 해부터 50년간이다.9) 따라서 베른협약에 따라 사망시 기산주의를 채택할 경우 저작권자의 사후 50년간으로 보호기간이 확대되며 이는 TRIPs협정에도 적용된다.

저작인접권의 보호는 실연가, 음반제작자, 방송사업자 등의 이익을 보호하는 것을 주요 내용으로 하고 있다. 저작인접권에 관련한 국제협약인 로마협약이 불소급의 원칙을 규정하고 있으나, 음반에 대해서만 예외적으로 베른협약의 규정을 준용하여 소급원칙을 채택하고 있다. 또한, 로마협약이 보호기간을 20년으로 규정하고 있으나 TRIPs협정에서는 실연가와 음반제작자는 50년, 방송사업자는 20년간 보호받게 되어 있다.

나. 상표(trademarks)

상표는 상품 및 서비스가 식별될 수 있도록 해 주는 표식 또는 표식의 결합으로 구성된다. 성명, 문자, 숫자, 도형, 색채의 조합 및 이들의 결합으로 이루어진 표식이 상표로서 등록될 수 있다. 상표를 등록하지 않고 사용하고 있던 선사용자가 그 상표를 오랫동안 사용한 결과 일반 소비자에게 선사용자의 상표라는 인식이 확산된 경우 소비자의 혼란방지를 위해 선사용자의 권리가 인정되는데, 이는 등록주의의 예외라고 할 수 있다.

다. 지리적 표시(geographical indications)

지리적 표시는 상표의 품질이 생산지의 기후, 풍토 등과 밀접한 관련

---

9) 사진저작물과 응용저작물이 제외된 것은 베른협약에서 이들 저작물의 보호기간을 국내법에 위임하고 있기 때문이다(최소 보호기간은 25년).

이 있을 경우 상품의 생산지를 알리는 표시이다. 지리적 표시를 보호하는 이유는 지리적 표시에 관한 부당한 행위로 인해 소비자가 피해보는 것을 방지하기 위해서이며, 또한 지리적 표시 자체가 상표로서도 식별력을 갖고 있다고 인정되기 때문이다. 지리적 표시에는 상품이나 서비스가 특정 국가, 특정 지역에서 생산되었음을 알리는 '출처표시'와 생산된 제품의 특징적인 품질이 생산지의 지리적 환경에 의해 밀접한 영향을 받을 경우 그 생산지의 지리적 명칭을 표시하는 '원산지표시'의 두 가지 형태가 있다. TRIPs협정에 사용되고 있는 지리적 표시의 정의는 '출처표시'보다는 '원산지표시'의 개념에 가깝다.

라. 의장(industrial designs)

의장의 보호요건은 신규성 또는 독창성으로 규정되어 있으며, 보호기간은 최소 10년으로 되어 있다.

마. 특허(patents)

TRIPs협정은 특허의 보호대상이 될 수 있는 요건으로 신규성, 진보성, 산업상 이용가능성을 규정하고 있다. 특허제도의 목적과 관련하여 강제실시문제가 선진국과 개도국간에 가장 중요한 관심사항이었다. 강제실시는 지식재산권자의 허락 없이 강제적으로 특허를 사용할 수 있도록 하는 것으로서 특허의 배타적 권리에 대한 일종의 제약이다.[10] 특히 이 문제는 경쟁정책과 관련된 신통상이슈에서도 상당히 중요한 의제로 부각되고 있다.

TRIPs협정문에서는 권리자의 권리남용으로 인한 반경쟁적 행위가 발생하여 이에 대한 구제수단으로 강제실시권이 발동되었을 경우에 일반적인 절차나 규정과는 다른 것을 적용할 수 있도록 하고 있다. 즉, 반경쟁적 행위 여부가 법률적인 절차에 의해 결정되고 권리자의 과다한 권리남용을 규제하기 위해 발동되기 때문에 권리자와의 협상의무와 수출금지의무가 배제된다. 또한 강제실시권 발동사유가 소멸됨과 동시에 강제실시

---

10) 강제실시는 ① 합리적 기간 내에 합리적 계약조건으로 권리자로부터 라이센스를 받을 수 없는 경우, ② 국가비상사태 혹은 긴급한 상황, ③ 공공 비영리 목적, ④ 선특허의 권리자로부터 합리적인 조건으로 라이센스를 받지 못하는 경우, ⑤ 법정판결에 의해 반경쟁적 행위로 결정된 경우 등에 발동될 수 있는 것으로 규정되어 있다.

권도 종료되도록 하는 통상적인 강제실시권의 종료와는 달리 재발 우려만 있어도 강제실시권이 종료되지 않도록 하는 등 강력하게 반경쟁적 행위를 규제하고 있다.

한편, 특허의 권리 향유도 몇 가지 사항에 대해 차별을 금지하고 있는데, 가장 대표적인 것이 발명지에 관한 차별금지이다. 예를 들면, 미국의 경우 선발명주의를 적용함에 있어서 자국인의 발명에 대해서는 발명시점을 인정하는 데 반해, 외국인의 특허출원에 대해서는 발명시점을 인정하지 않고 출원시점을 발명시점으로 적용하는 차별적 조치를 취하고 있다. WTO협정문에 명시적인 선출원주의 규정이 미국의 반대로 채택되지는 못했지만, 발명지에 관한 차별금지를 명기함으로써 미국이 선발명주의를 계속 유지할 경우 외국인의 특허출원에 대해서도 발명시점을 인정해야 하는 의무를 규정하고 있다.

특허의 보호기간은 출원일로부터 최소 20년으로 규정되었고, 특허의 대상이 되지 않는 것에 대해서도 구체적으로 명기하고 있다.[11]

바. 집적회로 배치설계(layout-designs of integrated circuits)

집적회로 배치설계의 보호대상은 집적회로 배치설계, 반도체칩, 반도체칩이 내장된 최종제품이라는 3단계 구조로 되어 있다. 집적회로 배치설계는 일정한 크기의 반도체 위에 회로를 어떻게 배열하는가에 관한 설계도면을 의미한다. 집적회로 배치설계는 독자적으로 유통되기보다는 반도체칩에 내장되어 유통되는 것이 보통이기 때문에 반도체칩까지 보호대상이 된다. 그러나 반도체칩과 반도체칩이 내장된 최종제품간의 가격 차이가 많이 나고, 집적회로 배치설계권 침해를 이유로 최종제품의 유통, 수출이 정지되는 상황이 발생할 수 있기 때문에, 반도체칩이 내장된 전자제품 등 최종제품까지 보호할 것인지의 여부에 대해서는 의견대립이 있었다. 미국, 일본 등은 최종제품까지 보호하지 않을 경우 보호의 실익이 없다는 이유로 최종제품까지 포함해야 한다고 주장했고, 우리나라는 이에

---

11) 특허에 있어서 불특허(不特許) 대상은 매우 중요한 사항으로 ① 공중양속, 공중보건보호, 환경보호에 위반되는 발명, ② 진단, 수술, 처치방법, ③ 식물, 동물발명 등이 WTO 특허대상에서 제외되어 있다. 단, 식물변종 발명은 일반 불특허대상으로 포함되며 특별법(예를 들면 식물육종법)에 의해 보호하도록 의무화하고 있다.

대해 반대했다. 결국 최종 협상결과는 보호범위에 있어서 최종제품을 포함시키되 그 대신 지식재산권을 침해한 반도체칩이 제거된 최종제품은 보호범위에 포함되지 않는 것으로 하고, 선의의 최종제품 제조자는 보호하는 것으로 규정하였다.[12]

권리자로부터 집적회로를 정당한 공정시장가격으로 구입할 수 없는 경우 강제실시권이 적용된다. 또한 집적회로 배치설계의 보호기간은 등록을 요구하는 국가의 경우 등록출원일로부터, 그렇지 않은 국가는 최초의 상업적 이용일로부터 기산하여 최소 10년간 그리고 최대 15년을 넘지 못하도록 하고 있다.

사. 미공개 정보의 보호(protection of undisclosed information)

경영기밀이 기존의 지식재산권과는 다른 점이 많았기 때문에 경영기밀 혹은 미공개정보(trade secrets 혹은 undisclosed information)의 보호에 관한 조약이 채택되는 데는 많은 어려움이 있었다. 경영기밀은 보호대상이 불특정적이고, 내용이 공개되지 않으며, 공개되지 않는 한 영구적으로 보호된다는 특성이 있어서 기술공개를 대가로 일정기간 독점권을 부여한다는 지식재산권 제도의 기본취지와는 배치되기 때문에 협상 초기에는 경영기밀을 지식재산권으로 인정할 수 없다는 개도국의 입장이 강하게 반영되어 논의조차 이루어지기 어려웠다. 따라서 선진국은 경영기밀이 지식재산권의 일종이라는 주장 대신에 제3자의 부정경쟁행위를 방지하기 위해 보호가 필요하다는 이유로 이 규정의 삽입을 주장하였으며, 결국 초기에 반대하던 일본, 북구 등이 경영기밀 보호를 지지하게 되자 협상의제로 본격적으로 논의되었다.

보호대상이 되는 경영기밀은 ① 전체 혹은 구성요소로서 기밀일 것, ② 상업적 가치가 있을 것, ③ 권리자가 기밀보호를 위한 적절한 조치를 취하고 있을 것을 요구하고 있다. 위 세 가지 요건 중 어느 하나라도 부

---

12) 침해 사실을 권리자로부터 통보받기 전에 반도체칩을 구입하여 최종제품을 이미 제조·수출한 행위나, 사용하지 못한 재고품을 통고 이후에도 계속 사용하는 것은 불법으로 간주하지 않는다. 단, 재고나 주문한 반도체칩을 통고 이후에 사용하여 최종제품을 제조한 경우에는 집적회로 배치설계권에 대한 합리적인 수준에서 로열티를 지급할 책임이 있으며, 이 경우 합리적인 수준의 로열티란 아무런 강제, 위협이 없는 자유로운 상황에서 결정될 수 있는 기술대가를 의미한다.

합하지 않을 경우에는 보호대상이 되지 않는다. 이러한 경영기밀의 소유자는 건전한 영업적 관행에 반하는 방식으로 미공개정보가 공개, 사용되는 것을 금지할 수 있는 권리를 가진다.[13)]

아. 라이센스 계약에 있어서 반경쟁적 행위의 통제

라이센스 계약에 있어서 반경쟁적 행위의 통제에 관한 사항은 개도국이 강제실시권과 함께 가장 관심을 가졌던 분야였다. 개도국은 이 분야가 지식재산권 권리자의 권리남용을 규제하고, 선진국의 기술에 용이하게 접근할 수 있는 가능성을 제시할 수 있을 것으로 희망한 반면, 선진국은 이 조항이 권리자의 권리보호를 약화시키고 오히려 기술이전을 저해하는 규정이 될 수 있다는 우려를 표명하였다.

WTO협정문에는 "회원국은 경쟁을 제한하는 지식재산권에 관한 몇 가지 라이센스 관행 혹은 조건이 교역에 장애가 되고 기술이전에 방해가 된다는 데 동의한다"는 원칙적 선언과 반경쟁적 행위를 제한하는 조치와 협의가 규정되어 있다. 회원국은 반경쟁적 행위의 유형을 자국의 국내법에 구체화할 수 있으며, 관련 법규에 따라 라이센스 계약에 있어서 배타적인 권리행사를 금지 혹은 통제할 수 있도록 적절한 조치를 취할 수 있다. 상대방 회원국 국민이 자국의 국내법에서 반경쟁적 행위로 규제하고 있는 사항을 위반하였을 경우, 자국법을 적용하여 사법처리할 수 있는 구체적 방안이 현재로서는 마련되어 있지 않기 때문에 TRIPs협정에서는 이러한 문제가 발생할 경우 국가간에 협의를 한다는 수준의 규정만을 두고 있다.

3) 지식재산권 실행절차

전체 TRIPs협정에서 실행절차가 가장 중요한 비중을 차지하고 있고 사실상 지식재산권 문제가 GATT에서 논의되게 된 배경도 기존의 국제 협약이 효과적인 실행절차를 마련하고 있지 못하기 때문이었다. 따라서 TRIPs협정은 각국이 지식재산권 보호 및 침해방지를 위하여 효과적이고, 공정하며, 형평성 있는 실행절차를 마련해야 하며 이러한 절차가 결코

---

13) 건전한 영업적 관행에 반하는 방식이란 최소한 계약위반, 신뢰위반, 또는 위반의 유도를 의미하며, 정보취득이 부정하였음을 알았거나, 중대한 과실로 이를 알지 못한 제3자가 미공개정보를 취득하는 것을 포함한다.

복잡하거나 시간과 비용을 소모하는 것이어서는 안 된다고 규정하고 있다.

4) 지식재산권 취득, 유지 및 관련 내부절차

WIPO 주관의 각종 조약에 지식재산권의 취득, 유지에 관한 절차가 상당한 수준으로 정비되어 있기 때문에 TRIPs협정에서는 이에 관해 상세한 규정을 두고 있지 않다.

5) 분쟁예방 및 해결

각국은 분쟁예방을 위해 자국의 관련 법, 규정, 결정 등에 대한 명료성을 보장해야 하며 각종 법규 및 결정 등을 공개·발간하도록 하고 있다. 분쟁해결에 있어서 당초에는 선진국 특히 미국이 스페셜 301조와 같은 자국의 법률을 수단으로 무역상대국에 대해 통상압력을 가하는 것을 일방조치의 하나로 전제하고, 이러한 조치의 금지 및 이와 관련한 국내법 개정을 의무화하려고 하였다. 그러나 미국이 이와 같은 분쟁해결절차는 TRIPs분야뿐만 아니라 UR 전체적 차원에서 논의되어야 한다고 주장함에 따라 TRIPs협정에서는 더 이상 논의되지 못했다.

3.2.4 도하개발아젠다(DDA)협상에서의 지식재산권 논의 동향[14] >>>

1. DDA협상의 논의 동향과 주요 쟁점

UR의 TRIPs협정에서 타결되지 못하고 기설정의제(built in agenda)로 남겨두었던 분야 중 DDA협상에서 '지리적 표시의 다자통보 및 국제등록'만 협상의제로 채택되었다. 기설정의제 중 지리적 표시의 특별보호가 적

---

14) DDA협상의 지식재산권에 관한 상세한 논의는 최낙균(2001), 윤미경(2002) 참조.

용되는 품목의 확대, 생명공학관련 문제, 비위반제소 문제 등은 TRIPs 이후 사회에서 우선적으로 논의하는 것으로 합의되었다.

포도주와 증류주에 대한 지리적 표시 다자통보 및 국제등록에 관한 협상은 대부분 마무리되었으나, 다른 품목에 대한 지리적 표시의 추가적 보호확대 문제는 논의가 진행중이다. 생산시설이 없는 개도국이 외국에서 위탁생산을 해야 하는 경우 실질적으로 강제실시권 활용이 어렵게 되어 있는 현행 TRIPs협정 규정의 개정 필요성도 제기되었다.[15] 전통지식 및 민간전승(folklore)에 대한 보호, TRIPs협정과 생물다양성협약(Convention on Biological Diversity: CBD) 간의 관계, 회원국들이 제시하는 '다른 새로운 발전사항' 등에 관한 검토도 이루어지고 있다.

DDA각료회의 등을 통하여 지식재산권에 관한 다양한 논의가 이루어지기는 했으나, 지리적 표시에 관한 협상과 이와 관련된 보호대상 품목 확대에 대한 논의에 대부분의 시간이 할애되었다. 공중보건 문제도 우선적으로 다루어졌으나, 생명공학관련 문제와 전통지식관련 문제를 포함한 다른 이슈들에 관해서는 논의가 충분히 이루어지지 못하였다. 그 동안 중요하게 다루어진 지리적 표시, 공중보건, 생물다양성협약과의 관계를 중심으로 주요 쟁점을 살펴보도록 하자.

2 지리적 표시(Geographical Indication: GI)

지리적 표시는 상품의 특정 품질, 명성 또는 그 밖의 특성이 본질적으로 지리적 근원에서 비롯되는 경우, 회원국의 영토, 지역 또는 지방을 원산지로 하는 상품임을 명시하는 것이다(TRIPs협정 제22.1조). 지리적 표시는 상표, 단체표장, 품질인증, 원산지표시와 유사한 역할을 하기 때문에 이러한 개념들과 혼동되기 쉽다.

지리적 표시는 상표와 마찬가지로 타상품과 구별하기 위한 식별표지이긴 하다. 그러나 상표가 특정기업과 관련되며 특정기업은 해당 상표에 대해 독점적 재산권을 향유하는 반면, 지리적 표시는 특정지역과 관련되

---

15) TRIPs 현행 규정은 강제실시권에 의해 생산된 품목은 강제실시권이 발동된 국가의 시장에 한정해서 판매하도록 되어 있다.

며 특정지역 또는 지방의 지리적 명칭에 대한 일종의 단체사용권이다. 따라서 지리적 표시는 상표와는 달리 전용 또는 통상사용권을 설정하거나 사용권을 양도할 수 없기 때문에 상표와 같은 지식재산권이 일반적으로 사유재산권인 것과는 차이가 있다. 또한, 지리적 표시가 특정물품의 생산 또는 가공지역을 나타내는 표시라는 점은 원산지표시와 같다. 그러나 원산지표시는 국명 또는 행정구역명을 표시하는 반면, 지리적 표시는 국명 또는 행정구역에 관계없이 지리적 요인에 의해 지역을 구획한다는 점이 다르다.

본래 지리적 표시는 포도주 및 증류주와 치즈산업 등이 발달한 EU국가들의 주요 관심사항이었다. 지리적 표시보호에 관한 후속협상의 주요 이슈로는 포도주의 지리적 표시에 관한 다자통보 및 국제 공통등록소 설치문제와 포도주 및 증류주 이외의 분야로 TRIPs협정의 규정을 확대 적용하는 두 가지 문제가 있다. 이와 관련된 논의는 남북문제로 발전하지 않고 각 회원국의 지리적 표시 보호에 따른 이해에 따라 선진국간, 선진국·개도국간 입장을 달리하고 있다.

지리적 표시의 보호대상 범위를 추가하는 문제는 UR협상 당시에도 쟁점이 되었었다. 농산물이나 수공예품 부문에서 지리적 표시 보호가치가 많은 대부분의 개도국들은 '포도주 및 증류주' 이외에도 추가적인 보호대상으로 다른 농산물 및 그 가공품, 그리고 수공예품까지 포함하자는 주장을 강하게 하고 있다. 이에 대해 일부 선진국(EU, 스위스)들이 동조하고 있는 반면, 미국, 캐나다, 일본, 뉴질랜드, 아르헨티나, 멕시코, 홍콩, 한국 등은 품목확대에 반대하고 있다.

지리적 표시는 다른 지식재산권과 비교해 볼 때 여러 측면에서 독특한 특성을 가지고 있으며 많은 회원국들에게 아직은 생소한 개념이다. 지리적 표시보호제도가 가장 오래되고 잘 정착된 EU의 제도와 여타 회원국의 제도는 그 개념 및 형태상 큰 차이가 존재한다. 이러한 국가간의 개념적 또는 제도적 차이로 인해 지리적 표시의 국제적 보호는 국제분쟁의 한 요인이 되고 있다.[16] 지리적 표시보호에 대한 원칙적인 문제들이 아직 잘

---

16) 기존 상표와의 상충성, 원산지국에서는 보호받지만 타국에서는 이미 관용어화된 지리적 표시 등이 국제분쟁의 원인이 되고 있다.

정립되지 않은 현 상황에서 불확실성이 존재함에도 불구하고 지리적 표시보호를 다른 품목으로 확대하는 것은 이러한 문제를 증폭시킬 가능성이 있다. 따라서 적어도 지리적 표시에 관한 개념적인 문제 등에 관해 회원국의 합의가 이루어지기 전에는 특별보호를 확대하는 것이 바람직하다고 보기 어렵다.

3. TRIPs협정과 공중보건의 관계

1) TRIPs협정과 공중보건에 대한 회원국의 자율권

TRIPs이사회에서 개도국들은 공중보건과 관련된 TRIPs협정이 각국 정부의 자율권을 보장한다고 주장하며 정부에 의한 의약품 특허의 강제실시 등을 통하여 의약품 접근을 향상시키고자 하였다. 그러나 선진국들은 이는 특허보호의 약화를 초래하며, 특히 개도국들이 필요로 하는 신약 개발 등에 대한 동기를 저해하여 장기적으로 개도국들에게도 해롭다고 주장하였다.

의약품 특허와 관련하여 TRIPs협정 제7조는 다른 사회경제적 정책의 균형을 유지하기 위해 회원국 정부에게 특허권을 조절할 수 있는 유연성을 부여하고 있으며, 제8조는 구체적으로 공중보건 및 영양정책을 언급하고 있다. 개도국들은 이러한 조항들이 부여하는 유연성을 최대한으로 해석하여 의약품 접근문제를 공중보건 보장이라는 전반적인 차원에서 다룰 것을 주장하였으나, 선진국들은 이러한 조항과는 별도로 인도주의 차원에서 국가비상사태를 촉발하는 특정 질병(에이즈 등 전염병)으로만 논의를 국한시키고자 하였다.

이 문제는 도하각료회의에서 협상 마지막 단계까지 선진국과 개도국 간 합의가 이루어지지 못했던 부분이다. 특별선언문의 기본적인 내용은 개도국의 안을 따랐으나 구속성이 약화된 표현을 사용하여 분쟁발생시 구속성을 가지고 원용될 수 있는 강도가 낮아지고 정치적 선언의 성격이 더 커졌다.

2) 권리소진 및 병행수입 문제

TRIPs협정 제6조에서 병행수입(parallel import)은 각 회원국의 채택 여부에 달렸으며 분쟁해결의 대상이 되지 않음을 명백히 하고 있기 때문에 각국은 제3국을 통해 저가의 약품을 수입, 판매할 수 있는 재량을 가지고 있다. 이와 관련하여 개도국들은 어느 경우에도 병행수입의 완전한 자유를 주장하고 있으나, 미국을 비롯한 선진국들은 동 조항이 반드시 병행수입의 허용을 의미하는 것으로 해석될 수 없다고 주장하고 있다.[17] 특히, 선진국들은 원조나 인도적 차원에서 저가에 판매된 의약품, 또는 강제실시에 의해 생산되거나 강제실시를 통해 제3국에 위탁생산된 의약품의 경우에는 병행수입에서 배제되어야 저가의 의약품이 선진국시장에 역류되는 것을 방지할 수 있다는 점을 지적하고 있다.

그러나 이 문제는 WTO 분쟁대상이 될 수 없음이 명확하였기 때문에 특별선언문에서 병행수입문제는 각국이 자율적으로 결정할 수 있다는 것을 재확인하고 있다. 단, 특별선언문에서 계약에 의해 저가에 판매된 의약품, 또는 강제실시권 대상품목의 병행수입 허용에 대해서는 언급하고 있지 않다.

3) 특허권의 강제실시

TRIPs협정 제30조와 제31조는 특허권에 대한 예외조항으로 특정한 경우 강제실시권을 발동하거나 특허권의 배타적 권리에 대해 예외를 규정할 수 있도록 하고 있다.[18] 개도국들은 이러한 권리의 발동요건을 매우 넓게 해석하고 있으나, 강력한 특허보호를 원하는 선진국들은 좁은 해석을 주장하고 있다. 특별선언문은 각국이 강제실시권을 발동할 수 있는 자율권을 가지며, 그 발동요건도 자유롭게 정할 수 있음을 인정하고 있다.

---

17) 병행수입이란 제1국에서 지식재산권 소유자나 그 소유자로부터 사용권을 얻은 전용사용권자가 적법하게 시장에 내놓은 진품을 지식재산권 사용권이 없는 제3자(도소매업자, 수입업자)가 구매하여 원소유자나 전용사용권자의 허락 없이 제2국에 판매하는 것을 의미한다.

18) TRIPs협정 제31조 (b)항은 긴급발동조건으로 국가비상사태, 극도의 긴급상황, 또는 공공의 비상업적 사용의 경우를 들고 있으며, 이 경우 특허권자의 허락 없이 특허사용이 가능하다고 규정하고 있다.

또한, 각 회원국들이 어떤 상황을 비상사태로 간주할 것인지도 자유롭게 결정할 수 있음을 확인하고 있다.

도하각료회의 당시 합의점에 이르지 못한 사항으로 강제실시권에 의한 위탁생산문제가 있다. 현행 TRIPs협정은 강제실시권에 의해 생산된 품목은 강제실시권이 발동된 국가의 시장에 한정해서 판매하도록 규정하고 있다. 이는 생산시설이 없는 개도국의 경우 그러한 시설이 있는 국가에서 강제실시권을 발동하여 위탁생산을 통해 도와주려 한다고 해도 그 국가로부터 수출할 수 없음을 의미한다. 결국 생산시설이 없는 개도국은 실질적으로 강제실시권을 활용할 수 없어 매우 불리한 입장에 처하게 된다. TRIPs 이사회에서는 이 문제 해결의 구체적 형태(법적 형태, 적용범위 및 활용조건)에 대한 협상이 진행중이다.

4) TRIPs협정과 생물다양성협약과의 관계

TRIPs협정은 동물과 식물은 특허로 보호받을 수 없으나 미생물은 특허로 보호하도록 하고 식물변종은 특별법으로 보호하도록 규정하고 있다. 특허대상을 다루고 있는 동 협정 제27조에서는 일정한 예외와 조건하에서 모든 기술분야에서 물질 또는 제법에 관한 어떠한 발명도 신규성, 진보성 및 산업상 이용가능성이 있으면 특허획득이 가능하다고 규정하고 있다.

그러나 이 예외조항과 관련하여 "유전물질에 대한 특허를 허용해야 하는지, 허용한다면 어느 정도 선에서, 어떤 조건하에서 허용해야 하는가?"에 대해 선진국과 개도국의 입장이 크게 엇갈리고 있다. 대다수의 개도국들은 자연상태에 있는 미생물을 단지 발견하는 것만으로 특허가 부여되는 것은 특허취득을 위한 기본요건(신규성, 진보성, 산업응용성)을 갖추지 못한 것이라고 주장하고 있다. 즉, 인간에 의한 인위적인 유전적 변형이 없는 경우에 특허를 허용하는 것은 자연상태에 있는 생물체 자체에 대한 특허를 허용하는 것과 마찬가지라는 것이다.

개도국들은 유전물질에 대한 특허를 허용한다면 일정한 조건하에서만 가능하게 해야 한다는 입장을 취하고 있다. 구체적으로 우선 유전자보유국의 주권을 확보하여 그 국가의 유전자원을 보호하고, 이 유전자원을 이용하여 부여받은 특허로부터 얻어지는 수익을 기술개발자와 유전자원 보유국이 나누어가지는 이익공유체계의 확립이 필요하다는 것이다. 개도국들은 이러한 취지에서 마련된 '생물다양성협약'의 효과적 이행과 현행 TRIPs협정의 관련규정(27.3(b), 29조)이 배치되기 때문에 TRIPs협정의 개정을 요구하고 있다.[19]

미국을 비롯한 선진국그룹도 자연상태에 있는 생물체가 특허대상이 될 수 없음은 인정하고 있다. 그러나 기술적 공정, 분리, 정화를 통하여 그 전에는 별도의 개체로 알아볼 수 없던 새로운 개체가 나타난다면, 이는 충분히 인위적이라고 간주할 수 있기 때문에 특허대상이 될 수 있다고 주장하고 있다.

선진국들은 TRIPs협정과는 달리 생물다양성협정은 유전자원 접근과 이익공유체계를 규율하기 위해 제정되었기 때문에 양 협정은 별도의 목적과 기능을 가지고 있고, 독립적으로 집행될 수 있다고 주장하고 있다. 특히, 유전물질의 출처가 애매한 경우가 많기 때문에 개도국들이 제안한 공표조건은 특허신청자에게 불필요하게 부담이 되고, 결과적으로 특허비용을 증가시킬 뿐 아니라 기술확산을 저해할 가능성이 크다는 점을 강조하고 있다.

한편, EU나 호주 등은 전반적으로 선진국 의견에 동의하고 있기는 하지만 보다 중간자적인 입장에서, TRIPs협정과 생물다양성협정이 어떻게 상호보완적으로 이행될 수 있는지를 논의해야 한다고 주장하고 있다.[20]

---

19) TRIPs 관련규정 개정과 관련하여 개도국들은 ① 특허부여시 특허의 대상이 되는 유전물질의 출처, ② 특허신청기술이 원용한 전통지식, ③ 유전자원국의 관련 당국으로부터 받은 사전승인의 증거, ④ 공정하고 평등한 이익공유가 이루어졌다는 증거 등을 공표요건으로 하도록 제안하고 있다.

20) EU나 호주는 당장에 TRIPs협정을 개정하는 것보다는 생명공학연구에 유리한 지식재산권 체계를 유지하면서, TRIPs협정과는 관계없이 효율적으로 유전자원 및 이익공유를 규율하는 다른 해결방안을 협상하자고 제안하고 있다.

3.2.5 한미 FTA의 지식재산권 합의내용 >>>

1. 한미 FTA의 지식재산권 논의 배경

한미 FTA 지식재산권 협상은 미국의 공세적 지식재산권 보호강화 요구에 대해 한국이 어느 정도 방어를 할 수 있는가가 관심사항이었다. 그동안 한국은 WTO규범에 배치되지 않도록 지식재산권 분야의 제도적 개선을 이루어왔지만, 이 분야에서 가장 강한 경쟁우위를 가지고 있는 미국은 WTO 수준 이상의 지식재산권 보호를 요구하였다. 특히, 미국은 저작권 보호강화에 중점을 두고 협상에 임했는데, 협상과정에서 저작권 보호기간 연장, 일시적 저장에 대한 복제권 인정, 접근통제 기술적 보호조치 인정, 온라인 서비스제공자 책임강화 등이 핵심이슈로 대두되었다. 이외에도 특허존속기간 연장과 법정손해배상제도 도입 등이 부각되어 이 분야의 제도개선이 이루어질 예정이다.

우리나라의 경우 한미 FTA 지식재산권 분야 협상에서 당초 국내 지식재산권제도의 선진화뿐만 아니라 불합리한 미국의 지식재산권 법제 개선을 통해 우리 기업과 국민의 지식재산권 권익보호를 강화하고자 하였다. 그러나 미국이 자국법의 개정이 불가하다는 입장을 굽히지 않았고, 그 결과 선발명주의의 완전한 철폐를 통한 권리귀속쟁송제도(interference) 개선, 생명공학특허 제한 등에 있어 미국의 법제개선이 이루어지지 못하였다. 그러나 협상과정에서 미국의 요구사항 중 우리측의 요청으로 수정 또는 철회된 부분도 다수 있기 때문에 일방적인 협상이 진행되었다고 보기는 어렵다.

2. 한미 FTA의 지식재산권 주요 합의내용

한미 FTA 지식재산권 분야의 주요 협상결과는 〈표 Ⅲ-3-7〉에 정리되어 있다. 실질적으로 영향이 클 것으로 예상되는 분야는 주로 저작권과 관련된 사항이지만, 상표권과 특허권, 그리고 지식재산권 집행과 관련된 국내 제도의 변경도 이루어졌다. 단기적인 관점에서 보면 로열티 지급 증가 등 부담이 예상되지만, 중장기적으로 지식재산권 보호수준 강화로 인한 긍정적 효과가 클 것으로 기대되고 있다.[21)

| 표 Ⅲ-3-7 | 한미 FTA의 지식재산권 주요 합의내용

주요 합의사항		내 용	비 고
저작권	저작권 보호기간 연장	저작자 사후 50년에서 70년으로 연장	창작활동 유인 증가, 로열티 지급 증가
	일시적 저장의 복제권 인정	컴퓨터 RAM에 일시적으로 저장된 소프트웨어에 대한 저작권자의 통제권 인정	저작권자의 이익을 부당하게 저해하지 않는 범위 내에서 행해지는 '공정이용'은 허용
	접근통제기술 보호 안정	저작권 침해행위를 방지하기 위한 기술적 보호조치를 제거 또는 우회하는 행위를 포괄적으로 불법화[1)	비영리 목적으로 도서관, 교육기관, 공공방송 등에 의해 행해지는 행위는 예외
저작권	온라인 서비스제공자(OSP) 책임 강화[2)	온라인 서비스제공자에게 온라인상에서 발생하는 저작권 침해에 상응하는 책임 부과, 저작권자 요청시 혐의자에 대한 개인정보 제공 의무화	온라인 서비스제공자의 역할 위축 초래, 관련 산업 발전 저해요소가 될 가능성
특허권	공지예외 적용기간(grace period) 연장	특허발명의 공개 이후에도 출원 가능한 기간을 6개월에서 12개월로 연장[3)	특허권자의 권리보호 강화
	불실시에 의한 특허취소제도 폐지	특허등록 후 3년 이상 불실시에 의한 강제실시권 허여 후 다시 2년 이상 계속 불실시될 경우 특허를 취소할 수 있는 제도 폐지	활용사례 전무하기 때문에 효과 거의 없을 것으로 예상
	등록지연에 따른 특허 존속기간 보상 연장제도 도입	특허청이 특허심사를 펼치기 표준심사기간보다 지연된 경우 그로 인해 감축된 특허기간만큼 특허기간을 연장	표준심사기간을 초과한 경우가 거의 없기 때문에 영향 미미

---

21) 지식재산권 보호정도와 해외직접투자, 무역, 경제성장 상호관계에 대해서는 실증적인 문제이기 때문에 확정적인 결론을 내릴 수 없다. 그러나 지식재산권 보호가 강화됨에 따라 무역과 외국인직접투자가 촉진되고, 궁극적으로 경제성장이 촉진될 수 있다는 점이 최근 연구결과에서 밝혀지고 있다.

주요 합의사항		내 용	비 고
상표권	소리·냄새 상표 인정	시각을 통해 인식될 수 있는 것뿐 아니라 소리·냄새 상표 인정	국제적 추세 반영, 효과는 미미할 것으로 예상
	상표 전용사용권 등록요건 폐지	상표권자와 사용권자간의 전용사용권 계약내용을 특허청에 별도로 등록해야 하던 것 폐지	상표 사용권제도의 활성화, 상표 사용권자의 이익 증진
	증명포장제도 도입	상품이나 서비스업의 품질을 증명하기 위해 사용하는 표장 도입	인증마크 활성화 소비자후생 증대
지식 재산권 집행	법정손해배상 제도 도입	민사소송에서 원고가 실제 손해를 입증하지 않은 경우에도 사전에 법령에서 일정한 금액 또는 일정 범위의 금액을 정해 법원이 원고의 선택에 따라 손해액으로 인정할 수 있는 제도	상표침해 예방효과 큼. 실손해배상 입증이 곤란한 경우에도 권리자가 이를 선택할 수 있어 권리자 보호 강화 예상됨.

주: 1) 기술적 보호조치는 암호화, 디지털서명, 비밀번호, 비밀번호 확인 프로그램 등과 같이 저작권자가 저작물에 접근하는 것을 제한하기 위해 사용하는 도구를 의미한다.
2) 우리나라 저작권법상에는 온라인 서비스제공자(Online Service Provider: OSP)의 근본적인 책임의 범위, 책임의 한계 및 예외가 분명하지 않았다.
3) 특허권의 존속기간은 출원 후 20년이다.

3.2.6 평가 및 전망 >>>

TRIPs협상은 UR 초기에는 선진국진영과 개도국진영의 첨예한 대결구도로 진행되었으나, 시간이 흐르면서 선진국, 특히 미국 중심의 협상이 진행되었고 최종협상 내용도 미국의 입장이 거의 반영되었다는 점에서 최소한 단기적으로는 우리나라를 비롯한 대부분의 개도국들에게 상당히 부담스러웠던 것이 사실이다. 지식재산권의 보호수준도 기존 국제협약을 최저보호수준으로 하는 '국제협약 플러스' 방식이 채택되었고, 보호분야도 신지식재산권분야까지 확대되었기 때문에 우리나라 입장에서는 이에 대한 철저한 사전준비와 제도개선이 요구된다.

개도국의 입장에서는 지식재산권의 보호강화로 인해 행정 및 법집행에 따른 비용증가, 기술 보호범위의 확대에 따른 로얄티 지급액의 상승, 불법복제로 얻을 수 있는 상업적 이익의 상실, 국내기술개발을 위한 투자비용발생, 반경쟁적 시장구조의 형성에 따른 소비자후생의 감소 등 부정적인 효과와 아울러, 창의적 국내기술개발의 장려, 새로운 정보와 지식의 체계적 공개, 기술이전 및 직접투자의 활성화, 대선진국 통상마찰의 완화 등 긍정적 효과를 동시에 기대할 수 있다.

우리나라 입장에서 볼 때 부정적 효과는 대체로 단기적 부담이라고 볼 수 있기 때문에, 중·장기적으로 지식재산권 제도를 선진화함으로써 긍정적 효과를 극대화할 수 있을 것으로 기대된다. 1995년 WTO출범 이후 5년간 부여받았던 이행 유예기간이 이미 지났기 때문에 현재 모든 개도국들이 TRIPs협정의 전면적인 적용을 받고 있다. 도하개발아젠다(DDA)의 주요쟁점사항이었던 지리적 표시, 공중보건, 생물다양성협약과의 관계 등이 우리에게는 단기적으로 큰 영향을 미치지 않을 것으로 예상되나, 중장기적으로 우리나라의 농업분야와 생명과학분야에 적지 않은 영향을 미칠 것으로 예상된다.

한미 FTA가 지식재산권 분야에 관한 한 미국측의 요구사항이 상대적으로 많이 반영된 것은 사실이다. 그러나 단기적인 부담증가에도 불구하고 국내 관련 제도의 개선이 장기적인 관점에서는 혁신과 창작 유인을 제공하고, 기업의 R&D 투자확대를 이끌어낼 뿐 아니라 향후 진행될 것으로 예상되는 다른 FTA협상에서 어느 정도 협상 레버리지를 제공할 수 있을 것으로 기대된다.

주요용어

- 강제실시
- 권리소진의 원칙
- 무방식주의
- 속지주의 원칙
- 우선권 원칙
- 지리적 표시
- 생물다양성 협약

- 국제협약 플러스
- 내국민대우의 원칙
- 보호독립의 원칙
- 스페셜 301조
- 최혜국대우의 원칙
- 병행수입
- 공중보건

연습문제

1. 신지식재산권이 독립적인 지식재산권의 한 분야로 다루어지게 된 이유는 무엇인가?
2. 지식재산권 보호의 경제적 파급효과에 대해 설명하시오.
3. 지식재산권 보호에 관한 주요 쟁점은 무엇이었으며, 이에 관한 협상그룹별 입장은 어떠했는가?
4. 지식재산권에서 강제실시는 어떤 경우에 발동될 수 있으며, 이것이 가지는 의의는 무엇인가?
5. 미공개정보는 어느 경우에 보호받을 수 있으며, 이의 보호에 관한 선진국과 후진국은 각각 어떤 입장을 취했는가?
6. 지리적 표시(GI)는 다른 지식재산권과 비교하여 어떤 독특한 특성을 지니고 있는가?

>>> 정부조달

미국산 우선구매정책

미국에 관한 WTO의 2014년도 무역정책검토(TPR) 보고서에 따르면 미국의 연방정부조달 시장 규모는 2012년 약 5천 179억 달러로 연방정부 총 지출액의 14%를 차지하였다. 미국의 연방 구매를 총괄하는 법령은 「연방구매규정(FAR: Federal Acquisition Regulation)」이며 동 법의 테두리 내에서 각종 분야별 법규와 정책을 채택하여 운영하고 있다.

「연방구매규정」에는 미국산 우선 구매정책(Buy American) 관련 규정이 포함되어 있으며, 국제수지 운용을 위한 외국산 구매제한 규정이 보완적으로 도입되어 있다. 미국산 우선 구매정책은 미국 내에서 사용될 목적으로 구매되는 외국 물품에 대한 규정인데 비해, 국제수지 운용정책 관련 구매제한은 미국 외에서 사용될 목적으로 구매되는 외국 물품에 대해서 적용된다는 점에서 구별된다. 미국산 우선 구매정책 규정은 미 연방정부 기관들이 공공 목적으로 물품을 구매할 때 미국 내에서 생산되고, 미국산 재료가 50% 이상 사용된 물품을 구매하도록 하는 것이다.

미국은 자국산 우선 구매정책에 의해 외국 물품의 구매를 제한하고 있지만 상호간에 정부조달시장을 개방하기로 합의한 WTO 「정부조달협정」에 가입한 국가의 기업에 대해서는 국내기업과 차별을 두지 않는다. 다만, 동 협약은 정부조달협정을 적용하기로 양허한 기관이 일정 규모 이상의 물품이나 서비스를 조달할 때 적용된다는 점에서 제한요소는 잔존하고 있다. 더욱이 WTO 「정부조달협정」을 적용받는 州는 총 50개 중 37개이어서 나머지 13개 州의 조달시장에 대한 접근은 여전히 제한되고 있나.

한국도 WTO 「정부조달협정」 가입국이므로 한국 기업들은 일정금액 이상의 연방조달과 양허를 한 주정부 조달에 있어서는 별다른 형식상의 차별은 받지 않고 있다. 다만 이는 공식적 차별을 받지 않는다는 의미이지 미국내 납품실적 요구, 특정 규격 요청 등의 보이지 않는 장벽은 존재한다.

2017 외국의 통상환경, 산업통상자원부 · 외교부

3.3.1 개념 및 의의   >>>

정부조달이란 "정부가 고유의 업무수행을 위해 소비 및 투자 등 경제행위를 하는 과정에서 물품과 서비스를 구입하는 구매행위"를 말한다. 조달행위를 하는 정부기관으로는 중앙정부뿐만 아니라 지방정부, 공기업 등이 있다. 정부기능의 복잡화·다양화와 그에 따른 정부조직의 확대로 인하여 정부조달의 규모는 지속적으로 증가하고 있다. OECD에 따르면 세계적으로 정부조달의 규모는 전세계 GDP의 10-15%에 달하는 것으로 추정되고 있다.

정부조달시 정부기관은 기본적으로 가장 비용효율적인 구매를 목적으로 하지만 특정 국내정책목표를 위해 정부조달을 활용하기도 한다. 이러한 국내정책목표로는 국내산 제품에 대한 수요확충, 국내 특정 산업부문 및 기업군에 대한 지원 등이 있다. 정부조달에서의 무역장벽은 여러 형태로 나타난다.[1] 첫째, 외국기업의 국내 조달시장 참여가 완전히 금지되는 경우이다. 특히 국방관련 조달에서 외국기업의 참여를 금지하거나 제한하는 경우가 많다. 둘째, 국내기업에게 특혜마진을 제공하거나 평가과정에서 외국기업을 부당하게 차별하는 경우이다. 국내기업에게 혜택을 줌으로써 국내 경제개발이나 고용향상을 추구하기도 하며, 사회정책의 일환으로 정부조달이 사용되기도 한다.[2] 셋째, 외국기업이 자국 정부조달과정에 참여하기 위한 조건으로 불공정한 특정조건을 충족시키도록 요구하는 경우이다. 예를 들어 국내기업과의 합작을 요구하거나 공동입찰을 해야만 입찰 자격이 주어지는 경우, 국산품이나 서비스를 사용하도록 강제하는 경우, 기술이전을 의무화하는 경우 등이 이에 해당한다. 넷째, 비록 구체적인 특혜를 부여하지는 않으나 비공식적으로 국내기업을 선호하는 경우가 있다. 문화적인 이유, 국내기업과 정부관리간 맺어온 인맥관계 등

---

1) '2013 외국의 통상환경'(산업통상자원부·외교부)에서 인용
2) 미국이나 말레이시아는 자국 내 소수민족에게 정부조달 관련 특혜를 부여하고 있다.

으로 인하여 국내기업에 대한 선호가 나타나는 것이다. 다섯째, 모든 정
부부처에 공통으로 적용되는 조달체제가 정립되어 있지 않아서 개별 정
부부처가 각각 독자적인 조달체제 및 관행을 보유하고 있는 경우 이는 외
국기업의 정부조달시장 참여에 애로요인으로 작용하게 된다.

3.3.2 국제규범의 형성과정 >>>

정부조달분야에 있어서 무역자유화를 둘러싼 국제적인 논의는 1940
년대 국제무역기구(ITO) 헌장의 제정작업에서부터 시작되었다. 헌장의 초
안을 준비하는 과정에서 미국은 정부조달에 대해서도 일반적인 무역과
마찬가지로 무차별원칙이 적용되어야 한다는 조항을 ITO헌장에 삽입하고
자 하였다. 이에 대해 많은 국가들이 무차별원칙의 예외를 인정해야 한다
고 주장하여 미국의 제안은 채택되지 못하였다. 1960년 이후 각국 경제에
서 공공부문의 비중이 증가함에 따라 정부조달분야에서의 차별적 관행이
세계무역의 확대를 저해하는 중요한 비관세장벽의 하나로 대두되었다. 이
에 따라 OECD를 중심으로 정부조달분야에서의 무역자유화를 위한 노력
이 시작되었다. OECD는 1963년부터 정부조달에 관한 국제협정의 제정작
업을 진행하여 1973년 6월 국제협정 초안을 마련하였다. 그러나 최종합의
과정에서 협정의 대상이 되는 정부조달분야 및 조달기관의 범위, 무차별
원칙의 적용범위 등에 관해 주요국간 의견이 대립되었다. 또한 선진국 정
부조달시장의 개방에 큰 관심을 보여 왔던 개발도상국들은 정부조달분야
의 무역자유화 문제가 OECD보다는 GATT에서 논의되는 것이 타당하다고
주장하였다. 이에 따라 정부조달분야 국제협정의 제정에 대한 논의는
GATT로 이관되었고, 도쿄라운드를 통해 정부조달협정이 체결되었다. 도
쿄라운드에서 GATT 당사국들은 주로 내국민대우원칙의 도입, 협정의 대

상이 되는 정부조달규모 및 조달기관의 범위, 개도국우대문제 등에 대하여 검토하였으나 당사국 전체의 합의가 도출되지 못함에 따라 1979년 4월 정부조달분야 최초의 복수국간 협정인 GATT 정부조달협정이 체결되었다.

GATT 정부조달협정은 시장경제원칙의 적용범위를 벗어나는 것으로 간주되었던 정부조달분야가 GATT체제에 포함되었다는 데 큰 의의가 있다. 그러나 GATT 정부조달협정은 지방정부, 공기업의 조달행위에는 적용되지 않았으며 건설, 설계, 컨설팅 등 서비스의 조달도 적용범위에서 제외되었다는 문제점을 지니고 있었다.

그 이후 우루과이라운드와 병행하여 정부조달협정의 확장협상이 진행되어 적용대상 정부기관 및 제품의 확대, 조달계약 하한선의 하향조정 문제 등이 논의되었다. 그 결과 기본적으로 지방정부와 정부관계기관(정부의 통제나 영향력하에 있는 공기업 및 민간기업), 서비스조달로까지 적용범위가 확대된 WTO 정부조달협정이 1993년 12월 타결되었다.[3]

DDA에서는 기존의 협정에서 더 나아가 정부조달과 관련된 각종 법령 및 절차의 투명성을 제고하기 위한 협정을 도입하려는 논의가 이루어지고 있다. 특히 정부조달의 정의와 범위, 정부조달과 관련된 규정공고 및 정보제공, 자격심사 및 낙찰결정, 국내 이의제기절차 및 분쟁해결 등에 있어서 투명성을 높이는 것이 목적이다. 2006년 12월 협정문 협상이 타결된 데 이어 2011년 12월 양허안 협상까지 타결되어 정부조달 개정 협정안이 마련되었다. 정부조달 개정안은 제9차 WTO 각료회의 이후 발효될 예정이다. 향후 중국 등을 포함하여 정부조달협정 신규 가입국이 증가하게 되면 정부조달시장 개방은 가속화 될 것으로 예상된다.

한편 복수국간 협정인 WTO 정부조달협정과는 별도로 소수국간 자유무역협정(FTA)을 통해서도 정부조달에 대한 규범이 도입되고 있다. FTA에서의 정부조달규범은 FTA 체결국간 상호 이해관계를 구체적으로 반영한 내용을 담고 있다.

---

3) 협상을 통해 협정의 적용대상에서 제외된 조달기관 및 조달분야도 있다. 현재 정부조달 협정에 서명한 국가는 한국, 노르웨이, 리히텐슈타인, 미국, 스위스, 싱가포르, 이스라엘, 일본, 캐나다, 아이슬란드, 홍콩, 대만과 EU 28개 회원국이다. 한국은 1997년 WTO 정부조달협정에 가입하였다.

3.3.3 WTO 정부조달협정의 주요 내용 〉〉〉

　　WTO 정부조달협정은 〈표 III-3-8〉에서와 같이 24조의 본문과 4개의
부속서로 구성되어 있다.

| 표 III-3-8 | WTO 정부조달협정의 구성

제 1 조	적용대상 및 범위
제 2 조	조달계약액의 평가원칙
제 3 조	내국민대우 및 무차별원칙
제 4 조	원산지규정
제 5 조	개도국 특별우대 규정
제 6 조	기술명세
제 7 조	입찰절차
제 8 조	입찰자격
제 9 조	입찰공고 및 입찰참여 초청
제10조	입찰참가자 선정절차
제11조	응찰시한 및 납품시한
제12조	입찰설명서
제13조	입찰서의 제출, 접수, 개찰 및 낙찰
제14조	경쟁협상입찰(Negotiation)
제15조	제한입찰(Limited Tendering)
제16조	상쇄구매(Offsets) 제한
제17조	투명성
제18조	조달기관의 정보제공의무
제19조	가입국의 정보제공의무
제20조	이의신청절차
제21조	운영기구설치
제22조	분쟁해결절차
제23조	예외조항
제24조	협정의 발효, 가입, 수정절차 규정
부속서 I	회원국별 양허목록
부속서 II	조달공고게재 출판물 목록
부속서 III	지명경쟁입찰 유자격 공급자명단 공고게재 출판물 목록
부속서 IV	조달관련 법규공고게재 출판물 목록

| 표 III-3-9 | WTO 정부조달협정의 주요 가입국별 양허 하한선 (단위: 만 SDR)

국가	중앙정부		지방정부		기타기관(공기업)	
	물품 및 서비스	건설	물품 및 서비스	건설	물품 및 서비스	건설
미국	13	500	35.5	500	40	500
EU	13	500	20	500	40	500
일본	10	450	20	1500	13	1500
한국	13	500	20/40	1500	40	1500

1. 적용대상 및 범위

WTO 정부조달협정은 가입국이 양허한 중앙정부, 지방정부 및 공기업에 적용되며, 각 양허기관의 물품 및 (건설서비스 포함) 서비스 조달에 적용된다. 조달방식면에서도 구매, 리스, 임차 및 할부구매 등 모든 계약수단을 통한 조달계약에 적용된다. 단 조달기관별로 정해진 금액 이상의 조달계약에 대해서만 적용된다.

〈표 III-3-9〉는 정부조달협정의 주요 가입국별 양허내용을 담고 있다. 중앙정부기관의 경우 대부분의 국가가 13만 SDR 이상의 물품구매 및 서비스구매, 500만 SDR 이상의 건설서비스구매를 양허하였다. 지방정부 및 공기업의 조달에 있어 대부분의 국가가 500만 SDR 이상의 건설서비스 조달시장을 양허한 반면, 우리나라와 일본은 1500만 SDR 이상의 건설서비스 조달을 양허하여 상대적으로 건설서비스 시장개방의 폭이 작다.

2. 내국민대우 및 무차별원칙

모든 가입국들은 타가입국의 조달공급자를 자국의 공급자들과 동등하게 대우해야 하며 특정 공급자에 대한 특별우대조치는 금지된다. 특히 외국자본에 의해 설립된 자국내 공급자들에 대해 차별대우를 하는 것은 금지된다. 정부조달협정은 복수국간 협정이므로 이러한 내국민대우 및 무차별원칙은 WTO회원국 전체가 아니라 정부조달협정 가입국에 대해서만 적용된다.

3. 정부조달제품에 대한 기술명세(technical specification)

조달품에 대한 특성을 묘사하는 기술명세가 국제무역을 저해하는 장벽으로 이용되어서는 안 된다. 보다 구체적인 의무로서 ① 디자인보다는 성능을 대상으로 기술명세를 작성할 것, ② 국제표준이 있는 경우 이를 준수하고 국제표준이 없는 경우 공인된 국내표준에 기초할 것, ③ 특정 상표, 특허, 디자인, 원산지, 생산자 등의 지정을 금지할 것 등이 있다.

4. 입찰절차, 입찰자격, 입찰참가자 선정절차

조달기관은 입찰공고 이전부터 모든 공급자에게 공정하게 정보를 제공해야 하며, 경쟁을 배제하는 결과를 초래할 수 있는 정보를 특정 입찰자에게 제공해서는 안 된다. 정부조달협정이 인정하는 입찰방법으로는 공개입찰(open tendering), 선택입찰(selective tendering), 제한입찰(limited tendering)이 있다. 공개입찰은 모든 물품공급자나 서비스공급자가 입찰에 참여할 수 있는 경우이며, 선택입찰은 (정부조달협정 제10조 3항에 의거하여) 다수의 초청된 공급자만이 입찰에 참여할 수 있는 경우이고, 제한입찰은 (정부조달협정 제15조에 명시된 조건하에서) 조달기관이 물품 및 서비스공급자를 개별적으로 접촉하여 입찰하도록 하는 것이다.

입찰자격 심사과정에서 타가입국의 공급자간에 또는 국내공급자와 타가입국의 공급자간에 차별을 두어서는 안 되며, 선택입찰인 경우에는 공급자간 경쟁을 촉진하기 위하여 국내·외 공급자들이 최대한으로 입찰에 참여할 수 있도록 무차별적으로 입찰자가 선정되어야 한다.

5. 상쇄구매(offset) 제한

상쇄구매조건은 정부조달시 국산화비율지정, 기술라이센싱, 투자조건 등 입찰에 부가되는 조건으로서 국내산업의 발전, 국제수지의 개선 등을 도모할 목적으로 사용된다. 상쇄구매조건이 입찰의 부대조건으로 부과되면 경쟁제한효과를 유발함으로써 특정 입찰자를 차별하는 수단으로 사용될 소지가 있다. 따라서 입찰 및 낙찰과정에서의 상쇄구매조건 부과는 금지된다. 다만 개발도상국의 경우 협정가입시 상쇄구매 사용조건에 대해 협상할 수 있다.

6. 예외조항

가입국은 국가안보 및 방위를 위해 필수불가결한 조달 또는 무기·탄약·군수물자의 조달 등 국가안전보장을 위해 필요한 경우 이 협정을 준수하지 않는 것이 허용된다. 또한 국가의 공중도덕, 안녕, 질서, 인간·동식물의 생명 및 건강, 지식재산권 등의 보호를 위해 필요한 경우, 또는 자선단체, 재소자 및 장애인들이 생산한 물품에 대해서도 가입국은 이 협정의 적용을 배제할 수 있다.

3.3.4 한-미 및 한-EU FTA의 정부조달 규정 >>>

한미 FTA에서 양국은 중앙정부의 물품 및 서비스 양허 하한선을 대폭 낮추어 조달시장 개방 폭을 확대하였으며, 미국이 주정부를 개방대상에서 제외함에 따라 우리나라도 지방정부와 공기업을 개방대상에서 제외하였다. 또한 미국 정부조달시장 참여시 미국 내 과거 입찰 및 낙찰 실적 요구를 금지하였으며, 학교급식 예외조항을 신설하였다. 아울러 민자사업도 정부조달에 포함시키기로 합의하였는데, 이와 관련하여 중소기업 보호조항을 신설하여 지역 중소건설업자 보호제도가 유지될 수 있도록 하였다.

| 표 Ⅲ-3-10 | 한-미 FTA의 양허수준

구분	한국	미국
양허기관	중앙정부기관 51개	연방정부기관 79개
양허금액	• 물품 및 서비스: 10만 달러 • 건설: 500만 SDR	• 물품 및 서비스: 10만 달러 • 건설: 500만 SDR
기타사항	• 학교급식 예외조항 규정 • '국가계약법령' 및 '사회기반시설에 대한 민간투자법'에 의한 중소기업 예외조항 규정	• 학교급식 예외조항 규정 • 소기업 및 사회적 약자 기업에 대한 예외조항 규정

한편 한-EU FTA의 경우 일반 정부조달시장에 대해서는 WTO 정부조달 협정에 따른 양허 이상의 추가 개방을 하지 않았다. 반면 민자사업 시장은 양측이 모두 1,500만 SDR 이상의 사업을 개방하였고, 과거 낙찰 실적 요구 금지를 명문화하였다.

| 표 Ⅲ-3-11 | 한-EU FTA의 양허수준

정부조달시장	한-EU FTA의 양허수준	한-미 FTA의 양허수준
일반 정부조달시장	WTO 정부조달협정 양허수준과 동일	중앙정부 양허 • 물품 및 서비스: 10만 달러로 인하 • 건설: WTO 정부조달협정 양허수준(500만 SDR)과 동일
민자사업	양측 모두 1,500만 SDR 이상의 민자사업 개방 • 한국: 중앙정부, 광역지방자치단체, 일부 기초지방자치단체의 민자사업 개방 • EU: 중앙정부 및 모든 단위의 지방자치단체 민자사업 개방	양측 모두 중앙정부 500만 SDR 이상의 민자사업 개방

3.3.5 평가 및 전망 >>>

WTO 정부조달협정은 GATT체제하에서의 정부조달협정과 비교하여 그 내용이 대폭적으로 확대·강화되었다. 조달기관 및 조달분야면에서 적용대상이 크게 확대되었고 입찰과정에 대한 규정이 보다 상세화되었다. 또한 FTA의 확산에 따라 FTA 체결 국가들의 정부조달시장은 더욱 큰 폭으로 개방되고 있어서 정부조달 분야에서의 국제무역 가능성이 크게 확대되고 있다.

우리나라는 총 46개 중앙정부기관 중 국가안보관련 4개 기관을 제외한 42개 중앙정부기관과 서울특별시, 5개 광역시 및 9개 도 등의 15개 지방정부기관 그리고 한국전력, 전기통신공사, 산업은행, 주택공사 등을 포함하는 23개 공기업을 양허하였다. 국내조달시장의 개방에 따라 경쟁력이 약한 일부 업종에서는 외국기업이 국내조달시장을 잠식하게 될 것이다. 그러나 그와 동시에 우리 기업의 해외조달시장 진출기회가 확대됨으로써 발생하는 이득도 상당할 것으로 예상된다. 또한 외국의 물품 및 서비스 공급자가 국내조달입찰경쟁에 참여하게 됨에 따라 정부로서는 보다 저렴한 가격에 높은 질의 물품 및 서비스를 조달할 수 있게 되므로 정부예산의 절감효과도 거둘 수 있을 것이다.

주요용어

- 정부조달
- 입찰
- 상쇄구매

연습문제

1. 우리 정부가 복사용지를 조달하면서 국내폐지를 재활용하여 생산된 용지만을 구입하겠다는 요건을 부과한다면, 이는 WTO 정부조달협정에 어긋나는가?

2. 우리 정부가 정부조달시 우리나라의 환경마크가 부착된 제품만을 구매하겠다
   는 요건을 부과한다면, 이는 WTO 정부조달협정을 위배하는가?

제 4 절 >>> 무역원활화

3.4.1 무역원활화의 의의 및 경제적 효과 >>>

지난 70여 년간 활동해 온 GATT/WTO체제는 국제무역의 확대가 경제성장에 기여한다는 합의에 기반을 두고 있다. 이에 의거하여 GATT/WTO체제는 지금까지 개최된 여덟 차례의 다자간무역자유화협상을 통해 각 회원국의 무역장벽을 낮추거나 제거하는 데 주력해 온 것이다. 현재 진행되고 있는 제9차 다자간무역자유화협상인 도하개발아젠다(DDA)도 주로 여기에 초점을 맞추고 있다고 할 수 있다. 이러한 노력을 통해 관세가 인하되고, 각종 비관세장벽들이 철폐 내지는 완화되었으며, 이는 국제무역의 확대와 이를 통한 세계경제의 성장으로 연결되었다.

이러한 다양한 무역자유화 노력에도 불구하고 아직도 세계무역의 흐름을 방해하는 수많은 정책수단들이 존재한다. 특히 관세나 물량규제, 최저가격규제 등의 비관세장벽처럼 국경에서 부과되는 직접적인 무역장벽은 아닐지라도 수입국들의 국경을 넘어선(beyond the border) 곳에서 적용되고 있는 각종 절차적이고 행정적인 규제수단들이 국제무역의 흐름을 방해하거나 왜곡하고 있는 것이다. 무역원활화(trade facilitation)는 바로 이러한 "국제무역에 있어서 상품의 이동에 필요한 자료를 수집, 제출, 교신 및 처리하는 작업과 관련된 일련의 활동, 관행 및 형식절차를 총칭하는 '국제무역절차'를 간소화(simplification)하거나 조화(harmonization)시키는 작업"을 의미한다(WTO 1998).

예를 들어, 수입상품의 통관에 있어서 한 나라의 자동화시설이 다른 나라의 그것과 비교하여 수준이 크게 떨어질 경우 이 나라에 수입되는 상품의 이동은 커다란 제약을 받게 된다. 특히 이러한 상품들이 육류 또는

유제품 등 부패성 상품일 경우 그 제약효과는 훨씬 크다. 또 A국에서 B국
으로 수출하는 상품이 불가피하게 C국을 통과해야 할 경우 C국에서 불필
요하게 많거나 복잡한 서류를 요구할 경우 상품의 원활한 이동에 문제가
발생하게 된다. 뿐만 아니라, 최근 들어 많이 활용되고 있듯이 상품이동과
관련된 각종 행정적 절차들을 온라인으로 해결하도록 조치할 경우 상품
의 국가간 이동성은 그만큼 효과적으로 진행될 수 있다. 즉 다시 말하여
무역원활화는 이러한 예들을 포함하여 상품의 원활한 국경간 이동을 제
약하는 많은 행정적·절차적 규제들을 간소화하고 국가간 조화시키는 작
업을 통하여 무역거래에 수반되는 비용(Trade Transactions Cost: TTC)을
감축하는 작업을 지칭한다. 무역거래비용의 감축은 결국에는 상품의 원활
한 국경간 이동으로 연결된다. 한편, 무역자유화와 무역원활화가 공히 국
제무역을 확대하고 궁극적으로는 개별 국가경제들이 서로 통합하는 데
기여한다는 '경제통합'의 관점에서는 국경에서 부과되는 무역장벽들을
대상으로 하는 무역자유화를 느슨한 통합(shallow integration)이라고 부르
는 반면, 국경을 넘어 선 곳에서 적용되는 행정적·절차적 규제수단들을
대상으로 하는 무역원활화는 이에 대비하여 심층적 통합(deep integration)
이라고 부르기도 한다.

무역원활화의 개념을 보다 쉽게 이해하기 위해서는 뒤에서 소개하고
있는 국제기구들의 다양한 활동들을 살펴볼 필요가 있다. 예를 들어
APEC은 무역원활화를 위한 실행계획(Trade Facilitation Action Plan: TFAP)
을 다수에 걸쳐 채택하면서 회원국 사이의 무역거래를 보다 원활하게 하
는 정책수단으로 (ⅰ) 다른 관련 국제기구의 논의에 기반한 통관절차
(customs procedures)의 간소화 및 회원국간 조화; (ⅱ) '표준 및 적합'
(standards and conformance) 분야에 있어서 각국의 인프라 및 제도를 국제
수준에 근접하도록 개선; (ⅲ) 전자상거래(electronic commerce)가 활성화
될 수 있도록 관련 장애요인들을 제거; (ⅳ) 기업인들의 이동성(business
mobility) 증진을 위한 비자간소화 프로그램 등의 조치 시행 등 네 가지
분야를 중점적인 무역원활화 추진분야로 채택한 바 있다.[1)]

---

1) 이에 관해서는 APEC(2007) 참조.

무역원활화에 대해 세계무역체제가 1990년대 초반까지는 커다란 관심을 기울이지 않았던 것이 사실이다. 1960년대 초반부터 UN기구들을 중심으로 무역원활화를 위한 다양한 활동들이 전개되었음에도 불구하고, GATT/WTO체제가 무역원활화를 위한 본격적인 활동을 시작한 것은 관세 및 비관세장벽이 현저하게 감축되어 무역원활화를 통한 추가적인 무역확대의 기회 창출이 보다 소중하게 인식되기 시작한 1990년대 중반부터라고 할 수 있다. 이는 여러 차례의 자유화 협상에 의해 관세 및 비관세장벽들이 많이 낮아져서 추가적인 자유화에 의한 무역확대 효과가 예전보다는 작을 것으로 예상됨에 따라 무역원활화에 의해 상품의 국가간 이동이 확대되는 것이 상대적으로 커다란 의미를 가진다는 인식이 확산되었기 때문이다. 그 동안의 GATT/WTO체제의 무역원활화 관련 활동을 살펴보면, GATT체제가 출범한 이후 무역원활화를 규율하기 위해 GATT 1994의 제5조(자유로운 통과), 제8조(수입 및 수출과 관련된 수수료와 형식 절차) 및 제10조(무역관련 규정의 공지 및 관리)처럼 직접적인 규정뿐만 아니라, 관세평가, 수입허가, 선적前 검사, 원산지규정, 기술적 무역장벽, 위생 및 검역조치 등에 관한 협정처럼 간접적으로 영향을 미치는 조치 등 실로 다양한 형태의 규정들을 채택하였으나, GATT/WTO가 '무역원활화를 보다 포괄적으로 살펴보도록' 공식적으로 위임을 받은 것은 1996년 개최된 WTO의 제1차 싱가포르 각료회의에 의해서이다.

이러한 무역원활화가 무역흐름에 미치는 영향과 이를 통해 경제성장에 주는 파급효과를 정확하게 측정하는 것은 그리 쉽지 않다. 그 동안 OECD, APEC 등 국제경제협력기구들은 이 효과를 측정하기 위한 다양한 시도를 해 왔다. 예를 들어 OECD(2006)는 관세절차 및 각종 행정절차들이 무역흐름에 대해 가져오는 파급효과를 다음과 같이 분석하였다.[2] 첫째, 통관 및 행정절차가 '필요 이상으로 엄격하거나'(more stringent than necessary) 효율적이지 못할 경우, 무역당사국간의 국경을 보다 두텁게 만드는 효과를 가져와 무역흐름에 부정적인 영향을 미친다. 둘째, 여러 국가

---

2) OECD는 이 보고서에서 관세 및 행정절차의 강도를 (i) 상품이 수출입국의 국경에서 국경을 통과할 때까지 걸리는 기간, (ii) 상품의 수출입에 필요한 도장(사인)의 개수, (iii) 수출입국의 국경을 통과하기 위해 필요한 서류의 종류 등 세 가지를 사용하여 측정하였다.

군들로 나누어 분석할 경우 OECD 회원국들에서 통관 및 행정절차가 가장 간단하고, 사하라 이남의 아프리카 국가들에서 가장 복잡하게 적용된다. 셋째, 가장 비효율적인 통관 및 행정절차를 보유한 나라들이 이를 간소화할 경우 가장 커다란 효과를 향유할 수 있다.

3.4.2 무역원활화에 대한 국제적 논의의 주요 내용 >>>

무역원활화를 통해 무역흐름의 효율성을 제고하고 궁극적으로는 경제성장과 개발에 이바지한다는 목적을 추구하는 다양한 프로그램들이 1950년대부터 여러 국제기구들을 통해 추진되기 시작하였다. WTO(2000)는 이러한 프로그램들의 추진 목적 및 경과를 비교적 상세하게 논의하고 있는데, 여기에서는 UNCTAD, WCO, 세계은행, OECD 및 APEC 등 주요 국제기구들에서 추진되었던 무역원활화 관련 활동들을 살펴본다. 이와 같은 국제적 논의의 결실로서 WTO는 2013년 무역원활화 협정(TFA: Trade Facilitation Agreement)이 합의되었고 2017년 동 협정이 발효되었는데, 이는 다음 절에서 소개하는 WTO 무역원활화 협정의 주요 내용에서 보다 상세하게 논의하기로 한다.

1. UNCTAD에서의 논의

UNCTAD는 1970년 UN 산하 유럽경제위원회(Economic Committee on Europe: ECE)와의 협조하에 UN의 무역원활화 프로그램들을 총괄적으로 조정하는 기관으로 지정되면서 무역원활화에 커다란 관심을 기울이기 시작하였으며 UN기구들의 무역원활화 활동을 위한 사무국 역할을 담당하고 있다. 1975년에는 '무역원활화를 위한 특별프로그램(FALPRO)'이 도입되었으며, 1990년대 중반 UNCTAD 내에 '개발과 무역효율성 지원과'(Division of Service Infrastructure for Development and Trade Efficiency: SITE)가 설치됨으로써 공식적인 조직구성이 완료되었다. SITE는 전세계적으로 무역절차를 단순화 및 조화시키는 목적을 추구하고 있으며, 이를 위해 회원국 정부와 관련 무역업자들에게 업그레이드된 새로운 기술과 정보네트워크를 제공하는 역할을 담당해 오고 있다.

이러한 무역원활화 업무추진체계하에서 UN기구들은 UNCTAD의 주도하에 특히 개발도상국들이 무역원활화의 중요성을 인식하고 이를 적극적으로 활용함으로써 궁극적으로 무역원활화로부터 파생되는 이익을 공유할 수 있도록 지원해 주는 역할을 담당하고 있다. 예를 들면, 1992년 중소기업들에게 새로이 개발된 전자상거래 수단을 활용하여 국제시장으로의 접근을 확대할 수 있도록 지원해 주는 'Trade Point' 프로그램을 실시하였으며, 1994년에는 '무역효율성 제고를 위한 국제회의'를 개최하였다. 특히 Trade Point 프로그램은 1990년대 중반부터 세계 주요국의 Trade Point들을 컴퓨터네트워크로 연결한 Global Trade Point Network(GTPNet)로 발전하여 많은 중소기업들이 최신 정보와 통신기술에 접할 수 있게 하고 이를 통해 자신의 제품을 세계시장에 알릴 수 있도록 지원해 오고 있다. 또한 UNCTAD는 통관절차 관련 자동화 시스템인 ASYCUDA(Automated System for Customs Data)를 개발하여 90여 개 국가에 무상으로 보급하고 있다.

2. 세계관세기구(WCO)에서의 논의

1953년 13개 유럽 국가들에 의해 발족되었으나, 현재 180개가 넘는 회원국을 보유한 국제기구로 발전한 세계관세기구는 모든 업무 자체가 무역원활화와 밀접한 관련이 있다고 할 정도로 이 분야에서 빼놓을 수 없는 중요한 국제기구이다. 무역원활화와 관련하여 세계관세기구가 추진하고 있는 주요 업무로 다음과 같은 활동들을 들 수 있다. 첫째, 관세체계의 기술적 측면 및 관련 경제성 검토, 이와 관련된 회원국간의 정보교환 및 협조체계 구축, 여타 국제기구와의 협력 등은 WCO의 주요 업무영역이다. 둘째, WCO는 관세행정의 관리 및 과제수행 방식을 개선하기 위한 인적자원개발을 도모함과 동시에 각국의 '최적관행'을 공유하기 위한 많은 활동을 전개하고 있다. 셋째, 상품의 국경간 이동과 관련하여 단순화되고 효과적인 관세체계 및 절차를 국제적으로 조화시키고 그 적용을 균일하게 할 수 있도록 관련 법규를 제정하는 역할도 담당한다. 넷째, 특히 이를 위해 국가간 협약의 초안을 제정하고 이를 균일하게 해석 및 적용할 수 있도록 권고를 채택하는 등 규정제정의 역할도 담당한다. 다섯째, 제반 규정에 대한 해석 및 적용과 관련하여 국가간 분쟁이 발생할 경우 이를 해결할 수 있도록 권고를 채택하고 있다. 여섯째, 관세행정 및 절차와 관련된 정보를 관심 있는 국가에 제공하는 업무도 WCO의 주요 업무이다. 끝으로, 관세 관련 업무를 담당하는 행정부처 사이의, 또는 행정부처들과 무역업자들 사이의 협력을 증진하고 대화 및 소통을 개선하는 작업도 WCO의 주도하에 진행된다.

세계관세기구는 1973년 '관세절차의 단순화 및 조화를 위한 국제협약(일명 교토협약)'을 제정하였으며, 1999년에는 이 협약을 완전히 개정하여 새로운 협약('개정교토협약')을 채택하였다. 뿐만 아니라, 1993년에는 일시적인 상품의 체류를 승인하는 데 필요한 각종 법적인 수단들을 총망라한 '이스탄불협약'이 세계관세기구의 주도하에 제정되었다. 또, 1988년부터는 세계관세기구의 주도적 역할에 힘입어 국제통일상품분류체계(Harmonized Commodity Description and Coding System: HCDCS, 일반적으로 HS로 통칭)가 제정되어 관세·무역·통계·운송·보험 등 다양한 업무 분야에서 국제적인 상품분류의 역할을 담당하고 있다.

3. 세계은행(World Bank)에서의 논의

세계은행의 업무 중에서 무역원활화와 관련된 분야로 (i) 프로젝트 차관(운송 분야), (ii) 구조조정 차관(관세, 품질기준, 절차 간소화 분야 등), (iii) 기술적 지원 차관(관세 현대화), (iv) 거시경제 및 산업분야별 업무(수출 진흥, 경쟁제도) 등의 업무영역을 들 수 있다. 세계은행이 관련되어 있는 무역원활화 활동은 대체로 3단계로 구분할 수 있는데, 1970년대부터 1980년대 초반까지는 세계은행이 주로 운송 분야의 효율성 제고에 주력

했었는데, 1980년대 중반 이후부터는 관세체계 개선 등 특정 무역원활화 활동들을 구조조정차관 제공시 포함하는 방향으로 정책방향의 변경이 있었고, 1990년대 초반부터는 새로운 형태의 무역원활화 프로그램들을 구조조정차관 공여시 전제조건으로 활용하는 방식을 채택하고 있다.

세계은행이 최근 들어 중요시하는 프로그램으로 '운송 및 무역을 위한 글로벌 원활화 파트너십(Global Facilitation Partnership for Transportation and Trade: GFP)'을 들 수 있다. 이를 위해 세계은행은 (ⅰ) 공동관심사에 대한 현안과제들을 공유하고, (ⅱ) 가능한 선에서 인적자원과 전문성을 공동 활용하며, (ⅲ) 지식과 아이디어를 공유하는 등의 수단을 활용하여 운송 및 무역과 관련된 인프라를 개선하기 위한 다양한 활동을 전개하고 있다.

4. OECD에서의 논의

OECD는 직접적으로 무역원활화 업무를 관장하지는 않고 있으나, 선진국들의 다양한 정책적 관심을 다루는 정책협조의 장이라는 특성을 십분 활용하여 다양한 분야에서 무역효율성(trade efficiency)을 증진할 수 있는 정책의 도입에 관한 선구적인 논의를 행하는 기구이다. OECD는 통신정책, 규제개혁, 국제항공운송 등의 분야에서 선진국들의 정책개선 수요를 선도적으로 논의하는 한편, 이들의 '최적관행(best practices)'을 발굴하여 개발도상국들이 활용할 수 있도록 제공해 주는 역할도 담당하고 있다.

특히 2000년대 들어 OECD는 국제무역관련 행정적, 절차적 규제들이 무역의 흐름에 미치는 파급효과를 추정하거나, 보다 포괄적으로 무역원활화의 경제적 효과를 추정하는 일련의 연구를 진행하여 무역원활화의 중요성이 국제사회에서 다시금 인식되게 하는 중요한 역할을 담당하였다.

5. APEC에서의 논의

APEC은 설립초기부터 무역원활화에 커다란 관심을 기울여 왔다. 이는 특히 APEC이 WTO처럼 무역자유화를 위한 협상기구가 아닌 관계로 자유화보다는 원활화를 통해 역내 상품 및 서비스의 흐름을 확대하려는 의도를 보였기 때문이라고 할 수 있다. 이에 따라 APEC은 '무역 및 투자의 자유화 및 원활화(Trade and Investment Liberalization and Facilitation: TILF)'를 '경제기술협력(Economic and Technical Cooperation: Ecotech)'과 함께 양대 협력축으로 설정하고 회원국들의 협력프로그램들을 추진해 왔던 것이다. 무역원활화가 TILF 프로그램의 주요 의제이기는 하지만, 회원국들의 '최적관행'을 공유하고 이를 다른 회원국들이 자국의 실정에 맞도록 벤치마킹할 수 있는 장을 제공해 준다는 점에서 Ecotech에서도 무역원활화를 위한 다양한 활동이 진행되고 있는 것으로 분석된다.

특히 1994년 설립된 통관절차 소위원회(SCCP: Sub-Committee on Customs Procedures)는 상품 및 서비스가 APEC 지역내에서 효율적으로, 실질적으로, 안전하게 이동되고 국경이 조화롭고 원활히 관리될 수 있도록 역내 통관절차의 단순화 및 동조화를 목표로 삼고 다양한 활동을 수행하고 있다.

이러한 APEC의 노력은 2001년에 채택된 상해합의(Shanghai Accord), 2005년의 부산로드맵(Busan Roadmap), 2006년의 하노이실행계획(Hanoi Action Plan) 등 일련의 무역원활화 관련 회원국들의 협력프로그램을 채택함으로써 보다 구체적인 모습으로 추진되었다. 또한 APEC은 WTO에서 발효된 무역원활화 협정의 이행을 위한 지원에도 정책적 초점을 두고 있는데, 특히 통관 절차 관련 정부 기관을 모두 온라인으로 연계하여 통관 단일창구(Single Window)를 구축하고 이를 통해 통관절차를 보다 단순화하는 데 노력하고 있다. 따라서 APEC은 다른 국제기구들보다 상대적으로 구체적이고 실행가능한 무역원활화 프로그램을 실시하고 있다는 특징을 보이고 있다.

3.4.3 WTO 협상과정과 무역원활화협정의 주요 내용 　　　　>>>

앞서 설명한 바와 같이 무역원활화는 일반적으로 통관절차의 간소화, 표준화 및 조화, 현대화를 의미하는데, 넓은 의미로는 이와 같은 국경조치 뿐만 아니라 국가의 인프라 수준, 기업환경, 투명성, 규제정책 등의 국내 조치도 포괄하는 개념이다. 무역원활화는 싱가포르 이슈 가운데 유일하게 DDA 협상의 정식의제로 채택되어 2005년부터 협상이 본격화되었으며, 2009년에는 통합협정문이 작성·배포되어 이후 통합협정문의 문안조정을 중심으로 협상이 전개되었다.

무역원활화 통합협정문은 Section I(의무규정)과 Section II(개도국 우대)로 구성되어 있는데, 협상은 도출된 협정문안에 기초하여 회원국간 이견을 보이는 조문을 중심으로 타협안을 도출하는 방식으로 진행되었다. Section I은 GATT 5조(통과의 자유), 8조(수출입 절차 및 수수료), 10조(무역규정의 공표 및 시행)를 명확히 하고, 필요시 이를 개선하는 내용과 세관협력 등 주로 무역원활화를 위한 의무를 규정하고 있다. Section II는 Section I의 의무이행과 관련된 개도국 지원조항으로 A, B, C 3개의 의무로 구분되는데, A 의무는 협정발효 즉시 이행하는 의무이며, B 의무는 협정발효 이후 일정기간 경과 후 이행하는 의무, C 의무는 협정발효 이후 일정기간 경과 및 능력배양을 위한 선진국의 지원을 조건으로 이행하는 의무를 지칭하는 것이다.

무역원활화 협상은 Section I에서 최대한 높은 수준의 의무를 부과해 통관을 원활히 하려는 선진국과 의무화 부담은 낮추고 대신 Section II에서 이행을 위한 선진국의 지원을 최대한 확보하려는 개도국이 대립하면서 협상이 전개되어 왔다. 무역원활화 의무조항인 Section I에서 개도국들은 인적·물적 자원의 제약을 이유로 법적구속력이 없는 '노력한다(endeavor)'라는 문구를 주장해온 반면, 선진국들은 Section II에서 지원을 해주기 때문에 법적구속력이 있는 '의무화(shall)' 문구를 주장해왔다. 개

| 표 Ⅲ-3-12 | 발리패키지의 무역원활화 협상결과 주요 내용

분류	조항	주요내용
GATT 제10조 (무역규정의 공표·시행) 관련 규정	제1조 정보의 공표 및 이용	수출입 절차 및 요건서류 등 정보의 공표, 인터넷을 통한 공표, 질의처 설치
	제2조 사전공표 및 협의	법령 발효 전 공표, 법령 제·개정시 의견 제출 기회 부여 등
	제3조 사전판정	물품 수입전 서면 요청시 품목분류·원산지 등에 대한 구속력 있는 답변 제공
	제4조 불복절차	세관 결정에 대한 사법적·행정적 불복 신청권 보장
	제5조 공정성, 비차별, 투명성 제고를 위한 기타 조치	통제·검역 강화 통보에 관한 원칙, 통관보류시 통보, 2차 테스트 기회 부여
GATT 제8조 (수출입 수수료 절차) 관련 규정	제6조 수출입 관련 요금 및 수수료	수출입 관련 요금 및 수수료에 관한 원칙, 관세법 등 위반시 패널티 부과
	제7조 물품의 반출 및 통관	도착전 처리, 전자적 납부, 반출 및 제세 분리, 위험관리, 통관후 심사, 물품 평균 반출시간의 측정 및 공표, 인가된 영업자, 특송화물, 부패성 상품
	제8조 국경기관간 협력	수출입 관련 국경기관간 협력, 인접 회원국 국경기관간 협력
	제9조 세관통제하의 수입 물품 이동	세관통제하에 수입물품이 수입항으로부터 통관항으로 이동하는 것을 보장
	제10조 수출입 및 통과 관련 절차	절차·서류 요건의 주기적 검토 및 간소화, 사본의 수용, 국제표준의 사용, 단일서류접수 창구, 선적전 검사의 폐지, 세관브로커 사용금지, 국경 절차의 통일, 통관 관련 형식 및 서류 요건의 통일, 통관 거부된 물품의 반환, 일시수입 및 역내외 가공
GATT 제5조 (통과의 자유) 관련 규정	제11조 통과의 자유	서비스에 상응하는 수수료·요금 부과, 물품 식별 및 요건 충족에 필요한 한두내에서 절차·요건서류 요구, 담보는 요건충족을 보장하는 한도로 제한
신규 도입	제12조 세관협력	수출입신고에 의심이 있는 경우 세관간 정보 교류

자료: 한국관세무역개발원(www.kctdi.or.kr).

| 표 Ⅲ-3-13 | 무역원활화 협정의 주요 내용

조항	주요 내용	합의 수준
인터넷을 통한 정보 제공(1.2항)	수출입 절차, 관련 법령 등 통상 관련 정보(1.1항에 명시된 정보)를 인터넷을 통해 제공	의무화
질의처의 설립 (1.3항)	1.1항에 명시된 정보에 대한 정부, 여타 이해관계자의 질의에 응답할 수 있는 1개 이상의 질의처를 설립	의무화수준 완화
사전심사(3항)	수입 전에 신청자에게 수입물품의 품목 분류, 원산지에 대해 심사하여 서면통보	의무화 단 의무화 범위 대상 축소
불복절차(4항)	행정 결정에 대해 행정적, 사법적으로 불복할 수 있는 권리 제공	의무화
패널티 조항(6.3항)	상황에 대한 고려와 위반 정도 및 경중에 비례하여 패널티를 부과	의무화
도착 전 처리(7.1항)	도착 시 물품의 신속한 반출을 위해 도착 전 처리절차의 도입 또는 유지	의무화
전자납부(7.2항)	관세, 세금, 요금 및 수수료 등에 대한 전자납부절차 도입 또는 유지	의무화수준 완화
위험관리(7.4조)	위험관리 시스템의 도입 및 유지	의무화수준 완화
통관 후 심사(7.5항)	통관 및 관련 법률의 준수를 보장하기 위한 통관 후 심사의 도입 및 유지	의무화
인가된 무역업자 (7.7항)	인가된 무역업자에 대해 수출입, 통과 관련 추가적인 무역원활화 조치를 제공	의무화 단 추가적인 무역원활화 제공범위 축소
특송화물(7.8항)	항공화물 시설을 통해 반입된 화물의 신속한 반출을 위한 절차의 도입 또는 유지	의무화 단 신속한 특송화물의 반출을 위해 회원국이 제공해야 하는 조치의 범위가 일부 삭제되거나 완화
복사본의 수용 (10.2항)	수출입, 통과 관련절차에 요구되는 관련 서류의 복사본 수용	의무화수준 완화
싱글윈도우(10.4항)	싱글윈도우 시스템의 도입 및 유지	의무화수준 완화
선적 전 검사 (10.5항)	품목 분류, 관세 평가와 관련된 선적 전 검사요구를 금지	의무화 단 적용범위를 제한
세관중개인의 사용(10.6항)	발효 이후부터 세관중개인 사용의 의무화 금지	의무화 단 회원국의 정책적 우려를 침해하지 않는 경우로 제한
통과의 자유(11.5항)	통과 교통을 위한 별도의 인프라 구축	의무화수준 완화

자료: Agreement on trade facilitation, Draft ministerial decision(WT/MIN(13)W/8)을 기초하여 작성.(서진교외, WTO 발리 각료회의(MC9)의 평가와 정책적 시사점에서 재인용)

도국 우대조항인 Section II에서 개도국들은 선진국의 기술 및 재정지원 담보를 주장해온 반면, 선진국들은 개도국이 선진국의 지원 부족을 이유로 의무이행을 회피하는 것을 방지하기 위한 자세로 일관해왔다. 2013년 9월 이후 아제베도 사무총장 주도의 집중적인 협상을 통해 선진국이 Section I의 의무화 수준을 일부 완화하고, Section II의 대개도국 우대확대를 수용함으로써 부분적인 잠정 타협안을 도출한 후, 발리 각료회의에서 다시 개도국의 요구와 선진국의 입장을 조정하여 최종합의에 도달하게 되었다. Section I 중 이행에 따른 비용이 높고 지원이 필요한 대표적인 분야와 기술적인 사안 외에 정치적으로 민감했던 분야를 중심으로 의무화 수준에 있어 협상 막판까지 선진국과 개도국간에 첨예하게 대립했던 조항의 협상 결과와 최종합의 수준은 〈표 III-3-13〉과 같다. 이행비용이 높고 기술지원이 필요한 분야의 경우 조항별로 선진국과 개도국의 의견이 적절히 반영되어 타협안을 도출하였다. 이 타협안은 WTO 회원국의 2/3가 국내비준을 완료한 2017년 2월 22일 무역원활화협정(TFA)으로 발효되었다.

3.4.4 평가 및 전망　〉〉〉

　　앞에서 상세하게 소개되었듯이 관세 및 비관세장벽을 감축하거나 없애는 데 주력하는 무역자유화와는 달리 무역원활화는 무역의 흐름을 방해하는 각종 행정적·절차적 규제들을 대상으로 한다는 점에서 차이가 있다. 무역원활화가 무역거래비용의 감축을 통해 국가간 무역거래를 활성화하고, 이를 통해 다양한 경제적 이익을 향유하려는 활동이기 때문에 특히 무역자유화가 진전된 최근 들어 WTO에서도 이에 관해 종래보다 커다란 관심을 가지고 협상을 진행하는 등 보다 적극적인 활동을 전개하고 있다. 그러나 적지 않은 국제기구들이 1950년대부터, 그리고 보다 본격적으로는 1970년대부터 다양한 활동을 전개해 온 것이 사실이다. 무역원활화와 관련된 다양한 국제기구들이 전개해 온 활동은 다음과 같이 요약할 수 있다. 첫째, 국제기구들이 무역원활화에 관심을 가지기 시작한 것은 1950년대 WCO의 설립 이후부터라고 할 수 있을 정도로 매우 오랜 역사를 보이고 있다. 둘째, 다양한 국제기구들이 무역원활화에 참여하고 있는 가운데 각 기구들이 담당하고 있는 업무영역에 따라 일종의 기구간 분업이 이루어지고 있는 것으로 분석된다. 즉, WCO의 경우 관세행정 및 상품분류 등 주로 관세제도와 관련된 무역원활화 업무에 주력하고 있으며, 이에 반해 UNCTAD 등 UN 기구들은 개발도상국들이 무역원활화를 통해 이익을 향유할 수 있는 프로그램의 개발에 주력하고 있는 것이 좋은 예이다. 셋째, 대부분의 국제기구들은 무역원활화가 국제무역의 확대를 통해 궁극적으로는 이를 시행하는 국가의 경제성장에 도움이 된다는 인식을 공유하고 있으나, 무역원활화를 추진하기 위한 제반 여건이 각국마다 다를 수 있다는 점을 인식하고 있다. 따라서 대부분의 국제기구들이 이러한 국가간 차이를 축소하기 위해 '최적관행'의 공유 및 전파, 개발도상국들을 위한 능력배양 프로그램의 실시 등을 중점적으로 추진하고 있다.

무역원활화에 관한 논의 및 활동이 다양한 국제기구들에 의해 1960년대부터 활발하게 전개되어 온 반면, GATT/WTO체제는 1990년대 중반에 들어와서야 본격적으로 관심을 기울이기 시작하였다. 이는 앞에서도 설명되었듯이 GATT/WTO가 오랫동안 자신들의 본연의 임무인 무역자유화에 역량을 집중해 왔었기 때문이라고 할 수 있다. 즉, 1990년대 중반까지는 무역장벽의 감축을 통한 국제무역의 확대효과가 상대적으로 컸었던 데 비하여, 무역장벽이 크게 축소된 1990년대 중반 이후부터는 무역확대를 통한 경제성장의 효과를 유도하는 데 있어서 무역원활화의 역할이 보다 중요해진 데 기인한다.

WTO는 무역자유화에 있어서와 마찬가지로 무역원활화를 추진하는 데 있어서 회원국들의 역량이 서로 다를 수 있다는 점을 고려하고 있다. 예를 들어 개발도상국이나 최빈개도국들이 선진국들과 같은 속도 및 규모로 통관을 위한 자동화시스템을 구축해야 한다면 그들에게는 감당하지 못할 정도로 커다란 재정적 부담을 지우게 되어 결국에는 협상결과를 이행하지 못하는 결과가 초래될 가능성이 높다. 이를 고려하여 무역원활화협정이 기술적 지원 및 능력배양 프로그램을 명문화한 것은 바람직한 것으로 평가할 수 있다. 왜냐하면, 무역원활화를 통한 경제적 혜택을 모든 회원국들이 나누어 가질 때에야 비로소 합의 가능한 규정들이 도출될 수 있기 때문이다.

    WTO의 연구에 따르면, 무역원활화협정의 발효를 통해 WTO 회원국들이 완벽히 의무사항을 이행할 경우 평균 14.3%의 무역비용이 감소할 것이며 이에 따라 매년 1조 달러 가량의 무역이 증가할 것으로 예측되었다.[3] 특히 아프리카 국가 및 최빈개도국의 무역비용 하락률이 16%를 기록하며 더 큰 혜택을 누릴 것으로 전망되었다. 또한 제조업의 경우 평균 18%의 무역비용이 하락하고, 농업 부문의 무역비용 역시 10.4% 하락할 것으로 전망되었다. 또한 무역거래비용의 감소에 따른 혜택 외에도 밀수, 사기 등에 대한 국경통제의 효율성 증가, 자원의 효율적 배분, 관세수입의 증가, 수출입업자의 규제준수 강화 등과 같은 혜택 역시 기대할 수 있을 것으로 평가된다.[4]

주요용어

- 무역거래비용
- 세계관세기구
- 국제통일상품분류체계
- 표준 및 적합
- 심층적 통합(deep integration)
- 교토협약
- 능력배양 프로그램
- 전자상거래

연습문제

1. 무역원활화와 무역자유화의 차이점을 논하시오.
2. 무역원활화가 가져오는 경제적 효과는 어떠한가?
3. 무역원활화를 위한 주요 국제기구들의 활동은 어떠한가?

---

3) WTO(2015), World Trade Report 2015, Geneva: World Trade Organization.
4) 『포스트 발리 DDA 협상의 전개방향 분석과 한국의 협상대책』(2014, 대외경제정책연구원, 서진교·김민성·송백훈·이창수, 연구보고서 14-06) 참고.

4. WTO 무역원활화협정의 주요 내용은 무엇인가?

5. 무역원활화협정에서 개발도상국과 최빈개도국에 대해서 특혜조치가 제공되어야 하는 이유는 무엇인가?

제 **5** 절   >>> **자본거래**

한국의 OECD가입과 자본거래 자유화

우리나라는 80년대 후반부터 선진국간의 정책협조 및 토의 기구인 OECD에의 가입을 검토하기 시작하였고 90년대에 와서 본격적으로 가입을 추진하였다. 우리나라의 OECD 가입에 대해서는 국내외에서 많은 찬반 논란이 있었는데 논쟁의 핵심적인 사항은 OECD 가입에 따른 국내 금융 및 자본시장의 개방수준과 관련된 내용이다.

우리나라는 1990년대 초반까지도 경제 및 교역규모에 걸맞지 않게 자본시장과 금융시장을 상당히 폐쇄적이고 시장경쟁제한적으로 유지, 운영하여 왔다. 그 결과 우리나라의 금융산업 및 시장의 경쟁력은 실물부문에 비해서 상대적으로 매우 취약하게 되었다. 이런 상황에서 자본자유화 확대 및 금융시장의 개방확대를 야기할 수 있는 OECD에의 가입 추진에 대해 우리나라의 금융산업 및 경제전반에 엄청난 충격을 줄 수 있다는 우려 때문에 반대하는 여론이 비등하였다. 그러나 우리나라는 우려와는 달리 비교적 낮은 자유화수준으로 OECD에 가입한 것으로 평가되고 있다. 1996년 가입 당시 우리나라의 자본자유화정도는 54.9%로 29개 회원국 중 가장 낮은 수준이었다.

OECD가 우리나라의 가입을 자본이동과 관련된 대폭적인 추가 개방 요구 없이 허용한 주된 이유는 우리나라의 세계경제에서의 비중 증대와 정책협조 및 토의의 필요성 때문이라 할 수 있다. 그러나 비록 가입시 대폭적인 자본자유화의 요구가 없었다 할지라도 OECD는 각종 자본 및 금융 관련 위원회 등을 통하여 우리나라에 대해 지속적으로 자유화압력을 가하리라 예상되었다. 즉 우리나라의 OECD 가입은 상당한 구속력이 있는 다간 자본이동 및 금융관련 협상에 참여하게 된 것으로 이해되어야 할 것이다. 그러나 1997년 말 외환위기 이후 우리나라는 OECD의 점진적 자유화 확대방식이 아닌 IMF 등의 요구에 의하여 자본 및 금융시장의 자유화를 대폭 확대하였다.

3.5.1 국제자본거래 개요 >>>

1. 국제자본거래의 유형

국제자본거래란 일반적으로 재화나 서비스의 국제거래에 수반되는 지급수단의 거래가 아닌 자금의 차입 및 대부, 즉 금융거래에 따른 통화의 국가간 이동을 의미한다.

자본거래는 여러 형태로 분류할 수가 있다. 첫째, 자금의 대차가 공급자와 수요자간에 직접적인 계약으로 이루어지는 직접금융거래와 금융중개기관을 통하여 이루어지는 간접금융거래로 분류될 수 있다. 둘째, 금융거래의 만기를 기준으로 1년 미만으로 거래가 이루어지는 단기금융거래와 1년 이상의 거래가 이루어지는 중장기 금융거래로 분류될 수 있다. 셋째, 신규로 발행되는 증권이 거래되는 발행시장거래와 이미 발행된 증권의 거래가 이루어지는 유통시장거래로 구분할 수 있다. 넷째, 거래관련 금융기관의 소재국 통화로 이루어지는 역내시장거래와 소재국의 통화가 아닌 외국통화로 자금의 대차가 이루어지는 역외시장거래 또는 유로시장거래가 있다. 마지막으로 기업의 경영권을 목표로 이루어지는 직접투자거래와 단지 수익률을 위한 증권거래 또는 포트폴리오 거래 등이 있다.

한편 주요 국제금융시장에서는 비거주자간의 거래가 매우 활발히 이루어지고 있지만 자본거래와 관련된 국제규범은 주로 속지적 차원에서 거주자와 비거주자간의 자본 및 외환거래와 관련된 사항에 초점이 맞추어지고 있다.

〈그림 Ⅲ-3-5〉는 해외에서 거주자와 비거주자간에 발생할 수 있는 여러 유형의 금융거래를 보여 주고 있다. 여기서 유로채는 채권발행 소재국의 통화가 아닌 통화로 발행, 거래되는 채권을 의미하며 외국채는 채권발행소재국의 통화로 발행, 거래되는 채권을 의미한다.[1] 신디케이트대출

---

1) 예를 들어 한국기업이 영국에서 달러표시로 채권을 발행할 경우 이것은 유로채이지만

| 그림 Ⅲ-3-5 | 국내거주자의 해외시장에서의 금융거래 유형

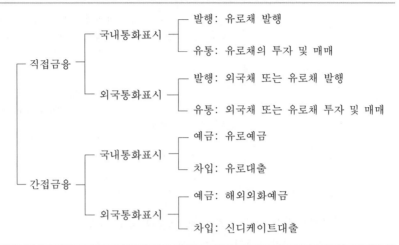

은 일단의 대출자들이 차관단을 형성하여 대규모의 중장기 자금을 융자
하는 금융거래방식이다.

2. 국제금융시장 및 자본거래의 현황

국가간 자본거래가 이루어지는 국제금융시장을 기능별로 구분하면
〈그림 Ⅲ-3-6〉과 같은데 중장기 금융시장을 의미하는 국제자본시장과 국
제단기금융시장, 파생금융상품시장 그리고 이종통화간의 교환이 이루어지
는 외환시장으로 분류될 수 있다.

중장기금융시장을 의미하는 국제자본시장은 다시 유로채시장(euro
bond market)과 외국채시장(foreign bond market)으로 구분되는 국제채권시
장과 신디케이트 형식의 대출이 주종을 이루는 유로대출시장(euro credit
market), 채권발행에 의한 자금조달방식과 은행대출방식인 신디케이트 대
출방식을 결합한 형태인 중기차입퍼실리티시장, 그리고 국제주식시장 등
으로 구분될 수 있다.[2] 한편 국제단기금융시장은 각국의 단기금융시장과

파운드표시 채권을 발행할 경우는 외국채에 해당된다.
2) 차입퍼실리티는 백업금융이라고도 하는데 금융기관이 채권이나 어음 발행자 등에 대하
여 채권이나 어음의 인수확약 또는 보증을 제공하는 금융방식이다.

| 그림 Ⅲ-3-6 | 국제금융시장의 구분

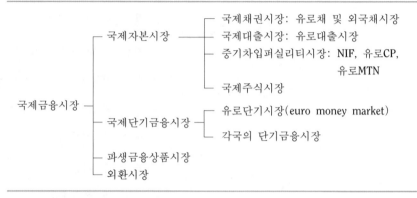

유로단기시장(Euro money market) 등을 포함한다.

국제금융시장은 70년대 후반부터 본격적으로 확대되기 시작한 OECD 국가들의 자본 및 외환자유화와 1982년 외채위기 이후 가속화되기 시작한 개발도상국의 자유화확대 등으로 인하여 90년대에 들어와서 그 이전과는 매우 다른 모습을 보여 주고 있다.

90년대 이후 국제금융시장의 첫 번째 특징으로는 국가간의 자본이동 규모가 크게 증대되었다는 점이다. 국제자본시장에서의 총 자본조달규모는 95년 중반부터 지속적으로 증가해서 글로벌 금융위기 직전인 2007년에 약 12.4조 달러로 최고에 달했다. 그러나 〈그림 Ⅲ-3-7〉에서 보는 바와 같이 글로벌 금융위기 이후 급격히 감소한 후, 다소 회복되는 추세에 있지만 여전히 침체상태에 있는데 2016년 기준 4.3조달러 수준에 그치고 있다.

둘째는 세계금융시장은 상당한 수준으로 통합화되어 있다는 점이다. 이것은 곧 세계금융시장의 단일화를 의미하는 것으로 1980년대 이래 각국의 금융자유화 및 자본자유화 확대와 통신 및 정보처리기술의 발달 등에 기인한다고 할 수 있다. 통합화의 진전으로 전세계 금융기관간의 경쟁은 한층 심화된 반면 금융시장의 효율성은 크게 증대되었다. 그러나 이는 환율 및 금리의 변동폭 확대와 각국 금융시장간의 연계 강화로 인한 금융시장의 구조적 불안정성을 증대시키는 결과를 초래하고 있다.

셋째는 자금조달이나 운용방식에 있어서 직접금융방식의 비중이 크게

| 그림 Ⅲ-3-7 | **국제자본이동규모***   (단위: 조 $)

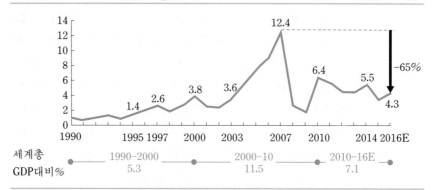

* : 총자본유입을 의미하며 여기에는 지분투자(equity), 직접투자(FDI), 채권(debt securites)과 대출(lending) 등을 포함.

자료: International Monetary Fund(IMF) Balance of Payments; McKinsey Global Institute analysis.

| 그림 Ⅲ-3-8 | **유형별 국제자본유입 규모 추이**   (단위: 조 $)

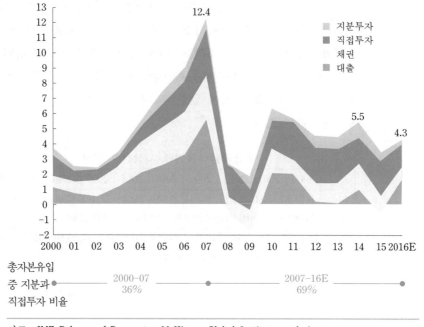

자료: IMF Balance of Payments; McKinsey Global Institute analysis.

증대되었다는 점이다. 즉 금융의 증권화현상이 심화되었다. 국제자본시장에서의 총 자금조달 중 간접금융방식인 신디케이트 대출은 1981년에는 약 80% 수준에 달했으나 그 후 급속히 감소하여 1996년에는 22.0%로 감소하였다. 이후 다시 증가하기 시작해서 2007년에 46% 수준으로 증가하였다. 반면 직접금융에 의한 자금조달 비중은 1981년 이후 계속 증가해서 2000년에는 71.1%로 증가되었다. 그러나 그 이후 감소해서 글로벌 위기 이전인 2007년에는 54%로 줄어들었다. 위기 이후에는 다시 증가하기 시작해서 2016년 약 60.5%에 달하였다. 금융의 증권화현상은 주로 1982년의 남미국가들을 중심으로 한 외채위기와 주요 선진국의 정부채 발행증대에 기인한다고 할 수 있다.

넷째는 환율 및 금리와 같은 거시경제변수의 불확실성 증대로 인한 금융자산가격의 변동성 증대와 정보처리기술의 발달 등으로 인하여 신종 금융상품 및 거래기법의 개발이 급속히 이루어지고 있다는 점이다. 선물, 옵션, 스왑과 같은 파생금융상품거래의 계약잔고는 1986년 약 1조 1,200억 달러에서 1995년 말에는 약 26조 9,000억 달러로 증가하여 10여 년 사이에 24배 규모로 성장하였다. 〈표 Ⅲ-3-14〉에서 알 수 있는 바와 같이 2000년에 파생금융상품시장의 계약잔고는 약 109조 480억 달러로 증가하였고 2007년에는 약 674조 420억 달러까지 가파르게 증가하였다. 하지만 금융위기로 2008년에는 약 649조 830억 달러 수준으로 감소한 후 2012년에 약 686조 달러에 달한 후 다시 감소해서 2017년 기준 약 623조 달러를 기록하였다.

| 표 Ⅲ-3-14 | **파생금융상품거래 시장잔고 규모**　　　　　　(단위: 십억 달러)

	2000	2001	2002	2006	2007	2008	2009	2010	2011	2012	2017
거래소거래	14,278.0	23,798.0	23,873.7	69,390.4	79,078.0	57,859.9	73,118.2	67,946.6	57,989.9	54,076.9	81,031
장외거래	95,199.0	111,178.0	141,737.0	418,131.0	595,341.0	591,963.0	603,899.8	601,046.4	647,811.1	632,578.7	542,435
합　계	109,477.0	134,976.0	165,610.7	487,521.4	674,419.0	649,822.9	677,018.0	668,993.0	705,800.9	686,655.6	623,466

자료: BIS, Derivatives Statistics, 2018.

3. 국제자본거래 자유화의 이론적 배경

국제무역이론에서는 생산요소의 하나로 간주되는 자본의 국가간 이동이 허용될 경우 그것이 사회후생 또는 국민총생산에 어떠한 효과를 초래하는가에 대한 여러 이론들이 제시되고 있다. 우선 현재와 미래의 시점간의 자원배분 개념을 고려하지 않는 정태적 분석에서는 자본의 한계생산력 차이로 인한 국가간 자본이동은 결국 전세계 및 각국의 국민총생산 수준을 증대시킴을 보여 주고 있다. 〈그림 III-3-9〉에서 볼 수 있는 바와 같이, 국가간 자본이동이 없는 경우 A, B 두 국가의 자본스톡은 각각 O_AK, O_BK, 그리고 국민총생산은 O_AabK, O_BedK이다. 한편 B국가의 자본의 한계생산력은 A국가의 그것보다 높은 수준에 있다. 이런 상황에서 국가간 자본이동이 허용될 경우 A국가의 자본은 더 높은 수익률이 가능한 B국가로 이동하게 되어 결국 균형은 E점, 즉 A국의 자본 중 KK'만큼의 자본이 B국가로 이동한 상태가 된다. 이때 전세계 총생산규모는 자본이동 전보다 $\triangle Ebd$만큼 증대되고, 이 중 Ebc는 A국가로, Edc는 B국가로 귀속됨에 따라 자본거래의 자유화는 전세계는 물론 각 국가의 생산규모를 증대시킨다.

| 그림 III-3-9 | 자본이동의 정태적 효과

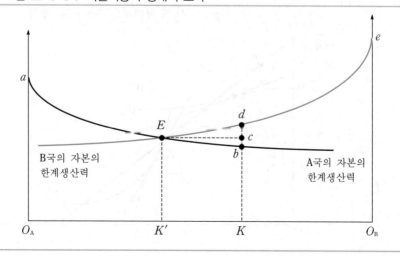

한편 시점간 모형(intertemporal model)의 경우 자본이동은 국가간 현재소비(현재재)와 미래소비(미래재)의 교환을 의미하는데 자본이동이 자유화될 경우 각 국가는 현재소비와 미래소비의 교환을 통하여 현재와 미래 두 기간에 걸친 사회후생수준을 증대시킬 수 있음을 보여 주고 있다. 〈그림 Ⅲ-3-10〉에서 보는 바와 같이 A, B 두 국가의 현재재와 미래재에 대한 생산가능곡선은 공히 VV'이고 사회후생함수는 각각 W_A, W_B일 경우 국가간에 자본이동이 허용되지 않는 상황에서 각 국가의 균형생산점 및 소비점은 각각 E_A와 E_B로 결정된다. 그리고 실질이자율을 나타내는 균형점에서의 접선의 기울기는 A국에서 B국보다 높게 나타난다. 즉 A국의 현재소비에 대한 선호가 B국보다 크기 때문에 A국은 현재소비를 미래소비를 대가로 증대시키려 한다. 반면에 B국은 상대적으로 현재소비보다는 미래소비를 선호한다. 따라서 두 국가간의 현재소비와 미래소비의 교환이 발생될 수 있는 것이다.

이때 현재소비로 표시한 미래소비의 상대가격은 1/(1+실질이자율)로 주어지는데 이것은 곧 A국의 미래소비 상대가격이 B국의 그것보다 낮은 것을 의미한다. 따라서 비교우위이론에 의해서 A국은 미래재를 수출하고 현재재를 수입하며 B국은 현재재를 수출하고 미래재를 수입하는 무역패턴을 보여 주게 된다.

| 그림 Ⅲ-3-10 | 시점간 무역모형에서의 자본이동 효과

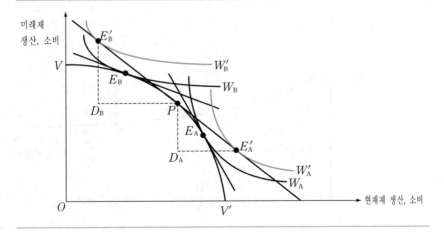

이런 상황에서 자본이동이 자유로울 경우 새로운 생산균형점은 E_A와 E_B 사이의 한 점인 P점에서 결정되고 소비점은 각각 E'_A와 E'_B에서 결정되고 A, B 두 국가의 후생수준이 모두 증대하게 된다. 이때 A국은 $E'_A D_A$만큼의 현재재를 수입하고 PD_A만큼의 미래재를 수출하며 반대로 B국은 $E'_A D_A$와 동일한 규모의 $D_B P$만큼의 현재재를 수출하고 $E'_B B$만큼의 미래재를 수입하게 된다. 즉 A국은 자본을 수입해서 현재재의 소비를 증대하는 반면 B국은 자본을 수출해서 미래의 소비에 사용하는 행태를 보여 주게 된다.

한편 직접투자와는 달리 간접투자의 경우는 포트폴리오의 국제적 분산을 통하여 투자위험을 분산할 수 있기 때문에 자본자유화의 확대가 효율적인 자원배분을 유도할 수 있다.

3.5.2 자본거래 관련 국제규범의 성립과정과 주요 내용 〉〉〉

1. OECD 자본이동 자유화규약의 확대과정

90년대에 들어와서 국가간 자본거래규모는 각국의 자본자유화 및 금융규제완화, 정보통신기술의 발달, 파생금융상품을 통한 위험헤징 및 재정거래 등으로 인하여 크게 증대하고 있다. 이런 과정에서 세계금융시장은 더욱 빠르게 통합화되고 각국은 자국의 금융시장 경쟁력 확보를 위해서 적극적으로 금융 및 자본거래 자유화를 추진하였다. 그러나 자본거래와 관련해서는 아직까지 무역거래를 관장하는 WTO협정과 같은 포괄적인 다자간 규범이 존재하고 있지 않은 상황이다. 단지 주요 선진국들의 정책협의기구인 OECD에서 자본거래와 관련된 규정이 시행되고 있을 뿐이다.

OECD는 자본거래와 관련된 자유화확대를 위하여 1961년 기구출범시 회원국의 의무적 준수규범인 결정규범(decision)으로 자본이동자유화규약과 경상무역외거래자유화규약을 제정하였다. 후자 규약의 경우는 금융거래를 수반하지 않는 서비스거래로 대표되는 무역외거래의 국경간 거래 및 관련 지급수단의 자유로운 이동이 주요 목표이다.

그러나 1960년대까지는 미국, 독일, 스위스 등 일부 회원국에서만 자본거래가 비교적 자유화된 반면 대부분의 회원국에서는 자본거래에 대해 상당한 수준의 규제를 부과하였다. 그 이유는 고정환율제도인 브레튼우즈(Bretton Woods)체제하에서 자본규제를 통화정책의 독자성을 확보하기 위한 수단으로 간주하였기 때문이다.

그러나 브레튼우즈체제가 1973년 붕괴되고 주요 국가들이 변동환율제도를 채택함에 따라 자본규제에 대한 완화조치가 본격적으로 추진되기 시작했다. 그러나 1974년과 1980년에 발생한 두 차례의 오일쇼크로 인하여 거시경제 전반의 불안정성이 크게 증대됨에 따라 자본이동에 대한 규제를 다시 강화하기 시작했다.

이러한 자본거래에 대한 규제상황은 1985년 영국의 금융개혁조치인 빅뱅(Big Bang)을 선두로 1980년대에 와서 크게 달라지기 시작하였다. 일본은 외국환 관리법을 전면 개정함으로써 본격적으로 자본자유화를 추진하기 시작하였다. 그 이후에 호주, 뉴질랜드, 네덜란드, 스웨덴, 노르웨이 등이 상당히 빠른 속도로 자유화를 확대하였다. 반면 덴마크, 프랑스, 핀란드, 이탈리아 등은 80년대에 걸쳐 점진적으로 자유화를 확대하였다.

80년대에 들어와서 OECD회원국은 경제의 활성화를 위한 새로운 정책운영방식의 하나로 자본자유화를 확대하게 되었다. 이 당시 OECD회원국의 가장 핵심적인 정책과제의 하나가 자본규제의 완화를 통한 정책의 일관성 및 신뢰성 확보 그리고 금융시장의 효율성 제고였다. 자본자유화를 확대하게 된 또 다른 요인으로는 국제금융시장의 통합화가 가속화되고 유로시장이 급속히 확대, 발전되는 상황에서 자본규제는 해당국가의 금융산업 및 기관의 경쟁력을 약화시키는 요인으로 작용했다는 점이다.

한편 OECD회원국 중 유럽국가들의 경우는 1986년에 체결된 단일유럽법(Single European Act)에 의해서 본격적으로 추진되기 시작한 유럽 단일시장 프로그램에 따라 자본자유화를 적극적으로 확대하였다.

이러한 80년대의 전반적인 상황의 변화는 OECD의 자본이동자유화규약에 반영되었는데 1986년에는 자유화규약의 직접투자관련항목에 외국인에 대한 비차별적인 회사설립의 보장을 의미하는 회사설립권(right of establishment)이 명시되었다. 그리고 1989년에는 대폭적으로 규약의 개정 및 확대가 이루어졌는데 그 동안 자유화대상에서 제외되었던 단기자본거래항목, 파생상품거래, 외환거래 등이 자유화대상 항목으로 포함되었다. 이로써 국가간 자본거래유형의 대부분이 OECD 자본이동자유화규약에 포함되게 되었다.

OECD의 자본이동자유화규약이 대폭 확대하게 된 배경은 국제금융시장의 통합화 확대 및 업무영역의 완화에 따른 금융기관간의 경쟁심화 그리고 다양한 헤징상품의 등장으로 인해 단기금융거래와 장기금융거래간에 연계성이 강화된 점 등을 지적할 수 있다. 이런 상황에서 다자간 규범 하에서의 자본거래 자유화확대를 효과적으로 수행하기 위해서는 단기금융거래를 자유화규약에 포함시켜야 한다는 점이 OECD회원국간에 합의되었다. 그리고 국가간의 자본거래 행태는 매우 급속히 변화, 발전하므로 새로운 유형의 자본거래 모두를 자유화규약의 대상에 포함시키는 것이 자유화규약의 목적 달성에 바람직하다는 결론에 도달하였다.

한편 1989년에 개정된 OECD의 경상무역외거래자유화규약에도 자본거래와 직·간접적으로 관련이 있는 은행 및 금융서비스 항목이 추가되었다. 대표적으로 자본거래와 밀접한 관련이 있는 지불 및 예금서비스, 그리고 직접투자거래의 일종인 은행 및 금융서비스 기관의 지점 또는 사무소의 설립과 관련된 사항 등이 경상무역외거래자유화규약의 항목으로 추가되었다.

우리나라의 OECD가입 연도인 1996년 말과 2007년 말 그리고 글로벌 금융위기 이후인 2017년 말 기준 자본이동 자유화규약 대비 OECD회원국외 자유화수준은 〈표 III-3-15〉와 같다.[3)4)] 표에서 볼 수 있는 바와 같이 90년대에 가입한 국가들(멕시코, 체코, 헝가리, 한국)은 가입 후 점차

---

3) 여기서 자유화율은 단순히 자유화된 항목수를 자본이동 자유화규약의 총항목수로 나눈 값으로 정의하였다. 따라서 이 수치는 자유화유보의 정도 및 내용을 고려한 실질적인 자유화수준과는 일정부분 괴리가 나타날 수 있다.

4) 2018년에 OECD에 가입한 리투아니아는 제외하였음.

| 표 Ⅲ-3-15 | OECD회원국의 자본거래 자유화율*

국가	1996년말	2007년말	2017년말	국가	1996년말	2007년말	2017년말
룩셈부르크	100.0	91.2	87.9	일본	91.2	83.9	93.4
네덜란드	96.7	96.7	96.7	프랑스	90.1	92.3	92.3
영국	96.7	96.7	96.7	미국	89.0	94.5	94.5
오스트리아	95.6	86.8	95.6	벨기에	87.9	89.0	96.7
덴마크	95.6	95.6	95.6	포르투갈	85.7	82.4	95.6
아일랜드	95.6	95.6	95.6	호주	84.6	89.0	87.9
캐나다	94.5	85.7	95.6	터키	82.4	76.9	78.0
핀란드	94.5	85.7	94.5	멕시코	70.3	73.6	84.6
그리스	94.5	85.7	93.4	체코	64.8	83.5	92.3
아이슬란드	94.5	94.5	94.5	헝가리	58.2	85.7	89.0
뉴질랜드	94.5	94.5	94.5	폴란드	56.0	84.6	84.6
노르웨이	94.5	94.5	94.5	한국	54.9	90.1	86.8
스페인	94.5	84.6	93.4	슬로바키아	-	94.5	94.5
스웨덴	94.5	85.7	94.5	칠레	-	-	71.4
스위스	94.5	85.7	85.7	슬로베니아	-	-	93.4
이탈리아	92.3	94.5	96.7	에스토니아	-	-	93.4
독일	91.2	87.9	96.7	이스라엘	-	-	94.5
-	-	-	-	라트비아	-	-	90.1

*: 자유화율 = {자유화 항목수(= 총 자유화 대상항목수 - 유보항목수)/ 총자유화 대상항목수}×100.

적으로 자유화 수준을 확대하였다. 그러나 칠레를 제외한 2000년대에 가입한 국가들의 자유화수준은 매우 높은 것으로 나타났다. 한편 2008년 글로벌 금융위기에도 불구하고 캐나다, 포르투갈, 멕시코, 체코 등 자유화수준을 확대한 국가들이 자유화수준을 낮춘 국가들보다 더 많은 것으로 나타났다.

2. OECD 자본이동 자유화규약의 구체적 내용

1) OECD 자본이동자유화규약의 구성

OECD가 여타 국제기구 또는 협정과 구별되는 특징 중의 하나는 유

일하게 국가간의 자본거래와 관련된 포괄적인 규정을 제정, 시행하고 있
다는 점이다. 이 중 OECD의 양대 자유화규약으로 지칭되는 자본이동자
유화규약과 경상무역외거래자유화규약이 자본거래 및 서비스거래 자유화
와 관련된 핵심 규정이다.5)

경상무역외거래자유화규약의 경우에는 국가간(cross-border) 서비스
거래의 자유화, 즉 각종 서비스거래의 국가간 계약 및 해당 외환지급 그
리고 외환이전의 자유화가 주요 자유화대상인데 11개의 대항목과 57개의
소항목으로 구성되어 있다.

| 표 Ⅲ-3-16 | OECD 자본이동 자유화규약의 항목 분류

대　항　목	소　항　목		
	List A	List B	계
Ⅰ. 직접투자	6	–	6
Ⅱ. 직접투자의 청산	2	–	2
Ⅲ. 부동산거래	2	2	4
Ⅳ. 자본시장에서의 증권거래	8	–	8
Ⅴ. 단기금융시장 거래	–	12	12
Ⅵ. 기타 양도가능 금융수단 및 증권화되지 　않은 권리 등의 거래	–	10	10
Ⅶ. 공동투자증권의 거래	8	–	8
Ⅷ. 국제무역 및 용역거래 관련 신용	2	1	3
Ⅸ. 금융상의 신용 및 대부	–	2	2
Ⅹ. 담보, 보증 및 백업금융	6	2	8
Ⅺ. 예금계정거래	2	2	4
Ⅻ. 외환거래	–	6	6
ⅩⅢ. 생명보험 관련 자본거래	2	–	2
ⅩⅣ. 개인적 자본거래	7	1	8
ⅩⅤ. 자본자산의 실물이동	4	–	4
ⅩⅥ. 비거주자 소유 봉쇄자금의 처분	4	–	4
계	53	38	91

자료: OECD, *Code of Liberalization of Capital Movements*, 2017.

---

5) OECD는 금융, 재정, 투자, 환경, 농업, 에너지분야 등에 있어서 회원국들의 강제적 또는
자발적 준수가 요구되는 사항들을 245개의 규범으로 구체화하고 있는데 양대 자유화규
약은 법적으로 회원국의 강제적인 준수가 요구되는 규범인 결정규범(decision)이다.

한편 자본이동자유화규약은 국내외 통화로 표시된 거주자와 비거주자에 의한 자본의 유입과 유출을 자유화대상으로 항목화하고 있는데 16개의 대항목과 91개의 소항목으로 구성되어 있다.[6] 〈표 Ⅲ-3-16〉에서 알 수 있는 바와 같이 직접투자 및 자본시장관련 거래는 물론 단기금융거래, 금융상의 신용 및 대부, 금융기관에의 예금계정거래, 금융옵션, 스왑, 선물 및 백업금융(back-up facilities),[7] 외환거래, 개인간 자본거래 등 국가간 자본거래유형의 대부분을 포함하고 있다. 한편 본 규약의 항목은 List A와 List B 항목군으로 구분되는데 전자는 경제위기나 외환위기의 경우 등 예외적인 경우를 제외하고는 일단 자유화가 된 경우 자유화의 재유보가 불가한 거래군인 반면 후자는 경제상황의 변화에 따라 자유화의 재유보가 허용되는 항목군이다.

2) 항목별 내용

직접투자관련 항목으로는 직접투자(Ⅰ)와 직접투자의 청산(Ⅱ) 항목이 있다. 직접투자거래(Ⅰ) 항목은 외국인직접투자와 거주자에 의한 해외직접투자를 포함하고 있는데 완전소유기업이나 자회사 또는 지점의 신설 및 확장, 신설기업에의 지분참여, 구주취득에 의한 기존기업에 대한 소유권의 완전취득과 지분참여, 그리고 만기 5년 이상의 대출 등이 직접투자로 포함되고 있다.

직접투자의 청산(Ⅱ) 항목은 직접투자의 청산관련 자유화와 해당 청산대금의 대외송금 자유화를 포함한다.

부동산관련 항목으로는 부동산거래(Ⅲ)가 있는데 비거주자의 국내부동산의 취득 또는 매매 그리고 거주자의 해외부동산의 취득 또는 매매가 주요 내용이다.

증권투자와 관련된 항목으로는 자본시장에서의 증권거래(Ⅳ), 단기금융시장거래(Ⅴ), 기타 양도가능 금융수단 및 증권화되지 않은 권리 등의 거래(Ⅵ), 공동투자증권의 거래(Ⅶ)가 있다.

---

6) 비거주자들만의 거래, 예를 들어 비거주자들의 유로시장에서의 거래와 특정국가 내에서의 역외시장거래는 본규약의 자유화대상에 포함되지 않는다.

7) 여기서 백업금융은 중기차입퍼실리티를 의미한다.

자본시장에서의 증권거래(Ⅳ)는 국내증권의 해외자본시장에서의 발행과 상장, 외국증권의 국내증권시장에의 발행과 상장 그리고 비거주자의 국내에서의 증권매매와 거주자의 해외시장에서의 증권매매가 포함된다.

단기금융시장거래(Ⅴ)는 단기금융증권의 국내외 시장에서의 발행 및 상장 그리고 거주자 및 비거주자에 의한 매매가 포함된다.

기타 양도가능 금융수단 및 증권화되지 않은 권리 등의 거래(Ⅵ) 항목은 자본시장에서의 증권거래(Ⅳ), 단기금융시장거래(Ⅴ), 그리고 공동투자증권거래(Ⅶ)에 해당되지 않는 권리 등의 거래를 포함하는데 대표적인 거래형태로 금융선물 및 옵션거래, 스왑거래, 선물거래, 선도계약 등 신종 금융상품거래 등이 있다.

공동투자증권거래(Ⅶ)는 증권이나 기타 자산에 대한 투자를 관리할 목적으로 조직된 공동투자기관에 대한 지분증서 또는 기타 그 기관에 대한 투자자 증서 그리고 그 기관이 판매하는 투자증권 등과 관련된 발행, 상장 및 매매거래를 포함한다.

신용거래관련 항목으로는 국제무역 및 용역거래 관련 신용(Ⅷ), 금융상의 신용 및 대부(Ⅸ), 담보, 보증 및 백업금융(Ⅹ) 등이 있다.

국제무역 및 용역거래 관련 신용(Ⅷ)은 국제무역거래에 있어서 만기나 신용공여주체에 관계없이 모든 신용거래를 포함하고 있는데 거래에 거주자가 참여하는 경우와 그렇지 않은 경우로 구분하고 있다.

금융상의 신용 및 대부(Ⅸ)는 직접투자(Ⅰ), 직접투자의 청산(Ⅱ), 국제무역 및 용역거래 관련 신용(Ⅷ) 그리고 개인적 자본거래(ⅩⅣ) 항목에 포함되지 않는 모든 금융거래를 포함한다.

담보, 보증 및 백업금융(Ⅹ)은 지불 및 계약이행을 위한 담보 및 보증, 증권의 발행 또는 인수보증하에 채권의 발행이 이루어지는 백업금융을 포함하는데 국제무역거래와의 관련여부 또는 거주자의 참여 여부 등으로 구분하고 있다.

예금거래관련 항목으로는 예금계정거래(Ⅺ)가 있는데 비거주자의 국내외 통화표시 국내예금과 거주자의 국내외 통화표시 해외예금을 자유화 대상으로 포함하고 있다.

기타 자본거래에는 외환거래(Ⅺ), 생명보험관련 자본거래(ⅩⅢ), 개인적 자본거래(XIV), 자본자산의 실물이동(XV), 비거주자소유 봉쇄자금의 처분(XVI) 등이 있다.

외환거래(XII)항목은 선물환거래, 통화선물 및 옵션, 여타 자유화항목의 거래와는 직접적인 관련이 없는 외환현물시장에서의 거래 그리고 수출을 통해 획득한 외환의 송금 및 국내집중요건, 수입대금지급시 필요한 외환의 보유기간 등이 자유화대상으로 포함되어 있다.

생명보험관련 자본거래(XIII)는 일시불로 지급되는 자본성격의 보험금이나 생사유무에 관계없이 지급기간이 확정되는 확정연금의 유출입 자유화를 포함한다.

개인적 자본거래(XIV)는 외국금융기관에 의한 신용 및 대부가 아닌 개인들간의 거래로 발생되는 자본의 유출입과 및 자본이전 성격의 거래를 포함하고 있다. 개인간 대출이나 증여, 기증, 결혼지참금, 상속 또는 증여에 의한 자본이동, 채무변제를 위한 자본유출, 상금의 해외유출, 비거주 근로자저축의 해외유출 등이 포함되어 있다.

OECD의 다자간 투자협정(MAI)

OECD에서는 직접투자의 증대와 함께 투자 관련 통상마찰이 빈번해짐에 따라 자본이동 자유화규약과 다국적기업에 대한 가이드라인 등과 같은 기존 투자관련 규범을 대체할 새로운 투자규범이 필요하다는 데 합의하게 되었다. 이에 따라 1995년 9월부터 다자간 투자협정(Multilateral Agreement on Investment: MAI)에 대한 협상이 시작되었으며, 1998년 OECD 각료이사회 이전까지 협상을 완료할 예정이었다. 그러나 문화 및 환경분야 등에서 선진국간의 이해대립으로 협상이 중단되었다. MAI는 이제까지의 OECD규범과 달리 법적 구속력과 집행절차를 갖출 뿐 아니라, 다양한 형태의 투자를 총괄하고 있다는 점에서 획기적이라고 평가되었다.

OECD의 MAI는 ① 기존의 투자규범을 보다 강화하기 위한 방안 ② 새로운 투자자유화조치 ③ 투자보호 ④ 분쟁해결절차 ⑤ 비회원국의 참여 및 제도적 문제를 검토하였다. MAI협상은 회원국들간에 비공개로 진행되어 왔으나, 비회원국들에게 가입문호를 개방할 것을 천명한 바 있고 향후 국제투자규범 개정방향을 제시한다는 면에서 관심을 집중시켰다.

자본자산의 실물이동(XV)은 증권 및 기타 자본적 성격의 자산에 대한 권리증서의 수출입과 비산업용 금을 포함하는 지불수단의 수출입 자유화를 그 내용으로 하고 있다.

마지막으로 비거주자 봉쇄자금의 처분(XVI)은 국제수지상의 이유로 자금소재국가의 법령에 따라 송금, 국내사용 및 양도가 제한되고 있는 비거주자 소유 자금, 즉 봉쇄자금의 해외이전 및 관계국 내에서의 사용제한 철폐를 의미한다. 이 규정은 봉쇄자금의 발생 자체를 방지하기 위한 목적으로 채택하였다.

3.5.3 한국의 자본자유화정책 >>>

1. 1997년 외환위기 이전 자본자유화정책

우리나라 자본시장의 대외개방정책의 출발은 1981년 1월에 발표된 「자본시장 국제화 장기계획」이라 할 수 있다. 그러나, 실제로 자본시장의 대외개방 실행계획이 수립되고 이것이 실천에 옮겨지기 시작한 것은 미국을 비롯한 주요 선진국의 시장개방압력에 기인한 부분이 크다. 정부는 1988년 12월 「자본시장 국제화의 단계적 확대추진계획」을 발표하였다. 동 계획은 고임금 여건하에서 국내기업이 국제경쟁력을 계속 유지해 나가기 위해서는 저렴한 자금조달이 필요하므로 자본시장과 증권산업을 점진적으로 개방하고, 해외증권투자 및 증권산업의 해외진출을 허용해야 한다고 밝히고 있다. 즉, 국제자본거래의 자유화를 진전시켜 국내자본시장을 활성화하고 외채의존도를 낮추는 한편, 기업에 대하여 직접금융을 확대함으로써 경영체질을 강화하고, 금융자본거래의 제한에 대한 대외압력에 대처하려는 데 목적을 두고 있다.

자본거래 자유화 확대시 시장개방에 앞서 대내적인 금융시장 규제완

화 및 자율성 확대가 선행되는 것이 일반적인 순서이다. 이는 국내금융시
장이 왜곡되어 있는 상황에서 대외자본거래를 자유화할 경우 오히려 자
원배분의 비효율성이 심화될 수 있기 때문이다. 한국정부는 1980년대에
들어와 대내금융자유화를 위하여 일정 수준의 개혁조치들을 취하였다. 이
러한 조치에는 상업은행의 민영화, 은행영업에 대한 진입장벽 철폐, 새로
운 금융수단 도입, 금리자유화 추진, 자본시장 자유화 등이 포함되었다.
그러나 이러한 조치들이 얼마나 실질적으로 작동했는지에 대해서는 회의
적이다. 예를 들어 상업은행 등이 1980년대 초 이후 민영화되었으나, 여
전히 정부의 통제에서 벗어나지 못하였다. 금리자유화의 경우도 당초계획
(1991. 8)에 따르면 1991년 11월부터 1단계 자유화에 들어가 1997년 이후
완전자유화까지 이루도록 되어 있었다. 그러나, 정부는 1단계 추진 후 경
기둔화를 이유로 2단계 자유화를 연기하였다. 한편, 비은행권, 특히 투자
금융회사는 지하자금을 양성화하기 위하여 설립되었으나, 단기운영자금만
을 공급하도록 기능을 제한함으로써 기업금융구조를 더욱 악화시키는 결
과를 초래하였다.

1990년대에 들어오면서 경상수지적자에 따른 국제수지 보전필요성
및 선진국의 자본시장개방압력에 의하여 자본시장의 대외개방이 탄력을
받기 시작하였다. 그 결과 1992년 주식시장이 제한적으로 개방되었다. 그
러나 여전히 자본거래에 대하여 상당한 규제를 유지하였다.

1990년대 한국의 자본자유화는 「자본시장 국제화계획」에서 예고되었
지만, 미국과 같은 주요 선진국과의 협상으로 구체화되는 경향이 강하였
다. 1993년 6월 한미금융협상 결과로 발표된 금융자유화와 시장개방을 위
한 청사진이 그러한 경우이다.

결론적으로 1997년 외환위기 이전의 한국의 자본자유화는 칠레나 인
도네시아 등과 같은 개도국과 비교할 때 속도는 매우 더디고 그 범위도
선택적이었다고 할 수 있다. 일견 한국의 자본자유화는 전반적인 금융자
유화의 테두리 안에서 체계적이고 순차적으로 진행된 것처럼 보인다. 그
러나 외환위기 이전까지 자본자유화는 일관된 청사진에 의하여 진행되기
보다는 경상수지 상황과 대외압력에 따라 방향과 폭이 조정되는 양상을
보였다.

2. 외환위기 이후 자본자유화정책

1997년 외환위기 이후 한국정부는 다양한 방식을 통하여 외환을 확보하기 위해서 대폭적인 자본자유화를 추진하였다. 한국정부는 애당초 대폭적인 자본자유화에 반대하는 입장을 표명하였으나 구제금융을 위한 일괄협상의 결과 이를 수용하였다. 이에 따라 외국인투자지분에 대한 한도를 실질적으로 철폐하고, 적대적 인수합병을 허용하며, 국내채권시장을 개방하는 등 획기적인 자유화조치를 취하였다. 그 결과 1996년 10%에 불과했던 외국인의 국내주식 보유 비중은 2004년 시가총액의 40% 이상으로 상승했다. 그러나 2008년 글로벌금융위기 이후 감소한 후 최근 다시 상승해서 2017년말 30% 중반에 달하고 있다. 반면 외국인 채권보유비중은 2017년말 약 6% 수준을 나타내고 있다.

자본시장개방이 과연 외환위기의 와중에서 필요한 조치였는가에 대해서는 논란이 있다. 비판론자들은 자본시장개방에도 불구하고 자본유입은 기대와는 달리 큰 규모로 이루어지지 않은 반면 자본시장의 완전개방에 따라 투기적 공격의 위험만 커졌다고 주장한다. 즉, 금융부문에 대한 감독기능의 강화 및 자본흐름의 투명성 제고와 같은 사전정지작업이 없이 자본자유화를 추진하는 것은 위기를 초래할 확률을 높일 수 있다는 교훈이 무시되었다는 것이다. 그러나 일본의 경험에 비추어 볼때 외환위기와 같은 위기상황이 아니라면 금융부문의 개혁과 자유화를 촉진하는 계기가 자체적으로 마련되기는 어려웠을 것이라는 주장도 제기되고 있다.

한편 1999년 4월부터 자본자유화를 보완하는 조치로 외환거래의 자유화조치가 시행되었다. 1단계 외환거래 자유화의 결과 재무구조가 건실한 기업들은 외화차입이 자유화되었고, 외환결제절차도 간소화되었다. 또한 자유로운 선물환 거래가 허용되었고, 통화선물시장도 도입되었다. 2000년 1월부터는 외국환거래에 대한 원칙허용·예외금지제도가 도입되었고, 개인관련 외환거래가 대폭 자유화되고, 기업의 해외예금 및 해외신용공여가 자유로와졌다. 2001년 1월부터 실시된 2단계에서는 단기외화차입이 기업뿐 아니라 개인 및 비영리법인까지 제한적으로 확대되었다. 그리고 2006년부터는 비거주자의 원화차입과 원화증권 대차 등에 적용하던 허가제가 폐지되고 한도제한 없이 모두 신고만으로 제한없이 원화조달이 가능하도록 자유화되었다. 그리고 해외부동산 취득, 금융기관이나 기업들의 해외차입에 관한 규제가 상당부분 자유화되었다.

3.5.4 평가 및 전망 〉〉〉

각국의 금융, 자본 및 외환자유화의 확대, 정보통신기술의 발달, 신종 금융거래기법 및 상품 개발의 가속화 등에 의해서 과거보다는 훨씬 빠른 속도로 국가간의 자본이동규모가 확대되고 국제금융시장의 통합화가 이루어졌다. 또한 생산의 세계화추세로 인하여 무역과 투자는 더욱 보완적인 관계로 발전되고 효율적인 생산 및 자원배분을 위한 투자 자유화의 중요성이 크게 증대됨에 따라 자본거래가 급속히 확대되었다. 그러나 이러한 자본거래 자유화확대는 2008년 미국발 세계적인 금융위기로 인하여 그 추세가 주춤하고 국가간 자본거래 규모도 급격히 감소하였으나 최근 다시 회복되는 상황이다.

우리나라의 경우는 대외적으로는 그 동안 주로 쌍무적인 통상압력에 의해서 자본거래의 자유화를 확대하였고 1996년 OECD 가입을 계기로 새로운 방식으로 자본자유화를 추진하고자 계획하였다. 우리나라의 OECD 가입은 자본거래와 관련한 일종의 복수국간 국제협정에 참여한 것으로 해석할 수 있다. 우리나라는 당초에 우려했던 바와는 달리 1996년 가입 당시 OECD국가들의 평균 자본자유화수준인 89%에 훨씬 못 미치는 55%의 자본자유화수준으로 OECD에 가입하였다.

이러한 상황은 1997년 말 초래된 우리나라의 외환위기로 인하여 급변하였다. 국가신인도 하락과 이로 인한 외환위기의 극복을 위해서 수용한 IMF협약에 따라 채권거래는 물론 단기자본거래까지도 자유화함으로써 우리나라의 자본시장은 실질적으로 상당한 수준의 자유화가 이루어졌다고 평가될 수 있다. 따라서 앞으로 우리 경제는 투기성 단기자금(hot money)의 급격한 유출입에 따른 경제교란을 최소화하기 위한 적절한 수준의 외환유동성의 확보와 거시경제의 안정적 운용 및 금융감독기능의 강화 그리고 대내외 금융협력을 통한 금융안전망의 확충 등을 꾸준히 추진해 나가야 할 것이다.

주요용어

- 직접금융거래와 간접금융거래
- 파생금융상품
- OECD 자본이동자유화규약
- 회사설립권
- 투자보호

- 유로시장
- 금융의 증권화
- OECD 경상무역외거래자유화규약
- 다자간 투자협정(MAI)

연습문제

1. 국제자본거래의 형태를 몇 가지 유형으로 분류하고 90년대 국제금융시장의 특징적 사항을 서술하시오.
2. 국제금융시장을 기능별로 구분, 설명하시오.
3. 70년대 이후 OECD회원국이 본격적으로 자본거래 자유화를 확대한 배경을 설명하시오.
4. OECD가 회원국의 자본자유화를 추진할 때 적용하는 기본원칙을 설명하시오.
5. OECD자본이동자유화규약의 List A와 List B 항목에 대하여 설명하시오.

제4장

국제통상의제의 다원화

GATT체제는 관세 및 비관세 장벽의 지속적인 완화를 통해 세계적인 교역증대와 신흥개도국들의 경제발전에 중요한 역할을 하였다. GATT체제를 보완하여 출범한 WTO체제는 서비스교역, 지식재산권, 농산물교역 등을 포괄하게 되었으며 분쟁해결절차 또한 대폭 강화되어 세계적인 교역을 규율하는 다자간 규범으로 기능하고 있다.

WTO체제는 주로 국경에서의 교역장벽을 규율하기 위한 규범과 더불어 보조금, 지식재산권 등과 같이 무역에 영향을 미치는 국내조치에 대한 규범도 일부 갖추고 있다. WTO체제의 출범 이후 국경에서의 교역장벽을 넘어서 무역에 영향을 미치는 다양한 국내정책에 대한 논의 및 규범의 필요성이 제기되고 있다.

상품과 서비스의 생산 및 판매과정, 이와 관련된 직접투자 등 모든 경제활동에 있어 공정한 경쟁기회를 보장해야 할 필요성이 있다는 것이 새로운 통상이슈가 대두되고 있는 배경이다. 이와 같은 새로운 통상이슈로는 환경정책, 경쟁정책, 직접투자, 무역원활화 등이 있다. 이외에도 노동정책과 무역의 연계 문제가 제기되기도 하였으나, WTO보다는 ILO(국제노동기구)가 노동과 관련된 문제를 논의하고 국제규범을 정하기에 보다 적절한 장이라는 합의가 도출됨에 따라 관련 논의가 ILO로 이관되었다.

본 장에서는 새로운 통상이슈에 대한 논의 경과, 핵심적인 쟁점 그리고 관련 규범의 형성가능성 등을 각 이슈별로 다루어 보고자 한다.

4.1.1 직접투자의 개요   >>>

1. 정의 및 개념

기업활동의 세계화가 진전되면서 국내에서 해외로 그리고 해외에서 국내로의 투자가 급증하고 있다. 외국인직접투자(foreign direct investment)는 외국인투자자가 경영에 직접 참여할 목적으로 투자하는 것을 의미한다. 투자의 주체가 내국인이 아닌 외국인이라는 점과 단순히 자본뿐만 아니라 새로운 경영기법이나 기술이 함께 이전된다는 점이 직접투자의 주요한 특징이라고 하겠다. 물론 자본이동이 자유롭다면 내국인도 외국에 직접투자를 행할 수 있는데, 이 경우에는 해외직접투자(overseas direct investment)라고 일컫는다. 외국인직접투자와 해외직접투자는 직접투자를 어느 쪽의 시각에서 정의하느냐에 차이가 있을 뿐 그 본질은 동일하다.

외국인직접투자는 단독, 또는 합작을 통하여 자회사를 설립하고 신설기업 지분에 참여하거나 기존 기업의 주식을 매수함으로써 경영에 참여하는 형태를 취할 수 있다. 흔히 전자를 신규투자(greenfield investment), 그리고 후자를 인수합병형 투자(M&A type investment)로 구분한다. OECD의 자본이동 자유화규약을 보면 직접투자를 ① 완전소유기업, 자회사 또는 지점의 설립 및 확장, 기존기업 소유권의 완전소유, ② 신설 또는 기존 기업에의 자본참여, ③ 장기 대부(5년 이상)로 폭넓게 정의하고 있다. 그러나, 자본자유화가 상당히 진척된 선진국과 달리 대부분의 개도국에 있어서는 신규투자나 이와 연관된 재투자만을 직접투자로 인정할 뿐, 기존기업의 주식매수 또는 장기대부를 허용하지 않는 경우가 많다.

기업의 인수합병이 일반화된 선진국에서는 직접투자와 간접투자와의 경계가 급속히 허물어지고 있다. 간접투자는 위험분산과 수익증대를 목적으로 해외에서 발행된 주식이나 채권 등을 구매하는 포트폴리오 투자(portfolio investment)를 의미한다. 간접투자라고 하여도 지분이 어느 정도 수준에 이르면 자연스럽게 경영권을 행사할 수도 있다. 경영참여를 목적으로 하는 투자를 단순한 자산투자와 어떻게 구분하는가는 국가별로 차이가 있으나 대개 해당기업의 의결주 중 10% 이상을 획득하는 경우를 직접투자로 파악하고 있다.

1990년대 이후 유럽과 미국을 중심으로 국제적 인수합병이 크게 증가하면서 인수합병형 직접투자도 괄목할 만한 증가세를 보이고 있다. 2017년의 경우 세계 전체의 외국인직접투자액은 총 1.4조억 달러에 달하였는데, 이 중 국제 인수합병 투자가 약 7천억 달러를 차지하였다. 2000년대 초에는 전세계 직접투자에서 차지하는 선진국의 비중이 70%를 넘어섰으나, 최근 개발도상국으로의 수직적 FDI의 확대로 인하여 2017년에는 그 비중이 약 50% 수준에 머문다(그림 Ⅲ-4-1, 그림 Ⅲ-4-2 참조). 특히 미국에 대한 외국인직접투자의 경우 M&A형태의 투자비중이 높은데, 미국의 금융구조가 인수합병이 용이하며 미국과 같이 성숙한 시장에 대한 진입에는 신규투자보다는 기존기업의 인수가 유리하다는 점이 그 이유로 지적되고 있다.

2. 이론적 배경

직접투자에 대한 최대관심사는 왜 직접투자가 이루어지는가라는 문제이다. 직접투자는 경영참여를 목적으로 하기 때문에 단순히 국내외이자율의 차이에 따라 결정되는 간접투자와는 다른 요소들이 중요한 역할을 담당하게 된다. 직접투자의 동기는 대략 새로운 시장개척을 목적으로 하는 시장지향형, 천연자원의 개발 및 가공을 위한 자원개발형, 생산요소비용을 낮추기 위한 생산효율성 지향형, 첨단기술의 획득을 위한 기술지향형, 정치적 불안을 회피하기 위한 안정지향형 등으로 나누어 볼 수 있다.[1] 이러한 다

---

1) 이러한 유형들은 모든 투자동기를 망라하고 있거나, 상호 배타적인 것이 아니다. 예를 들

양한 동기를 가진 외국인투자자들로 하여금 기업환경이 달라짐으로써 예상 되는 여러 위험을 무릅쓰고도 투자를 결정케 하는 유인이 무엇인가에 대 한 연구가 여러 각도에서 진행되었다.

투자자의 입장에서 직접투자의 결정요인을 연구한 하이머(S. H. Hymer)는 해외영업의 불리함에도 불구하고 투자가 이루어진다는 사실 자 체가 기업특유의 우위(firm-specific advantage)가 존재한다는 증거라고 보았 다. 그는 규모의 경제와 경영상의 노하우에서 기업우위의 원천을 찾았다. 물론 독점적인 기업우위가 반드시 해외투자를 의미하지는 않는다. 왜냐하 면 계약을 통하여 기업우위에 대한 사용권을 임대하고 그 대가를 받을 수 도 있기 때문이다. 따라서 기업이 직접투자를 택하는 것은 기업우위를 내부 적 거래를 통하여 이전하려는 동기가 중요하다는 내부화(internalization)이 론이 제시되었다. 더닝(J. H. Dunning)은 독점적 우위와 내부화이점에 추 가적으로 투자유치국의 요소가격이나, 조세·금융혜택 등 입지상의 우위 (locational advantage)가 필요하다는 절충적인 시각을 제시하였다.[2]

직접투자는 투자국과 투자유치국간의 분업을 심화하고 세계경제통합 을 촉진하는 수단으로 인식되고 있다. 또한 직접투자의 활성화는 무역의 증대에도 기여한다는 실증자료가 제시되고 있다.[3] 사실 직접투자의 긍정 적 효과에 대한 인식변화는 격세지감을 느끼게 할 정도이다. 1980년대 초 까지만 해도 선진국에 기반을 둔 다국적기업은 개도국에 대한 착취의 대 명사처럼 여겨졌다. 직접투자는 개도국의 저임노동력을 활용하거나, 또는 시장을 선점하여 개도국의 경제발전을 저해하려는 장기적 포석으로 비판

어 개도국의 저임금노동력을 이용하여 제3국으로 수출하는 경우는 시장개척형과 생산 효율성지향형 둘 다에 해당된다. 한편 선진국의 무역장벽을 극복하기 위한 새로운 유형 의 직접투자도 활발하게 이루어지고 있다(Eiteman, Stonehill and Moffett(1995) 참조).

2) 투자가 주로 선진국 간에 활발한 셈에 수복하여 요소부존도의 차이보다는 투자유치국 의 시장규모와 양국 간 거래비용이 투자의 결정요인이라는 이론적 틀에 기반을 두고 있다(Krugman(1983) 및 Brainard(1993) 참조).

3) 미국의 경우 해외생산이 증가할수록 중간재뿐 아니라, 최종재의 수출도 증가한다는 실 증분석(Lipsey and Weiss(1981, 1984))이 있으며, 일본의 경우에는 직접투자가 수출을 증대시킬 뿐 아니라, 수출증대가 투자증대로 연결된다는 양방향의 인과관계가 존재하 는 것으로 밝혀졌다(Kawai(1994)). 한국의 직접투자에 대한 실증분석결과도 선진국의 경우와 크게 다르지 않다(유재원(1996)).

| 그림 Ⅲ-4-1 | 선진국, 개도국의 해외직접투자 유입 추이　　　(단위: 억 달러)

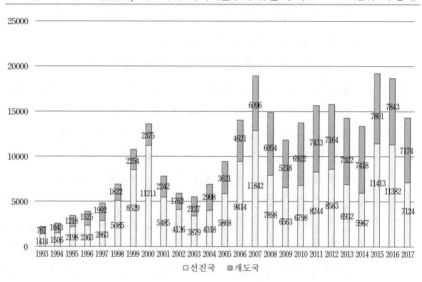

자료: UN UNCTAD(2018)

| 그림 Ⅲ-4-2 | 유형별 해외직접투자 추이　　　(단위: 억 달러)

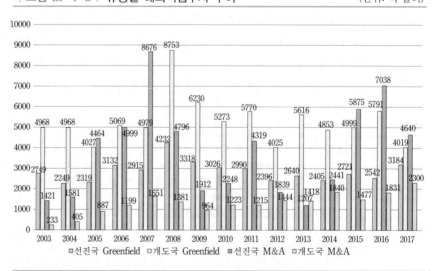

자료: UN UNCTAD(2018)

되어졌다. 그러나 이제 직접투자는 투자재원조달 및 고용증대의 수단으로 또한 기술 및 경영노하우를 이전하는 수단으로 각광받기에 이르렀다. 선진국이나 개도국을 막론하고 외국인투자유치를 위하여 경쟁하고 있는 것은 바로 이러한 이유 때문이다.

M&A형 직접투자의 경우에는 신규투자와 달리 아직 그 경제적 효과에 대한 본격적인 분석이 이루어지지 않고 있다. 그러나, 일반적인 인수합병과 마찬가지로 M&A형 직접투자는 내부적으로 기업혁신을 촉발하고, 대외적으로는 기업활동의 세계화를 촉진시키는 것으로 평가되고 있다. 자본거래의 자유화 및 규제완화가 진전될수록 외국기업에 의한 국내기업의 인수합병 및 국내기업에 의한 외국기업의 인수합병이 활성화될 전망이다.

4.1.2 직접투자 관련 WTO규범 >>>

1. 직접투자 관련 국제규범의 배경

GATT에서 투자규범 관련 문제가 최초로 제기된 것은 1981년 GATT 자문그룹회의(CG-18)에서 미국이 다국적기업에 부과되는 이행요건이 투자왜곡효과를 가져온다는 IBRD-IMF의 합동 연구결과를 토대로 GATT에서 투자요건과 관련된 투자조치 목록을 작성토록 제안한 것을 들 수 있다. 그러나, 이 제안은 여타 체약국의 반대로 채택되지 못하였다. 미국은 1984년에 캐나다의 외국인투자심사법(Foreign Investment Review Act: FIRA)이 외국인 투자기업에 대하여 부당한 이행요건을 가하고 있다고 GATT에 제소하였다. 이러한 조치는 외국인투자정책문제의 국제협상화에 직접적 계기가 되었다. 그러나 GATT패널의 모호한 결정은 분쟁의 해결에는 별다른 도움을 주지 못하였다. 왜냐하면 FIRA의 국산부품사용의무는 GATT 제3조(내국민대우) 제4항에 위반되지만, GATT 제20조(일반적 예외)를 적용

직접투자와 무역

　　직접투자와 무역간의 상호관계는 오랫동안 중요한 연구과제로 주목받아 왔다. 해외직접투자가 수출을 대체하고 역수입이 증가한다면 본국의 생산 및 고용은 감소하게 될 것이고, 반대로 직접투자가 수출을 촉진하고 역수입이 그다지 크지 않다면 국내생산을 증가시키는 효과를 가져오게 될 것이다. 일본의 경제학자 고지마(K. Kojima)는 해외직접투자가 일본의 경우와 같이 비교우위를 상실한 부문에서 이루어지면 본국과 투자유치국간 무역이 증대되는 반면, 비교우위가 있는 부문에서 이루어지면 무역이 감소한다고 주장한 바 있다. 한편 직접투자가 거래비용이나 무역장벽을 회피할 목적으로 이루어진다면 수출을 대체할 것이라는 주장도 제기되었다.

　　선진국 경제에 대한 실증분석은 대체로 해외직접투자와 수출이 상호보완적임을 보여준다. 그러나, 이론적으로 직접투자와 무역간의 관계는 일률적으로 단정지을 수 없다. 직접투자로 인한 현지생산이 최종재의 수출을 대체하더라도 중간재나 자본재수출은 증가할 수 있으며, 직접투자가 투자유치국의 전반적인 생산, 소비 및 무역구조에 있어서 상당한 변화를 줄 수도 있다. 또한 해외투자로 인한 기업 이미지나 인지도의 제고는 비단 모기업의 수출뿐 아니라, 경쟁기업의 수출까지 증대시키는 외부효과를 가져올 수도 있다.

하게 되면 정당화될 수도 있다고 결정하였기 때문이다. 수출이행의무 역시 GATT 제20조에 의하여 허용될 수 있다고 보았다.

　　이러한 우여곡절 끝에 미국은 투자관련문제를 UR협상의 의제로 채택된 데 주동적 역할을 담당하게 되었다. 미국이 외국인투자에 관한 국제규범을 GATT에서 마련하여야 한다고 주장한 반면, 유럽이나 개도국들은 이 문제를 GATT에서 다루는 것을 반대하였다. 특히 개도국은 외국인투자정책이 경제성장 및 발전을 위한 정당한 정책수단이라는 입장에서 무역관련 투자조치의 의제선정 자체에 대하여 상당히 부정적인 입장을 취하였다.

　　결국 UR협상에서 외국인투자정책의 무역관련 효과만을 다루기로 합의함으로써 가까스로 국제규범의 제정을 위한 줄다리기가 시작되었다. 그리고, 외국인투자에 대한 인센티브 부여문제는 보조금・상계관세 협정에서, 상품교역이 아닌 서비스교역 관련 투자조치나 무역왜곡효과와 무관한 일반투자조치는 협상대상에서 제외하기로 결정하였다. 그러나 협상이 진

행되는 동안 선진국과 개도국은 무역 관련 투자조치의 정의 및 대상, 규
제조치, 개도국 우대문제 등을 둘러싸고 날카로운 의견대립을 보였다.

2. 무역 관련 투자조치(TRIMs) 협정

무역 관련 투자조치(Trade Related Investment Measures: TRIMs)는 외국
인투자와 관련하여 무역흐름을 제한하거나 왜곡시키는 효과를 가져오는
제도적 장치, 즉 투자유치국의 규제나 인센티브를 지칭한다. UR TRIMs
협정은 투자조치의 무역왜곡 및 무역제한효과를 방지함에 있어서 법적
구속력을 지닌 최초의 다자간 규범이라는 점과 GATT체제를 공고히 하는
데 기여한다는 데서 그 의의를 찾을 수 있다.

TRIMs협정의 핵심은 상품교역관련 투자이행요건의 금지로 요약될 수
있는데, 그 주요 내용은 아래와 같이 정리할 수 있다. 다만 대상투자조치가
신규투자에 대한 강제적 조치로 대폭 축소되었고, 선진국에 기반을 두고
있는 다국적기업의 제한적 사업관행에 대한 규제, 기술이전 및 외국인 지
분참여 제한조건이 논의에서 제외되었다는 점에서 한계를 노출하고 있다.

1) 내국민대우와 수량제한금지

GATT 제 3 조(내국세 및 규제에 관한 내국민대우) 및 제11조(수량제한의
일반적 금지)에 저촉되는 투자조치는 취할 수 없다. 제 3 조 4항에 저촉되
는 투자조치로는 ① 국산품이나 국내에서 조달된 제품의 사용이나 구매
강요, ② 수입품의 구매나 사용을 국산품의 수출과 연계하는 행위가 해당
된다. 또한 제11조 1항에 저촉되는 조치에는 ① 국내생산에 필요한 제품
수입의 제한 또는 최종재 수출과의 연계, ② 외환조달상의 규제를 통하여
국내생산에 필요한 제품수입의 제한, ③ 수출이나 수출을 위한 판매의 제
한 등이 해당된다.

2) 개도국 우대조치

내국민대우 및 수량제한의 금지원칙에 어긋나는 조치의 철폐에 있어
선진국에 비하여 유리한 유예기간을 허용한다. 그러나, 전반적 예외는 인

정되지 않는다.

3) 통지 및 경과조치

모든 체약국은 협정발효 후 90일 이내에 협정과 어긋나는 모든 무역 관련 투자조치를 상품교역이사회에 통지하여야 한다. 이와 같이 통지된 투자조치는 일정기간 내에 철폐하여야 한다(선진국: 2년 이내, 개도국: 5년 이내, 극빈개도국: 7년 이내). 단, 개도국은 특별한 경제적 곤란이 있을 경우 경과기간 연장을 신청할 수 있다.

3. 서비스교역에 관한 일반협정(GATS)

UR협상의 결과 서비스무역에 관한 다자간협정이 최초로 제정되었다. 서비스교역에 관한 일반협정(GATS)은 이로 인해서 서비스교역과 관련된 포괄적인 자유화의 기틀이 마련되었다는 점에서 커다란 의의가 있을 뿐 아니라, 서비스 관련 투자의 자유화에 있어서도 중요한 전기를 마련하였다고 평가되고 있다. GATS에서는 서비스교역을 서비스 자체의 국경간 이동, 서비스 소비자의 국경간 이동, 서비스 공급자의 타국에서의 상업적 주재(commercial presence), 자연인 이동을 통한 서비스 공급의 4가지 형태로 정의하고 있다. 이 중에서 서비스 공급을 위하여 공급자가 타국에 주재할 수 있다는 항목은 실질적으로는 투자를 전제로 하고 있다.

투자관련 주요 내용으로는 투명성, 내국민대우, 최혜국대우, 설립권, 송금 등 투자자유화 및 투자보호규정을 들 수 있다. 내국민대우의 경우 회사설립권 요건을 포함하여 형식에 상관없이 자국의 서비스 및 서비스 공급자에게 유리하게 경쟁조건을 적용할 수 없도록 규정하고 있다는 점에서 전통적인 내국민대우 개념을 진일보시켰다고 평가된다.

그러나 서비스협정은 최혜국대우, 내국민대우 및 시장접근이 포괄적으로 예외 없이 이루어지는 것은 아니다. GATS는 원칙적으로 회원국들에게 최혜국원칙을 적용토록 규정하고 있으나, 예외적인 일탈을 허용하고 있다. 한편 시장접근과 내국민대우를 회원국의 일반적 의무사항이 아닌 구체적 약속사항으로 다루고 있고 국가별 양허표에 명기된 분야에 대해서만 자유화의무가 있다.

요약하면 GATS에는 투자관련 규정이 포함되어 있으나, 이를 일반적
인 투자규범으로 간주하기에는 많은 문제점을 내포하고 있다. 투자심사나
이행요건에 대하여 직접적 언급이 없으며, 투자보호규정이 미흡하다. 또
한 투자자유화의 대상분야를 열거하는 포지티브방식을 취하고 있는 등
포괄성이 결여되어 있고, 현상동결(standstill) 원칙을 채택하지 않았다는
것도 취약점으로 지적된다.

4. WTO의 투자협정 논의[4]

1996년 싱가포르 각료회의에서는 무역과 투자간의 관계(relationship
between trade and investment)를 검토하기 위한 작업반을 설치하기로 합의
하였다. 그 후 3년간의 논의를 바탕으로 1999년 11월 시애틀 각료회의에
서는 투자를 새로운 협상의제로 포함시킬 것인가를 놓고 격론이 벌어졌
다. EU, 일본 및 한국은 찬성입장을 표명한 반면, 인도를 비롯한 개도국들
은 한 목소리로 반대하였으며, 미국은 소극적이나마 반대하는 입장을 취
하였다. 이후 무역투자작업반의 논의는 계속되었으나, 회원국간 합의를 도
출하는 데 실패하였다. 그 결과 2004년 8월, 투자분야는 도하아젠다에 포
함시키지 않기로 최종결정되었다.

비록 새로운 협상의제로 채택되지 않았지만, 무역투자작업반에서는
선진국과 개도국, 투자국과 투자유치국의 입장을 형평 있게 고려한 절충
안을 도출하기 위하여 노력하여 왔다. 또한 개도국의 개발목표달성을 돕
기 위한 지원과 기술협력, UNCTAD와 같은 국제기구와의 협조를 강조하였
다. 작업반의 논의는 향후 투자관련 국제협상에 있어서 출발점의 역할을 할
것이 확실하다. 따라서 핵심문제들을 검토하고 대안을 모색힐 필요가 있다.

1) 투자의 범위와 정의

무역과 관련된 투자논의에 있어서 직접투자만을 대상으로 할 것인가
아니면 포트폴리오투자까지 포함시킬 것인가는 협정의 목적과 성격을 결

---

4) 이성봉·김관호·김인숙(2003) 참조.

정하는 데 핵심적인 문제이다. 미국 및 캐나다는 직접투자뿐 아니라 포트
폴리오투자까지 논의대상에 포함시킬 것을 주장한 반면, 한국, 일본 및 멕
시코는 직접투자만을 포함시킬 것을 주장하였다. 한편 말레이시아는 개발
정책의 중요성을 고려하여 제한된 범위의 장기직접투자만을 대상으로 할
것을 주장하였다.

2) 투 명 성

투자환경의 투명성제도는 투자활성화를 위한 필수조건 중의 하나이
다. 그러나 사전고지의무나 행정절차의 투명성 보장 등과 관련하여 구체
적으로 어느 정도의 투명성을 어떻게 확보할 것인가에 대해서는 논란의
여지가 크다. 선진국들은 대체적으로 투명성제고가 투자국뿐 아니라 투자
유치국에도 혜택이 돌아가는 만큼 현행 WTO협정 수준의 투명성은 보장
되어야 된다는 입장을 고수하고 있다.

3) 무차별원칙

무차별원칙을 적용할 범위와 적용시점 역시 중요한 이슈가 되고 있
다. 무차별원칙의 적용범위와 관련하여 투자 및 투자자뿐 아니라 투자의
설립, 운영, 처분 등과 같은 투자활동도 포함시킬 것인가가 문제가 되고
있다. 한편 적용시점과 관련하여서는 미국이나 캐나다가 모든 단계에서
적용하여야 한다는 입장인데 반하여, EU 및 한국은 설립 전 단계에서는
조건부로 적용하고 설립 후에는 원칙적으로 무차별대우를 허용하자고 주
장하였다. 한편 인도나 말레이시아는 개도국에 광범위한 예외를 인정하자
는 입장을 표명하였다. 한편 투자설립 전 양허방안과 관련하여서는 대부
분의 국가들이 '원칙허용 예외규제'보다는 '원칙규제 예외허용' 방식을 선
호하고 있다.

4) 개발조항

외국인직접투자가 개도국의 개발목적에 부합되도록 별도의 규정을
둘 필요가 있는가, 아니면 일반규정의 예외인정으로 충분한 것인가에 대
하여 선진국과 개도국의 입장이 팽팽히 맞서고 있다. 또한 기술이전과 관

련하여서도 개도국은 현행 WTO 협정수준 이상의 개발조항을 신설하여야 한다고 주장하는 한편, 선진국의 경우는 과도한 이행의무부과 및 기술지원 규제는 오히려 투자를 위축시킬 것이라고 반대하고 있다.

5) 예외조항과 국제수지 관련 긴급수입제한조치

투자규범의 예외 적용에 있어서 개도국에게 광범위한 유연성을 인정할 것인가, 특히 개발목적을 위한 정책추진을 일반적 예외로 간주할 것인가에 대하여 입장대립이 지속되고 있다. 또한 국제수지를 고려하여 투자자의 해외송금을 제한하려 할 경우 이를 일시적이나마 허용할 것인가 역시 투자자의 권리보호와 상충될 수 있는 문제라고 할 수 있다.

6) 협의와 분쟁해결

WTO 투자협정을 체결할 경우 일부 개도국들은 투자가 무역문제와는 성격이 다른 만큼 일반적인 WTO 분쟁해결절차보다는 별도의 절차를 둘 것을 주장하고 있다. 그러나, 대부분의 회원국들은 WTO의 투자규범의 법적 안정성 및 예견 가능성을 증대시킬 수 있다는 점에서 기존의 분쟁해결제도의 활용을 지지하는 입장이다.

4.1.3 OECD의 포괄투자정책협약 〉〉〉

1. 포괄투자정책협약의 추진배경

OECD회원국들은 직접투자의 증대와 함께 투자관련 통상마찰이 빈번하여짐에 따라 자본이동 자유화규약과 다국적기업에 대한 가이드라인 등과 같은 기존투자관련 규범을 강화한 새로운 투자규범이 필요하다는 데 합의한 바 있다. 이에 따라 1995년 9월부터 다자간 투자협정(Multilateral

Agreement on Investment: MAI)에 대한 협상이 시작되었으며, 1998년 OECD 각료이사회 이전까지 협상을 완료할 예정이었다. 그러나 문화 및 환경분야 등에서 회원국간 이해대립이 첨예화되면서 협상이 중단되었고, 이에 따라 다자간 투자협정 추진노력도 무산되고 말았다.

이러한 실패를 경험삼아 OECD 회원국들은 새로운 형태의 직접투자 규범을 모색하기에 이르렀다. 이러한 노력이 구체화되는 데 중요한 전기를 제공한 것은 인류를 빈곤으로 구제하기 위한 행동지침을 담고 있는 2000년 UN의 '밀레니엄 선언'(Millennium Declaration)과 이를 구체화한 2002년도 'UN 몬테리 합의'(the Monterrey Consensus)라고 할 수 있다. 몬테리 합의는 투자가 혁신, 지속적인 성장, 그리고 빈곤퇴치에 강력한 촉진제 역할을 할 수 있다는 전제하에 정부가 민간투자를 활성화하기 위한 환경조성에 책임을 져야 함을 강조하고 있다. 이를 위하여 정부는 거시경제적 안정, 인적자원개발, 하부구조 및 금융시장의 개선을 추구하여야 하며, 지식재산권의 보호, 건전한 기업지배구조의 촉진, 경쟁정책 및 개방적 무역정책을 추진하여야 함을 명시하고 있다. OECD는 이러한 합의를 바탕으로 2003년 '개발을 위한 투자 이니셔티브'(Initiative on Investment for Development)를 출범시켰는데, 이는 개도국에 대한 직접투자의 유입을 활성화하기 위한 정책협조를 목표로 하고 있다. 포괄투자정책협약(Policy Framework for Investment: PFI)은 이러한 OECD 투자 이니셔티브의 일환으로서 국내 및 해외투자자들에게 유리한 투자환경조성을 구체적으로 어떻게 달성할 것인가 초점을 맞추고 있다.5)

포괄투자정책협약의 특징은 구속력이 없는 권고적 성격의 범세계적 투자지침이라고 요약할 수 있다. 다시 말하자면 보다 많은 양질의 투자를 유치하려는 개도국의 노력을 지원하기 위하여 반드시 다루어져야 할 주요이슈들을 망라하고 있는 체크리스트라고 할 수 있다. 2004년 6월 세부작업팀이 첫 회의를 개최한 이래, 2006년 완성되었다. 포괄투자정책협약은 OECD 회원국뿐 아니라 개도국들의 투자정책개혁이나 투자관련 지역

---

5) 개발을 위한 투자 이니셔티브는 투자정책협약, 공적원조(Offical Development Assistance: ODA) 경험의 활용, 그리고 투자정책의 상호검토 등 3개 세부분야로 구성되어 있다.

협력 또는 국제정책협조의 지침으로 활용되고 있다.[6]

2. 포괄투자정책협약의 주요 내용

포괄투자정책협약은 OECD회원국뿐 아니라 비회원국의 모범사례를 바탕으로 투자환경개선에 중요한 영향을 주는 정책요소들을 정리한 체크리스트라고 할 수 있다. 포괄투자정책협약의 목적은 각국의 정부가 개발전략에 맞는 목표를 설정하고 정책의 우선순위를 정하는 것을 지원하는 데 있다.

투자환경개선을 위한 핵심적인 정책이슈들은 〈표 III-4-1〉에서 보는 바와 같이 10개 정책분야로 정리되어 있는데, 여기에는 투자정책뿐 아니라, 무역정책, 경쟁정책, 조세정책, 기업지배구조, 인적자원개발, 하부구조 및 금융서비스, 공공관리 등 투자환경에 영향을 미치는 거의 모든 분야가 망라하고 있다. 또한 각 분야에서 다루고 있는 이슈들은 실제 투자자들이 투자결정에서 심각하게 고려하는 애로사항과 직결된 문제들이 많다. 이러한 문제들은 이제까지 주로 쌍무적인 투자협정을 통하여 부분적으로 해결되어 왔다는 점에서 OECD 투자정책협약의 역할이 기대된다고 하겠다. 또한 WTO 투자규범에서 다루지 못하고 있는 실질적인 문제들을 다루는 유일한 국제규범이라는 측면도 주목할 만하다.

그러나, 투자정책협약은 사안별로 구체적인 기준을 제시하기보다는 OECD회원국과 비회원국이 외국인직접투자를 유치하는 데 유리한 정책대안을 개발하는 토론의 장을 제시한다는 데 주력하고 있다. 따라서 OECD 투자정책협약을 WTO 투자규범이나 사장되어 버린 OECD MAI를 대체하는 새로운 국제규범으로 보는 것은 무리가 있을 것이다. 또 한 가지 문제점은 정책적으로 완전히 자유화가 되고 투자자의 권리가 보장된다고 하여서 자동적으로 투자유입이 증대되는 것은 아니라는 사실이다. 외국인직접투자를 활성화하려면 투자위험을 최소화하고 자유로운 기업활동을 보장하는 보다 근본적인 정책개혁이 요구된다고 하겠다.

---

6) OECD의 국별투자정책검토, 남유럽국가들의 투자협약, 중동 및 북아프리카 국가들의 영업환경개선전략, 중남미 투자정책협의 등에 실제로 적용되거나 반영되고 있다.

| 표 Ⅲ-4-1 | OECD 포괄투자정책협약(PIF)의 주요 이슈

분 야	주 요 이 슈
투자정책	- 투자법규의 투명성 보장을 위한 조치가 취해졌는가? - 지식재산권 보호를 위한 법규는 제대로 실행되고 있는가? - 계약의 이행을 보장할 제도적 장치가 있는가? - 외국인 재산몰수에 대하여 충분한 보상이 이루어지는가? - 내국민대우와 최혜국대우원칙은 잘 이행되고 있는가? - 투자촉진 및 보호에 관한 국제조약, 투자자의 권리보호를 위한 국제협약(UN 및 세계은행)을 수용하고 있는가?
투자촉진· 활성화	- 투자진흥기관이 있는가? 충분한 자금을 지원하는가? - 일괄서비스(one-stop service)를 제공하는가? - 투자유인에 대한 포괄적 평가제도가 있는가?
무역정책	- 지역무역협정을 통하여 시장이 확대될 기회가 있는가? - 시장왜곡적인 무역정책이 실행되고 있는가? - 서비스무역에 대한 무역장벽이 있는가?
경쟁정책	- 경쟁정책은 명확하고, 투명하며, 비차별적인가? - 투자를 제한하는 기업행위를 규제할 법적 장치가 있는가? - 산업정책에 대한 정례검토가 이루어지고 있는가?
조세정책	- 국내이윤에 대한 조세부담은 평균 얼마나 되는가? - 조세부담은 일반적으로 투자자에게 적절한가? - 외국과 조세협정을 맺고 있고, 협력이 이루어지는가?
기업 지배구조	- 기업소유자 국적이 기업지배구조관련 규제에 영향을 주는가? - 기업 투자자의 권리를 보호할 법적·제도적 장치가 있는가? - 기업의 소유권 및 지배구조에 관한 정보공개는 투명한가?
기업 성실성 제고정책	- 투자자 개인의 이익과 기업에 대한 책임을 구분토록 규제하는가? - 책임 있는 기업행위를 위하여 정보를 제공하는가? - 기업활동을 공개하도록 적절한 법적조치를 취하는가?
인적자원 개발	- 개발 및 투자전략과 일관된 인적자원개발정책이 추진되는가? - 핵심노동기준 준수를 실질적으로 강제할 제도가 있는가? - 노동자의 해고를 제한하는 규제가 있는가?
하부구조 및 금융부문 발전	- 하부구조의 민간투자에 대한 투명한 지침이 있는가? - 금융서비스개선을 위한 민간투자를 촉진하는 정책이 있는가?
공공관리	- 규제정책개혁에 대한 일관된 계획이 있는가? - 무역관련 관리부담을 수량화하여 경감하려고 시도하는가? - 국제적인 반부패 및 성실성 기준을 실행하는 법규가 있는가?

주: OECD, "Text of Policy Framework for Investment," 2006.

한미 FTA와 투자자-국가간 분쟁해결절차

한미 FTA 제11장은 투자자유화, 투자자산의 보호 및 투자자와 정부 간 분쟁해결절차 등을 규정하고 있다. 투자의 모든 단계에서 상대방 투자 자에게 내국민대우와 최혜국대우를 부여할 것을 의무화하고 국제관습법상 의 공정하고 공평한 대우, 항시적 보호 및 안전을 보장하는 최소기준대우 규정을 두고 있다. 투자보호와 관련하여서는 수용시 신속하고 적절하며 유 효한 보상을 의무화하고 있으며, 수용에는 소유권의 직접적인 박탈이 아니 더라도 공공정책의 추진과정에서 재산권을 상당히 침해하는 간접수용도 포함된다. 또한 투자와 관련된 모든 자금의 국내외로의 자유로운 송금을 보장하고 있다.

투자자에게는 수출의무나 국내부품 사용의무, 기술이전 의무 등 이행 의무를 부여하는 것은 금지된다. 기술이전 의무의 경우 인센티브 제공의 조건으로 부여하는 것은 허용되며, 연구개발 의무나 국내 고용의무는 금지 이행의무의 범주에 포함되지 않는다. 고위경영층 및 이사진의 임명에 있어 국적요건을 부여하는 것은 금지된다. 투자협정의 의무 중에서 내국민대우, 최혜국대우, 이행의무 부여 금지, 고위경영진 및 이사회의 국적요건 부여 금지 4개 의무에 부합하지 않는 현행 규제조치들은 유보 대상이 된다.

한미 FTA협정은 정부 대 정부간 분쟁해결절차 외에 투자자 대 정부 간 분쟁해결절차(Investor-State Dispute Settlement: ISD)를 별도로 규정 하고 있다. 현지국 정부가 투자협정상의 의무, 투자자와 체결한 별도의 투 자계약 또는 투자인가상의 의무를 위배하여 투자자에게 손실이 발생한 경 우 투자자는 현지국 정부를 상대로 국내법원에 제소하거나 또는 국제중재 를 통해 구제를 추구할 수 있다. 투자자 대 정부 간 분쟁해결절차는 전 세 계 거의 모든 투자보장협정(BIT)에 포함되어 있다. 국제투자분쟁해결센터 (ICSID)의 피제소 현황을 보면 개도국을 상대로 한 분쟁이 많다. 이는 분 쟁 발생 가능성을 최소화하기 위해서는 투자 유치국의 제도와 의사결정이 투명하고 예측가능해야 함을 시사한다. 우리 정부도 외국인 투자환경에 대 한 지속적 모니터링과 외국인 투자자의 소송사례에 대한 분석을 바탕으로 제도정비 및 개선에 힘써야 할 것이다.

4.1.4 평가 및 전망 >>>

WTO 투자협정논의의 부진은 직접투자와 관련된 국제규범의 제정이 얼마나 어려운가를 극명하게 보여 준다. 또한 WTO차원의 다자간 투자규범 논의가 재개되려면 다시 상당기간이 소요될 것으로 전망된다. WTO를 제외하고는 투자자유화를 포함하는 다자간 국제투자규범을 추진할 국제기구로는 OECD가 유일하다고 할 수 있다. OECD MAI가 실패한 마당에 이보다 상당히 완화된 형태라고 볼 수 있는 OECD 포괄투자정책협약이 유일한 국제규범이 될 확률이 높다. 그러나, 투자정책협약이 기본적으로 정책협의를 위한 체크리스트적인 성격이 강한 만큼 그 자체가 투자환경을 개선하고 직접투자흐름을 활성화시킬 것이라는 확실한 보장은 없다.

이미 투자자유화가 상당수준 이루어진 우리나라의 입장에서는 WTO 투자협정이나 OECD MAI 논의가 결실을 맺지 못하고 무산된 것은 아쉽다고 하겠다. 한국은 향후 OECD 및 APEC, 그리고 ASEAN+3 차원의 국제협상에 주도적으로 참여하는 한편, 주요국과의 쌍무적 투자협정을 적극 추진할 필요가 있다. 이런 맥락에서 1998년부터 논의되어 온 미국과의 투자협정이 한미 FTA협정의 투자규범으로 포함된 것을 주목할 필요가 있다 (Box 참조). 한미투자협정은 제조업 및 서비스산업 전반에 걸친 투자제한의 축소, 내국민대우보장, 투자자의 권익보호 등 핵심쟁점에 대하여 상당한 합의가 이루어졌으나, 스크린쿼터제도가 이슈로 부상하면서 좀처럼 협상타결이 이루어지지 못하고 있다가 일괄타결된 것이다. 앞으로 투자협정은 FTA협정의 중요한 요소로 자리 잡을 전망이다. 투자협정도 무역자유화와 마찬가지로 자유화에 따른 이득과 피해가 있게 마련이다. 투자협정체결의 득실을 객관적으로 분석하여 순이득이 클 경우에는 그 필요성을 국민들에게 설득하고, 피해산업에 대해서는 원칙에 따라 보상하는 접근이 필요할 것이다.

주요용어

- 외국인직접투자
- 인수합병형 직접투자
- 투자보호
- OECD 포괄투자정책협약
- 해외직접투자
- 내부화
- 무역 관련 투자조치

연습문제

1. 직접투자의 결정요인에 기존 이론들을 간단히 설명하고 한국의 해외직접투자에 대해서도 이를 적용할 수 있는지 논하시오.
2. WTO 무역관련투자조치 협정의 주요 내용에 대하여 서술하시오.
3. WTO 서비스협정에서 투자 관련 규범의 주요 내용에 대하여 서술하시오.
4. WTO 투자협정 개정논의의 주요 쟁점에 대하여 설명하시오.
5. OECD 포괄투자정책협약의 투자배경과 주요 내용에 대하여 설명하시오.
6. 외국인직접투자 유치에 대한 한국경제의 기본입장과 정책적 시사점에 대하여 논하시오.

>>> **무역과 환경**

참치와 돌고래 분쟁 사례

"얘야, 점심으로 참치 샌드위치 싸놓았으니 가져가거라!"
"엄마는 우리나라(미국)가 돌고래 죽이면서 잡은 참치는 먹지 않기로
한 거 몰라요?"
　　　　　　　　　　　　　　　　　　- 영화 lethal weapon Ⅰ 중에서 -

　　황색지느러미 참치떼는 보통 동태평양 열대지역에서 돌고래떼 아래
에 서식하고 있다. 따라서 건착망그물을 이용한 참치잡이시 함께 포획되는
돌고래는 풀어주지 않으면 죽게 된다. 미국의 '해양포유동물보호법'은 자
국 어선 및 동태평양 열대지역에서 황색지느러미 참치잡이를 하는 국가들
에 대해 돌고래 보호의무를 규정하고 있다. 이 법에 의거하여 미국 정부는
멕시코, 베네수엘라, 바누아투 및 제 3 국인 코스타리카, 프랑스, 이탈리아,
일본, 파나마로부터의 참치와 참치제품 수입을 금지시켰다.

　　1991년 2월 멕시코는 미국의 수입금지조치가 GATT규정에 위배된다
고 제소하였다. 이에 대해 GATT 패널은 제품의 특성에 영향을 미치지 않
는 생산공정의 국가간 차이에 근거하여 수입품과 국내제품에 대해 취해지
는 차별적 조치는 GATT규정에 어긋나며, 당사국이 자국 관할권 밖의 동물
이나 유한천연자원과 관련하여 자국법을 강요하기 위해 취하는 무역조치
또한 GATT규범하에서 허용되지 않는다고 판정하였다. 즉 패널은 어떤 당
사국도 환경정책이 다르다는 이유만으로 타당사국으로부터의 수입을 제한
해서는 안 된다고 판정한 것이다.

　　멕시코가 패널에 제소한 또 다른 사례는 미국의 '돌고래보호소비자
정보법'과 관련된 것이었다. 이 법은 참치제품에 '돌고래 안전'이라는 표
시가 부착된 경우에는 돌고래 보호기준을 준수해야 한다고 규정하고 있다.
패널은 표시부착이 수입품뿐만 아니라 국내제품 모두에 대하여 허위적인
광고관행을 방지하기 위한 것이므로 이러한 표시부착 관행은 GATT규정에
어긋나지 않는다고 판정하였다.

4.2.1 그린라운드(Green Round)의 성격 >>>

　　인간은 환경과 더불어 살아간다. 인간이 경제활동을 수행함에 있어 가장 기본적인 투입요소가 환경인 것이다. 그럼에도 불구하고 환경이 경제적인 가치를 지닌 재화로 인식되기 시작한 것은 불과 얼마 전의 일이다. 환경은 자유재(free good)로 인식되어 남용되어 온 대표적인 재화이다.

　　산업혁명 이래 경제활동의 폭발적인 증가로 인하여 대기 오염물질, 수질 오염물질, 폐기물 등 다양한 환경 오염물질이 배출되어 왔다. 이러한 오염물질이 지속적으로 배출됨에 따라 환경이 자정능력을 상실해 가고 있다는 징후가 여기저기 나타나고 있다. 1900년대 초기에는 주로 국내적 환경문제가 각국의 관심사였던 반면 점차로 국가간 환경오염물질의 이동문제 그리고 더 나아가 지구적 환경문제가 세계적인 관심사로 대두되고 있다.[1)

　　이에 따라 환경문제를 해소하기 위해 다양한 조치가 도입되고 있는데, 그러한 조치는 기본적으로 경제활동으로 인해 발생하는 환경오염물질을 억제하기 위한 것이다. 결국 보다 엄격하고 광범위하게 시행되는 환경조치는 경제활동을 제약하게 된다. 국가간 무역의 경우에도 환경문제를 야기하거나 악화시키는 제품의 교역에 대해서는 무역제한조치가 시행된다.

　　GATT 및 WTO체제하에서는 여러 차례에 걸쳐 각종 무역장벽을 완화·제거하기 위한 국가간 협상이 이루어졌다. 향후 WTO에서 환경문제에 관한 협상이 진행된다면 그러한 협상은 무역과 관련된 문제로서 환경문제를 논의하고 이를 무역규범에 반영시키기 위한 다자간 협상이 될 것이

---

1) 지구환경문제를 해소하기 위한 대표적인 국제환경협약으로는 오존층 파괴문제를 다루는 몬트리올의정서, 지구온난화문제를 해소하기 위한 기후변화협약, 멸종위기에 처한 야생 동식물의 보호를 위한 CITES(Convention on International Trade in Endangered Species), 유해폐기물의 국가간 이동을 규제하는 바젤협약 등이 있다. 특히 몬트리올의정서, CITES, 바젤협약 등은 환경보전을 목적으로 한 무역제한조치를 규정하고 있다.

다. 즉 무역-환경 협상은 국제무역규범상에 '적절한'규율(discipline)을 설정함으로써 환경보전을 위해 시행되는 무역조치 및 환경조치를 허용하되 이들 조치가 합당한 목적을 넘어서 보호주의적으로 남용되는 것을 억제할 수 있는 방안을 모색하는 작업이라고 할 수 있다. 각국이 환경보전을 이유로 시행하는 무역제한조치는 제품의 국제경쟁력에 영향을 미친다. 각국은 서로 다른 환경적·경제적 여건을 보유하고 있으므로 환경보전을 도모하면서 보호주의를 견제할 수 있는 '적절한'규율이 무엇인가에 대하여도 상이한 입장을 보유하고 있다.

4.2.2 그린라운드의 제기 배경 〉〉〉

UR타결에 즈음하여 차기 통상이슈로서 그린라운드, 즉 무역과 환경의 연계를 최우선의 과제로 제기한 나라는 미국이다. 미국정부는 자국의 산업이 국제경쟁에서 상대적으로 불리한 여건에 처하게 되는 이유로 국가간 환경기준의 차이, 노동여건의 차이, 경쟁정책의 차이 등을 제기하였다. 국제무역에 있어 공정한 경쟁(fair competition)을 위해서는 공통의 게임규칙(a common game rule)과 함께 경쟁여건의 평준화(leveling the playing field)가 필요하다는 주장이다. 미국, EU 등 선진국들이 무역과 관련하여 환경문제를 제기하고 나선 배경에는 자국 산업의 국제경쟁력 약화를 우려하는 보호주의적 목적이 깔려 있다고 하겠다. 이와 함께 전국야생동식물기금(National Wildlife Fund), 씨에라클럽(sierra club) 등의 민간환경단체를 중심으로 한 환경론자의 목소리가 합세되었다. 즉 무역과 환경의 연계는 환경보전이라는 대의명분과 자국산업의 국제경쟁력 강화 동기가 결합되어 제기되었다고 볼 수 있다.

국내 환경정책 목표를 달성하기 위하여 도입·시행되는 각종 환경조치는 경제전반에 걸쳐 모든 경제주체의 생산, 소비, 폐기 등 경제행위에 영향을 미친다. 또한 이러한 환경조치의 유효성을 확보하기 위하여 동일한 조치가 수입 제품에 대해서도 적용될 경우 이들 조치는 교역장벽으로 작용하게 될 소지를 안고 있다. 지구적·월경성 환경문제를 해소하기 위한 목적으로 체결된 국제환경협약 중에서도 20여 개의 협약이 규제물질 자체 그리고 이를 포함한 제품의 교역을 제한하는 무역조항을 포함하고 있다. 무역-환경 연계에 관한 국제적 논의의 확산은 환경보전을 위해 점증적으로 도입되고 있는 각종 조치들이 제품의 교역을 제한하는 요소로 등장하고 있으며 더 나아가 환경보전이라는 명분하에 국제경쟁력 강화를 도모하는 위장된 보호주의적 수단으로 이용될 소지를 내포하고 있다는 것에 기인하고 있다.[2]

환경론적 관점에서 무역과 환경을 연계시키고자 하는 이유로는 크게 두 가지를 들 수 있다. ① 환경오염을 야기하는 물질 혹은 이를 포함하거나 사용하여 제조된 제품의 교역에 따라 환경오염이 전파되고 조장된다는 점과, ② 환경오염을 야기하는 행위에 대해 무역조치가 유효한 제재수단으로 사용될 수 있다는 점이 그것이다. 반면 무역질서의 안정성을 중요시하는 무역론적 입장에서는 무역이 환경문제를 야기하는 근본 원인은 아니라는 시각하에 ① 각종 환경조치가 교역을 불필요하거나 부당하게 제약하는 요인으로 작용해서는 안 된다는 것과, ② 환경보전을 이유로 한 무역조치가 오용되거나 남용되어 보호무역주의적 수단으로 이용되어서는 안 된다는 점에 초점을 맞추고 있다.

---

2) 환경관련 무역조치에 대해서는 〈부록〉 참조.

4.2.3 무역-환경 협상의 주요 내용 >>>

1. GATT/WTO에서의 논의경과

GATT에서의 환경관련 작업은 1991년 '환경조치와 국제무역에 관한 작업반'(Group on Environmental Measures and International Trade)이 가동되면서 시작되었다. 이 작업반은 ① 국제환경협약에 포함되어 있는 무역조치, ② 각종 환경조치의 투명성 제고 방안, ③ 환경마크, 포장요건의 무역효과 등 3가지 의제를 중심으로 논의를 진행하였다.

UR에서는 무역과 환경에 대한 별도의 협상은 없었으나, UR 최종협정문에 환경관련 내용이 명시적으로 포함됨으로써 국제무역규범이 환경보전 측면을 고려해야 한다는 요구가 반영되어 있다. WTO설립협정 전문에는 "… 상이한 경제발전단계에 있는 각국이 자국의 필요와 우선순위에 따라 환경을 보호·보전하도록 노력하고 이를 위한 수단을 강구하며, 지속가능한 개발(sustainable development)이라는 목표에 부합되도록 자원을 적절히 이용 …"해야 한다고 명시되어, 향후 WTO체제 내에서 환경보호 및 지속개발과 관련된 논의를 시작할 수 있는 근거가 마련되었다. 또한 WTO TBT협정, SPS협정, 보조금 및 상계조치에 관한 협정, TRIPs협정, GATS 등에도 환경과 관련된 내용이 포함되어 있다.

1994년 마라케시 각료회의에서 채택된 '무역과 환경에 관한 결정'(Decision on Trade and Environment)을 통해 각료회의 산하에 무역환경위원회(Committee on Trade and Environment: CTE)가 설치되었고 이 위원회에서 다룰 의제도 제시되었다. 〈표 Ⅲ-4-2〉에서 볼 수 있는 바와 같이 CTE는 10개의 의제를 논의대상으로 하고 있으나, 실질적으로는 의제 1, 3, 6 등이 핵심적인 의제로 대두되어 있다. 핵심 의제별 주요 내용은 다음과 같다.

의제 1은 국제환경협약상의 무역조치 또는 환경관련 일방적 무역조

| 표 Ⅲ-4-2 | **WTO 무역환경위원회의 의제**

의제 1	국제환경협약상의 무역조치를 포함하여 환경목적의 무역조치
의제 2	현저한 무역효과를 동반하는 환경정책 및 조치
의제 3	・환경목적의 부과금, 조세 ・표준, 기술규정, 환경마크, 포장, 재활용요건 등의 환경관련 제품요건
의제 4	환경목적의 무역조치와 환경조치의 투명성에 관한 국제무역규범
의제 5	국제무역규범과 국제환경협약의 분쟁해결절차
의제 6	・환경조치의 시장접근, 특히 개도국과 후진국의 시장접근에 대한 영향 ・무역에 대한 제한과 왜곡을 제거함에 따른 환경효과
의제 7	국내 판매금지물품의 수출문제
의제 8	TRIPs협정의 환경관련 조항
의제 9	서비스교역과 환경
의제 10	민간단체와의 관계 및 문서배포관련 투명성 증진방안

치가 WTO규범을 위배할 경우 이러한 무역조치를 어느 정도로 그리고 어떠한 양식으로 수용해야 하는지를 다루고 있다. 또한 국제환경협약상의 무역조치가 시행될 때 투명성을 확보할 수 있는 메커니즘이 WTO규범에 충분히 규정되어 있는지도 검토하고 있다. 생산방식의 환경적인 차이를 이유로 한 일방적 무역조치의 사용을 자제해야 한다는 것에는 WTO 회원국간 공감대가 형성되어 있다.

의제 3과 관련하여 대두되어 있는 주요 이슈는 ① 국경에서 조정이 가능한 환경세를 파악하고 환경보전 측면을 고려하여 WTO의 국경세조정규정을 검토하는 작업, ② 환경마크제도가 야기할 수 있는 차별적 무역효과를 규율하기 위하여 TBT협정을 활용할 수 있는지를 검토하는 작업이다. 향후 이러한 작업결과에 따라 관련 WTO규범의 수정·보완 필요성이 밝혀질 것이다.

의제 6에서는 ① 선진국이 시행하는 환경조치가 개도국의 선진국 시장에 대한 접근을 실질적으로 억제하는지를 검토하고, ② 보조금, 가공도별 경사관세(tariff escalation) 등 무역자유화에 역행하는 조치의 철폐가 환경적으로도 긍정적인 결과를 가져올 수 있는 경우를 밝혀 내는 것이 주요 이슈이다. 의제 6은 개도국이 큰 관심을 보이는 의제로서, 농업 및 수산 보조금의 철폐문제가 우리나라와 큰 관련이 있다.

WTO체제하의 첫 번째 다자간 협상인 DDA에서는 EU의 강력한 주장으로 환경의제가 포함되었다. 핵심 협상의제로 채택된 것은 ① 국제환경협약상의 무역조치가 WTO규범에 위배될 경우 이를 어떻게 해결할 것인지, ② 환경 상품 및 서비스의 교역을 어떤 방식과 어느 정도로 자유화할 것인지 등이다. 이와 관련하여 협상을 통해 현재의 WTO규범을 어떻게 보완해야 할 것인지가 결정될 것이다.

WTO와는 별도로 여러 자유무역협정(FTA)에서도 무역 및 투자에 영향을 미치는 이슈의 하나로서 환경정책에 대한 규정이 도입되고 있다. 기본적으로 환경보전을 위한 노력을 강화하고, 무역·투자에 유리한 여건을 조성하기 위하여 환경기준을 낮추는 것은 방지하며, 무역협정과 환경협정 간의 상호보완성을 강화하는 것 등을 지향하고 있다.

한미 FTA의 환경관련 내용

한·미 FTA는 별도의 환경 챕터와 더불어 주요 분야별로 환경관련 내용을 담고 있는데, 그 주요 내용은 다음과 같다.

- 한국과 미국은 각각 자국의 환경법 및 정책을 통하여 환경보호를 높은 수준으로 유지하고 더욱 개선할 수 있도록 지속적으로 노력해야 함.
- 각국이 자국에 적합한 환경보호 수준 및 환경개발 우선순위를 정하고 그에 따라 환경법 및 정책을 채택·수정하는 것은 그 국가의 주권적 권리임을 인정함.
- 7개 다자간 환경협약의 의무 이행을 위하여 국내 법령 및 조치를 채택·유지하고 집행해야 함. 단 의무 위반이 되기 위해서는 양국간 무역·투자에 대한 영향이 있음이 입증되어야 함.
  - ※ 7개 다자간 환경협약: 멸종위기에 처한 야생동식물의 국제거래에 관한 협약(CITES), 몬트리올 의정서, 해양오염방지 협약, 미주 열대참치 협약, 습지보존 협약(람사협약), 국제 포경금지 협약, 남극 해양 생물자원 보존 협약
- 무역 및 투자에 영향을 주면서 환경보호 수준을 약화시키는 방식으로 환경법을 적용해서는 안됨.
- 시민단체 등 일반대중이 정부의 환경법 및 집행과 수용 절차에 관한 정

보에 접근하는 것을 허용하고 환경법 위반 주장에 대한 조사청구권을 보장하는 민간조사요구권(Citizen's Submission)을 도입함.
- 환경조항 위반시 일반분쟁해결절차를 적용함.
- 환경서비스시장의 개방: 한국은 WTO 협상에서 공공서비스를 제외한 환경서비스시장 대부분을 이미 개방한 상태임. 한미 FTA에서는 산업폐수, 산업폐기물 처리, 배출가스 정화, 소음진동 저감, 환경영향평가 서비스(외국기업 소속 환경컨설턴트의 1년 이내 체류 포함) 등의 환경서비스를 개방. 또한 공공에 위탁된 공공서비스부문의 경우 환경컨설팅과 토양오염복원업 시장을 개방하였으나 상하수도분야 등 공공서비스분야는 포괄적으로 개방을 유보.
- 자동차 관련 사항: 한국은 캘리포니아 주에서 운영하고 있는 평균배출량 제도를 도입. 자동차 안전 및 환경 기준 제·개정 절차의 투명성 제고를 위하여 자동차 표준작업반(Automotive Working Group) 설치.

한·EU FTA도 유사한 환경관련 규정을 포함하고 있다. 예를 들어 한·EU FTA는 한국과 EU가 모두 비준한 다자간 환경협약상의 의무를 충실하게 이행해야 하며, 무역과 투자를 촉진하기 위하여 국내법상 환경의 보호수준을 약화 또는 저하시켜서는 안 됨을 명시하고 있다.

2. 무역-환경 협상의 특징

WTO에서의 무역-환경 협상은 개괄적으로 보아 다음과 같은 특징을 지니고 있다.

첫째, WTO에서 무역-환경 협상이 전개된다면 이는 기본적으로 무역협상이라는 점이다. 국제환경협약을 통해서 전개되는 환경협상에 있어서나 WTO에서 진행되는 환경관련 무역협상에 있어서나 환경보전이라는 대의명분과 경제적 득실은 동전의 양면으로서 각국의 협상 포지션에 영향을 미치는 양대 변수로 작용할 것이다. 그러나 ① 환경협상에서는 관련 환경문제를 해소하기 위한 환경 기준이 설정되는 반면, WTO에서의 환경관련 무역협상은 환경 기준을 설정하는 협상이 아니라는 점, ② 환경협상에서는 목적을 달성하기 위하여 재정적·기술적 지원을 포함한 여러 가지 수단 중의 하나로서 무역관련 조치를 논의하게 되는 반면, WTO에서의 환경관련 무역협상에서는 환경문제의 여러 측면 중 무역과 관련되는 측면에 국한하여 환경문제가 논의된다는 차이점이 있다.

둘째, 이제까지 GATT체제하에서 전개되었던 무역협상, 즉 라운드는 무역자유화를 촉진한다는 목표하에 각종 관세 및 비관세 무역장벽을 제거하는 데 초점을 둔 반면, 무역-환경 논의 및 협상의 초점은 "어느 경우에 그리고 어떤 정도로 (현 무역규범에 어긋나는) 환경을 이유로 한 무역제한 요소를 허용할 용의가 있는가?"에 있다는 점이다. 환경보전을 위해서 교역을 제한하는 것이 필요한 경우가 있다는 것에는 상당한 공감대가 형성되어 있다. 그러나 교역을 제한하는 정도 및 형태에 대해서는 국가간에 상당한 의견의 차이가 있다. 개략적으로 볼 때, 환경보전을 위해서는 무역제한조치를 가능한 한 폭넓게 용인해야 한다는 입장과 무역조치의 수용폭을 과도하게 넓히면 무역제한조치의 보호주의적 남용 가능성이 커진다는 입장이 대립되고 있다.

셋째, WTO에서의 무역-환경 협상에서는 '생산방식(Process and Production Methods: PPMs)의 차이에 따른 제품차별화 문제'가 핵심 이슈로서 대두되고 있다. 이는 "동일한 제품이라도 정해진 환경친화도에 미치지 못하는 생산방식을 통해 생산된 제품의 수입을 규제하는 것이 국제무역규범에서 용인될 수 있는가?"의 문제이다.[3] 현 무역규범하에서도 WTO 규정에 위배되지 않으면서 환경목적의 무역조치가 시행될 여지가 상당히 있다. 즉 제품 자체의 환경적 특성 또는 제품의 특성에 영향을 미치는 생산방식에 대한 환경요건에 근거하여 시행되는 무역조치는 현 무역규범하에서도 시행 가능하다. 그러나 현 무역규범은 생산방식의 차이에 따라 제품을 차별화하여 수입을 규제하는 것은 허용하지 않고 있다. 생산방식의 차이에 따른 제품차별화가 허용된다는 것은 현 무역규범의 기본 틀이 전

---

3) 공정 및 생산방식에 대한 환경 요건은 국내 환경문제를 해소함에 있어서는 효과적인 정책수단일 수 있으나, 이들 요건이 제품의 국가간 교역에 적용되어 수입제품에 대해 무역조치가 시행되면 이러한 무역조치는 관련 환경문제를 해소한다는 목적을 벗어나 보호주의적 수단으로 오용·남용될 가능성이 크다는 문제점이 있다. 또한 이러한 성격의 무역조치는 타국의 환경관련 정책 및 조치를 변화시킬 목적으로 시행될 수도 있는 바, 이는 타국의 정책 주권에 대한 침해의 소지가 크다는 문제점을 지니고 있다.

혀 다른 모습으로 개편됨을 의미한다. 무역환경위원회의 의제 중 생산방식 문제가 제기될 수 있는 이슈로는 ① 국제환경협약에 의거하여 타국의 생산방식을 대상으로 시행되는 무역조치(의제 1), ② 생산방식에 대한 기준을 포함한 환경마크제도(의제 3), ③ 생산단계에서 부과되는 조세의 국경조정 여부(의제 3), ④ 한 국가가 자국의 국내법에 의거하여 타국의 생산방식을 대상으로 시행하는 일방적 무역조치(의제 1) 등이 있다.

이상과 같은 특징을 바탕으로 볼 때 그린라운드는 "상대적으로 높은 수준의 기술력, 환경친화적·효율적 산업구조 및 환경의식을 보유한 국가군이 환경보전이라는 대의명분을 배경으로 하여 국제적 교역여건에 영향을 미침으로써 경제적 실리를 추구하려는 움직임"이라고 할 수 있을 것이다. 그린라운드에 대한 대내·외적 대응방안을 강구함에 있어서도 이와 같은 그린라운드의 특징을 염두에 두어야 할 것이다.

4.2.4 환경상품협정(EGA) 협상의 주요 내용 >>>

세계 주요 국가들이 환경산업을 새로운 성장 동력으로 육성하기 시작하면서 환경상품의 세계 시장 규모가 확대되고 국제 교역 또한 빠르게 증가하고 있으나,[4] 환경상품에 대한 고관세는 환경상품의 교역 확대를 저해하는 요인으로 작용하고 있다. 환경상품에 대한 관세의 인하 및 철폐는 환경상품의 교역 확대를 통해 세계적으로 각국의 환경보전에 기여할 수 있다. 다른 한편으로 환경상품에 대한 경쟁력을 보유한 국가들은 환경상품의 수출 촉진에 따라 경제적인 이득을 제고할 수 있을 것이다.

환경상품 자유화 협상은 2001년 11월 도하각료선언에서 WTO DDA 협상 의제로 포함되어 관련 논의가 개시되었다. 그러나 환경상품의 정의

---

4) 전세계적으로 환경상품의 수출입 규모는 2조 달러를 상회하는 것으로 추산된다.

(definition)에 대한 선진국과 개도국간 입장 차이로 인해 논의의 진전이 이루어지지 못하였다. 이에 따라 미국, EU, 일본, 한국 등 주요 WTO 회원 국으로 구성된 WTO 환경프렌즈 그룹은 복수국간 환경상품 자유화로 논의의 방향을 전환하였다.[5] 2014년 1월 다보스 통상장관회의를 계기로 WTO 환경프렌즈 그룹, 중국 등 14개 WTO 회원국은 복수국간 협정을 통한 환경상품 자유화를 모색한다는 내용의 공동 성명을 발표하였고 2014년 7월 WTO 환경상품협정(EGA) 협상을 시작하였다.[6]

WTO EGA 협상은 참여국들이 관세철폐 대상으로 제안한 품목을 취합하여 650여개 통합 품목리스트(HS 2012, 6단위 기준)를 작성하였다. 이를 기초로 환경편익, 각국의 지지의사 등을 검토하여 대상품목 축소작업을 진행하였으며 2016년 7월 304개 품목으로 품목리스트를 도출하였다. 이를 바탕으로 2016년 12월 EGA 장관 회의를 통해 협상 타결을 시도하였으나, 참여국들간 관심 품목 및 민감 품목에 대한 입장 차이가 커서 관세철폐 대상 품목리스트를 확정하는데 합의하지 못하였다. WTO EGA에 대한 최종 합의에는 실패하였지만 참여국들간 EGA 협상의 중요성에 대

WTO 환경상품협정의 주요 협상 대상 품목

- APEC의 관세인하 대상 54개 환경상품: 환경모니터링·분석·평가도구/ 재생가능에너지 관련 품목, 고형 유해폐기물관리 관련 품목, 폐수처리/ 대기오염방지 관련 품목
- 태양광, 풍력, 수력, 지열, 바이오매스 등 신재생에너지 제품
- 펌프, 밸브, 파이프 등 수처리 제품
- 미네랄울, 유리섬유 등 단열재
- LED 조명, 컨덴싱 보일러, 고효율 전동기 등 에너지효율 제품
- 목재, 자전거 등의 친환경 제품
- 검사, 측정기기 등

---

5) WTO 환경프렌즈 그룹: 한국, 미국, EU, 일본, 뉴질랜드, 스위스, 캐나다, 노르웨이, 호주.
6) WTO EGA 협상 참여국들(WTO 환경프렌즈 그룹, 중국, 대만, 싱가포르, 홍콩, 코스타리카 등 14개국)은 공동 선을 통해 APEC 정상간 합의된 54개 환경상품에 대한 관세인하 약속을 기반으로 폭넓은 범위의 추가적인 환경상품 자유화를 모색하기로 하였다.

한 공감대가 형성되어 있기 때문에 향후 EGA 협상의 타결을 위한 지속적
인 노력이 전개될 것으로 예상된다.

4.2.5 전 망

WTO 무역환경위원회의 관심사항은 크게 보아 ① 무역규범·조치와
환경규범·조치의 상호양립성, ② 환경조치의 무역효과, ③ 무역왜곡조치
제거의 환경효과로 구분된다. 이러한 범주별로 논의될 주요 이슈를 살펴
보면 〈그림 III-4-3〉과 같다.

앞으로 WTO 무역환경위원회는 〈그림 III-4-3〉에 적시된 이슈를 포
괄적으로 다루어 나가고 그에 따라 무역규범의 개정 필요성을 밝혀 낼 것
이다. 이러한 작업과정에서 WTO회원국간 입장이 가장 크게 대립될 문제
는 앞에서 거론된 바와 같이 '생산방식의 차이에 따른 제품차별화'를 어
느 정도 그리고 어떠한 양식으로 허용할 것인가이다. 만약 '생산방식의
차이에 따른 제품차별화'가 허용된다면 이는 기존의 WTO규범을 환경적
인 관점에서 다시 작성하게 되는 결과를 초래할 수도 있다.

우리나라가 환경관련 무역장벽을 극복할 수 있는 길은 생산공정의

| 그림 III-4-3 | WTO 무역환경위원회의 주요 이슈

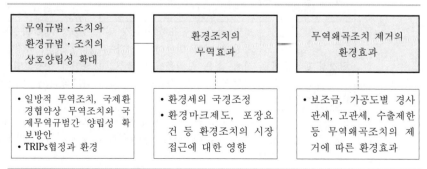

효율성을 증대하여 오염물질의 배출량을 감소시키고 환경친화적인 제품을 개발하는 것이다. 이를 위해서는 생산과 제품개발을 위한 기술을 어느 정도 보유하고 있는지가 관건이다. 문제는 선진국과 비교하여 우리가 높은 수준의 기술을 보유하지 못하고 있다는 것이다. 앞으로 우리나라가 선진국에 필적하는 기술수준에 오르지 못한다면 선진국이 시행하는 환경관련 무역장벽에 직면하게 되거나, 이를 회피하기 위해서는 관련 기술을 수입해야 하는 결과가 초래될 것이다.

부록 환경 관련 무역조치 >>>

환경문제는 환경영향이 나타나는 범위에 따라 국내적 환경문제, 월경성 환경문제 및 지구적인 환경문제로 나뉘어진다. 환경문제의 범위에 따라 그 성격 및 사례를 살펴본 것이 〈표 A〉, 〈표 B〉이다.

| 표 A | 환경문제의 구분

구 분	성 격	사 례
국내적 환경문제	일국의 역내 혹은 관할권 내에 국한된 환경문제	서울의 대기오염, 영산강 수질오염, 쓰레기 처리문제 등
월경성 환경문제	몇몇 국가가 공유하는 환경 및 자원에 대해 일국이 야기하는 피해 혹은 오염물질의 국경간 이동으로 인한 피해	이동성 생물자원의 보존문제, 대기오염의 국경간 이동, 공유하천의 수질오염 등으로 우리나라의 경우 산성비, 황사, 황해오염문제 등
지구적 환경문제	전세계 모든 국가가 공유하는 지구 공공재와 관련된 환경문제	오존층 파괴, 기후변화, 생물다양성 훼손, 멸종위기에 처한 동·식물 등

| 표 B | 환경 관련 무역조치 사례

환경문제	무 역 조 치 사 례
국내적 환경문제	· 환경목적의 무역조치 중 가장 보편적인 형태로서 국내환경, 인간 및 동·식물의 건강과 안전을 위하여 각국은 자국의 제품기준에 부합하지 않는 제품의 수입을 제한 · 축우관련 질병이 발생한 국가로부터의 소고기 수입제한, 성장호르몬을 사용하여 양육된 소고기의 수입제한, 저온살균되지 않은 우유의 수입제한 등 · EU의 신화학물질 관리정책(REACH): 화학물질의 적정 관리를 위해 등록, 신고, 평가, 허가 과정을 통하지 않은 연 1톤 이상 화학물질 제조·수입업자의 화학물질 시장 유통을 규제 · 바젤협약: 수출·입 허가제도에 의해 회원국간 유해폐기물의 수출·입을 규제하며, 비당사국과의 교역을 금지
월경성 환경문제	· 미 포유동물보호법: 해양포유동물의 부수적 포획과 관련하여 미국의 규제수준에 상응하는 규제조치를 갖추고 있지 않는 국가로부터의 관련 어류 및 어류제품 수입을 금지 · EC의 leg-hold 덫을 허용하는 국가로부터 동물가죽제품 수입금지조치 · 물개보존 및 보호를 위한 협약: 1911년 영·일·러시아·미 간에 체결되어, 물개가 정부감독하에 포획되었다는 공인마크가 물개표피제품에 부착되지 않는 경우 회원국에 대해 수입금지의무를 부과
지구적 환경문제	· 미국의 자동차에 대한 기업평균연비(CAFE: The Corporate Average Fuel Economy): 「1975년 에너지정책 및 보존법(Energy Policy and Conservation Act of 1975)」을 제정하여 자동차 제조회사 및 수입회사에 대해 일정수준 이상의 평균연비를 의무화한 기업평균연비(CAFE) 규제를 도입. 2012년 8월 오바마 정부는 2025년까지 연비 54.5mpg, 온실가스 163g/mi을 달성하는 것을 목표로 하는 2017~2025년 승용차 및 경트럭에 대한 연비 및 온실가스 기준을 확정 발표. · 미국의 펠리수정법: 월경성·지구적 자연자원에 관한 국제협약의 이행을 촉진한다는 목적하에 어떤 국가가 멸종위기에 처한 생물종 보호를 위한 국제적인 프로그램의 실효성을 저해하거나 국제적인 어류보전 프로그램의 실효성을 저해하는 방식 혹은 여건하에서 이획하고 있다는 증거가 있는 경우 동 국가로부터의 수입제품에 대해 무역제재(sanction)를 가할 수 있도록 허용(1990년대 말 미국은 ASEAN 국가들이 바다거북이를 부수적으로 포획하는 방식으로 새우를 어획했다는 이유로 이들 국가로부터의 새우 수입을 금지하였음) · 몬트리올의정서: 회원국은 비회원국과 규제물질의 수출·입 및 규제물질 함유제품 수입을 금지. 규제물질이 함유되어 있지 않더라도 세척제 등으로 사용되어 제조된 제품과 관련하여 비회원국으로부터의 수입금지 의무 부과를 고려 · CITES: 회원국은 멸종위기에 처한 동·식물 및 그 제품의 수입을 금지

주요용어

- 그린라운드
- 생산방식
- 국제환경협약

연습문제

1. 그린라운드에 대비하기 위해 우리(정부, 기업, 소비자 등)가 해야 할 일은 무엇인가?

2. 타국에 비해 환경기준이 낮은 국가에서 생산하는 기업은 실질적으로 환경기준의 차이에 상응하는 보조금을 지급받는 것으로 간주하여 그 기업이 제품을 수출할 때 수입국은 그러한 보조금을 상쇄할 수 있는 관세, 즉 환경상계관세를 부과할 수 있도록 허용되어야 한다는 주장이 있다. 이러한 주장이 타당한가? 타당하지 않다면 그 이유는 무엇인가?

제 **3** 절 >>> **무역과 경쟁**

4.3.1 무역-경쟁정책 연계의 배경 >>>

경제의 범세계화가 진행되고 여러 차례의 무역협상에 의해 국경에서의 무역장벽이 완화됨에 따라 세계시장이 통합되고 있다. 이에 따라 세계경제에 있어서 몇 가지 커다란 변화가 발생하고 있다.

첫째, 과거 국내기업간의 경쟁이 해외기업들과의 경쟁으로 바뀌고 있으며, 기업활동의 국제화로 인하여 국경의 의미도 크게 약화되고 있다. 과거의 경쟁은 국내기업간 경쟁 또는 수입된 외국제품과의 경쟁이 고작이었다. 그러나 통신, 정보, 운송기술의 발달과 투자 및 인적 이동에 있어서의 장벽완화에 따라 파이낸싱, 기술도입, 생산, 마케팅 등 기업의 모든 활동이 다국적화되고 있으며, 상품시장뿐만 아니라 자본시장, 서비스시장, 기술시장, 인력시장 등 모든 시장에 있어서의 경쟁이 가속화되고 있다.

둘째, 기업활동이 국제화되면서 국제카르텔, 국제적인 기업결합 등 그 효과가 국경을 넘어 외국에까지 미치는 반경쟁적 행위가 증가하고 있다. 무역자유화를 위한 각국의 노력이 그와 같은 기업들의 반경쟁적 행위로 인하여 위협을 받는 상황도 나타나고 있다. 국가간 경쟁법과 제도의 차이로 인해 국제적 마찰도 발생하여 왔다. 기업의 입장에서 그와 같은 각국의 법과 제도의 차이는 경영환경의 불확실성의 증대를 의미한다. 한 국가에서 합법적인 행위가 다른 국가에서는 위법한 행위가 될 수 있기 때문이다. 이에 따라 기업들의 반경쟁적 행위를 둘러싼 국제적 마찰을 방지하고, 보다 안정적인 세계적 기업환경을 만들기 위해 경쟁정책에 관한 국제적 협력이 필요하다는 주장이 점차 설득력을 얻고 있다.

셋째, 경제의 개방화에 따라 무역자유화의 개념도 점차 바뀌고 있다.

| 표 Ⅲ-4-3 | 무역 · 경쟁정책의 상호작용

	무역정책 → 경쟁	경쟁정책 → 무역
긍정적 영향	· 무역자유화정책	· 반경쟁적 기업관행의 규제정책
부정적 영향	· 관세장벽 · 수입수량제한 등 비관세장벽 · 세이프가드 · 반덤핑 · VER, OMA	· 수평적 제한[1] · 수직적 제한[1] · 기업합병 · 경쟁제한적 정부규제

자료: 한국무역협회, "경쟁정책의 국제규범화와 우리의 대응전략," p. vi.

무역자유화는 과거 공산품에만 해당되는 것으로 인식되었으나 우루과이 라운드 협상을 계기로 서비스, 농산물, 지식재산권을 포함하는 분야로 확대되었으며, 이제는 '공정한 경쟁여건'(level playing field)의 확립까지 포함하는 개념으로 변화하고 있다. 여기서 공정한 경쟁여건이라 함은 시장에의 자유로운 진입뿐만 아니라 시장 내에서의 기업활동을 방해하는 시장내 구조적 장벽의 완화까지를 포함하는 것으로 해석될 수 있다. 앞으로의 무역자유화 논의는 경쟁뿐만 아니라 노동, 환경, 투자, 기술, 정부규제 등 무역에 영향을 주는 모든 분야를 그 대상으로 이루어지게 될 것으로 전망된다.

넷째, 국경개념의 약화와 무역자유화 개념의 변화에 따라 과거 대내적인 정책으로 여겨져 왔던 정책들이 무역에 미치는 영향이 부각되고 있다.[2] 특히 과거 대내정책(對內政策)으로 인식되어 온 경쟁정책과 무역정책의 상호작용에 대한 국제적 관심이 증대되고 있으며, 무역과 경쟁정책에 관한 국제규범화 논의가 최근 활발히 진행되고 있다.[3]

---

1) 수평적 제한은 동종 기업간 공동행위를 의미하는데, 수출·입 카르텔, 생산카르텔 등이 이에 포함된다. 반면, 수직적 제한은 거래관계가 있는 기업간의 불공정한 거래행위로서 배타적 거래관행, 차별적 거래, 우월적 지위 남용 등이 이에 포함된다.

2) 경제활동의 효과가 국경을 넘어 나타남에 따른 국가관할권의 약화문제, 대내정책의 한계에 대해서는 Scherer, *Competition Policies for an Integrated World Economy*, pp. xiv-xxii 참조.

3) 무역정책(trade policy)은 한 국가의 경제적인 이익을 위하여 국제무역을 규제하는 것을 목적으로 하는 반면, 경쟁정책(competition policy)은 경쟁을 유지하거나 경쟁을 저해하는 행위를 규제함으로써 자원이 효율적으로 배분되도록 하는 것을 목적으로 한다고 할 수 있다.

〈표 III-4-3〉에 나타난 바와 같이 무역정책과 경쟁정책의 상호작용에는 순기능(順機能)적인 측면과 역기능(逆機能)적인 측면이 있다. 무역정책과 경쟁정책의 순기능적인 측면은 두 정책이 상호보완적인 상호작용을 나타내는 경우로서, 무역자유화정책이 경쟁을 촉진하고 반경쟁적인 기업관행에 대한 규제정책이 무역을 촉진하는 경우가 그 예이다. 그러나 때로는 무역정책과 경쟁정책이 상호간의 부정적인 영향으로 말미암아 서로 상충하는 경우도 있다. 먼저 기업의 반경쟁적인 행위에 대한 느슨한 규제는 무역에 악영향을 주기도 한다. 예를 들면 수출 및 수입카르텔, 배타적 기업관행 등은 국내에 있는 외국기업은 물론 무역을 통해 외국소비자에 부정적인 영향을 줄 수 있다. 더욱이 각국은 매우 다양한 경쟁정책과 제도를 가지고 있으며, 기업의 반경쟁적 행위에 대한 규제의 강도에 있어서도 커다란 차이를 나타내고 있다. 이에 따라 엄격한 경쟁정책·제도를 갖고 있는 선진국들은 그렇지 못한 국가에 대해 경쟁정책의 집행을 강화하도록 요구하는 일도 일어나고 있다. 이와 같은 경쟁정책에 있어서의 국가간 차이를 극복하는 것이 경쟁정책에 관한 국제규범화의 첫 번째 핵심과제인 것이다.

이와는 반대로 무역정책이 경쟁에 부정적인 영향을 주는 경우도 있다. 관세, 수입수량제한, 반덤핑 등의 무역조치는 국내산업을 보호하고 외국기업의 활동을 제한함으로써 국내 시장에서의 경쟁에 악영향을 주기도 하며, 수출자율규제(VER)나 시장질서유지협정(OMA)은 국내기업간 경쟁을 제한하여 외국에서의 경쟁에 악영향을 주기도 한다. 따라서 무역조치를 행할 때에는 무역에 미치는 영향뿐만 아니라 경쟁에 미치는 영향을 고려해야 한다는 주장이 대두되고 있다. 이는 선진국의 반덤핑규제로 인하여 피해를 입고 있는 국가(주로 개도국)들이 경쟁정책에 관한 국제규범화논의에서 반덤핑을 같이 다루어야 한다고 주장하는 비의 근거가 되고 있다.

4.3.2 경쟁정책에 관한 국제적 논의의 내용[4] >>>

경쟁정책에 관한 국제규범화 문제는 최근에 와서 논의되기 시작한 것은 아니다. GATT협상 참가자들은 1947년 경쟁정책에 관한 국제적인 규범이 필요하다고 보고, 국제무역기구(International Trade Organization: ITO)의 설립을 위한 하바나헌장(Havana Charter) 안에 경쟁제한적 기업관행에 관한 조항을 포함시켰다. 이에 따르면 가격고정, 시장분할, 차별적 대우, 생산제한, 기술개발과 응용 제한, 특허·상표·저작권 남용 등이 경쟁제한적 기업관행으로 정의되었고, 헌장의 실효성을 제고시키기 위해 분쟁해결절차에 관한 내용까지 담고 있었다.[5] 그러나 미 의회가 의회권한의 축소를 우려하여 ITO의 설립에 반대함으로써 그와 같은 노력은 수포로 돌아갔으며, 이에 따라 경쟁정책에 관한 국제적인 논의가 본격화되는 데는 많은 시간이 소요되게 되었다. 경쟁정책에 관한 다자간 논의는 GATT/WTO, OECD, ICN 등 다양한 차원에서 이루어지고 있는데, 이를 간략히 정리하면 다음과 같다.

1. GATT/WTO에서의 논의

비록 ITO가 설립에는 실패하였지만, 경쟁에 관한 국제적인 규범이 필요하다는 인식을 바탕으로 GATT/WTO의 다자간 규범 가운데에는 경쟁과 관련된 규정이 많이 반영되어 왔다. WTO세이프가드협정은 VER, OMA 등을 금지하고 있으며(제11조), GATS협정은 독점공급자의 독점적 지위남용 금지, 독점적 행위 발생시 협의요청 및 협의의무, 정보제공의무에 관해 규정하고 있다(제8, 9조). 또한 TRIPs협정은 불합리하게 통상을 제한

---

4) 허선, "경쟁정책에 관한 국제적 논의의 동향," 유진수, "UR 이후 경쟁정책에 관한 국제적 현안," 권오승 편, 「공정거래법강의」.
5) 하바나헌장에 관한 자세한 내용은 Carnegie Endowment for International Peace(1947) 참조.

하거나 국제적 기술이전에 악영향을 주는 지식재산권 남용을 금지하고
있으며(제40조), 정부조달협정은 경쟁입찰 및 제한입찰 문제를 다루고 있
다(제14, 15조).[6]

　그럼에도 불구하고 경쟁과 관련된 무역 분쟁의 해결에 있어서 GATT/
WTO의 규범은 커다란 한계를 나타내고 있다. 이는 Kodak-Fuji사간 분쟁
(1996)[7]에서도 잘 드러나고 있는데, 미국은 이 사건을 WTO 차원에서 해
결하려고 노력하였으나 별다른 성과를 거두지 못하였다.

　이러한 가운데 효과적인 경쟁정책의 부재가 무역자유화의 이익을 저
해한다는 인식이 높아지고 무역자유화의 개념이 '공정한 경쟁여건'의 확
립까지 확대됨에 따라, 경쟁정책에 관한 WTO 차원에서의 논의는 점차
활발히 진행되게 되었다. 특히 외국기업들의 반경쟁적 행위와 이를 효율
적으로 규제하지 않는 외국정부의 정책으로 인하여 피해를 보고 있다고
느끼고 있는 대부분의 선진국들은 경쟁정책에 관한 효율적인 다자간 국
제규범이 필요하다고 보고 있으며, 무역정책과 경쟁정책의 조화, 경쟁정
책의 국제적 조화를 위한 다자간 논의를 지지해 왔다.

　그러나 경쟁법·제도가 잘 갖추어져 있지 않거나 엄격하게 운영되지
않고 있는 개도국들은 경쟁정책에 관한 논의에 기본적으로 부정적인 태
도를 나타내고 있다.[8] 그것은 경쟁정책에 관한 규범이 마련될 경우, 경제
성장 등 다양한 이유에서 그동안 묵인되어 온 기업들의 반경쟁적 행위를
보다 엄격하게 규제할 수밖에 없기 때문이다. 이유는 다르지만 미국 역시

---

6) 대외경제정책연구원(1994) 참조.
7) Kodak-Fuji간 분쟁은 미국의 Kodak사가 일본 Fuji사의 배타적인 유통시장 지배로 인하
　여 일본 시장내 점유율이 다른 국가에 비해 현저히 낮다고 주장하면서 미국 무역대표
　부(USTR)에 미국 통상법 301조에 의한 제재를 요청한 데서 비롯된 사건이다. 일본정
　부는 미국 무역대표부의 통상법 301조에 의한 협의요청을 거부하면서 이 사건은 기업
　긴 문제로서 경쟁당국(일본 공정취인위원회)에의 제소를 통해 해결되어야 한다고 주장
　하였다. 이에 따라 미국은 GATT 제23조 1항(b)의 비위반제소 조항에 의거하여 일본을
　WTO에 제소하였는데, 비위반제소 조항은 관세양허의 효력을 저해하는 정부조치를
　GATT에 제소할 수 있도록 하는 조항이다. 미국의 제소에 따라 구성된 패널은 일본정부
　의 조치가 GATT/WTO 협정상의 이익을 무효화하거나 침해하지 않았다고 판정함으로써
　미국의 주장을 기각하였다.
8) WTO의 자료에 따르면, 2002년 말까지 WTO회원국 가운데 약 80개 국가(이 가운데 개
　도국은 약 50개 국가)만이 경쟁법을 도입한 것으로 나타나고 있다.

WTO 다자간 경쟁규범의 제정에 소극적인 자세를 보이고 있는 것으로 나타나고 있다. 미국은 자국의 경쟁법을 역외적용함으로써 외국기업의 반경쟁적 행위를 규제할 수 있다는 입장을 취하고 있으며, 역외적용을 위해 필요한 정보를 얻기 위한 양자간 협력에 적극적으로 나서고 있다. 뿐만 아니라 미국은 경쟁정책에 관한 논의시 경쟁에 악영향을 주는 반덤핑 문제를 같이 다루어야 한다는 일부 국가들의 주장에 강한 거부감을 가지고 있다.

이러한 의견대립 가운데서도 2001년 11월 카타르 도하에서 열린 WTO 각료회의에서 '도하개발아젠다'를 채택하면서, 각료선언문에 경쟁정책에 관한 내용을 포함시킴으로써 경쟁정책에 관한 다자간 협상 가능성이 크게 높아지기도 하였다. 2001년 각료선언문에는 첫째로 2003년 9월 열릴 예정인 제5차 각료회의에서 '명백한 합의'(explicit consensus)를 통해 결정된 협상의 기본원칙(modality)에 따라 그 후 협상을 개시하며, 둘째로 기술지원과 능력개발을 위한 개도국 지원을 강화하기 위해 UNCTAD 등 관련 국제기구와 협력하며, 셋째로 '무역과 경쟁작업반'이 제5차 각료회의까지 투명성, 비차별성, 절차적 공정성 등의 핵심원칙, 경성카르텔 금지규정, 자발적 협력방식 등 협상의 요소를 명확히 하는 작업을 진행한다는 내용이 포함되었다.

그러나 싱가포르이슈(경쟁정책, 투자, 정부조달 투명성, 무역원활화) 전부에 대한 협상출범을 위한 선진국들의 노력에도 불구하고, 경쟁정책, 투자, 정부조달의 투명성 분야 협상은 개도국들의 강력한 반대에 부딪쳐 2004년 '도하개발아젠다' 의제에서 제외되었다. 이에 따라 무역과 경쟁을 다룰 경쟁라운드의 출범은 기약 없이 미루어지게 되었다.

2. OECD에서의 논의

무역과 경쟁정책에 관한 논의는 GATT/WTO에서보다 OECD에서 더 활성화되어 왔다. 이는 경쟁정책에 대한 관심이 선진국의 경우 더 높다는 이유 때문이기도 하지만 OECD에서의 논의가 다자간 무역협상의 방향을 이끌고 준비하는 성격을 갖고 있기 때문이기도 하다.

OECD는 반경쟁적인 관행과 법규가 외국기업의 시장참여를 봉쇄하지 않고, 무역조치의 사용이 국내경쟁을 저해하지 않으며, 무역정책과 경쟁 정책이 상호보완적인 관계를 갖는 방향으로 노력해 왔다. 경쟁정책에 관한 OECD 내에서의 논의는 무역정책과 경쟁정책의 상호작용과 경쟁정책의 국제규범화뿐만 아니라 경쟁정책의 국제적 협력과 정부규제까지를 다루고 있으며, 이러한 작업을 보다 본격화하기 위해 1996년 무역·경쟁 합동그룹(Joint Group on Trade and Competition)이 설치되기도 하였다.

경쟁정책에 관한 OECD에서의 논의 가운데 가장 중요한 것은 경쟁위원회(Competition Committee: COMP)의 활동이라고 할 수 있다.[9] 경쟁위원회는 ① 경쟁법·정책에 관한 모범관행 검토, ② OECD회원국의 경쟁법집행과 민영화 및 규제완화 등 경쟁촉진정책에 대한 동향조사, ③ 시장경제운용과 경쟁정책의 연계, ④ 국제적 반경쟁적 행위 규제를 위한 경쟁당국간 협력 등을 주제로 회원국간 활발한 대화와 협력을 추진해 오고 있으며, 장기적으로 범세계적인 '공정한 경쟁여건' 마련을 위해 노력하고 있다.

이와 같은 활동의 결과, OECD는 지금까지 경쟁정책과 관련된 10개의 권고안을 채택하였는데, OECD 권고 가운데 가장 관심을 끄는 것은 무엇보다도 '경성카르텔금지에 관한 이사회 권고'(1998)와 '합병심사에 관한 이사회 권고'(2005)라고 할 수 있다. 경성카르텔(hard-core cartel)이란 가격고정, 시장분할, 생산량제한, 입찰담합 등 경쟁제한성이 매우 강한 기업간 담합행위를 의미한다. '경성카르텔 금지에 관한 이사회 권고'는 위와 같은 네 가지 경성카르텔을 금지하는 내용을 담고 있을 뿐만 아니라, 각국이 다양한 목적에서 경쟁법을 적용하지 않고 있는 부문(카르텔에 대한 적용제외)을 줄이고, 경성카르텔을 효과적으로 규제하기 위해 경쟁당국간 비밀정보를 교환하는 내용이 양자간 협력협정을 권고하는 내용을 담고 있다. 이 권고는 반경쟁적인 행위의 유형을 열거하고 이를 규제하기 위한 방안까지를 제시하였다는 점에서 국제적인 경쟁규범 도입의 전주곡으로 받아들여지고 있으며, 선진국들이 경쟁규범을 집행하는 많은 방법 가운데

---

9) 경쟁위원회는 1961년 제한적 영업관행에 관한 전문가위원회에서 시작하여 1987년 경쟁 법·정책위원회로 격상되었으며, 2001년 현재의 경쟁위원회로 개칭되었다.

다자간 기구를 통한 방법 대신 양자간 해결이라는 방법을 택했다는 점에서 우리에게 많은 시사점을 던져 주고 있다. '합병심사에 관한 이사회 권고'는 최근 국경을 초월한 국제적 합병이 크게 증가함에 따라 채택되었는데, 이는 국제적 합병에서 발생할 수 있는 관할권의 중복, 합병심사기준 및 절차의 차이로 인한 기업들의 거래비용 증가를 방지하기 위한 것이다.

그러나 OECD는 선진국들만의 클럽 성격을 띠고 있기 때문에 OECD에서의 논의 또한 한계를 가지고 있다. 최근에는 이와 같은 한계를 극복하고 비회원국을 포함한 보다 확대된 차원에서 논의를 진행하기 위한 노력도 진행되고 있다. 2001년부터 개도국 기술지원사업을 범세계적인 차원에서 진행하고 비회원국과의 협력을 강화하기 위해 '글로벌 경쟁포럼'(Global Forum on Competition: GFC)을 개최하고 있는 것이 좋은 예이다. 이를 통해 경쟁법을 도입하고자 하는 아시아 및 남미의 개도국과 체제전환국들에게 경쟁정책 집행경험을 소개하고 경쟁법을 확산시키기 위해 노력하고 있는 것이다.

3. ICN에서의 논의

무역과 경쟁정책에 관한 기타의 논의 가운데 관심을 끌고 있는 또 하나는 국제경쟁네트워크(International Competition Network: ICN)라고 할 수 있다. 국제경쟁네트워크의 출범은 2001년 GE-Honeywell 합병이 EU의 반대로 무산되면서 경쟁정책에 관한 국제적 논의가 필요하다는 인식이 높아진 데 따른 것이다. 각국의 경쟁법·정책의 차이로 인해 조기에 국제적인 경쟁규범의 마련이 어렵다는 판단하에 경쟁규범의 마련보다는 경쟁정책의 조화를 위한 논의와 각국 정부와 기업의 경쟁마인드 제고가 필요하였기 때문이다. 국제경쟁네트워크는 협상의 기구라기보다는 전세계 경쟁당국간의 비공식 협력체로서 자발적인 참여를 바탕으로 운영되고 있다.

ICN에서의 논의는 구속력 있는 규범 제정보다는 경쟁당국을 위한 모범관행 제정, 매뉴얼/가이드라인 작성, 시장에 대한 연구 등에 초점을 맞추고 있다.

| 표 Ⅲ-4-4 | ICN의 주요 활동 요약

구 분		주요 활동/결과물
권고 관행		- Practical Guide to International Cooperation in Mergers(2015) - Recommended Practices for Merger Analysis (2008~2010)
실무 매뉴얼	Advocacy Working Group (WG)	- Market Studies Good Practice Handbook(2012) - Competition Advocacy Tool Kit Part I(2011) - Competition Advocacy Tool Kit Part II(2012)
	Agency Effectiveness WG	- Competition Agency Practice Manual(updated in 2013)
	Cartel WG	- Anti-Cartel Enforcement Manual(updated in 2013)
	Merger WG	- Merger Guideline Workbook(2006)
	Unilateral Conduct WG	- Unilateral Conduct Workbook(2011-13)

현재 짧은 역사에도 불구하고 ICN은 OECD와 함께 경쟁정책에 관한 국제적인 논의를 주도하고 있다. 이는 첫째로 경쟁문제를 무역자유화, 규제완화, 경제발전 등 다른 이슈들과 연관시켜 다루고 있는 WTO, OECD와는 달리 ICN은 경쟁정책 이슈만을 다루고 있기 때문에 합의도출이 비교적 쉽고, 둘째로 각국의 경쟁당국이 회원이라는 점에서 논의결과가 정책에 신속히 반영될 수 있는 장점이 있기 때문이다.

4. 자유무역협정(FTA)과 경쟁정책

경쟁정책에 관한 '도하개발아젠다'에서의 논의가 중단됨에 따라 그 대안으로 자유무역협정을 통해 경쟁정책을 다루고자 하는 시도도 진행되고 있다. 다만 자유무역협정에 나타난 경쟁정책에 관한 내용은 경쟁정책에 대한 세부적인 규범이나 의무를 규정하기보다는 경쟁정책과 관련된 정부나 공기업의 원론적인 의무를 적시하는데 초점이 맞추어지고 있다.

예를 들어 한·미 FTA 협정 제16장에는 경쟁정책에 관한 내용이 담겨져 있다. 이에 따르면 당사국들은 i) 반경쟁적 영업행위를 금지함으로써 자국 시장에서의 경쟁과정을 증진하고 보호하는 경쟁법을 유지하거나 채택해야 하는 의무, ⅱ) 상대국 국민을 내국인에 비해 불리하지 아니하게 대우해야 할 의무, ⅲ) 경쟁법의 적용에 있어 피심인에게 자기를 방어하고 법원에서 재심을 구할 수 있는 기회를 제공해야 하는 의무를 진다. 한·미 FTA 협정은 또한 협정의 발효일 이후에 지정하는 모든 민간소유의 독점, 자국이 지정하거나 이미 지정한 정부독점, 그리고 자국이 설립하거나 유지하는 모든 공기업에 대하여 협정상의 당사국의 의무에 불합치하지 않는 방식으로 행동할 것 등을 규정하고 있으며, 이 밖에도 상호지원, 통보·협의, 정보교환을 통하여 경쟁법 집행에 있어서 협력한다는 내용을 담고 있다.

한·EU FTA 협정에도 한·미 FTA 협정과 유사한 경쟁정책에 관한 내용이 담겨져 있다. 여기에는 ⅰ) 무역자유화 과정의 혜택이 반경쟁적 영업행위나 반경쟁적 거래에 의해 제거되거나 철폐되는 것을 방지하기 위하여, 경쟁제한적 합의, 동조적 행위, 지배력의 남용을 방지하고, 기업결합을 효과적으로 통제하는 포괄적인 경쟁법을 유지하고, ⅱ) 각국의 경쟁법을 투명하고 시의적절하며 비차별적인 방법으로 적용하며, ⅲ) 한 쪽 당사자의 요청이 있는 경우, 경쟁법 집행활동과 법령에 관한 공공정보를 이용가능하도록 하고, ⅳ) 공기업과 특별한 권리 또는 배타적 권리를 인정받은 기업도 경쟁법의 적용대상이 되어야 한다는 내용이 포함된다.

4.3.3 경쟁정책에 관한 국제적 논의 경향과 시사점 〉〉〉

1. 경쟁정책에 관한 국제적 논의 경향

경쟁정책의 국제규범화에 관한 지금까지의 논의 내용을 정리해 보면 다음과 같은 일반적인 경향들을 발견할 수 있다.

첫째로 각국의 경제발전상황과 경쟁법·정책의 차이점을 인정함으로써 포괄적인 국제규범의 마련보다는 규범의 요소를 대폭 축소한 핵심원칙의 마련과 공통적인 기본가치의 추구에 초점을 맞추고 있다. 가격고정, 시장분할, 생산량제한, 입찰담합 등 경쟁제한성이 매우 강한 기업간 담합행위(경성카르텔)를 금지한 OECD의 이사회 권고가 그 대표적인 사례라고 할 수 있다. 이와 같은 행위에 대해서는 비교적 논란이 적고 국제적인 합의를 도출하기가 용이하기 때문이다. 따라서 비차별성·투명성 등의 핵심원칙과 경성카르텔 금지 등에 대한 최소한의 경쟁규범이 마련된다 하더라도 각국의 상황에 따라 차별화된 경쟁법·정책을 운용할 수 있는 여지는 많이 남을 것으로 전망되고 있다.

둘째로 협력의 방식에 있어서도 강제적이고 구속적인 협력방식 대신 자발적이고 유연한 형태의 협력방식이 강조되고 있다. 이는 2001년 WTO 각료선언문에도 잘 나타나 있으며, '경쟁 및 규제개혁 증진을 위한 APEC 원칙'에도 잘 나타나 있다. 이에 따라 앞으로 각국 경쟁당국간 자발적 정보 공유방안, 협의 및 협력방안 등에 대한 연구가 활발히 진행될 것으로 전망된다.

셋째로 경쟁정책의 국제규범화로 인해 피해를 볼지 모른다는 우려 때문에 국제규범화에 반대하고 있는 일부 개도국을 설득하고 배려하기 위한 노력이 강조되고 있다. 2001년 WTO 각료선언문에 개도국에 대한 기술지원과 능력개발을 위한 지원이 강조되고 있고, OECD에서도 '글로벌경쟁포럼'의 개최 등을 통해 비회원국과의 협력이 강화되고 있는 것도 바로 이 때문이다. 경쟁정책의 국제규범화보다 경쟁법·마인드 확산이 선행되어야 한다는 인식이 퍼져 있기 때문이다.

2. 향후 전망 및 시사점

도하개발아젠다(DDA)에서 경쟁정책에 관한 협상의 출범이 개도국의 강력한 반대에 부딪쳐 좌절되기는 하였지만, 경쟁정책에 관한 국제규범화가 필요하다는 주장은 선진국을 중심으로 다시 제기될 가능성이 많다. 따라서 무역과 경쟁정책에 관한 국제규범화는 시간의 문제이며, 다자간 국제규범화가 이루어지기 이전에도 경쟁법 확산을 위한 노력과 국제적인 협력은 계속될 것으로 전망된다. 이와 같은 움직임은 우리 경제에 다음과 같은 시사점을 가질 것으로 전망된다.

첫째, 경제의 범세계화가 이루어져 국경의 개념이 약화되고 기업행위의 결과가 한 국가 내에만 머무르지 않는 상황에서 경쟁정책은 더 이상 한 국가 고유의 대내정책이 아니다. 따라서 경쟁정책에 관한 국제규범화는 우리의 경쟁법과 정책을 국제규범화시대에 알맞는 선진화된 법과 정책으로 만들 것을 요구하고 있다.

둘째, 무역과 경쟁정책에 관한 국제규범화는 국제화시대에 국제적인 협력을 이끌어 갈 수 있는 준비를 갖추도록 요구하고 있다. 선진국의 경

경쟁법의 역외적용과 국제적 마찰

2005년 12월 우리나라 공정거래위원회는 마이크로소프트사가 자신의 운영체제에 다른 프로그램을 결합하여 판매한 행위에 대해 시정명령과 함께 약 330억원의 과징금을 부과하였다. 2016년 12월에는 퀄컴(Qualcomm)사에 대해 다른 기업이 보유한 특허에 대해 정당한 대가를 지급하지 않으면서 특허 라이센스를 요구하였다고 보고 이를 시정하라는 명령과 함께 약 1조 311억원의 과징금을 부과하기도 하였다.

반대로 한국 기업이 외국에서 벌금을 부과받는 사례도 늘고 있다. LG디스플레이는 2008년 LCD패널 가격 담합으로 인해 미 법무부로부터 약 4억달러의 벌금을 부과받았으며, 대한항공도 2007년 항공화물요금 담합으로 인해 미 법무부로부터 약 3억달러의 벌금을 부과받았다.

이와 같이 외국기업에 대해 경쟁당국이 시정조치를 취하는 것은 세계적인 추세가 되었다. 문제는 외국기업에 대한 시정조치들이 관련 국가간 마찰을 불러오는 요인이 될 수 있다는 점이다. 경쟁법이나 정책이 국가마다 다를 수 있기 때문이다. 이는 2005년 마이크로소프트사에 대한 한국 공정거래위원회의 결정을 미 법무부가 비난한 데서도 잘 드러난다.

이에 따라 각국의 경쟁법과 정책을 조화시키고 경쟁당국간 마찰을 방지하기 위한 다자간 차원에서의 노력은 앞으로도 지속될 것으로 전망되고 있다.

쟁법·제도, 경쟁정책의 운영에 관한 경험과 정보를 수집하고 연구하는 노력이 있어야 함은 물론 무역과 경쟁정책에 관한 국제규범화에 대비하기 위한 협상태세를 갖추는 일도 시급한 과제가 되고 있다. 특히 선진국과 개도국의 중간자적인 입장을 충분히 활용하여 우리나라와 입장이 비슷한 국가들과의 협력체제를 강화함으로써 경쟁정책에 관한 국제협상을 능동적으로 주도하는 것이 바람직한 것으로 평가되고 있다.

　마지막으로, 무역과 경쟁정책에 관한 국제규범화에 대한 대비는 정부차원에서만 이루어져서는 곤란하며, 국제규범화에 직접적인 영향을 받는 기업차원에서도 국제규범화의 중요성을 인식하고 이에 미리부터 대비하는 자세가 필요하다.

주요용어

- 공정한 경쟁여건
- 경쟁정책
- 경쟁라운드
- 국제경쟁네트워크
- 경쟁법의 역외적용
- 경성카르텔

연습문제

1. 경쟁정책이 대내정책의 범위를 벗어나 국제적인 이슈가 되고 있는 이유는 무엇인가?
2. WTO, OECD, UNCTAD 등 각 국제기구에서의 경쟁정책 논의는 어떠한 공통점과 차이점을 나타내고 있는가?
3. 경쟁법의 관할권, 즉 독점금지법의 역외적용에 대해 논하시오.
4. 경쟁라운드의 출범 연기가 우리에게 미치는 영향에 대해 생각해 보시오.

제 **4** 절 >>> 무역과 원조

4.4.1 무역을 위한 원조(Aid for Trade)의 배경 및 범위 >>>

지구상에는 70억 명이 넘은 사람들이 살고 있지만 그중 12억 명은 여전히 하루 1.25달러 미만으로 삶을 연명하는 절대빈곤에 시달리고 있다. 국제사회는 공적개발원조(Official Development Assistance: ODA)를 통해 저개발국의 사회경제개발을 지원함으로써 궁극적으로 이들 국가의 빈곤을 퇴치하기 위한 노력을 경주하고 있다.

2000년 UN에서 채택된 새천년개발목표(Millenium Development Goals: MDGs)도 이러한 노력의 일환이다.[1] 공적개발원조는 저개발국에서 인간의 기본적 요구(Basic Human Needs)를 충족시킨다는 측면에서는 일정한 성과를 거두고 있다. 그러나 저개발국의 빈곤 문제를 근본적으로 해결하기 위해서는 저개발국이 스스로 빈곤을 탈출하기 위한 역량을 갖추도록 해야 한다는 지적도 지속적으로 제기되고 있다. 즉 공적개발원조를 통해 저개발국이 경제성장 역량을 강화함으로써 스스로 빈곤을 탈출할 수 있도록 지원해야 한다는 것이다.

무역이 경제성장 및 빈곤감축을 위한 충분조건은 아니지만 필요조건이라는 것에는 상당한 공감대가 형성되어 있다. 즉 무역은 경제성장 및 빈곤감축을 위한 핵심 동력의 역할을 할 수 있으며, 무역을 활용하지 않고서는 경제성장과 빈곤감축을 달성하기 어렵다는 것이다. 무역을 위한

---

1) MDGs는 빈곤 감축, 보편적 초등교육 확대, 양성 평등, 질병 퇴치, 모자보건의 향상, 유아사망률 감소, 환경의 지속성 확보, 개발을 위한 국제협력을 중점분야로 선정하고 분야별로 2015년까지의 달성목표치를 설정하였다.

| 그림 III-4-4 | AfT의 범위 확대

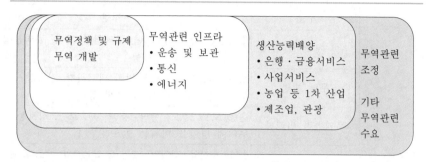

원조(이하 AfT)는 저개발국이 무역에 대한 장애요인을 해소하고 무역관련 역량을 확충함으로써 궁극적으로 빈곤을 탈출할 수 있도록 지원하는 원조를 말한다.

무역 측면에서 저개발국을 지원하기 위한 노력은 GATT 및 WTO 체제하에서 꾸준하게 전개되어 왔다. 2000년대 초반까지는 선진국시장에 대한 접근을 향상시킴으로써 저개발국의 무역기회를 증진시키는 것에 초점을 맞추어 왔다.[2] 대표적인 예가 선진국이 저개발국에 대하여 일반특혜관세제도(Generalized System of Preference: GSP)를 적용한 것이다. 선진국의 시장개방조치로 저개발국이 세계시장에 접근할 기회가 증진되기는 하였지만, 이것이 저개발국의 무역역량 강화로까지 연결되지는 못하였다. 이에 따라 2000년대 중반 이후에는 AfT를 통해 저개발국이 무역역량을 확충하고 생산역량도 강화할 수 있도록 지원하고 있다. AfT는 당초 무역정책과 규제, 통상협상 등에 대한 기술적 지원을 의미하였으나, 민간부문의 생산역량 배양이나 무역관련 인프라 구축과 같은 공급측면의 능력배양(supply side capacity building)을 포함하는 방향으로 범위가 점차 확대되고 있는 것이다.

WTO는 2005년 홍콩에서 개최된 각료회의를 계기로 AfT에 대한 논의에 주도적으로 참여하기 시작하였다. 동 각료회의에서 WTO 회원국들은

---

2) 1960년대부터 개도국의 경제성장과 빈곤감소를 위한 무역의 역할이 강조되었다. 예를 들어 1964년 UNCTAD 1차 총회에서 프레비쉬 보고서(Prebisch Report)는 개도국의 무역기회 증진을 통한 성장을 지원해야 한다고 강조하였다.

| 표 Ⅲ-4-5 | **AfT의 분류**

구분	지원 대상
무역 정책 및 규제	무역관련 교육 및 훈련, 무역협상 참여, 무역분쟁, 무역협정의 이행, 무역원활화 등
무역 개발	투자유치, 서비스교역, 민관 네트워킹, 전자상거래, 무역금융, 무역진흥, 시장 분석 및 개발 등
무역관련 인프라	운송(도로, 철도, 항만, 항공 등), 보관, 정보통신 인프라 등 무역에 영향을 미치는 인프라
생산역량 배양	농업·수산업·산림업·광업 등 1차 산업, 제조업, 은행·금융, 관광, 사업지원서비스 등
무역관련 조정	피해그룹에 대한 보상 등을 포함하여 저개발국이 무역자유화의 혜택을 누릴 수 있도록 지원하는 조치

개도국과 최빈국의 무역증진이 경제발전과 빈곤퇴치에 핵심적인 역할을 할 수 있다는 점에 합의하고 AfT의 확대와 효과성 제고를 위한 홍콩선언을 공표하였다. 이에 따라 원조공여국 모임인 OECD 개발원조위원회(Development Assistance Committee: DAC)와 WTO가 공동으로 AfT의 확대 및 효과성 제고를 위해 다양한 노력을 전개해오고 있다. 특히 2007년부터 2년마다 AfT에 대한 점검회의(Global Review of Aid for Trade)를 개최함으로써 AfT의 모멘텀을 유지·강화해 나가고 있다.

1. 무역을 위한 원조액의 추이

공적개발원조(ODA)에서 AfT가 차지하는 비중은 2005년 13.6%에서 2015년 22.5%에 이르기까지 지속적으로 증가해 왔다. 이는 ODA의 개발 효과성이 강조되면서 AfT의 중요성이 부각되었기 때문이다. 전 세계 AfT

| 표 Ⅲ-4-6 | AfT 분야별 공여액 추이

		무역을 위한 원조(AfT) 금액(단위: 백만달러(2015 불변가격))					전체원조 중 AfT 비중(%)
		무역정책 및 규제	경제 인프라	생산역량 배양	무역조정 지원	합계	
약정액	2002-05 평균	729 (3.3%)	11,567 (51.8%)	10,014 (44.9%)	0 (0.0%)	22,310 (100%)	18.8%
	2006-08 평균	998 (3.4%)	15,672 (53.4%)	12,672 (43.2%)	2 (0.0%)	29,344 (100%)	20.0%
	2009-11 평균	1,295 (3.4%)	21,069 (55.0%)	15,897 (41.5%)	20 (0.1%)	38,281 (100%)	25.3%
	2012-14 평균	1,220 (2.5%)	28,255 (58.6%)	18,717 (38.8%)	2 (0.0%)	48,195 (100%)	30.2%
	2015	1,062 (2.0%)	31,784 (59%)	21,031 (39.0%)	2 (0.0%)	53,879 (100%)	29.7%
집행액	2006-08 평균	674 (3.2%)	10,388 (49.6%)	9,894 (47.2%)	8 (0.0%)	20,964 (100%)	15.4%
	2009-11 평균	967 (3.3%)	14,833 (50.6%)	13,505 (46.0%)	35 (0.1%)	29,339 (100%)	19.8%
	2012-14 평균	1,120 (3.1%)	19,561 (54.6%)	15,181 (42.3%)	14 (0.0%)	35,858 (100%)	22.1%
	2015	981 (2.5%)	20,646 (51.9%)	18,176 (45.6%)	13 (0.0%)	39,816 (100%)	22.5%

자료: OECD·WTO, 「Aid for Trade at a Glance 2017: Promoting Trade, Inclusiveness and Connectivity for Sustainable Development」

를 약정액(commitment) 기준으로 살펴보면 1990년 중반에서 2000년대 초반까지는 200~250억불(2011년 불변가격) 수준에서 답보하다가 2000년대 중반 이후부터 점차 증가하여 2015년 기준 539억불 수준에 이르렀다. 한편 실제 집행액(disbursement) 기준으로 보면 2000년대 중반 이후 증가세가 더욱 뚜렷하게 나타나며, 2015년에는 398억 달러로 최대치를 기록하였다.

AfT의 분야별 지원액을 살펴보면 〈표 Ⅲ-4-6〉에 나타나 있는 바와 같이 경제 인프라 및 생산역량 배양 분야가 AfT의 대부분을 차지하고 있으며, 특히 경제 인프라가 가장 큰 비중을 담당하고 있다. 이는 인프라의 건설이 직접적으로 무역을 위한 것이 아닐지라도 궁극적으로는 운송 및 보관비용의 절감을 통하여 무역 확대에 긍정적인 영향을 미치기 때문이다.

2. 무역을 위한 원조의 사례

AfT가 지속적으로 확대됨에 따라 다양한 AfT 사례가 나타나고 있다. 여기서는 생산역량 배양, 무역 개발, 무역원활화 등이 결합된 사례를 살펴보기로 한다.

1) 캄보디아의 미곡 수출촉진 프로그램(Expansion and Diversification of Cambodia's Exports of Milled Rice)

2000년대 중반 이후 캄보디아의 벼(paddy rice) 생산량 및 수출량은 빠른 속도로 증가하고 있다. 그러나 최근까지도 캄보디아는 벼를 도정하지 않은 채 베트남, 태국 등의 주변국으로 수출해 왔으며, 캄보디아의 벼를 수입한 국가들이 벼를 도정하고 가공하여 재수출함으로서 부가가치의 상당 부분을 획득하였다.[3] 최근 들어 캄보디아의 정미업이 활성화되기 시작하면서 도정된 쌀을 수출하는 사례가 발생하고는 있지만 여전히 도정된 쌀의 수출량은 벼 수출량에 비해 매우 작은 상태이다. 이에 따라

---

3) 캄보디아의 벼 생산량은 2003-2004년의 4.5백만 MT에서 2009-2010년에는 7.5백만 MT로 증가하였다. 캄보디아는 2008-2009년 1.6백만 MT의 도정되지 않은 벼를 수출하였다.

2010년 캄보디아 정부는 "Policy Paper on the Promotion of Paddy Production and Rice Export"를 채택하여 쌀 수출의 부가가치를 제고하기 위한 다양한 정책을 모색하고 있다.

미곡 수출촉진 프로그램은 쌀의 생산 및 수출과 관련하여 캄보디아가 직면하고 있는 제약요인을 해소하기 위한 사업으로 구성되어 있다.[4] 쌀의 생산·수출과 관련하여 캄보디아가 직면하고 있는 과제로는 ① 쌀의 생산성 및 품질 향상, ② 운송비용, 통관 소요시간의 단축을 통한 수출비용의 감축, ③ 벼의 정미 역량 확충 및 정미 비용 감축, ④ 품질 및 SPS 기준 등 수입국 표준의 충족 역량 확충, ⑤ 새로운 해외 시장의 개척, ⑥ 쌀 생산자 및 정미업자의 자금 접근성 확대 등이 있다. 이제까지 진행되어온 AfT 사업들로 인해 캄보디아의 제약요인들이 다소 해소되고 있다. 그러나 수입국 표준의 충족, 경제 및 농업 인프라의 확충 등에서 성과가 나타나기 위해서는 여전히 많은 시간과 노력이 필요한 상태이다.

AfT의 분류기준 측면에서 볼 때 본 프로그램은 무역원활화 사업, 표준역량의 강화 사업 등 무역 정책 및 규제에 해당하는 사업들, 해외시장 및 제품의 개발 사업과 같이 무역개발에 속하는 사업들, 쌀 생산성 및 저장·유통 역량 향상과 같은 민간 생산역량 강화사업들, 관개 에너지 도로 등 농업 및 경제 인프라 구축 사업 등을 모두 포괄하고 있다.

2) 인도네시아의 경공업 경쟁력 향상 프로그램(SENADA)

SENEDA는 미국 원조청(USAID)의 지원으로 인도네시아의 유망 경공업 부문 경쟁력을 향상시킴으로써 궁극적으로 경제성장과 고용창출에 기여하는 것을 목적으로 2005년~2009년 시행된 사업이다. 성장 및 수출 잠재력을 지닌 노동집약적 부문으로 신발, 자동차 부품, 봉제, 가정용품(가구, 커튼, 카펫 등), ICT 서비스가 선정되었다. 프로그램의 첫 단계로 산

---

4) 캄보디아는 호주와 일본으로부터 농업과 관련해 종자, 수확, 저장·보관 및 유통, 관개, 생산성 등에 대한 기술적인 지원을 받아왔다. 최근에는 UNDP의 Trade Related Assistance for Development and Equity(TRADE) 프로젝트, (EU가 재원을 제공하는) IFC의 Agro-Processing Project가 진행되고 있으며, GTZ와 AFD는 쌀 정미업자들이 해외시장에 대한 정보를 획득하고 수입국의 수요에 부응할 수 있도록 지원하는 사업을 전개하고 있다.

업별 가치사슬 분석을 통하여 해당 산업부분의 경쟁력에 영향을 미치는 요인들을 규명하였고, 이를 중심으로 세부 사업을 구성하였다. 나아가 해당 기업들의 수출확대를 위해서는 해외시장에 대한 정보의 획득, 무역거래 역량, 해외수요에 부응하는 제품의 개발 등이 중요하므로 이를 지원하기 위한 사업들도 병행되었다. 즉 본 프로그램은 인도네시아 유망 산업의 경쟁력 강화를 목표로 하면서 무역 측면을 명시적으로 고려하여 생산역량의 향상을 위한 사업들과 더불어 무역역량의 개선을 위한 사업들을 통합적으로 기획·시행하였다.

본 프로그램에서 추진된 지원사업으로는 교육·연수, 생산성 향상을 위한 기술적 지원, 기술혁신 촉진기금, 기업활동에 대한 규제 개선, 제품 인증, 해외시장에 대한 정보 보급, 수출거래 주선 등이 있다. 이와 더불어 정부 및 민간부문 이해관계자들의 적극적인 참여를 유도하였다는 점도 본 프로그램의 효과를 제고하는 데 큰 기여를 하였다.

3) 그레나다(Grenada)의 수출 수산물 품질개선 프로그램

그레나다는 오랜 기간 농업과 관광 중심의 경제구조를 유지해 왔다. 2000년대 초반 그 비중이 줄어들기는 했지만 여전히 전체 인구의 30% 이상이 농업에 종사하였고 농산물의 약 50%를 수출하였다. 그러나 2004년과 2005년 두 차례의 태풍으로 농업 부문이 큰 타격을 받게 됨에 따라 그레나다는 경제구조를 다변화함으로써 궁극적으로 빈곤을 감축시켜야할 필요성에 직면하였다. 이에 그레나다 정부는 성장잠재력을 지닌 산업으로 수산업을 선정하고 수출산업으로 육성하기 위하여 어획뿐만 아니라 가공단계에서의 품질을 개선하여 부가가치를 제고한다는 목표를 설정하였다.

2002년부터 EC는 SFP(Strengthening Fishery Products Health Conditions) 프로그램을 통해 그레나다 정부의 이러한 노력을 지원하였다. 본 프로그램은 그레나다의 생선 및 수산품 품질관리 역량을 강화하고, 수출 수산물에 대한 품질보증시스템을 개선함으로써 궁극적으로 농어촌 지역의 고용창출과 빈곤감축을 지향하고 있다. 그레나다의 수출 수산물 품질개선 프로그램은 다음의 〈표 Ⅲ-4-7〉과 같은 사업들로 구성되었다.

| 표 III-4-7 | 그레나다의 수출 수산물 품질개선 프로그램의 주요 사업

주요 사업	내 용
인적 및 기관 역량의 강화	• 관련 공무원에 대한 (대학원 과정을 포함한) 연수 • 관련 정부부처 및 조사단에 대한 자문 제공 • 조사관 및 관련 공무원의 EU 방문 연수 • 관련 정부부처의 조직 개선
검사 실험실 및 기술 연구소 지원	• 실험실 개·보수 및 실험실간의 네트워킹 • 실험실 인력에 대한 연수 및 기술적 지원 • 품질보증을 위한 매뉴얼 및 가이드라인 작성 지원
수산품의 부가가치 제고 기술의 지원	• 훈제, 절임 및 건조 기술에 대한 지원 • 제품 개발, 포장 등에 대한 지원
수산업의 해외시장 진입에 대한 지원	• 사업 계획 및 타당성 조사에 대한 지원 • 수산물 마케팅시스템 개발에 대한 지원 • 수산업 종사자(공장 관리자, 수출업자 등)을 대상으로 수산물 보건·안전관련 국제 요건(WTO SPS협정, HACCP(Hazard Analysis Critical Control Point) 등)에 대한 연수 • 남획 방지를 위한 기술적 지원
기타	• 수산업 소기업에 대한 지원 • 소비자 교육프로그램에 대한 기술적 지원 • 정부정책의 개발에 대한 지원

본 프로그램을 통하여 그레나다는 EC의 수산물 보건·안전관련 List 1 국가군에 포함됨에 따라 EU로 수산제품을 수출할 수 있게 되었다.[5] 본 프로그램이 이행되는 과정에서 그레나다의 수산물과 관련된 법·제도가 대폭 정비되는 효과도 거두었다. 또한 수산물의 품질관리를 위한 민간 및 공공 전문인력의 역량이 강화되었다. 다양한 형태의 연수과정을 통하여 수산물 조사관, 어부, 선주, 가공업자, 유통업자 등의 수산업 종사자들이 수산물의 보건 및 안전에 관한 국제 표준·규제를 이해하고 대응하는 역량을 강화시킬 수 있었다. 또한 검사 실험실의 인프라가 개선되고 인적 역량도 개선되었다.

---

5) EC는 EU로 수산물을 수출하는 국가들을 List 1 및 2 국가로 분류하는데, List 1에 속하는 국가들만이 EU에 수산물을 수출하는 것이 허용된다. EC의 SFP는 ACP 국가들을 대상으로 수산물 보건 및 안전 관리역량 개선을 지원하는 프로그램이다.

4.4.3 무역을 위한 원조의 주요 이슈 >>>

1. 무역을 위한 원조의 역할: 성장 및 빈곤퇴치

무역은 생산성과 투자의 두 가지 경로를 통해 간접적으로 경제성장에 영향을 미친다. 이론적으로는 시장개방이 확대되면 경쟁이 심화되고, 그 결과 일반적으로 경제 전반의 효율성이 높아지게 된다. 그러나 많은 개도국에서는 다양한 이유로 이러한 기대효과가 실현되지 못하고 있다. AfT의 기대효과를 실현하기 위해서는 저개발국이 직면하고 있는 다음과 같은 문제점들을 고려해야 한다.

첫째, 무역확대를 통한 세계경제에의 통합이 사회·경제적 발전에 미치는 전반적 효과를 고려해야 한다. 경제개방을 통한 무역확대는 피해계층을 발생시킴으로써 일정한 비용을 초래하게 되고, 이들에 대한 사회·경제적 구조조정의 필요성을 야기한다. 피해계층의 조정비용이 과도하다면 AfT 효과가 반감될 것이다. 둘째, 저개발국 빈곤해소 문제가 고려되어야 한다. 수출의 확대는 성장에 긍정적 효과를 낳을 수 있지만, 이것이 저개발국에서 공통적으로 나타나는 빈곤문제를 자동적으로 해결하지는 않는다. 따라서 수원국의 소득분배구조에 대한 분석을 토대로 무역확대에 따른 이득이 광범위하게 공유될 수 있도록 해야 한다.

2. 무역을 위한 원조의 효과성

오랜 기간 동안 상당한 규모로 다양한 원조사업이 시행되어 왔음에도 불구하고 원조가 개도국의 성장과 빈곤감소를 효과적으로 해결하지 못하고 있다는 문제의식이 확산되어 왔다. 이러한 맥락에서 원조효과성 제고를 위한 파리선언에서는 수원국의 주인의식(ownership), 수원국 수요에의 합치(alignment), 공여국 간의 원조 조화(harmonization), 성과지향

(managing for results) 등을 주요 원조원칙으로 천명한 바 있으며, 2010년 서울 개발 컨센서스(Seoul Development Consensus)의 G20 개발의제도 인도주의적 원조를 넘어 개도국의 인프라 투자와 생산능력 배양을 통해 지속가능하고 복원력 있는 경제성장 지원의 중요성을 강조하였다.

AfT는 범분야적인(cross-sectoral) 성격을 띠고 있어 AfT사업의 기획 및 이행 과정에서 수원국과 공여국의 여러 정부부처, 민간부문, 시민사회 등 다양한 주체들이 관여하게 된다. 따라서 AfT의 효과성 확보를 위해서는 원조효과성을 위한 기본 원칙을 준수하는 것이 더욱 중요하다. 아래에서는 AfT와 관련하여 원조효과성을 위한 기본 원칙들이 어떻게 활용되고 어떠한 효과를 낳을 수 있는지 살펴보도록 한다.

1) 수원국 주도 또는 주인의식

수원국 주도의 원칙은 AfT의 효과성을 위한 가장 기본적이고 중요한 원칙이다. 수원국이 자국의 개발과정을 주도적으로 이끌어 가지 못한다면 개발원조는 지속가능한 성과를 거두기 어려울 것이다. 특히 수원국이 주도적으로 무역주류화(trade mainstreaming)를 해야만 AfT가 구체적인 성과를 거둘 수 있다. 수원국의 무역주류화란 수원국이 경제개발에 있어 무역의 중요성 및 역할을 명확하게 인식하고 개발계획에 무역을 적극적으로 활용하기 위한 구체적인 방안을 적시하는 것이다. 공여국들과 수원국들은 최근 무역주류화에 있어 상당한 진전이 있는 것으로 평가하고 있다.

2) 수원국 수요에의 합치

수원국 수요에의 합치 원칙은 공여국이 자국의 우선순위가 아니라 수원국 주도의 개발과정에 맞추어 원조를 기획하고 이행해야 한다는 것이다. 수원국이 무역관련 국가전략을 공여국과 함께 개발한다면 수원국 수요에의 합치 원칙을 더욱 충실하게 따를 수 있을 것이다. 공여국들은 수원국 수요에의 합치를 위해 수원국의 PRSP, 여타 국가개발계획, 수원국 정부와의 협의 등을 통해 드러난 우선순위를 고려하고 있다.[6] 또한

---

6) PRSP는 빈곤감축전략보고서(Poverty Reduction Strategy Paper)를 지칭한다. 1999년 9월 세계은행·IMF 연차총회에서 수원국 주도의 빈곤감축전략 수립을 토대로 한 채무구

공여국들은 AfT 지원전략의 입안단계에서부터 수원국의 폭넓은 참여를 통하여 수원국의 우선순위를 반영함으로써 수원국 수요에의 합치를 도모하고 있다. 이와 같이 AfT에 있어 수원국 수요에의 합치 원칙에 대한 고려가 확대되고는 있으나, 공여국들이 수원국의 우선순위에 부합되지 않는 부문을 지원하려는 경우도 여전히 존재하는 것으로 나타나고 있다.

3) 원조 조화

원조 조화는 공여국간 원조사업의 중복, 원조절차의 차이 등으로 인해 발생하는 문제를 해소하기 위한 협력을 의미한다. 수원국의 주도력이 미약하거나 시스템이 취약하여 공여국이 수원국의 우선순위 및 시스템에 맞추어 원조 프로그램을 이행하기 어려운 경우가 많다. 이러한 경우 보다 효과적인 원조를 위해서는 원조 분야, 방식, 절차 등에 있어 공여국들 간의 협력 및 조화의 필요성이 대두된다. 이러한 원조 조화는 무역분야를 포함한 모든 분야의 원조에서 원조효과성의 담보를 위해 필수적인 원칙이다.

3. 무역을 위한 원조와 글로벌 가치사슬

글로벌 가치사슬(Global Value Chain: GVC)이란 다국적기업들이 핵심역량을 제외한 다양한 가치사슬상의 활동을 글로벌 소싱(global sourcing), 계약 등으로 대체함에 따라 디자인, 생산, 판매 등의 가치사슬이 전 세계적으로 형성되는 것을 의미한다. 즉 글로벌 가치사슬이란 상품 및 서비스의 생산이 여러 단계로 분화되고, 각각의 단계가 전 세계 어디든 비용경쟁력이 있는 국가에서 발생하며, 각 단계별로 가치가 창출되는 새로운 패러다임을 의미한다.

수원국의 민간부문 특히 중소기업 부문은 수원국의 소득 확대 및 빈곤감축을 위해 매우 중요한 역할을 한다. 수원국의 산업활동 및 고용에 있어 중소기업이 절대적인 비중을 차지하고 있으므로 중소기업의 부가가

제와 양허 차관 공여방안이 합의되었다. PRSP는 수원국이 3년 단위로 작성하는 것을 원칙으로 한다.

치 개선은 고용 확대 및 빈곤 감축에 큰 기여를 할 것이다. 개별 수원국의 특정 산업에 속한 중소기업들의 부가가치 창출잠재력을 치밀하게 분석하기 위해서는 (산업 단위의 경쟁력 분석보다는) 그 중소기업과 관련된 글로벌 가치사슬을 분석하는 것이 필수적이다. 중소기업들이 글로벌 가치사슬의 어떤 부분에 어떻게 참여할 수 있는지를 파악하고, 수원국 정부 및 여러 공여기관들이 이를 촉진하고 지원할 수 있는 방안이 무엇인지를 규명하는 것이 중요해지고 있다.[7]

4.4.4 한국의 역할과 과제 　　　>>>

한국은 수출주도적인 경제개발을 통하여 압축적인 경제성장과 빈곤탈출에 성공하였고, 그 결과 공식적으로 수원국에서 공여국으로 발돋움한 첫 번째 국가가 되었다. 즉 한국은 무역을 통한 빈곤감축 경험과 수원국 경험을 동시에 보유한 유일한 공여국인 것이다. 이는 한국이 AfT에서 다른 공여국과는 차별화된 비교우위를 보유하고 있음을 의미한다. 이에 따라 한국의 경험을 벤치마크하려는 저개발국의 수요가 증가하고 있으며, 무역과 원조를 다루는 국제기구의 한국에 대한 관심 및 기대 또한 매우 큰 상태이다.

2000년대 들어 한국의 AfT는 양적인 측면에서 빠른 증가세를 보이고 있으며, ODA 대비 AfT의 비중 또한 다른 공여국에 비해 월등히 높게 나타나고 있기는 하다. 그러나 이러한 한국의 양적인 AfT 실적이 치밀한 전략을 바탕으로 고안·집행된 결과라고 보기는 어렵다. 한국의 AfT에서 경제 인프라가 차지하는 비중이 압도적인데, 이는 한국이 AfT를 염두에 두고 경제 인프라에 대한 원조를 증가시킨 것이라기보다는 인프라에 대한

---

7) 글로벌 가치사슬은 2013년 개최된 OECD/WTO 4차 Aid for Trade Global Review 회의의 핵심 논의주제였다.

유상원조가 AfT로 집계된 결과이다.

한국이 차별화된 경험과 위상이라는 소중한 원조 자산을 보유하고 있다는 것이 자동적으로 한국 AfT의 효과성을 담보하는 것은 아니다. 저개발국에 도움이 될 수 있는 그리고 저개발국이 벤치마크하려는 경험을 지니고 있더라도 그러한 경험을 활용하여 저개발국을 지원하는 방식이 효과적이지 못하다면 결국 저개발국에 대한 지원은 성과를 거둘 수 없게 된다. 한국이 선진 공여국들과는 차별화된 AfT를 효과적으로 추진하기 위해서는 한국의 강점을 구체화하고 AfT를 주도해 나갈 체제와 조직이 필요하다. 한국 AfT의 특징과 장점을 정리하고 이를 전반적인 한국 원조 시스템에 접목시키면서 다른 공여국과의 원조 조화를 실행해 나갈 수 있는 시스템을 구축해 나가야 할 것이다.

주요용어

- 공적개발원조
- 무역을 위한 원조
- 수원국 수요에의 합치
- 새천년개발목표
- 파리선언

- 글로벌 가치사슬
- 무역주류화
- 수원국의 주인의식
- 원조 조화

연습문제

1. 무역을 위한 원조의 목적 및 지원분야에 대하여 설명하라.
2. 글로벌 가치사슬이란 무엇인가? 글로벌 가치사슬과 AfT는 어떤 관련이 있는지를 설명하라.
3. 원조효과성 제고를 위한 파리선언의 주요 내용을 설명하라.

제 **IV** 부

한국의 통상정책

세계 경제의 상호의존도가 심화되고 생산의 세계화추세가 확대됨에 따라 개별국가의 국내규범에 따른 자율적인 통상정책의 변화는 과거와는 달리 교역상대국가들에 매우 민감한 영향을 주고 있다. 또한 경제주체의 다양성 때문에 이들간에 발생하는 통상문제는 국내법이나 국제법 어느 하나로만 해결되기 어려운 상황이다.

따라서 우리는 WTO의 출범과 더불어 급속히 전개되고 있는 지구촌의 단일시장화 추세와 무한경쟁 시대에서 우리나라의 대외거래와 시장개방에 지대한 영향을 미치는 주요 교역대상국의 통상정책의 내용 및 특징 그리고 그 결정과정 메커니즘을 심도 있게 살펴보아야 할 것이다

제1장에서는 한국의 통상정책을 주요 시기별로 살펴본다. 제2장에서는 한국의 통상정책이 결정되는 체계를 살펴본 후 통상 및 외국인직접투자와 관련된 제도를 알아본다. 마지막으로 제3장에서는 한국의 대외통상관계를 다자간 통상관계, FTA, 양자간 통상관계를 중심으로 살펴본다.

제 **1** 장

통상정책의 전개

한국의 미국산 쇠고기 수입금지 조치

쇠고기 수입은 지속적으로 한국의 주요 통상이슈가 되어 왔다. 한국은 1985년 발생한 소값 파동으로 1985-1987년간 쇠고기 수입을 전면 금지한 바 있으나, 미국, 호주, 뉴질랜드가 한국의 쇠고기 수입금지 조치를 GATT에 제소하여 결국 1988년 쇠고기 수입을 재개하였다. 이후 한국은 우루과이라운드 협상을 통해 1994-2001년 동안에는 일정물량(쿼터)만 수입하고, 2001년부터는 관세화를 통해 시장을 개방하였다. 이때까지만 해도 경제문제가 쇠고기관련 통상이슈의 핵심이었다고 할 수 있다. 1980년대의 쇠고기 수입금지도 그렇거니와 2001년 쇠고기 수입이 관세화되는 과정에서도 국내 쇠고기 생산 감소로 인한 사육기반 붕괴와 자급률 하락, 그리고 쇠고기 가격하락에 따른 농가소득 감소 등 경제적 문제가 통상이슈의 핵심이 되었던 것이다.

그러나 2003년부터 쇠고기관련 통상이슈는 새로운 양상으로 전개되었다. 2003년 12월 미국에서 광우병 발병이 확인되자 한국은 미국산 쇠고기 수입을 전면 중단하였다. 우여곡절 끝에 2007년 4월 수입을 재개하였으나, 같은 해 8월과 10월에 미국산 쇠고기에서 특정위험물질(SRM)인 척추뼈와 등뼈가 각각 발견되면서 한국은 다시 미국산 쇠고기의 수입을 중단하였다. 미국은 한국의 쇠고기 수입 금지조치에 강력히 항의하였고, 양국은 협상을 거쳐 2008년 4월 18일 미국산 쇠고기의 단계적 수입 확대안에 합의하였다. 이 과정에서 쇠고기 수입은 한국에서 전국민적인 관심사로 주목을 받아 큰 사회적 쟁점이 되었다.

이와 같이 2003년 이후에 전개된 쇠고기관련 통상이슈는 단순히 경제적 문제가 아닌 전국민의 보건 및 위생관련 문제가 그 기저를 이루고 있다. 한국은 국민건강을 이유로 미국산 쇠고기 수입을 금지했지만, 미국은 이에 대해 보호주의적 무역조치라며 강하게 반발한 것이다. 관세와 같이 가시적인 무역장벽이 아닌, 비관세 무역장벽을 둘러싼 통상 분쟁은 한국뿐만 아니라 세계적으로 발생 빈도가 높아지고 있으며 새로운 통상문제로서 중요성이 높아지고 있다. 한국의 미국산 쇠고기 수입금지 조치도 통상이슈의 복합적인 측면을 보여 주는 대표적 사례라고 할 수 있다.

1.1 개 관 >>>

　　한국의 통상정책은 1960년대 이래 경제발전의 주된 수단이었던 수출위주의 무역정책의 변화를 반영하고 있다. 한국의 성장이 수출에 의하여 주도되었지만 이는 수입의 증가를 불가피하게 수반하였으므로 결과적으로는 전반적 무역확대형 산업구조를 갖게 되었다. 따라서 한국의 통상정책은 이러한 구조적 특징, 세계경제환경의 변화, 그리고 경제규모의 확대에 따른 쌍무간·다자간 통상관계의 변화에 따라 수립 및 집행되어 왔다.

　　한국의 무역정책은 1960년대 이후를 두고 볼 때, 70년대까지의 보호주의적 무역정책 그리고 80년대 이후의 개방정책 추진으로 특징지어진다. 전반기는 70년대 초반 공업화의 추진과정에서 수반된 수입대체정책과 70년대 전·후반에 발생한 두 차례의 오일쇼크, 그리고 중화학공업에 대한 대규모 투자로 인한 경제의 조정국면 등 여러 가지 경제상황에 따라 수입자유화 정책기조가 단속적으로 중단되고 보호주의적 정책이 강화되었던 것이 특징이다. 그러나 80년대에 접어들면서 제5공화국은 경제의 개방화, 자율화를 표방하였으며 한국의 정책당국자들간에도 보호주의적 무역정책이 순조로운 산업발전에 장애가 된다는 인식이 제고되었다. 따라서 이 시기에는 전반적인 경제체제 개방화의 일환으로써 수입자유화가 가속화되었다.

　　80년대 초반부터 본격적으로 추진된 시장개방은 관세율의 지속적 인하와 수입자유화율이 중기로 나타난다. 이러한 정책은 몇 가지 보완적 정책과 함께 실시되었는데 첫째, 강력한 수출촉진 정책을 실시함으로써 수입자유화로 빚어질 수 있는 무역수지 적자문제를 방지하기 위하여 노력하였다. 둘째, 점진적인 자유화정책을 취함으로써 기업들로 하여금 경쟁력 보강을 위한 시간적 여유를 마련하였으며 개방도 경쟁력을 갖춘 산업을 중심으로 시행되었다. 그러나 무역수지 적자에도 불구하고 기왕의 수입자유화 예시정책을 비교적 지속적으로 시행해 왔다는 점은 평가받을만하다고 하겠다. 90년대 이후에는 WTO 및 OECD 가입으로 국내의 각종 제도와 정책을 국제규범에 일치시키고, 서비스 및 직접투자의 개방이 한층 확대되었다.[1] 특히 1997년 말 외환위기 이후 한국은 보다 적극적인 제도 개혁 및 대외개방을 통해 외국인직접투자의 유치에 많은 정책적 노력을 기울여 왔다. 한국은 DDA(Doha Development Agenda) 협상이 사실상 실패한 가운데 동시다발적 FTA 형상을 전개하였다. 그 결과, 미국, EU, 중국 등 거대경제권과 모두 FTA를 체결하였으며 이외에도 호주, 인도, 페루, 칠레 등 세계 각 지역의 주요국과도 FTA 협정을 운영중이다. 그리고 역내 포괄적 동반자협정(Regional Comprehaine Economic Partnership)의 체결에 적극 참여하고 있으며 TPP에도 가입을 신청하였다.

1.2 주요 시기별 통상정책 >>>

1. 경제개발 초기(1961-66년)

우리나라가 경제개발을 추진하기 시작한 시기(1961-66년)의 수입정책은 무엇보다도 경제의 자립도 제고와 경제개발을 위한 5개년 계획의 뒷받침을 위한 외화조달이라는 당시 경제정책의 주목적과 관련하여 파악되어야 한다. 자급자족적 또는 원조경제적 상황에서 경제발전을 위해서는 커다란 재정적 뒷받침이 필요하였다. 이에 따라 제1차 경제개발 5개년계획은 강력한 수출드라이브 정책과 수입대체산업의 육성을 통하여 성장을 추구한 것이 가장 큰 특징이며 그 결과 수출촉진 및 수입억제를 위한

---

1) 물론 최근까지도 일부 품목에 대한 수량규제가 시행되고 있으며 수입이 자유화된 품목에 대해서도 개별적인 특별법, 행정지도 그리고 수입선다변화 등의 비관세장벽이 존재하고 있었다.

직접적인 통제 및 지원수단을 채택하였다.

대표적인 정책수단으로는 1961년의 수출장려보조금제도, 수출입링크제 등을 들 수 있다. 수출장려보조금제도는 단일고정환율제 채택에 따라 국내업체의 수출경쟁력을 지원하기 위한 것이며, 수출입링크제는 직접적으로 수출실적을 수입에 결부시킴으로써 수출촉진과 수입억제를 기하려는 것이었다. 그러나 60년대 중반 들어 GATT의 직접지원방식 지양요청에 따라 수출산업에 대한 간접적인 지원방식으로 전환하였다. 이로써 수출입링크제는 완화되고 수출장려보조금제도는 폐지되었으며 간접적인 금융지원방식들로 대체되었다.

2. 수출주도 및 시장개방정책 초기(1967-73년)

1960년대 후반에서 70년대 초반에 이르기까지는 우리나라가 수출을 주도로 하여 급속히 성장을 이룬 기간으로서 우리나라의 개방정책이 시도되었던 시기이다. 특히 1967년에는 우리나라가 GATT에 가입한 것이 가장 중요한 사건으로 기록될 수 있다. 이와 함께 1968년 예외적으로 수입을 허용하던 수입규제의 방식인 포지티브(positive) 방식에서 원칙적으로는 수입을 허용하되 예외적으로 규제하는 네거티브(negative) 방식으로 전환함으로써 우리 경제의 개방화·국제화에 커다란 진전을 이룬 것이 이 시기의 특징이라 하겠다. 이러한 개방적 정책의 추진과 함께 수입개방으로 인한 피해를 극소화하기 위하여 각종의 보완적 대책도 마련되었다. 예컨대 1967년 11월에는 신관세법이 제정·실시되었으며 국제수지의 개선을 위한 종합수입억제책이 강구되는 등 개방화를 지향하는 정책과 상충되는 정책들이 강구되기도 하였다.

3. 산업별 투자조정시기(1974-79년)

70년대 중반 이후 우리나라에는 산업별 투자조정이 일어났다. 우선 1974년 제1차 석유파동 이후 전세계적인 보호무역주의가 확산되고 교역조건 악화 및 무역수지 역조의 심화 등 전반적인 교역환경이 악화되었다.

이 시기 정책의 중점은 원자재의 적기 안정확보와 공업화의 추진에 따른 국산대체의 촉진에 두었는데, 특히 석유파동 이후의 자원내셔널리즘의 고조로 국제원자재가격이 폭등함에 따라 값싼 원자재의 적기 안정확보를 위한 노력이 집중되었다. 또한 원유, 원면, 고철, 원목 등 주요 원자재수입에 대하여 금융지원 및 관세율인하를 통한 수입활동에 대한 지원책도 강구되었다. 이와 병행하여 보다 장기적인 측면에서 수입원자재 및 중간재의 국산대체를 촉진하기 위한 정책도 취해졌다. 그 예로는 국산원자재 사용촉진을 위하여 수입원자재와 국산원자재에 대한 차등금융지원과 수출용 원자재수입에 대한 관세의 사전감면제도를 사후환급제도로 전환한 것 등을 들 수 있다.

그러나 1977년 석유파동의 진정과 함께 세계경제가 다시 회복세로 돌아섬에 따라 우리나라는 최초로 수출고 100억 달러를 달성하였으며 이에 따른 외환사정의 호전으로 수입자유화정책이 다시 재개되었다. 그 결과 수입자유화율이 1977년의 53.8%에서 1978년의 64.9%까지 증진되는 등 개방화가 다시 추진되었다. 그러나 1979년에 들어서면서 제2차 석유파동의 발생과 함께 수입자유화정책의 추진노력은 다시 중단되었다.

4. 본격적 시장개방추진기(1980년대)

우리나라의 무역정책은 1980년대 이후 본격적인 자유화시대를 맞게 되는데, 이는 이른바 개방경제시기의 무역정책으로 일컬을 수 있다. 즉, 80년대 들어서 경제정책의 기조가 개방과 경쟁, 자율에 입각한 안정성장의 추구로 귀착됨에 따라 무역정책도 수입자유화의 재개로 나타났다. 개방정책의 일환으로 추진된 수입자유화시책의 주목적은 한편으로는 개방과 경쟁을 통하여 산업의 체질을 강화하고 다른 한편으로는 소비자의 후생을 증대시키자는 것이었다. 아울러 외국의 개방압력에 능동적으로 대처하기 위한 것도 주요한 목적이었다. 이 과정에서 수입자유화예시제의 도입을 통하여 개방계획에 대한 국내외의 신뢰(credibility)와 명료성을 증대시키고자 노력하였다.

수입자유화정책은 국내산업의 수용능력을 감안하여 산업별로 차별적

| 표 IV-1-1 | 주요 시기별 무역정책

구 분	주 요 시 책
경제개발초기 (1961-67)	• 수출장려보조금제도, 수출입링크제 • 제 1 차 경제개발 5개년 계획 수립(1961) • '무역금융규정' 폐지, '수출금융규정' 제정(1961. 2) • 수출진흥법 제정(1962. 3) • 수출진흥종합시책 수립(1964) • 고정환율제에서 단일변동환율제로 변경(1965. 3) • 무역거래법 제정(1966)
수출주도성장기 (1967-73)	• GATT가입, 케네디라운드 참여(1967. 4) • 신관세법 제정·실시(1967. 11) • 네거티브 리스트 시스템에 의한 수출입기별공고실시(1968. 1)
투자조정기 (1974-80)	• 70년대 중반까지 공업화 및 국산대체의 추진 • 1977-78년 동안 세계경제의 회복 및 수출 100억불 달성으로 수입자유화개방 • 1979년 제 2 차 석유파동으로 수입자유화추진 중단
개방경제시기 (1980년대)	• 5공화국의 개방화정책에 따라 수입자유화의 본격적 추진 • 각 개별법에 의한 수입제한내용의 통합운영(1982. 7) • 무역거래법, 수출조합법, 산업수출촉진법을 통폐합하여 대외무역법 제정(1987. 7) 산업영향조사제도 도입 • 수입감시제도 폐지(1989. 1)
1990년대 이후	• 외국인투자관련 이행의무 폐지(1990. 1) • 원칙적 신고제의 도입(1992. 12) • 외국인투자업종 개방확대(1994. 7) • WTO가입(1995) • OECD가입(1996) • 수입선다변화제도 폐지(1999)
2000년대	• WTO/DDA협상 참여 • 칠레, 싱가포르, EFTA, ASEAN, 인도, EU, 페루, 미국, 터키 등과 FTA체결 및 발효 • 콜롬비아, 호주 등과 FTA협상 나설 • 캐나다, 뉴질랜드, 중국, 인도네시아, 베트남 등과 양자간 FTA 협상 중 • 한·중·일 FTA, RCEP, TPP 등 거대지역통합협상에의 참여 (한·중·일 FTA 및 RCEP 협상은 개시)

자료: 외교통상부.

선적을 기다리는 수출컨테이너의 모습.

으로 추진되었다. 예를 들어, 수출유망산업에 대해서는 충분한 보호 후에
개방을 추진하였으며 개방 후에도 수입감시, 수입선다변화, 탄력관세 등
보완대책을 활용하였다. 1987년에는 종전의 무역거래법, 수출조합법 등
무역관련 법규를 통폐합하여 대외무역법이 제정되었다. 특히 시장의 개방
으로 인한 피해의 구제를 위하여 산업영향조사제도가 도입되었다.

이상과 같이 우리나라의 시장개방정책의 진전은 끊임없는 국제경제
의 환경변화와 우리나라의 성장전략과 관련하여 몇 차례의 차질을 겪어
왔다. 그러나 장기적으로 경제전반의 개방화와 함께 수입개방정책 그 자
체는 괄목할 만한 진전을 이루어왔다고 평가할 수 있다. 특히 수입개방정
책 추진에 있어서 많은 경우가 외국의 통상압력에 대응하기 위한 것이었
음에도 불구하고, 개방을 통하여 우리 경제의 선진화를 기하려는 정책당
국의 노력이 있었음은 부인하기 힘들다.

5. 1990년대의 시장개방정책

90년대 이후에도 기본적으로 개방정책의 기조는 지속되었다. 특히
우루과이라운드 협상을 계기로 시장개방을 한 단계 더 추진하게 되었다.

그러나 이미 상품시장에 대한 개방이 거의 이루어진 상황에서 추가적인
개방은 주로 서비스시장의 개방과 직접투자의 개방이 주된 정책분야라고
할 수 있었다. 1990년도 초기까지는 1980년대 중반부터 시작된 외국인
직접투자의 개방시기라고 할 수 있다. 즉, 1984년 네거티브제도의 도입으
로 시작된 직접투자의 개방은 1990년 수출의무 등 각종 이행의무가 철폐
되었다. 1992년에는 원칙적으로 신고제로 전환하였다. 1993년 이후 외국
인 투자에 대한 자유화는 더욱 확대되어 1994년 7월 개방업종수가 크게
확대되었다. 1995년 WTO출범시 정식회원국으로 참여한 한국은 1996년
OECD에 가입함으로써 대외경제정책에 커다란 전기를 맞았으며 APEC에
적극 참여하는 등 비교적 활발한 통상정책을 전개하였다. 한편 1997년 발
생한 외환위기를 극복하는 과정에서 적극적인 시장개방정책이 경제구조
개혁의 주요 수단으로 채택되고 있으며, 특히 외자유치의 필요성에 따라
외국인직접투자에 대한 인식의 근본적인 변화가 발생하였다.

6. 2000년대의 통상정책

2000년대 한국의 통상정책은 외환위기의 극복과정에서 추진된 개혁
조치와의 일련선상에서 적극적인 개방화를 기조로 하고 있다. 주된 내용
은 개방적 통상정책과 외국인직접투자의 적극 유치 그리고 자본 및 외환
시장의 자유화 등을 포함한다.

첫째, 한국은 각종 부문의 개혁을 추진해 왔는데 무역에 관한 각종
규제의 완화도 그중 주요한 내용을 차지한다. 이러한 무역자유화정책은
경제개혁과 국내경제 회복에 일정 부분 이바지한 것으로 평가된다. 특히,
한국은 2004년 4월에 칠레와의 FTA협정을 발효시킨 이래 싱가폴(2006.3),
EFTA(2006.8), ASEAN(2007.6), 인도(2010.1), EU(2011.7), 페루(2011.8), 미
국(2012.3), 터키(2012.5) 등과의 FTA협정을 차례로 발효시켰다. 뿐만 아
니라, 특히 한국의 최대교역파트너인 중국과 FTA를 체결하였다. 최근에는
한·중·일 FTA, 역내포괄적경제동반자협정(RCEP) 등 동북아 또는 동아
시아 지역 전체를 포괄하는 거대지역무역협정을 위한 협상을 진행중이며,
환태평양경제동반자협정(TPP)과 같은 아·태 지역을 포괄하는 지역무역

협정에의 가입도 신청하였다. 이와 같은 FTA정책은 경제가 글로벌화하는 환경하에서 국내경제의 개혁에 상당한 추진력을 제공해 줄 것으로 평가된다. 이와 함께, 2001년부터 시작된 WTO 도하개발아젠다(DDA)협상에서 과거보다 적극적으로 협상에 임해 왔으나, 협상이 실질적으로 실패하면서 다자체제의 활성화를 위한 돌파구를 모색하고 있다. 특히, 2018년 미·중 무역분쟁으로 국제무역환경이 악화됨에 따라 다자간 체제의 안정을 위해 한국이 기여할 바가 많은 상황이다. 또한, 한미 FTA협상 타결과 더불어 정부는 국내조정문제를 원활히 해결하기 위해 무역조정지원제도를 도입하였다. 시장개방에 따른 국내조정문제에 대한 관심이 높아지고 있는 것은 개방적 통상정책을 보다 적극적으로 추진하기 위한 중요한 내부적 준비과정이라는 점에서 긍정적으로 평가할 수 있다.

둘째, 한국은 외환위기 이후 외국인투자의 증대를 위한 적극적인 투자유치정책을 실시해 왔으며 외국인직접투자의 증대는 국내 자본축적, 고용창출, 수출증대, 기술수준 제고, 선진경영방식 이전, 고용창출 등 긍정적 효과를 가져온 것으로 평가된다. 그 결과, 외환위기 이후인 1998년부터 2001년까지 4년 동안 평균 매년 130억 달러 정도의 외국인투자 유입이 이루어졌으며, 이후에는 매년 100억~120억 달러 수준의 유입이 꾸준히 이루어져 왔다. 2010년 이후에도 유럽재정위기 등 세계경제의 불확실성 증대에도 불구하고 한국경제에 대한 국제사회의 신용증가로 외국인직접투자가 더욱 증가하는 추세를 보였다. 특히 2012년 말에는 한·미 FTA, 일본 엔고 등의 효과에 힘입어 그 규모가 160억 달러를 넘어서면서 IMF 외환위기 직후인 1999년 이후 역대 최고치를 기록했다. 투자유형별로 보면, M&A를 통한 투자는 다소 감소하는 반면, 공장·사업장 설립과 같은 신규투자(Greenfield)형 투자는 증가하고 있다. 물론 이러한 추세가 향후에도 지속될 것이라고 확신할 수는 없는 상황이다. 왜냐하면 전세계의 외국인직접투자가 집중되는 중국이 WTO에 가입하면서 중국이 동북아지역에서 외국기업에게 가장 관심 있는 투자처로서의 중요성이 더욱 부각되었기 때문이다. 또한 베트남이 중요한 생산기지로 부상함에 따라 외국인 직접투자 경쟁은 더욱 격화되고 있다. 따라서 정부는 지속적인 외국인투자의 유입을 위하여 현행 외국인투자제도를 지속적으로 개선해 나가는 한편 미래의 한국경제의 경쟁력 배양을 위한 새로운 개념의 외국인투자정책의 수립을 위하여 노력하고 있다. 예를 들어, 한국을 동북아 비즈니스 중심지화하는 동시에 이를 외국인투자정책과 결합시키고자 하고 있다. 이를 위해서는 제조업, 서비스업 그리고 전통산업 및 첨단산업 등 모든 분야에서 동북아시장을 염두에 둔 다국적기업의 핵심활동이 한국에서 이루어지도록 해야 한다. 특히 다국적기업의 동북아지역에서의 물류, 금융 그리고 다양한 기업경영관리 서비스가 한국을 중심으로 이루어지도록 그들의 필요(needs)에 맞는 외국인투자 유치정책이 마련되어야 할 것이다.

셋째, 1997년 외환위기 이후 한국은 과거 점진적인 자유화기조에서 급진적인 자본시장개방으로 전격적인 시장개방을 단행하였다. 이러한 시장개방은 외환위기의 극복을 위한 시장경제 기반을 확립하고 개방화를 통해 국내 금융시장의 선진화를 앞당기려는 의도에서 비롯되었다. 자본자유화와 함께 외환시장 자유화도 급진적으로 진행되었는데 이러한 외환시장 자유화는 환율제도 변화와 외환거래 자유화조치 등으로 이행되고 있다.

통상정책 결정체계와 제도

2.1 정책결정체계 >>>

한국의 통상정책은 여타 민주국가와 마찬가지로 행정부, 입법부 그리고 여타 이익집단이 정책결정과정에 개입하고 있다. 정책결정에 이들이 개입하는 과정은 매우 다양하기 때문에 이를 정형화하기는 힘들지만 대체로 행정부의 역할이 매우 강하며, 상대적으로 입법부는 미약한 기능을 담당해 왔다. 행정부의 역할이 강한 까닭에 통상정책은 행정부와 여당간의 당정정책회의를 통하거나 경제단체 및 기타 직능단체의 의견을 수렴하는 과정을 거쳐 수립되고 집행되는 것이 보통이다.

행정부는 입법사항을 제외한 대부분의 무역정책 결정의 주체로서 대통령의 통할하에 각 부처가 결정과정에서 각각의 역할을 분담하는 한편, 입법이 필요한 사안에 대해서도 정부입법을 통하여 적극적인 기능을 담당하고 있다. 즉, 대통령은 행정부의 수반인 동시에 국가원수로서 행정부 내의 정책의 최고 책임자인 동시에 국가정책을 최종적으로 결정한다.

국무총리는 대통령의 보좌기관으로서 국무회의의 부의장이며 대통령의 명을 받아 행정부의 각 부처를 통할한다. 각 부처의 장관은 대통령을 단순히 보좌할 뿐만 아니라 대통령이 결정한 정책과 행정부에 속하는 정책을 집행하는 기능을 수행한다. 국무회의는 대통령의 권한에 속하는 중요정책을 심의하는 헌법상의 기관으로서 각 부처의 장이 국무위원의 자격으로 참여하여 주요 정책을 결정하고 있다.

이상과 같은 과정에서, 특히 정치적인 고려가 필요한 사안에 대해서는 여당과의 당정협의 절차를 거치게 되며 경제단체, 노동조합, 소비자단체 및 기타의 직능단체로부터 의견을 수렴하고 국책연구기관으로부터 주요한 정보를 제공받기도 한다. 그러나 통상정책의 경우 행정부의 역할이 절대적인 비중을 차지하고 있기 때문에 이하에서는 행정부 내의 정책결정과정을 중심으로 살펴보기로 한다.

| 그림 IV-2-1 | 행정부 내의 통상정책 결정체계

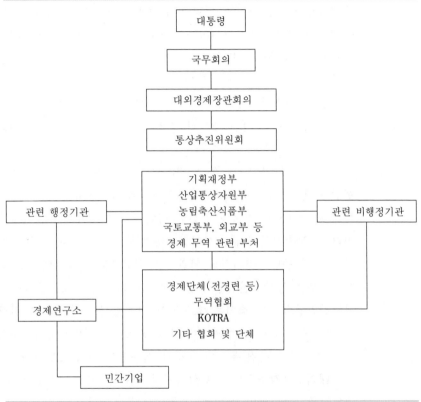

행정부 내의 최종적인 의사결정은 대통령의 권한에 속하는 중요정책을 심의하는 헌법기관인 국무회의를 거쳐 대통령의 최종 결재로 결정된다. 대외경제정책의 경우에는 국무회의 이전에 대외경제장관회의의 사전심의를 거치도록 되어 있어서 사전에 의견조절 과정을 거치게 된다. 대외경제장관회의는 대통령령에 의하여 무역정책에 대한 각 부처 간의 입상을 조율하고 결정하기 위한 협의체로서 2001년 설치되었다.

대외경제장관회의에서는 ① 대외경제동향의 종합점검과 주요 대외경제정책의 방향설정 등 대외경제정책 운영 전반에 관한 사항, ② 양자·다자·지역간 또는 국제경제기구와의 대외경제협력·대외개방 및 통상교섭과 관련된 주요 경제정책에 관한 사항, ③ 재정지출을 수반하는 각 부처의 대외경제 분야 주요 정책 또는 관련 중장기계획, ④ 국내경제정책이 대외경제관계에 미치는 영향과 효과에 대한 사전검토에 관한 사항 등을 논의한다. 대외경제장관회의는 부총리겸 기획재정부장관을 의장으로 하여, 과학기술정보통신부장관, 외교부장관, 농림축산식품부장관, 산업통상자원부장관, 환경부장관, 국토교통부장관, 해양수산부장관, 중소벤처기업부장관, 국무조정실장, 대통령비서실의 경제정책을 보좌하는 수석비서관과 회의에 상정되는 안건을 제안한 부처의 장 및 그 안건과 관련되는 부처의 장으로 구성한다.

또한 정부부처 간 통상교섭 전반에 관한 정보공유 확대 및 소통과 협업을 통한 칸막이 제거를 위해 통상추진위원회를 운영하고 있다. 이를 통해 통상교섭의 전문성 강화와 국내산업의 대외경쟁력 제고를 도모하고 있다. 통상추진위원회는 산업통상자원부(산업부) 장관을 위원장으로 하고 안건 관련 중앙행정기관의 차관급을 위원으로 구성한다. 통상관련 실질적 세부업무는 통상추진위원회 산하의 실무회의에서 대부분 다루고 있다. 통상추진위원회 실무회의는 효율적인 통상정책을 추진하기 위해 관계부처가 정보를 공유하고 소통하기 위한 장으로서 산업통상자원부의 통상차관보가 주재하며 관련 부처의 국장급 실무진이 참여하고 있다.

대외경제장관회의는 통상정책에 관련된 최고위급의 조정회의체이다. 대외경제장관회의 상위에 대통령과 국무회의가 통상정책에 대한 최종 결정권한을 가지고 있으나, 대부분의 통상 현안은 기획재정부장관이 주재하는 대외경제장관회의에서 결정되고 있다. 이상과 같은 공식적인 절차 이외에도 각종 민간단체 및 기업이 각자의 목적을 달성하기 위한 활동이 중요한 과정으로 자리하고 있다.

2013년 정부조직개편에 따라 통상업무의 주관부서가 기존의 외교통상부 통상교섭본부에서 산업통상자원부로 바뀌었다. 이와 같은 변화는 외교통상부를 외교부로 부처명칭을 바꾸고 통상교섭본부는 폐지함으로써 기존의 외교형 통상체제에서 국내산업의 이해를 보다 적극적으로 반영하기 위한 산업형 통상체제로의 전환을 의미한다고 할 수 있다. 1998년 설치되었다가 2013년 폐지되었던 통상교섭본부는 2017년 다시 설치되어 통상업무를 담당하고 있다.

통상정책은 국내 이해관계의 조정을 요구한다는 점에서 최근에는 국회의 통상현안에 대한 관심이 증대하면서 통상절차법이 제정되었고 이는 2012년 7월부터 시행되고 있다. 통상절차법이란 '통상조약의 체결절차 및 이행에 관한 법률'로서 정부가 통상협상 개시 전에 통상조약의 체결계획을 국회에 보고하는 것은 물론이고 통상협상의 진행상황까지도 국회에 공개하도록 규정하고 있다. 또한, 통상조약체결계획을 수립하기에 앞서 이해관계자와 관계 전문가의 의견을 수렴하기 위한 공청회 개최를 의무화하고 있다.

2.2 통상 관련 제도 〉〉〉

1) 수출입 관련 제도

가. 수량규제

한국의 유일한 수량규제 대상 품목이었던 쌀은 2015년부터 관세화되었다. WTO 농업협정에 따라 한국은 쌀시장 개방을 유예하는 대신 1995년부터 20년 동안 최소시장접근(minimum market access) 물량을 의무적으로 수입하는 수량규제를 시행해 왔다. 그러나 최소시장접근 물량이 지속적으로 증가해 2014년 국내소비의 8%까지 도달하게 되자 더 이상 개방 유예의 실익이 없는 수준에 이르게 되었다. 한국 정부는 시장개방으로 인한 충격을 완화하기 위해 WTO에 쌀 관세율을 513%로 통보하였다. 그러나 쌀시장 개방에 따른 뚜렷한 농민보호대책이 없다는 비판이 제기되자 정부는 수입물량 급증으로 국내 쌀시장이 축소되는 것을 막기 위해 특별긴급관세(SSG) 부과 근거를 명시하고, 기존의 자유무역협정(FTA)과 마찬가지로 앞으로 체결할 모든 FTA에서 쌀을 양허(관세철폐·축소) 대상에서 제외하기로 하였다.

나. 수입절차

국민보건 및 위생, 국가안전보장, 안정성기준, 환경보호 등과 관련한 개별법상의 목적을 위하여 수입자격의 제한, 수입추천, 사전허가, 검사, 국내판매 제한 등이 실시되고 있다. 그러나 이러한 개별법에 의해 추가로 요구되는 절차에 대해서는 통합공고를 통해 일괄적으로 고시하도록 함으로써 수입제도의 투명성을 제고하고, 통관절차를 간소화하는 노력을 기울이고 있다.[1] 특히 WTO/수입허가절차협정이 마련됨에 따라 1994년부터 각 개별법상의 수입요건 및 절차를 개선하고 간소화하는 작업을 추진해 오고 있다. 주요 내용을 살펴보면, 1994~95년에 걸쳐 양곡관리법상의 수입규제적 추천제도 및 수입자격제한을 폐지하는 것을 포함하여 수입에 부정적인 영향을 미칠 수 있는 개별법령상의 수입절차를 간소화하였다.

다. 관   세

우루과이라운드 관세협상을 통하여 한국은 WTO에 상당 폭의 관세양허를 하였다. 양허품목수는 총 품목수 10,502(HS 10단위 기준)의 91.2%인 9,580개 품목에 달하고, 평균양허세율은 UR협상시 최저인하목표인 33%를 훨씬 초과하는 54.2%의 관세인하를 함으로써 공산품의 경우 1986년 기준 17.9%에서 2016년까지 6.4%로 낮아졌다. 그러나 농산물의 경우 2016년 WTO 양허세율이 51.3%로 공산품에 비해 훨씬 높은 수준이 유지되고 있다.

라. 통관절차

통관절차는 관세법에 의거하여 시행되고 있다. 1996년부터 수입면허제를 신고제로 전환하여 신고가 적법하게 이루어진 경우에는 특별한 사유가 없는 한(우범화물 등 검사대상이 아닌 경우) 대부분의 물품은 검사 없이 통관되도록 하고 있다.

마. 표준 및 기술규정

한국의 표준제도는 품질 및 서비스의 향상을 통해 소비자의 권익보호를 목적으로 운영되고 있으며 국가표준규격으로서 현재 9,400여 종의

---

1) '표준 및 기술규정', '위생 및 검역제도' 등과 관련해서 개별법에 수입요건과 절차가 규정되어 있는데, 이는 GATT(1947) 제20조 및 제21조, WTO/TBT 협정, 위생 및 검역 협정(SPS) 및 바젤협약 등과 같은 국제협약 및 국제규범에 근거한 것이다.

한국산업규격(Korean Industrial Standards: KS)을 보유하고 있다. 또한 국가
안보, 소비자안전, 인간·동식물의 생명과 건강, 환경보호 등을 위하여 법
률적으로 강제성을 지닌 기술규정을 제정·실시하고 있다. 기술규정을 포
괄하고 있는 법은 없으며 전기용품 안전관리법, 고압가스 안전관리법, 약
사법, 전파법 등의 개별 법률에 의해 합법적인 목적수행에 필요한 범위
내에서 규정하고 있다. 기술규정과 관련하여, 규제분야의 적합성 평가제도
는 주로 소비자의 안전, 환경보호 등을 확보할 목적으로 형식승인 및 안
전검사제도 등을 통하여 실시하고 있는데 개별법에 의한 평가기준 및 절
차에 따라 운영되고 있다. 한편, 표준과 같은 비규제분야의 적합성 평가제
도는 국가표준규격에 의한 KS마크와 민간차원에서 운영되고 있는 품질인
증마크가 있다.

바. 원산지규정

관세협력이사회(CCC)에서 채택한 통관절차의 간소화 및 조화에 관한
국제협약상의 「원산지규정에 관한 부속서 및 원산지증명서류에 관한 부
속서」에 1991년 가입한 이래 원산지규정을 도입·운영하고 있다. UR협상
의 결과로 WTO/원산지규정협정이 제정됨에 따라 한국정부는 1995년 4월
한국의 원산지규정을 WTO에 통보한 바 있으며, WTO 및 국제관세기구
(WCO)에서 추진 중에 있는 원산지규정 제정작업에 적극적으로 참여하고
있다.

사. 정부조달

한국은 UR정부조달협정 확장협상에 참가하여 최종 양허안을 제출하
였으며 1993년 12월 정부조달협상이 타결됨으로써 1994년 4월 협정에 가
입하였다. 이에 따라 1997년 1월부터 본 협정의 적용을 받고 있다. 정부조
달협상에서 한국은 42개 중앙정부기관, 15개 지방정부기관, 23개 정부투
자기관을 양허하였으며, 중앙정부기관의 경우 물품·서비스는 13만 SDR,
공사는 500만 SDR을 양허 하한선으로 하고 있다.

2) 공정 및 불공정무역 관련 제도

가. 반덤핑조치

한국의 반덤핑제도는 관세법 제10조의 덤핑방지관세조항에 근거하고

있다. 이 중 무역위원회가 조사개시 및 수입에 의한 산업피해판정에 관한 업무를 수행하고 있으며, 관세청은 덤핑률 판정업무를 시행하고 있다.

한국은 현행 WTO 반덤핑협정의 기초가 된 던켈안(Dunkel Draft)이 마련된 직후에 우루과이라운드 반덤핑협정을 이행하는 작업을 개시했다. 그 후 새로운 반덤핑협정이 확립된 직후인 1994년 12월 31일에는 관세법 상의 시행령 및 시행규칙이 현행 WTO 반덤핑협정의 이행을 위해 개정되었다. 1987년 무역위원회 설립 이후 30년 동안 159건의 반덤핑 조사 및 판정이 이루어졌다.

나. 세이프가드

한국의 세이프가드제도는 1986년 12월 31일 제정된 대외무역법에 산업영향조사제도라는 이름으로 설치근거가 마련되었으며, 무역위원회가 관련 업무를 담당하고 있다. 그러나 산업영향조사제도는 세이프가드 관련 국제법인 GATT 19조와 일치하지 않아 법제정 이래 미국·EU 등 선진국으로부터 GATT 19조와 일치시킬 것을 계속 요구받아 왔고, 한국이 1989년 11월 GATT 18조국으로부터 졸업함에 따라, 1989년 12월 대외무역법개정을 통해 산업피해구제제도로 내용이 변경되었다.

한국은 현행 WTO 세이프가드협정의 모태가 된 우루과이라운드 협상의 결과를 이행하기 위해 1994년 12월에 대외무역법을, 그리고 1995년 7월에 이 법의 시행령을 개정했다. 1987년 처음으로 세이프가드 제도를 운용한 이래 2017년에 이르기까지 한국은 총 34건의 세이프가드관련 조사신청이 있었는바, 거의 절반에 이르는 16건이 농산품에 관련된 것이다.

한편, 세이프가드 제도는 위에서 언급한 WTO상의 일반적 세이프가드 규정에 의해 운용되는 것 외에도 국가별로 특정 농산물에 부과하는 농산물 특별세이프가드, 그리고 한·미 FTA에 규정된 자동차 부문 특별세이프가드 및 금융부문의 단기세이프가드 등이 있다.

다. 보조금

한국은 기초식량의 안정적 확보 및 취약산업의 구조조정 촉진을 위해 26건의 보조금을 운용하고 있는데 그 지원내역을 WTO 보조금·상계조치협정에 따라 1996년 4월에 WTO에 통보하였다. 보조금 통보내용을 개략적으로 살펴보면 수출손실준비금 등 수출입에 관련된 보조금 5건과 양곡관리사업 및 외국인 투자기업 조세감면 등 특정산업 관련 보조금 17건, 그리고 4건은 연구보조금이다.

라. 상계조치

한국은 1980년에 GATT의 상계관세협정에 조인하여 동 제도를 운영해 왔으며, 동 제도의 법적 근거는 관세법 제13조인데 1995년 12월에 한국의 상계관세제도에 대한 WTO 상계관세위원회의 심사결과를 반영하여 개정되었다. 한국은 상계관세제도를 도입한 이래 오늘날까지 상계조치를 취한 바 없다.

2.3 외국인직접투자 관련 제도 >>>

1) 해외직접투자

한국은 1990년대 이후 해외투자 제한을 크게 완화하고 절차도 대폭 간소화하였다. 즉 1996년 6월부터는 업종별 투자제한을 전면 철폐하였으며 투자절차에 대해서도 관련 제도의 투명성을 높이는 한편 지속적인 절차의 간소화를 추진하고 있다. 그 주요 내용을 살펴보면 다음과 같다.

① 1992년 9월: 해외직접투자 허가대상을 축소하고 해외직접투자 허용요건을 완화하는 등 해외투자절차를 간소화

② 1993년 4월: 소액투자에 대한 투자자금 및 투자사업 요건심사를 생략

③ 1994년 2월: 제한이 불가피한 일부업종만 최소화하여 열거하고 그 외에는 전면자유화하는 네거티브 시스템(Negative List System)으로 전환하였음. 해외투자 제한업종을 17개 업종에서 14개 업종으로 축소하였으며, 자산운용목적의 해외부동산 투자를 확대하는 한편, 투자절차를 대폭 간소화

④ 1995년 10월: 투자제한 업종을 대폭 축소하여 부동산 관련 3개업종 이외에는 전면 자유화하였으며 인증 및 신고범위를 확대하고 허가 범위를 축소하는 등 절차를 대폭 간소화

⑤ 1996년 6월: 부동산 관련 3개 업종에 대한 투자제한을 철폐하고 개인 및 개인 사업자의 투자한도를 확대하였으며 해외투자 절차를 간소화

⑥ 1999년 4월: 해외직접투자와 관련된 대부분의 허가제도를 신고제도로 변경하고, 해외직접투자 지분율 요건을 20%에서 10% 이상으로 완화

⑦ 2001년 1월: 국내 유가증권시장에 상장된 주식을 대가로 해외직접투자 허용

⑧ 2006년 1월: 개인의 해외직접투자 한도액을 300만 달러에서 1,000만 달러로 확대

⑨ 2006년 3월: 개인의 해외직접투자를 완전 자유화

2) 외국인직접투자

한국정부는 1993년 6월 외국인 투자개방 5개년 예시제를 도입하여 투자자유화와 관련한 개방계획을 명확히 제시하였을 뿐만 아니라 이후 3차에 걸쳐 동 계획을 수정·보완하여 개방업종을 추가 또는 조기 개방하는 등 적극적인 외국인 투자자유화정책을 추진하고 있다. TV 방송업과 라디오 방송업 2개 업종이 미개방 업종이며, 통신업, 발전·송전·배전업, 신문발행업, 항공, 운수업 등은 부분 개방 업종이다. 이 밖에 행정·사법·입법 등 공공성격의 업종으로 분류되는 분야들은 외국인 투자 제외업종으로 설정되어 있다. 한편 1997년 외환위기 이후 외자유치 필요성이 증대됨에 따라 외국인직접투자의 촉진을 위한 각종 방안이 모색되고 있다.

① 1993년 1월 이후의 개선조치 내용:
· 외국인 투자기업에 대한 해외차입의 제한적 허용
· 외자도입법의 개정을 통한 투자절차의 간소화
· 법인세법의 개정을 통한 초과유보소득세 감면확대
· 외국인 토지취득 및 관리에 관한 법률의 시행(1994. 4)을 통해 토

지취득 대상업종의 확대 및 취득절차의 간소화

② 1994년 6월 외국인투자 환경개선 종합대책의 주요 내용:

· 고도기술 수반사업에 대한 금융 및 조세지원 강화

· 외국인 투자기업의 노사관계에 대한 행정권 강화

· 외국인 투자기업 전용공단의 조성 등 입지지원

· 지식재산권 위반사항에 대한 단속 강화

· 외국인 투자에 대한 국민의식 제고

③ 1996년 6월 외국인 투자 활성화 대책의 주요 내용:

· 실질적인 one-stop서비스 체제의 구축

· 지방자치단체의 외국인 투자유치활동에 대한 지원강화

· 외국인 전용공단조성 확대

· 외국인 생활여건 개선 프로그램(care program)마련

④ 1997년 이후

· 우호적 M&A 허용

· 외국인투자 제한업종 추가 개방

· 외국인의 국내기업 M&A 전면 허용

· 외국환 거래 자유화

· 외국인 토지취득 전면 개방

· 외국인투자촉진법 제정

· 규제개혁 및 4대 부문 개혁추진

3) 서비스시장 관련 제도

서비스산업은 국민경제의 비중이 매우 높으며 국제거래에서도 매우 활발한 성장을 보이고 있다. 경제발전의 고도화과정에서 개별 서비스산업 자체의 발전 필요성은 물론이며 제조업이 성장을 위한 하부구소(下部構造) 또는 효율적인 중간재(中間財)로서의 역할, 서비스 상호간의 연계발전을 위한 서비스의 중요성이 더욱 커지고 있다.

한국은 UR서비스협상을 통하여 서비스 분야의 실질적인 자유화를 내용으로 하는 서비스 국별 이행계획서를 제출하였다. 최혜국대우 면제 목록에서도 단지 컴퓨터예약 시스템에 대해서만 예외를 신청함으로써 실질적

으로 모든 분야에서 최혜국대우 원칙을 준수하고 있다. 금융, 기본통신, 해운, 인력이동 등의 WTO 후속협상에도 처음부터 적극적으로 참여해 왔다.

 WTO상의 자유화 이외에도 한국정부는 추가적인 자발적 자유화계획을 수립·추진하고 있다. 1993년부터 실시한 외국인 투자개방 5개년 계획에 의하여 서비스 분야에서는 2000년까지 한국표준산업분류상 481개 업종을 개방하였다. 시장개방이 가장 진행된 분야는 부동산, 사업서비스, 건설, 도소매 그리고 금융·보험시장이며, 교육 및 보건, 공공행정서비스 등의 시장은 당초 개방수준이 낮았고 추가적인 개방도 거의 이루어지지 않고 있다.

제
3
장

대외통상관계

3.1 다자간 통상관계 >>>

1. WTO

한국은 1967년 GATT 서명 이후 이를 기초로 한 자유무역체제를 잘 활용하여 단기간에 성공적으로 무역을 확대하고 고도성장을 이룩한 대표적인 국가로 국제사회에서 인식되고 있다. 실로 한국만큼 경제발전단계에서 GATT의 혜택을 많이 받고 GATT체제에서 무르익은 자유무역 분위기를 훌륭하게 활용한 국가는 없는 것으로 평가되고 있다. 그와 같은 GATT체제가 7년여에 걸친 우루과이라운드 협상(1986.9–1994.4)의 결과에 따라 WTO체제로 대체되었는데, 앞으로도 한국경제의 지속적인 발전을 위해서는 WTO체제의 성공적인 정착과 WTO와의 건전한 관계유지가 필수적이라고 할 수 있다.

WTO체제의 출범은 더욱 자유롭고 공정한 교역을 추구하는 새로운 국제무역질서를 형성하는 것을 의미한다. 즉, 1980년대 이후 고조되기 시작한 보호무역 및 관리무역의 성향을 다시금 GATT 본연의 정신인 자유무역정신으로 복귀시키고, 그와 같은 목표를 추구하는 데에 있어서 공정한 교역관계를 구축하는 것이 바로 WTO출범의 의의라고 할 수 있는 것이다. 한국도 이제 GATT시대의 일방적 수혜국이 아니라 자유롭고 공정한 세계무역질서의 구축에 앞장서서 참여하고 기여하는 파트너로서의 역할을 요구받고 있다.

이에 따라, 한국은 WTO체제내에서 진행되었던 금융, 인력이동, 기본통신, 해운 등 서비스부문 후속협상의 타결을 위해 최대한의 노력을 경주했을 뿐만 아니라, 환경·직접투자·경쟁정책 등 1990년대 후반에 활발히 진행되었던 새로운 통상의제에 관한 논의에도 적극 참여한 바 있다. 또한 WTO의 효율적 운용과 관련한 WTO 분쟁해결절차 및 무역정책검토 등 각종 활동에도 적극 참여하였다.

한국은 GATT체제에서 1992년 제1차 무역정책검토(TPR: Trade Policy Review)를 받은 후, WTO 체제하에서도 2016년에 이르기까지 WTO회원국으로부터 한국의 자유화노력에 대한 종합적 평가를 받았는데, 한국의 지속적인 무역자유화조치에 대해 긍정적 평가를 받고 있다.

WTO체제의 가장 큰 특징 중의 하나라고 할 수 있는 것은 역시 분쟁해결절차의 효율성이 대폭 강화되었다는 점이다. 따라서 한국은 양자간 통상마찰을 주로 WTO를 통해서 해결하고 있다. 2018년 6월 기준 한국이 관련된 WTO분쟁은 사안 기준으로 17건의 피소, 20건의 제소를 포함하여 총 37건에 이르는바, 최종판정까지 진행된 20건 기준으로 15건에서 승소하고 5건에서 패소를 경험했다. 그중에서도 WTO출범 초기라고 할 수 있는 1998년에 미국 반덤핑제도의 WTO협정위반 판정을 받아낸 것은 큰 성과로 꼽히고 있다. 반면 EU가 제소한 위스키와 소주에 대한 내국민대우 위반 여부에 관하여 WTO는 EU의 의견을 받아들였으며 한국은 소주세율을 불가피하게 인상하였다. 그러나 판정결과를 차치하고 한국이 WTO 분쟁해결절차를 두려워하지 않고 오히려 적극적으로 활용하려는 경향을 띠게 되었다는 사실은 매우 긍정적인 통상정책상의 변화로 평가받고 있다.

다만, 미국 트럼프 행정부의 출범 이후 다자무역체제는 변화의 도전에 직면해 있다. 트럼프 행정부는 다자무역체제에 부정적인 인식을 지니고 있는데, 이는 다자무역체제가 중국의 불공정무역행위를 제어하는 데 비효율적이었고 오히려 미국이 분쟁해결절차에서 패소하여 자국의 무역 관련 정책 및 제도가 수정되어야 하는 상황이 다수 발생하고 있는데 기인한다. 따라서 DDA 협상이 진전되지 않고 있는 상황에서, 미국과 같이 다자무역체제에서 리더쉽을 보여 온 나라가 다자무역체제에 비관적인 인식을 지님에 따라 다자무역체제의 미래가 불확실한 상황이다. 이에 따라 그동안 미국, EU, 일본 등 거대 경제권과의 통상마찰을 WTO 분쟁해결절차를 통해 해결하여 온 한국의 전략 역시 도전을 받고 있는 상황이다.

2. OECD

한국은 1996년 12월 12일 OECD가입서를 프랑스 정부에 공식 기탁함

으로써 세계에서는 29번째, 그리고 아시아에서는 일본에 이어 두 번째로
정식 OECD회원국이 되었다.

한국이 OECD와 인연을 맺게 된 것은 1982년 10월 조선작업반 비공식
전문가회의에 참여하면서부터이지만, 본격적인 활동은 1989년 이후 시작
된 역동적 아시아 개도국군(Dynamic Asian Economies: DAEs) 및 역동적 비회
원국(Dynamic Non-Member Economies: DNMEs)이라 불리는 신흥공업국가와
OECD간의 정책대화에 참여하면서부터 시작되었다고 할 수 있다. 즉, 1980
년대 후반부터 OECD는 회원국으로서의 자격요건을 어느 정도 구비한 한
국의 가입에 적극적인 관심을 보였으며, 한국 정부도 경제의 국제화를 추
진하기 위한 중장기과제로 OECD가입을 검토하기 시작했다. OECD가입시
점을 정하는 데에는 여러 가지 상황이 고려되었으나, 우선적으로 한국의
일인당 국민소득이 1만불을 넘어서고 신경제 개혁과제의 추진으로 경제
구조가 어느 정도 선진화될 것으로 전망되었던 1996년을 가장 적절한 시
기로 선택하게 된 것이다. 그 무렵부터 한국의 OECD산하 각종 전문위원
회의 참여 및 활동도 본격화되었으며 마침내 1996년 10월 11일에는 OECD
이사회가 가입초청결정을 내리게 되었다.

한국의 OECD가입은 한국은 물론이고 OECD측에도 매우 중요한 의미
를 지닌다고 할 수 있다. 대부분의 OECD국가들은 한국이 세계경제에서
차지하는 비중을 감안하여 한국의 OECD가입을 당연한 것으로 생각하는
동시에 또 다른 중요한 무역상대국을 회원국으로 맞이한다는 차원에서
매우 환영했다. 한국의 입장에서도 국경 없는 무한경쟁시대에서 한국 경
제만을 국제사회에서 고립되고 폐쇄된 상태로 유지하는 것은 불가능한
상황이었다. 특히, 무역의존도가 높고, 전자, 자동차 등 주요 산업의 세계
시장점유율이 높은 한국 경제로서는 새로운 대외경제여건의 변화를 능동
적으로 수용해 가는 것이 무엇보다도 중요했다. 따라서 한국의 경쟁상대
이자 협력상대인 선진회원국들의 대내외정책방향에 대한 최신정보를 입
수하여 그에 신속하고 능동적으로 대응해 나가는 동시에, 환경, 경쟁정책,
국제투자 등 공론화되어 가고 있는 새로운 국제규범과 질서의 전개과정
에 적극적으로 참여하기 위해서도 OECD가입은 한국에게 중요한 의미를
갖고 있었다.

이상과 같은 이유로, 한국은 금융 및 자본시장개방이라는 부담을 감수하고 OECD에의 가입을 적극 추진하게 된 것이다.

3. APEC

개방적 지역주의(open regionalism)를 지향하는 APEC은 그 구성범위를 고려해 볼 때 새로운 국제질서 형성과정에서 동아시아와 북미를 통합하는 경제권으로서 한국의 경제상황에 유리한 지역협력 방안으로 대두되고 있다. 정치 외교적 측면에서 볼 때 APEC은 한국으로 하여금 21세기 아시아 태평양시대의 주역의 하나로서 입지를 확보하고 또한 외교의 행동반경을 확대함으로써 중견국가로서 국제정치적 역할을 수행하는 전략적 발판을 제공하고 있는 것으로 평가된다. 한편 한국은 APEC 의장국으로서 1991년 서울에서 개최된 제 3 차 각료회의를 통해 APEC의 원칙, 목적, 운영방식 및 조직에 관한 사항을 포함하고 있는 서울 APEC선언 채택에 공헌하는 등 APEC의 제도적 발전기반 조성을 위해 중심적 역할을 담당함으로써 역내 중견국가로서의 위상을 제고한 바 있다. 또한 2005년 부산에서 APEC 정상회의를 개최하고, 아시아 태평양 국가의 무역 및 투자자유화 의지를 확인하였다. APEC과 같은 다자간 협의체제에의 귀속은 한국의 안보여건 확장에도 기여할 것으로 기대하고 있다.

한편 경제적 측면에서는 기업 활동의 국제화와 무역확대를 통한 대외지향적 경제발전전략 추진이 불가피하기 때문에 APEC은 다자간 무역체제의 불안정, EU의 통합, NAFTA의 형성 등 지역주의 추세에 따른 국제경제 환경의 불확실성에 대비한 최선의 보장정책(insurance policy)이며 세계 최대의 경제권인 아시아 태평양 지역내 안정적 시장기반 마련에도 기여할 것으로 기대되고 있다. 또한 교역규모 확대에 필연적으로 수빈되는 통상마찰을 지역적 차원에서 대처할 수 있는 다자적 틀을 제공함으로써 선진국의 일방주의(unilateralism) 또는 양자주의(bilateralism)적 통상압력을 완화시키는 데 유용한 기반을 제공할 것으로 보인다.

따라서 APEC의 발전은 다자주의 질서에서 한국의 협상력과 발언권을 강화시켜 줄 것이며, 급증하고 있는 동아시아국가와의 교역관계를 더욱

확대시킬 수 있는 계기를 마련해 줄 것으로 기대된다. 이에 한국은 APEC
의 발전을 적극 지지하고 있으며, 특히 향후 아태자유무역지대(Free Trade
Area of the Asia-Pacific: FTAAP) 결성의 기초가 될 수 있는 동아시아경제통합
및 환태평양 경제동반자협정에의 참여를 모색하는 등 역내무역 및 투자
자유화에 적극 참여하고 있다.

3.2 FTA

1. 추진동기 및 현황

한국은 세계적인 FTA 확산에 따른 피해를 최소화하고 안정적인 해외
시장을 확보하면서 거대경제권 시장을 선점한다는 계획하에 2000년대 들
어서부터 동시다발적 FTA를 추진하였다. 즉 상대적으로 뒤쳐진 FTA 진도
를 단기간 내에 만회하여 기업들의 기회비용을 최소화하고 각각의 FTA별
로 나타나는 상이한 효과를 상쇄·보완한다는 전략이다. 한국은 이와 같
은 전략아래 적극적으로 FTA를 추진한 결과, 〈표 Ⅳ-3-1〉에 나타난 바와
같이 2018년 6월 기준 총 52개국과 총 15건의 FTA를 체결하여 발효시켰다.

2004년 4월 한국의 첫 FTA인 한·칠레 FTA가 발효되었고, 2006년에는
싱가포르 및 유럽자유무역연합(EFTA)과의 FTA가 각각 발효되어 동남아시
장과 유럽시장에서의 교두보를 마련하는 데 성공하였다. 그 이후 미국,
EU, ASEAN, 인도 등 거대경제권과의 FTA 협상이 시작되어 ASEAN(2009년),
인도(2010년) 등과의 FTA가 순차적으로 발효되었다. 그러나 한미 FTA의 경
우 협상결과에 대한 양국 국회 및 의회의 비준동의를 받지 못해 표류하다
가 추가협상(2011년 12월 타결)을 통해 2012년 3월 발효되었다. 한-EU FTA
의 경우 2011년 7월 잠정 발효된 이후 2016년 12월부터 전체적으로 정식
발효되었다. 또한 중국과의 FTA 역시 총 14차례의 협상을 거쳐 2014년 11

| 표 IV-3-1 | 한국의 FTA 추진 현황

진행단계	상대국	추진 현황	의의
발효 (15건)	칠레	1999.12 협상개시, 2004.4 발효	최초의 FTA, 중남미 시장의 교두보
	싱가포르	2004.1 협상개시, 2006.3 발효	ASEAN 시장의 교두보
	EFTA	2005.1 협상개시, 2006.9 발효 EFTA 4개국: 스위스, 노르웨이, 아이슬란드, 리히텐슈타인	유럽시장 교두보
	ASEAN	2005.2 협상개시, 2007.6 발효, 2009.5 서비스협정 발효, 2009.9 투자협정 발효 ASEAN 10개국: 말레이시아, 싱가포르, 인도네시아, 필리핀, 태국, 브루나이, 캄보디아, 라오스, 미얀마, 베트남	거대경제권과 체결한 최초의 FTA
	인도	2006.3 협상개시, 2010.1 발효	BRICs 국가, 거대시장
	EU	2007.5 협상개시, 2011.7 잠정발효, 2015.12 정식 발효 EU 28개국: 오스트리아, 벨기에, 영국, 체코, 키프로스, 덴마크, 에스토니아, 핀란드, 프랑스, 독일, 그리스, 헝가리, 아일랜드, 이탈리아, 라트비아, 리투아니아, 룩셈부르크, 몰타, 네덜란드, 폴란드, 포르투갈, 슬로바키아, 슬로베니아, 스페인, 스웨덴, 불가리아, 루마니아, 크로아티아	세계 최대경제권 (GDP기준)
	페루	2009.3 협상개시, 2011.8 발효	자원 부국, 중남미 진출 교두보
	미국	2006.6 협상개시, 2010.12 추가협상 타결, 2012.3 발효	거대 선진경제권
	터키	2010.4 협상개시, 2013.5 발효, 2015.2 서비스 및 투자협정 서명	유럽 및 중앙아 진출 교두보
	호주	2009.5 협상개시, 2014.12 발효	자원 부국, 오세아니아 주요 시장
	캐나다	2005.7 협상개시, 2015.1 발효	북미 선진시장
	중국	2012.5 협상개시, 2015.12 발효	우리의 제1 교역대상(2017년 기준)
	뉴질랜드	2009.6 협상개시, 2015.12 발효	오세아니아 주요 시장
	콜롬비아	2009.12 협상개시, 2016.7 발효	자원 부국, 중남미 신흥시장

서명/타결 (1건)	중미	2015.6 협상개시, 2018.2 정식 서명 중미 5개국: 파나마, 코스타리카, 온두라스, 엘살바도르, 니카라과	중미 신규 시장 창출
협상 중 (5건)	한중일	2003-2009 민간공동연구, 2012.11 협상개시 선언	동북아 경제통합 기반 마련
	RCEP	2013.5 협상개시 RCEP 16개국: 한국, 중국, 일본, 호주, 뉴질랜드, 인도, ASEAN	동아시아 경제통합 기여
	에콰도르	2016.1 협상개시	자원 부국, 중남미 시장 진출 교두보
	이스라엘	2016.6 협상개시	혁신경제 모델국가
	MERCOSUR	2018.5 협상개시 MERCOSUR 5개국: 브라질, 아르헨티나, 우루과이, 파라과이, 베네수엘라	남미 최대시장

자료: 산업통상자원부, 한국의 FTA(http://www.fta.go.kr/)

월 타결된 이후 2015년 12월 발효되었다. 그 외 페루(2011년 8월), 터키 (2013년 5월), 호주(2014년 12월), 캐나다(2015년 1월), 뉴질랜드, 베트남(이상 2015년 12월), 콜롬비아(2016년 7월) 등과의 FTA가 각각 발효되었다. 또한 중미 5개국(파나마, 코스타리카, 온두라스, 엘살바도르, 니카라과)과의 협상이 2016년 11월 종료되어, 동 협정이 2018년 2월 서명된 이후 양국간 국회비준절차가 진행 중이다.

또한 2018년 현재 한국은 한·중·일 FTA, 역내포괄적경제동반자협정 (RCEP) 등 동아시아 지역에서의 거대경제통합체의 결성을 위한 협상에도 적극적으로 참여하고 있고, 남미공동시장(MERCOSUR), 에콰도르, 이스라엘 등과도 협상을 진행 중이다.

2. 기 발효된 주요 FTA

1) 한·칠레 FTA

1998년 11월에 대외경제조정회의에서 대상국으로 선정되어 약 1년의 준비기간을 거쳐 1999년 12월에 개시된 한·칠레 FTA는 2002년 10월에 타결되어 2004년 4월에 발효되었으며, 상품뿐만 아니라, 서비스, 투자, 정부조달, 지식재산권 등을 포괄하는 FTA이다. FTA의 핵심인 상품분야 관세철폐의 내용을 보면, 품목 수 기준으로 한국은 96.2%, 칠레는 96.5%에 해당하는 품목의 수입관세를 각각 최대 10년 이내에 철폐하기로 합의하였다. 한국의 첫 번째 FTA인 한·칠레 FTA를 발효시키느라 약 6년에 걸친 오랜 협상과 비준동의의 진통을 겪었지만, 2011년 양국간 교역 규모가 72억 달러에 이르러 발효 전인 2003년 대비 약 4.6배 정도 증가하였으며 2004~11년 동안 양국간 교역의 연평균 증가율이 13.4%를 기록하는 등 FTA체결의 긍정적 효과가 뚜렷하게 나타나고 있다.[1] 또한 한국과 칠레 양국은 2016년 11월 양국간 FTA를 업그레이드 시키기 위해 개선 협상을 개시하기로 합의하였다.

2) 한·싱가포르 FTA

한국의 두 번째 FTA이자 동아시아 지역에서 체결한 첫 번째 FTA인 한·싱가포르 FTA는 2004년 1월에 협상이 개시되어 2004년 11월에 실질적인 협상 타결을 이루었다. 그 후, 2005년 8월에 정식 서명을 거쳐 2005년 12월 1일 국회비준동의안이 국회 본회의를 통과함에 따라, 2006년 3월 발효되었다.

한·싱가포르 FTA의 경우, 한·칠레 FTA에 포함되었던 상품, 서비스, 투자, 정부조달, 지식재산권 등의 분야를 포함하였을 뿐만 아니라, 한·칠레 FTA에 포함되지 않았던 상호인증(MRA), 금융서비스, 전자상거래협력 등의 분야도 포함하는 FTA이다. 싱가포르가 이미 대부분의 상품에 대하여 무세화를 실시하고 있어서 FTA를 통한 추가적인 관세인하의 효과는 크지 않지만, 서비스·투자, 통신 및 전자전기 분야 MRA, 정부조달, 지식재산권, 환경 및 방송분야 협력 등 다양한 분야에 걸쳐서 양국간 무역 및 투자를 확대하고, 한국 기업의 싱가포르 진출비용을 줄일 수 있는 방안을 마련하였다. 또한 역외가공지역(OPZ: Outward Processing Zone)과 관련된 규범을 마련하여, 개성공단 생산제품에 대해서도 한국을 거쳐서 싱가포르로 수입될

---

[1] 『한국 기발효 FTA의 경제적 효과 분석』(2012, 대외경제정책연구원, 배찬권·김정곤·금혜윤·장용준, 연구보고서 12-03) 참고.

경우 한국을 원산지로 하는 제품과 동일한 특혜관세를 부여하도록 하여 개성공단 생산제품의 해외 판로 개척을 위한 최초의 선례를 마련하였다.

한·싱가포르 FTA 역시 발효 이후 2006?11년 동안 양국간 교역은 연평균 11.7% 증가하였고, 특히 한국의 대싱가포르 무역수지흑자는 같은 기간 동안 연평균 22%로 발효 전 1.4%를 크게 상회한 것으로 나타났다.[2]

3) 한·EFTA FTA

스위스, 노르웨이, 아이슬란드, 리히텐슈타인으로 이루어진 유럽자유무역연합(EFTA)과의 FTA는 한국이 선진국과 체결한 최초의 FTA이자, 최초의 유럽 국가와 체결한 FTA이며, 동시에 지역블록 전체를 대상으로 한 최초의 FTA이다. 뿐만 아니라, 인접 거대경제권인 EU와의 FTA 추진을 위한 교두보로서의 전략적 가치도 높은 것으로 평가된 바 있다.

양측은 2004년 2차례의 공동연구를 개최한 후, 그 결과를 바탕으로 2004년 12월 한·EFTA 통상장관회담시 2005년 말까지 타결을 목표로 공식 협상 개시를 선언하였다. 2005년 1월에 1차 협상을 개시하여, 총 4차례의 협상을 가진 결과, 협상개시 6개월 만인 2005년 7월에 협상을 타결하였고, 2006년 9월 발효되었다. 특히, 양국의 산업구조가 상호보완적이어서 민감산업이 많지 않다는 점을 감안, 100%에 가까운 양허를 하여 그동안 한국이 추진해 온 FTA 중 가장 높은 수준의 자유화를 달성하였다.

또한 한·EFTA FTA는 상품무역의 관세 및 비관세장벽 철폐뿐만 아니라, 서비스무역의 자유화, 투자확대, 정부조달, 지식재산권, 경쟁, 방송서비스 등의 광범위한 분야에 걸친 자유화를 담고 있다. 한편, 한·EFTA FTA에서도 개성공단에서 생산된 제품이 일정한 부가가치 기준을 만족시키는 경우에 원산지물품으로 인정하여 특혜 관세를 부여하기로 함으로써 개성공단 생산제품의 해외판로 개척을 위한 유용한 선례를 구축하였다. 한국과 EFTA 간의 교역은 FTA 발효 전인 2000~05년 사이에는 별다른 증감 없이 비교적 일정한 추세를 보였으나, FTA 발효 후인 2006년 이후부터 크게 증가하였다. 2006~11년 동안 한·EFTA간 전체 교역의 연평균 증가율

---

[2] 『한국 기발효 FTA의 경제적 효과 분석』(2012, 대외경제정책연구원, 배찬권·김정곤·금혜윤·장용준, 연구보고서 12-03) 참고.

은 10.1%로서 FTA 발효 전의 2.8%를 크게 상회하고 있다. 또한 2011년 기준 전체 교역 규모는 약 70억 달러로 이는 2005년과 비교하여 2.4배 증가한 수치이다.[3]

4) 한 · ASEAN FTA

ASEAN과는 2004년 5차례에 걸쳐 공동연구를 실시한 결과, FTA 공식 협상개시를 권고하는 내용의 최종보고서를 확정한 바 있다. 동 연구보고서를 토대로 하여, 2004년 11월 한 · ASEAN 정상회의에서 2005년부터 2년 내 타결을 목표로 공식 FTA협상을 개시하기로 선언하였다. 아시아의 거대 경제권인 중국, 일본, 인도가 모두 ASEAN과의 FTA협상을 한국보다 먼저 시작하였지만 한국은 이들 국가보다 자유화 시점을 앞당겨 2009년까지 최소 80%의 품목에 대하여 관세를 완전 철폐하고 여타 품목은 추가 이행기간을 부여하기로 ASEAN측과 합의하였다. 그에 따라, 2007년 6월 상품분야 협정이 발효되었고, 2009년 5월에는 서비스분야, 그리고 같은 해 9월에 투자협정이 발효되었다. 그러나 한 · ASEAN FTA가 기대에 비해 자유화수준이 높지 않을 뿐만 아니라 자유무역 이행률, FTA 활용률 등이 낮은 것으로 평가된다.

한국과 ASEAN의 교역은 상품분야 한 · ASEAN FTA 발효 전인 2000~06년 사이 연평균 8.3% 증가하였고, 한 · ASEAN FTA 발효 이후인 2007~11년 사이 연평균 교역 증가율은 9.6%로서 한 · ASEAN FTA 발효 전보다 다소 높은 것으로 나타났다. 또한 2011년 현재 한 · ASEAN간 교역 규모는 1,249억 달러로서 FTA 발효 전인 2006년과 대비하여 약 2배가 늘어나 동 FTA 역시 긍정적인 역내 무역증진효과를 나타낸 것으로 분석되었다.[4]

---

3) 『한국 기발효 FTA의 경제적 효과 분석』(2012, 대외경제정책연구원, 배찬권 · 김정곤 · 금혜윤 · 장용준, 연구보고서 12-03) 참고.

4) 『한국 기발효 FTA의 경제적 효과 분석』(2012, 대외경제정책연구원, 배찬권 · 김정곤 · 금혜윤 · 장용준, 연구보고서 12-03) 참고.

5) 한·미 FTA

한·미 FTA는 우리나라가 거대 경제권과 체결한 최초의 FTA라는 점에서 큰 의미가 있다. 한국 정부는 2003년 8월 'FTA 추진 로드맵'을 만들면서 미국, EU, 중국을 중장기 FTA 추진 대상국으로 선정하였다. 그러나 2004년에 들어 거대경제권과의 FTA를 보다 신속히 추진하는 것이 유리할 것이라는 판단 아래 미국과의 FTA를 적극 추진하기 시작하였다. 한·미 양국은 2005년 여섯 차례에 걸친 통상장관회담과 세 차례의 사전 실무점검회의를 통해 양국의 통상현안을 점검하고 주요 쟁점에 대한 서로의 입장을 조율하였다. 사전준비가 마무리된 2006년 2월 한·미 양국은 협상 개시를 공식적으로 선언하고 상품무역, 무역구제, 농업, 서비스, 투자 등 17개 협상분과와 2개의 작업반(자동차 및 의약품)에 대한 협상을 시작하였다. 한·미 FTA(공식 영문 명칭 KORUS FTA) 협상은 약 1년이 소요되어 2007년 4월 2일 타결에 이르렀다. 이후 미국 측의 추가 협의 요청에 따라 같은 해 6월 환경, 노동 등의 분야에 대한 추가협의가 이루어져 최종적인 협상 타결이 이루어졌으나, 양국의 국회 및 의회 비준동의를 받지 못해 장기간 표류하게 되었다. 그 후 자동차, 돼지고기, 의약품 등 주요 분야에 있어서의 추가협상을 통해 양국 비준동의의 계기를 마련하여 2012년 3월에 협정이 공식 발효되었다.

한·미 FTA는 상호 호혜적인 성과를 달성하고 있는 것으로 나타났다. 2012~16년 5년 동안 전세계 무역이 연평균 2.0% 감소하고 한국의 대세계 무역이 연평균 3.5% 감소한 데 반해, 한미 양국간 무역은 동 기간 동안 연평균 1.7% 증가한 것으로 분석되었다. 또한 한미 FTA 발효 이후 한미 양국 모두 상대국 수입시장에서 점유율이 큰 폭으로 상승하였다. 한국의 미국 수입시장 점유율은 2011년 2.57%에서 2016년 3.19%로 0.62%포인트 상승하였으며, 미국의 한국 수입시장 점유율 역시 동 기간 동안 8.50%에서 10.64%로 2.14%포인트 증가하였다.[5]

그러나 트럼프 행정부 출범 이후 미국 정부는 한미 FTA 개정협상을

---

[5]『한미 FTA 5주년 평가와 시사점』(2017, 한국무역협회 국제무역연구원, Trade Focus 2017년 7호) 참고.

강력히 요구하였고, 이에 따라 한미 양국은 2018년 1~3월 총 세 차례 개정협상을 진행하여 3월 26일 원칙적으로 합의에 도달하였다. 양측은 미국의 민감품목인 픽업트럭의 현행 관세(25%)에 대해 철폐 유예 기간을 20년 추가 연장하여 2041년에 철폐하기로 합의하였다. 또한 양측은 한미FTA 개정협상 의제와는 별개로, 미국 1962년 무역확장법 제232조에 의거하여 미국으로 수입되는 철강에 25%의 관세를 부과하기로 한 결정에서 한국을 면제하기로 합의하였다.[6]

한·미 FTA는 양국간 통상관계의 일대 전환점이 된 것으로 평가된다. 그동안 양국은 지속적인 통상마찰을 되풀이해 왔으나, 한·미 FTA를 계기로 양자간 분쟁의 소지를 사전적으로 해결할 수 있는 창구를 마련하였다. 아울러 한·미 FTA는 양국의 외교적 동맹관계를 강화시키는 전기가 된 것으로 평가된다.

6) 한·EU FTA

양대 거대경제권인 미국, EU와의 FTA를 신속히 추진하기로 함에 따라 한국 정부는 2006년 두 차례의 협의를 통해 양자의 관심사를 확인하였다. EU 역시 WTO DDA협상이 교착상태에 빠지자 주요 무역상대국과의 FTA협상에 주력하기로 하고, 2006년 10월 발표된 EU의 신통상정책에서 한국을 유력한 FTA협상 후보국으로 공식 발표하였다. 2007년 들어 한국은 FTA추진위원회를 개최하고 범정부적인 차원의 입장을 조율하는 한편, EU는 한국과의 FTA협상지침을 마련함으로써 같은 해 5월 6일 한·EU FTA협상의 출범을 공식 선언하였다. 그 후 2010년 2월에 협정의 세부조항에 대해서까지 타결을 하고 2011년 7월 잠정 발효되었고 2015년 12월 정식 발효되었다.[7]

2011년 7월 잠정 발효된 한·EU FTA는 2016년까지 EU의 한국 수출은

---

6) 한미 FTA 개정협상에 대해서는 『한미 FTA 개정협상에 대한 평가와 시사점』(2018, 고려대학교 국제대학원, 강문성, GSIS Policy Brief No.1) 참고.

7) 한EU FTA 제15.10조 제5항에 따라, 한국의 국회비준동의 완료와 EU 각료이사회의 승인으로 동 협정의 잠정 발효는 가능하였으며, EU 개별 회원국 각각의 국내 비준이 모두 종료되고 이를 증명하는 서면 통보를 교환한 날로부터 60일 경과 후 또는 양측이 합의하는 날에 정식발효하는 것으로 규정되어 있다.

55% 증가한 반면, 한국의 EU 수출은 5% 증가하는 데 그쳤다. EU의 對한국 기존 수출품목이던 기계, 자동차, 화학 관련 제품뿐만 아니라 식품, 음료, 세라믹, 운동기기 등 다변화되었다. 한국의 對EU 수출이 상대적으로 부진한 이유는 유럽의 금융위기 등으로 유럽 소비자들의 소비심리 위축이 주요 원인으로 분석되고 있으나, 유럽의 경제회복으로 수입수요가 증가할 것으로 기대된다. 또한 한EU FTA 이후 EU기업들의 한국 투자가 2015년 기준 498억 유로(2010년 대비 33% 증가)를 기록하여 한국경제에 긍정적인 영향을 미치고 있다.[8]

한·미 FTA와 더불어 EU와의 FTA체결은 한국경제 전반에 큰 영향을 미치고 있다. EU라는 거대시장의 확보라는 측면에서도 EU와의 FTA가 중요하지만, 동시에 산업구조의 고도화를 통한 경쟁력 강화를 위해 EU와의 FTA는 중요한 역할을 할 수 있을 것으로 기대된다. 또한 EU와의 긴밀한 통상관계를 통해 양자간 통상문제를 효과적으로 협의하고, 개선할 수 있는 장이 마련되었다. 특히 한국은 미국 및 EU와의 FTA가 발효되어 동아시아의 FTA 허브로서 경제적 위상이 크게 제고될 것으로 기대되고 있다.

7) 한중 FTA

2004년 9월 ASEAN+3 경제장관회의를 계기로 한국과 중국 양국은 통상장관회의에서 한중 FTA 민간공동연구를 추진하기로 합의하면서 양국간 FTA의 논의는 시작되었다. 2005년부터 시작된 민간공동연구에 이어, 2007년부터 시작된 산관학 공동연구 등을 통해 정치적 결정만을 남겨 놓은 양국 정부는 2010년 9월 양국간 정부간 사전협의를 시작으로 민간에서 정부차원으로 논의를 격상시키게 된다. 2012년 5월 양국 정부는 한중 FTA 협상개시를 선언하고 2014년 11월까지 총 14차례 협상을 거쳐 실질적인 타결에 도달한다. 2015년 12월에 한중 FTA가 발효되면서, 한국은 미국, EU, 중국 등 세계 3대 경제권역과 모두 FTA를 체결한 나라가 되었다.[9]

---

8)『한EU FTA 5주년, 양방향 교역 동향 및 분석』(2017, KOTRA) 참고.

9) 2018년 6월 기준, 미국, EU, 중국과 모두 FTA를 체결한 국가는 한국을 비롯하여 칠레, 페루 등 3개국에 불과하다. 싱가포르는 미국, 중국과 양자간 FTA를 체결하였고, EU와의 FTA는 협상종료 후 EU의회의 비준절차가 진행 중이다. 호주의 경우 미국, 중국과 양자간 FTA를 체결하였고, EU와의 FTA에 대해 2018년 5월 EU집행위가 협상개시를 승인하였다.

미국에 이어 세계 제 2 위의 경제대국으로 성장한 중국과 양자간 FTA 를 체결하였다는 것은 중국의 잠재력 높은 내수시장에 보다 경쟁적으로 접근할 수 있다는 점에서 의의가 있다. 또한 중국의 한국 투자가 확대될 뿐만 아니라 중국 시장에 관심을 지닌 미국, 유럽 등의 기업들이 한국 투자를 확대할 유인을 제공하여 이와 같은 투자 유치 확대를 통해 일자리 창출이 기대된다. 또한 한국은 북미-유럽-아시아를 연결하는 글로벌 FTA 네트워크를 완성하고, 이를 통해 동아시아 경제통합 추진 과정에서 우리의 주도적 위상을 확보할 수 있을 것으로 기대된다.

3.3 양자간 통상관계 〉〉〉

1. 한·미 통상관계

미국은 2003년 중국이 그 자리를 대신하기 전까지 한국의 제 1 의 수출대상국이었으며, 일본에 이어 제 2 의 수입대상국이었다. 1971년의 경우 한국 수출의 약 50%가 미국으로 수출되었다. 1980년대 중반 우리나라의 대미 무역수지는 흑자로 전환되었으며, 동시에 대미 수출이 한국의 전체 수출에서 차지하는 비중도 점차 줄어들어 1985년 35.5%, 1995년 19.3%, 2008년에는 12.0%를 기록하였다. 미국은 한국의 정부수립 이후 일본과 더불어 가장 중요한 한국의 무역대상국이었다.

1980년대 이전까지 한국의 경제적 위상이 높지 않아 미국과 양자간 통상관계에서 중요한 문제가 발생한 경우는 많지 않았다. 1960~81년간 양국 정부간 통상마찰은 13건이 발생하였으며, 미국은 1970년대에 한국의 주력 수출품목인 섬유 및 의류, 신발류에 대한 수량제한조치를 취했다. 주로 긴급수입제한조치 또는 세이프가드로 명명되는 미국의 「1974 통상법 201조」에 근거한 수입제한조치로서, 직접적으로 수입수량을 제한하기 때문에 관련 제품의 대미수출이 격감하였다. 또한 1970년대 말부터 미국은 직접적인 수량제한보다는 일부 철강제품에 대해서 수출자율규제(Voluntary Export Restraints: VER)라는 소위 회색지대조치(grey area measures)를 활용했다. 대부분 미국의 요구가 관철되었지만, 미국은 이 기간 중 대체로 자유무역 정책을 유지하고 무역제한조치를 예외로 간주하는 정책기조를 유지하였다.

1980년대 들어 미국은 양국간 무역수지 불균형을 시정하기 위해 시장개방 압력을 강화하였다. 1980년대에 들어 한국의 경제적 위상은 눈에 띄게 높아졌고, 한국의 대미 무역수지 흑자가 1983년의 19억 달러를 시작으로 1987년에는 95억 달러로 정점을 이루었다. 당시 한국의 대미 무역수지가 적자에서 흑자로 전환되었을 뿐만 아니라 미국의 대 아시아 무역수지도 악화되고 있었다. 또한 대일 무역적자를 경험한 미국으로서는 한국의 대미수출이 확대되고 상품 종류도 섬유, 신발 등 노동집약적 상품에서 전자, 자동차, 기계류 등 기술집약적 상품으로 변화되는 추세에 경계심을 가졌다. 미국의 정부 및 민간업계에서는 한국은 결국 제2의 일본이 될 것이라는 인식이 확산되면서, 미국은 한국에 대하여 상호주의를 표방한 공정무역(Fair Trade)을 요구하였다. 따라서 당시 한국의 대외통상마찰은 주로 미국의 시장개방요구를 한국이 어떻게, 어느 정도 수용하느냐의 문제였다고 할 수 있다. 주로 공산품 시장개방을 요구하던 미국은 1980년대 후반에 들어서는 농업과 서비스분야에까지 통상공세를 강화했다.

1980년대에는 한국의 주요 수출품인 가전제품, 철강, 반도체 등에 대한 미국의 반덤핑조치가 한·미 양국간 통상이슈의 주를 이루었다. 그러나 1980년대 후반에 들어서는 반덤핑규제는 감소한 반면, 301조, 스페셜 301조, 슈퍼 301조 등 흔히 '일방적 조치'라고 불리는 시장개방압력 수단이 빈번하게 활용되었다. 이와 같은 일방적 조치는 시장개방효과가 매우 크지만, WTO 규범과 일치하지 않아 국제적 논란이 있었으며, 그 결과 미국은 WTO 출범 이후부터 이 조치를 WTO 분쟁해결제도와 연계하여 활용하는 경향을 보였다. 특히 1988년에 제정된 미국의 종합무역법(The Omnibus Trade and Competitiveness Act of 1988)에 근거한 슈퍼 301조는 비록 2년 동안(1989~90년) 한시적으로 운영되었지만, 시장개방 효과가 커서 한국은 결과적으로 농산물시장의 개방을 확대하고, 표준제도 개선, 외국인투자

제도의 개선 등 일련의 시장개방 조치를 취하기에 이르렀다. 그 이후에도 한·미 영업환경개선방안(President's Economic Initiative: PEI, 1992), 한·미 경제협력대화(Dialogue for Economic Cooperation: DEC, 1993) 등 협의체를 통한 시장개방압력이 지속되었다.

1995년 WTO체제의 출범 이후에도 미국은 1997년 슈퍼 301조를 근거로 자동차 분쟁과 같은 일방적 압력을 지속하였고, WTO 분쟁해결절차를 통한 통상압력도 전개하였다. 그러나 이 당시 한국은 과거와는 달리 다소 적극적인 입장으로 선회하여 미국의 조치를 WTO에 제소하겠다는 입장을 취하였다. 뿐만 아니라 한국산 반도체에 대한 반덤핑조치를 불합리하게 지속하고 있는 미국의 관행에 대해서도 동일한 입장을 취하였다. 미국 등 강국과의 협상력이 약할 수밖에 없는 한국은 다자체제가 유리하다고 판단하고 WTO체제를 적극 활용하기 시작하였다.

1997년 외환위기를 계기로 한국의 시장개방이 대폭 확대되면서 한·미간 통상현안은 급격히 줄어들었다. 더욱이, 2000년대에 들어 미국의 광우병 발생으로 인한 한국의 미국산 쇠고기 수입금지조치(2003년)와 한국의 쌀시장개방 확대조치(2005년) 등을 제외하고는 중요한 통상현안이 없었다. 한·미 FTA협상에서 한국은 그동안의 농산물, 자동차, 의약품 등 주요 통상 쟁점에 대한 의견을 조율하고, 향후 통상 마찰의 가능성을 줄이기 위해 노력하였다.

현재까지의 한·미 양자간 통상관계를 돌이켜 보면, 미국이 공세적으로 한국시장의 개방을 요구해 온 데 반해, 한국은 거의 항상 수세적인 입장에서 방어를 해 오다가 상당부분 미국의 요구를 수용하는 입장을 취해 왔다. 이와 같은 현상은 한국이 미국 경제에 대한 무역의존도가 높았음을 반영한다. 그러나 대미 무역의존도가 점차 감소하고, WTO체제가 출범하면서 미국의 일방적인 통상압력은 상당히 완화되었으며, 경우에 따라서는 한국이 오히려 WTO체제를 활용하여 대미공세를 강화하기도 하는 추세로 변화하고 있다. 특히, 2006년 한·미FTA 협상이 공식적으로 개시된 이래, 2012년 3월 한·미FTA가 공식 발효되기까지 수많은 우여곡절을 겪기도 했으나, 양국간에 커다란 통상마찰은 사실상 존재하지 않았다는 점에서 한·미FTA가 양국의 통상정책에 미치는 효과를 가늠해 볼 수 있다.

다만, 트럼프 행정부가 출범한 이후 미국은 주요 통상국과 철강, 알루미늄, 자동차 등 주요 산업을 중심으로 통상마찰이 확산되고 있는데, 이와 같은 추세에 한국 역시 부정적인 영향을 받고 있다. 철강의 경우 한·미 FTA와 연계되어 추가적인 관세부과에서 예외로 인정받는 대신, 연간 수출 물량에 제한을 두는 수입쿼터를 설정하기로 합의한 바 있다.

미국의 통상정책

미국은 트럼프 행정부 출범 이후 일방주의적 통상정책이 심화되고 있지만, 세계에서 가장 개방적인 경제체제를 운영하고 있으며 이를 뒷받침하는 통상정책도 선진국들 중에서 가장 개방적이라는 평가를 받고 있다. 미국은 또한 최혜국대우원칙에 근간을 둔 다자간 무역체제를 지지하며 이를 통한 다자간 무역자유화를 주도하여 왔다. 또한 미국은 북미자유무역협정(NAFTA), 이스라엘과 쌍무적 자유무역협정 등을 맺었고, 카리브해 연안 국가와 안데스산맥 국가들을 특별 대우하는 등 특정 국가나 지역과의 특혜관계를 확대해 나가고 있다. 동시에 미국은 주요 무역상대국들과 각종 무역정책과 관행에 대하여 지속적으로 양자간 협의를 통해 조율해 나가고 있다. 이러한 가운데 미국은 세계 어느 나라보다 반덤핑관세나 상계관세 등 행정절차를 통한 보호(administered protection)조치를 자주 사용하고, 실제로 이들 조치의 운영이 자의적이고 매우 보호무역주의적 성격이 강하다는 지적을 받고 있다. 미국은 더 나아가 무역상대국의 무역관련 정책, 제도, 관행이 불공정하다고 판단될 경우에는 슈퍼 301조와 같은 일방적인 수단을 통해 통상압력을 가하기도 한다.

미국은 이와 같이 상황에 따라 자국에 유리한 통상정책을 구사하는 다각적인 접근방법(multi-track approach)을 활용하고 있는데, 일방적인 무역제한조치, 쌍무적 협상, 지역무역협정, 다자간 협상 등이 포함된다. 따라서 미국이 WTO를 중심으로 한 다자간 무역체제를 지지한다고 하지만 이것이 미국 통상정책의 최우선순위를 차지한다고는 할 수 없다.

오히려 오늘날 미국의 통상정책은 원칙적으로 자유무역을 지향한다는 점에 있어서는 각 정당간에 큰 차이를 보이지 않고, 주요 사안별로 국내의 이해관계에 따라 개별 법안의 제정을 통하여 수립되는 경향이 있다. 이는 무엇보다도 미국의 수정헌법 제8조 대외통상과 관련한 정책결정의 권한이 의회에 있음을 명시함에 따라 미국의 통상정책이 독립적인 통상법안에 의하여 결정되는 형식을 취하고 있기 때문이다. 그러나 의회의 이러한 통상정책 수립 및 결정권한에도 불구하고 통상정책의 집행은 권한을 위임받은 행정부가 수행하는 구조적 특징을 보인다. 이러한 미국의 특징은 다양한 이익단체의 이해관계가 통상정책에 활발하고 직접적으로 반영되게 만들고 있다. 즉, 의회, 산업계, 노조, 행정부 등 다양한 이해집단들의 상호작용하에 통상정책이 결정되는 것이다.

미국의 주요 통상정책 수단은 크게 국내 산업을 보호하기 위한 반덤핑, 상계관세, 세이프가드 등 산업피해구제제도와 해외시장의 개방을 위한 일방적 통상 법안으로 구분할 수 있다. 특히 미국의 반덤핑관세와 상계관세는 국내 산업을 보호하려는 이해집단들에 의해 남용되는 경우가 많아졌다. 또한 미국은 통상법 301조, 스페셜 301조 등을 통하여 해외시장을 적극적으로 개방하는 수단으로 활용하고 있다. 통상법 301조는 무역상대국이 미국의 이해관계를 침해하는 경우를 규정하고, 미국의 이해관계에 합당한 수정이 이루어지지 않을 경우 보복조치를 의무화하고 있다. 스페셜 301조는 특정 국가가 미국의 지식재산권 보호가 취약하다고 판정될 경우 보복조치를 실시할 수 있게 하고 있다.

트럼프 행정부가 출범한 이후 다자 및 지역 무역협상 보다는 미국의 협상력을 극대화 할 수 있는 양자간 협상을 적극 활용하고 있는데, 수입쿼터, 세이프가드, 무역확장법 232조(국가안보 예외조치) 등 일방적 무역규제 조치를 통해 중국, EU, 일본, 한국 등의 국가와 무역마찰이 확대되고 있다.

2. 한 · 중 통상관계

1992년 8월 한 · 중 수교 이후 양국간 경제교류는 양적 · 질적으로 확대 · 심화되어, 상호간에 명실공히 가장 중요한 경제통상 파트너의 관계로 발전하였다. 수교 이후 교역조건의 개선과 중국경제의 고속성장에 따른 수입수요 증기에 의해 직접교역의 비중이 증가하였다. 한 · 중 양국의 교역은 수교 이후 10년간 여타 지역과의 교역에 비해 훨씬 빠른 성장세를 보였다. 1990~2012년 기간 동안 한국의 대중수출은 연평균 30%이상의 속도로 증가하였는데, 이는 같은 기간 한국의 총수출증가율의 3배를 상회하는 것이다. 같은 기간 대중수입 역시 연평균 20%이상의 속도로 증가함으

| 표 IV-3-2 | 대중교역의 비중(1990-2017)   (단위: 백만 달러, %)

연도	총수출	대중수출	비중(%)	총수입	대중수입	비중(%)
1990	65,016	585	0.9	69,844	2,268	3.2
1995	125,058	9,144	7.3	135,119	7,401	5.5
2000	172,268	18,455	10.7	160,841	12,799	8.0
2005	284,419	61,915	21.8	261,238	38,648	14.8
2010	466,384	116,838	25.1	425,212	71,574	16.8
2015	526,757	137,124	26.0	436,499	90,250	20.7
2017	573,694	142,120	24.8	478,478	97,860	20.5

자료: 한국무역협회.

로써 한국의 총수입증가율의 2배에 달하였다. 이에 따라 교역 상대국으로
서 중국이 차지하는 비중도 커졌는데 대중수출이 우리의 총수출에서 차
지하는 비중은 1990년에는 0.9%에 불과하였으나 2017년에는 무려 24.8%
로 상승하였고, 대중수입의 비중 역시 총수입의 3.2%에서 20.5%로 상승하
였다. 그 결과 2003년 이후 중국은 한국의 가장 큰 교역상대국으로 발돋
움하였다.

한국의 대중 수출상품은 전자부품, 석유화학제품, 산업기계, 철강제품
이 주종을 이루고 있는 반면, 수입은 철강제품, 전자부품, 광물성연료, 가
전제품, 농산물 등이 주종을 이루고 있다. 양국간의 무역구조가 대체로 수
직적 분업 성격의 상호보완적인 가운데, 최근 중국의 대한수출이 일차산
품에서 공산품으로 변화되고 교역품목이 다양화되는 등 수평적 분업이
확대되고 있는 추세에 있다.

양국간에 대두되고 있는 주요 통상현안으로는 중국의 반덤핑조례의
문제점, 중국의 지식재산권 침해, 각종 비관세 장벽, 농산물 검역문제 등
이 있다. 이들 통상현안은 아직 양국간의 통상마찰로까지 부각된 경우는
많지 않으나, 양국간 통상마찰은 사드(THAAD, 고고도 미사일 방어체계) 배치
와 관련된 중국의 보복조치로 극에 도달하게 된다. 2016년 7월 한국 국방
부와 주한 미군사령부가 사드 1개 포대의 한반도 배치를 공식 발표하고,
같은 해 11월 롯데그룹 성주골프장이 사드 부지로 선정된 것에 대한 보복
으로 중국 정부는 현지에 진출한 롯데 계열사의 전 사업장에 대한 세무조

사와 소방·위생·안전점검에 일제히 나섰다. 또한 2017년 3월 중국 정부는 한국 관광을 전면 금지시켰고, 롯데마트의 총 55개 지점이 영업정지 처분을 받았다. 이에 한국정부는 WTO에 사드 보복 관련 관광·유통 분야의 중국 조치에 대해 WTO협정 위배를 정식으로 제기하였으나 분쟁해결 기구에 제소하지는 않았다. 이와 같은 분쟁은 국가간 외교안보마찰이 통상마찰로 이어질 수 있음을 나타내는 사례인 것으로 평가된다.

한편 한국기업의 대중투자는 1988년 민간차원의 교류가 전개되면서 확대되기 시작하였으며 1992년 한·중 양국의 수교를 계기로 본격화되었다. 1992년 1억 3,768만 달러이던 한국의 대중 투자 실행액은 2007년 56억 9,201만 달러까지 급증하였다. 전체 해외투자에서 중국이 차지하는 비중 역시 1992년 10.0%에서 2005년 39.4%에 달하며 정점을 이루었다. 그러나 그 이후 중국 정부 및 기업의 교묘한 차별정책과 사드 관련 갈등으로 한국의 대중투자는 실행액 기준 2017년 29억 6,881만 달러로 감소하였으며, 비중 역시 2017년 6.8%로 급감하였다.

한국기업의 대중투자는 초기에는 합자, 합작투자가 높은 비중을 차지하였으나, 최근에는 독자기업 형태를 선호하고 있다. 이는 합작파트너의 역할이 기대보다 미약할 뿐만 아니라 조업 후에는 경영권을 둘러싼 갈등으로 인해 기업경영에 걸림돌로 작용하는 사례가 증가하기 때문이다.

중국의 통상정책

중국경제는 1978년 등소평이 개혁·개방정책 실시한 이후 지금까지 40년 동안 연평균 10%에 달하는 고도성장을 구가하고 있다. 이러한 이면에는 지속적인 개혁정책과 함께 2001년 WTO 가입을 통한 대외개방정책이 주효했던 것으로 평가할 수 있다. 특히 중국의 WTO 가입은 중국의 국제적 지위와 대외신용도의 향상, 경제체제 개혁과의 상호 상승작용, 최혜국대우 획득을 통한 수출증대, 개도국 지위를 활용한 일반특혜관세(GSP) 혜택 향유 등 다양한 긍정적인 효과를 가져다주었다. WTO 가입을 준비하는 과정에서 중국정부는 시장경제와 자유무역의 원칙을 수용할 수 있도록 가격, 금융, 조세, 외환, 무역 등에 걸쳐 광범위한 경제개혁조치를 취하는 한편, 대외무역 분야에서도 시장접근도의 제고, 관세 및 비관세장벽의 철폐·완화, 서비스시장의 단계적 개방, 지식재산권 보호 등 통상정책을 대폭 정비하였다.

중국이 1980년대부터 본격적으로 추진했던 이러한 일련의 개방정책은 중국을 '세계의 공장'으로 만드는 데 성공하였고, 그에 따른 경제성장과 대외교역의 확대, 외국인투자의 급증을 수반하였다. 이에 따라 중국은 세계 제2의 경제대국이자 세계 최대의 무역대국으로 발전하였다. 이는 다른 한편에서는 중국이 다른 선진국들과의 통상마찰에 직면하게 되는 요인으로도 작용하고 있다. 특히, WTO 체제 내에서 중국의 시장경제 지위를 부여하는 문제에 대한 미국 및 EU 등 주요 통상대국들의 우려, 미국 트럼프행정부가 추구하는 보호무역주의의 주된 대상이 중국이라는 점 등의 사례는 이러한 통상대국들의 우려를 상징적으로 보여주고 있다.

한편, 중국은 빈부격차의 확대, 지역간 경제발전의 격차 확대, 외국기업에 대비한 국내기업들의 역차별 현상 및 국유기업과 사유기업간의 차별적 요소 등 고도성장의 이면에서 관찰되고 있는 다양한 대내적인 문제들이 전반적인 경제정책의 운용을 제약하는 요인이 되고 있다는 판단하에 이를 시정하기 위한 노력도 기울이고 있다. 통상정책적인 측면에서도 공정경쟁의 여건 조성과 개방의 질적 심화 및 내수중시정책의 도입 등에 커다란 관심을 기울이고 있다.

2018년 출범한 시진핑 2기 시대의 중국은 중국의 대외적인 위상강화를 세계경제에서의 지도력 강화로 연결하기 위한 다양한 노력을 기울이고 있다. 특히, 자국 중심의 지역주의정책에 대한 적극적인 참여가 눈에 띈다. 중국은 이미 한국, ASEAN, 동남아시아의 개별 국가들과 FTA를 체결하고 있으며, 특히 ASEAN과의 협력 하에 포괄적역내경제동반자협정(RCEP) 협상을 주도함으로써 아시아-태평양 지역에서 중국경제권의 형성을 위해 노력하고 있다. 특히 RCEP 협상은 미국이 주도했던 범태평양경제동반자협정(TPP)의 대항마로서의 의미가 강했다는 점에서 이러한 중국의 정책방향은 주목을 끌기도 하였다. 또한 최근 중국이 주도하여 설립된 아시아 인프라투자은행(AIIB) 및 일대일로정책(Belt and Road Initiative) 등을 통해 중국의 국제적 위상을 강화하기 위한 적극적인 노력을 경주하고 있다.

3. 한·EU 통상관계

1994년부터 회복되기 시작한 한국과 유럽연합(EU)과의 교역은 1995년에 괄목할 만한 성장(수출 44.9%, 수입 25.1% 증가)을 기록했다. 이후 한국과 EU의 교역은 꾸준히 증가하여 2017년 현재 수출 540억, 수입 573억 달러로 EU는 중국, 미국에 이어 우리나라 제3위 교역상대국이다. 아시아 금융위기 직후인 1998년부터 한국은 EU와의 교역에서 지속적으로 흑자를 기록하였으나, 2012년부터 적자로 전환되었으나 그 규모가 점차 줄어 2017년에는 32.4억 달러를 기록하였다.

품목별로 살펴보면, 선박, 자동차, 무선통신기기, 평판디스플레이, 석유제품 등이 우리나라의 대EU 수출의 주종을 이루고 있다. 반면 EU로부터의 수입은 자동차, 의약품, 반도체, 자동차부품, 선박, 계측제어 분석기 등이 중심이 되고 있다.

EU는 한국의 FDI 가운데 약 1/3을 차지하는 최대 투자국이다. EU는 1996년 이후 미국을 제치고 최대 투자국으로 부상하였다. 이후 2000년과 2004년을 제외하면, EU는 명실상부한 최대투자국 위치를 유지해 왔다.

2016년 6월 영국은 국민투표를 통해 EU에서 탈퇴하기로 결정하였다. 이에 따라 2017년 3월 메이(May) 영국총리는 EU측에 영국의 탈퇴의사를 공식적으로 통보하면서 EU조약(TEU, Treaty of European Union) 제50조에 따라 2년간의 탈퇴협상이 시작되었다. 이 협상은 크게 3가지로 분류할 수 있는데, 탈퇴 자체에 대한 협상, 탈퇴 후 EU-영국 관계에 대한 협상, 기존의 관계와 새로운 관계 사이의 이행기에 대한 협상이다. 이와 같은 협상의 결과에 따라, 한국 역시 영국과 향후 양자간 통상관계를 어떻게 설정할지에 대한 협상이 진행될 것으로 전망된다.

EU의 통상정책

EU의 통상정책은 1968년 EU가 관세동맹을 발족한 이후부터 EU집행위원회가 모든 회원국을 대표하여 공동통상정책(Common Commercial Policy: CCP)이라는 이름 하에 수행되고 있다. 특히, 공동통상정책의 수행은 WTO 또는 양자간 FTA 등의 통상협상에서 EU집행위원회가 회원국들의 합의에 의해 마련된 협상안을 두고 상대국과의 협상을 담당하는 데서 대표적으로 나타난다고 하겠다.

전통적으로 EU는 미국과 함께 다자간통상체제를 강화하는 방향으로 통상정책을 운영해 왔다. 즉, 자동차 등 몇몇의 산업분야에 대해서는 비교적 높은 무역장벽을 유지하고 있으나, EU의 통상정책은 전반적으로는 미국과 함께 다자주의를 선호하면서 자유무역을 창달하는 방향으로 추진되어 온 것이다. 특히, 2000년대 들어 약화되기는 하였으나, EU가 과거의 식민지 국가들인 ACP 국가들에 대해 특혜적인 통상정책을 채택하여 오랫동안 이들의 경제발전을 지원해 온 점은 EU 통상정책의 특징으로 꼽을 수 있다. 한편, 이러한 다자주의체제와 자유무역을 선호하는 통상정책의 전반적인 기조에도 불구하고 EU는 주요 산업에 대해서는 다양한 보호무역조치들을 채택하고 있다. 그리고, 무역상대국의 불공정무역관행에 대해서는 반덤핑조치 및 상계관세 그리고 긴급수입제한조치 등의 무역구제조치들을 빈번하게 발동하고 있기도 하다.

2006년 EU가 채택한 Global Europe 전략은 EU의 통상정책이 최근 들어 다자간통상체제 선호주의에서 탈피하여 지역주의 선호정책으로 수정된 결정적인 계기로 작용하였다. 이 전략에 근거하여 EU는 특히 한국, 아세안, MERCOSUR 등 아시아 및 중남미의 신흥국가들과의 자유무역협정을 추진해 왔다. 2011년 발효한 한국과의 FTA 협정과 2019년 상반기 발효될 것으로 예상되는 일본과의 FTA 등이 그 중요한 성과라고 할 수 있다. 또한, 이러한 정책기조 하에 EU는 미국과의 FTA인 TTIP 협상을 진행해 왔는데, 동 협상은 2018년 하반기 현재 잠정적으로 중단되어 있는 상황이다.

2019년 3월로 예정되어 있는 영국의 EU 탈퇴에도 불구하고 향후 EU의 통상정책은 커다란 영향을 받지는 않을 것으로 예상된다.

4. 한·일 통상관계

1965년 한·일 국교정상화 이래 지금까지 양국간 무역은 점진적인 확대의 과정을 걸어왔으나, 2000년대 들면서 양국간 무역이 양국의 전체 무역에서 차지하는 비중은 점차 축소되는 모습을 보이고 있다. 양국간의 전체 무역량은 1965년 2억 2,000만 달러의 수준에서 1985년에는 121억 300만 달러, 그리고 2017년에는 819억 4,087만 달러의 수준에 달하였는데, 이는 그 동안의 괄목할 만한 양국 무역확대 추이를 잘 나타내 준다고 할 수 있다. 그러나 무역규모의 증가에도 불구하고 일본이 우리나라의 전체 무역에서 차지하는 비중은 감소하고 있다. 1985년 우리나라 수출의 15.0%,

수입의 24.3%를 차지했던 대일본 무역은 2017년 수출의 4.7%, 수입의 11.5%에 그치고 있다.

그러나 일본이 한국의 무역에서 차지하는 중요성이 그만큼 낮아졌다고 속단할 수는 없다. 한국의 대일무역은 양국 국교정상화 이후 계속해서 적자를 보이고 있다. 무역비중이 점차 감소하는 최근에 들어서야 동일본의 대지진과 엔고의 영향으로 적자폭이 감소되는 경향을 보이긴 했으나, 2013년 본격화된 아베노믹스의 영향으로 대일무역수지는 다시 증가세로 전환되어 2017년 283억 858만 달러를 기록하였다.

과거 지속적인 대일 무역적자 현상은 여러 가지 요인에 의해 초래된 것이지만 무엇보다도 한국의 수출이 늘수록 대일 원재료 및 자본재 수입이 증가하는 수출산업구조상의 문제나 한국제품의 국제경쟁력이 취약한 데서 그 원인을 찾을 수 있다.

한국의 대일 수출품목 중 주종을 이루는 것으로는 전자·전기, 섬유, 철강, 기계류를 들 수 있다. 반면 대일수입에서는 금속가공기계, 전자·전기, 화학제품이 주종을 이루고 있다. 또한 한국의 대일수출은 중공업제품을 중심으로 한 완제품 수출인 데 비해 일본의 대한수출은 원재료·자본재 중심으로 한 중간재 수출이라 할 수 있다.

양국간의 직접투자에 있어서는 한국의 대일투자의 경우 투자액 기준으로 2000년과 2004년에 각각 전년대비 209%, 455%의 대폭적인 증가를 보이고, 2007년에도 109%의 증가율을 기록하면서 이전과 비교하여 2004년 이후 대일 투자가 활발한 추세에 있다. 그러나 한국에 대한 전체 외국인 투자에서 일본이 차지하는 비중은 1962~81년 55%에서 2000~06년 18.7%, 2011~17년 17.0%로 현저히 감소하였다. 한국의 공업화과정에서 중요한 역할을 담당하던 일본의 역할은 크게 감소하고, 그 자리를 미국, EU로부터의 투자가 대체하고 있다.

최근 일본의 대한국 투자가 다시 증가하는 조짐을 보이는 배경에는 2011년 동일본 대지진의 영향도 적지 않지만, 일본기업의 대아시아 무역·직접투자의 전략과 관련성이 높다. 일본이 중국과 ASEAN으로 직접투자를 확대하는 가운데, 한국에 대해서는 액정, 반도체, 철강, 자동차 등 주력산업 부문에 대한 투자를 증가시키고 있다. 그러나 미국, EU 등과 비교할 때 일본의 대한 투자규모는 여전히 적은 편이다.

한·일간의 통상현안 중 한국측의 가장 큰 관심사는 한·일간의 무역불균형 문제이다. 한국측은 일본의 규제완화, 지나친 기술보호주의, 기술장벽, 검역 등의 완화조치가 만성적인 대일적자를 축소할 수 있기를 기대하고 있다. 그러나 전술한 수출산업구조상의 문제점을 해결하지 않는 한 괄목할 만한 대일 무역수지 적자 개선은 달성되기 어려울 것으로 예상된다.

또한 2010년 이후 양국간 통상마찰이 점차 심화되고 있는데, 2010년 한국은 한국산 DRAM 반도체수출에 대한 일본의 상계관세부과를 WTO에 제소하였다. 그 이후 일본은 한국의 수산물 수입금지 조치(2015년 5월), 일본산 공기압 밸브에 대한 반덤핑 조치(2016년 3월), 일본산 스테인리스 스틸바에 대한 반덤핑 일몰조치(2018년 6월) 등에 대해 WTO에 제소하여 양국간 통상마찰이 점차 확산되고 있다.

한편, 교착상태에 빠진 한·일 FTA는 양국의 중요한 통상현안이다. 한·일 FTA가 지연되고 있는 중요한 원인은 양국의 FTA 추진전략이 변화했기 때문이다. 한국은 당초 FTA 우선 협상 대상국으로 일본을 선정했으나, 일본을 대체할 수 있는 미국, EU, ASEAN 등과 먼저 FTA체결을 성사시키면서 일본과의 FTA에 대한 목표의식이 약화되었다. 일본 역시 당초 중국을 견제하면서 동아시아 역내위상 제고를 위해 한국과의 FTA를 적극 추진하였다. 그러나 일본의 FTA 전략이 변화하면서 ASEAN, 칠레, 인도 등과의 동시다발적 FTA 추진으로 통상정책의 방향을 선회하였다. 2008년 들어 양국은 협상 재개를 위한 실무협의를 개최했지만, 큰 성과를 보지 못했고, 일본이 환태평양경제동반자 협정(TPP)에 가입하면서 양자간 한·일 FTA에 대한 추진력은 현저히 저하된 상태이다.

일본의 통상정책

일본은 2차 대전 이후 1950년대의 강력한 수출지원과 수입억제정책, 1960년대의 수출촉진-수입제한과 병행한 개방정책의 개시, 1970년대의 GATT 체제 활용을 통한 자국시장개방 및 대외 시장접근 확대 등 일련의 정책변화를 통해 국제무역체제에서 매우 중요한 국가로 자리매김하였다.

특히 산업경쟁력이 강한 일본경제는 개방적인 다자간무역체제의 발전과 함께 지속적으로 무역흑자의 확대를 경험하였으며, 이는 1980년대부터 본격적으로 다른 선진국들과의 통상마찰의 빌미를 제공하기도 하였다. 특히, 1980-90년대 일본 자동차를 향한 미국과 EU의 수출자율규제(VERs) 도입, 미국과의 경제구조대화 개최 등은 일본경제를 견제하기 위한 여타 선진국들의 보호적인 무역조치로 볼 수 있다. 즉, 일정기간 동안 일본은 수출확대를 통한 경제발전의 기조를 지속하는 한편, 확대되는 무역흑자로 인해 지속적으로 수세적인 통상정책을 추진할 수 밖에 없는 운명이었다고 할 수 있다.

1990년대 초반 들어 시작된 일본경제의 전반적인 침체 현상이 장기화되고, 일본시장에의 진출에 어려움을 겪었던 무역상대국들이 일본의 무역장벽 보다는 일본의 전반적인 경제시스템의 구조개혁에 비판의 초점을 맞추게 되면서 일본 정부는 경쟁정책의 강화, 내수주도형 경제발전정책의 도입 등을 통해 이를 타개하고자 하였으며, 이는 일본의 통상정책이 종래보다 적극적인 방향으로 수정되는 계기로 작용하였다. 특히, 1990년대 후반 아시아금융위기 이후 한국을 비롯한 많은 아시아 국가들이 종래의 다자주의 중시정책에서 지역주의적 경향을 띠게 되면서, 일본에서도 지역무역협정에 대한 관심이 지속적으로 고조되었다. 일본은 싱가포르와의 FTA 협상을 필두로 2018년 현재 16개의 FTA를 체결하였다. 특히, 2019년초 발효될 예정인 EU와의 양자간 FTA와 미국의 서명 철회로 미국을 제외한 11개국이 참여하는 포괄적·점진적TPP(CPTPP)에서의 주도적인 역할 등이 최근 일본의 통상정책 기조를 상징적으로 보여 준다고 하겠다. 즉, 일본의 통상정책은 1980년대 후반까지 견지되었던 다자주의를 중시하는 수세적인 통상정책에서 지역주의도 적극적으로 추구하는 공세적인 통상정책으로 변모했다는 평가가 가능하다.

특히 일본은 지역무역협정의 적극적인 추진과 함께 최근 들어서는 서비스, 인적 이동, 환경, 금융, 정부조달, 경쟁정책, 투자보호 등 지역 내의 제반 경제사회제도를 조화시키는 포괄적 경제협력(EPA)을 보다 더 강조하고 있다. 이는 일본정부가 지역무역협정을 WTO를 보완하는 수단으로 간주하고 이를 통해 'WTO plus' 수준의 한 단계 높은 자유화를 달성하고자 하는 의도가 있기 때문이다. 또한, 일본은 궁극적으로 동아시아지역에서 일본을 정점으로 하는 새로운 국제분업구조를 구축하고자 하는 장기적인 비전을 가지고 있는 것으로 파악된다. 글로벌 경제에서 영향력을 지속적으로 확대하고 있는 중국과 아시아의 경제적·정치적 맹주가 되려고 하는 일본 사이의 리더십 경쟁이 향후 어떠한 방향으로 전개될지 귀추가 주목된다.

5. 한·아세안 통상관계

아세안(ASEAN)이라고 통칭되는 동남아국가연합(The Association of South East Asian Nations)은 1967년 말레이시아, 싱가포르, 인도네시아, 태국, 필리핀을 모태로 형성되었다. 1984년에는 브루나이가 새로 참여하였고 냉전체제 종식에 맞춰 1995년 베트남과 1997년 라오스 및 미얀마가 각각 추가로 참여하였다. 1999년에는 내전문제로 미루어오던 캄보디아의 가입도 이루어졌다. 아세안 회원국들은 인구, 면적, 국민소득 면에서 상당한 차이를 보이고 있다(그림 Ⅳ-3-1 참조). 그럼에도 불구하고 이들은 역내자유무역협정을 통하여 정체성을 확보하였으며, 중국과 인도에 이어 성장잠재력이 높은 지역으로 주목받고 있다.

아세안 경제권의 성장잠재력은 한국뿐 아니라 중국, 일본, 인도, CEPR(호주 및 뉴질랜드) 등 상당수 교역대상국들이 아세안과의 자유무역지대 형성을 원하고 있다는 점에서도 확인되고 있다. 한편, 아세안은 중국, 일본, 한국 3개국과 'ASEAN+3' 협력체제를 확립하였고, 2005년부터 매년 동북아시아 3개국에다가 호주, 뉴질랜드 및 인도를 포함하는 동아시아 정상회의(East Asia Summit)를 개최하고 있다.

| 그림 Ⅳ-3-1 | 아세안 경제권

	인구 2017(백만)	일인당GDP (2017, $)
인도네시아	262	3,867
베트남	94	2,390
필리핀	105	1,229
태국	68	6,736
말레이시아	32	9,892
싱가포르	5.6	57,722
브루나이	0.4	28,466
미얀마	53	1,229
라오스	6.8	2,531
캄보디아	16	1,421

자료: ASEAN홈페이지(www.asean.org), "ASEAN Member States: Selected Basic Indicators, 2017."

한국과 아세안간 교역은 한-아세안 자유무역협정이 2007년 체결된 후 10년 간 연평균 5.7%의 성장을 거듭해 아세안은 중국에 이은 2대 교역지역으로 부상하였다. 특히 아세안은 미국과 중국에 대한 수출의존도를 줄이고 수출시장을 다변화하고자 하는 한국의 입장에서는 전략적 요충지로 주목받고 있다. 국가별로는 베트남, 싱가포르, 말레이시아 3개국에 대한 수출이 전체의 70% 정도를 차지하고 있다. 한편 FTA 발효 이후 우리나라의 대 ASEAN 투자도 연평균 60억달러를 기록하였는데, 이는 발효 이전보다 5배 정도 증가한 수치다. 특히 베트남에 대한 직접투자는 최근 급증세를 보이고 있다.

한국은 아세안과 1989년 부분대화관계(Sectoral Dialogue Partnership), 1991년부터는 정치·안보·경제 등 모든 분야를 망라하는 완전대화관계(Full Dialogue Partnership)를 구축하였고, 2004년 포괄적 협력동반자 관계, 2010년에는 전략적 동반자 관계로 격상시켰다. 향후 통상파트너로서의 아세안의 중요성을 고려할 때 한국은 아세안과의 추가자유화 협상을 가속화하고 경제·산업협력을 확대할 필요가 있다.

아세안의 통상정책

아세안 10개국은 회원국간 자유무역협정을 체결하였고 다자간 협상에서 공동보조를 취하는 것을 원칙으로 하고 있으나, EU와 같이 하나의 대외통상정책을 채택하고 있지는 않다. 아세안 국가들은 자유무역항인 싱가포르를 제외하면 대부분 자국산업을 보호하기 위하여 비교적 높은 관세장벽과 비관세장벽을 유지하고 있다. UR협상결과를 보더라도 말레이시아와 싱가포르를 제외한 나머지 회원국들은 개도국 평균보다 양허관세율이 훨씬 높았다.

아세안의 통상정책에서 가장 주목할 만한 대목은 대외지향적 성장정책과 대내지향적 무역자유화정책간의 조화문제이다. 아세안 자유무역지대(ASEAN Free Trade Area: AFTA)는 점진적 무역장벽 철폐를 통하여 역내무역 및 투자를 활성화하는 것을 목표로 회원국간 무역에 적용하는 공동실효특혜관세(Common Effective Preferential Tariff: CEPT)를 단계별로 2015년 1월 1일까지 철폐하기로 하였다. 또한 2020년까지 단일시장과 단일생산기지 구축을 위하여 서비스무역, 투자, 숙련노동력 및 자본이동 자유화에 기초한 아세안경제공동체(ASEAN Economic Community)을 형성하기로 하였다. 그러나 아세안의 역내무역비중이나 회원국 경제간 상호보완성이 그다지 높지 않다는 점에서 이러한 역내경제협력이 아세안의 분업구도나 성장잠재력에 미칠 영향력이 얼마나 될지 불투명하다.

그럼에도 불구하고 아세안 경제권의 성장잠재력은 회원국들이 비교적 높은 수출 및 성장을 실현하고 있을 뿐 아니라, 다수의 교역파트너들이 아세안과의 자유무역지대 형성을 원하고 있다는 점에서 확인된다. 아세안은 한국, 중국, 일본, 인도, CEPR(호주 및 뉴질랜드)과 자유무역협정을 체결하였다. 또한 중국, 일본, 한국 3개국과 'ASEAN+3' 협력체제를 구축하여 치앙마이 구상(Chiang Mai Initiative: CMI)이라 불리는 역내 유동성지원장치를 마련하였고, 글로벌 금융위기이후에는 지역금융시장 안정을 위한 다양한 정책협의를 추진하고 있다. 한편 2005년부터는 'ASEAN+3'와 호주, 뉴질랜드 및 인도를 포함하여 동아시아 16개국이 참가하는 동아시아 정상회의(East Asian Summit)이 매년 개최되고 있는데, 최근에는 중국을 견제하기 위하여 미국 및 러시아 등 외부국가들도 참가하고 있다.

3.4 평가 및 전망

한국의 대외통상관계는 먼저 1995년 WTO체제의 개막과 함께 커다란 전기를 맞았다. 세계무역의 중요한 비중을 차지하고 있는 한국의 무역 및 통상정책이 세계 각국의 투명한 감시하에 놓이게 됨으로써 옛날과 같은 정부의 자의적이고 국제규범에 어긋나는 정책의 수행이 힘들게 되었다.[10] 반면에 WTO체제를 중심으로 진행되는 국제규범의 제정과정에 적극 참여

10) 예를 들어, WTO의 TPRM(무역정책검토제도)에 따라 한국은 4년에 한 번씩 무역정책의 현황과 변화내용을 각 회원국 앞에서 평가받고 있다. 2016년에 가장 최근에 실시된 무역정책검토이었다. 다만, WTO회원국은 지난 2017년 7월 무역정책검토 주기를 기존의 2년, 4년, 6년에서 3년, 5년, 7년으로 변경하기로 합의하고 이를 2019년 1월부터 시행할 예정이다.

할 수 있게 되었으며 선진국들의 대내외정책방향에 대한 최신정보를 입수하여 신속하고 능동적인 대응도 가능하게 되었다. 따라서 한국의 통상정책은 종래 쌍무적 협상에 의존해 오던 관행에서 벗어나 다자규범을 적극 활용하는 방향으로 진행되고 있다.

또한 이와 함께 한국은 지역주의에 대한 인식을 새롭게 하고 2000년대에 들어서는 적극적으로 FTA를 추진해 왔다. 그 결과 한국은 2018년 7월 현재 52개국과 15건의 FTA를 발효시켰으며, 한중일 FTA, RCEP 등 동아시아 지역에서의 경제통합 논의에 주도적인 역할을 수행하기 위해 노력하고 있다. 한국은 앞으로도 지역주의와 다자주의가 상호보완적이라는 시각하에 해외수출시장확보를 위하여 전방위적 통상정책을 펼쳐 나갈 것으로 전망된다.

주요용어

- 포지티브방식
- 수입자유화 예시제
- 정보기술협정
- 일방주의
- 공정무역(Fair Trade)
- 자유무역협정(FTA)

- 네거티브방식
- 자율수출규제(VER)
- 뇌물방지협약
- 양자주의
- 대외경제장관회의
- 지역주의

연습문제

1. 한국의 시장개입정책의 추진배경과 결과에 대하여 설명하시오.
2. 한국정부 내의 통상정책 결정체계에 대하여 설명하시오.
3. 한국의 OECD가입의 의의와 경제적 영향을 평가하시오.
4. WTO가입이 한국의 통상정책에 갖는 시사점이 무엇인지 설명하시오.
5. 한·미, 한·일, 한·중 통상관계의 공통점과 차이점에 대하여 논하시오.
6. 한국의 FTA 추진배경과 예상효과에 대하여 설명하시오.

제 V 부

국제통상협상의 이론과 실제

국제통상과 협상은 밀접히 관련되어 있다. 국제거래는 협상의 결과로 이루어지며, 국제통상규범은 국제통상협상의 산물이다. 이에 따라 제 V 부에서는 국제통상을 폭넓게 이해하기 위해 협상의 이론과 실제에 대해 살펴보고자 한다. 모든 국가들은 국제무역에 의해 이익을 얻을 수 있으며, 따라서 무역자유화가 바람직하다는 데 공감하고 있다. 무역자유화를 위한 국제협상이 한번에 그치지 않고 반복되는 것도 바로 그와 같은 이유에서이다. 그러나 협상이 항상 만족스러운 결과를 가져오는 것은 아니다. 특히 우리나라의 경우, 국제협상에서 양보만을 해 왔다는 비판이 많이 제기되고 있는 것도 사실이다. 국제통상협상에서 더 좋은 결과를 얻어 내기 위해서도 협상이론과 사례에 대한 이해와 연구는 필수적인 것이다.

제 V 부는 이를 위해 다음과 같이 구성되었다. 먼저 제 1 장에서는 국제통상협상의 이론에 대하여 살펴보고, 제2장에서는 협상의 이론을 실제 통상협상사례에 적용하여 분석해 보고자 한다.

국제통상협상의 이론

1.1 협상이란 무엇인가 　　　　　　　　　　>>>

　　협상은 인간이 사회적인 삶을 영위해 나가는 가운데 발생하는 여러 가지 문제와 갈등을 해결하는 데 있어서 필수적인 과정이며, 우리의 일상 생활의 일부이다. 부모와 자식간에는 용돈 또는 선물을 둘러싸고 협상을 하고, 부부간에는 가정을 꾸려나가는 과정에 협상을 하며, 친구와 동료간에는 점심으로 무엇을 먹을까 점심 후에 무엇을 하며 지낼까 협상을 하며, 회사의 사장과 직원은 임금을 둘러싸고 협상을 벌이는 동시에 외부의 많은 협상상대방과 협상을 벌인다. 우리의 하루 일과를 살펴보면, 우리가 알게 모르게 얼마나 많은 협상을 하고 있는지를 쉽게 알 수 있다.

　　협상은 어떤 특정 사안에 대해 둘 이상의 당사자들간에 이해가 충돌할 때 상호 접촉을 통해 합의를 도출함으로써 문제를 해결해 나가기 위해 이루어진다. 협상이 이루어지기 위해서는 몇 가지 필수적인 요건을 갖추어야 하는데, 이를 정리하면 다음과 같다.

　　첫째, 협상이 이루어지기 위해서는 둘 이상의 협상 당사자가 존재하여야 한다. 여기서 협상 당사자라 함은 개인뿐만 아니라 집단, 단체, 국가 등을 모두 포함한다. 둘째, 협상 당사자간 이해관계의 충돌(갈등)이 있어야 한다. 이는 당사자간에 이해가 완전히 같을 때에는 협상이 불필요하기 때문이다. 셋째, 협상 당사자들이 이해의 충돌문제를 싸움을 통하지 않고 합의를 도출함으로써 해결하고자 하는 공통된 인식이 있어야 한다. 협상 결렬시 또는 협상에서의 더 좋은 조건을 위해 법적 대응을 하거나 다투는 경우도 있지만, 협상이 이루어지기 위해서는 잠깐만이라도 협상 당사자들이 이해의 충돌문제를 합의를 통해 해결하고자 하여야 한다. 넷째, 협상에서는 주고받는 것이 있어야 한다. 일방적인 명령이나 요구가 있는 경우에는 이를 협상이라고 하기 어려우며, 협상을 위해서는 상호간 양보(yielding), 교환(exchange), 또는 타협(compromising)이 있어야만 한다. 또한 협상 가운데는 양보와 교환을 통해 서로의 이익이 증진되는, 즉 가치의 창조(creation)가 이루어지는 경우도 있다. 이를 요약하면, 협상이란 어떤 특정 사안에 대해 둘 이상의 당사자들간에 이해가 충돌할 때 상호간 양보, 교환, 타협, 창조를 통해 합의를 도출함으로써 문제를 해결해 나가는 과정이라고 할 수 있다.

협상은 영어로는 보통 negotiation이라고 불리는데, negotiation이란 단어의 어원은 라틴어의 'negotiatus'에서 유래된 것으로 원래는 상거래를 의미하는 것이었으며, 지금은 상거래시의 협상뿐만 아니라 정치, 경제, 사회 등 다양한 영역에서의 협상을 의미하게 되었다.[1] 협상은 경우에 따라서는 bargaining이라고도 불리는데, bargaining이란 단어는 협상을 통한 창조보다는 양보나 타협을 도출해 내는 흥정측면을 강조하고 있다고 이해되어도 좋을 것이다. 헤겔은 역사의 변화를 사상간의 갈등으로 이해하면서 소위 역사적 변증법을 주장하였는데, 정-반-합의 원리에 따라 갈등을 해결해 나가는 과정에 발전이 있다는 역사적 변증법이 협상에도 잘 적용됨을 알 수 있다.[2]

1.2 협상에 관한 이론 >>>

1. 게임이론적 협상이론

1) 협조적 게임에 기초한 협상이론

협상을 두 명 이상의 사람들간의 게임으로 보고 게임이론에 의해 협상을 설명하고자 하는 시도가 많이 이루어져 왔다. 게임이란 두 명 이상의 사람(경기자)들이 상호 연관관계를 통해 자신의 이익을 추구하고 있으나 어느 누구도 그 결과를 마음대로 좌지우지할 수 없는 경쟁적 상황을

---

1) 이승영(1992), p. 5 참조.
2) 정은성·김정유·박찬욱(1996), pp. 15-17 참조.

의미한다고 할 수 있다.3) 이 가운데 협조적 게임이란 경기자들이 기본적
으로 자신의 이익에 관심을 가지면서도 상호간의 의사교환을 통해 공동
으로 추구해야 할 것에 관해 합의를 도출하는 과정을 의미한다. 즉, 협조
적 게임이란 협상에 있어서 상호 이익을 극대화하는 데 있어서 경기자들
이 협조적인 태도를 나타내며, 따라서 많은 대안 가운데 효율적인 대안만
을 놓고 그 가운데 합의를 도출하는 과정을 나타낸다고도 할 수 있다. 라
이파(Raiffa)는 이와 같은 협조적 경기자를 "이해의 차이점을 인식하고 기
본적으로는 자기자신의 이익에 관심을 가지면서 타협을 도출하려고 하는
경기자를 의미하며, 상대방에 대해 전적으로 신뢰하지도 않고 전적으로
불신하지도 않는 경기자, 상호간의 합의를 존중하는 경기자를 의미한다"
고 정의하였다.4)

협조적 게임에 의한 협상이론은 내쉬(Nash)의 공리주의적 접근방법
으로 대표된다.5) 내쉬는 협상문제를 경기자의 선호를 나타내는 효용함수
들과 협상이 결렬될 경우를 나타내는 결렬점(disagreement point)들로 나타
내어진다고 주장하고, 파레토최적(Pareto optimality)과 대칭성(symmetry)
등의 공리를 만족시키는 협상의 해(解)를 제시하였다.6) 이와 같은 내쉬의
이론은 과거 에즈워드(Edgeworth)상자도 모형으로 대표되는 일반균형이론
(또는 협상이론)이 파레토최적인 결과를 제시할 뿐 이 가운데 어떤 결과가
실제로 선택되는지를 설명하지 못하는 단점을 극복한 이론으로 평가되고
있다.

---

3) 이준구(1994), p. 425 참조.
4) H. Raiffa(1982), p. 18 참조.
5) 내쉬는 이와 같이 협조적 게임이론에서 중요한 위치를 차지하지만, 비협조적 게임이론
   에 있어서도 그가 제안한 내쉬균형의 개념은 매우 중요한 위치를 차지하고 있다. 2명의
   경기자간의 게임에 있어서 내쉬균형(Nash equilibrium)이란 모든 경기자에 있어서 상
   대방의 전략이 주어졌다는 가정하에 자신의 전략이 최선인 그런 상태(전략)를 의미하
   며, 비협조적 게임의 기본 개념 가운데 하나가 되고 있다.
6) J. Nash(1953) 참조.

에즈워드상자도 모형

에즈워드(Edgeworth)상자도 모형은 두 사람(A, B)과 두 재화(X, Y)가 있는 단순한 순수교환경제에 관한 모형이다. 예를 들어 A는 X재 10단위와 Y재 5단위를 갖고 있고, B는 X재 6단위와 Y재 7단위를 갖고 있다고 하여 보자. 이와 같은 상황을 에즈워드상자 안에 나타내면 점 E로 나타내어진다.

| 그림 V-1-1 | 에즈워드상자도

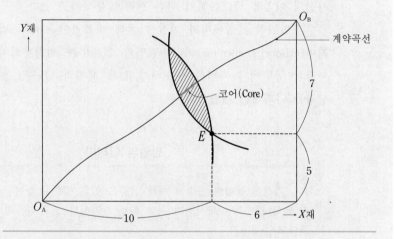

이 상황에서 두 사람은 교환의 필요성을 느끼게 된다. 그것은 점 E로부터 재화의 교환을 통해 빗금친 영역 안으로 움직일 경우 보다 높은 무차별곡선에 도달함으로써 두 사람의 만족이 모두 증가하기 때문이다. 이것을 파레토개선(Pareto improvement)이라고 하며, 더 이상의 파레토개선이 이루어지지 않는 상태를 파레토최적인 상태(다른 사람의 만족을 희생하지 않고는 어느 누구의 만족도 증가할 수 없는 상태)라고 한다. 파레토최적인 점들을 이온 것을 미시경제학에서는 계약곡선(contract curve)이라고 하며, 계약곡선 가운데 빗금친 영역 안에 있는 부분을 코어(core)라고 한다. 에즈워드상자 모형은 따라서 순수교환경제에서 파레토최적이면서 두 사람에게 모두 이익이 되는 교환들을 나타내주기는 하지만, 그 가운데 어떠한 점이 선택되는가를 설명하지 못하는 단점을 갖고 있다.

2) 비협조적 게임에 기초한 협상이론

협상의 결과가 항상 파레토효율적인 것은 아니며, 복잡한 협상의 경우에서는 심지어 어떤 것이 파레토효율적인 결과인지도 모르는 경우도 있다. 게임에서 경기자들이 상호의 이익을 극대화하기 위해 협조적인 자세를 취한다는 가정도 현실과는 동떨어져 있다. 비협조적 게임이론에 바탕을 둔 협상이론은 이와 같은 인식하에 모든 경기자들은 오로지 자기자신의 이익에만 관심을 갖는 이기적인 경기자라고 가정하고, 경기자들이 자신의 이익을 극대화하기 위한 전략을 분석하고 있다.

비협조적 게임에서의 협상 가운데 대표적인 사례가 범인(犯人)의 딜레마(prisoner's dilemma)이다. 범인의 딜레마는 범행용의자로 체포된 두 사람의 공범에게 자백을 유도하기 위해 채찍과 당근을 동시에 제공하는 상황을 나타내는 게임이다.

범인의 딜레마

검찰이 붙잡힌 공범에 대해 심증은 있되 물증이 없는 경우, 두 공범이 담합하는 것을 방지하기 위해 서로 격리시켜 놓고 다음과 같은 제안을 했다고 가정하자.

"만약 두 사람이 모두 범행을 자백하면 두 사람 모두에게 징역 5년을 구형하겠소. 만약 한 사람이 범행을 자백하고 다른 사람은 자백하지 않은 경우, 범행을 자백한 사람에게는 관용을 베풀어 풀어 주되 자백하지 않은 사람에게는 법정 최고형인 징역 10년을 구형하겠소. 만약 두 사람이 모두 자백하지 않으면, 우리(검찰)로서는 당신들의 유죄를 증명하기는 어렵겠지만 법원의 최종판결이 있을 때(1년)까지 두 사람 모두를 구치소에 수감하겠소."

이와 같은 제안이 주어질 경우, 두 범인은 고민에 빠지게 된다. 이 게임을 분석하기 위해 두 범인의 가능한 선택과 그에 따르는 처벌을 수량화한 보수(報酬; payoffs)로 나타내면 〈표 V-1-1〉과 같다. 처벌의 크기가 클수록 만족 또는 효용이 감소해야 하므로 보수는 마이너스로 표시한다.

〈표 V-1-1〉을 자세히 살펴보면, 범인들은 서로 협력하여 자백하지 않을 경우 무죄판결을 받고 1년 내에 풀려남으로써 자신들의 이익을 극대

| 표 V-1-1 | 범인의 보수행렬

범인 2

범인 1		자 백	부 인
	자 백	(−5, −5)	(0, −10)
	부 인	(−10, 0)	(−1, −1)

화할 수 있다. 그러나 불행하게도 범인의 딜레마에서 자신의 이익만을 생각하는 범인들은 두 사람 모두 자백을 선택하게 되는 딜레마에 빠지게 된다. 그것은 두 경기자 모두 상대방의 선택이 무엇이건간에 그 주어진 선택하에서 자백하는 선택을(다른 범인에 협조하지 않는 것) 택하였을 때 더 큰 보수를 받을 수 있기 때문이다. 예를 들면, 범인 1이 범인 2가 자백할 것이라고 믿을 경우, 자신도 자백하면 −5의 보수(5년 징역)를 받고 자신은 자백하지 않으면 −10의 보수(10년형)를 받는다. 따라서 이 경우 범인 1은 자백을 선택할 것이다. 반대로 범인 1이 범인 2가 자백하지 않을 것이라고 믿을 경우, 자신도 자백하지 않으면 −1의 보수(1년 수감)를 받고 자신은 자백하면 0의 보수(사면)를 받는다. 따라서 이 경우에도 범인 1은 자백을 선택할 것이다. 결국, 범인 1은 범인 2가 어떤 선택을 할 것이라고 믿건 간에 자백하는 편이 낫게 되며, 따라서 범인들은 자백을 선택할 수밖에 없는 딜레마에 빠지게 되는데, 이것이 범인의 딜레마이다.

이와 같은 결과는 파레토비효율적인(즉, 경기자 모두에게 바람직하지 않은) 결과를 가져온다는 점에서 파레토효율적인 결과를 가져오는 협조적 게임에 있어서의 결과와는 다르다. 이는 경기자들간에 협조가 가능하였다면, 자백하는 일은 일어나지 않았을 것임을 의미한다.

이 밖에도 주어진 크기의 파이를 나누는 협상을 비협조적 게임으로 보고 여기에 있어서의 균형을 도출하고자 하는 시도 등도 이루어졌다. 협상에 응용되는 또 하나의 대표적인 게임으로는 겁쟁이 게임(game of chicken)이 있는데, 겁쟁이 게임은 협상에서 누가 양보하느냐를 설명해 주는 좋은 예라고 할 수 있다.

겁쟁이 게임과 유사한 게임으로 협상타결이 지연됨에 따라 협상당사자가 비용을 지불하는 상황을 생각해 볼 수 있다. 예를 들면, 두 아이가 아이스크림을 나누어 먹는 경우 합의가 안 되는 상태가 지속되면 아이스

> ### 겁쟁이 게임
>
>   'Footloose'라는 영화 가운데는 두 학생이 학교에서의 주도권을 놓고 위험한 대결을 벌이는 장면이 나온다. 대결은 둑방길 양쪽에서 서로를 향해 트랙터를 빠르게 모는 것으로, 나중까지 핸들을 돌리지 않고 버티는 사람이 이기는 방식으로 되어 있다. 여기서 주인공은 겁이 많았음에도 불구하고 가속기에서 발이 빠지지 않아 끝까지 버틸 수밖에 없었으며, 따라서 결과는 주인공이 승리하는 것으로 끝이 났다.

크림은 녹아버릴 수 있기 때문이다. 국제통상과 관련된 예로는 투자협정 체결이 지연되면 그 동안 양국이 모두 손해를 보는 것이다. 이와 같은 경우에는 협상의 타결뿐만 아니라 조속한 타결 또한 매우 중요한 변수가 되는 것이다.

    비협조적 게임에 기초한 협상이론은 협조적 게임보다는 게임을 현실적으로 설명해 준다는 장점을 갖고 있다. 그러나 분석의 방법이 어려울 뿐만 아니라 균형이 다수 존재하는 경우 협상의 결과를 예측하기가 어렵다는 점에서 문제점을 안고 있는 것이 사실이다. 또한 게임이론에 따르면 협상타결에 따른 지연비용이 존재하는 경우 협상은 조속히 타결되는 것으로 나타나지만, 현실적으로는 합의가 지연되어 그 비용을 지불하게 되는 일을 자주 목격하게 되는 것이다. 따라서 실제 국제협상에서는 다음에 설명하는 협상기술에 관한 내용들이 더 많이 이용되고 있다.

2. 협상기술에 관한 이론

    협상의 이론 가운데는 이 밖에도 협상의 구조와 요인을 분석하고 협상에 있어서 필요한 지식과 기술에 대해서 설명하고자 하는 이론들이 있다. 이론의 정치함에 있어서 게임이론보다 뒤떨어지는 것이 사실이지만, 협상기술에 관한 이론은 실제 협상에서 많이 응용되고 있다.

    협상의 구조, 절차 및 요인을 분석하고 협상기술에 대해 설명하고 있는 이론은 내용이 다양하기 때문에 모든 이론을 여기서 설명하기는 어렵다. 따라서 여기서는 그 가운데 협상의 유형, 협상의 요소, 협상의 단계, 협상에 있어서의 공정성 등에 대한 내용을 간략하게 정리하고자 한다.

1) 협상의 유형

협상은 그 이익의 특성에 따라 분배적 협상(distributive negotiation)과 통합적 협상(integrative negotiation)으로 나누어진다. 분배적 협상이란 주어진 크기의 빵을 나누는 때와 같이 한 쪽이 이익을 보면 다른 쪽은 손해를 보는 협상을 의미하며, 제로-섬(zero-sum) 또는 윈-루즈(win-lose)협상이라고도 불린다. 이런 협상에 있어서는 자신이 절대 양보하지 않을 것임을 상대방에게 설득시킴으로써 협상에서 좋은 결과를 가져올 수 있다는 점에서 상대방의 양보를 무조건 기다리는 양상을 보이는 경우가 많으며, 자신이 고집 세고 강한 협상당사자라는 평판(reputation)을 남기기 위한 노력도 예상된다. 따라서 분배적 협상에서 협상이 우호적으로 진행되기란 쉽지 않으며, 협상의 결과에 대한 불만이 존재할 수 있다.

반면, 통합적 협상은 거래를 하는 때와 같이 협상의 결과에 따라서 양쪽이 모두 이익을 볼 수 있는 협상을 의미하며, 포지티브-섬(positive-sum) 또는 윈-윈(win-win)협상이라고도 불린다. 통합적 협상시에는 협상을 전투나 승부로 생각하여 이기겠다는 자세는 바람직하지 않으며, 협상을 흥정으로 보아 양쪽 의견에 대한 타협안을 도출하는 것으로만 보아서도 곤란하다. 그것은 통합적 협상의 경우에는 자신의 몫을 크게 하는 일(claiming)도 중요하지만, 협조적인 관계를 통해 협상당사자 모두의 이익을 증대시키는 일(creating)도 필요하기 때문이다. 때로는 분배적 협상인 것과 같은 협상도 실제로는 통합적 협상인 경우도 많이 있다. 예를 들면, 앞에서 설명한 아이스크림 분배협상이 언뜻 보기에는 분배적인 것으로 보이지만, 협상과정에서 아이스크림이 녹는다는 깃을 감안하년 통합적일 수 있는 것이다. 따라서 협상당사자들은 자신의 몫을 크게 하는 것과 빨리 협상을 마무리지어야 하는 두 가지 목표 가운데서 적절한 조화를 강요받게 되는 것이다. 분배적인 협상을 통합적 협상으로 바꾸는 방법도 생각해 볼 수 있다. 연봉협상시에는 연봉의 높고 낮음만을 협상하는 경우 분배적 협상이 되어 공격적인 행동들을 나타내기 쉽지만, 연봉계약기간, 성과급의 부여여부 및 방법, 스톡옵션 여부, 근로조건 등에 관한 다양한 내용들을 포함하여 협상하는 경우에는 이와 같은 다양한 조건들을 잘 결합함으로써 사용자와 근로자 모두가 이득을 볼 수 있는 방법이 존재할 수 있게 되기 때문이다. 따라서 통합적 협상에 있어서는 협상당사자간에 무조건적인 협조는 아니더라도 어느 정도의 협조는 기대할 수 있게 되는 것이다.

이 밖에도 협상은 협상의제의 범위에 따라 개별적(independent) 협상과 포괄적(comprehensive) 협상으로 나누어진다. 개별적 협상은 하나의 협상의제를 놓고 협의를 해 나가는 것을 의미하며, 포괄적 협상은 여러 개의 협상의제를 동시에 다루어 나가는 것을 의미한다. 협상의 의제가 많아질수록 협상은 통합적이 될 가능성이 많다. 따라서 협상을 성공적으로 이끌기 위해서 협상의제를 다양하게 하는 것도 고려해 볼 수 있는 것이다.

2) 협상의 요소

협상에 있어서 협상당사자들이 고려해야 할 요소에는 여러 가지가 있을 수 있다.7) 이를 하나씩 살펴보면 다음과 같다.

가. 협상 실패시의 대안(best alternative to negotiated agreement: BATNA)

협상이 실패했을 때의 대안은 협상 참여자의 협상력에 커다란 영향을 미치며, 따라서 협상의 결과에 커다란 영향을 준다. 협상이 타결되기 위해서 타결시의 결과가 실패시의 결과보다 나아야 한다는 조건이 따르게 되며, 상대방의 제안을 받아들일 것인지 말 것인지를 판단함에 있어서 협상실패시의 대안은 하나의 기준이 될 수 있다.

협상참여자는 협상을 성공적으로 이끌기 위해 상대방으로 하여금 협상이 결렬될 경우 바람직하지 않은 결과가 나타난다는 사실을 일깨우고 설득하는 방법을 이용할 수 있다. 협상타결이 늦어질 때 입는 피해도 이에 포함되며, 때로는 상대방의 BATNA를 낮추기 위한 방법도 강구할 수 있다. 예를 들어 고속도로에서 사고가 날 경우, 렉카차 주인들은 먼저 도

---

7) R. Fisher, W. Ury, and B. Patton(1991) 참조.

착하는 렉카차가 사고차량을 견인한다는 원칙을 세워놓고 늦게 도착한 렉카차들은 사고차량을 견인할 수 없도록 하고 있다. 그와 같은 원칙은 불합리한(혹은 불법적인) 것이기는 하지만, 견인비용을 매우 비싸게 불러도 다른 대안이 없기 때문에 사고차량 주인은 울며 겨자먹기식으로 비싼 견인 비용을 지불하고 견인할 수밖에 없게 되고, 렉카차 주인들은 따라서 폭리를 취할 수 있게 되는 것이다.

반대로 협상을 성공적으로 이끌기 위해 자신의 BATNA가 좋다는 사실을 상대방으로 하여금 믿게끔 하는 것이 바람직하다. 때로는 자신의 BATNA를 높이기 위한 방안들도 강구할 수 있다. 예를 들면, 구매자가 물건가격을 흥정할 때, 옆 가게의 가격을 먼저 파악하고 이 가게에서 더 싸게 팔지 않으면 다른 가게로 가겠다고 하는 협박방법은 많은 경우 큰 효과를 거둘 수 있는 것이다.

나. 이해관계 또는 관심사항(interests)

협상에서 좋은 결과를 가져오기 위해서는 협상을 시작하기 전에 자기자신은 물론 상대방의 이해관계를 정확히 파악하는 일이 무엇보다도 중요하다. 이해관계를 파악함에 있어서는 공통의 이해관계와 상반되는 이해관계를 분리하여 분석하는 방법도 효과적이다. 특히 이해관계 중에서 자기자신과 상대방이 협상에서 얻고자 하는 진정한 관심사항을 파악하는 일은 그 가운데서도 가장 중요하며, 이는 협상에 있어서의 우선순위를 정하는 것과도 밀접하게 관련되어 있다. 상대방이 갖고 있는 미래에 대한 비전과 자신의 계획을 정리하는 것도 이에 포함될 수 있다.

많은 협상에서 협상 참여자들은 자신의 진정한 관심사항에 주의를 기울이기보다는 자신의 입장(position)에 집착함으로써 협상을 교착상태에 빠뜨리거나 협상을 실패로 이끄는 실수를 하게 되는데, 이와 같은 문제점을 보완하기 위해 중재자를 개입시키기도 한다. 협상에서 관심사항이 얼마나 중요한가는 아래에서 있는 이스라엘과 이집트간의 협상사례에서도 잘 드러나 있다.

협상에서 때로는 자신에게 중요하지도 않은 사항을 중요하다고 주장하는 경우를 발견하게 된다. 이는 나중에 자신이 마치 중요한 사항을 양보하는 것과 같은 인상을 줌으로써 상대방으로부터 다른 양보를 받아내

사례: 캠프 데이비드 협상(1978)

    캠프 데이비드(Camp David) 협상은 이스라엘과 이집트 두 국가간의 평화협상이었다. 이 협상에서 두 국가는 평화협정을 원하였으나 6일전쟁의 결과 이스라엘이 점령하고 있던 시나이반도의 반환문제가 걸림돌이 되어서 협상은 실패로 돌아가는 듯이 보였다. 이스라엘은 시나이반도의 반환을 받아들일 수 없었으며, 이집트 역시 시나이반도 전체의 반환 없는 평화협상을 결코 받아들일 수 없었기 때문이다. 그러나 이 협상에 중재로 나선 미국의 카터(Carter) 전 대통령은 두 국가가 협상에서 진정으로 얻으려고 하는 것이 무엇인가를 먼저 파악하였다. 사실 이스라엘의 관심사는 국가안보이지 시나이반도의 소유는 아니었다. 이스라엘은 시나이반도에 이집트군이 주둔할 경우, 국가안보에 위협을 느꼈기 때문에 시나이반도의 반환에 반대하였던 것이다. 반면, 이집트는 군사적인 목적으로 시나이반도를 원한 것이 아니라 주권의 회복, 즉, 시나이반도에 이집트의 국기가 펄럭이는 데에 관심이 있었던 것이다. 협상에 있어서 두 국가의 진정한 관심사를 파악한 미국은 중재안을 제시하였으며, 이스라엘과 이집트는 이를 받아들였다. 그 중재안은 시나이반도를 이집트에 넘기는 대신 시나이반도 내에 일체의 군사력을 배치하지 않는다는 것이었다.

기 위한 것이다. 그러나 통합적 협상에 있어서 이와 같은 오도된 정보가 교환될 경우, 잘못하면 모두에게 이익이 되는 대안을 찾는 데 장애요인이 되기도 한다.

    이해관계를 제대로 파악하기 위해서는 철저한 사전준비가 필요하다. 한·일 어업협상(1999)이 실패로 나타난 것은 협상에 대한 준비가 철저하지 못했기 때문이다. 특히 어민들의 이해관계를 잘못 이해함으로써 협상은 실패할 수밖에 없었으며, 잘못된 통계, 부정확한 통계는 이를 부추기는 요인이 되었던 것이다. 사전준비가 철저하지 못해 때로는 협상중에 본국에 전화를 걸어(본국은 한밤중임) 자료를 부탁하는 경우도 있는데, 이는 바람직한 행태라고 할 수 없다. 또한 협상과정에 있어서도 이해관계를 파악하는 지속적인 노력이 필요한데, 이는 협상과정에서도 많은 정보를 얻고 이를 통해 많은 것을 배울 수 있기 때문이다.

다. 선택대안(options)

협상에서 선택할 수 있는 많은 대안을 개발하는 것도 중요하다. 앞에서 설명하였듯이 연봉협상과 같이 제로-섬(zero-sum)게임으로 여겨지는 협상도 연봉계약기간, 성과급의 부여여부 및 방법, 스톡옵션 여부, 근로조건 등에 관한 다양한 선택대안들을 포함하여 협상함으로써 사용자와 근로자 모두가 이득을 보는 포지티브-섬(positive-sum)게임으로 만들 수 있다.

예를 들면, 야구선수가 자신은 5,000만 원 이상의 연봉을 받겠다고 주장하고 구단주는 4,000만 원까지밖에 줄 수 없다고 주장하여 협상이 지지 부진할 때에 연봉은 4,000만 원으로 하는 대신 타율이 3할 이상 되는 경우 보너스를 1,500만 원 지급하는 대안을 내놓은 경우에 양쪽이 모두 이익을 볼 수 있는 것이다. 협상이 포지티브섬 협상화되면 협상 분위기가 좋아지는 것은 물론 협상의 교착상태에서 보다 쉽게 벗어날 수 있게 된다. 이해관계의 분석과 마찬가지로 다양한 선택대안의 마련 역시 협상에 대한 철저한 준비에서 비롯된다고 할 수 있으며, 협상 참여자의 창의력이 요구되는 것도 바로 이 때문이다.

국제통상협상에서는 다양한 의제를 개발함으로써 그와 같은 목적을 달성할 수 있다. 관세인하만을 다루는 협상에 있어서는 협상은 제로섬 협상이 되기 쉽다. 따라서 관세인하와 보조금, 시장개방 등을 연계시켜 논의하는 포괄적 접근방법이 이용되고 있다. 우리나라는 전통적으로 미국 등 선진국의 시장개방 압력에 대해 수세적·방어적인 자세로 일관해 왔는데, 이것은 우리가 해당 선진국에 대해 요구할 수 있는 의제를 개발하는 노력이 부족했다는 것을 의미할 수도 있는 것이다.

라. 커뮤니케이션(communication)

커뮤니케이션도 협상에서 매우 중요한 요소가 된다. 의사소통이 원활하게 되지 않는 경우에는 본인의 의도를 정확하게 전달할 수도 없을 뿐만 아니라, 잘못하면 서로 다른 해석을 함으로써 나중에 갈등요인으로 작용할 수 있는 것이다.

커뮤니케이션이 잘못되는 경우를 커뮤니케이션 갭(communication gap), 컨셉트 갭(concept gap), 컨텍스트 갭(context gap)으로 나누어 설명

하기도 한다.[8]

커뮤니케이션 갭이란 의사소통을 하는 과정에서 의사가 정확하게 전 달되지 않는 것을 의미하며, 이는 소문이 몇 사람 입을 거치면 크게 왜곡 되는 데서도 잘 나타난다. 특히 언어의 차이가 있는 국제협상에서는 커뮤 니케이션 갭이 협상의 걸림돌이 되는 경우가 자주 나타나게 된다.

컨셉트 갭은 사물이나 사실에 대해 갖고 있는 개념이 사람에 따라 다른 것을 의미한다. 예를 들어 우리나라 사람에게 있어서 백합은 순결을 의미하고 보름달은 풍요로움을 나타내지만, 미국인에게는 백합은 장례식 을 연상시키고 보름달은 귀신이나 을씨년스러운 인상을 주는 것이다. 국 제협상에 있어서는 문화 및 가치의 차이로 인하여 컨셉트 갭이 크게 부각 되기도 한다. 협상 참여자들은 많은 고정관념과 선입관을 가지고 의사소 통을 하는데, 그와 같은 요인들이 협상의 방해요인이 되기도 하는 것이다. 컨셉트 갭을 잘 설명하는 사례로서 개와 고양이를 들 수 있다. 개는 반가 움의 표시로 꼬리를 흔들지만 고양이는 꼬리를 흔드는 것을 보고 자신을 공격하는 것으로 오해하기 때문에 개와 고양이가 서로 싸우게 된다는 것 이다.

마지막으로 컨텍스트 갭은 책을 읽을 때 문맥을 제대로 해석하지 못 하듯이 의사소통에 있어서 갭이 발생하는 것을 의미한다. 커뮤니케이션이 잘못되는 경우에 커다란 낭패를 보는 경우가 많은데, 다음의 사례는 이를 잘 나타내 주고 있다.

사례: 부정확한 커뮤니케이션의 비극

한밤중에 한 남자가 급하게 동네병원에 달려와 병원 문을 두드리며, 눈을 비비며 나오는 의사에게 말하였다. "내 wife가 배가 아파서 땅바닥에 서 뒹구르고 있는데, 아무리 봐도 맹장염 같으니 빨리 집으로 가 진찰을 좀 해주세요." 그러자 의사는 태연히 "맹장염일 리 없소. 왜냐하면 얼마 전에 내가 당신 wife맹장을 떼어내었기 때문이오. 진통제를 먹이고 내일 아침에 병원으로 데리고 오시오"라고 말했다. 그 사람은 발을 동동 구르면

---

8) 이승영 · 최용록(1998), p. 122 참조.

서 계속 하소연하였으나, 결국 의사는 그 사람 집으로 가지 않았다. 다음
날 아침이 되기 전 그 사람의 wife는 정말 맹장염으로 죽고 말았는데, 어
떻게 이런 일이 일어날 수 있을까? 그것은 맹장을 떼어낸 사람은 그 남자
의 전처였고 밤새 죽은 사람은 후처였던 것이다.

따라서 정확한 커뮤니케이션은 성공적인 협상의 전제조건이 되는데,
협상전문가들은 정확한 커뮤니케이션을 위해 다음과 같은 조언들을 하고
있다. 첫째로 상대방이 이야기하는 것을 주의 깊게 경청하고 때로는 상대
방의 이야기를 "말씀하신 것이 이런 뜻입니까?"와 같이 되묻는 방법으로
의사소통을 정확히 할 필요가 있다. 둘째로 'No'라고 말하기보다는 'Yes
but'으로 말하는 것이 좋다. 이는 'Yes but'과 같이 이야기하는 경우 대
화를 부드럽게 할 수 있음은 물론 이는 상대방의 의견을 이해하였다는 좋
은 표시이기 때문이다. 셋째로 '조금만', '많이'와 같이 부정확한 용어의
사용은 줄이는 것이 좋다는 것이다. 시골 아주머니에게 "면사무소가 어디
에 있습니까?"라고 물을 때 대개의 경우 이리로 조금만 가면 된다는 대
답을 듣기가 쉽다. 그러나 때로는 조금만이 몇 km가 되는 경우를 발견하
게 되는데, 이는 부정확한 표현에 기인하는 것이다. 넷째로 정확한 커뮤
니케이션을 위해 회의록을 작성하는 것도 좋은 방법 가운데 하나라고 할
수 있는데, 이와 같은 회의록은 협상의 결과를 분석함에 있어서 좋은 참
고자료가 된다. 마지막으로 한번 내뱉은 말은 다시 주워 담을 수가 없다.
따라서 협상에 임했을 경우에는 자신의 의견을 말하기 전에 다시 한번 생
각하는 습관이 필요하며, 개인적인 견해는 되도록 피력하지 않는 것이 바
람직하다.

마. 인간관계(relationship)

좋은 인간관계의 확립 또한 중요하다. 협상상대방을 적대시해서는 곤
란하며, 추후 협상을 위해서라도 협상을 전후하여 개인적인 친분관계와
신뢰관계를 쌓는 것이 필요하다. 국제협상에 갔다 온 공무원들 가운데 가
끔 국제협상에서 상대방을 혼내 주었다고 무용담을 늘어놓으며 자랑하는
사람들을 만나게 된다. 국제협상에 임하면서 협상장에서는 소리 높여 자
기 주장만을 계속하다가, 협상이 끝나면 상대방과는 악수도 하지 않은 채

자기들끼리 스트레스를 풀러 나가는 사람들도 가끔 만나게 된다. 이런 사람들은 협상의 본질을 제대로 이해하지 못하고 있는 것이다.

국제협상에서 협상은 싸움터가 아니라 갈등을 해소하고 공동으로 문제를 해결하기 위한 장(場)인 것이다. 협상장소에서는 자신의 위치에 따라 입장을 굽히지 않을 수도 있지만, 협상장소를 벗어나서는 개인적인 친분관계를 쌓기 위한 노력이 필요하다. 합리적인 것으로 보이는 선진국 사람들에게 있어서도 좋은 인간관계의 확립은 성공적인 협상을 위해 중요한 요인이 되는 것이다. 서남아시아를 담당하고 있는 한 외교통상부 공무원은 이들 국가 사람들과의 좋은 인간관계를 위해서 그들 국가의 언어를 완벽하게 구사하는 것은 물론 심지어 회교사원에까지 나가고 있다고 하는데, 국제협상에 있어서는 특히 이와 같은 노력이 필요한 것이다.

바. 정당성(legitimacy)

협상에서 상대방을 설득하기 위해서는 정당한 이유와 논리적 근거가 있어야 한다. 자신이 제시한 협상안에 대한 정당성을 확보하기 위해서는 설득력이 있는 근거를 제시하는 것이 필요한데, 국제통상협상의 경우에 있어서는 보편적인 가치는 물론 국제적인 규범과 관행, 국내적인 법규와 관행, 과거 협상의 전례나 외국의 사례, 대내외적인 정치·경제 상황 등이 좋은 참고자료가 될 수 있다. 특히 선진국측 협상 참여자들은 명분을 중시하는 경향을 나타내고 있어 명분을 찾기 위한 노력이 필요한 것으로 나타나고 있다.

협상이 타결되었을 때 상대방이 얻는 이득이 상대적으로 크다거나 자신이 얻는 이득이 상대적으로 작다는 것을 강조함으로써 상대방을 설득하는 것도 정당성의 근거가 되며, 따라서 협상타결을 위한 좋은 방법이 될 수 있다. 정당성을 확보하여야만 협상결과에 대해 일방이 당했다거나 속았다는 느낌을 받지 않게 되기 때문이다.

사. 약속(commitment)

자신과 상대방이 얼마만큼의 권위와 권한을 가지고 있는지도 협상에서 중요한 요소가 될 수 있다. 협상 상대방의 제안이나 약속이 자신의 권한을 벗어나는 것이라면 아무런 의미가 없기 때문이다. 효율적인 협상을 위해서는 협상을 위한 지원조직이 제대로 구성되고, 협상을 위한 법적·

제도적 장치가 마련되었는지를 확인하는 일 또한 중요하다. 협상을 위한 지원조직과 법적・제도적 장치가 마련되어야 책임 있는 협상이 가능하기 때문이다.

또한 협상시에는 협상 상대방의 약속이 얼마나 신빙성이 있는지, 합의가 도출되면 바로 계약서, 협정 또는 합의문을 작성할 수 있는지, 그리고 합의된 내용이 얼마나 최종적이고 구속력을 갖게 되는지 등을 파악하는 일도 매우 중요하다. 그와 같은 확인이 제대로 안 되는 경우 협상에서 합의를 도출하고 나서 상급자의 반대 등을 이유로 다시 협상을 하자고 하는 경우도 발생할 수 있다. 예를 들어 구매 협상에서 가격 등에 대해 협상을 벌여 상대방과 합의를 도출한 다음, 상사(또는 배우자)의 반대를 이유로 다시 협상을 하자고 하는 경우가 흔히 있기 때문이다. 이는 기존의 합의내용보다 더 좋은 협상결과를 얻어 내고자 하는 목적에서 이용되는 기만술인 것이다.

아. 정보(information)

협상에서 정보의 중요성은 아무리 강조하여도 지나치지 않을 것이다. 협상 자체에 대한 정보는 물론 협상기술 자체도 넓은 의미에서는 정보에 포함될 수 있기 때문이다.9) 많은 협상이 정보의 부재와 부족으로 인해 실패하였으며, 이는 다음 장에 있는 국제협상의 사례연구에서도 잘 나타나고 있다. 한일 어업협정 개정협상에서 어민들의 이해관계를 제대로 파악하지 못한 것이나 한-칠레 FTA협상에서 EU-칠레간 FTA 협상 동향을 제대로 파악하지 못한 것이 그 예라고 할 수 있다.

또한 협상시에는 자신이 갖고 있는 정보를 협상 상대방 또는 제3자에게 제공할 것인지에 대한 신중한 검토가 필요하다. 자신의 정보를 협상 상대방에게 전혀 제공하지 않는 경우 협상을 win-win 게임으로 이끌기 어려운 반면, 자신의 정보를 모두 제공하는 경우 자신의 몫을 세내로 찾기 어렵기 때문이다. 또한 여러 구매자가 경합하는 거래협상과 같이 협상

---

9) 정보에는 앞에서 설명한 협상실패시의 대안, 이해관계, 정당성 등 협상요소에 대한 정보가 포함될 수 있으며, 이러한 점에서 정보는 다른 협상의 요소와는 다른 차원의 개념이라고도 할 수 있다. 그럼에도 불구하고 여기서 정보를 별개의 협상요소로 구분하고 있는 것은 그만큼 정보가 중요하기 때문이다.

에 있어서 경쟁자가 존재하는 경우, 협상 당사자들은 자신이 갖고 있는 사적인(private) 정보의 공개에 따른 득실을 철저히 연구할 필요가 있다. 예를 들어 어떤 한 구매자만이 구매하고자 하는 상품(예를 들면 토지)의 가치를 정확히 알고 있을 때, 그 구매자는 자신이 상품의 가치를 정확히 알고 있음을 경쟁자들에게 알림으로써 경쟁자들로 하여금 협상에서의 불리함을 인식시킬 수 있다. 이를 통해 경쟁자들을 거래협상에서 사실상 배제시키는 경우 판매자와의 거래협상에서 유리한 입지를 차지할 수 있게 되는 것이다.

자. 시간(time)

협상에 있어서 시간도 매우 중요한 요소가 될 수 있다. 앞에서 설명한 아이스크림 협상에서 협상타결이 지연되면 아이스크림은 녹게 되므로 이러한 협상은 일반적인 협상과 다르게 마련이다. 조속한 협상의 타결을 위해 양측이 협상의 종료시한을 정하는 것도 바로 이 때문이다.

한편, 협상을 빠른 시일 내에 타결시켜야만 하거나 협상타결이 지연됨으로써 손해를 많이 보는 측은 협상에서 많은 양보를 하게 되어 있다. 협상 결렬시의 결과(BATNA)가 그만큼 나쁘기 때문이다. 따라서 협상에서의 조급증은 금기사항이며, 자신만이 협상의 타결시한을 설정하고 이를 공개하는 것도 바람직하지 않다. 한-칠레 FTA협상에서와 같이 협상타결을 섣불리 예고하는 행동도 자신의 입지를 좁히고 협상결렬의 부담을 떠안는다는 점에서 피하는 것이 좋다. 협상시에는 속으로 아무리 조급하다 하더라도 겉으로는 여유 있는 자세를 나타내는 기술이 필요한 것이다.

이 밖에도 불확실성(또는 위험)에 대한 분석과 불확실성에 대한 협상 참여자들의 태도는 협상에 있어서의 중요한 요소가 된다. 보험회사와 보험 가입자와 같이 위험에 대한 협상 참여자들의 태도에 따라 서로에게 이익이 되는 대안을 찾을 수도 있기 때문이다. 또한 협상을 분석함에 있어서 SWOT분석이 이용되기도 한다.[10] SWOT분석은 협상에 있어서 자신의 강점(strength factor)과 약점(weakness factor)을 분석하는 내부역량분석(ST

---

10) 이승영·최용록(1998), pp. 110-112 참조.

analysis)과 협상의 기회요인(opportunity variable)과 장애요인(threat variable)을 분석하는 환경분석(OT analysis)을 결합하는 방법이다. 이를 통해 협상의 환경적 요소와 자신의 내부역량을 결합시켜, 기회요인을 활용하여 자신의 강점을 더욱 살리고 약점을 보완하는 등의 전략을 취할 수 있게 되는 것이다.

3) 협상의 단계

협상은 그 단계에 따라 촉매 단계(catalyst stage), 협상 전 단계(prenegotiation stage), 협상 후 단계(postnegotiation stage), 재협상 단계(renegotiation stage)로 나누어질 수 있다.

촉매단계는 상호간 접촉을 통하여 협상당사자간에 상호이해의 폭을 넓히고 협상의 필요성 및 협상가능한 의제에 대한 폭넓은 의견을 교환하는 단계라고 할 수 있다. 이 단계에는 협상 상대방의 선호 등에 관한 정보를 수집하고 협상과 관련된 사항에 대한 자신의 의견을 상대방에게 알리게 된다. 촉매단계에서 특히 중요한 것은 협상당사자간에 협조적인 관계를 구축하는 것이라고 할 수 있다. 이는 좋은 인간관계가 협상을 성공적으로 이끌기 위한 한 방안이 되며, 좋은 관계는 하루아침에 이루어질 수 없기 때문이다.

둘째로 협상 전 단계는 협상을 벌이기 전에 협상의 개시여부, 협상의 의제, 참가자, 방법, 장소, 기간 등을 구체적으로 정하는 단계를 의미한다. 협상이 일반적인 게임과 다른 점이 있다면, 그것은 게임의 룰이 정해지지 않았다는 것이다. 협상에 있어서는 협상의 방법, 규칙, 타결방식 모두가 협상대상이라고 할 수 있는데, 협상 전 단계는 이와 같은 것들을 결정하는 단계라고도 할 수 있다. 또한 이 단계에서 협상당사자들은 협상을 본격적으로 준비하기 시작하는데, 여기에는 협상을 위한 사실확인, 협상에 도움이 되는 다양한 정보의 취득, 상호 이해의 폭을 더욱 넓히기 위한 작업 등이 포함된다.

셋째로 협상단계는 본격적인 협상을 벌이는 단계로서 구체적인 제안, 대안의 제시, 타협과 양보가 이루어지게 된다. 협상단계에서는 성공적인 결과를 도출하기 위해서 다양한 협상기술이 필요할 뿐만 아니라 협상을 철저히 준비하는 자세가 필요하다. 협상단계에서는 협상전략이 필요하게 되는데, 이를 위해서는 협상의 목표를 우선 확실히 해야 하며, 다음으로 협상요소에 대한 분석, 상대방과 자신의 강점과 약점에 대한 분석, 협상의 장애요인에 대한 분석 등이 이루어져야 한다.

넷째로 협상 후 단계는 협상이 타결된 후 협상을 실행에 옮기는 단계이며, 국제통상협상의 경우에는 각국이 협상의 결과를 행정적·법적으로 뒷받침하고 이를 실행에 옮기는 단계이다. 이 단계에서는 협상이 끝났다고 해서 상대방과의 관계를 소홀히 하기보다는 예상치 못한 사태를 대비하기 위해서라도 상대방과의 대화채널을 유지하는 것이 필요하며, 협상을 실행에 옮기는 과정에서는 협상에서 제시한 약속을 지키고자 하는 자세 또한 필요하다. 또한 협상결과가 당초 협상의 목표와 부합되는지, 그리고 협상이 얼마나 성공적이었는지를 평가하고 재협상이 필요한지에 대해 분석하는 일도 중요하다고 하겠다.

마지막으로 재협상 단계는 협상이 타결된 후 타결된 결과를 바탕으로 하되 더 나은 결과를 도출하고자 다시 협상을 벌이는 단계를 의미한다. 대부분의 상거래에 있어서 일단 협상이 타결되면 협상결과에 만족하건 안하건 간에 협상을 끝내려는 경향이 많이 있으나, 재협상 단계는 협상당사자 모두의 이익을 증대시킬 수 있다는 점에서 매우 중요하다. 이 단계에서 협상참여자들은 협상에서 타결된 내용과 비교할 때 모두에게 이익이 되는 결과를 도출하기 위한 노력을 보이게 되는데, 이를 파레토개선(Pareto-improvement)이라고 한다. GATT의 다자간 무역협상이 한 번으로 끝나지 않고 반복되어 제8차 협상인 우루과이라운드 협상에까지 이른 것은 재협상의 좋은 예라고 할 수 있다. 재협상을 염두에 두는 경우에는 특히 협상이 끝난 후 상대방으로 하여금 속았다는 느낌을 주지 않도록 신경을 써야 하며, 상대방과 원만한 관계를 유지하는 일과 자신의 평판(reputation)을 관리하는 노력이 필요하다.

4) 협상결과의 공정성

협상결과는 효율적이고 공정한 것이 바람직하다. 그렇다면, 어떤 협상결과가 효율적이고 공정한 것일까? 앞에서 설명한 바와 같이 파레토효율성의 개념은 협상결과의 효율성을 판단하는 중요한 기준이 되고 있다. 파레토효율적인 상태는 다른 사람의 만족을 희생하지 않고는 어느 누구의 만족도 증가시킬 수 없는 상태를 의미하는데, 〈그림 V-1-2〉에 나타난 바와 같이 협상가능집합 가운데 파레토효율적인 점들의 집합을 파레토곡선이라 부른다. 여기서 X축과 Y축은 각각 협상자 1과 협상자 2의 효용을 나타내며, 파레토곡선이 우하향하는 것은 한 협상당사자의 만족이 증가하기 위해서 다른 협상당사자의 만족이 감소해야 하기 때문이다.

　　파레토곡선은 파레토효율성을 만족하는 선택을 의미하기는 하지만 협상의 결과가 공정한가에 대한 해답은 제시하지 못한다. 그렇다면, 파레토곡선상의 점들 가운데 어떤 점이 공정한가?

　　협상에 있어서 어떠한 결과가 과연 공정한가는 보는 시각에 따라 달리 나타난다. 이를 예를 들어 설명하면 다음과 같다. 두 협상자가 보다 높은 효용을 얻기 위하여 협상을 한다고 가정하고, 협상자 1과 협상자 2의 효용이 각각 U_1, U_2일 때 협상에서의 제약을 $2U_1 + U_2 \leq 20$으로 나타내어진다고 가정하자. 또한 협상이 결렬되는 경우 협상자 1과 협상자 2는 3과 4의 효용을 얻는다고 가정하자. 이 경우 협상자 1은 자신의 효용이 3 이하인 협상결과를 받아들이지 않을 것이고, 협상자 2는 자신의 효용이 4

| 그림 V-1-2 | **협상의 결과와 공정성**

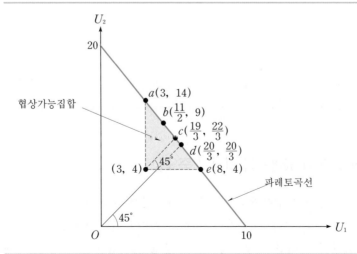

이하인 협상결과를 받아들이지 않을 것이기 때문에 실질적인 협상은 〈그림 V-2-2〉의 색칠해진 부분에서 이루어질 것이다. 이를 협상가능집합이라고 한다.

결과의 평등 차원에서 보면, 〈그림 V-1-2〉에서 두 경기자의 보수가 같은 점, d가 공정한 결과를 나타낼 수 있다. 그러나 협상에 의해 증가하는 효용이 똑같아야 한다는 차원에서 보면, c가 공정하다. 이와 같은 공정성 개념은 실제로 많은 다자간 국제협상에서 사용되어 왔다. 또한, 협상에서 얻어진 이익의 곱, 즉 $(U_1-3)(U_2-4)$를 극대화한다는 차원에서는 내쉬해결점인 점, b가 공정하다. 마지막으로, 협상자 1이 극빈개도국이고 협상자 2가 선진국인 경우에는 선진국이 양보하는 점, e가 공정할 수도 있으며, 반대의 경우 a가 공정할 수도 있다. 따라서 협상에 있어서의 공정한 결과란 보는 사람의 시각에 따라서 크게 달라질 수 있는 것이다.

공정한 결과에 대해 논란의 여지는 많이 있을 수 있으나, 협상결과의 공정성 여부는 협상의 성공여부를 판단하는 데 매우 중요한 변수가 된다. 이는 협상이 타결되더라도 한 쪽이 그 결과에 대해 커다란 불만을 갖게 되는 경우 또 다른 갈등이 예상되기 때문이다. 따라서 협상이 갈등을 해소하는 한 방안이라고 본다면, 협상의 성공은 협상당사자 모두가 만족하는 결과가 도출되는 경우라고 할 수 있는 것이다.

1.3 국제통상협상의 중요성과 특성 〉〉〉

1. 국제통상에 있어서의 협상의 중요성

경제의 범세계화추세가 심화되면서 국제적인 상품거래가 많이 이루어지고 국제적인 투자나 서비스교역이 중요해지면서 국제적인 거래를 규율하기 위한 국제통상규범의 중요성도 증대되고 있다. 이에 따라 국제통상규범을 확립하기 위한 국제협상이 더욱 활발히 진행되고 있으며, 경제가 복잡해짐에 따라 국제협상의 내용도 포괄적인 동시에 복잡해지고 있다.

이와 같이 국제통상과 협상이 서로 밀접한 관계를 갖고 있는 것은 국제적인 거래가 협상의 결과로 이루어지기 때문이기도 하지만 기본적으로는 국제통상을 규율하고 이에 영향을 주는 국제경제질서와 국제통상규범이 국제통상협상의 산물이기 때문이기도 하다. 예를 들면, 관세 및 무역에 관한 일반협정(GATT)은 제2차 세계대전 직후 서방국가들의 경제발전이라는 공동의 목표 아래 이루어진 다자간 협상의 산물이며, GATT에 이어 1995년 출범한 세계무역기구(WTO)는 제8차 다자간 무역협상인 우루과이라운드 협상에서 진행된 수많은 양자간, 다자간 협상의 결과로 탄생한 것이다. 또한 OECD, UN 등 많은 다자간 협력기구 및 APEC, EU 등의 지역적 협력기구 등도 국가간의 대화와 협상을 통해 만들어진 것이다. 이들 국제기구들에서는 지금도 많은 국제통상협상이 진행중에 있다. OECD 산하 여러 위원회에서는 공개적·비공개적 협상이 진행중에 있으며, WTO는 과거에 합의된 협정을 바탕으로 무역관련 의제에 대해 계속해서 협상이 이루어지는 장소 및 근거가 될 것이다.

국제통상에 있어서 이와 같이 많은 협상이 이루어지고 있는 가장 근본적인 이유는 전쟁 등 물리적인 힘을 통한 문제의 해결보다는 공동의 번영을 달성하기 위하여 협력이 필요하다는 데에 모든 국가들이 공감하고 있기 때문이다. 협상은 최소한의 공동의 이해관계 또는 공동의 목표가 존재하는 가운데 당사자간의 이해가 충돌하는 경우, 이를 합의를 통해 해결하는 과정으로 이해될 수 있다. 따라서 국제통상에 있어서 협상이 중요한 역할을 담당하고 있는 것은 국제무역의 활성화가 모든 국가에게 이익이 되며, 통상협상을 통해 당사자 모두가 이익을 얻을 수 있다는 데에 의견을 같이하고 있기 때문이라고 할 수 있다. 물론 개별국가의 입장에서는 상대국의 무역자유화를 주장하는 반면, 자국의 이익을 위해 자신은 무역자유화에 소극적인 자세를 나타내기가 쉽다. 그러나 모든 국가가 보호무역주의를 채택하는 경우 모두에게 손해가 되기 때문에 많은 국가들은 이와 같은 이해의 충돌을 합의를 통해 해결하고 무역자유화 또는 국제적인 무역규범에 대해 협상할 필요를 느끼게 되는 것이다.

그러나 국제통상협상이 항상 만족스러운 결과를 가져오는 것은 아니다. 우선 국제통상협상이 합의를 도출하지 못하는 경우도 존재한다. 협상이 실패로 돌아가 상호간에 이익이 되는 국제거래가 일어나지 않는 경우도 있으며, 국제통상협상이 결렬되는 경우 때로는 연속되는 무역보복조치에 의해 해당국가들 모두가 피해를 보기도 한다. 또한 무역협상의 타결이 지연되어 더욱 발전된 형태의 국제통상규범의 제정이 늦어지기도 한다. 예를 들면, 1986년 시작된 우루과이라운드 협상은 당초 1990년 12월까지 끝나기로 예정되어 있었으나 특히 농산물부문을 둘러싼 미국과 프랑스의 힘겨루기로 말미암아 3년 뒤인 1993년 12월이 되어서야 타결되었다. 새로운 국제통상규범 제정의 지연은 그만큼 모든 국가에게 손해를 가져다주었다고 할 수 있다. 둘째로 국제통상협상에 있어서 협상의 기술이 부족한 기업은 협상에서 불리한 결과를 얻을 수밖에 없다. 국가의 경우도 마찬가지여서 협상을 제대로 이해하지 못하는 국가는 협상에서 좋은 결과를 얻어 내기 어렵게 되어 있다. 협상에서의 불리한 결과는 외부적으로 주어진 낮은 협상력 또는 외교력 때문이기도 하지만, 때로는 협상에 대한 준비가 부족하거나 협상을 제대로 이해하지 못하는 데서 비롯되기도 한다. 우리나라의 경우, 대미협상에 있어서 양보만을 해왔다는 비판이 많이 제기되고 있는데, 이것은 우리의 협상력이 부족해서일 수도 있으나 우리나라 협상 담당자들의 협상에 대한 이해가 부족했기 때문일 수도 있는 것이다. 그만큼 국제통상에 있어서 협상은 중요한 역할을 담당하고 있으며, 국제통상을 올바로 이해하고 국제통상협상에서 더 좋은 결과를 얻어내는 데 있어 협상에 대한 이해는 필수적이다. 국제통상에서 협상이 얼마나 중요한가는 제3장의 국제협상의 사례연구에서도 잘 나타나고 있다.

2. 국제통상협상의 특성

국제통상협상은 일반적인 협상과는 달리 나름대로의 개념적 특성을 지니고 있다. 이를 차례대로 정리하면 다음과 같다.

1) 국제통상협상의 필요성[11]

국제통상협상이 필요한 이유는 앞에서 살펴본 범인의 딜레마를 이용하여 쉽게 설명할 수 있다. 무역을 행하고 있는 A, B 두 나라가 자유무역정책과 보호무역정책 중 어느 것을 선택할 것인지 고민하는 상황을 생각해 보자. A국과 B국은 상대국의 자유무역정책에 의해 P만큼의 이득을 보고 자기자신의 자유무역정책에 의해 c만큼의 비용을 지불한다고 가정하자(또한 자유무역이 보호무역보다 바람직하게 되기 위해 $P>c>0$라고 가정하자). 이 경우 각국은 자유무역정책과 보호무역정책간의 선택에 따라 〈그림 V-1-3〉에 나타난 바와 같은 보수를 받게 된다. 예를 들면, 두 국가 모두가 자유무역정책을 채택하는 경우, 두 국가는 모두 $P-c$의 보수를 받게 되며, 두 국가가 모두 보호무역정책을 채택하는 경우, 두 국가는 모두 0의 보수를 받게 된다. 또한 A국이 자유무역정책을 채택하고 B국이 보호무역정책을 채택하는 경우, A국은 $-c$, B국은 P의 보수를 받게 된다. 이와 같은 상황에서 각국이 비협조적으로 행동할 경우, 범인의 딜레마에 있어서와 마찬가지로 두 국가 모두는 상대국이 어떤 정책을 선택하건 간에 보호무역정책을 채택하게 된다. 이는 상호간에 바람직하지 않은 보호무역정책을 채택하게 되는 딜레마에 빠지게 됨을 의미한다. 따라서 두 국가는 각자 독립적인 정책결정을 하는 것보다 정책협조를 위한 국제통상협상을 필요로 하게 되며, 협상에서 정책협조가 도출되는 경우 자유무역이 가능하게 됨으로써 양국이 모두 이득을 보게 되는 것이다.

| 그림 V-1-3 | **무역정책의 딜레마**

A국		B국	
		자유무역정책	보호무역정책
	자유무역정책	$P-c, P-c$	$-c, P$
	보호무역정책	$P, -c$	0, 0

11) B. M. Hoekman and M. Kostecki(1995), p. 58 참조.

2) 대외적인 협상과 대내적인 협상

한 국가는 하나의 구성원으로 이루어져 있지 않고 다양한 의견과 선호(preference)를 가진 다양한 구성원들로 구성되어 있다. 따라서 국가의 선호는 완전히 통일적이지(monolithic) 않으며, 심지어는 국가의 선호가 과연 존재하는가 하는 질문도 가능하다. 정부는 다양한 집단의 목소리에 의해 영향을 받고 있으며 로비의 대상이 되기도 한다.

이에 따라 국제협상에 있어서는 대내적인 협상과 대외적인 협상이 동시에 진행되는 경우가 많이 있다. 이와 같이 여러 차원에서 협상이 동시에 진행되는 것을 퍼트남(Putnam)은 2차원적 게임(two-level games)으로 정의하고 있다.12) 국제협상에 있어서 2차원적인 게임이 많이 나타나는 것은 정부 부처간 또는 이익집단간에 이익이 엇갈리는 경우가 많이 발생하기 때문으로, 이로 인해 대외적인 협상(1차적 게임)이 진행되는 가운데 정부 부처간 의견조율 등을 위한 대내적 협상(2차적 게임)이 동시에 진행되는 경우가 많이 발생하게 되는 것이다. 예를 들면, 자유무역을 추구하는 통상협상의 경우에도 자유무역을 지지하는 이익집단과 보호무역을 지지하는 이익집단간에 힘겨루기가 진행되는 경우가 있는 것이다.

협상 상대국의 정부 부처간 또는 이익집단간에 이해관계가 일치하지 않은 경우 상대국의 다양한 이해관계를 협상에서 활용할 수도 있다. 예를 들면, 미국이 한국으로부터의 반도체 수입을 제한하려고 하는 경우 우리나라 정부 또는 기업은 반도체를 수입하여 컴퓨터를 제조하는 미국 컴퓨터업계를 통해 수입제한을 막기 위한 로비를 전개할 수 있다. 자유무역협상의 경우에도 상대국의 시장개방을 찬성하는 부처나 이익집단을 적극 활용할 경우 협상에서 더 좋은 결과를 얻을 수 있다.

반대로 특정국가의 정부 또는 정부관리가 국제협상을 활용하여 자신이 관철하고 싶은 정책을 수행해 나가는 경우도 생각해 볼 수 있다. 자국내 특정 이익집단의 반대로 정책의 수행이 어려울 때 외국으로부터의 압력을 이용하여 그 정책을 수행하는 경우가 그것이다. 예를 들면, 자유

---

12) R. Putnam(1998) 참조.

무역주의자들은 시장개방을 통한 국내산업의 구조조정을 위해 외국의 압력을 이용할 수 있으며, 성장을 우선시하는 정부관리는 국내경기의 부양을 위해 세계경기 부양을 위한 국제적인 거시경제 협조방안을 적극 지지할 수 있는 것이다.

또한 대내적인 상황이 대외적인 협상에 영향을 주기도 한다. 대부분의 국제적인 협정은 해당국가의 국회비준 절차를 밟도록 되어 있는데, 아무리 만족스러운 협상 결과라 하더라도 국회비준이 불가능할 것으로 예상되는 경우에는 아무런 의미가 없기 때문이다. 따라서 대외협상은 협상가능집합 가운데 대내협상이 가능한 선택대안을 대상으로 이루어지게 된다. 대외협상시 협상참여자가 언론이나 여론의 눈치를 보게 되는 것도 같은 차원으로 이해될 수 있다. 국회비준(즉, 2차적 협상)이 가능한 집합을 윈셋(win-set)이라고 하는데, 이와 같은 윈셋이 크면 합의에 도달할 가능성은 높아지지만 협상에서 많은 양보를 해야 하는 부담도 따르게 된다.

이에 따라 사회적인 후생을 극대화하는 결과가 있다고 하더라도 그와 같은 협상결과가 대내적으로 받아들여지기 어려운 경우도 많이 있다. 예를 들면, 우루과이라운드협상에서 우리나라가 가장 적극적으로 반대하였던 쌀시장 개방의 경우 2004년까지 국내소비량의 4%까지 수입을 개방하게 되었는데, 4% 쌀시장 개방의 경제적인 효과가 다른 서비스시장의 개방(예를 들면, 금융시장의 개방이나 통신시장의 개방)에 비해 적을 것이라는 데 대부분의 협상참가자들은 의견을 같이하고 있었다. 그럼에도 불구하고 그와 같은 쌀시장 개방에 마지막까지 결사적으로 반대한 이유는 쌀시장 개방이 다른 서비스시장의 개방보다 정치적으로 받아들여지기 어렵기 때문이었다.

대내적인 제약 등으로 말미암아 비효율적인 협상결과가 얻어질 수 있는 것은 그림으로도 쉽게 설명이 가능하다. 앞 절에 있는 〈그림 V-2-1〉에서 파레토효율적인 협상결과 즉 코어가 대내적인 제약들로 말미암아 달성이 가능하지 않을 수 있기 때문이다. A국이 정치적인 이유로 Y재(예를 들면, 쌀)의 시장개방에 반대하고, B국도 마찬가지의 이유로 X재(예를 들면, 자동차)의 시장개방에 반대함으로써 무역이 이루어지지 않는 경우가 하나의 예라고 할 수 있다.

3) 국제통상협상의 의제

국제통상협상에서 하나의 의제만을 다루는 경우, 협상이 결렬될 위험이 크다. 그것은 가격을 흥정하는 경우와 마찬가지로 한 국가가 이익을 보면 다른 국가는 손해를 보기 때문이다. 이와 같은 사실은 선진국의 시장개방압력과 이에 대항하는 개도국의 자존심 싸움에서도 잘 드러나며, 1997년 미·일간의 코닥-후지(Kodak-Fuji) 분쟁과 같이 때로는 선진국간의 협상에서도 잘 나타난다. 따라서 한 품목의 관세율에 대해 협상하는 경우보다는 여러 의제를 동시에 다루는 경우가 협상의 타결 가능성이 높다.

이와 같이 여러 의제를 관련지어 동시에 다루는 것은 협상에 있어서 그 혜택이 협상국 모두에게 골고루 돌아갈 수 있도록 한다는 점에서 바람직할 수 있다. 물론 의제를 잘못 관련시킬 경우, 협상이 더욱 어려워질 수도 있다. 그러나 협상에 있어서 상대국이 일방적인 요구를 하도록 용인하지 않고 자신도 상대국에 어떤 사항을 요구하는 자세는 협상에서 이익의 균형을 가져옴으로써 협상의 타결 가능성을 높이는 동시에 상호 이익의 증진을 가져올 수 있는 것이다. 과거 대부분의 한·미간의 협상은 미국의 일방적인 시장개방요구와 이에 대한 우리나라의 방어로 이루어져 왔다. 이와 같은 협상자세는 상호간에 바람직하지 않으며, 우리에게도 나름대로 필요한 협상의제의 개발이 요구되는 것이다.

국제협상은 포지티브-섬(positive-sum) 게임인 경우가 많다. 국제협상은 가격을 단순히 흥정하는 것과 달리 서로의 이익을 위해 택할 수 있는 많은 선택변수를 갖고 있다. 따라서 국제협상은 한쪽만이 이익을 얻는 윈-루즈(win-lose) 게임보다는 양쪽이 모두 이익을 얻는 윈-윈(win-win) 게임인 경우가 많다는 사실을 인식하는 것이 국제통상협상에서는 매우 중요하다.

4) 상호주의와 다자간 협상

상호주의(reciprocity)는 중요한 GATT의 원칙 가운데 하나이다. 한 국가는 자신의 무역장벽을 일방적으로 낮추는 데 매우 소극적일 수밖에 없

다. 따라서 상대국의 시장개방을 전제로 자국의 시장을 개방한다는 상호
주의는 국제통상협상에 있어서 중요한 원칙이 되어 왔다.

그러나 상대국의 시장개방에 상응하는 시장개방을 이룬다는 것은 말
처럼 간단하지는 않다. 왜냐하면 시장개방의 정도를 측정하기가 매우 어
렵기 때문이다. 따라서 관세의 경우에는 시장개방을 측정하는 방법으로
다양한 방법들이 사용되어 왔으며, 우루과이라운드 농산물협상에서는 비
관세장벽의 관세화방법도 사용되었다. 이를 정리하면 다음에 있는 Box와
같다.

시장개방 측정방법과 관세인하의 방법[13]

관세율인하가 다양한 품목에 있어서 이루어질 경우, 시장개방을 측정
하는 방법으로는 몇 가지가 있다. 그 가운데 첫 번째로는 무역관할범위
(trade coverage)에 초점을 맞추는 방법을 들 수 있다. 수입액이 1백만 달
러인 품목의 관세율을 7%포인트 인하하는 경우, 무역관할범위는 $0.07 \times 1 = 0.7$(백만 달러)로 계산된다. 이와 관련된 또 하나의 방법으로는 '$x\%$
상당액'($x\%$ equivalents)방법이 있다. '$x\%$ 상당액'은 1백만 달러의 수입
에 대해 $x\%$ 관세를 인하하는 것을 의미하며, 이는 1백만 달러의 수입에
대해 $x\%$ 관세를 인하하는 것이나 2백만 달러에 대해 $x/2\%$ 관세를 인하
하는 것이나 마찬가지라는 의미를 내포하고 있다. 마지막으로 '평균인하
율'로서 관세인하 수준을 측정하는 방법이 있다. 이는 수입액을 가중치로
사용한 평균인하율을 계산하여 이를 관세수준이나 관세인하 정도를 측정
하는 방법으로 현재 널리 사용되고 있다.

또한 관세율은 국가와 품목에 따라 다양하게 나타나고 있다. 따라서
관세율협상에서는 관세인하의 기준으로 다양한 방법이 사용되고 있다. 첫
째는 품목별 접근방식(item-by-item approach)이다. 이는 케네디라운드
이전까지 주로 사용된 방법으로 우루과이라운드 협상에서도 사용되었는데,
양자간 협상에서의 관세율인하에 관한 요구와 양허에 의해 협상이 이루어
지는 방식이다. 둘째는 선형관세인하 방식(linear tariff cut)이다. 이는 모
든 품목에 대한 새로운 관세율이 과거의 관세율에 $r(0 < r < 1)$을 곱한 수
준으로 낮추어지는 방식으로 케네디라운드와 도쿄라운드에서 사용되었다.

---

13) R. Putnam(1998), pp. 68-76 참조.

$T_{\text{new}} = rT_{\text{past}}$의 공식이 이용되어 공식에 의한 접근방식(formula approach)이라고 불리기도 하는데, 경우에 따라서는 예외가 인정되기도 한다. 셋째는 조화방식(harmonization formula)이다. 이는 선형적 관세인하 방식의 경우 최고관세(tariff peak)품목의 관세율은 여전히 고관세로 남고 가공도별 경사관세(tariff escalation)문제도 그대로 남는다는 문제점을 극복하기 위해 고안된 방식으로 도쿄라운드에서 사용되었다. 고관세 품목에 대해서는 더 많은 관세인하가 이루어지도록 도쿄라운드에서는 소위 '스위스공식'(Swiss formula)이라고 불리는 $T_{\text{new}} = rT_{\text{past}}/(r + T_{\text{past}})$의 공식이 이용되기도 하였다. 넷째는 무관세방식이다. 특정한 분야에 있어서 관세를 철폐하는 방식으로 우루과이라운드에서 소위 '무세화'(zero-for-zero)방식이라는 이름으로 일부 사용된 바 있다.

한편, 국제통상협상에는 다수의 협상국이 참여하는 경우가 많다. 즉 양자간에 협상이 이루어지는 경우도 있으나, 지역내 국가들간, 복수국간, 다자간에 협상이 이루어지는 경우도 많이 있다. 이 경우 국제통상협상은 협상참가자가 많음으로 인해 협상의 과정이 복잡하고 타결 또한 더욱 어려워지기 쉽다. 또한 국제통상협상은 형식적으로나마 만장일치제에 의해 모든 국가들의 동의를 얻어야 타결되는 경우도 있다. 이 역시 협상의 타결을 어렵게 하는 요인 가운데 하나가 되고 있다.

이와 같은 다자간 협상의 어려움을 해결하기 위해 국제협상에 있어서 제3자가 개입되는 경우가 많이 존재한다. 앞에서 살펴본 캠프 데이비드 협상도 그랬거니와 가까이는 우루과이라운드 협상에 있어서도 제3자의 개입으로 인하여 협상타결의 실마리가 제공되었던 것이다. 개입된 제3자의 역할에 따라 이를 다시 알선자(facilitator), 조정자(mediator), 중재자(arbitrator)로 나눌 수 있는데,[14] 알선자란 협상당사자들을 한 테이블로 불러들임으로써 협상을 시작할 수 있는 여건을 만들어 주는 사람으로써, 때로는 협상당사자들의 진정한 이해관계와 우선순위 등에 관한 의견을 양측으로부터 듣고 이를 상대방에게 전달해 주는 역할도 담당한다. 그러나 알선자 중재안을 제시한다거나 협상타결에 압력을 넣는 역할은 하지

---

14) 이달곤(1996), pp. 75–80 참조.

않는다. 조정자는 협상당사자들의 진정한 이해관계와 우선순위 등에 관한 의견을 양측으로부터 듣고 이를 상대방에게 전달해 줄 뿐만 아니라 여러 대안들 가운데 어느 대안이 우수한지를 설명하는 역할을 담당한다. 협상이 교착상태에 빠지는 경우, 때로는 협상참여자들에게 타협안을 제시하고 협상타결을 위한 압력을 행사하기도 한다. 예를 들면, 우루과이라운드 협상이 별다른 진전을 보지 못하자 던켈(Dunkel) 당시 GATT 사무총장은 협상의 초안이라고 할 수 있는 던켈초안(Dunkel text)을 만들어 협상국에게 제시하고 협상타결을 위한 압력을 행사하기도 하였다. 이 던켈초안은 우루과이라운드 협상의 결과인 WTO협정의 골격이 되었던 것이다. 그러나 GATT 사무총장의 예에서와 같이 조정자가 타협안을 강제할 수는 없다. 반면에 중재자는 앞에서 설명한 역할은 물론 이에 더해 중재안을 만들어 제시하고 중재안을 받아들이도록 압력을 행사한다. 노동위원회의 중재나 법원의 중재와 같은 경우에는 중재자가 내놓은 중재안이 때로는 구속력을 가지기도 한다.

다자간 협상에서 협상을 자국에게 유리하게 이끌기 위해서 일부 국가들은 연합(coalition)을 이루기도 한다. 국제협상에 있어서의 협상력은 일반적으로 국력에 비례하기 때문에, 특히 소규모국가들이 협상에서 좋은 결과를 도출하는 데 있어서 다른 국가들의 협조는 필수적이다. 연합은 공동의 통상·외교정책을 펴는 EU의 경우와 같이 공식적이고 강한 결속력을 나타내는 경우도 있지만, 때로는 매우 느슨한 형태의 연합이 시도되기도 한다. 우루과이라운드 농산물협상에서의 케언즈그룹(Cairns Group)이 후자의 대표적인 예라고 할 수 있다. 연합은 국제통상협상뿐만 아니라 만장일치제를 채택하고 있는 OECD와 같은 국제기구에 있어서도 다른 국가들의 정책결정에 압력으로 작용하기도 한다.

또한 다자간 협상에서 협상이 교착상태에 빠지는 경우 이와 같은 교착상태에서 벗어나기 위해 소그룹으로 이루어진 위원회를 만들어 논의를 진행시키는 경우도 흔히 찾아볼 수 있다. 우루과이라운드 협상에서도 이와 같은 소그룹에 의한 논의가 많이 이루어졌으며, 협상의 진전에도 커다란 도움이 되었던 것으로 알려지고 있다. 소그룹을 통하여 협상의 기본원칙을 작성하고 이를 바탕으로 구체적인 협상이 진행되는 경우 쟁점을 단순화시킴으로써 합의도출이 용이할 수 있기 때문이다.

5) 국제통상협상과 문화

국제통상협상에서는 문화의 차이도 협상을 어렵게 하는 요인의 하나로 꼽히고 있다. 문화의 차이는 협상 당사자의 커뮤니케이션을 어렵게 하며, 때로는 많은 오해와 의도하지 않았던 결과들을 초래하기도 한다. 예를 들면, 거대한 다국적기업의 하나인 맥도널드사는 인도네시아에 진출한 지 1년이 못 되어 인도네시아로부터 철수한 적이 있는데, 이는 다름 아닌 현지 문화를 이해하지 못한 지배인의 사소한 실수 때문인 것으로 알려지고 있다. 그것은 인도네시아에서 왼손은 화장실에서 주로 사용하는 손으로 식사시에는 사용하지 않는다는 것을 모르고 한 지배인이 왼손으로 햄버거를 손님에게 건네주는 사건에서 비롯되었다. 인도네시아 국민들은 이를 건방지고 무례한 행동으로 받아들이고 보이콧 운동을 벌인 것이다.

문화적인 차이의 예는 이 사건에 그치지 않는다. 외국(특히 미국)을 다니다 보면 턱을 잠깐 치켜 들면서 인사를 하는 외국인들을 가끔 보게 되는데, 이와 같은 행동이 우리를 무시하는 것으로 해석되어서는 곤란하다. 반면, 우리에게는 매우 익숙한 행동인 옆을 지나가는 사람과의 접촉은 태국 등 일부 국가에서는 매우 무례한 행동으로 인식되고 있다.

이와는 반대로 다른 문화에 대한 올바른 지식과 이해는 협상을 좋은 분위기로 이끌기도 하며 협상에서 상대방의 많은 양보를 가져오기도 한다. 협상의 사례는 아니지만, 구수한 시골사투리를 쓰는 금발의 외국인들이 많은 사람들에게 호감을 주는 것도 바로 그 때문이다. 문화적 차이로 인한 오해를 줄이는 것은 좋은 인간관계의 형성을 위해 매우 바람직하며, 좋은 인간관계의 형성은 win-win의 협상결과를 가져올 수 있다. 따라서 국제협상시에는 협상 상대방의 문화, 가치, 역사, 관행 등에 대한 철저한 연구와 이해가 반드시 선행되어야 하는 것이다.

국제협상에서는 언어의 차이가 협상을 어렵게 하기도 한다. 정확한 커뮤니케이션을 어렵게 하기 때문이다. 언어의 차이로 인하여 오해를 일으키는 경우도 흔히 발생한다. 국제협상 전문가가 필요한 것도 그 때문이다. 외국과의 협상에서 합의문 또는 계약서를 2개 국어로 만들어 서명하는 경우도 많이 있는데, 이는 추후 양측이 각각 유리한 해석을 할 여지를 남긴다는 점에서 바람직하지 않은 것으로 나타나고 있다.

주요용어

- 범인의 딜레마
- 분배적 협상
- 윈-루즈 협상
- 협상의 요소
- 무역정책의 딜레마

- 내쉬균형
- 통합적 협상
- 윈-윈 협상
- 윈셋(win-set)
- 2차원적 게임

연습문제

1. 협상의 중요성을 협조적 게임과 비협조적 게임을 비교하여 설명하시오.
2. 협상의 요소를 일상에서 일어나고 있는 협상에 적용하여 보시오.
3. 국제통상규범의 형성에 있어서 협상의 중요성에 대해 생각해 보시오.
4. 다자간 협상, 복수국간 협상, 양자간 협상의 차이점에 대해 생각해 보시오.

제 **2** 장

국제협상의
사례연구

2.1 한·미 FTA협상 >>>

1. 협상의 개요

미국과의 FTA협상이 공식적으로 개시된 것은 2006년 2월이었으나 한·미 FTA협상을 위한 준비는 그 이전부터 이루어졌다. 2005년에는 한·미 FTA를 위한 실무점검회의가 세차례나 개최되었고, 수차례에 걸친 통상장관회담을 통해 주요 쟁점사항들에 대한 의견교환이 있었다. 미국은 한국과의 FTA협상을 개시하기 이전 쇠고기, 자동차, 의약품, 스크린쿼터 등 '4개 선결조건'의 해결을 한국정부에 요청하였으며, 이를 한국이 수용함에 따라 양국간 FTA협상이 공식적으로 개시되었다.

2006년초에는 두 차례에 걸친 사전준비협상을 통해 상품무역, 농업, 서비스, 투자 등 17개 협상분과(Negotiating Group)을 설치하기로 합의하였으며, 이후 수 차례에 걸친 협상과정을 거쳐 2007년 4월 한·미 FTA협상이 처음 타결되었다.

그러나 한·미 FTA 협상의 타결에도 불구하고 협정이 발효되기까지는 그 후 약 5년의 시간이 필요했다. 2007년 6월 양국이 합의문에 서명을 하였음에도 불구하고 미국내 정치 및 경제상황으로 인해 신속히 의회비준이 이루어지지 못하였기 때문이다. 더욱이 2008년 금융위기로 인하여 미국 자동차산업이 심각한 어려움을 겪자 자동차 관련 기존 협정의 내용을 수정해야 한다는 미국내 압력이 커지게 되었고, 미국의 요구로 인하여 양국은 자동차 분야를 중심으로 추가 협상을 벌이게 되었다. 결국 2010년 12월 한·미 FTA를 위한 추가협상 타결에 이은 양국 의회의 비준을 거쳐 2012년 3월에 와서야 양국간 FTA협정은 발효되었다.

| 표 V-2-1 | 한·미 FTA 협상일지

구분	일시 및 장소	주요 협상 내용	비고
1차 협상	〈2006년〉 6월 5~9일 워싱턴	- 양측 협정문안에 대한 입장 교환	
2차 협상	7월 10~14일 서울	- 관세양허안 작성 기본틀 합의 - 서비스/투자 유보안 교환	의약품 문제로 일부 분야 진행중단
3차 협상	9월 6~9일 시애틀	- 관세 양허안교환(8.15) 및 협상개시 - 서비스/투자 유보안 명료화 작업 진행	미측 수정양허안 제시(상품/섬유)
4차 협상	10월 23~27일 제주	- 관세양허안 불균형 문제 개선 - 핵심쟁점을 제외한 내용에 대한 가지 치기 작업 진행	미측 수정양허안 제시(상품)
5차 협상	12월 4~8일 몬타나 (빅스카이)	- 무역구제 분야에서 미측을 집중 압박 - 상품양허안, 원산지, 서비스금융, 지재권 등 분야에서 실질적 진전 달성	*무역구제/자동차/ 의약품 분야 협상 중단 *서비스/투자 수정 유보안 상호 교환
고위급 협의	〈2007년〉 1월 7~8일 하와이	- 양측 통상장관 및 수석대표간 주요 쟁점 조율	
6차 협상	1월 15~19일 서울	- 핵심쟁점 진전을 위한 수석대표간 협의 - 상품, 금융 등 다른 분야에서 진전	*무역구제/자동차/ 의약품 분야 협상 미개최
고위급 협상	3월 26일~ 4월 2일 서울	- 4.2 협상 타결 선언 - 양측 상품양허 3년이내 철폐 94%	*3월 31일, 07:30 협상시한 연장 브 리핑

자료: 최낙균, 이홍식 외(2007), p. 55에서 인용.

2. 협상의 결과[1]

한·미 FTA협상에서 관심의 초점이 되었던 것은 무엇보다도 농업이
었다. 미국이 농업부문의 시장개방을 요구하였지만, 한국측의 입장에서도
농업 부문은 정치적으로 매우 민감한 부분이었기 때문이었다. 협상과정에

---

[1] 최낙균, 이홍식 외 (2007), pp. 81-330 참조.

| 표 V-2-2 | 한·미 FTA 공산품 양허의 수준

구분		총품목	즉시철폐	3년	5년	10년	12년
품목수 기준	한국	7,837	7,099	525	98	115	
	(비중, %)		90.6	6.7	1.3	1.5	
	미국	6,688	5,881	437	172	271	17
	(비중, %)		87.9	5.2	2.6	4.1	0.3
수입액 기준	한국	24,528.0	19,904.9	3,236.7	335.8	1,050.6	
	(비중, %)		81.2	13.2	1.4	4.3	
	미국	37,879.5	33,049.0	2,812.4	860.3	1,155.8	2.1
	(비중, %)		87.2	7.4	2.3	3.2	0.0

자료: 최낙균, 이홍식 외(2007), p. 110에서 인용.

서도 미국측이 관심을 가진 보리, 콩, 감자, 사과, 오렌지, 포도, 돼지고기, 쇠고기, 고추, 마늘, 양파 등 주요 품목들에 대해 한국측은 시장개방 불가 입장으로 맞섰다. 결국 양국은 최종적으로 대부분 품목에 대해서는 짧은 시간내에 관세를 철폐하되, 주요 품목에 대해서는 장기간에 걸친 관세철폐 대상으로 하고, 일부 품목에 대해서는 시장개방 쿼터의 제공, 계절관세 도입 등 다양한 관세양허 방식을 도입하기로 함으로써 합의를 도출하였다.

공산품의 경우, 양국은 장기적으로 관세를 100% 철폐하되, 94%의 품목에 대해서는 3년 이내에 관세를 철폐하기로 합의하였다. 상품 부문에 있어서 상당한 수준의 시장개방을 이룬 것이다.

자동차 부문 가운데 관심의 대상이 되었던 승용차에 대해서는 당초 미국측은 3,000cc 이하에 대해서 2.5%인 관세를 철폐하고, 3,000cc 초과 승용차에 대해서 3년차에 철폐하기로 합의하였고, 한국측은 8%인 관세를 즉시 철폐하기로 합의하였다. 그러나 추가협상의 결과, 미국측은 모든 승용차에 대해 5년차에 관세를 철폐하고, 한국측은 8%의 관세를 즉시 4%로 인하하되, 나머지 관세는 5년차에 철폐하기로 수정·합의하였다.

서비스 부문에 있어서는 적용대상을 모든 서비스로 하되, 사행성 게임을 포함한 도박서비스, 항공운송서비스, 정부보조금, 정부제공서비스는 제외하기로 하였다. 서비스협상의 결과 적용되는 의무로는 내국민대우 및 최혜국대우는 물론, 시장접근, 현지주재[2] 등이 있으며, 전문직 서비스를 상호간에 인정하고, 국제특송시장을 개방하는 데도 합의하였다. 한·미 FTA협상에서는 이 밖에도 무역구제, 의약품, 지식재산권, 환경, 노동, 경쟁, 정부조달, 원산지규정, 통관 등 9개 기타 분야에 대한 합의도 도출하였다.

3. 협상에 대한 평가

한·미 FTA에 대한 평가는 다소 엇갈리고 있다. 먼저 양국간 통상마찰이 과거부터 존재하여 왔으며, 한·미 FTA협상이 아니더라도 양국간 협상은 불가피하였다는 시각이 있다. 양국간 협상이 불가피하고, 대부분의 이슈가 미국이 문제를 제기하는 입장이라면, 자동차 부문이나 농업부문의 개별협상보다는 FTA협상과 같은 포괄적 협상이 바람직하다는 것이다. 상대방이 문제를 제기하는 개별협상에서는 어느 정도 양보할 수밖에 없는 반면, 포괄적 협상에서는 원-윈(win-win)하는 결과를 얻어낼 수 있기 때문이다.

반면, 협상결과에 불만을 제기하는 시각도 있다. FTA협상을 개시하기 이전에 쇠고기, 자동차, 의약품, 스크린쿼터 등 '4개 선결조건'을 먼저 수용하고 협상을 개시한 것도 그 이유 가운데 하나이다. 본 협상에서 그와 같은 문제를 같이 협상하였다면, 우리측이 무엇이든 양보를 얻어낼 수 있었을 것이기 때문이다. 또한 협상이 타결된 이후 미국측이 국내 사정을 들어 재협상을 요구하였고, 이로 인하여 재협상이 이루어졌다는 것은 추가협상에서 한국측이 더 많이 양보를 할 수밖에 없었음을 의미한다. 다만, 재협상시 상호주의에 입각하여 한국측도 양돈 분야나 의약품 분야에 대한 협상을 요청함으로써 포괄협상으로 가져간 부분은 긍정적인 부분이라 할 수 있다.

다른 무역협상도 마찬가지이지만 FTA 협상은 일반적으로 대내적으로 파급효과가 크게 나타난다는 점에서 대내협상을 수반해야 하는 경우가

---

2) 여기서 시장접근은 시장접근제한조치의 도입을 금지하는 것을 의미하고, 현지주재는 상대국 영토안에 대표사무소 등 거주요건을 부과하는 것을 금지하는 것을 의미한다.

많다. FTA협상의 결과로 커다란 이득을 얻는 집단이 있는 반면, 커다란 손해를 보는 집단도 있기 때문이다. 이러한 경우 FTA협정이 국가 전체적으로 더 커다란 파이(pie)를 가져다 준다고 하더라도 무조건 바람직하다고 할 수도 없다. 커다란 손해를 보는 집단이 경제적 약자일 때 더욱 그렇다.3) 따라서 향후 FTA협상시에는 FTA협상으로 인해 손해를 보는 집단에 대해 보상을 할 것인가, 그리고 만약에 보상을 한다면 어떻게 보상을 할 것인가, 그리고 이를 위한 대내협상을 어떻게 진행할 것인가에 대한 연구가 필요할 수 있다. 한·미 FTA협상시에도 많은 대내적인 반발이 있었다. 이러한 마찰을 줄이기 위한 대내협상에 대한 연구가 앞으로 더욱 필요함은 물론이다.

2.2 WTO 쌀 재협상 >>>

1. 협상의 배경

한국의 쌀은 UR 농업협상의 기본원칙인 예외 없는 관세화원칙의 적용을 받지 않고 최소시장접근(Minimum Market Access) 방식에 의해 개방되었다. 즉 UR 협상이 끝났을 때 우리나라는 쌀을 관세화하지 않는 대신 협상결과를 이행하기 시작하는 1995년에 쌀 총 소비량의 1퍼센트에 해당하는 약 5만 톤을 의무수입하고 이를 10년차인 2004년에 4퍼센트인 20만 5천톤까지 늘려나간다는 특별대우 원칙에 합의하였다. 당시 쌀에 적용한

---

3) 바람직한 것에 대한 판단기준은 철학에 따라 다양하게 나타날 수 잇다. 예를 들면, 공리주의(utilitarianism)에 따르면, 국가 전체의 파이(national wealth)를 증가시키는 정책은 바람직하다고 할 수 있다. 그러나 존 롤스(John Rawls)의 평등주의 철학에 따르면, 바람직한 정책의 판단기준은 국가 전체 파이의 증가 여부가 아니라 경제적 약자의 파이가 증가하느냐 여부에 달려있다. 이와 비슷한 논란은 유진수(2012), pp. 55-68 참조.

조항은 '농업협정문 부속서5'로써 2005년 이후 특별대우 지속 여부에 대해서는 2004년에 협상한다고 규정되어 있다. 또한 특별대우를 지속할 경우 상대국들이 수용 가능한 추가 양보를 제공하여야 하며, 특별대우가 중단될 때는 일반관세로 전환한다는 내용도 있다. 그러나 한국은 2003년 말까지 쌀에 대한 관세화를 실시하지 않고 있는 상황이었기 때문에 2004년 한국은 쌀의 시장개방에 관한 협상을 시작하여야만 하는 상황이었다.

2. 협상의 과정

한국 정부는 2004년 1월 20일 WTO에 협상개시를 통보하고 이해 관계국은 90일 이내에 협상참가의사를 표명해 줄 것을 권고하였다. 이에 따라 한국의 MMA 쌀 도입국가인 미국, 중국, 태국, 호주, 인도와 아르헨티나, 이집트, 캐나다, 파키스탄 등 9개국이 협상참여의사를 표명하였고 정부는 이들 국가와 50여 차례에 걸쳐 협상을 진행하였다. 이와는 별도로 한국정부는 국내 이해당사자들의 합의 도출을 위하여 국민대토론회, 시장·군수·의회의장 토론회, 읍·면장 설명회, 농민단체장 간담회, 농업통상정책협의회, 학계의 쌀대책협의회, 방송토론회 등을 개최하였다. 또한 농어업·농어촌대책특별 위원회의 건의 등을 종합적으로 고려하여 쌀에 대한 관세화 유예 연장을 결정하였다. 그 결과 2004년말 쌀에 대한 이행계획서 수정안을 '04.12.30 WTO 사무국에 통보하고 발표하게 되었다. 또한 통보내용의 이행과 관련한 기술적이고 절차적인 사항과 양자간 부가적 사항에 대해서는 검증기간동안 계속 협의를 해나갈 것이며 이 과정에서 국가별·쟁점별로 문서형태의 별도합의가 있을 것임도 발표하였다. 이후 WTO 검증절차를('05.1.6~4.6) 거치게 되었는데 '05.1.6 WTO 사무국은 이행계획서 수정안을 WTO 회원국에 회람하였으며 3개월간의 검증을 거쳐 통보된 원안대로 확정되었다.

이와 더불어 한국정부는 검증기간 동안 기술적·절차적 사항과 양자간 부가적 사항에 대한 합의문 또는 서한 교환 등 후속 협의도 다음과 같이 마무리하였다.

이러한 일련의 과정을 거쳐 '05.4.12 WTO 사무총장 명의의 인증 문

| 표 V-2-3 | **쌀 관세화 관련협상 세부일지**

○ 쌀협상 개시의사 WTO 통보(1.20)
○ 9개국 쌀협상 참가의사 통보(4.21까지)
○ 미국과의 협상(9차)
 - 1차(5.6, 워싱턴), 2차(6.20, 제네바), 3차(8.13, 워싱턴), 4차(9.10, 워싱턴), 5차(9.30, 샌프란시스코), 6차(10.29, 워싱턴), 7차(10.24, 워싱턴), 8차(12.8, 워싱턴), 9차(12.16, 워싱턴)
○ 중국과의 협상(8차)
 - 1차(5.12, 북경), 2차(6.18, 북경), 3차(8.20, 북경), 4차(9.14, 서울), 5차(9.23, 북경), 6차(11.3, 북경), 7차(11.19, 북경), 8차(12.1, 북경)
○ 태국과의 협상(6차)
 - 1차(5.14, 방콕), 2차(7.9, 방콕), 3차(9.17, 방콕), 4차(10.5, 방콕), 5차(10.28, 방콕), 6차(12.13, 방콕)
○ 호주와의 협상(2차)
 - 1차(5.18, 캔버라), 2차(9.20, 캔버라)
○ 캐나다와의 협상(3차)
 - 1차(6.3, 제네바), 2차(9.22, 제네바), 3차(12.13, 제네바)
○ 아르헨티나와의 협상(3차)
 - 1차(6.3, 제네바), 2차(9.22, 제네바), 3차(12.14, 제네바)
○ 인도와의 협상(3차)
 - 1차(6.2, 제네바), 2차(9.23, 제네바), 3차(12.15, 제네바)
○ 이집트와의 협상(3차)
 - 1차(6.2, 제네바), 2차(9.23, 제네바), 3차(12.14, 제네바)

서가 발급되었고 우리 정부의 확정 내용 발표가 시행되었다. 이 발표에는 확정된 이행계획서 내용과 함께 검증기간 중 후속협의를 끝낸 기술적·절차적 사항과 양자간 부가적 사항에 대한 합의내용이 포함되어 있다.

정부가 WTO에 통보한 이행계획서수정안의 세부 내용은 다음과 같다.

첫째, 쌀에 대한 관세화 유예를 2005년부터 2014년까지 10년간 연장하며 이행 5년차인 2009년도에 이행상황에 관한 다자간 중간 점검을 실시한다. 우리나라는 유예기간 중 언제든지 관세화로 전환할 수 있는 권리를 가진다.

둘째, 의무수입물량은 2005년 225,575톤(1988~90년 소비량의 4.40%)에서 2014년 408,700톤(7.96%)까지 균등하게 늘려 나간다.

| 표 V-2-4 | 국가별 후속합의 주요 내용

	기술적·절차적 사항	양자간 부가적 사항
미국	- 수입쌀 시판과 관련된 공매기관 지정 - 공매계획 사전공표 - 정기적인 공매실시, 품질 저하되지 않도록 적절한 기한내 공매 - 수입쌀 입찰규격은 국제적으로 인정되는 규격 적용 - 협상결과 이행상황 점검을 위한 정부간 연례 양자협의 개최	- 관련사항 없음
중국	- 협상결과 이행점검을 위한 정부 연례협의 개최 - 장립종 입찰시 입찰규격과 관련하여 동등한 대우가 이루어지도록 노력	- 체리, 사과, 배, 롱간, 여지에 대한 식품검역상 수입위험평가절차를 순차적으로 신속하게 진행하도록 노력 - 식물검역 정례협의회 출범에 노력, 양국의 검역당국간 회의 개최 추진 - 농수산물 조정관세 품목 축소 또는 관세 인하 등을 위해 양국이 노력
호주	- 2007년 이후 연1회 상반기 입찰 실시 - 입찰과정에서 취득한 영업관련 정보보호 - 상기 합의는 관세화유예 기간동안 적용	- 관련사항 없음
아르헨티나	- 관련사항 없음	- 필요한 자료접수 전제하에 가금육 6개월, 오렌지 4개월 이내 수입위험평가절차 신속하게 진행 - 쇠고기는 위험평가에 필요한 자료가 접수되면 평가절차 착수
캐나다	- 관련사항 없음	- 사료용 완두콩의 할당관세율 현행 2% → 0%로 인하, 적용물량은 2005년 45만톤 유지, 2006년 이후 동 수준 유지 노력 - 유채조유(10% → 8%), 유채정제유(30% → 10%) 관세 인하 - 상기 합의는 관세화유예 기간동안 적용

인도, 이집트	- 관련사항 없음	- MMA 수입과 별도로 식량원조용으로 이집트산은 1회 2만톤, 인도산은 관세 화유예 기간동안 연간 9,121톤 우선 구매 - 구매시기 신축성 부여, 국제적 관행에 따른 경쟁입찰 실시
미국, 중국, 태국, 호주	- 국별 쿼터는 국제적인 상관행에 따른 경쟁입찰 실시 - 비정상적인 고가입찰시 유찰시킬 수 있는 권리를 한국이 가지며, 3회 유 찰시 당해 물량은 최혜국대우물량으 로 전환 - 국별 쿼터는 당해연도에 소진되며 이 월불가	- 관련사항 없음

자료: 박지현 "쌀협상 이행계획서 수정안의 WTO 검증완료에 따른 향후 쟁점" 2005.4 KIEP.

셋째, 의무수입물량 수입방식은 현행과 같이 전량 국영무역을 유지하되 2005년도에 의무수입물량 중 10%인 22,600톤을 시장에 판매하고 이 비중을 6년차인 2010년에 수입량의 30%인 98,000톤까지 늘려서 2014년까지 30%를 유지하여 최종연도 시판량은 122,600톤까지 늘려 나간다. 고품질 쌀을 포함하여 밥쌀용 쌀은 통상적인 유통경로, 도매상, 유통업자, 최종수요자에게 접근이 허용되도록 하였고, 밥쌀용 쌀은 저장기간으로 인하여 밥쌀용 쌀로서의 품질이 부정적인 영향을 받지 않도록 적절한 기간 내에 유통되도록 한다.

넷째, 의무수입물량 중 기존물량(20만 5천톤)은 2001년부터 2003년까지의 우리나라 시장점유율을 반영하여 중국(116,169톤), 미국(50,076톤), 태국(29,963톤), 호주(9,030톤) 등 4개국에 국가별 쿼터로 배정하고 증량된 신규물량은 모든 회원국에 입찰을 개방하는 최혜국방식으로 운영한다. 특수 용도 쌀(specialty rice)에 대한 국내 수요가 있을 경우 제한된 물량을 배정할 수 있도록 한다.

이러한 이행계획서안은 WTO회원국의 검증을 거쳐 확정되었으며 WTO의 후속협상임에도 불구하고 쌀의 관세화유예연장이라는 주요내용의 변화로 국회의 비준동의가 필요하다는 판단에 따라 국회비준동의를 거쳐 확정되었다.

3. 협상에 대한 평가

쌀개방 협상에서 정부가 관세화 유예 유지쪽으로 방침을 정한 것은 관세화를 할 경우 향후 DDA에서 최선의 결과를 얻더라도 일정량의 수입 증가가 불가피하고 DDA협상결과가 불투명하여 쌀산업의 불확실성이 증대된다는 판단에 따른 것이었다. UR 당시 우리나라 쌀의 특별대우 조건은 일본보다 유리하고 일반적인 농산물보다 유리한 조건이었다. 그 이후 한국 농업의 구조조정이 착실히 실행되었더라면 2004년의 쌀 협상은 불필요했을 것이다. 그 이유는 쌀 협상은 기본적으로 협정문에 따라 관세화 유예를 연장하기 위한 조건을 협상하는 것이고, 관세화 전환시에는 협상과정을 거치지 않고 협정문 부속서 첨부물에 규정된 대로 관세율을 계산하여 통보하고 이를 시행하면 되기 때문이다. 그러나 정부의 이에 대한 노력은 성과를 거두지 못하였고 불리한 여건 속에서 쌀 관세화유예를 위한 조건을 협상하여 관세화 유예를 2014년까지 10년간 연장하는 데에 합의하였고 그 대가는 의무수입량의 증량과 수입쌀의 시판이었다. 협상을 통하여 쌀에 대한 관세화 유예를 지속함으로써 일단 쌀산업이 안정적으로 경쟁력을 높일 수 있는 시간을 확보하였다는 평가를 받았다. 하지만 '쌀소득보전직불제시행법' 등을 통해 쌀산업의 구조조정과 경쟁력 제고를 위해 노력하였으나 소기의 성과를 거두지 못하고 약속하였던 의무수입물량을 유지하면서 관세화로 나아가야 하는 현실에 부딪히게 되었다.

협상의 측면에서 보면 국내의 쌀관세화 유예 절대고수 입장의 강조로 인해 이해당사국들에게 한국의 관세화이 선택은 거의 불가능한 것으로 간주되게 되어 의무도입물량의 증량이 불가피한 상황이 되었다고 할 수 있다. 한편 이번협상의 본질이 쌀시장에 대한 개방에 관한 것인데 왜 쌀 이외의 품목이나 다른 절차에 대해 부가적인 합의를 해주었는가에 대한 평가도 필요하다. WTO 협정에 따르면 유예연장을 위해서는 상대국에 대해 추가적이고 수락 가능한 대가(additional and acceptable concession)를 지불하도록 되어있다. 따라서 쌀 협상의 본질은 "관세화 유예 연장"이라는 우리 주장에 대해 상대방의 동의를 구하는 협상이므로, 상대국 요구사항이 쌀에 한정하는 것은 아니였으며 일부 상대국들은 양자협상과정에서 다양한 양자현안 해결을 요구해 왔다. 이에 대해 우리는 쌀과 관련 없는 양자현안을 구분하여 별도 채널을 통해 논의한다는 입장으로 대응하여 그 결과 대부분 그런 방식으로 합의되었다. 또한 이 과정에서 중국과 캐나다에 대하여 이미 다른 채널에서 논의가 진행되고 있던 일부 품목의 관세인하도 합의되었다. 그러나 이는 협상의 성격상 불가피한 것이라 할 수 있었다. 쌀을 생산하지 않는 캐나다와 우리나라에 쌀 수출실적이 미미한 국가들과도 부가적인 합의사항을 체결한 것은 모든 협상참여국들의 동의가 있어야 쌀 협상이 성립되기 때문에 10년 유예연장을 얻어내려면 불가피했던 것으로 볼 수 있다. 또한 농민단체나 시민단체에서는 양자간 부가합의사항에 대해 이면합의 혹은 밀실협상이라는 반론을 제기한 바 있다. 그러나 한국정부는 투명성 확보를 위해 협상결과를 모두 공개하였고, 단지 협상과정에서 양자현안 논의 사항을 구체적으로 공개할 경우 제3국의 추가 요구가 우려되었으므로 협상단계별로 표현 가능한 수준으로 밝혔다고 볼 수 있다. 만일 협상단계에서 모든 내용을 공개하였다면 그러한 부가합의를 이끌어 내지 못한 국가들의 추가적인 요구사항이 발생하였을 것이므로 불가피한 선택이었다고 할 수 있다.

관세화 유예를 추가적으로 합의함에 따른 국내 농업구조조정에 미치는 영향에 대한 평가는 엇갈리지만 단순히 협상이라는 측면에서만 보면 10년의 추가 유예기간을 합의한 것은 성공적인 것이라 할 수 있다. 특히 8% 이내의 MMA 수입으로 협상을 마무리한 것은 추가적인 부담을 최소화한 것으로 높이 평가할 수 있다. 협상 초기 상대국들이 요구하였던 수준에 비교해 보더라도 이러한 결과는 성공적인 것이다. 그러나 쌀 협상결과에 대해 농민들이 가장 우려하였던 점은 소비자시판을 일정비율 허용한 것이었다. 비록 전량 국영무역을 통해 수입하도록 되어 있지만 소비자시판 물량은 2005년도에 수입량의 10%에서 2010년 이후 30%로 확대, 유지하도록 하였는데 이는 2005년도의 경우 수입쌀의 90%는 가공용 등으로 사용되지만 10%는 밥쌀용으로 슈퍼마켓이나 할인매장에서 판매되

| 표 V-2-5 | 밥쌀용 수입물량 (단위: ton)

년도	수입총량	밥쌀용
2005	225,575.0	22,557.5
2006	245,922.2	34,429.1
2007	266,269.4	47,928.5
2008	286,616.7	63,055.7
2009	306,963.9	79,810.6
2010	327,311.1	98,193.3
2011	347,658.3	104,297.5
2012	368,005.6	110,401.7
2013	388,352.8	116,505.8
2014	408,700.0	122,610.0

어 우리 식탁에 오른다는 것이며, 수입쌀과 국내산 쌀의 경쟁이 시작된다는 의미이다. 이를 물량기준으로 환산해 보면 〈표 V-2-5〉와 같다.

이러한 물량은 무시할 수 없는 수준이다. 2004년까지 우리나라 쌀 산업이 시장개방에도 불구하고 별다른 영향을 받지 않았던 이유는 전량 가공용으로 수입되었기 때문이다. 또한 수입량의 30%가 밥쌀용으로 수입된다는 것은 국내 수요의 2% 내외가 국내시장에 유통되는 것을 의미하며 이 2%도 우리의 쌀 소비량이 높았던 88-90년 기준이라는 점을 감안하면 실제로는 2% 이상의 효과를 가져오게 될 것이다. 따라서 만약 이번 협상의 목적이 국내 쌀 산업의 보호였다면 수입물량의 증대를 통한 밥쌀용 쌀의 수입량 감소가 더 나은 선택일 수도 있었다.

쌀 협상결과 10년간의 관세화 유예가 결정되었지만, 이행기간 중 언제든지 관세화로 전환이 가능하도록 할 수 있는 조항을 포함시킨 것은 현명한 전략이었던 것으로 판단된다. 즉 DDA 협상결과에 따라 관세화로 전환 할 수 있는 선택의 여지를 남겨두었다는 점은 상황의 변화에 따라 우리의 입지를 조정할 수 있도록 하였다는 의의가 있다 할 것이다. 관세화를 유예하는 동안에도 우리가 관세화로 전환할 경우 적용해야 하는 쌀의 관세는 계속해서 낮아지는데, 이러한 유예기간 중 보이지 않는 관세감축

은 관세화 전환시 큰 충격으로 다가올 수 있으며 관세화유예가 지속되면
서 농업분야의 구조조정이 제대로 진행되지 않을 수 있다는 우려도 있다
는 점을 감안하면 관세화 전환가능 도항의 포함에도 불구하고 이행기간
동안의 관세화를 추진하지 못하였다는 점은 아쉬운 현상이다.

그러나 쌀 재협상에서 아쉬운 점은 협상경위나 부가적 합의사항을
공개함으로써 국내적인 투명성 확보는 가능할 수 있었고 이면합의에 대
한 협상 담당자들의 국내적 책임문제는 회피할 수 있었다고는 하지만 향
후 한국의 농업협상에 있어서는 문제의 소지를 남겼다는데 있다. 협상의
내용을 어느 수준까지 공개하여야 하는지에 대한 명확한 입장의 정립 없
이 여론의 압박에 따라 수시로 공개수준이 결정되었던 것은 문제로 지적
될 수 있다. 특히 부가합의 내용을 상세히 밝힘에 따라 상대국의 협상담
당자들로부터 항의성 서신을 받은 바도 있었던 것으로 알려지고 있는데
이는 다른 국가들에게는 허용해 준 내용들을 협상과정에서는 논의했으나
우리의 의견을 받아들여 양보해 준 국가들이 있기 때문이다. 특히 부가합
의를 이루어 내지 못한 국가들의 경우 협상담당자들에 대한 문책까지도
거론된 바 있었다. 따라서 향후 한국과의 협상에 있어서는 이들 국가뿐만
아니라 다른 국가들도 강력한 입장을 견지할 수밖에 없을 것이다. 따라서
쌀 협상보다 더 큰 영향을 가져오게 될 대외 협상에 있어서의 전반적인
국익을 고려할 때 협상내용의 공개는 부적절한 것으로 판단된다.

현재 농민과 시민단체의 반대로 인하여 발생하였던 비준동의의 지연
은 이로 인한 한국정부에 대한 신뢰도 저하 문제를 발생시킨 바 있다. 비
준동의의 지연으로 인해 후속절차도 지연되는 문제가 발생하였는데 소비
자 시판 등 새로운 제도운영을 위한 제도정비 시간이 필요하였다는 점을
감안하면 신속한 국회비준이 이루어졌어야 한다는 아쉬움이 있다.

결론적으로 쌀 재협상은 국제적인 협상에서는 성공한 협상이라 할
수 있으나 국내적인 협상에서는 실패한 협상으로 규정지을 수 있다. 협상
초기에는 관세화 유예 연장에 대해 비관적인 견해가 지배적이었으나 협
상을 통하여 관세화 유예를 관철해 내었고 MMA 물량도 우리가 초기에
예상하였던 12% 수준을 밑도는 8% 이하로 합의를 이루어 내었다는 점
에서는 성공으로 평가할 수 있다. 그러나 투명성만을 강조하여 모든 정보

를 공개한 것이나 협상에 시민 단체 등을 참여 시킨 것은 책임회피를 위한 것이라는 판단을 내릴 수도 있다. 협상과정에서 협조를 요청하거나 제안을 수용하기 위해서는 공개하여서는 안될 내용도 있다. 따라서 쌀 재협상에서의 아쉬움으로 지적되고 있는 정보공개의 실수는 향후 협상의 교훈으로 삼아야 할 것이며 농민단체나 시민단체도 밀실협상이라는 비난보다는 건전한 제안을 통한 협상력 제고와 협상담당자들에 대한 신뢰를 바탕으로 전체적인 국익에 부합하는 자세를 보여야 할 것이다.

2.3 한 · 일 어업협정 개정협상 및 실무협상 　　　>>>

1. 협상의 배경 및 협상의 과정

　　한 · 일 어업협정 개정협상은 1965년 6월 22일 체결된 한·일간 어업협정을 개정하기 위한 협상이었다. 1996년 200해리 배타적 경제수역(EEZ)을 선언하고 있는 유엔해양법협약(1994년 발효)이 비준됨에 따라한 · 일 양국은 12해리 영해에 기반을 둔 과거의 양국간 어업협정을 새로운 원칙에 맞게 개정할 필요성을 느끼게 되었다. 이에 따라 1996년 5월부터 한 · 일간 어업협정을 개정하기 위한 양국간 실무협상이 시작되었다.

　　양국은 1997년 말까지 10차례의 실무자간 회의를 가졌으나 이견을좁히는 데 실패하였다. 협상의 주요 쟁점은 크게 중간수역의 동쪽 한계선획정문제, 어업수역의 폭 그리고 배타적 어업수역내 기존 조업실적 인정문제로 요약될 수 있다. 동쪽 한계선과 관련해서 우리나라는 동경 136도를 일본은 135도를 주장하였다. 이는 오징어 및 명태어장이 주로 동경134도에서 136도 사이에 분포하고 있기 때문이기도 하지만, 실제로는 독도를 둘러싼 영유권문제와 밀접한 관련이 있었기 때문이다. 독도를 기점으로 200해리 배타적 어업수역을 그리면 그 한계가 동경 136도가 되기 때문이다. 어업수역과 관련해서는 연안어장이 적은 우리나라는 어업수역을 가급적 좁게 잡기를 원하였고, 일본은 반대로 가능한 한 이를 넓히고자 하였다. 기존 조업실적 인정과 관련해서는 우리나라가 어종에 따라 최대 5년간 기존 조업실적을 인정해야 한다는 주장이었던 반면, 일본은 총어획허용량 범위 안에서 매년 어획량을 정하자는 입장이었다.

어업협정 개정협상이 교착상태에 빠지자 일본은 1998년 1월 23일 기존 어업협정의 파기를 선언하고 나섰다. 이에 대해 우리나라는 조업자율규제 조치의 중단 발표로 대응하였다. 우리 어민들이 아무런 제한 없이 일본 연근해에서 조업을 하는 경우, 일본 어민들에게 적지 않은 피해가 돌아갈 것이라는 이유에서였다.

그 후 7차례에 걸친 실무교섭을 거쳐 결국 협상은 1998년 9월 2일 타결되었다. 합의의 주요 내용의 첫째는 중간수역은 양측 연안 35해리 폭을 기준으로 동쪽 한계선은 135도 30분, 서쪽 한계선은 131도 40분으로 정한다는 것이었다. 이에 따라 오징어 황금어장인 대화퇴어장의 절반정도는 중간수역에 포함되게 되었다. 둘째로 독도문제는 양국이 영유권의 소속을 거론하지 않기로 하였다. 셋째로 기존 어업실적 보장과 관련해서는 명태와 대게를 제외한 어종에 대해 3년에 걸쳐 연차적으로 조절해 나가기로 합의하였다.

2. 한·일 어업협정 실무협상

한·일 어업협정 협상은 결국 독도의 영유권을 주장하지 못한 채 끝나고 말았는데, 협상에서의 미숙한 점이 극명하게 드러난 것은 그 후 이루어진 어업협정 이행을 위한 실무협상에서였다.

한·일 양국은 새 어업협정에 따른 어종별 어획량과 어업조건에 관한 실무협상을 벌여 1999년 2월 5일 타결지었다. 그러나 협상이 타결된 후 합의 내용에 대한 어민들의 불만은 극에 달하게 되었다. 일본수역 내에서의 조업을 3년간 단계적으로 감축하는 데서 오는 피해가 워낙 컸을 뿐만 아니라, 합의된 통발의 수로는 경제성이 현저히 떨어지게 되고, 성어기가 조업금지기간에 포함되는 등 많은 문제가 드러났기 때문이다. 더 큰 문제

> ### 한·일 어업협상 실무협상의 주요 합의 내용
> (일본의 배타적 경제수역 내 입어조건)
>
> · 입어업종: 명태 트롤 등 12개 업종
> · 입어척수: 1,562척
> · 우리측 어획할당량: 14만 9천톤
>   (이전 3년간 평균조업실적: 연간 20만 7천톤)
> · 장어통발조업: 연간 입어척수 192척, 어획량 3,013톤, 통발 2,500개 이내
> · 대게잡이: 기존의 저자망 조업 대신 저인망 방식 채택
>   어선척수 30척으로 감축, 어구 규모 10km로 제한

가 되었던 것은 양국간 실무협상에서 쌍끌이 선단이 일본수역 내에서의 입어대상에서 빠지고 오징어채낚기 어선의 복어조업권도 누락된 것이었다. 이에 따라 우리나라는 협상이 타결된 후 1개월도 못되어 일본측에 대해 재협상을 요구할 수밖에 없었다. 결국 쌍끌이조업 및 복어조업을 허용하는 내용으로 협상이 재타결되기는 하였으나, 다른 부문의 어획쿼터를 전용해야 하게 됨으로써 실질적인 이득은 하나도 얻지 못한 채 국가의 체면만 구기는 결과를 가져오고 말았다. 한번 합의에 도달한 내용을 수정하기란 매우 어렵기 때문이었다. 그나마 위안이 된 것은 실무협상에서의 합의가 3년간만 유효하다는 것이었다.

3. 협상에 대한 평가

이와 같은 협상의 실패는 우선 협상에 대한 사전준비가 소홀했던 데서 비롯된 것으로 평가되고 있다. 협상실무자들은 어민들의 실태(이해관계)를 제대로 파악하지 못한 채 협상에 임했으며, 이징상황에 대한 정보, 어획량 통계도 어민들의 주장을 그대로 받아들이는 등 문제가 있었던 것으로 나타나고 있다. 우리측이 제시한 어획량 통계에 대한 근거제시가 이루어지지 못함에 따라 정당성을 확보하지 못하고 망신만 당하고만 경우도 있었다. 저자망방식의 조업 주장도 어자원 보호라는 명분 때문에 설득력이 없었다.

협상대표의 비전문성도 문제로 지적되었다. 협상대표가 자주 교체되었을 뿐만 아니라, 협상이 실무보다는 외교관계를 중심으로 하는 외교부 중심으로 이루어졌기 때문이다. 따라서 한·일 어업협상은 협상에서 좋은 결과를 얻어내기 위해서는 전문성을 가지고 협상을 철저하게 준비해야 한다는 교훈을 우리에게 주고 있다.4)

통상과 관련된 협상은 아니지만 2015년 12월 28일 타결된 위안부 문제에 관한 한·일간 협상 역시 다양한 측면에서 실패한 협상인 것으로 분석된다.

먼저 이 협상은 위안부 문제에 관한 협상이다. 따라서 위안부 할머니들의 이해관계(interests)가 먼저 파악이 되고, 그와 같은 이해관계에 부합되는 합의를 도출했어야 했다. 그러나 협상과정에서 위안부 할머니들의 의견은 거의 반영되지 않았다. 이는 합의에 대해 위안부할머니들이 크게 반발한 데서도 잘 드러난다. 위안부 할머니들의 요구는 얼마 되지 않는 보상금(사실은 보상금이라는 표현조차 합의문에 담기지 않았음)을 원했던 것이 아니라 일본정부의 확실한 사과였다. 자기 자신의 이해관계조차 제대로 파악하지 못한 상태에서 협상을 시작하는 것처럼 어리석은 협상은 없다.

둘째로 국제통상협상이 성공하기 위해서는 대외적인 협상과 함께 대내적인 협상이 동시에 진행되어야 한다. 한·일간 위안부 협상에서와 같이 대외적인 협상에만 신경을 쓰고 국내의 다양한 이해관계자와의 협상을 소홀히 할 경우, 협상이 타결된 후에 더 큰 문제가 발생할 수 있음은 물론이다.

셋째로 합의 시한을 너무 짧게 잡고 협상을 하다 보니 합의 시한에 쫓기어 한국이 일방적으로 불리한 합의를 받아들이는 일이 벌어지게 되었다. 합의 시한이 정해져 있을 경우, 합의 시한이 지켜지지 않았을 때 더 나쁜 결과가 예상되는(즉, BATNA가 나쁜) 당사자는 협상에서 불리한 결과를 얻을 가능성이 높다. 이러한 상황이라면 합의 시한은 정해놓지 말았어야 했다.

마지막으로 한·일간 합의문에는 합의가 최종적이고 불가역적이라는 표현이 들어가 있다. 그러나 어떠한 협상도 최종적이고 불가역적일 수 없다. 어느 누구도 그러한 합의를 할 자격이 없기 때문이다. "모든 것은 협상가능하다(Every thing is negotiable)"는 협상학의 기초적인 교훈만 알았더라도 그와 같은 합의는 피했어야 했다.

---

4) 그러나 불행하게도 협상에서의 미숙함은 한·중 어업협정 협상에서도 그대로 드러나는

또한 일본은 한·일 어업협상에서 우리의 약점 즉 협상실패시 대안 (BATNA)을 충분히 활용한 것으로 평가되고 있다. 협정이 무효화되는 1년 안에 협상이 타결되지 않는 경우에는 어자원이 풍부한 일본의 연근어장에 대한 우리 어선들의 접근이 어려워질 수밖에 없다는 우리의 약점을 잘 알고 있었기 때문이다. 즉 기존 협정의 파기를 통해 협상실패시 우리나라가 커다란 피해를 입을 수밖에 없도록 만들어 놓고 협상을 하고자 하였던 것이다. 실제로 실무협상이 타결되기 약 보름 전부터 상대국 배타적 경제수역에서의 조업이 중단되었던 것으로 나타나고 있다. 더욱이 이 때는 우리나라가 외환위기의 한 가운데서 일본으로부터의 외자유치를 절실히 필요로 하고 있었기 때문에, 일본과의 어업협상에서도 우리측의 주장을 강하게 밀어붙일 수 없었다. 반면 우리나라의 조업자율규제의 중단은 200해리 배타적 경제수역의 원칙하에서는 커다란 위협이 되지 못하였다. 이와 같은 우리의 약점이 협상에서 우리나라의 입지를 약화시킨 것으로 평가되고 있는 것이다.

2.4 한·중 마늘협상[5] >>>

1. 협상의 배경

한국의 농산물 시장개방에 따라 중국으로부터 양파, 고추, 마늘, 참깨 등 농산물의 수입이 급증하였다. 특히 국내주요 작물인 마늘 수입이 급증하였다. 즉 50%의 저율관세가 부과되는 최소시장접근(Minimum Market Access, MMA) 물량 초과분에 대해 396%의 고율관세를 마늘에 대

등 그 후에도 계속되고 있다.

5) 본 절의 내용은 한중마늘교역분쟁(국가기록원, www.archieves.go.kr)을 참조하여 작성되었음.

해 부과했음에도 불구하고 중국의 저렴한 생산비로 인해 신선마늘의 수입은 1996년과 1998년 2년 사이에 4배 가까이 증가하였다. 특히 UR 협상 당시 국내 수요가 없거나 미미할 것으로 판단하여 30%의 저율관세를 허용한 냉동마늘과 초산제조마늘의 경우 1999년에는 1996년 대비 9배 이상으로 수입이 급증하였다. 그 이유는 중국산 마늘의 약 70%가 생산되는 산동성에서 한국시장을 겨냥하여 적극적으로 마늘을 재배하고 냉동설비 등을 설치하는 등 적극적인 수출 전략을 도입하였기 때문이었다.

중국산 마늘의 수입급증으로 수입 마늘의 국내시장 점유율은 1996년 3.3%에서 1999년 12.2%로 크게 증가하였다. 또한 마늘의 수입급증으로 국내의 농가판매가격과 도매시장가격은 1999년 전년 동기 대비 42.4%와 37.9%씩 하락하였다. 이로 인해 한국 마늘재배농가의 피해가 확산되자 농협중앙회는 1999년 9월 30일 「대외무역법」 제26조상의 산업피해조사를 산업자원부 산하 무역위원회에 신청하였고 무역위원회는 10월 11일 「대외무역법」 제27조에 의거 산업피해조사를 개시하기로 결정하였다. 조사 결과 무역위원회는 마늘수입의 급증으로 관련 국내산업이 심각한 피해를 받고 있으며 최종판정 이전에 긴급히 구제조치를 취하지 않으면 관련 국내산업의 피해가 회복하기 어려울 것으로 판단하여 1999년 10월 27일 냉동마늘과 초산제조마늘에 한해 200일 동안 285%의 잠정긴급관세(30%에서 315%로 인상)를 기본관세에 추가하여 부과해 줄 것을 재정경제부 장관에 건의하였다. 이에 재정경제부 장관은 1999년 11월 18일부터 2000년 6월 4일까지 잠정긴급관세를 시행하기로 결정하였다. 무역위원회는 2000년 2월 2일 산업피해 긍정판결을 내리고 3월 15일 재정경제부 장관에게 관세율인상을 건의하고 농림부 장관에게는 마늘산업 구조조정 종합대책 수립 및 추진을 건의하였다.

재정경제부 장관은 2000년 6월 1일부터 중국산 마늘에 대해 WTO협정과 대외무역법 및 관세법에 의거하여 긴급관세를 부과하기로 결정한다. 이에 따라 한국과 중국간에 마늘 수입에 관한 분쟁이 발생하게 되었고 한중간 마늘협상이 시작되게 된다.

2. 협상의 과정

무역위원회의 세이프가드 발동 건의 후 한국정부는 2000년 4월 24일과 5월 18일 두 차례에 걸쳐 중국정부와 실무협상을 진행하였다. 한국정부는 중국 정부에 옥수수, 참깨 수입을 늘리고 조정 관세 부과 품목의 관세를 인하시켜주는 타협안을 제시했으나 합의점을 찾지 못하고, 5월 26일 세이프가드 조치를 WTO에 정식 통보하였다. 이에 따라 재정경제부 장관은 2000년 6월 1일 중국산 마늘에 대해, WTO 협정과 「대외무역법」 및 「관세법」에 근거하여 긴급관세를 부과하였다. 깐마늘의 경우 MMA 물량 범위 내에서는 50%의 기본관세가 부과되며 MMA 초과물량에 대해서는 376% 또는 1,880원/kg 중 고액의 관세가 적용되게 되었다. 냉동마늘 및 초산조제마늘의 경우 30%의 기본관세에 추가하여 285% 또는 1,707원/kg 중 고액의 관세가 적용되는 것으로 결정되었다. 이에 중국측은 이의를 제기하고 양국간 협의를 요청하였다. 하지만 양국 입장의 차이로 인해 협의가 이루어지지 못하고 한국정부는 2000년 5월 26일 세이프가드의 발동을 WTO에 정식으로 통보하고 6월 1일부터 3년간 긴급관세를 연장하는 조치를 취하였다. 이에 대해 중국정부는 자국의 대외무역법 제 7 조에 의거 2000년 6월 7일부터 한국산 휴대용 무선전화와 폴리에틸렌에 대한 잠정수입금지조치를 취하였다. 이들 제품의 대중국 수출액은 약 5억 달러 규모로 한국의 중국산 마늘 수입액 898만 달러와 비교해 보면 균형이 맞지 않는 것으로 '상응하는 조치'를 적용하여야 한다는 WTO 규정에 어긋나는 것이었다.

| 표 V-2-6 | 한중 무역분쟁 품목의 수입규모 비교 (단위: 만달러)

구분	1997	1998	1999
대중 마늘 수입액	344	475	898
대중 휴대폰 수출액	970	1,480	4,140
대중 폴리에틸렌 수출액	55,840	53,530	47,130

자료: 2000년 외교통상부 국회제출 국감자료.

하지만 그 당시 중국은 WTO회원국이 아니었으므로 한국의 WTO제소는 불가능한 상황이었다. 이러한 과정을 거쳐 양국 정부는 2000년 6월 29일 북경에서 3차 한·중 마늘 협상을 재개하였다. 협상을 통해 세이프가드 기간은 당초보다 6개월 줄여 2002년 말에 종료하고, 한국산 휴대용 무선전화기와 폴리에틸렌에 대한 수입 금지조치를 중국이 해제하는 대신, 한국은 중국에서 수입되는 냉동마늘과 초산조제마늘을 매년 2만여 톤씩 수입하는 관세율쿼터(TQR)를 실시하며, 저율의 기본관세 50%로 수입 가

| 표 Ⅴ-2-7 | 한중마늘협상 일지

1999.9.30	농협중앙회 중국산 마늘에 대해 무역위원회에 산업피해조사 신청
1999.10.11	무역위원회 산업피해조사 착수
1999.10.27	무역위원회 잠정긴급과세 부과 건의
1999.11.18	재정경제부 200년 6월 4일까지 (200일간) 잠정긴급관세를 30%에서 315%로 상향조정 결정
2000.1.12	무역위원회 공정회 개최
2000.2.2	무역위원회 잠정긴급관세부과 긍정적 판정
2000.3.15	무역위원회 긴급과세부과 재정경제부에 건의 결정
2000.3.17	재정경제부 중국산 마늘에 대한 긴급관세부과 공식 결정
2000.4-5	한중간 협상 개최(1차 4.25-26 서울/2차 5.17-20 북경)
2000.6.1	재정경제부, 중국산 마늘(냉동·초산조제마늘)에 대해 긴급 수입관세 315% 부과 결정
2000.6.7	중국, 한국산 휴대전화와 폴리에틸렌에 대해 잠정수입금지
2000.6.29	북경에서 한-중 마늘협상 개시
2000.7.7	한-중 마늘협상 합의서 문안 합의
2000.7.31	한-중 마늘협상 합의서 서명
2000.8.2	재정경제부, 긴급관세 부과기간을 2002년 12월 31일까지로 단축, 중국산 냉동 및 초산조제마늘에 대하여 쿼터설정, 저율관세 적용
2001.4.21	외교통상부, 중국측에 2000년 쿼터 미소진물량 수입보장 및 2001년과 2002년의 쿼터물량 수입보장
2001.6.28	농협중앙회, 중국산 마늘에 대해 긴급수입관세 유지신청

자료: 2000년 외교통상부 국회제출 국감자료.

능한 최소시장접근(MMA)물량 1,895톤을 중국산 마늘로 도입한다는 합의에 도달하였다.

이 같은 합의에 따라 종료된 것으로 판단되었던 한·중 마늘 분쟁은 2001년 4월 6일 한중 실무협상에서 중국정부가 보복조치를 재개할 것을 경고하면서 재연된다. 그 이유는 한국 정부가 2000년에 32,000천 톤을 수입해주기로 약속하고 22,000천 톤밖에 수입하지 않았던 것을 이유로 중국 정부가 이의를 제기하였기 때문이다. 이에 따라 중국정부는 4월 11일 폴리에틸렌에 대한 통관을 지연시켜 또 다시 통상분쟁을 재개한다. 이러한 중국의 주장에 대해 한국 정부는 2000년도 예정된 수입물량이 미소진된 이유는 도입기간이 4개월 정도(2000년 8월 2일부터 발효)에 불과하였기 때문이라고 설명하였다. 그러나 한국은 2001년 4월 21일 북경에서 열린 한·중 통상장관회담에서 중국의 주장을 수용하여 미소진 물량(약 1만 톤)을 2001년 8월 31일까지 전량 수입하고 2001년, 2002년 쿼터물량 수입을 보장하는 데 합의하게 된다. 중국 측 주장에 일방적으로 굴복한 통상 협상이라는 국내적 비난이 있었지만 한·중 마늘협상은 종결된 듯하였다. 하지만 2002년 6월 28일 농협중앙회가 마늘 세이프가드를 2006년 말까지 4년 연장해줄 것을 무역위원회에 요청하면서 다시 파문이 확산되게 된다. 한국 정부가 2000년 7월 한·중 마늘협상 타결 시 "2003년부터 마늘 세이프가드를 해제하고, 마늘수입을 민간에 맡긴다."라는 내용의 부속서에 합의하고 이를 공개하지 않은 것이 밝혀지면서 정치권과 농민단체는 정부가 책임을 지고 중국과 재협상을 해 세이프가드를 4년 더 연장해야 한다는 주장을 하게 되었기 때문이다. 그러나 한국정부가 마늘 재배 농가에 대한 지원을 약속하고 2000년 7월 한·중 마늘합의 부속서에 의거하여 2003년부터 중국산 마늘이 수입자유화되면서 한중마늘분쟁은 종결되게 되었다.

3. 협상에 대한 평가

한중간의 마늘분쟁은 단순한 마늘이라는 상품에 관한 문제가 아니라 다양한 정치경제적 의미를 내포하고 있다. 특히 한국에 있어서의 마늘은

생산농가가 전체 농가의 1/3 수준에 달하고 시장규모도 쌀 다음인 중요
환금작물이었다. 따라서 마늘의 수입급증으로 인한 농가피해는 한국농민
의 대다수에게 영향을 미치고 정치적 이해관계도 결부되면서 협상당국의
재량권이 적어질 수밖에 없는 상황이었다. 또한 한중마늘협상은 일반농가
에도 UR과 동 기간에 동시에 진행되었던 한칠레 FTA로 인한 농산물시장
개방의 위기감을 증폭시키게 되어 전체 농민의 관심을 유발하게 되었다.
중국의 경우에도 산동성에 한국수출용 마늘생산농가가 집중되어 있어 한
국의 긴급수입제한조치는 이 지역 전체의 문제로 인식되고 있었다. 또한
중국이 한국의 마늘에 대한 긴급수입제한조치에 대해 휴대전화와 폴리에
틸렌에 대한 보복조치를 발동한 점도 농민단체와 기업단체 등 국내의 다
양한 이익집단간의 이해관계의 조정이 필요한 복잡한 협상의 형태를 만
들어 내게 되었다.

　　한·중 양국간 교역규모가 커지면서 무역분쟁이 발생하는 것은 당연
한 일이라고 할 수 있으나, 농업부문에서 양국간에 심각한 분쟁이 발생한
이유는 다음과 같다. 첫째, 산업구조적 요인이다. 중국이 값싼 농산물을
대량으로 생산할 수 있는 반면, 우리는 그렇지 못할 뿐 아니라 농업구조
조정이 빠른 속도로 이루어지지 않고 있기 때문이다. 가격경쟁력의 차이
와 함께 산업구조적인 측면이 근본적인 요인으로 작용하고 있다. 둘째,
제도운영적 요인이다. WTO의 수입규제수단으로 반덤핑관세와 세이프가
드를 들 수 있다. 그런데 일반적으로 세이프가드는 수입피해국이 수입급
증이라는 발동조건을 만족시키기가 용이하지 않으며, '수입과 피해간의
인과관계'도 입증하기 어렵다. 또한 무역당사국으로부터의 보복을 당하거
나 보상을 해줘야 할 위험성도 있다. 셋째, 무역분쟁 대응체제에 관련된
요인이다. 무역분쟁은 재화, 서비스, 생산요소의 국제교역과정에서 국익을
극대화하려는 각국의 정책들이 조정되지 못할 때 발생한다. 결국, 무역분
쟁은 각국의 정책이 통합·조정되어 운영되지 않는 한, 계속 발생할 수밖
에 없는 불가피한 측면이 있다. 이는 통상정책이 결국 국익을 극대화하려
는 수단이기 때문에 정책수행의 여하에 따라 이익과 손실이 극명하게 엇
갈리므로 당사국으로서는 양보가 용이하지 않다는 속성 때문이다. 우리나
라가 겪은 과거의 무역 분쟁의 사례들처럼 이번 한·중 마늘 교역분쟁에

서도, 분쟁이 불거졌을 때에 부처간 협조 원활화가 신속히 이루어지지 못했다는 문제점이 제기되었다. 농림부, 재정경제부, 산업자원부, 외교통상부 등 협상과정상 결정에 참여한 각 부처의 이해관계가 상이하여 전체적인 국익에 최선의 효과를 가져오지 못하는 결과를 가져온 점은 추후 협상에서 교훈으로 삼아야 할 것이다.

2.5 한 · 미 담배양해록 협상[6] 〉〉〉

1. 협상의 배경

1988년 체결된 한 · 미 담배양해록은 '한미 주둔군 지위협정(SOFA)'과 마찬가지로 대표적인 한 · 미간 불평등협정의 사례로 꼽히고 있다. 이는 외형상 담배소비세를 갑당 360원으로 할 것을 주장한 우리의 주장이 받아들여진 듯 보이지만, 국내 세율이 협상의 대상이 되었다는 점에서 조세주권주의에 크게 배치되는 것이기 때문이다. 주권국가로서 어떻게 그와 같은 양보를 할 수 있었는지 의문이 제기되고 있을 정도이다. 이 담배양해록에는 향후 담배소비세를 종량제로 하고, 기타의 세금을 부과할 수 없으며, 흡연경고문은 담배갑의 좁은 옆면에 하고, 외국담배회사가 여성이나 청소년을 직접 대상으로 하지 않는 행사의 후원이 가능하도록 규정되어 있다.

우리나라가 한 · 미 담배양해록의 개정을 강력하게 요구한 것은 외국산 담배의 시장점유율 증대 등과도 관련이 있지만 보다 직접적으로는 재정수입을 늘리고 국민건강을 보호하기 위해 담배소비세를 인상할 필요성이 증대되었기 때문이었다. 더욱이 정부가 추진한 국민건강증진법안 가운

---

6) 협상의 배경 및 과정은 유석진, "한 · 미 담배양해록 개정협상," 유석진 편, 「한국의 통상협상」 참조.

데 담배판촉을 위한 경품제공의 금지, 담배갑 앞뒷면에 흡연경고문 부착 조항이 한·미 담배양해록으로 인하여 삭제되자 시민단체 등을 중심으로 조세주권과 건강주권을 요구하는 목소리가 높아지게 되었으며, 이는 정부로 하여금 담배양해록 개정하도록 하는 압력으로 작용하였다.

2. 협상의 과정

한·미 담배양해록 개정협상은 1994년 9월부터 시작하여 1995년 8월까지 7차례에 걸쳐 진행되었다. 여기서 우리나라는 종량세를 종가세로 바꾸는 내용의 담배세제 개편과 국민건강 증진을 위한 담배판촉과 광고 규제의 필요성을 주장하였다. 반면, 미국은 담배에 대한 세금이 종가세로 바뀌는 경우 미국산 담배가격의 인상으로 시장점유율이 하락할 것을 우려하였으며, 외국산 담배에 대한 차별과 비판적 시각의 존재를 이유로 들면서 광고 및 판촉행사 제한에도 반대하였다. 여섯 차례에 걸친 협상이 성과 없이 끝난 것도 바로 그 때문이었다.

한·미 담배양해록 협상이 진전을 보인 것은 다름 아닌 미국내의 청소년 흡연규제 움직임과 밀접한 관련이 있었다. 1995년 8월 10일 클린턴 미국 대통령이 담배의 니코틴을 마약성분으로 규정하고 청소년들에 대한 담배판매를 규제하는 청소년 흡연억제대책을 발표하였기 때문이다. 이 대책에는 18세 이하에 대한 담배판매 불법화, 담배자동판매기의 설치 금지는 물론 담배광고의 규제, 담배회사의 스포츠행사 후원을 통한 판촉활동 금지, 수퍼마켓 등에서의 담배진열 제한 등 다양한 내용이 포함되었다. 그런데 그와 같은 청소년 흡연억제대책은 우리나라 국민건강증진법과 유사한 내용으로 담배의 광고 및 판촉을 제한하고자 하는 우리측의 명분을 강화시켜 주었다.

결국, 1995년 8월 22일부터 25일까지 열린 7차 회담에서 미국측이 우리측의 요구사항을 대폭 수용함으로써 1년 가까이 진행된 한미 담배양해록 개정협상은 타결되었다. 개정된 양해록에는 i) 우리나라의 조세징수권 및 국민건강을 위한 재량권을 인정하고, ii) 담배에 대한 세금을 종량세에

| 표 V-2-8 | 한·미 담배양해록 개정의 주요 내용

구 분	1998년 담배양해록	1995년 개정합의문
담배소비세	- 가격 기준으로 200원이 넘는 담배의 소비세를 1천개비당 1만 8천원(갑당 360원, 1993년 460원으로 인상)으로 함 - 그 외에는 어떠한 국세, 지방세 및 재정수입을 위한 기금을 부과하지 않음	- 조세 및 재정부담금의 징수, 국민건강 보호에 대한 재량권이 한국에 있음을 재확인 - 종량·종가 혼합세의 허용 - 담배소비세를 30-50% 인상 - 1천개비당 1천원(갑당 20원)의 공익사업 기부금 부과(국산과 외국산의 구분 없이 부과) - 1998년 12월 31일 이후 부가가치세 과세여부 결정 가능(국산과 비차별적인 방식으로 부과)
담배소비세의 배분방식	- 언급이 없으나 실질적으로 국산 담배의 판매비율을 기준으로 지방자치단체에 배분	- 담배세 수입의 지방자치제 배분을 수입담배에 비차별적인 방식으로 운용
광고/판촉	- 상표당 연 120회 잡지광고 허용 - 여성과 청소년을 대상으로 하지 않는 사회·문화·음악·체육 행사의 후원 허용 - 흡연경고문은 담배갑의 좁은 옆면에 표시 - 소매상 근처에서의 판촉활동 허용	- 국민건강 증진을 위해 한국 정부는 담배의 광고·판촉행위를 제한하기 위한 법적·행정적 조치 가능 - 이러한 조치들은 외국산 담배에 대해 비차별적인 방법으로 적용

자료: 유석진, "한·미 담배양해록 개정협상" 참조.

서 종량·종가 혼합세로 전환하며, iii) 외국산 담배에 대해서도 국산과 마찬가지로 공익기금을 부과하고, iv) 국민건강을 증진시키기 위해 광고 및 판촉행위를 제한할 수 있도록 하는 내용이 포함되었다. 다만 개정된 양해록에는 미국산 담배에 대한 차별을 방지하기 위해 담배세의 지방자치단체 배분방식을 외국산 담배에 대해 비차별적인 방식으로 운영하고, 담배에 대한 광고 및 판촉행위 제한도 비차별적인 방식으로 운영하도록 하자는 미국측의 요구사항도 반영되었다.

3. 협상에 대한 평가

한·미 담배양해록 개정협상에서는 협상에서의 명분, 즉 정당성 (legitimacy)이 크게 부각된 것으로 평가되고 있다. 미국 측은 당초 한국 측이 주장한 담배에 대한 광고 및 판촉제한에 대해 크게 반대하였으나, 자국의 청소년 흡연대책의 발표와 함께 협상에서의 명분을 크게 상실하였다. 자국 청소년의 건강은 보호하면서 우리나라 청소년의 건강을 보호하기 위한 조치에 반대하기는 어려웠기 때문이다.

둘째로 조세주권과 건강주권을 주장하는 시민단체들의 활발한 운동과 미국 측에 비판적인 여론이 우리측으로 하여금 협상에서 강경한 자세를 나타내도록 하는 압력으로 작용하였다. 어정쩡한 양해록 개정안으로 국민을 설득하기는 어려웠던 것이다. 따라서 담배양해록 개정협상은 대내협상의 윈셋(win-set)이 대외협상의 결과에 영향을 미친 좋은 사례라고 할 수 있다. 또한 국민건강 증진에 해가 되는 담배양해록의 개정을 위해 한·미 시민단체가 힘을 합친 것도 미국 측에는 커다란 압력으로 작용한 것으로 평가되고 있다. 이와 같이 협상 상대국 내에서 다양한 의견을 협상에서 활용하는 경우, 협상을 유리하게 이끌 수 있는 것이다.

마지막으로 우리측이 담배에 대한 세금부과 방식으로 초기에 종가세를 주장하다가 종량·종가 혼합세를 제시한 것은 협상 상대방이 수용 가능한 선택대안(option)을 개발하였다는 점에서 협상타결에 긍정적으로 작용한 것으로 평가되고 있다. 우리측이 종가세를 계속 주장했을 경우, 미국산 담배의 시장점유율 하락을 우려한 미국이 이를 쉽게 받아들이기 어려웠을 것이기 때문이다.[7]

---

7) 이 밖에도 미국과의 협상시에는 보안에 특별히 유의해야 하는 것으로 알려지고 있다. 담배양해록 협상은 아니지만 우리측 협상안이 유출되었다는 의혹이 드는 사례가 종종 발견되고 있기 때문이다.

연습문제

1. 우리나라 국제 협상의 문제점이나 교훈을 사례를 들어 설명하시오.
2. 재협상이나 추가협상의 성과와 한계에 대하여 논하시오.
3. 현재 진행중이거나 준비중인 국제통상협상에 협상의 이론을 적용하여 분석해 보시오.

약 어 표

약 어	원 명	한 국 명
[A]		
ADB	Asia Development Bank	아시아 개발은행
AFTA	ASEAN Free Trade Area	아세안 자유무역지대
AIC	ASEAN Industrial Complementation	아세안 산업보안계획
AICS	ASEAN Industrial Cooperation Scheme	아세안 산업협력계획
AIJC	ASEAN Industrial Joint Ventures	아세안 산업합작계획
AIP	ASEAN Industrial Projects	아세안 산업프로젝트
AmCham	American Chamber of Commerce	미 상공회의소
APEC	Asia-Pacific Economic Cooperation	아시아 태평양경제협력체
ASEAN	Association of South-East Asian Nations	동남아국가연합
ASEM	Asia-Europe Meeting	아시아-유럽회의
ATMI	American Textile Manufacturers	미국 섬유제조업자협회
[B]		
BATNA	Best Alternative to Negotiated Agreement	협상 실패시의 대안
BIS	Bank for International Settlements	국제결제은행
BOP	Balance of Payment	무역수지
[C]		
CAC	The Joint FAO/WHO Codex Alimentarius Commission	FAO/WHO 국제식품표준위원회
CAP	Common Agricultural Policy	공동농업정책
CBD	Convention on Biological Diversity	생명다양성협약
CCC	Customs Cooperation Council	관세협력이사회
CDO	Collateralized Debt Obligation	부채담보부증권
CDS	Credit Default Swap	신용파산 스와프
CEPA	Comprehensive Economic Partnership Agreement	포괄적 경제동반자 협정
CEPT	Common Effective Perferential Tariff	공동실효특혜관세
CER	Closer Economic Relationship	효주-뉴질랜드 특혜무역협정
CIME	Committee on International Investment and Multinational Enterprise	국제투자 및 다국적기업위원회
CPTPP	Comprehensive and Progressive TPP	포괄적·점진적 환태평양경제동반자협정
C/S	Country Schedule	이행계획서

약 어	원 명	한 국 명
[D]		
DAC	Development Assistance Committee	OECD 개발원조위원회
DAEs	Dynamic Asian Economies	역동적 아시아 개도국군
DDA	Doha Development Agenda	도하개발아젠다
DEC	Dialogue for Economic Cooperation	한미 경제협력대화
DNMEs	Dynamic Non-Member Economies	역동적 비회원국
DSB	Dispute Settlement Body	분쟁해결기구
[E]		
EC	European Community	유럽공동체
ECSC	European Coal & Steel Community	유럽석탄철강공동체
EEA	European Economic Area	유럽경제지역협정
EEC	European Economic Community	유럽경제공동체
EFTA	European Free Trade Association	유럽자유무역협정
EHP	Early Harvest Package	선자유화조치
EMI	European Monetary Institute	유럽통화기구
EMU	Economic & Monetary Union	유럽경제통화동맹
EPA	Economic Partnership Agreement	경제연대협정
ERM	Exchange Rate Mechanism	유럽환율조정제도
EU	European Union	유럽연합
EURATOM	European Atomic Energy Community	유럽원자력공동체
[F]		
FAO	Food and Agriculture Organization (UN)	유엔 식량농업기구
FCN	Friendship, Commerce and Navigation	우호통상항해
FDI	Foreign Direct Investment	외국인직접투자
FIRA	Foreign Investment Review Act	외국인투자심사법
FTAA	Free Trade Area of the Americas	미주자유무역지대
FTAAP	FTA of the Asia-Pacific	아·태 자유무역지대
[G]		
G-7	Group of Seven	선진 7개국
G-20	Group of Twenty	G-20
GATS	General Agreement on Trade in Services	서비스교역에 관한 일반협정
GATT	General Agreement on Tariffs and Trade	관세 및 무역에 관한 일반협정
GFC	Global Forum on Competition	글로벌 경제 포럼
GI	Geographical Indication	지리적 표시
GNS	Group of Negotiation on Services	서비스협상그룹

약 어	원 명	한 국 명
GSP	Generalized System of Preferences	일반특혜관세제도
[H]		
HS	Harmonized Commodity Description and Coding System	국제통일상품분류제도
[I]		
IAEA	International Automic Energy Agency	국제 핵에너지위원회
IBRD	International Bank for Reconstruction and Development	세계은행
ICN	International Competition Network	국제경쟁네트워크
ICSID	International Center for the Settlement of Investment Disputes	국제투자분쟁해결센터
IDEA	Initiatives for Development	동아시아 개발 이니셔티브
IEC	International Electrical Commission	국제전기기술위원회
ILO	International Labor Organization	국제노동기구
IMF	International Monetary Fund	국제통화기금
IOE	International Office of Epizootics	국제수역사무국
IOLM	International Organization of Legal Metrology	국제법정계량기구
IPPC	International Plant Protection Convention	국제식물보호협약
IPR	Intellectual Property Rights	지식재산권
ISD	Investor-State Dispute Settlement Mechanism	투자자-국가간 분쟁해결제도
ISO	International Standard Organization	국제표준화기구
ITA	Information Technology Agreement	정보기술협정
ITA	International Trade Agency	국제무역청
ITC	International Trade Commission	국제무역위원회
ITCB	International Textiles & Clothing Bureau	국제섬유의류기구
ITO	International Trade Organization	국제무역기구
[J]		
JSEPA	The Japan Singapore Economic Agreement for a New Age Partnership	일·싱가포르 신시대 경제연대협정
[L]		
LDC	Least Developed Countries	최빈개도국
LTA	the logn term arrangement on cotton textiles	장기면직물협정

약 어	원 명	한 국 명
[M]		
MAI	Multilateral Agreement on Investment	다자간 투자협정
MERCOSUR	Common Market of the Southern Cone	남미지역공동시장
MFA	Multi-Fiber Arrangements	다자간 섬유협정
MOSS	Market-Oriented & Sector-Selective	특정시장 및 분야별
MTA	Multilateral Trade Agreement	다자간 무역협정
MTN	Multilateral Trade Negotiation	다자간 무역협상
[N]		
NAFTA	North America Free Trade Area	북미자유무역협정
NAMA	Non Agricultural Market Access	비농산물 시장접근
NICs	Newly Industrialized Countries	신흥공업국
NTBs	Non-Tariff Barriers	비관세장벽
NTE	National Trade Estimates on Foreign Trade Barriers	국별 무역장벽 보고서
[O]		
ODA	Official Development Assistance	공적개발원조
ODI	Outward Direct Investment	해외직접투자
OECD	Organization for Economic Cooperation and Development	경제협력개발기구
OMA	Orderly Market Arrangement	시장질서유지협정
OPEC	Organization of Petroleum Exporting Countries	석유수출기구
[P]		
PECC	Pacific Economic Cooperation Council	태평양경제협력위원회
PEI	Presidents' Economic Initiative	한·미 기업환경개선방안
PFC	Priority Foreign Country	우선협상대상국
PFI	Policy Framework for Investment	OECD 포괄투자정책협약
PPMs	Process and Production Methods	공정 및 생산방식
PTA	Preferential Trade Agreement	특혜무역협정
PWL	Priority Watch List	우선감시대상국
[R]		
RCEP	Regional Comprehensive Economic Partnership	역내 포괄적 경제동반자협정
RTA	Regional Trade Agreement	지역무역협정

약 어	원 명	한국명
[S]		
SII	Structural Impediments Initiative	미·일구조협의
SSM	Special Safeguard Mechanism	특별 세이프가드 메커니즘
SSRB	standstill & rollback	현상동결 및 점진적 철폐
STA	the short term arrangement on cotton textiles	단기면직물협정
[T]		
TBR	Trade Barriers Regulation	무역장벽규제
TBT	Technical Barriers to Trade	기술적 장벽
TMB	Textile Monitoring Body	섬유감시기구
TNC	Trade Negotiation Committee	무역협상위원회
Total AMS	Total Aggregate Measurement of Support	농업보조측정총액
TPA	Trade Promotion Authority	무역촉진권한
TPP	Trans-Pacific Strategic Economic Partnership	환태평양경제동반자협정
TPRM	Trade Policy Review Mechanism	무역정책검토제도
TRIMs	Trade-Related Investment Measures	무역 관련 투자조치
TRIPs	Trade-Related Intellectual Property Rights	무역 관련 지식재산권
TRQ	Tariff Rate Quarter	저율관세수입물량
TTII	Transatlantic Trade and Investment Initiative	범대서양 무역투자협의
TTIP	Transatlantic Trade and Investment Partnership	범대서양 무역투자동반자협정
[U]		
UNCTAD	United Nations Conference on Trade Aid and Development	유엔 무역개발회의
UNDP	United Nations Development Program	유엔 개발회의
UNESCO	UN Economic and Social Council	유엔 경제사회이사회
UR	Uruguay Round	우루과이라운드
USTR	United States Trade Representative	미국 무역대표부
[V]		
VERs	Voluntary Export Restraints	수출자율규제
[W]		
WEF	World Economic Forum	세계경제포럼
WHO	World Health Organization	세계보건기구
WIPO	World Intellectual Property Organization	세계지식재산권기구
WL	Watch List	감시대상국
WTO	World Trade Organization	세계무역기구

참고문헌

[영문]

Acharya, Viral V. and Matthew Richardson, *Restoring Financial Stability*, John Wiley & Sons, 2009.

APEC, "APEC's Second Trade Facilitation Action Plan," Singapore, 2007.

Ariff, Mohamed et al., *AFTA in the Changing International Economy*, Institute for Southeast Asian Studies, 1966.

Artis, M. J. and N. Lee(eds.), *The Economics of the European Union*, Oxford University Press, 1994.

ASEAN Secretariat, *AFTA Reader*, November 1993.

Balassa, B. and M. Noland, *Japan in the World Economy*, Institute for International Economics, 1988.

Baldwin, Richard, *The Great Convergence : Information Technology and the New Globalization*, The Belknap Press of Harvard University Press, 2016.

Barfield, Claude. E., *Expanding U.S.-Asian Trade and Investment*, American Enterprise Institute, 1997.

Bhagwati, Jagdish, "Regionalism versus Multilateralism," *World Economy*, Vol. 15, No. 5, 1992, pp. 535–556.

_____, *In Defense of Globalization*, Oxford, 2004.

Boltuck, R. and R. E. Litan(eds.), *Down in the Dumps : Administration of the Unfair Trade Laws*, The Brookings Institution, 1991.

Bordo, M. D., B. Fichengreen, and D. A. Irwin, "Is Globalization Today Really Different from Globalization a Hundred Years Ago?" in M. Richardson, ed., *Globalization and International Trade Liberalization*, Edword Elgar, 2000.

Brainard, S. Lael, "An Empirical Assessment of the Proximity-Concentration Trade-off between Multinational Sales and Trade," NBER Working Paper No. 4580, 1993.

Caprio, Gerard, "Banking on Crises: Expensive Lessons from Recent Financial Crises," The World Bank, 1998.

Carnegie Endowment for International Peace, *International Conciliation-Documents for the Year*, 1947.

Caves, Richard E., "Japanese Investment in the United States: Lessons for the Economic Analysis of Foreign Investment," *World Economy*, Vol. 16, No. 3, 1993.

Chang, H. J., *Kicking away the Ladder*, Anthem Press, 2002.

Choi, B., "U.S. Strategy in Multilateral Trade Negotiation Tele-communications Services: It's Evolution and Efficiency," 「협상연구」, 한국협상학회, 1996, pp. 17-37.

Claessens, Stijn, Swati Ghosh, and David Scott, "Korea's Financial Sector Reforms," presented on the International Seminar on Korean Economic Restructuring: Evaluation and Prospects, Korea Institute for International Economic Policy, 1998.

Croome, J., *Reshaping the World Trading System: A History of the Uruguay Round*, World Trade Organization, 1995.

Demirg-Kunt, Asli, and Enrica Detragiache, "The Determinants of Banking Crises: Evidence from Developed and Developing Countries," The World Bank Working Paper, 1828, 1997.

Diamond, D. and P. Dybvig, "Bank Runs, Liquidity and Deposit Insurance," *Journal of Political Economy*, 91, 1983, 401-419.

Diebold, William, *The End of the ITO*, Princeton University Press, 1952.

Dziobek, Cluadia and Ceyla Pazarbasioglu, "Lessons from Systematic Bank Restructuring: A Survey of 24 Countries," IMF Working Paper 161, 1997.

Eichengreen, B. et al., "Capital Account Liberalization: Theoretical and Practical Aspects," Occasional Paper 172, IMF, 1998.

Eichengreen, Barry, *International Monetary Arrangements for the 21st Century*, Brookings Institution, 1994.

Eiteman, David K., Arthur I. Stonehill, and Michael H. Moffet, *Multinational Business Finance*, 7th ed., Addison-Wesley, 1995.

Esty, D., *Greening the GATT*, Institute For International Economics, 1994.

Eunissen, J. J. and A. Akerman, *Diversity in Development: Reconsidering Washington Consensus*, FONDAD and KIEP, 2005.

Feldstein, Martin, "Refocusing the IMF," *Foreign Affairs*, March/April 1998.

Fischer, Stanley, "The Asian Crisis and the Changing Role of the IMF," *Finance and Development*, 35-3, IMF, 1998.

Fisher, R., *Getting to Yes*, Penguine Book, 1991.

Flood, Rober P. and Peter M. Garber, "Collapsing Exchange Regimes: Some Linear Examples," *Journal of International Economics*, 17, 1984, 1-13.

Frankel, Jeffrey and A. K. Rose, "Currency Crashes in Emerging Markets: An Empirical

Treatment," *Journal of International Economics* 41, 1996, 351-366.

Friedman, Thomas L., *The Lexus and the Olive Tree*, International Creative Management, 1999.

GATT, *Trade Policy Review Mechanism*, 1990.

_____, "Modalities for the Establishment of Specific Binding Commitments under the Reform Programme," 1993. 12. 20.

_____, *Final Act Embodying the Results of the Uruguay Round of Multilateral Trade Negotiations*, Marrakesh, 1994. 4.

_____, *News of the Uruguay Round of Multilateral Trade Negotiations : Marrakesh 94*, April 1994.

_____, *The Results of the Uruguay Round of Multilateral Trade Negotiations*, 1994.

_____, *Uruguay Round Final Act*, 1994. 4. 15.

Gilpin, R. and Jean M. Gilpin, *The Political Economy of International Relations*, Princeton University, 1987.

Goldfajn, Ilan and Rodrigo O. Valdes, "Are Currency Crises Predictable?" IMF Working Paper, 159, December 1997.

_____, "Capital Flows and the Twin Crises: The Role of Liquidity," IMF Working Paper, 97-87, 1997.

Goto, Junichi, "Effects of the Multifiber Arrangement on Developing Countries," PPR Working Papers 102, The World Bank, 1988.

Haggard, Stephen, *Developing Nations and the Politics of Global Integration*, Brookings Institution, 1996.

Hayes, J. P., *Making Trade Policy in the European Community*, St. Martin Press, 1993.

Herschede, Fred, "Competition among ASEAN, China, and the East Asian NICs," *ASEAN Economic Bulletin*, Vol. 7, No. 3, 1991, pp. 290-306.

Higashi, C. and P. Lauter, *The Internationalization of the Japanese Economy*, Kluwer Academic Publishers, 1990.

Hoekman, B. and Kostecki, M., *The Political Economy of the World Trading System : From GATT to WTO*, Oxford University Press, 1995

Hoekman, B. M. and M. Kostecki, *The Political Economy of the World Trading System : From GATT to WTO*, Oxford University Press, 1995.

IESE Business School, "Lessons Learned from Global Financial Crisis-And Risks That Remain," 2017.

Imada, Manuel Montes and Seiji Naya, *A Free Trade Area : Implications for ASEAN*, Institute of Southeast Asian Studies, 1991.

_____, Pearl, "Production and Trade Effects of an ASEAN Free Trade Area," *The Developing Economies*, Vol. 31, No.1, 1993, pp. 3–23.

IMF, *International Financial Statistics*.

_____, *World Economic Outlook*, 1996.

_____, *World Economic Outlook*, May 1997.

_____, *Balance of Payments Statistics*, 2001. 2.

_____, "Globalization: Threat or Opportunity? Issues Briefs 00/01, 2001.

International Monetary Fund, *World Economic Outlook*, 1998.

Jackson, J. H. and E. A. Vermulst(eds.), *Antidumping Law and Practice: A Comparative Study*, Harvester Wheatsheaf, 1990.

Jackson, J. H., *The World Trading System: Law and Policy of International Economic Relations*, The MIT Press, 1989.

_____, *The World Trading System: Law and Policy of International Economic Relations*, MIT Press, 1989.

_____, "Perspectives on Counterveiling Duties," Seminar Discussion Paper No. 269, Department of Economics, The Unviversity of Michigan, 1990.

Kaminsky, Graciela and Carmen M. Reinhart, "The Twin Crises: The Causes of Banking and Balance of Payments Problems," Washington: Board of Governors of the Federal Reserve, March 1996.

Kawai, Mashairo, "Interactions of Japan's Trade and Invesment: A Special Emphasis on East Asia," Discussion Paper Series No. F–39, Institute of Social Science, University of Tokyo, 1994.

Kindleberger, Charles P., *Manias, Panics and Crashes*, 4th edition, Wiley, 2001.

Kojima, Kiyoshi, "International Trade and Foreign Investment: Substitutes or Complements," *Hitotsubashi Journal of Economics*, Vol. 16, No. 1, 1975, 1–12.

Krugman, P.(eds.), *Trade with Japan: Has The Door Opened Wider?* NBER, The University of Chicago Press, 1991.

Krugman, Paul and Maurice Obstfeld, *International Economics*, Harper–Collins Publisher, 1997.

Krugman, Paul R., "Is Bilateralism Bad?" in Elhana Helpman and Assaf Razin (eds.), *Internatinal Trade and Trade Policy*, The MIT Press, 1991(a).

_____, "The Move toward Free Trade Zones," *Economic Review*, The Federal Reserve Bank of Kansas City, November/December 1991(b).

Krugman, Paul, "A Model of Balance of Payments Crises," *Journal of Money, Credit and Banking*, 1979.

_____, "The 'New Theories' of International Trade and the Multinational Enterprise," in D. B. Audretsch and C. Kindleberger(eds.), *The Multinational Corporation in the 1980s*, Cambridge: MIT Press, 1983.

_____, "What happened to Asia?" mimeo, MIT, 1998(a).

_____, "Will Asia Bounce Back?" speech for Credit Suisse First Boston, Hong Kong, 1998(b).

Kwon, H. W., "Relationship between Dispute Settlement Procedures under Regional Trade Agreements and under the World Trade Organization," 통상법률 2008-2, 2008.

Lawrence, Robert Z., *Regionalism, Multilateralism, and Deeper Integration*, Brookings Institution, 1996.

Leiberman, Ira W., and William Mako, "Korea's Corporate Crisis: Its Origins and a Strategy for Financial Restructuring," presented on the International Seminar on Korean Economic Restructuring: Evaluation and Prospects, Korea Institute for International Economic Policy, 1998.

Lipsey, R., "Foreign Production and Exports of Individual Firms," *Review of Economics and Statistics*, Vol. 66, No. 2, 1984.

Lipsey, Robert E. and Merle Y. Weiss, "Foreign Production and Exports in Manufacturing Industries," *Review of Economics and Statistics*, Vol. 63, No. 4, 1981.

Matthews, Alan, *EC Trade Policy and the Third World*, Gill & MacMillan, 1991.

Nash, J., "Two-Person Cooperative Games," Econometrica, Vol. 21, 1953.

Obstfeld, Maurice, "Models of Currency Crises with Self-fulfilling Features," *European Economic Review*, 40, 1996, 1037-1047.

_____, "The Logic of Currency Crises," NBER Working Paper 4640, 1994.

OECD, "Trade and Labour Standards," COM/DEELSA/TD(96)8, 1996.

_____, "Trade Policy Aspects of Electronic Commerce," TD/TC(97)12, 1997.

_____, "Towards a New Global Age: Challenges and Opportunities," *Policy report*, May 1997.

_____, "Trade Aspects of Electronic Commerce," TD/TC(98)9, 1998.

_____, "The Economic and Social Impact of Electronic Commerce: Preliminary Findings and Research Agenda," DSTI/ICCP(98)5, 1998.

_____, "A Policy Framework for Investment: Draft Preamble, Checklists and Preliminary Annotations," 2005.

_____, "Examining the Trade Effect of Certain customs and Administrative Procedures," OECD Trade Policy Working Paper No. 42, TD/TC/WP(2006) 18/Final, 2006.

_____, *Main Economic Indicators*.

Pangestu, Mari, Hadi Soesastro and Mubariq Ahmad, "A New Look at Intra-ASEAN Economic Cooperation," *ASEAN Economic Bulletin*, Vol. 8, No. 3, 1992, pp. 333–352.

Pelkmans, J. and A. G. Carzaniga, " The Trade Policy Review of the European Union," *World Economy*, Vol. 19, No. 6, 1996. 11, pp. 81–100.

Putnam, R., "Diplomacy and Domestic Policies: The Logic of Two-level Games," *International Organization*, Vol. 42, Issue 3, 1998.

Qureshi, A. H., *The World Trade Organization: Implementing International Trade Norms*, Manchester University Press, 1996.

Radelet, S. and J. Sachs, "The Asian Financial Crisis: Diagnosis, Remedies, Prospets," Brookings Papers on Economic Activity, Brookings Institution, 1998.

Raiffa, H., *The Art and Science of Negotiation*, Harvard University Press, 1982.

Rieger, Hans Christoph(eds.), *ASEAN Economic Cooperation*, Institute of Southeast Asian Studies, 1991.

Robe, Jean Philippe, "Counterveiling Duties, State Protectionism and the Challenge of the Uruguay Round," EUI Working Paper No. 89, Law Department, European University Institute, Florence, 1989.

Rodrik, Dani, *Has Globalization Gone Too Far?* Institute for International Economics, 1997.

_____, "The Debate over Globalization: How to Move Forward by Looking Backward," mimeo, Kennedy School, Harvard University, 1998.

Sachs, Jeffrey, A. Tornell, and A. Velasco, "The Mexico Peso Crisis: Sudden Death or death foretold?" *Journal of International Economics* 41, 1996, 265–283.

_____, "The Wrong Medicine for Asia," *New York Times*, Nov. 3, 1997.

Scherer, *Competition Policies for an Integrated World Economy*, Brookings Institution, 1994.

Schott, Jeffrey, *The Uruguay Round An Assessment*, Institute for International Economics, 1994.

_____, *The Uruguay Round: An Assessment*, Institute for International Economics, 1994.

Schwab, Klaus, *The Fourth Industrial Revolution*, World Economic Forum, 2016 (송경진역 『클라우스 슈밥의 제4차 산업혁명』, 새로운 현재, 2016).

Scott, Andrew, "Developments in the European Community Economies," in *The European Community* 1992: *Annual Review of Activities*, ed. by Neill Nugent, Vol. 29–35, Blackwell Publishers, 1991–1997.

Scott, N., "The Commercial Policy of the European Economic Community," in *National*

Trade Policy: Handbook of Comparative Economic Policies, Vol. 2, ed. by D. Salvatore, Greenwood, 1992, pp. 31–55.

Stiglitz, Josheph E., Globalization and its Discontents, Norton, 2002.

Tho, Mun Heng and Linda Low, "Is the ASEAN Free Trade Area a Second Best Option?" Asian Economic Journal, Vol. 7, No. 3, 1993, pp. 275–298.

Thurow, Lester, Fortune Favors The Bold, Andrew Numberg Association Ltd., 2003.

U.S. International Trade Commission, Foreign Protection of Intellectual Property Rights and The Effect on U.S. Industry and Trade, 1988.

_____. Trade Representative, 1993 National Trade Estimate Report on Foreign Trade Barriers, 1993.

UNCTAD, "The Set of Multilaterally Agreed Equitable Principles and Rules for the Control of Restrictive Business Practices," 1984.

_____, World Investment Report, 1993.

_____, World Investment Report, 1995.

_____, World Investment Report, 1996.

UNIDO, "Structural change in the World Economic: Main Features and Trends," Working Paper 24, 2009.

USTR, National Trade Estimate Report on Foreign Trade Barriers, 1991.

Vermulst, E. P. and J. Bourgeois Waer(eds.), Rules of Origin in International Trade, The University of Michigan Press, Ann Arbor, 1994.

von Tunzelmann, Nick, "The Main Trends of European Economic History Since the Second World War," in The European Economy, ed. by David A. Dyker, Longman, 1997, pp. 15–50.

Vousden, E., The Economics of Trade Protection, Cambridge University Press, Cambridge, 1990.

Wallace, William, Regional Integration: The West European Experience, Brookings Institution, 1994.

Weinstein, Michael, Globalization: What's New? Columbia University Press, 2005.

Winham, Gilbert, International Trade and the Tokyo Round Negotiations, Princeton University Press, 1986.

Wolf, Martin, Why Globalization Works? Yale University Press, 2004.

World Bank, International Trade and the Environment, Patrick Low(eds.), Discussion Papers No. 159, 1992.

_____, World Development Report, 1995.

_____, "Poverty in an Age of Globalization," 2000.

_____, *World Development Indicators*, 2001. 5.

WTO, *Regionalism and the World Trading System*, World Trade Organization, 1995.

_____, *Trade Policy Review Mechanism : Japan*, 1998.

_____, "Electronic Commerce and The Role of The WTO," 1998.

_____, "WTO Rules Relevant to Trade Facilitation," a Statement by Mr. Heinz Opelz, Director, Market Access Division at the WTO Trade Facilitation Symposium on May 15, 1998, G/L/244, 1998, p.1.

_____, "Trade Facilitation: Work Undertaken by Intergovernmental Organizations", G/C/W/80/Rev.1, 22 September 2000.

_____, *Trade Policy Review : European Union*, WT/TPR/M/102, sep. 2002.

_____, *WTO Agricultural Negotiations : The Issues and Where we are now*, 2002.

_____, "WTO Negotiations on Trade Facilitation: Compilation of Members' Textual Proposals," TN/TF/W/43/Rev.19, 30 June 2009.

[국문]

강문성, "DDA협상 기본골격(framework) 합의문 채택의 의의와 향후 전망," 대외경제정책연구원, 2004.

강응선, 「일본경제의 붕괴와 잃어버린 10년」, 대외경제정책연구원 지역연구회 시리즈 01-04, 2001.

강인수 외, 「한국경제의 이해」, 교보, 2005.

강인수·김준동·김창남·유재원, 「수입선다변화제도의 경제적 효과」, 정책연구 92-24, 대외경제정책연구원, 1992.

강준구, "WTO DDA서비스협상의 논의동향과 과제," KIEP 세계경제, 2002. 12.

강흥구, 「미일경제마찰과 우리의 정책과제」, 정책연구 91-01, 대외경제정책연구원, 1991.

경제기획원, 「일본 TPRM 보고서」, 1991.

_____, 「우루과이라운드 최종협정문」, 1993.

경제산업연구회, 「개방시대 한국경제」, 도서출판 청양, 1995.

고준성, "국제무역에 있어 부패관행의 규제에 관한 연구," 「통상법률」, 1996. 12.

공정거래위원회, 「경쟁정책과 무역정책의 상호작용」, 1996.

_____, 「공정거래백서」, 2004.

국가통계국, 「중국통계연감」, 중국통계출판사, 북경, 1996.

국제금융연구회, 「글로벌시대의 국제금융론」, 경문사, 1996.

권오승, 「공정거래법강의」, 법문사, 1996.

권재중 외, 「WTO출범과 신교역질서: 분야별 내용과 시사점」, 대외경제정책연구원, 1994. 7.

김관호, 「세계화와 글로벌경제」, 박영사, 2003.

김남두 외, 「우루과이라운드: 의제별 진전상황과 전망」, 대외경제정책연구원, 1990. 10.

_____, 「무역관련 정책 및 제도의 현황과 개선방향」, 대외경제정책연구원, 1992. 2.

김남두, 「미국의 무역장벽」, 대외경제정책연구원, 1992.

김동민, "위생 및 검역 조치," 「WTO출범과 신교역질서」, 대외경제정책연구원 정책 연구 94-05, 1994.

김동현·이승철, 「유럽연합의 현황과 전망」, 집문당, 1996.

김박수, 「범유럽경제권 형성의 전망과 영향」, 대외경제정책연구원, 1992.

_____, "북미자유무역협정(NAFTA)의 타결과 우리의 대응," 오늘의 세계경제, 대외 경제정책연구원, 1992.

_____, "한·EU통상," 「1998 대예측」, 매일경제신문사, 1997. pp. 134-135.

김박수·김정수, 「우리경제의 국제화」, 대외경제정책연구원, 1994. 4.

김상겸, 「NAFTA의 출범과 미국 수입시장에서의 한국과 멕시코 경쟁력 비교」, 대외 경제정책연구원, 1993. 1.

김유찬·이성봉, "전자상거래와 조세," 전자상거래 국가전략 수립 토론회 자료, 한 국전산원, 1998.

김은지, 「일본 구조개혁의 현황과 전망: 재정개혁을 중심으로」, 대외경제정책연구 원 지역리포트 01-01, 2001.

김익수, 「중국의 WTO 가입이 중국경제와 한·중 경협에 미치는 영향」, 정책연구 95-10, 대외경제정책연구원, 1995.

김인준, 「국제경제론」, 다산출판사, 1995.

김인준·이영섭, "외환·금융위기와 IMF 경제정책 평가," 「금융학회지」, 3-2, 금융 학회, 1998.

김정수, "미국 무역정책체제의 변화에 관한 연구," 한국행정학보, 26권 2호, 1992, pp. 469-492.

김종범, 「OECD뇌물방지협정에 따른 국내입법현황과 시사점」, KIEP 정책연구 97-05.

김준동, "APEC 역내투자자유화 및 활성화조치 평가," 한국 APEC학회 및 대외경제 정책연구원 정책세미나(APEC 투자박람회와 투자활성화), 1993.

김준한 외, 「그린라운드와 한국경제」, 웅진출판, 1994.

김지홍·한배선, "MFA와 한국섬유무역정책," 정책연구자료 90-09, 한국개발연구원, 1990.

김창남, 「일본의 산업 및 무역구조의 변화」, 정책연구 92-29, 대외경제정책연구원, 1992.

김태준, 「한국경제의 자유화 현황과 OECD가입 전략」, 대외경제정책연구원, 1990.

_____, 「OECD 경상무역외거래 및 자본이동 자유화규약과 한국의 자유화현황」, 정책연구 92-16, 대외경제정책연구원, 1992.

_____, 「OECD 가입과 우리기업의 대응」, 국제화 특별연구 4, 대한상공회의소, 1995.

김학수 외, 「UR 총점검: 분야별 평가와 우리의 대응」, 대외경제정책연구원, 1992. 10.

_____, 「UR 총점검: 최종협정의 분야별 평가」, 대외경제정책연구원, 1993. 12.

김효율, "중국의 무역제도와 GATT 가입에 관한 연구," 中蘇研究 통권 51호, 1991.

김희주 · 홍석일, 「아세안의 도전」, 산업연구원, 1995.

나성섭, 「80년대 이후 일본 통상정책 기조의 변화」, 조사분석 98-01, 대외경제정책연구원, 1998.

노재범, 「인터넷라운드와 기업의 대응」, CEO Information 제102호, 삼성경제연구소, 1997.

노재봉 · 유재원, 「ASEAN 주요국의 외국인직접투자유치와 그 시사점」, 정책연구 94-11, 대외경제정책연구원, 1994.

농촌경제연구원, 「농업협상 논의 동향」, 2002.

대외경제정책연구원, 「UR 총점검」, 정책연구 93-25, 1993.

_____, 「UR 총점검: 최종협정의 분야별 평가〈증보판〉」, 1993.

_____, 「WTO 출범과 신교역질서」, 1994.

_____, 「WTO 출범과 신교역질서: 분야별 내용과 시사점」, 정책연구 94-05, 1994.

_____, 「OECD가입의 분야별 평가와 과제」, 1996.

_____, 「WTO 도하개발아젠다 협상 지적재산권 분야 논의동향과 주요 이슈별 대응」, '도하개발아젠다 협상' 세부 의제별 간담회 토의자료, 2002. 9.

_____, 「2004 중국경제연보: 중국의 부상과 동아시아 경제」, 2004.

_____, "투자자-국가간 분쟁해결정차(ISD) 관련 주요 분쟁사례 및 시사점,"『오늘의 세계경제』, 11(30), 2011.

_____, "최근 한국산 철강제품에 대한 미국 반덤핑/상계관세 판정과 시사점," 2016.

대외무역진흥공사, 「국제화시대의 지적재산권 분쟁과 대응방안」, 무공자료 90-71, 1990.

_____, 「주요국의 수입식품검사제도」, 무공자료 95-21, 1995.

미국학연구소 편, 「미국의 통상정책 결정과정」, 서울대학교 출판부, 1995.

민충기, 「EC 경제통합과 대외무역정책의 변화」, 대외경제정책연구원, 1990.

_____, 「EC의 무역장벽」, 정책연구 92-14, 대외경제정책연구원, 1992. 7.

박노형, 「GATT의 분쟁해결사례연구」, 박영사, 1995(b).

_____, 「WTO체제의 분쟁해결제도 연구」, 1995(a).

_____, "국제경제법의 개념에 관한 고찰," 「통상법률」, 1996. 4, pp. 38–56.

박대근·이창용, "한국의 외환위기: 전개과정과 교훈," 한국경제학회 심포지움 잘 표논문, 1998.

박성훈, "최근 ASEAN의 경제협력확대·심화와 우리나라의 진출전략," 오늘의 세계 경제, 대외경제정책연구원, 1994.

박원암·최공필, "한국 외환위기의 원인에 대한 실증분석," 한국경제학회 제 8차 국제학술대회 발표논문, 1998.

박제훈, "이행경제의 체제전환," 「비교경제체제론」, 박영사, 1997.

박종수, 「국제통상원론」, 박영사, 1997.

박지현, "쌀 협상 결과와 시사점," 「오늘의 세계경제」, 대외경제정책연구원, 2005. 1.

박태호 편, 「우루과이라운드(UR)협상과 우리의 대응방안」, 대외경제정책연구원, 1990. 4.

법무부, 「미국 통상법 연구」, 1996.

산업연구원, 「국제통상협상의 중요내용과 대책(농산물, 섬유류, 지적소유권, 서비 스업)」, 1990.

서진교 외, 「쌀 관세화 유예협상 시나리오 분석과 협상전략최근 WTO 농업협상의 논의동향고 전망」, 한국농촌경제연구원, 2004.

서헌제, 「통상문제와 법」, 율곡출판사, 1994.

_____, 「국제경제법」, 율곡출판사, 1996.

성극제, 「표준 및 검사 제도」, 대외경제정책연구원 정책연구 92-13, 1992.

손찬현, 「우루과이라운드 지적소유권 협상과제와 우리의 대응방안」, 정책연구 90-04, 대외경제정책연구원, 1990.

_____, 「기술장벽에 대한 국제적 논의와 대응방안」, 대외경제정책연구원 정책자 료 91-08, 1991.

_____, 「미국의 통상정책 기조변화와 대미 통상정책 방향」, 대외경제정책연구원, 1996.

심승진, 「국제경제관계론運ぁり이론과 실제」, 법문사, 1995.

심영섭·고준성, 「무역정책과 경쟁정책의 조화」, 산업연구원, 1997.

안석교·허흥호, 「중국의 지역경제협력 인식과 동북아 경제통합 가능성」, 대외경 제정책연구원 지역연구회 시리즈, 01-02, 2001.

양기웅, 「일본의 외교협상」, 도서출판 소화, 1998.

양운철, "남북 쌀협상에 관한 연구," 유석진 편, 「한국의 통상협상」, 세종연구소, 1997.

양평섭, 「아세안 자유무역지대의 형성과 우리의 대응방안」, 조사보고 94-07, 대외경제정책연구원, 1994.

왕윤종, 「지적재산권 국제화의 방향과 과제」, 정책연구 93-22, 대외경제정책연구원, 1993.

_____, 「OECD 투자규범과 한국의 외국인직접투자제도」, 대외경제정책연구원, 1995.

_____, 「무역과 노동기준의 연계」, 대외경제정책연구원 정책연구 96-04, 1996.

_____, 「미국 클린턴 제 2 기 행정부의 대외통상정책」, 대외경제정책연구원, 1997.

왕윤종·김완중, "아시아 외환위기국의 IMF 프로그램 이행상황 비교," 「대외경제정책연구」, 2-3, 대외경제정책연구원, 1998.

외교통상부, 외국의 통상환경, 2001.

외무부, 「우루과이라운드 협상 결과 및 평가」, 1994. 8.

원용걸, 「아세안 자유무역지대의 전개과정 및 그 시사점」, 정책연구 96-01, 대외경제정책연구원, 1996(a).

_____, 「한-ASEAN 무역 및 직접투자 패턴 변화와 정책과제」, 정책자료 96-10, 대외경제정책연구원, 1996(b).

_____, "지역주의의 확산과 WTO체제," 「통상법률」, 법무부, 1997. 2. pp. 6-35.

유석진, "한·미 담배양해록 개정협상," 유석진 편, 「한국의 통상협상」, 세종연구소, 1997.

유장희, 「APEC과 신국제질서」, 나남출판, 1995.

유재원, "아세안의 경제통합과 자유무역지대의 역할," 「비교경제연구」, 제 4 호, 1996.

_____, "해외직접투자의 생산 및 무역효과," 「국제경제연구」, Vol. 2, No. 2, 1996.

_____, "세계화, 기회인가 위협인가?", 유재원·임혜준 편, 「세계화와 개방정책 : 비판과 평가」, 대외경제정책연구원, 2005.

유진수, 「일본의 무역장벽」, 정책연구 92-04, 대외경제정책연구원, 1992.

_____, "농산물," 「WTO출범과 신교역질서」, 대외경제정책연구원, 1994.

_____, 「UR 이후 경쟁정책에 관한 국제적 현안」, 대외경제정책연구원, 1995.

윤기관 외 4인, 「국제통상론」, 법문사, 1996.

윤미경·이성미, 「병행수입에 대한 WTO TRIPs 논의: 공중보건과 제약산업을 중심으로」, 대외경제정책연구원 WTO협동연구 시리즈 01-07, 2001.

윤영각, 「WTO시대의 반덤핑제도」, 1995.

윤창인, 「통상관련 전자상거래 논의동향과 시사점」, 정책연구 98-18, 대외경제정책연구원, 1998.

은호성, 박세령, "주요국의 금융위기 발생요인과 시사점," 한국은행, 「조사통계월보」, 1997. 7.

_____, "금융위기의 발생원인과 시사점," 「조사통계월보」, 한국은행, 1997. 7.

이강남, 「유럽의 통화통합: ECU와 단일통화의 창출」, 법문사, 1994.

이달곤, 「협상론」, 법문사, 1996.

이대근, 「세계경제론」, 까치사, 1993.

이성봉·김관호·김인숙, 「WTO 투자협정논의의 평가 및 향후 과제」, 경제사회연구회 소관기관 WTO 협동연구시리즈 29, 대외경제정책연구원, 2003.

이승영, 「무역협상의 ABC」, 일신사, 1992.

이승영·최용록, 「국제협상의 이해」, 법경사, 1998.

이재옥 외, 「동식물 검역의 대내외 여건변화와 대응방안」, 한국농촌경제연구원 연구보고 285, 1993.

이재옥, "UR/농산물 협상과제와 우리의 대응," 「우루과이라운드(UR)협상과 우리의 대응방안」, 대외경제정책연구원, 1990.

_____, "농산물," 「UR 총점검-최종협정의 분야별 평가」, 대외경제정책연구원, 1993.

이종욱, 「한국의 금융·외환위기와 IMF」, 공저, 경문사, 1998.

이종화·이성봉, 「전자상거래의 국제적 논의동향과 대응과제」, 정책연구 97-06, 대외경제정책연구원, 1997.

이준구, 「미시경제학」, 법문사, 1994.

이찬근 외, 「한국경제가 사라진다」, 21세기북스, 2004.

이호생, 「무역과 환경: GATT/WTO의 논의」, 대외경제정책연구원 정책자료 95-02, 1995.

이호철, 「일본경제와 통상정책」, 삼성경제연구소, 1996.

일본관세협회, 「외국무역개황」, 각 연도.

임송수 외, 「무역과 환경의 연계: 환경관련 무역조치, 환경마크제도를 중심으로」, 대외경제정책연구원 정책연구 95-09, 1995.

_____, "농업협상 기본골격 초안의 평가와 시사점," KREI 농정연구속보, 2004-7, 한국농촌경제연구원.

장 흥, 「유럽통합의 역사와 현실」, 고려원, 1994.

장동식, "WTO 분쟁해결제도(DSU) 개혁에 관한 연구," 통상법률 2008-2, 2008.

장석환, 「한국의 통상·무역정책의 전개 및 앞으로의 방향」, 상공부, 1994. 9.

장형수·왕윤종, 「IMF체제하의 한국경제: 종합심층보고 I」, 대외경제정책연구원, 1998.

장효상, 「신고 국제경제법」, 법영사, 1996.

전재욱, "한·중통상," 「1998 대예측」, 매일경제신문사, 1997, pp. 136–137.

전종규, 「동아시아의 지역주의 추진현황과 미국의 입장」, KIEP 세계경제 제7권 제5호, 대외경제정책연구원, 2004.

정 훈, "한·일통상," 「1998 대예측」, 매일경제신문사, 1997, pp. 132–133.

정문수, "WTO 협정의 국내법적 효력," 「통상법률」, 1995. 12, pp. 6–25.

정상조, 「지적재산권과 경쟁정책의 국제적 조화」, 정책연구 94-13, 대외경제정책연구원, 1994.

정영록, 「중국경제의 국제화 평가」, 정책자료 95-11, 대외경제정책연구원, 1995.

정영헌, 「정부조달제도의 개선방향」, 한국조세연구원, 정책토론회 자료, 1994.

정은성·김정유·박찬욱, 「협상의 전략」, 다음세대, 1996.

정인교, "안정성장 지속하고 있는 미국경제," 「나라경제」, 1997. 11, pp. 110–112.

_____, 「중국 WTO 가입의 경제적 효과와 정책시사점」, 대외경제정책연구원 정책연구 01-02, 2001.

정진섭·황희철, 「국제지적재산권법」, 육법사, 1995.

조병택·이영준, 「일본의 수입품유통과 유통장벽」, 정책연구 92-07, 대외경제정책연구원, 1992.

조홍식, "EC 공동통상정책의 형성을 통해서 본 유럽통합," 「한국정치학회보」, 27권 2호, 1993, pp. 329–346.

채 욱, 「우리나라 세이프가드 제도의 개선과 활용방안」, 대외경제정책연구원, 1991. 8.

_____, 「GATT 및 주요선진국의 반덤핑제도와 우리나라 제도의 개선방안」, 대외경제정책연구원, 1993. 1.

_____, 「국제무역분쟁의 현황과 GATT의 역할」, 대외경제정책연구원, 1993.

_____, "반덤핑," 「WTO출범과 신교역질서: 분야별 내용과 시사점」, 대외경제정책연구원, 1994. 7, pp. 149–169.

_____, "분쟁해결절차," 「WTO출범과 신교역질서: 분야별 내용과 시사점」, 대외경제정책연구원, 1994. 7, pp. 395–412.

_____, "세이프가드," 「WTO출범과 신교역질서: 분야별 내용과 시사점」, 대외경제정책연구원, 1994. 7, pp. 271–283.

_____, "OECD 개요," 「OECD가입의 분야별 평가와 과제」, 대외경제정책연구원 1996. 11. pp. 355–370.

_____, "OECD가입의 의의 및 효과," 「OECD 가입의 분야별 평가와 과제」, 대외통상산업성, 「통상백서」, 각 연도.

최석영, "무역·환경 문제와 WTO," 통상법률 97년 4월.

최영진 외, 「뉴라운드: UR 이후의 새로운 통상이슈들」, 지식산업사, 1995.

최원목, "일련의 쇠고기협상에 대한 국제법적 평가와 대책방향," 세미나자료, 한국
　　　경제연구원, 2008.

최인범, 「선진국의 교역장벽 연구: 정부조달관련 장벽」, 대외경제정책연구원 정책
　　　연구 92-22, 1992.

최창규, "투기적 공격이론과 한국의 외환위기," 「경제분석」, 4-2, 한국은행, 1998.

통상산업부, 「무역과 노동기준의 국제적 논의동향」, 통상무역정책자료 96-8, 1996.

표인수, "미국 통상법의 국제통상법과의 마찰," 1995. 10, pp. 97-116.

하병기, "다자간투자협정(MAI)이 우리산업에 미치는 영향과 대응방향," 심포지엄
　　　(다자간 투자협정의 영향과 대응방향) 발표논문, 대한무역투자진흥 공사, 산
　　　업연구원, 1997.

한국농촌경제연구원, "최근 WTO 농업협상의 논의동향과 전망," 2001.

_____, "농업협상 논의 동향," 2002.

한국무역협회, 「GATT/정부조달협정 가입에 따른 국내산업에의 영향 및 제도보완
　　　방안」, 1993.

한국무역협회·산업연구원, 「투자의 국제적 논의와 대내외 정책대응」, 1996.

한국전산원, 전자상거래 국가전략 수립 토론회 자료, http://calsec.nca.or.kr/
　　　knowledgebase.htm, 1998.

한홍렬, 「원산지규정」, 대외경제정책연구원 정책연구 92-06, 1992.

_____, 「NAFTA 원산지규정의 의의와 정책시사점」, 대외경제정책연구원 정책연구
　　　94-02, 1994.

_____, "WTO원산지규정 협상의 영향과 시사점," 협상연구, 1999.

허 선, "경쟁정책에 대한 국제적 논의의 동향," 공정거래위원회, 2002.

색 인

공저자 약력

강문성(姜文盛)　　고려대학교 경제학과 졸업
　　　　　　　　University of Wisconsin, Madison 경제학 박사
　　　　　　　　현 고려대학교 국제학부 교수

강인수(康仁洙)　　서울대학교 경제학과 졸업
　　　　　　　　U.C.L.A. 경제학 박사
　　　　　　　　현 숙명여자대학교 경제학부 교수

김태준(金泰俊)　　연세대학교 경영학과 졸업
　　　　　　　　Columbia University 경제학 박사
　　　　　　　　한국금융연구원 원장 역임
　　　　　　　　현 동덕여자대학교 국제경영학과 교수

박성훈(朴成勳)　　서울대학교 경영학과 졸업
　　　　　　　　독일 Berlin공대 경제학 박사
　　　　　　　　현 고려대학교 국제대학원 교수

박태호(朴泰鎬)　　서울대학교 경제학과 졸업
　　　　　　　　University of Wisconsin, Madison 경제학 박사
　　　　　　　　외교부 통상교섭본부장 역임
　　　　　　　　현 서울대학교 국제대학원 교수

송백훈(宋栢勳)　　연세대학교 경제학과 졸업
　　　　　　　　Pennsylvania State University 경제학 박사
　　　　　　　　현 동국대학교 국제통상학과 교수

송유철(宋有哲)　　서울대학교 경제학과 졸업
　　　　　　　　Indiana University 경제학 박사
　　　　　　　　현 동덕여자대학교 국제경영학과 교수

유재원(柳在元)　　서울대학교 경제학과 졸업
　　　　　　　　Yale University 경제학 박사
　　　　　　　　현 건국대학교 경상학부 교수

유진수(兪鎭守)　　서울대학교 경제학과 졸업
　　　　　　　　University of California, Berkeley 경제학 박사
　　　　　　　　현 숙명여자대학교 경제학부 교수

이호생(李鎬生)　　서울대학교 경제학과 졸업
　　　　　　　　University of Michigan 경제학 박사
　　　　　　　　현 명지대학교 경제학과 교수

채　욱(蔡　旭)　　고려대학교 졸업
　　　　　　　　University of Michigan 경제학 박사
　　　　　　　　대외경제정책연구원 원장 역임
　　　　　　　　현 경희대학교 국제대학원 교수

한홍렬(韓弘烈)　　한양대학교 경제학과 졸업
　　　　　　　　University of Pittsburgh 경제학 박사
　　　　　　　　현 한양대학교 경제학부 교수

제 7 판
국제통상론

초판발행	1998년 2월 25일
개정판발행	1999년 8월 30일
제 3 판발행	2003년 3월 10일
제 4 판발행	2006년 3월 5일
제 5 판발행	2009년 9월 1일
제 6 판발행	2014년 3월 1일
제 7 판발행	2018년 9월 15일
중판발행	2023년 10월 5일

지은이	강문성·강인수·김태준·박성훈·박태호·송백훈
	송유철·유재원·유진수·이호생·채 욱·한홍렬
펴낸이	안종만·안상준

편 집	박송이
기획/마케팅	이영조
표지디자인	김연서
제 작	고철민·조영환

펴낸곳	(주) **박영사**
	서울특별시 금천구 가산디지털2로 53, 210호(가산동, 한라시그마밸리)
	등록 1959. 3. 11. 제300-1959-1호(倫)
전 화	02)733-6771
f a x	02)736-4818
e-mail	pys@pybook.co.kr
homepage	www.pybook.co.kr
ISBN	979-11-303-0635-3 93320

copyright©강문성 외, 2018, Printed in Korea

정 가   32,000원